順治—嘉慶朝

清實錄經濟史資料

農業編·壹

《〈清實錄〉經濟史資料》課題組成員：

陳振漢　熊正文　蕭國亮

李　湛　殷漢章　葉明勇

武玉梅　羅熙寧

北京大學出版社
PEKING UNIVERSITY PRESS

圖書在版編目(CIP)數據

《清實錄》經濟史資料(農業編、國家財政編、商業手工業編)/陳振漢,熊正文,蕭國亮編.—北京:北京大學出版社,2012.5
ISBN 978-7-301-20553-2

Ⅰ.①清⋯ Ⅱ.①陳⋯ ②熊⋯ ③蕭⋯ Ⅲ.農業經濟－經濟史－中國－清代
Ⅳ.①F129.49②F329.049

中國版本圖書館 CIP 數據核字(2012)第 076704 號

書　　名：	《清實錄》經濟史資料(農業編、國家財政編、商業手工業編)
著作責任者：	陳振漢　熊正文　蕭國亮　編
責 任 編 輯：	典　文
標 準 書 號：	ISBN 978-7-301-20553-2/K・0859
出 版 發 行：	北京大學出版社
地　　　址：	北京市海淀區成府路 205 號　100871
網　　　址：	http://www.pup.cn
電 子 郵 箱：	dianjiwenhua@126.com
電　　　話：	郵購部 62752015　發行部 62750672　編輯部 62756449
	出版部 62754962
印 刷 者：	北京中科印刷有限公司
經 銷 者：	新華書店
	787 毫米×1092 毫米　16 開本　320.75 印張　5500 千字
	2012 年 5 月第 1 版　2012 年 5 月第 1 次印刷
定　　　價：	1200.00 圓(全套)

未經許可,不得以任何方式複製或抄襲本書之部分或全部內容。
版權所有,侵權必究　　舉報電話：010－62752024
　　　　　　　　　　　電子郵箱：fd@pup.pku.edu.cn

編輯説明

《〈清實録〉經濟史資料》是北京大學經濟學院組織編輯的一部大型經濟史資料彙編。本次出版的是第一輯，分爲《農業編》、《商業手工業編》、《國家財政編》三個系列，收入《清實録》中有關順治至嘉慶朝經濟的全部資料。其中《農業編》一九八九年曾由北京大學出版社出版，此次重印進行了一定程度的修訂。

《清實録》是重要的清史文獻，連同《宣統政紀》在内，全書共四千四百三十三卷（不包括卷首四十二卷），卷帙浩繁，内容翔實，全面記録了有清一代政治、經濟、社會、文化、軍事、外交等各方面的活動。所收史料，大多來自官方檔案，舉凡一國大政，靡不備録，爲研究清代歷史所必備。它是一部編年體史書，按年代、事件，逐日分條記載，在有關軍事、外交、用人行政等内容具體、時間地點明確的事件的記載方面較爲清楚，檢索比較容易。而社會經濟方面的史事，由於内容平凡瑣細，或者記載繁多而不集中於一時一地，或者很少爲人注意，偶有記載，又不知在何朝何年。因此爲蒐集某一方面或某一問題的資料，往往要翻遍全書，耗時費力，極爲不便。因此一些學者對《清實録》或按省份，或按專題，分類輯録整理，以便研究之用。

《〈清實録〉經濟史資料》選輯工作早在一九四九年新中國成立之初就已開始。當時北京大學法學院成立了中國經濟史研究室，它的一項中心工作就是由陳振漢先生主持選編《清實録》、《東華録》中的經濟史資料，以滿足教學和科研需要。一九五二年院系調整之後，教育部在北京大學經濟系設置經濟史研究據點，蒐集《清實録》經濟史資料定爲主要工作之一。當時選編該資料的目的不僅爲在北京大學教學上自用，並且要付印出版，以利廣大研究工作者和讀者使用。一九五六年全國科學長期規劃中，它被列爲資料工作項目之一。起初，因爲人手少、條件落後，全部《清實録》資料都是用手工抄寫，資料整理工作進展緩慢。後又因"文革"運動開始而打斷了工作的正常進行。一九七八年撥亂反正後，《清實録》經濟史資料的整理工作才得以重新開始。一九八九年北京大學出版社出版了由陳振漢、熊正文、李謜、殷漢章四位先生整理編輯的《〈清實録〉經濟史資料》第一輯《農業編》，並於一九九一年獲得了北京大學科學研究成果獎。但仍有大部分資料尚待整理出版，此即《商業手工業編》和《國家財政編》。《農業編》於一九八九年十月出版後，資料的選編工作又因各種原因而中斷。

二〇〇二年，陳振漢先生囑託蕭國亮教授向有關領導提議重新恢復《清實錄》經濟史資料的整理出版工作。時任北京大學經濟學院院長，現任北京大學副校長的劉偉教授向學校領導彙報後，在校領導的支持下，決定撥出專項經費，由蕭國亮教授主持《清實錄》經濟史資料整理與出版工作，重新啟動該課題。自二〇〇二年十月開始，先後錄用葉明勇和武玉梅兩位博士後，分別進行《商業手工業編》、《國家財政編》的整理與出版工作。之後又錄用燕紅忠、劉文遠兩位博士後，繼續道光至光緒四朝實錄和《宣統政紀》經濟史資料的整理工作。

這項工作前後持續了六十多年，但陳振漢等先生始終堅持不懈，即使面臨嚴重困難，也矢志不渝。新世紀以來，在北京大學經濟學院領導的支持下，發揚愚公移山的精神，經過幾代學者的共同努力，這部與共和國同齡的經濟史資料整理工程才終成完璧。

前　言

——《清實録》的經濟史資料價值

一

　　實録是南北朝以後我國編年史著作的一種體例。一個朝代裏某一個皇帝的實録，是史官於皇帝死後按年月日期順序記載他在位時期言行事功的流水賬簿。爲纂修實録，明清兩代都設立專門機構，任用成千上百職官。雖然由於各朝治亂情況和政刑繁簡不一，歷朝實録每年卷帙多少各異，但因爲是逐日的記録，明清兩代統治年時很長，《實録》的總的卷帙都相當浩繁。現存《明實録》（南京國學圖書館傳抄本）爲二千九百二十五卷，約二千萬字。《清實録》（全名《大清歷朝實録》，一九三六年僞滿國務院影印本）[1] 卷帙更多。連順治以前六十一年的《滿洲實録》、《太祖實録》和《太宗實録》在内，綜計前後三百二十九年的《實録》，加《宣統政紀》共四千四百三十三卷，約四千四百萬字。因此就字數和篇幅來説，《清實録》是少數幾種大宗清史資料來源之一。《清實録》的總的篇幅和字數如此。至於每朝《實録》的卷帙和字數，歷時長短不同，固然有所差別，但即便兩朝年時相近，卷帙多少也可大相徑庭。如康熙朝與乾隆朝，皇帝在位時間祇差一年，《實録》卷數卻相差五倍。下表是順治至同治八朝《實録》的卷帙和纂修經過的簡單情況。光緒朝《德宗實録》的纂修已在清亡以後，情況與前有别，所以没有列入。

---

　　[1] 一九三四年僞滿洲國爲日本脅迫，合作影印《清實録》，於一九三六年由東京大藏出版會社出版。底本以瀋陽崇謨閣藏本爲主，中缺道光十八年七册和咸豐十一年五册，從北京故宫博物院藏本補抄，《德宗實録》和《宣統政紀》則據溥儀藏本。（陳象恭：《談〈清實録〉和〈清史稿〉》，《歷史教學》，一九五七·一·四一；孫月嫻：《日本對〈清實録〉的纂改和影印》，《社會科學輯刊》，一九八四·三·一一○。

表一

王朝		《實錄》卷數			纂修情況			
年號	歷年	皇帝廟號	總數	皇帝在位期間年平均	職官人數	敕修年	遞呈年	所用年數
順治	一八（一六四四—一六六一）	世祖	一四四	八	一二九	康熙六	康熙十一	六
康熙	六一（一六六二—一七二二）	聖祖	三〇〇	五	二一九	雍正一	雍正九	九
雍正	一三（一七二三—一七三五）	世宗	一五九	一二	二三〇	雍正十三	乾隆六	七
乾隆	六〇（一七三六—一七九五）	高宗	一五〇〇	二五	一二〇二	嘉慶四	嘉慶十二	九
嘉慶	二五（一七九六—一八二〇）	仁宗	三七四	一五	七四八	嘉慶二五	道光四	五
道光	三〇（一八二一—一八五〇）	宣宗	四七六	一六	八六三	咸豐一	咸豐六	六
咸豐	一一（一八五一—一八六一）	文宗	三五六	三二	七八〇	同治一	同治五	五
同治	一三（一八六二—一八七四）	穆宗	三七四	二九	八三一	光緒一	光緒三	三

（資料來源：各朝《實錄》卷首）

表中乾隆以後各朝《實錄》的每年平均卷數都比以前增多。特別是咸豐、同治兩朝卷數之多，至達康熙朝的六倍。其所以如此的原因大約不止一端，我們不在這裏論列。

《清實錄》的卷帙情況如此。現在我們來看其中經濟史資料的篇幅。由於各朝《實錄》卷帙不同，而現在付印的一輯則是道光以前各朝《實錄》中的資料，以下所述也以這一部分為限。

二

實錄既是一朝皇帝在位期間"重大"言行事功的記錄，各朝實錄的內容就因朝代經歷時間的久暫，當時國內外形勢變化和朝政興革的多少而彼此不同，不能完全一律。就順治至嘉慶前五朝二千四百七十七卷《實錄》來說，根據其中"範例"所舉"書"録的專案，它們的内容可以大略歸納爲十類：（一）天象，氣候徵應；（二）皇帝，皇室；（三）兵事；（四）户政，食貨；（五）官制，吏治；（六）貢舉，考試；（七）司法；（八）政府工程；（九）理藩，邦交；（十）纂修官書，旌表節孝、義烈。可以說是把整個朝代所有典章制度變革、文治武功、内政外交，都已包括在内。因爲按照當時的認識，所有這些方面都既是由當朝皇帝一人的意志言行決定，是非功過就都應寫在他的賬上。在這十大類内容裏面，經濟史資料主要是第四類：户政、食貨。其中主要包括下列項目：

歷年全國人丁户口、田地數字，人丁編審，土地開墾、圈撥。

漕糧折徵，賦役蠲除、緩減，歲辦諸物徵、罷，漕運，錢法，茶、鹽、権關則例更定。

水、旱、蟲災年時、地區、災情，蝗蟲防治，災荒賑恤，倉穀儲備。

諸王以下文武官員俸禄，軍士月餉則例更定。

以上各項内容，大體相當於我國傳統史籍中的"食貨"或會典中的"户部"一門，主要是官府經濟或財政史資料。但上列其他各類實録記載，如同（二）中有關皇帝耕耤、閱視河工或海塘的記載，（八）中關於河工、海塘、河渠水利的記載，（九）中關於外藩人眾安插，土司、酋長歸化以及外國朝貢通市的記載，都主要是經濟史資料，特別是（三）"兵事"類内有所謂"剿撫賊寇、平定地方"的記載，在雍正、乾隆、嘉慶三朝《實録》中，往往連篇累牘，不絶於書。其中大部分是各族城鄉人民反抗壓迫剥削起義鬥爭的社會經濟史料；此外，這一類中關於軍糧供應、屯墾和軍事通訊（馬政、郵驛）的記載，不少也是經濟史資料。

這些類的記載之外，還有大量分散在（五）官制吏治和（七）司法等類中，性質不屬於經濟，但内容卻與經濟極有關係的記載。本輯就是由《實録》中這樣一些類別的資料組成的，共約五百五十萬字，當前五朝《實録》總字數二千四百七十萬字的五分之一弱，可能是迄今已出版的篇幅最大的清代前期經濟史資料匯集。已有的這個時期的資料類書，篇幅最大、字數最多的要數《清朝文獻通考》和嘉慶《大清會典事例》。可是兩書這部分資料的總字數，都比本輯少得多。乾隆《通考》"食貨"八考[2]共四十六卷，約七

---

〔2〕《清朝文獻通考》，共三百卷，乾隆二十六年（一七四七）成書。食貨門八考卷數（括弧内數字）如次：田賦考（十二），錢幣考（六），户口考（二），職役考（五），徵榷考（六），市糴考（六），土貢考（一），國用考（八）。

十萬字，不過本輯資料八分之一。嘉慶《大清會典事例》內，戶部事例一百零四卷，禮、工二部事例與經濟有關的二十七卷，合一百萬字[3]，不及本輯資料五分之一。

以上是本輯資料的字數多寡情況，現在來看這些資料的內容和質量價值。

三

任何國家的政府都必須關心本身的財政狀況。在《清實錄》和其他清王朝官修政書中，有關財政經濟的資料都占一定的比重。這一點是容易理解的。《清實錄》的特點是這些記載不止是清王朝的政府財政史料，而且同時是清代中國的國民經濟史資料。這有兩個方面原因。

第一，清朝廷是一個中央集權的專制帝國政府。這樣的一個政權，爲了鞏固自己的統治地位，爲了足食足兵，一方面必須有充裕的財政來源，能夠徵調最大量的賦役，另一方面又須預防老百姓起來造反，不能竭澤而漁。因此，康熙、雍正和乾隆三朝皇帝，主觀上都關心國民經濟，這幾朝的《實錄》裏面於是也有大量關於農業生產和農民生計的記載。

第二，清代國民經濟的主體是農業，並且是個體經營的小農業。小農業不僅是清王朝政府的主要財政來源，而且也是它的首要兵力來源。這是秦漢以後中國歷代專制統一王朝政權與西方專制政權不同的一個重要方面。小農經濟能夠在傳統生產技術條件下，最有效地利用現有土地資源來維持最大量的人口，對政府提供充裕兵力來源，同時小農又因爲散處四境而不是集中在少數府縣，比較不易聚衆造反，而便於中樞操縱統治。

王朝政權依靠小農經濟，小農經濟的生存和繁榮也有賴於政府，特別是一個強有力的統一國家的政府來維護。這主要有兩個方面。一個方面是農業生產即便是近代大規模機械化農業，也不能完全擺脫天時地利因素的影響，小農業或個體農民因地制宜、興利除弊、抗御自然災害的力量更是微弱，因此大規模的如同黃、淮、運河、江、浙海塘等河渠水利工程，或西北新疆邊

---

[3] 嘉慶《大清會典事例》，九百二十卷。嘉慶二十三年（一八一八）成書。禮、工二部二十七卷，子目如次（括弧內數字代表卷數），禮部：耕耤（一），親蠶（一），授時（一），朝貢（六）。工部：河工（十），海塘（二），水利（四），關稅（一），匠役（一）。

遠地區的移殖墾荒，水旱災荒的預防周恤和常平倉穀的積貯等事業，都要由北京朝廷擘劃經營。

另一方面是防止土地兼併和土地的過度集中。農民分化和地權不均是小農經濟的必然趨勢，但土地的過度集中是不利於王朝政權的鞏固的，一個集權的專制統一王朝必須預防這種局面的形成。

由於這些原因，本輯大約五百五十萬字資料裏面，將近一半是關於人口、土地和農業的資料，一百二十萬字左右是商品和手工業史資料，其餘大約一百九十萬字是國家財政史資料。

關於人口、土地和農業的資料分編爲五章：（一）人口，（二）土地，（三）農業生產，（四）清政府的農村賦役徵派，（五）農村人民的生活和反抗鬥爭。這五章中，（一）至（四）章都有一部分內容是超出傳統政府財政的範圍的。因之，也是已有史籍政書中的"食貨"典志和歷朝《大清會典》"戶部"門所不收的。第五章則幾乎全部都是新從《實錄》輯錄而不見其他書籍的材料。

歷代農業生產關係和農村社會階級矛盾鬥爭史的研究曾是我國史學界用力最多和成果最豐碩的領域之一。關於清代前期的這方面歷史，人民大學清史研究所和檔案系合編的《康雍乾時期城鄉人民反抗鬥爭資料》[4]（下文作《康雍乾鬥爭》）是一部重要資料書籍。全書資料輯自第一歷史檔案館所藏檔案、山東"孔府檔案"、地方誌、文集和專著，也有不少采自《清實錄》。蒐羅廣泛，內容豐富。其中十分之七以上是鄉村人民反抗鬥爭的資料。表二是這一部分資料所記載的反抗鬥爭案件次數與本輯類似的案件次數的一個比較[5]：

---

[4] 全二冊，一九七九年中華書局版。

[5] 兩書編輯體例不盡相同。凡內容性質各異案件，未計算在比較數字之內。

表二　本辑與《康雍乾鬥爭》記載全國農村反抗鬥爭案件數[1] 比較

案件\王朝	抗租[2] 本辑	抗租[2] 康雍乾鬥爭	反抗賦役徵派[3] 本辑	反抗賦役徵派[3] 康雍乾鬥爭	搶米遏糴鬧賑[4] 本辑	搶米遏糴鬧賑[4] 康雍乾鬥爭	武裝起義鬥爭 本辑	武裝起義鬥爭[5] 康雍乾鬥爭	總計 本辑	總計 康雍乾鬥爭
順治		三				二			二	三
康熙	一〇	二		五	一	三		四	七	一八
雍正	三	二	八	三	五	二九	二九	五		一六三
乾隆	九	九	五二	二八	一三八[6]	九七[7]		九	二二八	一六
嘉慶			四	五		四	三[8]		七	一八
總計	九[9]	二五	六〇	四六	一四二	一〇九	三八	三八	二四九	二一八

1　某年，某日，某省，某州縣發生的一次事件。

2　《康雍乾鬥爭》，第1章，第1節，"抗租和爭田—民地"（頁一〇～一六四）。

3　《康雍乾鬥爭》，第1章，第4節，"抗糧和反科派"（頁三一〇～三四八）。

4　《康雍乾鬥爭》，第1章，第3節，"奪糧"（頁三一〇～三一九）。

5　《康雍乾鬥爭》，第4章，"農民起義和農民戰爭"（頁五九九～八四四），這一章所收共五十八起案件的資料，其中有的顯然不能稱爲武裝起義，這裏沒有包括在内。

6　其中乾隆十三年，山東一省共五十四案（《高宗實錄》卷三一九，頁九，《康雍乾鬥爭》，頁二八五）。

7　其中乾隆十三年，山東一省共五十四案（《高宗實錄》卷三一九，頁九，《康雍乾鬥爭》，頁二八五）。

8　白蓮教、天理教各省起義戰爭作一次論。

9　白蓮教、天理教各省起義戰爭作一次論。

　　從表中各類鬥爭的案件數字可以看出，《實錄》關於雍正以前和嘉慶朝的人民反抗鬥爭的記載，除武裝起義鬥爭以外，都不如《康雍乾鬥爭》的多，但乾隆一朝則《實錄》資料與《康雍乾鬥爭》或者相等，或者要大得多。這説明即便如人民反抗統治壓迫鬥爭這樣一個爲我國史學界曾着重研究的領域，本輯的資料，也或許還能使我們看出一些問題，從而去做一些新的探索。舉例來説，《高宗實錄》中關於人民反抗鬥爭的記載，即就上表所列的四類鬥爭來看，其案件之多，幾乎每年平均四次，是康熙一朝六十一年的三十三倍。《康雍乾鬥爭》中的資料也反映了同樣的情況，祇是程度稍有不同。爲什麼會如此？這意味着什麼？

　　從上表中還可以看出，不論是本輯，還是《康雍乾鬥爭》的資料，都説明乾隆朝或清代前五朝裏面的人民反抗鬥爭，絕大部分，百分之六十是搶米遏糴和鬧賑；其次是反抗賦役徵派，約佔全部案件的百分之二十；第三是武裝起義鬥爭，佔全部案件的百分之十五；最少的是農民抗租鬥爭，不過全部案件的百分之五左右。

這些數字是否足以啟發我們對於這個時期人民反抗鬥爭的起因、物件和性質作新的研究呢？

《實錄》記載一般都比較簡略。惟獨關於人民反抗鬥爭則往往不厭其詳，對於一案多次反復記載。這樣，對於有的案件就留下了相當完整翔實的史料，供我們利用來研究當時的社會矛盾和鬥爭。例如，康熙五十六、五十七年河南宜陽、閿鄉、澠池等縣人民為了反抗賦役加派先後起事，《聖祖實錄》共有五條記載（康熙五十六年七月己卯至五十七年四月庚寅），其中五十六年九月癸酉日一條中說，河南巡撫李錫上年在宜陽、閿鄉等河南府屬十四州縣加徵田賦每畝四釐，又發給這十四州縣瘦馬共三百八十一匹，每匹勒交銀十二兩，因而激起這些地方人民的造反。[6] 這是對巡撫大員浮徵私派的反抗。多數這類反抗鬥爭的矛頭則是指向州縣小官、佐雜吏役，而敢於首先起來發難的往往不是農民，而是地方紳士。《高宗實錄》裏面有幾條地方士紳帶頭反抗河工兵差徭役的記載，更多的是這類人在災年率先遏糶，鬧賑。例如，乾隆十六年七月，江西安仁縣人民"聚衆阻運倉穀"，"巨魁"是當地紳衿劉丹[7]；乾隆三十三年，江蘇江陰縣民衆因災要求蠲緩錢糧，領袖是保正沈添益[8]；乾隆三十五年，貴州桐梓縣民鬧災，系"有生員在內唆使"[9]。

這些衹是從本輯資料中隨手掇拾的事例。此外類似的記載還所在多有，如能加以系統整理分析，大概對於這一時期人民反抗鬥爭的主要起因、動力和打擊對象，對於清王朝統治勢力興衰消長的契機，乃至對於當時整個社會的階級、階層結構及其相互關係變化的研究，都可能有所啟發或助益。

《農業編》最後一章還有一部分記載社會下層人民"結社設教等秘密活動"的資料，數量也不少。但考慮到其中不少這類活動並不一定旨在反抗官府或任何統治勢力，我們沒有編入"反抗鬥爭"史料。

《清實錄》，特別是《高宗實錄》，可能是清代秘密社會史研究最重要的資料來源之一，而過去大概還沒有人能夠注意利用。例如，關於四川省的"啯嚕"或"啯匪"，單是我們收錄在這裏的直接有關記載就有五十二條，約

---

[6]《聖祖》二七四、一一（《聖祖實錄》卷二七四，頁一一，以下注釋《實錄》出處卷頁號碼標法同此）。

[7]《高宗》三九五、二三。

[8]《高宗》八二三、二三。

[9]《高宗》八五六、二。

一萬來字（凡是內容前後重複、毫無新義的記載和不是直接有關，因而編入其他章節的，還未算在內）[10]，是迄今我們知道的有關嘓嚕的最翔實記載，不僅對於這個問題本身，而且對於後來的哥老會和清代前期四川農村社會的研究，都可能具有重要價值。

以上是第五章裏我們認爲比較重要的一些內容。現在再看《農業編》其他幾章的主要和特殊資料。

四

《清實錄》，特別是《高宗實錄》裏面關於人民反抗鬥爭的大量資料，反映了朝廷對於鬥爭形勢的密切注意，因爲這是最直接關係到王朝安危存亡，因而需要朝廷隨時決策肆應的事情。從同樣的鞏固統治地位的目的出發，王朝所關心的次一方面問題，大概要算廣土衆民，這也就是戶口、墾荒和糧食生產年成。於是《清實錄》也爲我們在這幾個方面提供了大量官方資料。

第一章，關於人口的資料，包括兩個部分：戶籍編查和人丁戶口統計。一般人比較感興趣的是第二部分人口統計數字。因爲這些是唯一的全國性系統官方數字，應當具有權威性。但是其中有的數字顯然十分荒謬，令人難以置信，甚至懷疑其他數字的可信性，爲清代人口史研究增加了困難，而第一部分關於戶籍制度的資料，對於我們了解這些數字的來歷、性質和適當估計它們的價值是有用的。

《清實錄》記載全國人口數字"民數"，始於乾隆六年（一七四一）[11]。在這之前，從順治八年（一六五一）[12]，到雍正十二年（一七三四）[13]，八十四年間《實錄》所記載的是所謂"人丁戶口"[14]。人丁是十六至六十歲的應徵差徭義務男子，不包括婦女老幼在內，所以這是政府課徵丁銀（差徭代金）的對象，而不是人口數字。從雍正十三年（一七三五）到乾隆五年（一七四〇）六年間，《實錄》沒有任何全國性人口數字見諸記載。乾隆六年以後直至同治十二年（一八七三），前後一百三十二年間，每年最後一卷《實錄》的卷末，都記載有當年的全國"民數"（"大小男婦名口"）和"穀數"

---

[10] 見本輯農業編第五章第三節，四。
[11] 《高宗》一五七、三〇。
[12] 《世祖》六一、一六～一七。
[13] 《世宗》一五〇、一八～一九。
[14] 實際上是以明代萬曆年間（一五七三——一六二〇）《賦役全書》記載爲基礎，根據清代五年一次編審的結果加以調整的數字。詳下文第七節。

("存倉米穀"石數)。光緒《德宗實録》則完全没有這種數字。

這些數字是户部根據各省上報材料統計出來的。各省材料在乾隆六年至嘉慶二十五年共八十年間,除嘉慶朝三年湖南、湖北、陝西和福建四省材料不全以外,其他年份都是系統完整的[15]。問題是這些人口數字的可靠性怎樣?

關於《清實録》人口數字的可信程度或誤差大小問題,國内外學者爭論已久,祇是到二十世紀七十年代以後,才有比較一致的看法[16]。世界各國的人口統計,即令是近代、當代數字,都不免有一定誤差,問題祇在於幅度大小。《實録》人口數字所以令人懷疑,是其中有的年份,連續兩年的全國民數完全相同,毫無增減[17],又有的一年之間,民數突增百分之二十[18],或突減百分之七[19],都是令人無法理解的荒唐記載;還有如嘉慶元年(一七九六),白蓮教起義方興未艾,全國民數就從上年突減二千一百萬,合百分之七;而在嘉慶三、四兩年,起義戰爭地區擴大以後,民數反倒連續增長,以致嘉慶十年(一八〇五),亦即白蓮教起義戰爭完全平息後的翌年,比戰爭開始時期嘉慶二年(一七九七)的民數要多六千萬,或百分之二十二[20],這樣總起來看,似乎經過了爲時八年和廣及七省的戰爭,全國人口不但没有任何減少,反而大爲增加了。

但是,這樣的荒唐情況,在乾嘉兩朝的記載當中終究祇是少數,並且既然易於發現,也就不難加以訂正。對於經濟史研究來説,重要的是全部數字是否大體可信,是否能夠反映這個時期中國人口消長的大致趨勢。如果祇是這樣來要求,那麼我們認爲《實録》人口數字還不失爲大致可信的參考資料,理由如次:

第一,《實録》裏面一些記載説明清帝弘曆不僅發動了乾隆六年以後全國"民數"的查報,而且在他在位的年代當中,一直注意着這件事情。當時清王朝國勢鼎盛,乾隆政權尤其炙手可熱;但另一方面,人民的反抗鬥爭已

---

[15] 道光朝(一八二〇—一八五〇)數字也基本完整,咸豐、同治兩朝(一八五一—一八七四)則僅兩年有各省全部數字。

[16] 珀金斯(Dwight H. Perkins):《中國農業的發展(一三六八—一九六八)》(上海譯文出版社,一九八四年)頁一一~三四,二五一~二八八。這裏關於我國歷史上人口數字的論述,有不少可供我們參考之處。

[17] 《高宗》二八一、三〇、三〇五、四三、三三一、六六、三五五、二四。

[18] 《高宗》九七三、三二、九九九、三四。

[19] 《高宗》一四六七、二三、一四九三、二九。

[20] 《仁宗》一二、一九、一五五、二三。

日益頻繁，清查户口成爲"彌盜安民"的嚴重任務，地方官吏不敢十分玩忽。加以康熙五十二年明詔滋生人丁永不加賦以後，各省多報人口，不僅並不增加賦稅負擔，而且能在積儲備荒倉穀上面得到好處，所以不致蓄意隱匿少報。

　　第二，在整個這一世紀當中，除了嘉慶初的短期波動和個別年份的突然漲落以外，民數的基本趨勢是平穩的直綫增長。從乾隆七年（一七四二）到二十七年（一七六二）二十年間，民數從一億六千萬增爲二億，平均年增百分之一點一；從二十七年到五十五年（一七九〇）二十八年間，從二億增爲三億，平均年增百分之一點五；再到道光十四年（一八三四），四十四年間，又增加爲四億，年增長率百分之零點七[21]。總計九十二年間，平均每年增長百分之一。這樣一個速度大概是符合當時歷史實際的，在這一個世紀內，一方面除了嘉慶初的白蓮教起義戰爭以外，我國國內基本上是和平安定局面。另一方面，玉米和番薯兩種外來農作物在許多省份的廣泛種植，使得國內糧食產量空前增加[22]。這正是一個社會人口不斷迅速增長的時代。

　　第三，現在國內外多數專家學者都認爲，我國公佈的一九五三年的全國人口數字是接近實際的。從道光十四年（一八三四）到一九五三年，歷時一百一十九年。其間中國經歷了太平天國、捻軍和回民起義戰爭（一八五一—一八七四），經歷了北洋軍閥和蔣介石統治時期的連年內戰（一九一三—一九三六），又經歷了八年的抗日戰爭（一九三七—一九四五）和三年的解放戰爭（一九四六—一九四九），全國人口從四億增加到六億[23]，平均年增長率僅爲百分之零點三，是可以理解的，也反映了道光十四年以前一百多年間的人口增長率大概並不偏高，而是近乎實際的。

五

　　第二、三兩章《實錄》有關土地和農業生產的資料裏面，全國性土地數字衹有從順治八年（一六五一）到雍正十二年（一七三四）的逐年全國"田、地、山、蕩、畦地"頃數。同上述"人丁户口"數字一樣，這些是政

---

[21] 本輯《農業編》，第一章，第二節；《經濟科學》一九八一年第二期，頁七六～七七，第四期，頁八十。

[22] 陳樹平：《玉米和番薯在中國傳播情況研究》，《中國社會科學》，一九八〇年，第三期，頁一八七～二〇四；李德彬：《番薯的引進和早期推廣》，鄧力群、錢學森等著：《經濟理論與經濟史論文集》（北京大學出版社，一九八二年），頁一三九～一七一。

[23] 國家統計局編：《偉大的一年》（人民出版社，一九五五年），頁一。

府課徵賦稅的數額。其中多數祇是就明代萬曆年間的舊額，略加或根本不加增減的數字，因此不僅不是實際耕種地畝，而且往往多年固定不變，並不反映農民耕地的實際增減。

乾隆和以後各朝《實錄》沒有相當於"民數"的全國耕地面積數字，而有不少關於四川移墾，新疆屯墾，各省"報墾升科"和坍塌不堪耕種土地報請開除田賦的記載，有不少關於政府墾荒政策的諭旨和奏議；也有一些揭露各省大小官吏虛報墾荒成績的材料。如果加以系統整理、綜合和分析研究，對於清代前期全國耕地面積的消長變化，即使不能得出確切數字，也是能夠增進對於實際情況的了解的。

《清實錄》裏有大宗"旗地"、"官田"材料。關於"民田"佔有關係也有一些重要材料。其中最值得注意的是關於朝廷維護小土地所有制和小農經濟的記載。這裏如：（一）招民墾荒條例中每户占地以三五十畝爲限的規定[24]；（二）禁止山西商人災年到河南"越境放債，賤准地畝"的記載[25]；（三）朝廷蠲免田賦年份勸諭地主富户酌減地租的諭旨[26]；（四）懲辦河南官僚彭家屏之弟彭家植[27]、湖南監生段興邦[28]和禮親王昭槤[29]等突出兇惡不法地主的事例；以及改定紳衿優免差徭制度[30]和廢除各省殘存賤民户籍[31]等記載，都説明清王朝所重視和維護的是小農經濟和小土地私有制。

在十七、十八、十九世紀，清代皇帝還不可能知道小農經濟這個名詞和其中的經濟學，但他們大概從我國歷史上專制帝王的統治經驗中，從《孟子》上就已有過的"有恒産者有恒心"[32]這類教條中，懂得了朝代強盛和國家長治久安的首要條件之一，在於廣大農民能夠安居樂業，而這又在於農民不僅有地可耕，而且還對耕地享有產權。所以他們必須維護土地私有制，而在這種制度必然引起的土地兼併的客觀現實面前，採取一些補苴調和措

---

[24] 如四川招墾，每户給水田三十畝或旱地五十畝，《世宗》六七、二五。
[25] 《高宗》一二五五、二三，一二五七、二四，一二六三、二九。
[26] 《高宗》三〇九、一二。
[27] 《高宗》三八四、五。
[28] 《高宗》八九〇、七，八九一、一〇，一一、一八，八九五、一、二。
[29] 《仁宗》三一二、二五，三一三、四。
[30] 《聖祖》一四六、一四、二三；《世宗》四三、二三；《高宗》一七四、一八，五〇六、八，八四五、二五。
[31] 《世宗》六、二三，一一、二七，五六、二七，八一、三八，九四、一七；《仁宗》二二三、二四。
[32] 《孟子·滕文公》上。

施，一方面藉以預防過分强大的地主勢傾朝野，甚至割據稱雄；同時也是害怕過多農民迫於饑寒而流離載道，可能起來造反。

《清實錄》裏面的農業生產記載，有關墾荒或耕地面積增減的，已在上面提到。此外比較重要的是：（一）農田水利，（二）自然災害，和（三）新疆墾殖等三個方面的資料。

（一）農田水利

《實錄》對黃、淮、運和直隸永定河等河的重大河工，都有比《會典》、《通考》等書更爲詳盡的記載。本輯《財政編》有關河工經費的章節中，選錄了其中不小一部分。在各省農田水利方面，浙江海塘（所關不僅農田水利）和寧夏河渠資料不少，但同其他官修政書比較起來，《實錄》更突出的，是關於畿輔直隸水利，特別是其中關於發展水稻種植的記載。康、雍、乾三朝政府在直隸、河南和山東三省，特別是雍正一朝，在淮河以北，作了大概比宋、明兩代都更爲巨大的努力，來發展水稻種植，但成績同樣不大。《清實錄》對於清朝前期政府試圖運用政治力量來維護和發展小農經濟的用心，在這裏也提供了一個典型事例。《實錄》這裏固然記載了這個"運動"初興時期（雍正四、五年，一七二六——一七二七）的聲勢和成績，如直隸各州縣已經開闢的水稻田面積：官營，三千二百八十七點七頃；民營，文安縣，三千余頃，安州、新安、任邱三州縣，二千餘頃。水稻產量，"據各處呈報新營水田，俱禾稻茂盛，高可四五尺，每畝可收穀五、六、七石不等"〔33〕。但《實錄》並不諱言這場一度聲勢煊赫的自上而下的發展生產"運動"，在不到十年之間就綻露衰象〔34〕，不到二十年之間，就以失敗告終〔35〕。更難得的是《實錄》還記載了一些事情，爲後人分析研究其中的成敗緣由提供了綫索。例如在"運動"高潮中的雍正六年（一七二八），"效力［營田］主簿梁文中，在薊州營治水田，將水泉微細之地捏報堪營。因民間觀望，差拘責比，復逼迫民人將已種豇豆、高粱等項拔去"，以致農民蒙受損失，朝廷旨在"惠養斯民"、爲地方興利的好事變成了壞事，他自己也被認爲是"阻撓政事"，不但丟了原來官職，而且被罰在"工所枷號示衆"，賠償農民豇豆損失〔36〕。這雖然不過是一個事例，但是否也能用來說明古今中央集權專制國

───────

〔33〕《世宗》五一、二〇，六〇、二五。
〔34〕《高宗》五三、三。
〔35〕《高宗》二一六、九，六七三、九。
〔36〕《世宗》七一、四。

家政令得失的普遍道理的一個方面呢？

（二）自然災害

《實錄》這方面的材料，又可分爲二類：

（甲）災害類別、頻率，災區範圍和災情。各省報告災情通常都很積極，因爲由此可以請求朝廷減徵、緩徵，甚至完全蠲免錢糧。所以這些記載是否完全可信還是問題。不過就記載的完整程度來說，《實錄》要超過所有其他官修政書。現有清代全國各省的自然災害統計，大概要推陳高傭編的《中國歷代天災人禍表》卷九[37]最爲詳備。這部巨著成於二十世紀三十年代，當時《清實錄》尚無影印本，所以書中的清代部分表格是根據清"三通"、《清史稿》、《清史紀事本末》、《清鑒》等書的記載編制的。其中記載的清代從順治到嘉慶五朝的自然災害，總的要比本輯所記載的少四百三十八次，前三朝的記載比較接近；乾嘉兩朝則陳書所記次數祇有本輯的一半。

（乙）災荒防治。清政府的水旱災害防治措施，主要是興修河渠水利和黃、淮、永定、荊江等河的搶險防洪工程。《實錄》除了關於這些工程的技術方面有大量記載以外，還有一個方面的資料，是其他政書所不載的。這就是如同政府禁止湖南、湖北農民在洞庭湖和漢水沿岸與水爭地之類的法令[38]。這些資料除了反映政府水利政策的意義外，在反映清代前期人口增長對於農業生產的壓力，反映政府在小農經濟發展上的作用等問題上，也是很有價值的。

清前五朝《實錄》裏另一方面的突出的資料，是關於蝗災防治的廷議和具體措施的記載。單是我們輯錄在這裏［農業編，第三章，第五節，一，（二）］的就有一百三十條，約二萬多字。從第五節"一，（二），3"的統計表上可以看出，就頻率和災情嚴重程度來說，蝗蟲在清代前期是僅次於水、旱的第三大災，理應爲朝廷所密切注意。《實錄》的大量記載，一方面說明了像蝗蟲這樣易於廣泛蔓延的農業災害，確是需要由中央政府來統一採取防治措施，但另一方面，更多的是暴露了當時清朝統治在這種問題上的無能和寡效。例如，（一）皇帝本人的缺乏常識而又好炫才矜能，雍正和乾隆皇帝父子幾次發表過一種奇談怪論，居然說蝗蝻是由低地水坑裏面的"魚子"經過日曬以後孵化出來的[39]。

---

[37] 全書十卷，一九三九年上海暨南大學出版。
[38]《高宗》一七一、二九，二五八、九，二八九、四，四五九、二三，六九九、二一。
[39]《世宗》九三、二五，一〇八、二七；《高宗》五六一、二八。

（二）政府的防治措施是凭藉功令，由地方駐軍或州縣官吏、胥役督責里保強徵民役從事鏟蝻驅蝗，結果是田少農户被迫應役，旗莊巨富袖手事外，而揭發這類情況的御史言官反由此獲譴[40]。

（三）有的州縣迫於上司督責，偶而動用官款、官米，收買蝻子，或臨時僱傭用民夫驅捕蝗蟲，也從來不曾收到過較大成效[41]。原因除了省、府、州縣之間不能通力合作之外，還在於農民害怕地上莊稼遭到踐踏[42]，尤其是州縣胥役的敲榨勒索。農民說："胥役滋事，甚於蝗蝻。蝗蝻僅食禾稼，胥役累及身家"[43]。所以農民在遇到蝗災的時候，往往是一面祈禱"劉猛將軍之神"禳災，一面跪求州縣胥役不要進村[44]。

以上是乾隆時期的一些零星記載，但其中所透露的清王朝統治下的地方行政實際卻可能是有普遍意義的。根據本輯〔農業編，第三章，第五節，一，（二），3〕中清代前五朝的全國蝗災數字，乾隆朝蝗災的嚴重程度僅次於順治朝，平均每年都有一個州縣遭到蝗災，順治朝平均一個以上州縣，而康熙朝要每四年，雍正朝每五年，嘉慶朝每二年才有一個州縣發生蝗災。順治朝兵荒馬亂，蝗災頻仍或在情理之中，但乾隆朝華北各省很少兵燹，這連綿不已的蝗災，是朝廷防治措施徒具形式的具體證明。同時，從這樣的一些記載，我們是不是也可以看出，《清實錄》裏絕不祇是對於皇帝的頌歌諛詞，而也有不少可貴的真實史料呢？

（三）新疆墾殖

康熙、雍正以後，新疆地區的開發是清王朝在中國經濟史上的一大貢獻。《清實錄》對這一經過有相當翔實的記載。在本輯裏我們編錄了有關這方面的一共二百五十條，約四萬字的資料。對於社會經濟史研究來說，其中的重要內容，大約有這樣兩個方面：（一）關於新疆農業生產發展，（二）關於新疆少數民族的社會經濟，尤以前一方面的資料居多。這方面如同，（甲）墾殖地區範圍和規模——移民來歷、人數、墾地面積；（乙）農業生產情況——氣候、水利、土壤條件及其改進，農作物種類和單位面積產量等方面，都有分別地帶的幾乎逐年的系統記載，是其他政書所少載或根本不載的

---

[40]《高宗》八六二、一六、二二，八六三、五、二二，八六四、二三。
[41]《聖祖》二三八、九；《高宗》九三、二四，四一五、一五、二三，五九八、二三。
[42]《高宗》四一五、一五，六一三、一九。
[43]《仁宗》五〇、四六。
[44]《高宗》四一五、一五。

資料。

這個時期新疆北部的移民墾殖，可大別爲三類：軍屯、民屯和遣犯（發配到新疆的罪犯）屯田。民屯又分爲漢民屯田和回民屯田。其中最重要的是軍屯，即去到新疆打仗和駐防的軍士兵丁的屯田。本輯這一部分四萬來字的資料中，十之六七是記載軍屯的，關於民屯和遣犯屯田的記載不過百分之三十二。因此這裏的墾地頃畝和年成產量數字，大概也同第一、二章的人口、土地數字一樣，不能完全置信；不過由於各地前後記載條數不少，研究者不難通過比較分析來辨別其中是非真僞。因此，這部分記載仍是極有價值的清代新疆墾殖史資料。

關於南北疆少數民族社會經濟的記載[45]，數字不是很多，不過大致都是本於當時派駐新疆官吏的親身見聞而又不爲《平定準噶爾方略》（乾隆三十七年）、《平定回疆剿擒逆裔方略》（道光九年）等官書所輯錄，因此也是難得見到的史料。

六

前五朝《清實錄》中的商品、貨幣和手工業史資料，數量不是很大，我們輯錄在這一編中的，大約一百二十多萬字，還不到《農業編》字數的一半。這大概是國家重農輕商和商業在國民經濟中的微末地位的反映。一百二十萬字中，主要是關於糧食貿易和鹽、鐵、銅等貨物的官營或包商產銷的資料，貨幣流通、銀錢典當和高利貸業資料，交通路綫以及沿海和臺灣地區的通商限制的資料，食鹽生產、鑄幣和織造等官府手工業資料，也有一些關於商人和私人商業資本的記載。這最後一部分，雖然字數不多，卻是《實錄》資料的特色和精華所在。因爲關於官營或特許經營商業、對外貿易管理和貨幣制度這些方面的興革演變，不僅一般官修政書都有記載，而且有詳備的法令條例專書，而關於商人本身和商業資本的記載資料，則除了故宮原清政府檔案、各省地方誌和私人文集筆記之外，《實錄》便是重要來源。官修政書一般都很少或根本不記載私商個人事蹟，因而很少或全然沒有微觀的商業經濟史料。例如《清朝文獻通考》是政書中商人姓名事蹟記載較多的，但其中有姓名可稽的一共不過六人（銅商四人，鹽商二人）[46]，而前五朝《實錄》

---

[45]　散見於第三章第二節，二，（四）和三，（九），未分列子目。

[46]　《清朝文獻通考》，卷一六，二七～二九，三二。

裏面[47]，根據我們初步查點，卻有七十三人（鹽商四十八，銅商十四[48]，行商十一）之多。

在《實錄》這部分關於商人資本的資料中，特別值得注意的，也許是其中有關清政府和政府官吏一方面利用，而另一方面壓迫和摧殘私人商業資本的記載。在利用方面，比較突出的如清廷内務府利用王綱明[49]、山西范氏家族[50]等官商運銅、行鹽、供糧、販馬，乃至銷售人參；高級官吏利用商人，如乾隆年間侍郎永壽（乾隆皇帝姪）交淮商黃德、程可正先後經營江西吉安府鹽引[51]，廣東巡撫熊學鵬通過兩淮總商江廣達爲其子熊之臺謀得"鹽窩"[52]（歸商人獨專的銷鹽地區），新疆葉爾羌辦事大臣高樸（慧賢皇貴妃姪，大學士、内大臣高斌孫），利用蘇州商人販賣玉石[53]等等事例，都是以官府的某種特殊權益作爲"股本"與私人合伙經商，既利用商人的資財和能力來賺錢，又可以不蒙與民爭利的罪名。這從王朝或官吏方面來説，都無疑是很高明的辦法；至於對商人來説，其爲禍爲福，從而對於中國商業資本發展的影響如何，都是有待於根據這裏的和其他資料來更深入和全面研究的問題。

在對於商人的壓迫打擊方面，主要是各種不同形式或名稱的敲榨勒索：捐輸或報效，勒索或賄賂。《實錄》記載這方面的事例極多，情況也都大同小異，其中比較突出的事例，如乾隆初年雲南礦商吳尚賢[54]，在滇緬邊境開辦銀礦；福建僑商陳怡老[55]，到南洋噶喇吧貿易多年，都極爲成功，但都分別爲這兩省地方官府所殘酷迫害，以致家破人亡，説明清代商人同其他

---

[47] 本輯《商業手工業編》。
[48] 傅衣凌：《清代前期東南洋銅商》一文（《明清時代商人及商業資本》，人民出版社，一九五六年，頁一七六～一九七），除《清朝文獻通考》外，還從其他中、日文文獻蒐集資料。但所提到的有姓名銅商，連《清朝文獻通考》四人在内，一共亦祇十一人。
[49]《聖祖》二五五、四，二六四、一、一五，二八八、一；《世宗》九、七。
[50]《世宗》一六、一八、一〇六、八，一五九、八；《高宗》五、一七，九、二七，六八、七，七七、八，二一四、一〇，二一五、一四，二三一、五九，二四六、九，三二〇、二五，二三一、五九，四六九、二三，七〇八、一五，七三七、一五，一一七二、五，一一七五、一五，一一八一、四，一一八四、二，一一八六、七。
[51]《高宗》二一八、二。
[52]《高宗》一〇一二、一三。
[53]《高宗》一〇六七、四、七、九、三三，一〇六八、九、一〇、三一，一〇七〇、三、三七，四〇、四八，一〇七一、一，一〇七五、二一。
[54]《高宗》三六九、三，三九三、六，三九四、一三，四〇〇、四。
[55]《高宗》三四六、一四，三六一、一七，三六四、三。

職業的私人一樣，個人生命財產完全沒有安全保障；而生命財產的安全保障是任何私人經濟賴以建立和發展的最基本條件。所以官商關係或商人的政治地位也許是清代商業史中的一個關鍵性課題，《實錄》裏面這方面的資料，值得我們予以重視。

七

本輯第三編《國家財政篇》，主要包括如下三個方面的資料：

（一）政府財政收支內容項目和規章制度沿革。這一部分數量最大，其中主要內容也大致見於《清朝文獻通考》和歷朝《會典》。這裏的資料所不同的祇是對有的制度變革，如耗羨歸公、養廉銀制度化、攤丁入地等等的原委經過，有比政書更爲詳盡的記載。

（二）順、康、雍三朝（一六四四——一七三四）九十年間逐年的地丁、漕糧、鹽引、鹽稅、鑄錢等數字和從乾隆六年（一七四一）到嘉慶二十五年（一八二〇）八十年中逐年的各省存倉穀石數字。在《會典事例》和《通考》中，這些數字，或者根本沒有，或者祇有某幾年的。因此《實錄》的這些數字記載是戶部檔册以外，有關問題的唯一系統資料來源，也基本上反映了這個時期清政府財政收入的真實狀況。

清代前期，政府的主要財政收入是地丁和漕糧。兩者基本上都按照明代萬曆年間（一五七三——一六二〇）《賦役全書》徵收[56]。因此，《實錄》這裏順、康、雍三朝的"人丁戶口"和"田地"頃畝數字，如果作爲當時實際存在的人口和耕地來看是完全不符實際的；但是作爲政府的徵課對象，則是與丁銀和漕糧一樣的真實數字。丁糧是政府每年的實徵收入，"戶口"和"田地"是徵收依據。一個省的丁糧總額既是稅則與戶口、田地數額的乘積，又須與該省"起運"（報解中央各衙門）和"留存"（地方經費）數字吻合，其間不容許什麼差異，所以，從這個意義上來說，這些數字是真實可信的。

在同樣的意義上，這一編裏面的三朝其他財政收入，鹽、茶官銷稅額和鑄錢數目，也都確實可信。其中鹽稅是清政府僅次於地丁漕糧的重要財政收入，在順、康、雍三朝，每年的鹽稅收入，大致相當於地丁銀兩的十分之一。所以這裏的這些數字，對於了解和研究清代初期政府的財政收入是重要

---

[56] 清政府在順治三年即已着手編纂《賦役全書》，但到十四年底方告完成。其中"錢糧則例，俱照萬曆年間"；賦額也是在萬曆《賦役全書》的基礎上，按當時編審清丈材料增減而定。（《世祖》二五、二四，八三、四，一一五、六）。

的。但這些並不是清政府財政收入的全部,更不是清王朝整個政治機器所加在全國老百姓身上的全部負擔。丁、漕、鹽、茶之外,關稅(分屬戶部、工部經管)、雜稅、內務府各種收入、旗地官莊以及捐輸和商人報效這些項目,在清代前期政府的財政收入中,雖然不如太平天國革命以後那麼重要,但其中如內務府收入在皇室宮廷經費上,捐輸或商人報效在軍事經費上,還是有一定重要性的。所以,如果要對這個時期清政府的財政收入作全面深入研究,則除了這裏的數字和本編其他《實錄》記載以外,還須直接從故宮檔案和其他政書中補充搜集資料。

但是,政府的財政收入還不等於,而是遠遠小於老百姓所負擔的國家經費。因爲除了額定的賦稅差徭以外,老百姓還要忍受政府官吏和衙門胥役的敲詐勒索。

(三)政府官吏和衙門胥役的貪污營私。清代政府官吏(連同他們的幕僚、家人)和胥役的貪污營私,包括私徵勒索、侵蝕剋扣和貪贓受賄等等活動,《實錄》記有大量的事例,都是不能在其他政書中看到的資料。其中官吏胥役敲詐勒索商民或他們自己之間相互結納賄賂的案件,與國家財政或國民經濟沒有多大直接關係,但這種現象是一個朝代政風吏治的一個重要部分或表現,如果不斷發生,或普遍滋長,則農民生計、工商業發展和整個國民經濟,肯定要受嚴重影響。因此《實錄》的這一部分記載,也是清代經濟史研究的重要資料。

八

以上我們分編論述了清前五朝《實錄》經濟史資料的主要內容和特點。所謂特點是以《實錄》相對於《通考》、《會典》這類政書作爲文獻資料來說的。現在我們再以經濟史研究的需要作標準來衡量《實錄》資料。這裏我們提出這樣兩方面的意見來討論:

(一)《實錄》資料的真實性問題

任何關於社會或人與人之間關係的文字著述,大概都不可能完全避免作者個人自覺不自覺的各種主觀因素或立場觀點的影響,因而也不可能絕對客觀真實。就《清實錄》來說,其中資料的真實性問題,須分別兩個層次來作分析,首先是清政府(故宮)檔案的真實性問題,其次是《實錄》的真實性問題。

《清實錄》是根據清政府各衙門冊檔編纂的,可以說是編年體的檔案資料節錄。這樣,《實錄》資料的真實性問題,實質上也就是清政府中央與地方之間以及各部門相互之間的往來公牘是否真實的問題。在清代那種集權專制統治制度下面，內外上下公牘中存在如同對王朝和皇帝的有頌無貶、各級官吏的炫功諱過和臣僚之間黨同伐異之類的偏向是沒有疑問的。但就清代前五朝的全部上下行文公牘來說，多數還應當是真實可信，大體上反映了這一百七十多年間的政治、經濟和某些方面的社會基本情況。其中內容不同程度虛假失實的題奏本摺當然是有的，即如本輯資料中，督撫捏報墾荒地畝[57]、州縣隱匿人丁戶口[58]而爲皇帝所覺察和指責的事例，就很不少。但就這個時期清王朝的整個吏治政績來說，這種情況終究還祇是枝節，而不是主流。這個時期是清王朝的盛世。康、雍、乾三朝皇帝主觀上都還在勵精圖治。在當時的生產技術條件下，他們所遵循的政治、經濟方針政策是符合王朝根本利益的。因此，如果這一時期清朝廷內外上下之間來往的公文案牘都是些從"四書""五經"裏引來的陳詞濫調，或者是虛擬浮誇的政績滙報，那就不能說明當時全國基本上統一和平、農業生產和人口迅速增長以及國勢強盛的局面。這也就是說，清代前期政府檔案的內容，基本上應當是真實可信的。

《清實錄》是根據清朝政府檔案修纂的。如果檔案內容基本上真實可信，那麼，除非修纂工作中有什麼問題，或在修成定本以後，又經過後人改竄，《實錄》內容也應該基本上是可信的。

修纂上的問題，就是《實錄》在選錄檔案和節刪其中文字上是否有所偏向。根據纂修"凡例"，一朝《實錄》的記事範圍，大概都有一定準則，凡是與應"書"事件有關的檔案內容，在《實錄》中都應有適當反映，纂修人員似乎沒有多少選擇餘地。因此纂修上的問題，比較大的是檔案文字的節刪。《實錄》一條記載的字數，可能祇是所依據的題奏本的幾十分乃至幾百分之一。這樣，內容細節自然也要有所減損。但總的來看，檔案中的主要內容決不致於被抹煞或者完全歪曲，檔案資料的真實可信程度並不因爲編入《實錄》而受嚴重損害。

更重要的問題是這幾朝的《清實錄》，有沒有在編定以後又經過後人改竄？改竄的程度和對於其中資料的真實性影響怎樣？

最早懷疑《清實錄》於編定以後曾被後世皇帝修改了的，是孟森。孟森

---

[57] 最早如四川巡撫羅森，康熙十一年虛報開墾五六百頃（《聖祖》一〇六、四），河南、福建兩省捏報開墾地畝最多（《高宗》四、三七，五、五二，七、一八，一一、一三，一六一、一一）。

[58] 例如乾隆四十年，清帝說有的省份所報戶口"不及實數什之二三"（《高宗》九九二、一七）。當時湖廣總督陳輝祖說："（湖北）應城一縣，每次祇報滋生八口，應山、棗陽祇報二十餘口及五、六、七口，且歲歲數目一律雷同"（《高宗》九九五、一五）。

在一九三七年，根據蔣良騏《東華錄》和王先謙《東華錄》中有的記載不見於故宮小黃綾本《實錄》，著文[59]提出這個問題，認爲《清實錄》曾經屢被修改，認爲清朝皇帝把修改《實錄》當成了"日用飲食之恒事"。同時指出這種修改大概祇能限於藏在北京的幾份《實錄》，特別是宮中經筵日講用的小黃綾本，而不大可能遠赴瀋陽去把崇謨閣藏本《實錄》（下文簡稱閣本）也同時修改，所以他建議用閣本來與北京藏本校對，以明修改真相。

孟森所舉未見於小黃綾本的記載，有蔣《錄》三條，王《錄》一條。我們就這四條檢查了影印閣本，發現其中兩條（蔣《錄》，順治十二年給事中李裀因諫阻追捕逃人被流徙尚陽堡；王《錄》長逾三千字的雍正七年曾靜案記載），閣本有完全相同記載[60]（蔣《錄》記載首尾有幾個字不同，顯然出自蔣氏手筆），這證明了小黃綾本《實錄》經過後人刪改之處；另外兩條（蔣《錄》[61] 康熙中陸隴其因諫阻捐免保舉被譴及御史彭鵬疏劾李光地奪情）則閣本也未見記載，大概是蔣氏抄自"紅本"或其他文獻資料而並非抄自《實錄》。所以根據孟森提出的四條例證，我們可以肯定有的故宮藏本《實錄》是在編定以後又經過刪改的，但還不能說這種刪改次數很多，範圍十分廣泛。閣本中被刪兩條都是關於清代初期滿漢民族關係或清統治者對付漢人知識分子的政策的。由此我們猜測即使還有其他的竄改刪削，大概也不至涉及與民族矛盾和清政權的統治地位關係不大的問題的。

至於《實錄》被改次數的問題，我們以爲從已知的情況來看，也可以說祇有一次，大概就在乾隆中葉大興文字獄廣泛搜求所謂"違礙"書籍的時候。這也正是蔣良騏供職國史館的年代。蔣良騏《東華錄》關於漢人名士的記載特詳，而於曾靜這樣的軒然大案，反而與黃綾本《實錄》一樣，完全不着一字，這大概不是偶然的。孟森提出《清實錄》在光緒中葉又經過一次修改的看法，是因爲王先謙《東華錄》[62] 有曾靜案記載。王《錄》成於光緒初葉，那麼《實錄》必然是在其後又有過改削了。二次乃至多次修改當然是可能的，但一則不能解釋蔣《錄》爲什麼沒有曾案記載，二則從雍正六年（一七二八）以至光緒十四、十五年（一八八八—一八八九），相隔一百六十年，清統治者又爲什麼要舊事重提，來把曾靜案從《實錄》上抹去呢？此

---

[59]《讀〈清實錄〉商榷》，天津《大公報·圖書副刊》，一七四期（一九三七年三月二十五日）；《明清史論著集刊》（中華書局，一九五九），頁六一九～六二三。

[60]《世祖》八八、一八、一九；蔣良騏：《東華錄》卷七。

[61] 蔣良騏：《東華錄》卷一六。

[62] 王先謙：《東華錄》卷七（雍正七年五月乙丑）。

外，王先謙原是因爲嫌蔣良騏《東華錄》過於簡略，所以又自己另輯，那麼很有可能是從"紅本"或別本《實錄》抄入曾靜案記載，而不一定是王《錄》成書以後《實錄》又經過一次修改。這個問題還待校對故宮各本《實錄》才能最後解決。但從這些情況可以看出《實錄》被改的次數是不多的。[63]

所以，概括起來，我們認爲清代的政府檔案資料大概並沒有因爲被編入《實錄》而減損了多少原來的真實性。就資料內容的真實程度而言，檔案與《實錄》大概不至於有多大差別。有的論者[64]認爲從檔案中能找到"十分有用的史料"，認爲明清檔案是"研究明清兩代歷史的不可缺少的第一手資料"，這自然是正確的；但同時又把《實錄》說成"爲皇帝歌功頌德的"資料，給人以《實錄》與檔案截然無關的印象，把兩者間的淵源關係完全抹煞，從而歪曲了《實錄》資料的基本性質和內容，這就很難令人同意了。

(二)《實錄》資料的整體性問題

所謂整體性，是指《實錄》資料的一個總的特點，即是它的內容反映了清王朝統治者從本身利益出發所看到的中國社會整體。《清實錄》是一部編年體綜合性史事長編，舉凡有清一代中國社會的內部和外部、基礎和上層建築的各種矛盾和關係變化，在裏面都有所反映。任何時代的歷史都是一個整體。經濟史與其他歷史的劃分是人爲的，無非爲了研究上的方便。因此，本輯雖然是經濟史資料，但由於《實錄》原書內容的這個特點，這裏的資料也許能夠較多地反映歷史事物之間實際上密不可分的整體關係。

由於《實錄》全書的性質，本輯內容大部份是宏觀經濟和國家財政史料，有關私人或微觀經濟的記載很少。如果是研究西方國家的經濟史，這是很大的缺陷，但對於清代經濟史的研究來說，問題不是很大。因爲在整個清代，國民經濟的主體是小農經濟，也是習慣經濟。直至清代末年，中國北方旱地農作物的生產技術，基本上停留在戰國時代，江淮、嶺南的水稻生產技術停留在北宋的水平。商品經濟始終是以"日中爲市……交易而退"[65]的

---

[63] 據孫月嫻在《日本對〈清實錄〉的篡改和影印》(《社會科學輯刊》，一九八四年第三期)一文中說，日本人曾利用影印這部書的機會，對《德宗實錄》中甲午前後不利於日本的記載文字作了很多修改，僅光緒二十、二十一兩年記載，修改即達一百六十處之多，但這不在孟森和本文討論的問題範圍之內。

[64] 劉子揚、朱金甫、李鵬年：《故宮明清檔案概論》，《清史論叢》第一輯(中華書局，一九七九)，頁七九、八六。

[65] 《易經·繫辭》。

地方市集爲主。在這種情況下，國民經濟中的生產部門和流通部門，雖然分成很多細小單位，但單位與單位之間，張姓與李姓的地主或自耕農户之間，這家與那家雜貨店或米行之間，在各方面都很少有什麼不同或特點。因此，有没有關於他們之中某一個別單位的發家或經營史料，對於國民經濟史的研究，就没有多大關係。《實錄》裏缺少這類記載正是這樣的一種社會現實的反映，不是什麼缺陷。

此外，小農經濟不僅需要依靠國家抵御外來侵略和維持國内治安，而且還得依靠國家來救濟災荒，小農經濟並且還祇有在國家政治清明、賦薄徭輕的時候才能昌盛。所以不論是農民還是商人，儘管生產和經營的方法方式都是傳統習慣的，法定身份地位大體上是自由獨立的，在實際生活上，卻是受着包括鄉党族權或地主紳權在内的國家政治機器的嚴密有效約束和控制。這樣一副國家政治機器，特别是其中的地方政府行政這一個環節，對於國民經濟發展，可能有比歐洲中世紀時期教會或莊園更廣泛和深刻的阻滯作用。但一般根據傳統的或根據某種理論概念上的範疇而搜集和編纂的經濟史資料滙集，大概就不大可能有涉及這種内容的資料。例如，州縣官吏胥役的貪污營私，他們勾結土豪劣紳或流氓地痞對老百姓敲詐勒索，在地方上横行不法，可能是中國社會階級、階層關係中一個特殊的、對於國民經濟有重要影響的因素，但由於在傳統的社會科學或史學觀念裏，這是屬於官制吏治範疇的問題，研究經濟史的人可以不去注意，也就很少有人特别去搜尋這方面的資料來作分析研究。本輯所録《實錄》中的一部分這方面資料，則不僅反映了官吏貪污營私對於國計民生的禍害，而且反映了這種風氣在清代不同時期的消長程度及其原因。這是本輯資料的一種特殊整體性。

以上是我們對於《清實錄》經濟史資料的一點總的看法。是否有當，敬希讀者予以指正。但《實錄》資料本身的價值是一回事，我們所編的這輯資料書是否能夠把它的價值或特色充分顯示出來，又是另一回事。在主觀上，我們是希望本輯不祇是一部分類編纂的資料書，而且還能對清代經濟史的研究起兩個方面的輔助參考作用。

首先，我們希望本輯各編章節子目的先後次序和分别内容，能夠大致反映清代前期國民經濟的結構層次、各部門的相對地位和相互聯繫，能夠突出小農自給經濟的主要地位，並且顯示國家和政府在國民經濟中的作用。希望讀者從這部書中，不祇是能夠找到某些方面的具體史料，而且還能獲得一個清代中國國民經濟的近似的、哪怕是不盡完整的總體形象。

其次，希望本輯中的資料還能作爲故宫清政府檔案中的經濟史資料索引。由於《實錄》原書性質的限制，書中各章各節子目的資料份量很不平衡。有的章節需要從故宮檔案、各地方誌、碑記、私人文集、筆記，以及清代有關賦役、鹽法、漕運等官修政書中補充資料。

故宮清政府檔案是現今全世界少有的數量巨大、內容廣泛的歷史文獻。可惜由於種種原因，直至一九七九年還祇"按形成檔案的機構"大略分類編目。[66] 近年以來，在第一歷史檔案館同志們的努力下，有的資料已經陸續整理出版，但這部分的數量當然很小，題材也較狹隘，所以絕大部分檔案還不很便於一般利用。特別是經濟史研究工作者，對於這"浩如煙海"的清代檔案，尤其會感到無所措手而"望洋興嘆"。因爲歷史上的經濟現象，無論其爲國民經濟總體，還是其中某一局部的興衰變化或長期停滯，都不是如同政治、外交、軍事事件或歷史人物的言行事功那樣有比較明確的時間地點可資識別，和比較集中的文字記載可作依據，而只能是按照某種理論概念設想某時某地應有某種事態，或者根據傳統內容範疇，從漫無邊際的各種文獻檔案中去沙裏淘金般地搜尋資料。這在數量不大的圖書文獻資料或如地方誌這樣的分類編纂書籍中，我們還可以通過全盤通讀來索尋史料，但在故宮檔案，特別是其中題本、奏摺，數量如此浩瀚，非一人所易全部通讀，而又難望在相當時期內能有明細分類目錄索引可資利用的情況下，我們以爲本輯資料既然出於《實錄》，而《實錄》又主要是根據原清政府檔案編纂，那麼輯中各編章節子目的每一條記載也都是故宮檔案原件的索引。研究工作者可就自己所要解決的問題，按照記載上面的年月日期，到故宮各該檔册中去查找有關原始資料。

當然，這祇是我們的一種設想或主觀意圖。是否切合實際？究竟能有些什麼用處和用處多大？我們期待着讓實踐來作檢驗。

（本文原爲陳振漢先生所撰，作爲北京大學出版社一九八九年出版《清實錄經濟史資料農業編》的前言。此次重印，個別地方進行了改動。）

---

[66] 上引劉子揚等文，《清史論叢》第一輯，頁八一。

凡　例

一、本書所收的經濟史資料，以瀋陽原奉天大內崇謨閣藏《大清歷朝實錄》影印本爲底本，以中華書局一九八五年影印本《清實錄》爲校本。如崇謨閣本誤，中華書局影印本爲正，則改從中華書局本；如兩本皆誤，則於文中逕改。不出校勘記。

二、《清實錄》原書按一朝皇帝在位的年、月、日順序分條紀事。連續兩條之間，有"○"號隔開。本書資料，一般係就原書一條全文編入，不加刪節。每條在本書以出現一次爲原則，以免重複。惟有少數條文，內容涉及方面較多，則間有刪節，並分作數條編入不同章節。

三、本書資料，全部改用現在通行標點符號排印。在每一條資料的開頭，都簡化標明該條所記事件的朝代年號和年、月、日的序數或干支。在每一條資料末尾，則簡化標明該條文的第一字或條文前的"○"號所在何朝《實錄》的卷數頁碼。所標年、月、日期及卷數頁碼，均括以圓括號，以示與所錄原書條文內容有別。例如本書所錄以下史料一條，（順治四、五、乙巳）開河南鼓鑄。（世祖三二、四）後面圓括號裏的文字，簡單標明這一條記錄第一個"開"字前邊的"○"號出現在《世祖實錄》第三十二卷第四頁上；而前面圓括號裏的文字，則簡單標明這件事發生在順治四年五月乙巳日。

四、本書所錄《清實錄》條文，原書間有明顯的錯字、漏字，收錄時都作了補正。還有少數所錄條文因脫離原書，以致內容的前後聯係不明之處，也酌情予以補注。所有補正和加注的文字，概以方括號［　］標明。例如：

1.（乾隆八、四）［是月］，提督廣西總兵譚行義奏：……
2.（乾隆八、閏四、壬午）［廣西右江鎮總兵官畢暎］又奏報：……
3.（乾隆一八、三、戊寅）又諭：……著將吳晟相、李［楊］興樓二犯即行解京交軍機大臣等訊問……
4.（乾隆三九、九、戊午）山東巡撫徐績奏：……臣於［與］河臣商酌……

前二條方括號內的文字爲補注，後二條方括號內的文字爲改正。

五、《清實錄》原書關於全國各地歷年自然災害和錢糧緩減蠲免情況條文極多，是分析研究有關問題的詳備資料。但由於條數繁多，一般利用不便，本輯除將全部條文編入有關章節外，並加工制有各項統計表格，作爲《農業編》的附錄，以便讀者參考。此外，《實錄》每年最後一卷卷末皆有"會計天下"丁口、田地和錢糧等項條文，内容全爲漢字數字，形式亦千篇一律，本書皆列成統計表格，代以阿拉伯數字，不再保留原條文字，以節篇幅，並便讀者。

目　　錄

第一章　人口 ……………………………………………………… 1

第一節　户籍編查 ……………………………………………… 1

一、漢民户籍 ……………………………………………………… 1
　（一）民籍 …………………………………………………… 1
　（二）軍籍 …………………………………………………… 12
　（三）商籍 …………………………………………………… 14
　（四）匠籍、賤籍 …………………………………………… 16
　　　1. 匠籍和部分賤籍的廢止 ………………………………… 16
　　　2. 雇工人、奴婢 …………………………………………… 18
　（五）棚民、廠礦傭工 ……………………………………… 26
　（六）僧道 …………………………………………………… 31

二、八旗户籍 …………………………………………………… 34
　（一）旗户 …………………………………………………… 34
　　　1. 滿蒙八旗 ………………………………………………… 34
　　　2. 漢軍旗 …………………………………………………… 37
　（二）户下家人（奴僕） …………………………………… 42
　　　1. 投充人 …………………………………………………… 48
　　　2. 另户、開户、另記檔案人户 …………………………… 51
　　　3. 逃人追捕 ………………………………………………… 63

三、少數民族户籍 ……………………………………………… 78
　（一）蒙古族 ………………………………………………… 78
　（二）回族 …………………………………………………… 80
　（三）其他少數民族 ………………………………………… 82

第二節　人丁統計 ……………………………………………… 87

一、歷朝全國人丁統計表* ……………………………………… 87
　（一）順治朝 ………………………………………………… 87
　（二）康熙朝 ………………………………………………… 87

（三）雍正朝 …………………………………………………… 89
　　　（四）乾隆朝 …………………………………………………… 89
　　　（五）嘉慶朝 …………………………………………………… 91
　二、個別地區人口 ………………………………………………… 92

第二章　土地 …………………………………………………………… 95
第一節　官地 ………………………………………………………… 95
　一、旗地、官莊 …………………………………………………… 95
　　（一）直隸旗莊 ………………………………………………… 95
　　　1. 建置 ………………………………………………………… 95
　　　　(1) 圈占分配 ………………………………………………… 95
　　　　(2) 撥換增補 ………………………………………………… 102
　　　　(3) "井田"與八旗閒散自耕地畝留置 ……………………… 107
　　　2. 維護管理 …………………………………………………… 110
　　（二）東三省旗莊 ……………………………………………… 124
　　　1. 奉天 ………………………………………………………… 124
　　　2. 吉林 ………………………………………………………… 136
　　　3. 黑龍江 ……………………………………………………… 138
　　（三）直省駐防八旗官兵田地 ………………………………… 140
　　　1. 直省駐防旗兵置產規定 …………………………………… 140
　　　2. 陝西、甘肅 ………………………………………………… 141
　　　3. 其他直省 …………………………………………………… 143
　　（四）部寺官莊 ………………………………………………… 144
　二、屯田 …………………………………………………………… 148
　　（一）漕運衛軍屯田 …………………………………………… 148
　　（二）其他屯田 ………………………………………………… 159
　　　1. 陝西、甘肅 ………………………………………………… 159
　　　2. 四川、雲南、貴州 ………………………………………… 163
　　　3. 其他直省 …………………………………………………… 168
　三、蘆洲、河淤、沙地 …………………………………………… 175
　四、其他官地 ……………………………………………………… 182

第二節　民地 ………………………………………………………… 189
　一、官地的變爲民地 ……………………………………………… 189

（一）河淤沙地 …………………………………… 189
　　（二）更名田 ……………………………………… 199
　　（三）其他官地 …………………………………… 201
　二、民地的私人占有 ………………………………… 205
　　（一）清政府與土地私有制 ……………………… 205
　　　1. 否定限田、均田奏議 ………………………… 205
　　　2. 勸諭災年減收地租 …………………………… 207
　　　3. 懲處不法地主事例 …………………………… 212
　　（二）土地兼併事例 ……………………………… 216
　　　1. 官兵勢豪兼併 ………………………………… 216
　　　2. 典買 …………………………………………… 219
　　（三）占有不均事例 ……………………………… 225
　　　1. 私田 …………………………………………… 225
　　　2. 鄉、族、學、義、祀田 ……………………… 232
　　（四）少數民族土地占有情況事例 ……………… 234
　　　1. 蒙古族 ………………………………………… 234
　　　2. 回族 …………………………………………… 241
　　　3. 臺灣番民 ……………………………………… 244
　　　4. 其他少數民族 ………………………………… 246
第三節　田地統計 ……………………………………… 251
　一、課賦田地的增減 ………………………………… 251
　　（一）報墾升科田地 ……………………………… 251
　　　1. 各省疏報 ……………………………………… 251
　　　　(1) 奉、吉、黑 ………………………………… 251
　　　　(2) 直隸 ………………………………………… 253
　　　　(3) 山東 ………………………………………… 259
　　　　(4) 河南 ………………………………………… 263
　　　　(5) 山西 ………………………………………… 267
　　　　(6) 陝西 ………………………………………… 271
　　　　(7) 甘肅 ………………………………………… 272
　　　　(8) 新疆 ………………………………………… 276
　　　　(9) 江蘇 ………………………………………… 281
　　　　(10) 安徽 ……………………………………… 285

  (11) 江西 ………………………………………………… 287
  (12) 浙江 ………………………………………………… 295
  (13) 福建 ………………………………………………… 304
  (14) 湖北 ………………………………………………… 308
  (15) 湖南 ………………………………………………… 314
  (16) 廣東 ………………………………………………… 316
  (17) 廣西 ………………………………………………… 327
  (18) 四川 ………………………………………………… 332
  (19) 雲南 ………………………………………………… 336
  (20) 貴州 ………………………………………………… 341
 2. 歷朝各省（區）開墾田地統計表 ……………………… 345
  (1) 順治朝 ……………………………………………… 346
  (2) 康熙朝 ……………………………………………… 347
  (3) 雍正朝 ……………………………………………… 350
  (4) 乾隆朝 ……………………………………………… 352
  (5) 嘉慶朝 ……………………………………………… 361
（二）開除賦科田地——各省疏報 ……………………………… 364
 1. 奉、吉、黑 ……………………………………………… 364
 2. 直隸 ……………………………………………………… 365
 3. 山東 ……………………………………………………… 371
 4. 河南 ……………………………………………………… 376
 5. 山西 ……………………………………………………… 380
 6. 陝西 ……………………………………………………… 383
 7. 甘肅 ……………………………………………………… 387
 8. 江蘇 ……………………………………………………… 390
 9. 安徽 ……………………………………………………… 405
 10. 江西 …………………………………………………… 408
 11. 浙江 …………………………………………………… 410
 12. 福建 …………………………………………………… 415
 13. 湖北 …………………………………………………… 418
 14. 湖南 …………………………………………………… 421
 15. 廣東 …………………………………………………… 422
 16. 廣西 …………………………………………………… 423

17. 四川 ·· 424
　　　18. 雲南 ·· 425
　　　19. 貴州 ·· 426
　二、課賦田地統計表——順、康、雍三朝全國田地頃畝年結* ······ 427
　　（一）順治朝 ·· 427
　　（二）康熙朝 ·· 427
　　（三）雍正朝 ·· 429

第三章　農業生產 ·· 431
第一節　清政府的重農方針 ·· 431
第二節　墾荒 ·· 446
　一、概述 ·· 446
　二、屯墾 ·· 457
　　（一）東三省 ··· 457
　　（二）直隸 ·· 469
　　（三）蒙古 ·· 470
　　（四）新疆 ·· 480
　　　1. 駐防兵丁屯田 ··· 480
　　　　（1）概述 ··· 480
　　　　（2）巴里坤地區 ·· 492
　　　　（3）哈密地區 ·· 495
　　　　（4）吐魯番地區 ·· 497
　　　　（5）烏嚕木齊地區 ··· 498
　　　　（6）伊犁地區 ·· 500
　　　　（7）其他地區 ·· 508
　　　2. 回民屯田 ·· 510
　　　3. 遣犯屯田 ·· 516
　　（五）四川 ·· 520
　　（六）貴州 ·· 525
　　（七）福建　臺灣 ·· 532
　三、民墾 ·· 533
　　（一）東三省 ··· 533
　　　1. 清初墾殖 ·· 533

         2. 限制漢民入境……………………………………536
　　(二) 直隸　熱河 ……………………………………………551
　　(三) 蒙古 ……………………………………………………557
　　(四) 山東 ……………………………………………………559
　　(五) 河南 ……………………………………………………560
　　(六) 山西 ……………………………………………………562
　　(七) 陝西 ……………………………………………………563
　　(八) 甘肅　青海　寧夏 ……………………………………566
　　(九) 新疆 ……………………………………………………578
         1. 概述 ……………………………………………………578
         2. 哈密地區 ………………………………………………583
         3. 巴里坤地區 ……………………………………………584
         4. 吐魯番地區 ……………………………………………586
         5. 烏嚕木齊地區 …………………………………………588
         6. 穆壘地區 ………………………………………………591
         7. 伊犁地區 ………………………………………………593
         8. 其他地區 ………………………………………………594
　　(一〇) 江蘇　安徽　江西 …………………………………597
　　(一一) 浙江 …………………………………………………598
　　(一二) 福建　臺灣 …………………………………………601
         1. 臺灣 ……………………………………………………601
            (1) 入境限制 …………………………………………601
            (2) 墾荒 ………………………………………………606
         2. 其他沿海島嶼 …………………………………………609
　　(一三) 湖北　湖南 …………………………………………610
　　(一四) 廣東　廣西 …………………………………………612
　　(一五) 四川 …………………………………………………615
　　(一六) 雲南　貴州 …………………………………………622

第三節　農田水利 ……………………………………………624
一、概述 …………………………………………………………624
二、直省水利 ……………………………………………………629
　　(一) 東三省 …………………………………………………629
　　(二) 直隸 ……………………………………………………629

（三）河南　山東 …… 641
（四）山西　陝西 …… 647
（五）甘肅　寧夏 …… 651
    1. 寧夏河渠 …… 651
    2. 其他地區水利 …… 654
（六）新疆 …… 657
（七）江蘇 …… 658
    1. 河湖水利 …… 658
    2. 海塘維修 …… 668
（八）浙江 …… 671
    1. 海塘維修 …… 671
    2. 其他水利 …… 688
（九）安徽 …… 689
（一○）江西 …… 691
（一一）福建　臺灣 …… 691
（一二）湖北 …… 692
（一三）湖南 …… 700
（一四）廣東　廣西 …… 702
（一五）四川 …… 704
（一六）雲南 …… 705

第四節　農村自給經濟 …… 708
一、增産糧食 …… 708
  （一）華北種植水稻 …… 708
    1. 直隸 …… 708
    2. 河南　山東 …… 713
  （二）推廣糧食、油料作物 …… 714
  （三）禁種烟草 …… 717
二、農村家庭副業 …… 718
  （一）蠶絲 …… 718
  （二）棉紡織 …… 722
  （三）養魚 …… 724
  （四）種樹 …… 724

第五節　生產情況 …… 726
一、自然災害 …… 726
(一) 各省自然災害 …… 726
1. 水、旱、風、蟲等災 …… 726
(1) 全國及兼省 …… 726
(2) 奉天 …… 738
(3) 黑龍江 …… 740
(4) 直隸 …… 740
(5) 山東 …… 769
(6) 河南 …… 779
(7) 山西 …… 792
(8) 陝西 …… 795
(9) 甘肅 …… 799
(10) 蒙古 …… 807
(11) 新疆 …… 808
(12) 江蘇 …… 808
(13) 安徽 …… 828
(14) 江西 …… 837
(15) 浙江 …… 839
(16) 福建　臺灣 …… 845
(17) 湖北 …… 851
(18) 湖南 …… 859
(19) 廣東 …… 865
(20) 廣西 …… 867
(21) 四川 …… 868
(22) 雲南　貴州 …… 871
2. 地震災害 …… 872
(1) 奉天 …… 872
(2) 直隸 …… 872
(3) 山東 …… 873
(4) 山西 …… 874
(5) 陝西 …… 875
(6) 甘肅 …… 875

　　　　　(7) 新疆 …………………………………………… 876
　　　　　(8) 安徽 …………………………………………… 877
　　　　　(9) 福建　臺灣 …………………………………… 877
　　　　　(10) 湖北　湖南 ………………………………… 878
　　　　　(11) 廣東 ………………………………………… 878
　　　　　(12) 四川 ………………………………………… 878
　　　　　(13) 雲南　貴州 ………………………………… 880
　　　3. 歷朝全國各省（區）自然災害發生次數統計表 … 881
　　　　　(1) 順治朝 ………………………………………… 882
　　　　　(2) 康熙朝 ………………………………………… 884
　　　　　(3) 雍正朝 ………………………………………… 887
　　　　　(4) 乾隆朝 ………………………………………… 889
　　　　　(5) 嘉慶朝 ………………………………………… 892
　　(二) 蝗災防治 …………………………………………… 894
　　　1. 概述 ……………………………………………… 894
　　　2. 奉天 ……………………………………………… 900
　　　3. 直隸　順天府 …………………………………… 901
　　　4. 山東 ……………………………………………… 919
　　　5. 河南 ……………………………………………… 921
　　　6. 江蘇　安徽 ……………………………………… 922
　　　7. 新疆地區 ………………………………………… 926
　二、年成産量 ……………………………………………… 927
　　(一) 報告制度 …………………………………………… 927
　　(二) 各省情況 …………………………………………… 927
　　　1. 直隸　熱河 ……………………………………… 927
　　　2. 山東 ……………………………………………… 929
　　　3. 甘肅 ……………………………………………… 930
　　　4. 新疆 ……………………………………………… 932
　　　5. 安徽 ……………………………………………… 937
　　　6. 四川 ……………………………………………… 938
　　　7. 其他直省 ………………………………………… 939
第六節　清政府對各族畜牧業的維護 ……………………… 940

第四章 清政府的農村賦役徵派 ……… 947

第一節 地丁錢糧 ……… 947
一、額定地丁錢糧 ……… 947
二、附加徵派 ……… 951
　（一）耗羨與其他明定加派 ……… 951
　（二）差徭雜派 ……… 972
　　1. 兵差 ……… 972
　　　（1）清初兵差 ……… 972
　　　（2）雍正朝西藏、新疆軍事兵差 ……… 974
　　　（3）乾隆朝第一次金川軍事兵差 ……… 976
　　　（4）乾隆朝緬甸軍事兵差 ……… 980
　　　（5）乾隆朝第二次金川軍事兵差 ……… 984
　　　（6）其他兵差 ……… 992
　　2. 河工　城工 ……… 994
　　3. 其他差徭雜派 ……… 1003
三、衿紳勢豪侵蝕規避 ……… 1008
　（一）額定錢糧侵蝕規避 ……… 1008
　（二）差徭雜派侵蝕規避 ……… 1018
四、蠲免緩徵 ……… 1021
　（一）政策法令和執行情況 ……… 1021
　（二）各地的蠲免緩徵 ……… 1045
　　1. 全國及各地 ……… 1045
　　2. 奉天 ……… 1071
　　3. 吉林 ……… 1080
　　4. 黑龍江 ……… 1082
　　5. 直隸 ……… 1084
　　6. 山東 ……… 1158
　　7. 河南 ……… 1209
　　8. 山西 ……… 1242
　　9. 陝西 ……… 1265
　　10. 甘肅 ……… 1287
　　11. 青海 ……… 1330

12. 新疆 …………………………………………… 1330
　　　13. 江南　江蘇 ………………………………… 1333
　　　14. 安徽 …………………………………………… 1387
　　　15. 江西 …………………………………………… 1418
　　　16. 浙江 …………………………………………… 1427
　　　17. 福建 …………………………………………… 1449
　　　18. 湖北 …………………………………………… 1461
　　　19. 湖南 …………………………………………… 1482
　　　20. 廣東 …………………………………………… 1491
　　　21. 廣西 …………………………………………… 1496
　　　22. 四川 …………………………………………… 1497
　　　23. 西藏 …………………………………………… 1507
　　　24. 貴州 …………………………………………… 1508
　　　25. 雲南 …………………………………………… 1513
　　(三) 歷朝分省蠲免統計 …………………………………… 1520
　　　1. 順治朝歷年蠲免田賦份額及地區範圍統計表* …………… 1520
　　　2. 康熙朝歷年蠲免田賦份額及地區範圍統計表 ……………… 1525
　　　3. 雍正朝歷年蠲免田賦份額及地區範圍統計表 ……………… 1540
　　　4. 乾隆朝歷年蠲免田賦份額及地區範圍統計表 ……………… 1545
　　　5. 嘉慶朝歷年蠲免田賦份額及地區範圍統計表 ……………… 1560

第二節　方物土貢 ………………………………………… 1570
第三節　軍政官吏丁役私徵勒索 ………………………… 1585
　一、概述 ……………………………………………………… 1585
　二、錢糧浮收勒折 …………………………………………… 1589
　　(一) 錢糧徵收 …………………………………………… 1589
　　(二) 漕糧收運 …………………………………………… 1594
　　(三) 倉穀兵米徵購 ……………………………………… 1603
　三、驛站需索 ………………………………………………… 1611
　四、藉差科派 ………………………………………………… 1616
　五、對少數民族人民私徵勒索 ……………………………… 1626
　　(一) 蒙古族 ……………………………………………… 1626
　　(二) 回族 ………………………………………………… 1627
　　(三) 藏、苗等諸族 ……………………………………… 1631

第五章　農村人民的生活和反抗鬥爭 …… 1637
第一節　農村人民的生活 …… 1637
一、概述 …… 1637
二、直隸　山東　河南 …… 1644
三、山西　陝西　甘肅 …… 1650
四、江蘇　安徽　浙江　江西 …… 1653
五、福建　兩廣　雲南 …… 1658
六、少數民族人民生活狀況 …… 1663

第二節　農村人民的反抗鬥爭 …… 1666
一、抗租 …… 1666
二、反抗賦役徵派 …… 1673
　（一）直隸　山東　河南 …… 1673
　（二）山西　陝西　甘肅 …… 1677
　（三）江蘇　安徽　江西 …… 1683
　（四）浙江　福建 …… 1684
　（五）其他省區 …… 1687
三、搶米　遏糴　鬧賑 …… 1691
　（一）概述 …… 1691
　（二）直隸　山東　河南 …… 1693
　（三）江蘇　安徽　江西 …… 1700
　（四）浙江　福建 …… 1707
　（五）其他省區 …… 1711
四、其他反抗活動 …… 1715

第三節　結社設教等秘密活動 …… 1724
一、概述 …… 1724
二、老瓜或卦子 …… 1728
三、大乘教 …… 1731
四、四川嘓嚕子 …… 1742
五、其他結社設教活動 …… 1758
　（一）奉天　直隸 …… 1758
　（二）山東　河南　江蘇 …… 1762
　（三）山西　陝西 …… 1769

（四）江西　浙江　福建 …………………………………… 1771
　　（五）湖北 …………………………………………………… 1777
　　（六）廣東　廣西 …………………………………………… 1779
　　（七）四川　貴州　雲南 …………………………………… 1783
  第四節　武裝起義鬥爭 ……………………………………………… 1786
　　一、順治四年山西鄉寧楊春暢起義 ………………………… 1786
　　二、順治五年直隸農民起義 ………………………………… 1786
　　三、康熙四年廣東蜑民起義 ………………………………… 1786
　　四、康熙三七年湖南茶陵黃明、陳丹書、吳旦先起義 …… 1786
　　五、康熙五六年河南蘭陽李雪臣密謀起事 ………………… 1787
　　六、康熙六〇年臺灣朱一貴起義 …………………………… 1787
　　七、乾隆七年臺灣彰化吳永泰等準備起事 ………………… 1789
　　八、乾隆七年福建詔安陳作起事 …………………………… 1789
　　九、乾隆八年廣東潮陽李阿科等圖謀起事 ………………… 1790
　　一〇、乾隆一〇年貴州夏長榮等組織起事 ………………… 1790
　　一一、乾隆一三年福建老官齋起事 ………………………… 1791
　　一二、乾隆一三年廣東海陽李阿保等準備起事 …………… 1795
　　一三、乾隆一七年湖北、安徽馬朝柱等圖謀起事 ………… 1796
　　一四、乾隆一七年江西上猶何亞四圖謀起事 ……………… 1802
　　一五、乾隆一八年廣東莫信豐、王亮臣圖謀起事 ………… 1804
　　一六、乾隆一八年福建南靖、平和蔡榮祖等密謀起事 …… 1806
　　一七、乾隆三一年浙江鄞縣吳卜元圖謀起事 ……………… 1808
　　一八、乾隆三一、三八年廣西小鎮安、上林縣等地農民準備
　　　　　起事 ………………………………………………………… 1810
　　一九、乾隆三三年臺灣黃教起事 …………………………… 1810
　　二〇、乾隆三三年湖北荊門孫大有、何佩玉等醞釀起事 … 1812
　　二一、乾隆三三至三五年福建漳浦、古田、平和、安溪等縣農民
　　　　　準備起事 …………………………………………………… 1812
　　二二、乾隆三五年廣東豐順朱阿姜、池亨會等準備起事 … 1814
　　二三、乾隆三六年湖北京山嚴金龍圖謀起事 ……………… 1816
　　二四、乾隆三九年山東王倫起義 …………………………… 1817
　　二五、乾隆四二年甘肅河州王伏林圖謀起事 ……………… 1830
　　二六、乾隆四四年四川榮縣羅朝臣等準備起事 …………… 1831

二七、乾隆四八年臺灣鳳山縣農民豎旗起事 …………………… 1832
二八、乾隆五一至五三年天地會臺灣林爽文起義 ……………… 1833
二九、乾隆五三年福建漳浦張媽求爲首的起事 ………………… 1842
三〇、乾隆五六年天地會臺灣彰化張標等圖謀起事 …………… 1843
三一、乾隆五七年天地會福建晉江陳蘇老等圖謀起事 ………… 1844
三二、乾隆六〇年臺灣陳周全起事 ……………………………… 1845
三三、嘉慶一至九年四川、湖北、陝西、甘肅、河南等省白蓮教
　　　起義 ……………………………………………………… 1845
三四、嘉慶七年廣東博羅縣天地會起義 ………………………… 1881
三五、嘉慶八年江西石城廖廣周等起義 ………………………… 1883
三六、嘉慶一八年河南、山東、直隸等省天理
　　　教起義 …………………………………………………… 1885

第一章 人口

第一節 户籍編查

一、漢民户籍

（一）民籍

（順治一、八、癸亥） 攝政和碩睿親王諭官民人等曰：政貴有恒，辭尚體要。以後一應章奏，勿得拘牽文義，摭拾浮詞，但將時宜事務，明切敷陳。蓋語繁而支，則難聽，言簡而當，則易行。言之有益無益，不在繁簡，顧力行何如耳。自今遇有切於時務者，隨便入告，不必等待多款，以致遲延。國家利益之事，早行一日，則受一日之福，遲行一日，則受一日之病，惟以迅速爲尚耳。至明季各項稅課，除已經徵收不必給還外，凡有虧欠，俱與蠲免。又各府州縣衛所屬鄉村，十家置一甲長，百家置一總甲，凡遇盜賊逃人、姦宄竊發事故，鄰佑即報知甲長，甲長報知總甲，總甲報知府州縣衛，府州縣衛核實，申解兵部。若一家隱匿，其鄰佑九家、甲長、總甲、不行首告，俱治以重罪，不貸。（世祖七、九）

（順治二、二、庚辰） 順天巡按傅景星奏言：州縣絶產，已經清查分派，惟是產既入官，老穉無依，勢必轉於溝壑。又衛地入官，屯軍無所棲止，請量其人口，撥給閒房，權宜安插；或願蓋房屋，或認納租息，各聽自便。仍令編入户口，嚴禁逃亡，於國計民生不無小補。下户、兵二部酌議。（世祖一四、一七）

（順治一一、一一、丙辰） 户部奏言：人丁地土，乃財賦根本。故明舊例，各直省人丁，或三年，或五年，查明造册，謂之編審。每十年，又將現在丁地彙造黄册進呈。我朝定鼎以來，尚未舉行。今議自順治十二年爲始，各省責成於布政使司，直隸責成於各道，凡故絶者開除，壯丁脱漏及幼丁長成者增補，其新舊流民，俱編入册，年久者與土著一體當差，新來者五年當差。至於各直省地土，凡辦納錢糧者爲民地；不納錢糧者，不分有主無主，俱爲官地。各邊鎮俱應照例分別。其荒田曠土，招民開墾，一如興屯之法。畿内滿漢

錯雜之處，難於清查，如有隱地漏糧，許人告發。從之。(世祖八七、九)

(順治一八、三、辛酉)袁懋功又疏言：投降人衆，皆無籍亡命之徒，雖令歸農，實有難歸之勢。應令所到地方，准其入籍，酌量安置，隨編保甲，嚴查出入。或有無主田畝，聽其開墾，照例起科。下部議。(聖祖二、四)

(順治一八、一一、戊戌)江南道御史胡秉忠疏言：直隸各省、州、縣、衛、所編審花户人丁，俱沿襲舊數，壯不加丁，老不除籍，差役偏枯不均。或流入邪教，或逃藏盜藪，或投遁他鄉，漏户逋糧，爲弊匪細。請敕有司核實，年十六以上成丁，六十、七十准與豁免。其有充僧道無度牒者，悉令爲農安插，附入丁册當差。從之。(聖祖五、一三)

(康熙九、三、辛未)刑部題：查律載抄扎入官人口隱瞞不報者，計口以隱漏丁口論，今若照律處分，則罪輕而隱瞞者必多。臣等酌議，嗣後凡隱瞞反叛抄扎入官人口者，不分男婦大小，五口以上，照依隱匿財物至五百兩例，杖一百、流徙寧古塔，四口以下，杖徒。如旗下有犯此等之罪，例應枷號發落，遵爲定例。從之。(聖祖三二、一九)

(康熙一一、六、戊子)户部題：浙江所徵婦女小口鈔銀，改爲食鹽課銀。直隸流寓人丁及山西久流近流人丁，均改爲實在人丁，幼丁改爲新編人丁。應將賦役全書更正遵行。從之。(聖祖三九、八)

(康熙二四、二、丁酉)兵部議覆：廣西道御史錢珏疏言，秦、蜀、浙、閩、滇、黔、楚、粵投誠之人安插各省者，請通行督撫確查，務使得所。願在他鄉入籍者，開明作何生理。願屯田者，編入保甲，官給牛種，派以田畝開墾。願爲兵者，補入營伍。應如所請。從之。(聖祖一一九、一六)

(康熙五一、二、壬午)諭大學士九卿等：朕覽各省督撫奏編審人丁數目，並未將加增之數盡行開報。今海宇承平已久，户口日繁，若按見在人丁加徵錢糧，實有不可。人丁雖增，地畝並未加廣，應令直省督撫，將見今錢糧册内有名丁數，勿增勿減，永爲定額。其自後所生人丁，不必徵收錢糧。編審時，止將增出實數察明，另造清册題報。朕凡巡幸地方所至，詢問一户或有五六丁，止一人交納錢糧，或有九丁、十丁，亦止二三人交納錢糧，詰以餘丁何事，咸云，蒙皇上弘恩，並無差徭，共享安樂，優游閒居而已。此朕之訪聞甚晰者。前雲南、貴州、廣西、四川等省，遭叛逆之變，地方殘壞，田畝抛荒，不堪見聞。自平定以來，人民漸增，開墾無遺。或沙石堆積、難於耕種者，亦間有之，而山谷崎嶇之地，已無棄土，盡皆耕種矣。由此觀之，民之生齒實繁，朕故欲知人丁之實數，不在加徵錢糧也。今國帑充裕，屢歲蠲免，輒至千萬，而國用所需，並無貽誤不足之虞。故將直隸各省見今徵收錢糧冊內，有名人丁，永爲定數。嗣後所生人丁，免其加增錢糧，但將實數另造清冊具報，豈特有益於民，亦一盛事也。直隸各省督撫及有司官編審人丁時，不將所生實數開明具報者，特恐加徵錢糧，是以隱匿不據實奏聞，豈知朕並不爲加賦，止欲知其實數耳。嗣後督撫等儻不奏明實數，朕於就近直隸地方，遣人逐戶挨查，即可得實，此時伊等亦復何詞耶。此事毋庸速議，俟典試諸臣出闈後，爾等會同詳加確議具奏。(聖祖二四九、一四)

(康熙五二、四、戊辰) 四川提督岳昇龍遺疏：請將伊家口改入四川民籍。得旨：武職官員不許在任所入籍置產，曾有諭旨。今岳昇龍奏稱伊母年逾九旬，不能遠涉，著照所請，准其家口入籍四川。(聖祖二五四、二八)

(康熙五二、七、辛酉) 兵部議覆：山東巡撫蔣陳錫疏言，原任河標副將惠占春等，於山東地方立業年久，請免伊子孫等回籍，應不准行。上曰：現任官不得於任所置產，若已經身故，又立業年久者，何必追究，嗣后凡有此等官員家口，著一體免查。(聖祖二五五、二五)

(雍正一、八、甲寅) 諭兵部：提督、總兵、副將等官，仍照舊例，不許在任所置產入籍。其參將以下，俱係微員，任所縱有房產，諒亦微薄，若概勒歸原籍，必致困累。爾等會同九卿定議具奏。尋議：參將以下等官任所置有產業，或本身休致事故解退，或經身故子孫留住任所，有欲在彼入籍者，許令地方官報明督撫，即准其入籍居住，田土丁糧，與土著之民一體輸納。從之。(世宗一○、六)

(乾隆一、九) ［是月］山西巡撫覺羅石麟奏：清查保甲之時，分別填註戶口，遇當賑之際，仍挨戶確查。得旨：知道了，自應因地制宜，如是辦理者。(高宗二七、二一)

(乾隆二、二、戊子) 兵部議覆：巡臺御史白起圖等疏請，嗣後過臺商船舵水人等，免其查驗箕斗，令原籍州縣官，將各舵水年貌鄉貫填照，或有事另雇，就地給單填註，取具船戶行保甘結，汛口各官驗放。臺地倣照內地，設立十家牌，填註實在籍貫人口確數，並作何生理，遇有事故開除，每月出具並無招攬游民結狀報覈，違礙，一併嚴究。應如所請。從之。(高宗三七、一八)

(乾隆五、一一、戊辰) 命歲奏民數穀數。諭：周官之法，歲祭司民司禄，而獻民數穀數於王，王拜受之，登於天府，非獨冢宰據之以制國用之通。凡授田興耡、賙急平興，以及歲有災祲，移民通財，薄徵散利，皆必於民數穀數，若燭照數計，而後可斟酌調劑焉。秦漢以降，戶口之數，雖間見於史册，而其文甚略。惟唐貞觀之初，定口分世業之法，比歲登籍，三年獻書，以養以教，致治之盛，幾於成康，固用此爲根柢也。在昔聖祖仁皇帝以生齒日繁，恐有司慮加丁賦，匿不以聞，特詔據實開載，新增人户，不另加丁賦。世宗憲皇帝勤恤民隱，廣儲倉穀，常懼一夫不得其所，德意至爲周渥。然各省督撫，雖有五年編審之規，州縣常平倉，雖有歲終稽覈之法，而奉行者僅亦於登耗散斂之間，循職式之舊，殊不知政治之施設實本於此。其自今以後，每歲仲冬，該督撫將各府州縣户口減增，倉穀存用，一一詳悉具摺奏聞。朕朝夕披覽，心知其數，則小民平日所以生養及水旱凶饑，可以通計熟籌而預爲之備。各省具奏户口數目，著於編審後舉行，其如何定議，令各省畫一遵行，著該部議奏。又僧道亦窮民之一，朕不忍概從沙汰，故復行頒給度牒，使有所覈查。今禮部頒發牒照已三十餘萬張，而各省繳到者尚少，是或仍事因循，僅奉行故事，則甚非朕所以禁游惰、勸力作之本意矣。著各該督撫留意，善爲經理。並著於歲終，將所減實數，具摺奏聞。（高宗一三○、一）

（**乾隆五、一一、乙酉**）户部遵旨議奏：查定例，五年編審人丁，每年奏銷倉穀。今特降諭旨，欲周知其數，以通計熟籌而爲之備。請嗣後編審奏銷，仍照舊辦理外，應令各督撫即於辛酉年編審後，將各府州縣人丁，按户清查，及户内大小各口，一併造報，毋漏毋隱。其各項倉穀，有於青黃不接之時借糶者，務於秋成買補，或因偏災動賑者，亦於册内登明，詳覈存用實數。俱於每歲十一月繕寫黃册奏聞。儻各該省奉行不善，致有吏役滋擾，科派里民，立即嚴參究治。從之。（高宗一三一、四）

（**乾隆五、一二、丙辰**）大學士九卿會議：御史蘇霖渤奏稱，户部議行歲查民數一事，止可驗生息之蕃，難據作施行之用。蓋向例五年編審，祇係按户定丁，其借糶散賑，皆臨時清查，無從據此民數辦理。且小民散處鄉僻，若令赴署聽點，則民不能堪，若官自下鄉查驗，則官不能堪，仍不過委之吏胥而已。況商旅往來莫定，流民工役，聚散不常，以及番界苗疆，多未便清查之處，請降旨即行停止。惟於各省倉儲，嚴查實貯，以期有備無患等語。查各省户口殷繁，若每歲清查，誠多紛擾，應俟辛酉年編審後，户口業有成數，令各督撫於每歲仲冬，除去流寓人等及番苗處所，將該省户口總數與穀數，一併造報，毋庸逐户挨查。從之。（高宗一三三、五）

（**乾隆七、三、癸酉**）刑部議覆：左侍郎張照奏稱，遣犯妻子，應分別查辦。一、發遣黑龍江、寧古塔當差之犯，例應僉妻及奉旨僉妻子者，同本犯羈管。妻女子孫係情願隨往者，於僉解文内註明，免濫行羈管。本犯身故，妻子願抱骨回籍，即給照報部存案。從前各案，未經分晰註明者，詳查改正，奏明寬免。一、配所生長子孫，本犯在日，有欲於近地耕種貿易者，准呈明該管衙門，量給假限，逾限不回，查明究治。配所生女，或許嫁他處，或寄養與人，不得查禁。一、賞旗爲奴人犯，子孫前往省視，赴該管衙門報名，回日呈明，給票放行。如旗主刁留計陷，照存養良家男女爲奴婢，杖一百律治罪。應如所請。從之。（高宗一六二、二三）

（乾隆八、五、庚子）諭軍機大臣等：直省地方，向來令造烟户册，以便清查户口，原欲其確實可據，即偶遇賑濟，亦得按册而稽，易於查辦。乃有司奉行不力，多係虛開，有名無實，全不足據。聞山東運河道陳法，前任直隸知府時，經理有方，不致擾累，而能得烟户之實數。朕因江南廬鳳地方，土瘠民貧，奸民雜處，特將陳法調補廬鳳道。爾等可寄信與尹繼善，於陳法到任之後，令其董率屬員，將烟户册籍，加意料理。尹繼善並留心指教之。若行之果有成效，將來各處便可倣行，於地方各自有裨益。（高宗一九三、五）

（乾隆八、六）〔是月〕署湖南巡撫蔣溥奏：楚南盜匪公行，宜實行保甲，以杜盜源。如烟户遷徙改業，必督責保正、牌頭隨時稟換門牌，改註册籍。至於查點，亦不必拘定時日，則奸偽自無所容。再緝拏盜賊，設立賞罰規條，分別輕重辦理。得旨：是。現在固應如是，永久更當如是。（高宗一九五、三二）

（乾隆八、八）〔是月，江蘇巡撫陳大受〕又奏：淮、徐、海三府州屬查編保甲，現在飭行該府縣印官查照原奏妥辦。並委試用佐雜各員，分派各州縣，協同辦理。先將烟户挨查，編定某保某甲若干烟户，再設立保甲長，專令稽查所管烟户內奸匪棍徒及面生可疑之人，一有蹤跡，立即舉首。儻庇匿不報，遇有他處竊刦獲匪到案，究明住所，即提該甲長照例究治。向來凡人命、鬬毆、賭博、姦拐、催比錢糧諸事，一概責成甲長，胥吏肆其魚肉，官長加以敲撲，故承充者皆頑鈍無恥之人，甚且與賊匪串通作奸。臣以爲舉行保甲，必須簡切易循，若只責以稽查奸匪，則用心專一，而他事不得波累，良善者皆肯承充，日久庶可見效。得旨：所見是，妥協爲之。（高宗一九九、一一）

（乾隆八、九）〔是月，刑部侍郎署福建巡撫周學健〕又奏：辦理編查保甲，以靖地方。閩省現有鹽場期滿候補人員，擬於大縣派委賢能者一員，責令專辦查點保甲一事，即於附省二縣先行試辦。俟辦理妥協，續委前往衝繁各州縣，其中簡地方，則寬以期限。務令該州縣親身逐處查點編造，通屬編查確實，製給門牌懸掛。一切造册製牌等費，在公項動給。得旨：好，妥爲之。（高宗二〇一、三七）

（乾隆九、四、己未）大學士鄂爾泰等議覆：御史馮元欽奏稱，直屬甘霖未溥，荒政宜修。請敕直督飭屬，豫將倉儲查明戶口，核算貧戶若干，大小口若干，據實查造存案，將來易於經理。查直屬倉穀，近經奉旨交直督高斌查明豫備在案。馮元欽所奏，應無庸議。至所稱清查戶口，即係編查保甲之事，並以緝匪除奸，原屬地方平日應行者，今若豫籌散賑，似亦有益。應將馮元欽所奏，密交直督高斌閱看，酌量本地情形，應行即轉飭所屬，清查造冊存案，將來或有需賑之處，便可按冊給發。得旨：允行。尋奏覆：上年河間、天津等屬被旱，查災辦賑時，奏明派委道員，督率州縣，並派賢能佐雜逐戶稽查大口小口，分別極貧次貧，凡地畝多寡，藝業有無，一一註明造冊。於散賑之中，即行編查保甲之事，是以後來辦理加賑，按冊而稽，略為查覈，即可照辦。至不被災地方，編查保甲，乃弭盜安民之要務，係現在實力奉行之事，臣謹遵酌各本地情形，加意清查，以備臨時需用。奏入。報聞。（高宗二一四、一二）

（**乾隆一一、四、乙酉**）諭：向來江西省每逢編審之年，丁男之外，又有婦女。蓋緣從前有鹽鈔一項，分給小戶，計口納鈔，既有婦女應徵之項，則不得不稽其存亡增減，是以入於編審之內也。今食鹽課鈔，久經攤入地糧，而該省尚循舊例辦理。朕思從前照鹽納價，編審尚屬有名，今鹽鈔既已攤入地糧之內，則是婦女已無可徵之項，何必存此編審虛名，徒滋擾累。嗣后編審婦女之處，著行停止。（高宗二六五、一五）

（**乾隆一八、一、戊辰**）直隸總督方觀承奏：熱河地方遼闊，山溝險僻，遠來墾荒就食之民，散處其中，復踰邊境，與蒙古錯處。向例設牌頭、鄉長、鄉約約束，其蒙古地方敖漢、奈曼、翁牛特、土默特各處流寓民人，附近歸八溝、塔子溝等所管轄，亦設鄉牌互相稽查。但口外汛廣兵單，該鄉牌等均係流寓之民，且蒙古地界，非營汛所轄，請令熱河道屬十巡檢，各於所轄地方，每季巡查一次，五廳員以公出之時，於所過村莊，挨次巡查。至熱河道有分巡專責，應令一年兩次巡查。其三十二汛之專防千把、外委梭織巡防，應於交界處按半月會哨一次。四營都司、守備每季各於所轄汛內，巡查一周。河屯協副將，每年兩次查閱營伍，即令遍為巡哨。至土默特東南鐵溝地方，每年係熱河副都統巡查一次。鐵溝西北，即係敖漢、奈曼、翁牛特、土默特等處邊界，副都統巡查鐵溝後，稍紆路即可查一周。又保甲之法，口外亦可倣行。應就各村烟戶多寡，酌量編立。先令該管巡檢，挨戶編查，給與門牌，仍以原設牌頭領之。新來之人，實有歸著者，准報廳給牌居住。形跡可疑者，不准容留。至蒙古界內種地民人，亦一體編次，給與門牌。按現在各戶，務使歲有減汰，不許增新。其有不法事件，即稟各該廳查逐。仍令熱河道出巡之次，逐村抽查。如查辦不實，及容留無籍之人，將該管廳官分別記過，其鄉牌人等，責治僉換。得旨：如所議行。（高宗四三〇、一三）

（**乾隆一八、一一、庚申**）諭：各省武職大員，有任所置立產業，身故後子孫不能回籍，該督撫代為具奏請旨者，多即准行。及按之定例，則武職原不許在任所置產入籍。康熙年間，曾通行查辦，予以半年之限，勒令回籍，隨降旨，設有身故者，准令代奏請旨。此蓋查辦之初，加恩寬卹，而其後遂相沿成例，乃該部濫觴，非初制也。武員雖無民社之寄，然於在任時憑藉威勢，安保無營私侵佔諸弊。且以建旄擁節之大員，求田問舍，多方為子孫計，又何望其能整飭營伍，彈壓地方耶。苟非生前置產，則身故以後，子孫當經營歸殯，又何暇置產。其有產者，率在任時違制所置，督撫不行參出耳。嗣後武職大員，仍照舊例，不許在任所置產入籍，督撫亦不得代為奏請。該部通行傳諭知之。（高宗四五〇、一二）

（**乾隆二二、一〇、庚午**）諭：州縣編查保甲，本比閭什伍遺法，地方官果實心奉行、不時留心稽察，凡民間戶口生計，人類良莠，平時舉可周知；惰游匪類，自無所容，外來奸宄，更無從託跡，於吏治最為切要。乃日久生玩，有司每視為迂闊常談，率以具文從事，各鄉設保長甲長，類以市井無賴之徒充之，平時並不實心查察。雖督撫課最，有力行保甲之條，不過故套相沿，毫無裨益。即如馬朝柱案內十餘犯，懸緝數年，迄無一人弋獲，此保甲不實力奉行之明驗也。嗣後務宜慎重遵行，不得仍前玩視。其如何設法編查及考覈責成之處，著各督撫各就該地方情形，詳悉定議具奏。（高宗五四八、二六）

（**乾隆二二、一〇**）是月，直隸總督方觀承奏：地方有司，編查保甲，城鄉十戶立一牌頭，十牌立一甲長，十甲立一保長。給用印門牌，開寫本戶姓名口數年齒生業，如有故絕遷移及外來無稽之人，隨時呈報。即口外地方，亦設立牌頭、鄉長，逐戶懸掛門牌，責成道廳並武員巡查會哨。乃地方官奉行不能切實，甚至日久懈怠，緣戶口遷移存歿，以及生計經營，每多更易，州縣不能數數親查，稍涉因循，即成故套。查州縣保甲原有底簿，向來直隸係按各府州屬遴派能事佐貳教職數員，會同各該州縣以次編查，臣請於來年正月為始，仍照此法。至編查既確之後，應設立循環二冊，一存州縣，一交鄉保，凡邨莊戶口，生故遷移、改習行業，以及外出流寓，分別開註，季底將循冊繳送印官，查對環冊改註，發交鄉保，於下季之底，將環冊繳送查對。一循一環，按季更換，仍出具並無容留匪類甘結，自不至有藏奸挹結之弊。至身充甲保，即屬官役，一切事件，地方官悉惟該役是問，責懲多而獎賞少。且往來城邑不無勞費，是以稍能自給愛惜顔面者，不願承充。請照義倉設立倉正倉副例，擇其誠實者，聯名公舉點充，三年内果能實心稽察，或優給扁額酌加獎賞。户口册籍需用紙筆，於辦公項内酌給，以免借名派累。如州縣果能實力奉行，司道覈詳記功，遇有陞調聲明保薦，其奉行不力者記過揭參。得旨：立法止可如此，行之又在得人，妥協勉爲之可也。（高宗五四九、二九）

（乾隆二七、閏五、庚午）户部議奏：江西布政使富明安奏稱，五年編審大典，今昔情形迥異。丁糧但據康熙五十年丁册爲額，永不加賦。又雍正五年，將丁銀攤入地糧内征收，愚氓咸知不至加納，何須隱避。況查部議通行保甲規條，立有户口册籍，凡一户之男女老幼、殘廢丁僕，靡不具載。又設循環二簿，令保甲隨時登載，按季交官。時屆編審，本可按册而稽。乃地方官沿習故套，傳唤糧里頭人，率領鄉民，赴縣聽點，徒使老幼奔馳守候，更易滋胥役勒索之端。請將一切故套，概爲省除，惟嚴督州縣平日力行保甲，臨時按册編丁。應如所請。從之。（高宗六六二、一〇）

（乾隆三一、六）是月，安徽布政使富尼漢奏：安省吴楚兩界，奸匪易滋，防範之法，莫若力行保甲。臣在山東臬司任内，繪有保甲圖説，令各州縣查明境内城廂邨堡各名目，繪一總圖，各邨各堡各繪散圖，凡山川道路及大小丁口，詳登彙册。現將此與臬司參酌，頒式繪造。據各州縣因到鄉編查，盤獲各省逃犯甚多，是行之頗有成效，益當率屬趕急辦理。得旨：所辦已是，仍在實力妥行。（高宗七六三、一九）

（乾隆三七、一、乙丑）湖廣總督富明安等奏：編查保甲，爲弭盜要務，向例專責印官辦理，印官事繁，難頻巡鄉曲，不得不權委佐雜分查，佐雜例無處分，恐難覈實。請嗣後准州縣分段酌委州同、州判、縣丞、巡檢、典史等員專管編查，事竣，具報州縣，抽查結報。佐雜疏玩，州縣揭參，州縣徇隱，道、府將州、縣、佐雜一併參處。報聞。（高宗九〇一、二四）

（乾隆三七、六、壬午）諭：據李瀚奏請停編審造册一摺，所見甚是，已批交該部議奏矣。第思編審人丁，舊例原因生齒繁滋，恐有漏户避差之弊，是以每屆五年，查編造册，以備考覈。今丁銀既皆攤入地糧，而滋生人户，又欽遵康熙五十二年皇祖恩旨永不加賦，則五年編審，不過沿襲虛文，無裨實政。況各省民穀細數，俱經該督撫於年底專摺奏報，户部覈實具題，付之史館記載。是户口之歲增繁盛，俱可按籍而稽，更無藉五年一次之另行查辦，徒滋紛擾。此摺毋庸交議，嗣後編審之例，著永行停止。將此通諭各督撫知之。（高宗九一一、五）

（乾隆三八、九、癸亥）禮部議准：廣東布政使姚成烈奏稱，寄籍生監，奉例改歸原籍，而其中情形不一，應請嗣後寄籍未久，原籍尚有親族田廬者，仍照例撥回原籍。若原籍僅存疎遠族屬，本人名下，並無田產室廬，其入籍年分，已與定例相符者，准其入於寄籍地方，應試報捐，地方官不得強令回籍。仍彼此關會，不准兩處歧考。違者從嚴究治。共有妄改冒籍、聚衆橫擊者，亦各按律治罪。從之。（高宗九四二、一七）

（乾隆四〇、二）〔是月〕署四川總督湖廣總督文綬奏嚴查保甲密訪邪教各事宜：一、交界地方，飭各州縣分月輪查，親身稽察，不致彼此推諉，匪徒自難託足。一、喊匪入境，奸民倡教，除地方官自行密拏外，應明立勸懲，責成保甲舉首。一、流寓客民蹤跡靡常，應於一甲之內專設客長一人，給循環簿，令將姓名籍貫逐一登記，按季繳官查覈，以補保甲所不及。一、戶口遷移向例換給門牌，地方官於每年農隙時清查一次，恐有遺漏舛錯，亦應設立循環二簿，交保長隨時登記，地方官按季抽查，再於因公下鄉時，留心稽覈，庶無混雜。得旨：實力行之。然此非川省目下急務。（高宗九七七、二三）

（乾隆四〇、一〇、乙酉）諭：直省滋生戶口，向惟册報戶部。朕臨御之初，即飭各督撫，歲計一省戶口倉穀實數，於仲冬具摺以聞，並繕册由部臣彙覈以進。蓋仿周禮司民掌登民數，拜獻於王之意，即藉以驗海宇富庶豐盈景象，法至善也。顧行之日久，有司視爲具文，大吏亦忽不加察。穀數尚有倉儲可覈，而民數則莫爲加增，所報之摺及册，竟有不及實數什之二三者，其何以體朕週知天下民生本計之心乎。我國家累洽重熙，百三十餘年於茲，休養蕃滋，盛於往牒。且我皇祖恩旨，以生齒日繁，人民永不加賦，其利益溥，閭閻安享昇平，樂利阜寧，歲計倍有增益，詎可不確覈以登，紀盛世殷繁之實乎。現今直省查保甲，所在戶口人數，俱稽考成編，無難按籍而計。嗣後各督撫飭所屬具實在民數，上之督撫，督撫彙摺，上之於朝。朕以時披閱，既可悉億兆之概，而直省編查保甲之盡心與否，即於此可察看。其敬體而實行之，毋怠。（高宗九九二、一七）

（乾隆四〇、閏一〇、丙寅）諭：據陳輝祖回奏，……從前歷辦民數册，如應城一縣，每歲止報滋生八口，應山、棗陽止報二十餘口及五六七口，且歲歲滋生數目一律雷同等語，實屬荒唐可笑。各省歲報民數，用以驗盛世閭閻繁庶之徵，自當按年確覈，豈有一縣之大每歲僅報滋生數口之理！可見地方有司向竟視爲具文，而歷任督撫亦任其隨意塡送，不復加察。似此率略相沿成何事體！現據陳輝祖另摺奏請，將本年民數展限於明歲繕進，以期覈實，湖廣通省如此，各直省大略相同。前曾降旨，令各督撫將實在民數覈上，但恐督撫等泥於歲底奏報之期，儻爾草率從事，似屬有名無實。所有本年各省應進民册，均著展限至明年年底繕進，俾得從容辦理，以期得實。或今年有陸續報到者，該部即行駁回，毋庸彙進。嗣後每年奏報民數，該各督撫務率屬實力奉行，勿再如前開造。儻仍因循疏漏，察出定當予以處分。至陳輝祖上年查辦孝感等州縣災務，其過止於未將實在情形豫行奏聞，而其確勘災民，按數給賑，期無一夫失所，尚能體朕賙恤災黎之意，是以不加深責。若該督撫查辦民數既不實心，及遇有偏災辦賑，復從而遷就迴護，致群黎不能普霑實惠，若一經訪聞，惟該督撫是問，恐不能當其罪也。將此通諭知之。（高宗九九五、一五）

（乾隆四四、八、辛酉）户部議覆：江蘇布政使吳壇奏稱，凡捐納官生貢監，全以執照爲憑，若由寄籍改歸原籍，其初捐時，弊止冒籍，猶屬可原。乃近年改籍者，輒以出繼歸宗爲詞，全改姓名三代，覈之原照，竟屬兩人，假冒頂充，何所底止。請照乾隆二十八年例，將原照註銷。應如所奏。除實有應改情節，無關弊竇者，准其聲明換照外，概將原照註銷。至冒籍捐監，前准順天府奏，限一年呈首。今於六月滿限，而呈請換照者尚多，若即不准改歸，仍聽濫行佔籍，並恐尚有未及呈報者，聞風隱匿，日久更難覈查。請再展限一年，飭各督撫通行曉諭，本處具地方官保結，在京具同鄉官印結，報部移查改歸。如實係無籍可歸，照例，寄籍二十年，准令入籍。再俟一年，限滿停止。從之。（高宗一〇八八、一六）

（乾隆四八、一二、壬申）陝西按察使王昶奏：陝省幅員遼闊，東南與楚蜀接壤，最易藏奸，現飭各屬將舊有保甲逐一清理，漢中、興安一帶流寓民人，取具相識保結，方准棲止；其無人認識、蹤跡可疑者，遞回原籍。至往來過客，於歇店給發印簿登記彙查，儻詢出命盜重犯曾在該店歇宿，照例治罪。再，兇器必宜禁絕，除鳥鎗業已陸續繳收，其餘如順刀、褲刀，不惟不容佩帶，並不許製造，仍飭各屬嚴密稽查，毋任胥役藉端滋擾。得旨：實力爲之。（高宗一一九四、二四）

（乾隆五六、一、甲申）又諭：據長麟奏，各屬造報民數未確，請展限覈實查造等語。國家承平日久，生齒日增，戶口自必益增繁庶。各省督撫於年底奏報，亦祇就各州縣開造清册，彙覈繕奏，祇覺繁增，然原屬具文，無甚關係。若長麟所奏，必另行委員清查辦理。戶口殷繁，勢難一一查覈，即細加查造之後，亦斷不能一無舛漏，且恐吏胥藉端滋擾，更非安輯閭閻之道。長麟祇須照例造册奏報，毋庸過爲稽覈，轉滋擾累而無實際也。將此傳諭知之。（高宗一三七〇、一二）

（嘉慶四、一〇、庚子）諭內閣：本日給事中甘立猷、御史葉紹楏、馬履泰俱以編查戶口、申嚴保甲條奏。夫保甲一法，原係比閭族黨之遺制，稽查奸宄，肅清盜源，實爲整頓地方良法。久經定有章程，祇緣地方有司，因循日久，視爲具文，甚或辦理不善，徒滋擾累，以致所管地方，盜匪潛蹤，無從覺察。而其奉行不力之弊，如該給事中等所奏。州縣地方遼闊，戶口畸零，雖有親身編查之文，仍未能徧歷鄉村，細詢名字，祇憑書吏鄉約，朦朧開造。並因冊籍繁多，需費不少，胥吏既難賠墊，官亦徒有捐名，仍不過官責胥吏，吏通鄉保，轉以點充鄉約爲利津，取具保結爲奇貨；而鄉保既無專責，誰肯以不干己之事，赴訴於不理事之官。十家門牌之法，並不清查，奸盜藏匿之區，無從舉發。他如捕役坐食、養賊分贓，地方官亦不復查察。種種弊端，實同一轍。是非湔除積習，實意講求，何以遏奸萌而安良善。特此通諭各督撫，務須督飭所屬，查照舊定章程，實心勸導，選充公正里長，編立戶口門牌。務使一州一縣之中，人丁戶業，按冊可稽，奸匪無所容身，游民胥歸約束。仍隨時巡歷抽查，不使胥吏等藉端滋擾。儻有仍前廢弛，日久生懈，有名無實，惟各該督撫是問。將此通諭知之。（仁宗五三、一八）

（嘉慶一五、四、己酉）又諭：御史甘家斌奏請實行編戶成法等因一摺。向例各州縣鄉鎮村莊，設立門牌保甲，俾其互相識認稽察，原所以詰奸宄而弭盜賊。而每歲編戶審丁，彙冊報部，間遇水旱偏災，發帑賑卹，按冊而稽，自不至於浮冒，立法最爲詳密。乃奉行既久，竟同具文，不但容留匪犯，無人舉發，致令日久潛匿，恣爲不法，而偶遇偏災散賑，則奸吏蠹胥浮開戶口，較歲報丁冊往往增多，任意弊混，殊不成事體。嗣後各省督撫於編設戶甲一事，務須飭屬實力舉行，俾奸匪不得潛藏。即申報晴雨及約收實收分數等事，並與編審丁冊認真稽察，則戶口多寡，年歲豐歉，隨時覈對，不致浮混，亦可杜挊災冒賑之弊。將此通諭知之。（仁宗二二八、二三）

（嘉慶一八、一二、戊申）又諭：御史卓秉恬奏嚴禁吏役索詐一摺。編查保甲，原爲除莠安良，各地方官若果親身查察，自不致有吏役索詐之弊。著步軍統領、順天府、五城暨直省督撫等各飭所屬，將簡明條約刊示閭閻，如胥吏甲長有斂錢抑勒等情，令該戶民即時首告，查明從重懲處，庶良法奉行，日久無弊。（仁宗二八〇、二五）

（嘉慶一九、一、癸酉）諭軍機大臣等：汪志伊等奏，閩省牌甲保長，人多畏避承充，皆由易於招怨。今擬將緝拏人犯、催徵錢糧二事，不派牌甲保長，專責成以編查戶口、稽察匪類，凡有匪徒藏匿，令其密稟地方官，作爲訪聞，俾免招怨等語。人果存心公正，何慮怨尤，惟私心不免，遂喜市恩而畏招怨。近日内外臣工竟成通病，此等微末牌長，又何足責。所有緝拏人犯、催徵錢糧二事，自無庸再派伊等管理。至既責以稽查户口，即當予以糾察之權，如果地方藏匿匪徒，正當令其指名首報，俾匪黨共知畏憚，不敢潛蹤，若令密稟地方官作爲訪聞，則匪徒不懼甲長，何以除莠安良乎。至所稱甲長等三年後果有成效，加以獎賞，其怠玩者，隨時革究，自應分別懲勸。其畬民熟番，久與齊民無異，俱當一律辦理。又沿海及内河大小船隻，藏奸濟匪，均所不免，所議設簿登記、按季查點以昭嚴密之處，亦應照所議行。將此諭令知之。（仁宗二八二、一四）

（**嘉慶一九、一〇、辛巳**）諭内閣：那彦成奏，酌定覆查保甲章程一摺。編查保甲一事，詰暴安良，最爲善政。上年冬間，朕明降諭旨通行飭辦，自京畿以及直省，次第奉行。本年八月間，朕恭謁東陵，蹕路經過各州縣，見比户懸設門牌，開載甚爲詳晰。詢問自外省來京大小官員，亦僉稱遵照令式，一體編查，是此次京外辦理保甲，漸有成效。惟居民遷移不定，户口增減靡常，若不隨時稽覈，則先後參差，仍屬有名無實。各省地方官因循積習，大抵始勤終怠，祇爲目前塗飾耳目之計，稍閱歲時，又復視爲具文，漫不經意。那彦成所奏，每年秋收無事後，俟外出耕作及各項傭工人衆歸里之時，講再行稽覈一次，免致匪徒溷跡，所辦甚爲覈實，著各直省通行照辦。州縣官於秋收後，先行曉諭各村莊保長人等，將本村户口自行逐細查明，造具草册呈送。該管州縣親往覆查，悉遵辦定規條，取具互保甘結，將門牌照改填寫，按户懸掛，令該管道府直隸州親往抽查，查竣後，稟報督撫，交兩司覈對具詳，督撫於歲底彙奏一次。至祝現等各要犯，縱使詭跡潛蹤，總不能出版輿之外。但恐變易姓名，扶同隱混，各州縣於編查户口之時，遇有客籍寄居之人，必須加意審察。如地方素有習教之家，則保長鄰右尤當設法稽考，密加訪詰。如果地方官人人奮勉，治一縣如一里，治一府如一縣，推而至於各直省，則燭照數計，奸徒將何所託足。若陽奉陰違，虛應故事，更或藉此擾累良民，一經查出，必將奉行不力之督撫嚴懲不貸。將此通諭知之。（仁宗二九八、二三）

（二）軍籍

（**順治二、二、乙卯**）直隸巡撫王文奎疏言：畿南各衛所地畝錢糧，宜令州縣就便徵收，屯丁兼聽管攝。凡屬軍宅屯莊，不拘鄉村城市，概入保甲。一人爲盜，九家連坐。至於邊戍既裁，軍裝雜派，應請禁革。下户、兵二部酌議。（世祖一四、三）

（顺治二、三、乙未）户兵二部议覆：顺天巡抚宋权疏言，祖传军籍，隶在营路，选取民壮，隶在州县，二差扰累，为民大害，允宜速罢。从之。（世祖一五、六）

（康熙一、七、甲申）浙江巡抚朱昌祚议覆：陕西按臣扈申忠条奏，军民丁徭，一体当差。查浙省各卫所，原有运粮之责，取有闲丁，每年每丁徵银四钱，为贴造新船之费。运卫所既有丁徭，自难复肩民役，不便与秦省无运卫所一例。下部知之。（圣祖六、二九）

（康熙一一、九、壬辰）礼部议覆：四川湖广总督蔡毓荣疏言，川、湖二省移驻弁兵，既经安插，即同土著，伊等子弟有读书者，似应准其入籍考试。应如所请。从之。（圣祖四〇、四）

（乾隆七、一二、丙申）户部议准：甘肃巡抚黄廷桂奏称，乾隆六年，第一次编审陇西各州县，共新增民丁六千四百八十二丁，应均摊徵补暂豁屯户丁银三千二十两零。请自癸亥年起，入额徵收。尚该未补暂豁屯户丁银六千四十六两零，俟下届编审，再分二次抵补。至抵足之年，仍遵旧例，永不加赋。从之。（高宗一八〇、一五）

（乾隆二四、四、己卯）户部议准：两江总督尹继善奏称，苏州、太仓、镇海、镇江四卫，向来佥丁，类多父子兄弟传运，其本户贫乏丁，於运屯户族内，择股顶补。奸徒希图避运，实与运丁同族，混称民籍，非彻底清釐，势必渐归脱漏。请饬该管卫备将军户逐一确查，如有隐匿，本人族长一体按律究处，县备均以失察查参。运户既经清理，其滋生新丁，年至十六岁者，应令报明入册，照例五年一次编审。从之。（高宗五八五、二二）

（乾隆二五、三、戊午）户部议复：江苏学政李因培疏请，酌定金山卫学章程。一、卫军户口，散处各州县，相沿日久，民卫易滋混冒。查金山卫勋军、屯军内，坐落华亭、奉贤、娄县、金山、上海、南汇等县共一千二百十四户，三千七百六十三名。请将册档，责令卫守备，照造三本，一存学政衙门，一存布政使，一存松江府，以备考试覈对。编审之年，仍令卫备收除，另造一次。……从之。（高宗六〇八、一九）

（乾隆二八、九、戊寅）户部议准：漕运总督杨锡绂奏称，查定例各卫所，有豫佥殷丁之条。第今昔情形不同，现在各省卫帮，殷富者子孙长运，无需佥换，其贫乏之帮，又无从有数十名殷富闲丁，可以与选。且豫行注册之下，或一二年后，转为贫乏，仍不便据册定佥，徒令各卫闲丁，仆仆点验，更恐滋吏胥抑勒稽迟，滥报取利等弊。应请停止。临期应行合佥换，慎选领运。从之。（高宗六九五、九）

（乾隆二九、七、甲寅） 漕運總督楊錫紱奏：查軍民戶籍攸分，既隸軍籍，即應聽僉辦運。乃各省衛所紳宦、富戶，百計圖脫軍籍，往往豫行詭捏，爲民籍張本。一或報僉，則紛紛辯訴，不變爲民不已。而所僉皆無力窮民，於情理實未平允。請嗣後凡軍籍富戶、宦紳之家，如本伍有人駕運，原可暫緩僉選；儻丁力已疲，實須另僉，即富戶紳宦，徑行僉報。既僉之後，如敢潛令族人控訐狡辯，或挺身自訴，一經審虛，富戶則按律治罪，紳宦即行據實題參，請旨革職，俾奸狡不得藉財勢圖脫，庶於辦運有裨。得旨：楊錫紱此奏，可謂大破情面，無瞻徇之習。著照所請行。仍著交部議敍。（高宗七一四、七）

（乾隆三一、六、癸丑） 安徽布政使富尼漢奏：各省民籍屬州縣管轄，軍則隸籍衛所。但衛冊止有老軍姓名，不載子孫，且有本衛軍散處各州縣境及隔府隔省者，猾軍將屯田屯地頂民耕種，買民田，換戶名，爲脫軍張本。又有民承軍產，現運之軍，派索不遂，輒誣民爲軍，訐訟多案。各州縣有民冊無軍冊，辦案關查衛所，既需時日，而傳訊保甲鄰佑，亦滋拖累。查衛所原有軍冊，而州縣例當編查保甲，臣現令衛所備弁查明軍冊所載老軍何名、子孫某某、現居何地，鈔冊移明所居之地方官；該州縣編查保甲時，將衛冊所開軍丁確查，如與冊符，亦移明衛所，彼此備案，儻有冒民脫軍及誣民爲軍等案，據冊審斷辦理。得旨：嘉獎。（高宗七六二、一五）

（乾隆三八、一二、庚子） 刑部等部議覆：署漕運總督嘉謨奏稱，現在清理軍民戶籍之際，恐殷實奸丁乘機舞弊，及不肖備弁代爲隱蔽，匿不造冊，竟至久遠脫籍。請勑部臣，將冒民脫軍罪名、及縣衛各官匿報處分申明律例，從重覈議。應如所請。查屯丁老冊爲清釐軍民根本，自應責成縣衛造冊時詳加覈對，如有前項情弊，軍丁各按本律加重，擬杖者滿杖，擬徒者滿徒，先枷號一月，俟清釐完竣，仍遵舊例。其承辦各官，亦即嚴參從重議處。從之。（高宗九四九、一）

（三）商籍

（乾隆三、六、甲午） ［禮部］又議：粵東商籍生員，向係分撥廣、南、番三學肄業，而三學廩增額數，原就民籍而定，則商籍所補廩增即在民籍之內，於民籍未免有妨。應如所請，將廣、南、番三學商籍生員悉歸商籍，即令廣州府儒學考課，其所進商學，仍照舊額，廣州八名、南海六名、番禺六名，統歸商學。至廩增額數，因人定額，各設十五名，自行幫補，無庸給與

廩餼。從之。（高宗七〇、二二）

（**乾隆三八、二、甲戌**）吏部議覆：廣東布政使姚成烈奏稱，廣東商籍中式舉人，截取知縣時，向不聲明商籍，選缺例無迴避，查此等商籍與土著相同，若聽其服官斯土，難保無瞻徇請託之弊，請照寄籍之例，一體迴避。應如所請，並通行各省照例辦理。從之。（高宗九二六、三六）

（**乾隆四三、六、己丑**）軍機大臣議准：山東學政姚梁奏稱，別省民人充商，其子弟不能回籍應考者，准在行鹽地方入籍，本省商人即領有鹽引者，均令歸入本州縣原籍應試。至本非行商之家，假借親友鹽引，冒認爲商人子弟，除本人及綱保、廒保照例治罪外，其借與鹽引之商，應一併分別治罪。從之。（高宗一〇五八、一）

（**乾隆四三、一〇、丁丑**）[禮部等部] 又議覆：山西巡撫覺羅巴延三、學政百齡奏，山西商籍，有坐商、運商二項，其置有畦地澆曬鹽觔者與竈户等，均應以竈籍應試。向例運學，文武各進十二名，查現在文童百七十人、武童三十餘人，照原額酌減，文童額進十名，武童四名。應如所請。至鄉試，照竈户例，歸入民籍，無庸另編鹵字號。從之。（高宗一〇六九、一五）

（**乾隆四四、七、乙巳**）諭：據王亶望等奏請裁浙省商籍學額一摺，雖應交部議，但思浙省商籍與長蘆、山東情形不同，該省人文本盛，應試人多本地之人，借商籍登進者，十居七八，其中人才輩出，頗有用至大僚者，是浙省商籍，即仁、錢士子進身之一途，朕所素知。若一旦全行裁汰，名爲嚴覈商籍童生，實則暗減杭城學額，寒畯不免有向隅之歎。況商籍之所以清釐者，原因該省地方官，或私令子弟、至親冒名入籍，以冀倖進，實爲積弊，不可不嚴查究治。此外，如實係冒濫者，有犯必懲。其餘則不必因噎廢食，豫申厲禁。朕從不爲已甚之事，何必獨於此加嚴，以抑士氣乎。且浙省商籍學額相沿已久，向亦未聞其有弊，竟可無事更張。朕以爲浙省商籍學額竟可仍舊辦理。但令該撫等隨時查察，勿使有倖濫等弊足矣。著九卿一併議奏，以爲何如。（高宗一〇八七、一六）

（**乾隆四四、七、乙巳**），諭軍機大臣等：據王亶望等奏請裁汰商籍學額，已批交該部矣。繼看伊等另摺呈請於來春南巡時，特降恩綸，將裁去商籍五十名之額，即在於杭府、仁、錢三學酌廣額數，以爲定例等語。雖屬調劑之見，但浙省商籍，即仁、錢士子進身之一途，與長蘆、山東由別省寄籍者迥異。若全行裁汰，則寒畯少一登進之階。即或於明歲加恩廣額，是旋裁旋復，幾同朝三暮四之權術，朕所不屑爲也。況今距南巡時尚有半載，士子不知將來廣額之恩，止知現在減額之事，能保無寒畯向隅生心觖望乎。若該撫等早露消息，是市恩也。且江浙事同一例，南巡降旨，必不能厚此而薄彼，亦復難以措詞。若因浙江而並廣江南，又屬不成事體。是以特降諭旨，欲將浙省商籍學額照舊辦理，較伊等所請不動聲色，尤爲妥善。將此諭令三寶等知之。所請加恩另摺，仍著發還。（高宗一〇八七、一七）

（乾隆五九、一一、戊申） 禮部議覆：湖北學政初彭齡奏，凡商人呈請寄籍，應令地方官詳查存案，以杜冒占而息告訐等語。查生童寄籍，地方官應查明。寄籍逾二十年，田糧廬舍，均已有據，始准呈明入籍考試，儻有妄行告訐者，照例治罪。若入籍之始，先不呈明，即將生童究辦，不行詳查之該管官，交部議處。得旨：此等寄籍生童，嗣後如有未經呈明入籍，即寄籍已滿二十年例限，未經呈明輒行冒考者，一經發覺，除照例斥革，不准應試外，並著咨明原籍地方，亦不准其復在原籍考試。俾跨考倖進之徒，知查出後，寄籍原籍均無進身之路，庶各知自愛，不敢復蹈前轍。所有此次冒考之洪檀，即照此辦理。餘依議。（高宗一四六五、一四）

（四）匠籍、賤籍

1. 匠籍和部分賤籍的廢止

（順治二、五、庚子） 免山東章邱、濟陽二縣京班匠價，並令各省俱除匠籍爲民。（世祖一六、一六）

（雍正一、四、戊辰） 除山西、陝西教坊樂籍，改業爲良民。（世宗六、二三）

（雍正一、九、丙申） 除浙江紹興府惰民丐籍。（世宗一一、二七）

（雍正五、四、癸丑） 諭內閣：朕以移風易俗爲心，凡習俗相沿不能振拔者，咸與以自新之路，如山西之樂戶、浙江之惰民，皆除其賤籍，使爲良民，所以勵廉恥而廣風化也。近聞江南徽州府則有伴儅，寧國府則有世僕，本地呼爲細民，幾與樂戶、惰民相同；又其甚者，如二姓丁戶村莊相等，而此姓乃係彼姓伴儅、世僕，凡彼姓有婚喪之事，此姓即往服役，稍有不合，加以箠楚。及訊其僕役起自何時，則皆茫然無考。非實有上下之分，不過相沿惡習耳。此朕得諸傳聞者，若果有之，應予開豁爲良，俾得奮興向上，免至汚賤終身，累及後裔。著該撫查明定議具奏。尋禮部議覆：安慶巡撫魏廷珍遵旨議奏，江南徽、寧等處向有伴儅、世僕名色，請嗣後紳衿之家典買奴僕，有文契可考、未經贖身者，本身及其子孫俱應聽從伊主役使，即已贖身，其本身及在主家所生子孫仍應存主僕名分，其不在主家所生者，應照旗人開户之例，豁免爲良。至年代久遠，文契無存，不受主家蓁養者，概不得以世僕名之。永行嚴禁。應如所議。從之。(世宗五六、二七)

（**雍正七、五、壬申**）諭廣東督撫：聞粤東地方，四民之外，另有一種，名爲蛋户，即猺蠻之類，以船爲家，以捕魚爲業。通省河路俱有蛋船，生齒繁多，不可數計。粤民視蛋户爲卑賤之流，不容登岸居住，蛋户亦不敢與平民抗衡，畏威隱忍，跼踏舟中，終身不獲安居之樂，深可憫惻。蛋户本屬良民，無可輕賤擯棄之處，且彼輸納魚課與齊民一體，安得因地方積習强爲區別，而使之飄蕩靡寗乎。著該督撫等轉飭有司通行曉諭，凡無力之蛋户聽其在船自便，不必强令登岸，如有力能建造房屋及搭棚棲身者，准其在於近水村莊居住，與齊民一同編列甲户，以便稽察，勢豪土棍，不得借端欺陵驅逐。並令有司勸諭蛋户開墾荒地，播種力田，共爲務本之人，以副一視同仁之至意。(世宗八一、三八)

（**雍正八、五、丙戌**）户部議覆：江蘇巡撫尹繼善疏言，蘇州府屬之常熟、昭文二縣，舊有丐户，不得列於四民。邇來化行俗美，深知愧恥，欲滌前污。請照樂籍、惰民之例，除其丐籍，列於編氓。應如所請。從之。(世宗九四、一七)

（**乾隆二七、九、辛未**）[禮部]又議准：浙江學政李因培奏稱，浙省士子，鼠身里役，如莊書、圩長、斗長之類，請一概禁止。埠頭、牙行二項世業，生監之家，應令無頂帶者，報名給帖。至社長，應以殷實農民承充，州縣官不得濫報生監，應通行各省遵照。從之。(高宗六七〇、二三)

（**乾隆三六、六、庚辰**）禮部議覆：陝甘學政劉墫奏稱，削籍樂户捐納應試，宜酌定限制。應如所奏。凡削籍之樂户、丐户、蛋户、漁户應以報官改業之人爲始，下逮四世，本族親支皆清白者，方准報捐應試。該管州縣取具親黨隣里甘結，不許無賴人藉端攻訐，若本身脱籍，或僅一二世，及親伯叔姑姊尚習猥業者，一概不許濫厠士類。至該學政所引從前禮部辦理毛光宗、錢宏業二案，相沿歧誤，應請一併更正，將毛光宗原捐貢生、錢宏業原捐監生均行斥革，追照繳部。得旨：依議。其從前毛光宗、錢宏業二案，禮部概行准其捐納，均屬錯誤，著將辦理此二案之禮部堂官交部察議。(高宗八八六、一六)

（**嘉慶一四、一二、庚戌**）開豁安徽年遠無據世僕名目，准其捐考。又諭：禮部議覆董教增奏遠年世僕，請分別開豁一摺，所議尚未允協。安徽省徽州、甯國、池州三府，向有世僕名目，查其典身賣身文契，率稱遺失無存，考其服役出户年分，亦俱無從指實。特遇其有捐監應考等事，則以分別良賤爲辭，疊行訐控，而被控之家，戶族蕃衍，又不肯悉甘污賤，案牘繁滋，互相仇恨，允宜覈實持平，以端風化。前據董教增奏，世僕惟以現在服役爲斷，現在服役者，如主家放出三代後所生子孫，方准捐考，若事在前代，即曾經葬田主之山，佃田主之田，而出戶已百餘年及數百年者，一體開豁爲良。立論甚爲允當。今禮部議令自國初以後，雖現在不與奴僕爲婚，並未報官存案者，令地方官隨案查明，從立案之日起，限俟三代後，所生子孫方准捐考，恐紛紛查辦，胥吏從中挾勒，轉滋流弊。著仍照董教增所奏，該處世僕名分，統以現在是否服役爲斷，以示限制。若年遠文契無可考據，並非現在服役豢養者，雖經葬田主之山及佃田主之田，著一體開豁爲良，以清流品。（仁宗二二三、二四）

2. 雇工人、奴婢

（順治一、一〇、甲子）是日，上御皇極門，頒即位詔於天下。……詔曰：自順治元年十月初一日昧爽以前，官吏軍民人等罪犯，除謀反叛逆、……奴婢殺家長、……及十惡至死罪者不赦外，其餘已發覺、未發覺、已結正、未結正、罪无大小，咸赦除之；有以赦前事相告訐者，以其罪罪之。（世祖九、九）

（順治五、一一、辛未）以奉太祖武皇帝配天，及追尊四祖考妣帝后尊號禮成，諸王群臣上表稱賀。是日，大赦天下。詔曰：……自順治五年十一月初八日昧爽以前，官吏兵民人等有犯，除謀反、叛逆、……奴婢殺家長、……不赦外，其餘已發覺、未發覺、已結正、未結正，咸赦除之，有以赦前事相告訐者，以其罪罪之。（世祖四一、八）

（順治八、一、庚申）上親政，御太和殿，諸王群臣上表行慶賀禮。是日，頒詔大赦天下。詔曰：……合行恩赦事宜條列於後：……一、官吏兵民人等有犯，除謀反、叛逆、……奴婢殺家長、……強盜、妖言、十惡等真正死罪不赦，隱匿滿洲逃人亦不赦外，其餘自順治八年正月十二日昧爽以前，已發覺、未發覺、已結正、未結正，咸赦除之。有以赦前事相告訐者，以其罪罪之。（世祖五二、一二）

（順治八、八、丙寅）以恭上皇太后徽號禮成，上御太和殿。諸王、貝勒、文武群臣上表，行慶賀禮。是日頒詔天下。詔曰：……官吏兵民人等有犯，除謀反、叛逆……奴婢殺家長、……不赦，又隱匿滿洲逃人照例治罪，貪官赦前已發覺罪應處死者不赦外，其餘自順治八年八月二十日昧爽以前，已發覺、未發覺、已結正、未結正，咸赦除之。有以赦前事相告訐者，以其

罪罪之。（世祖五九、一九）

（順治一一、六、庚辰）以加上皇太后徽號禮成，諸王、文武群臣上表行慶賀禮。是日頒詔天下，詔曰：……所有恩赦事宜，開列於後，……一、自順治十一年六月二十二日昧爽以前，凡官吏兵民等有犯，除謀反、叛逆、……奴婢殺家長、……強盜、妖言、十惡等真正死罪不赦外，其隱匿滿洲逃人及貪官衙蠹受贓、監守自盜、領運官役侵盜漕糧、併順治九年十一月二十三日在衡州府擊賊有罪諸人，亦在不赦，其餘罪無大小，已發覺、未發覺、已結正、未結正，咸赦除之。有以赦前事告訐者，以其罪罪之。（世祖八四、一六）

（順治一一、一一、壬寅）上以地震屢聞，水旱疊告，憫念民生，省躬自責，特命嗣後章奏文移，無得稱聖，降詔大赦天下。詔曰：……順治十一年十一月十六日昧爽以前，凡官吏兵民人等犯罪，除謀反、叛逆、……奴僕殺家長……不赦外，其餘罪無大小，……咸赦除之。有以赦前事告訐者，有司不許理問，即以其罪罪之。（世祖八七、四）

（順治一三、七、癸丑）以乾清宮成，頒詔天下。詔曰：……順治十三年七月初七日昧爽以前，官吏軍民人等，除謀反、叛逆、……奴婢殺家長、……不赦外，滿洲逃人窩主干連人等……亦不赦，其餘死罪俱減一等；軍罪以下、大計、軍政、失陷地方城池、……等罪，亦俱不赦外，其餘無論已發覺、未發覺、已結正、未結正，咸赦除之，有以赦前事訐告者，不與審理，即以其罪罪之。（世祖一〇二、二三）

（順治一五、一、庚子）上以皇太后聖體康豫，頒詔大赦天下。詔曰：……自順治十五年正月初三日昧爽以前，凡官吏兵民人等有犯，除謀反、叛逆、……奴婢殺家長……不赦外，及貪贓、侵盜錢糧……亦在不赦外，其餘死罪以下，已發覺、未發覺、已結正、未結正，咸赦除之；有以赦前事告訐者，不與審理，以其罪罪之。（世祖一一四、一）

（順治一七、一、辛巳）上省躬引咎，頒詔大赦天下。詔曰：……一、自順治十七年正月二十五日昧爽以前，凡官吏兵民人等罪犯，除謀反、叛逆、……奴婢殺家長……不赦外，行間罪過、貪官衙蠹受贓……亦在不赦外，其餘死罪，俱減一等；軍罪以下，已發覺、未發覺、已結正、未結正，咸赦除之。有以赦前事告訐者，不與審理，以其罪罪之。一、逃人罪犯，赦後三次者，方坐死罪，在赦前者，俱免。（世祖一三一、一二）

（康熙一、六、丁未）廣東道御史朱裴疏言：都下以靡麗相競，四方以奢侈為高，一鞍一騎，不惜百金之費，一衣一帽，可破中人之產，婚嫁葬祭，漫無等級。滿漢效尤，莫可底止。甚至奴隸胥役、優伶賤工，毫無顧忌。請敕下該部將一切貴賤典禮詳加考較，昭示中外，不得踰閑干分。下部議。（聖祖六、二四）

（**康熙五、五、庚子**）兵部議：奴僕行盜處分家主，應照旗下人犯盜議處撥什庫之例。從之。（聖祖）一九、五）

（**康熙一八、二、乙酉**）上諭刑部：民間鬻身爲廝養者，多藉口投充營伍，挾制家長，勒索身契及妻子財物，又有桀黠之徒，乘戎馬往來之際，發人塚墓，或利所有，或挾私仇，其情罪尤屬可惡。著嚴議具奏。尋議：背主投營，勒索身契及妻子財物者，照光棍例治罪；其無挾制勒索等情者，枷責給還家長；乘機發塚見棺、毀棺見屍、索財取贖者，論流徒絞斬如律。又營將知其背家長而不舉發者，分別專管、兼轄、統轄，謫調鐫級有差，不知而不舉發者，奪俸。從之。（聖祖七九、二三）

（**康熙二一、九、己酉**）諭福建將軍佟國瑤：國家設立督撫提鎮，原以爲民，向來駐防鎮江、杭州、福建等處漢軍官兵，皆恣意妄爲，侵佔廛市，擅放私債，多買人口，如哈喇庫、諾邁等，止知營私，罔遵法紀，買人至盈千百。此等匪人用之何益。昔孟喬芳總督陝西、李率泰總督福建時，能潔己奉公，愛民恤士，秦閩人至今思之。爾到地方，宜恪遵國憲，安戢兵民，毋負朕委任至意。（聖祖一〇四、二〇）

（**雍正四、一一、癸丑**）諭內閣：滿洲風俗，尊卑上下，秩然整肅，最嚴主僕之分，家主所以約束奴僕者，雖或嚴切，亦元不相安爲固然。及至見漢人陵替之俗，彼此相形，而不肖奴僕，遂生覬望，雖約束之道，無加於疇昔，而向之相安者，遂覺爲難堪矣。乃至一二滿洲大臣，漸染漢人之俗，亦有寬縱其下，漸就陵替者，此於風俗人心，大有關係，不可不加整飭。夫主僕之分一定，則終身不能更易，在本身及妻子，仰其衣食，賴其生養，固宜有不忍背負之心，而且世世子孫，長遠服役，亦當有不敢縱肆之念。今漢人之奴僕，乃有傲慢頑梗，不遵約束，加以訶責，則輕去其主，種種敝俗，朕所洞悉。嗣後漢人奴僕，如有頑傲不遵約束，或背主逃匿，或私行訕謗，被伊主覺察者，應作何懲治，與滿洲待奴僕之法，作何畫一之處，著滿洲大學士、九卿詳悉定議具奏。尋議：漢人奴僕有傲慢不遵約束，及訕謗家長，背主逃匿者，俱照滿洲家人例治罪。如典當僱工限內，及身隸門下爲長隨者，照滿洲白契所買家人例治罪。從之。（世宗五〇、一六）

（**雍正一三、九、己亥**）上即皇帝位於太和殿。分遣官祇告天、地、太廟、社稷。……朕自惟涼德，懼弗克勝。顧念神器不可久虛，勉抑哀衷，欽遵成命，於九月初三日……即皇帝位。……仰惟上天篤祐之隆，皇考詒謀之重，撫躬乾惕，祗紹前徽，丕布新恩，聿昭錫類。所有令行事宜，條例於左：……一、官吏兵民人等有犯，除謀反、叛逆、……奴婢殺家長……不赦，及軍機獲罪、隱匿逃人亦不赦外，其餘自雍正十三年九月初三日昧爽以前，已發覺、未發覺、已結正、未結正，咸赦除之。（高宗二、三）

（**雍正一三、一一、己酉**）以恭上世宗憲皇帝尊諡禮成，詔示天下。詔曰：……凡官吏兵民人等有犯，除謀反、叛逆、……奴婢殺家長……不赦外，軍機獲罪、隱匿逃人亦不赦外，其餘自雍正十三年十一月十四日昧爽以前，已發覺、未發覺、已結正、未結正，咸赦除之；有以赦前事告訐者，以其罪罪之。（高宗六、二三）

（**雍正一三、一二、壬午**）又諭：李統之父李玉瑄，原係河南退役。投李衞家，奔走效力多年。即非家人，實係僱工奴僕之流。且種種侵蝕，爲子納監捐職。明係惡棍，乃敢捏詞控告，誣陷大臣，情罪可惡。刑部止引誣告平人例定擬，即云所議已加三等治罪。朕詳閱部議，乃引平人誣告人以流徒杖罪者，加所誣人三等而言。且輾轉周旋，歸於援赦。夫誣陷平人，與誣陷大臣有間。平人相誣陷，與奴僕誣家主不同。若如是上下其手，失出猶可，將來能保無失入之事乎？朕滋懼焉。朕非護庇李衞也。前日嚴飭李衞之摺，曾發王大臣閱看矣。總之，朕之待王大臣，惟仰法皇考大公至正之心，是是非非，實不敢預存一好惡之念於胸中。此案既經果親王、傅鼐反覆陳請，朕實不諳律令。但覺所引，似不相符。著大學士九卿定議具奏。（高宗九、六）

（**乾隆一、九、甲辰**）定披甲人凌虐遣犯並免職官、生監等爲奴之例。諭曰：發給黑龍江寧古塔等處披甲爲奴之犯，原係叛逆及強盜減等者。此等皆罪惡重大，寬免其死，發令爲奴，已屬法外之仁。而伊等兇惡性成，仍復犯法，是以定有聽伊主打死勿問之例。乃聞各處披甲人等，竟有圖佔該犯妻女，不遂所欲，因而斃其性命者，情甚可惡。且其中有曾爲職官、生監，而亦受凌辱，漫無區別，情實堪憫。著各該將軍等，查明現在爲奴人犯內，有曾爲職官及舉、貢、生、監出身者，一概免其爲奴，即於戍所另編入該旗、該營，令其出戶當差；並出示曉諭披甲人等，俾其痛改舊習。儻仍有圖佔犯人妻女，因而致斃其命者，查出仍行照律治罪。而爲奴人犯，亦不得捏詞挾制伊主。嗣後法司定案，除真正反叛及強盜、免死減等人犯外，其職官、舉、貢、生、監等有罪，應發遣者，不得加以爲奴字樣。如何分別定例之處，該部詳議具奏。尋議：滿洲、蒙古、漢軍官員及閒散人等，有犯發遣者，舊例俱係發往寧古塔、黑龍江等處當差，並無爲奴字樣，惟旗下家奴發遣，仍令爲奴。至於漢人發遣人犯内，凡例載有爲奴字樣者，雖曾爲職官、舉、貢、生、監，亦皆黜革，發往爲奴，原無區別。自應遵旨分別定例。仍行文該將軍等遍行曉諭。儻有不法之徒仍欲圖佔他人妻女，致斃人命者，許被害之人赴該衙門具控，審明，照故殺奴婢例治罪；而爲奴人犯儻有誣捏挾制伊主者，亦照誣告家長律治罪。抑臣等更有請者，查滿洲、蒙古、漢軍有另户而行同奴僕，亦照爲奴之例發遣。竊思此等人犯雖非職官、舉、貢、生、監，而究係正身，與旗下家奴有别，可否嗣後亦俱發當苦差，不必令其爲奴，並令各該將軍將現在此等爲奴人犯亦即查明，令其出户當苦差。得旨：允行。（高宗二六、二一）

（**乾隆五、一〇、丁卯**）署湖南巡撫許容奏：城、綏逆苗案内，所有現獲及嗣獲各苗犯家口，除實係爲首叛逆者，仍俟結案時，分別定擬僉解，其餘各從犯家口，分發變賣。得旨：著照所請行。（高宗一二九、一九）

（**乾隆一一、一〇、甲子**）刑部議覆：山東巡撫喀爾吉善疏稱，平度州民趙小廝，强姦趙勝先家雇工民婦耿氏未成，致氏羞忿自縊。趙小廝照例擬絞監候，耿氏附請旌表等語。查耿氏係雇要工婦，應照僕婦例，給銀三十兩，祇於墓前建坊，停其入祠。從之。（高宗二七六、二）

（**乾隆一九、一〇、壬申**）刑部議覆：河南按察使沈廷芳奏稱，定例奴僕雇工勾引外人竊盜家長財物者，將起意之奴僕計贓遞加凡竊盜一等治罪。至一百二十兩以上者擬絞監候。勾引之外人仍照竊盜計贓治罪。至勾引外人强劫家主財物，例無明文，問訊衙門，往往比照卑幼將引他人强劫己家財物之例論斬。奏請定奪，究未允協，請勅下律例舘，酌定條款頒行，等語。查奴僕雇工人之於家長，分嚴情疎，非卑幼親屬可比，而强劫尤重於竊盜，應如該按察使所奏，嗣後奴僕雇工人强劫家長財物及勾引外人同劫者，悉照凡人强盜律定擬，毋庸比照論斬奏請。如有殺傷家長者，仍依例從重論。從之。（高宗四七五、一七）

（**乾隆二三、六、癸亥**）大學士等議覆：大學士管陝甘總督黄廷桂奏，發遣人犯賞給屯兵爲奴，自有該兵丁督課取力，牛具籽種，毋庸另爲辦給，所居土屋，聽自行蓋造。至發遣人犯，據永貴等擬請托克三、哈喇沙爾二處共需五百名，查現在烏嚕木齊及穆壘一帶屯種處，增添不一，遣犯難遽定數。再所議本年發來遣犯暫留肅州，俟明年正月起解。邊地狹瘠，米價騰貴，各省匪類聚集，諸多不便，請令刑部行知各省，將應發人犯計程起解，於明年正月陸續到肅，轉解巴里坤大臣等語。查該督所奏發遣人犯賞給屯兵爲奴、牛具籽種毋庸另給、土屋聽其自造，並令兵丁嚴束毋庸另立科條，均如所奏辦理。至所議遣犯不必邊定其數，查此等遣犯各省陸續結案，原難定以成數；至行知計程起解，未免紛煩，應令該督遵旨，將此等遣犯先賞給安西綠營，次給哈密，俟二三年後，以次及於巴里坤、烏嚕木齊等處，不必咨會各省徒滋案牘。從之。（高宗五六四、一七）

（乾隆二三、八、庚辰） 大學士等議覆：監察御史吳綬詔條奏，一、邇來南省民風務爲觀美，花臺綵棚，盛設戲會。除祈報土穀正神聽從民便外，請設法禁止。一、服飾奢侈，宜予限制，凡倚門輿隸及奴僕長隨，均不得濫服緞紗細皮，違者治罪。應如所請。勅直省督撫實力申禁。從之。（高宗五六九、一九）

（乾隆二四、一一、壬子） 刑部議覆：山西按察使永泰條奏，……所稱雇工人雖無文券，而受雇在五年以上者，於家長有犯，作雇工十年以上，作奴婢，等語。查雇工人立有文券年限者，止依雇工本條，若無文券而年分稍久者，反與奴婢同論，與律義不符。請嗣後雇倩工作之人，止有文契年限及雖無文契而議有年限，或計工受值已閱五年以上者，於家長有犯，均依雇工人定擬。其隨時短雇受值無多者，仍同凡論。從之。（高宗六〇〇、一七）

（乾隆二八、二、癸卯） 諭：刑部監禁人犯內，清馥之子福俊，車布登之妻愛氏、子常福，著從寬釋放。看守製造庫五麟保之雇工王積、黃四，亦著從寬釋放。其阿睦爾撒納所部之鄂羅斯、托羅拜，著賞給功臣之家爲奴。永遠監禁之陳朝盛、周紹珍、康三，著發往伊犁賞給回人及厄魯特爲奴。（高宗六八〇、三〇）

（乾隆二八、五、辛酉） 諭：今日圓明園失火，衆皆奮力撲救，而那木圖……等既不能奮勉出力，更圖安逸，殊屬不堪。那木圖等著交領侍衛內大臣議處。鑾儀衛章勇伯寧紹立廊下，由窗內觀看，……其心實不可問，本應即行正法，從寬革職，發往伊犁給厄魯特爲奴。（高宗六八六、四）

（乾隆三八、二、丁亥） 軍機大臣等會同刑部議奏：審訊三等侍衛舒寧，收買姚昇十二歲幼女爲妾，復契買姚昇夫婦爲奴。嗣因姚昇欲行贖身，將姚昇及其妻趙氏責打身死。舒寧應照例發黑龍江當差，其家人王禄、蘇勒滾布、石成等聽從酷打，亦屬不合，應各鞭八十。姚昇之幼女，應行放出，免追身價。得旨：舒寧身爲職官，伊父兄又俱在外，乃不知謹慎守分，輒任性妄行，責打家人夫婦，連斃二命，按例擬遣，實屬罪由自取，難以稍爲寬貸。第念舒赫德係現在出力之人，舒寧著加恩改發伊犁，即交與舒赫德，令其嚴行管束。家人王禄、蘇勒滾布、石成並不勸阻，任意輪流酷打致斃，情

殊可惡，俱著發往黑龍江給索倫爲奴。並著於舒寧名下追銀一百兩，給與姚成收領。餘依議。（高宗九二七、二八）

（**乾隆四三、七、甲辰**）刑部等衙門議覆：步軍統領衙門咨稱，護軍文元，被雇夫趙大扎傷身死，依律擬斬立決。得旨：此案三法司議將趙大依雇工人毆家長至死律，擬以斬決，固屬照例問擬。朕詳閱案情，該犯之母徐氏，雖經立契典與文元家，得過身價，而典限滿後，契已給還。嗣伊母子仍在文元家，月得工錢服役，又經辭出在外居住，究與現在雇工者有間。且起釁之由係文元因趙大積有餘貲，屢次尋鬧，既搬取其皮箱，又復扭住毆打，致趙大情急扎傷，尚非該犯逞兇干犯。趙大，著從寬改爲應斬監候，秋後處決。至八旗家奴及雇工人等經本主放出，及辭出之後，或積有餘貲，感念舊恩，助其家長，亦屬情理所有，而爲家長者受之已覺有愧，若因主僕舊時名分冀其僕資助，多方需索，尤屬無恥。如此案趙大母子雖曾在文元家服役，業已辭出另居，即典置房屋，亦係其能節省經營所致，與舊時雇主何涉。乃文元屢次尋釁，並因其母子外出，踢門搬取箱籠，行同無賴，更不足齒矣。但恐旗人內似此者難保其必無，著將此曉諭八旗人等各自顧惜顏面，無蹈覆轍。（高宗一○六三、三）

（**乾隆四七、四、丁丑**）諭曰：奉恩將軍宗室伊沖額毆死雇工人，宗人府會同刑部擬以圈禁八十日，滿日釋放。雖係照例問擬，但人命至重，致死雇工罪原不至抵償，然由杖徒枷號本律遞減至圈禁數十日，未免太輕，不足以示懲儆。伊沖額，著圈禁一年，滿日再行釋放。至其所襲奉恩將軍，著查明如係伊祖軍功所得，自應另選伊近支請旨承襲，若止係恩封授職，即應停襲。至嗣後宗室致死人命如何酌量改擬及所遺世職如何辦理之處，著軍機大臣會同宗人府照此旨一併妥議，定例具奏。（高宗一一五四、一四）

（**乾隆五一、四、己丑**）諭：刑部奏酌改雇工致死家長條例一摺，立意雖覺近是，但向來雇工謀故殺家長者，例應問擬凌遲，原所以重主僕名分。若僅雇倩佃戶及店鋪雇覓傭作之類，並無主僕名分，亦未服役者，俱照雇工之例概擬極刑，則雇主毆死雇倩平民，皆得援例問擬杖徒輕罪，殊未允協，自應分別科斷。但雇工與雇倩平民如何區別主僕名分，及是否服役之處，必須明立界限，庶問擬兩不相混。刑部所奏尚未詳盡，著交軍機大臣會同該部詳晰酌議具奏。尋議：嗣後除典當家人、隸身長隨，以及立有文契服役之雇工，仍照舊例定議外，凡官民之家，如車夫、廚役、水、火、轎夫，及一切打雜受雇服役者，平日起居不敢與共，飲食不敢與同，並不敢爾我相稱，係聽其使喚之人，是有主僕名分。無論其有無文契年限，均照例以雇工論。若农民佃户、雇倩耕種工作之人、並店鋪小郎之類，平日共坐同食，彼此平等相稱，不爲使喚服役者，此等人並無主僕名分，亦無論其有無文契年限及是否親族，俱依凡人科斷。從之。（高宗二一五三、一）

（**乾隆五三、三、庚辰**）刑部等部奏：江蘇巡撫閔鶚元，審擬寶山縣徐二姐與陳七通姦，勒死婢女素娟滅口一案。徐二姐依故殺白契所買之人，照故殺雇工律，擬絞監候，陳七訊不知情，合依軍民相姦律，枷杖發落，均應如所擬。得旨：徐二姐與陳七通姦，恐婢女素娟説破，起意致死滅口，主婢之分已絶，且素娟年止十二，徐二姐乘伊睡熟，用繩收勒斃命，實爲淫兇可惡。徐二姐，著改爲絞決。嗣後遇有姦淫起釁釁，任意兇殘婢女年在十五以下者，俱著照此辦理。（高宗一三〇一、五）

（**乾隆五三、三、庚寅**）諭：刑部奏山西省太平縣祁閏月子強姦雇主賈伯衡繼母賈梁氏未成一案，該撫原擬將祁閏月子照強姦未成例，加等發黑龍江爲奴，未爲允協。請改依雇工姦家長妻女。強者斬立決一摺，已依議將祁閏月子即行處斬矣。強姦家長妻女定例應行斬抉，原以名分攸關，何得拘已成未成之例。此案祁閏月子既受雇與賈伯衡家傭工，素有名分，膽敢圖姦雇主賈伯衡繼母，並用刀恐嚇，逞淫犯分，不法已極，自應立實重典。乃明興僅將該犯問擬發遣，殊屬輕縱。而明禄係由刑部司員出身，非不諳律例者可比，尤不應錯誤至此。明興、明禄，俱著傳旨嚴行申飭，仍著將因何錯擬要之處，各行明白回奏。尋明興奏：前據明禄審擬祁閏月子一案，僅擬發近邊充軍，經臣駁飭另擬。旋據詳覆，以雇工強姦主母未成，並無作何治罪明文，因輯註内載有強姦家長妻女未成，應比照親屬強姦未成擬軍之語，仍請照情重軍流例，加等改發黑龍江爲奴。臣未能詳究律例斟酌重輕，遂據司招問擬咨部。應請旨嚴加議處。又明禄奏，併懇交部嚴議。均報聞。（高宗一三〇一、三七）

（**乾隆五六、一一、癸未**）諭：本日勾到朝審情實人犯内，……一起絞婦烏蘇氏，因契買幼婢二格彈剔蠟花，誤落伊女脖項，伊女啼哭抽風。該氏氣忿，輒用燒熟烟袋燙烙多傷，以致幼婢殞命。該氏係女流，兇暴殘忍，輕視人命，情節甚爲可惡。但念契買之婢究有主僕名分，是以免其勾決。……以上各犯，情罪俱屬重大，雖經免其予決，俱著永遠監禁，遇赦不赦。嗣後刑部不必入於朝審秋審情實人犯册内進呈。（高宗一三九〇、二三）

（**乾隆五六、一一、癸未**）又諭：本日勾到朝審情實人犯，内有阿林一名，因向新買家奴侯振極追問買地情由，侯振極不肯實説，該犯將伊子侯添禄毆打，並向索地價，因侯添禄頂撞，令家人楊三用繩捆住，自用木棍毆傷殞命。此案阿林堂兄何森，欲將契買家奴侯振極等出賣，阿林貪圖侯振極父子貲財，用銀置買，居心已不可問，及至索銀不遂，即將侯添祿捆毆致斃，情節甚爲可惡。向來毆斃家奴，原無擬抵之例，但阿林置買堂兄名下家奴，可知原非其本身家奴，其意本豫爲勒索起見，嗣因未遂所欲，輒行捆毆傷命。即主僕之分已絕，自應照平人例擬抵，不得引毆斃家奴之例，稍從末減。是以即行予勾，並將此案情節詳悉宣示，庶使貪暴不法者，知所儆畏。（高宗一三九〇、二五）

（乾隆五七、九、己酉） 諭軍機大臣等：前據江西按察使歐陽永裿奏饒州、贛州二郡，蓄有婢女之家，多至老不得配偶者，請以二十五歲爲限，不許逾期一摺，當經部議准行矣。女子二十而嫁，著諸禮經，雖婢女屬在卑賤，亦應及時配偶。乃向來江西富家蓄婢，因自幼養成，慣於指使，遂致掯留服役，逾期不得婚配，實爲惡習。雖從前業經查禁，但恐日久玩生，積習未除，著傳諭陳淮留心訪察該省現在有無此等陋習，即查明嚴禁。（高宗一四一二、三五）

（嘉慶一四、一二、庚戌） 刑部奏：毆斃婢女革職擬徒前任編修汪庚呈請贖罪。得旨：汪庚鞭毆十歲婢女致斃，情殊殘忍，特以主僕名分，罪止杖徒。茲呈請贖罪，若准令納贖，則官員恣行酷暴者，無所懲戒。汪庚，著不准其贖罪。（仁宗二二三、二五）

（五）棚民、廠礦傭工

（雍正三、七、辛丑） 户部等衙門議覆：兩江總督查弼納、浙閩總督覺羅滿保疏奏江西、福建、浙江三省安輯棚民事宜。一、見在各縣棚户，請照保甲之例，每年按户編册，責成山主、地主並保長、甲長出結送該州縣，該州縣據册稽查。有情願編入土著者，准其編入。有邑中多至數百户及千户以上者，添撥弁兵防守。棚民有窩匪姦盜等情，地方官及保甲長失察徇庇者，分別懲治。一、編册之後，續到流移，不得容留。有欲回本籍者，准其回籍。一、棚民有膂力可用及讀書向學者，入籍二十年，准其應試，於額外酌量取進。一、南昌府之寧州武寧縣，廣信府之玉山縣，棚民尤衆，請將進賢縣巡檢二員移駐寧州，新建縣巡檢一員移駐武寧，專司稽察。裁玉山縣之懷玉驛驛丞，改設巡檢，與玉山縣縣丞分轄隘口。再將瑞州府同知移駐寧州之銅鼓營，以資彈壓。……均應如所請。從之。（世宗三四、三）

（雍正一三、七、戊申） 諭內閣：浙、閩、江西等省，有棚民之州縣，朕皆留心揀發牧令前往，俾司化導董率之任。蓋此等無業民人，聚散無常，往來莫定。其間良頑不一，易於藏姦。若稽察稍疎，必至漸爲閭閻之擾。向聞棚民留住之地方，皆責成本處地主山主出具保結。並非來歷不明之輩，始許容留。而牧令官員，於每年歲底，親往查點一次。儻有作姦犯科，而地主山主不行舉首者，一體治罪，此向例也。今聞法久廢弛，有司等視查點爲具文。而地主山主，亦以保結爲虛應故事。大非朕除暴安良、教民成俗之本意。著該督撫等，轉飭有司，實力奉行，毋或怠惰。儻有不遵，即行嚴參，從重議處。若督撫失於覺察，經朕訪聞，亦必加以嚴譴。（世宗一五八、九）

（**雍正一三、一○**）[是月]江西巡撫常安具奏地方情形七條：……一、編察棚民，……得旨：覽奏各件，知道了。總以實心實政爲要，不在陳奏之虛文也。（高宗五、四八）

（**乾隆一二、二**）[是月]福建巡撫陳大受奏：建寧、延平、邵武、汀州、漳州等五府屬，接壤浙江、江西、廣東。流丐男婦，三五成群，日則沿街乞化，夜則行竊，少年拳勇者，勾串本地奸民，恃強討乞，稍不如意，公行搶奪，縱火延燒。臣現通飭所屬，稽察外來流丐，有生事擾民者，拘遞回籍。並飭各營汛，於隘口稽查驅逐。又查延、建、邵三府，風俗素淳，近亦健訟。緣有一種寄籍民人，大半自江西、汀州、漳、泉等處而來，賃山開墾，種植茶果麻靛之類。其桀驁不馴者，藉端滋訟，土民耳濡目染，漸爲澆薄。亦經嚴飭地方官，實力化導，如不安分，嚴懲遞籍。其土著之人，如將田山租賃與外郡刁惡民人，日後滋事連坐。得旨：好。應如是留心清理者。（高宗二八五、二一）

（**乾隆一四、五、甲子**）又諭曰：……武進陞所奏，浙省平陽縣民一百一十餘戶，悉搬移福鼎縣居住一事，隣省貧民，或就近覓食，或赴接壤地方傭工耕種，亦所常有，但流移至一百餘戶之多，豈可聽其往來，不爲查察經理。……著並傳諭潘思榘留心查辦。尋奏：查……浙省平陽縣民，搬福鼎縣居住，臣恐此等民人，潛居鄉僻，別生事端，行司覆查。據詳稱各戶業經安插，均屬安分農民，並無生事。……得旨：覽奏俱悉。……（高宗三四一、五）

（**乾隆一八、二**）是月，署兩江總督江西巡撫鄂容安奏：江省各屬棚民，類皆閩粵流移，編甲稽查，不足以資約束。現已嚴飭地方官，詳議切實規條。再廣信府屬上饒、廣豐境內之封禁山，界連閩浙，周三百餘里，兵役憚於深入，民人多有私入禁地居住者。恐山中或有藏匪，兵役明知故縱，現在派員前往，詳查實在情形，另爲酌籌。……得旨：諸凡具見留心，但亦不必欲速，妥酌爲之可也。（高宗四三三、二一）

（乾隆一八、二）［是月］廣東巡撫蘇昌奏：粵東瀕海依山，民多獷悍，逆匪王亮臣等，糾衆不法，雖經剪除，尤當密爲防範。查保甲之法，向來奉行故事，遂致陋弊種種。現擬通飭各屬，逐户親編，畸零户口，設法歸甲，慎選保正甲長，申嚴連坐之條，定以舉首賞格。至粵東山塲險遠，奸徒易於潛匿，如欽州屬之十萬山，新會縣之古兜山，增城龍門之藍汾山，俱綿亘數百里，應令州縣官，按季會同城守武員，親行會哨申報，捏飾參處。又礦廠工丁多至數百人，應令將姓名年籍，備造循環清册，送官倒換稽查。至燒炭種菰種靛等項，雖係異籍民人，搭蓋居住，無異土著，亦應編成保甲，設立保正管束。並派就近佐雜閒員，不時赴山巡查。又廣、惠、潮、肇、高、雷、廉、瓊八府，海疆口岸甚多，拖風漁船，久站洋面，難保無搶劫商旅之弊。應照保甲例，十船編爲一甲，連環互保，地方官每月查點一次。站洋者嚴押船主保甲，剋期尋歸究處，徇隱一體連坐，爲匪十船並治。以上次第興舉，不任陽奉陰違，亦不敢進鋭退速。得旨：二語得要，仍應實力行之。（四三三、二三）

（乾隆二一、三、丙戌）吏部議准：江西巡撫胡寶瑔奏，武寧縣丞除監漕外無應管之件。西北鄉投止棚民，多至四千餘户，應請將該員移駐木高地方，就近管轄。改給分駐關防，並令武寧營經制外委帶兵十名，移駐太平山坳，巡查防範。從之。（高宗五〇九、五）

（乾隆二一、五）［是月］浙江巡撫楊廷璋奏：到任後，查浙西三府，杭民多事貿易，嘉、湖二府，盡力農桑，頗饒地利。惟習尚浮華，民情巧詐，胥役極易作奸，窮民不甚守分，故盜竊等案，嘉、湖最多。其浙東八府内，紹、寧、台、温均屬海疆，力田而外，並收魚鹽之利。紹民稍覺刁猾，餘亦不免蠻野。金、衢、嚴處山多田少，以樵爲生，最爲易治。惟有福建、江西棚民，在山搭棚種靛，稽查匪易。至浙省吏治，大半揣摩觀望，多不認真。現諄誡屬員，實心振作。得旨：頗具正見，實力行之。（高宗五一三、二一）

（乾隆二六、一二、戊辰）吏部議覆：雲南布政使顧濟美奏稱，滇省礦廠人雜，每有匪類潛藏。經調任督臣愛必達奏准，令廠員嚴督課長、容長、硐長、鑪頭，將人役清册開報稽察。自定例後，鮮有盤獲人犯，皆由恃無處分所致。應如所請，嗣後廠員務督同課長人等嚴密稽查。如課長人等有怠弛徇隱者，即按法究治。廠員能盤獲盜首及通緝要犯，照拏獲鄰境盜首例每一名加一級。如係盜首及要犯藏匿，廠員未經查出，別發覺者，照不知情不申報例，降一級留任。如知情容隱，不解犯事地方官審理者，照故縱例革職。其廠内未設專員，歸地方官管理者，照例辦理。從之。（高宗六五〇、八）

（乾隆三〇、八、丁巳）吏部議覆：調任江西巡撫明德疏稱，吉安府屬龍泉縣，地處萬山，棚民雜處風俗刁悍，非初任之員所能勝任，請改爲要缺，在外揀補。廣信府屬廣豐縣，漕糧無多，詞訟亦簡，雖有棚民，醇良易治，請改爲中缺，歸部銓選。應如所奏。從之。（高宗七四二、一五）

　　（乾隆三〇、九）〔是月〕廣西巡撫宋邦綏奏：茬任後體察屬員，剔除蠹役，嚴堵南、太、鎮三府外通交趾之要隘，稽查平、梧、潯、太、慶等屬開採各礦之匪徒。得旨：諸凡爲之以實，要之以久可也。（高宗七四五、二四）

　　（乾隆三二、七、壬申）兵部議覆：兩江總督高晉等奏請江南小羊山棚廠樵採人等，令官給印照按冊查驗，並請將疎漏隱匿之守巡員弁，分別參處一摺。應如所請。嗣後凡有赴山傭工貿易，地方官給與印票，守口官弁稽查驗放。並該山嶴口六處，每嶴官設廠頭一名，分管約束。儻仍有無照之人混迹採樵，除照例押回原籍究治外，即將疎漏之守口各員弁分別參處。從之。（高宗七八八、一六）

　　（乾隆五五、九、甲辰）諭：據伍拉納奏，福建所屬海島四百五十七處，浙江所屬海島五百六十一處，多有民人居住。有搭蓋寮房零星散處者，有建蓋瓦房已編保甲者，有漁汛時暫行搭廠者，自應遵照定議悉行燒燬。惟是烟户稠密之處，若概行驅逐，使謀生之民，一朝失業，轉致漂流爲匪。請將編甲輸糧者，免其驅逐。儻有匪徒竄入，立即擒縛解官辦理。其餘零星散處，或本係封禁之地，將所搭寮房燒燬，人口遞籍安插。至各處漁户駕船出洋，暫搭寮廠，未便概行禁止，應令地方官取結給照，認真稽查等語。前因顧學潮奏稱，沿海各省所屬島嶼，多有内地民人，建蓋草寮房屋居住，日聚日多，誠恐相聚爲匪，查察難周，令該督撫查明海島情形，如有匪徒潛搭草寮房屋居住者，立即燒燬。今據拉納查奏，浙閩兩省，海島居民甚多，已成市肆，不便概行焚燬驅逐。所奏是。自應如此辦理。沿海民人居住海島，久已安居樂業，若遽飭令遷徙，使瀕海數十萬生民，失其故業，情殊可憫。且恐地方官辦理不善，張皇滋擾，轉致漂流爲匪，亦非善策。所有各省海島，除例應封禁者，久已遵行外，其餘均著仍舊居住，免其驅逐。至零星散處人户，僻處海隅，地方官未必能逐加查察，所云燒燬寮房，移徙人口，亦屬有名無實。今各島聚落較多者，已免驅逐。此等零星小户皆係貧民，亦不忍獨令向隅。而漁户出洋採捕，暫在海島搭寮棲止，更不便概行禁絶。且人户既少，稽察無難，尤非烟户稠密之區，易於藏奸者可比，自應聽其居住，毋庸焚燬。所有沿海各省地方，均著照舊辦理。惟在各該督撫嚴飭沿海文武員弁，實力稽查，編列保甲。如有盜匪混入，及窩藏爲匪者，一經查出，即將該犯所住簝房，概行燒燬，俾知儆懼。其漁船出入口岸，務期取結給照，登記姓名。儻漁船進口時，藏有貨物，形跡可疑，即當嚴行盤詰，無難立時拏獲。地方官果能實力奉行，認真稽察，盜風自可永戢，原不在多設條款競爲無益之空言也。（高宗一三六二、三二）

（嘉慶一二、二、丙戌）諭軍機大臣等：據休寧縣耆民程元通呈控棚民盜租山場糾衆釀命一案，已有旨交初彭齡查辦矣。地方外來游匪，聚集多人，擾害居民，自應隨時禁止；但此項搭棚墾地游民，究係起自何年，現在聚集實有若干人，若一時概行驅逐，恐辦理不善，失業者衆，或致別生枝節，轉屬不成事體。著初彭齡即選派廉明曉事文武大員，前往查勘，或設立禁約，責令逐漸遷移，或勘定界址，就地妥爲安插。不致無籍之徒愈聚愈多，日久爲害地方，亦不致驅迫過驟，激成事端。該撫俟委員勘明詳稟後，再悉心體察，斟酌盡善，奏明斷結立案，以期永杜爭端，輯寧民業爲要。將此諭令知之。（仁宗一七四、四三）

（嘉慶一二、五、癸卯）諭軍機大臣等：初彭齡奏，休寧縣耆民程元通控告棚民占踞山場一案。經該撫派員勘明山場，酌斷租價，令棚民拆棚回籍，該棚民等均各繳價拆棚，情願攜帶丁屬回籍等語。此案既經勘明酌斷，該七村棚民俱情願遷移，即著照此辦理。惟據查休寧除此七村外，尚有山棚七百餘座，歙縣、祁門、婺源、黟縣、績溪等邑，亦各有山棚數百座及百餘座不等。各該處棚民人數衆多，且向山戶租地墾種，搭棚居住，相安已久。若此時概令退地拆棚，紛紛飭逐回籍，不特吏胥等因緣爲奸，或致從中滋擾，並恐此等客民，大半皆無籍可歸之人，一旦驟令失業，提挈親屬，流離轉徙，或至激生事端，殊有關繫。初彭齡當體察情形，聽其各安生業，不必概行查辦。將此諭令知之。（仁宗一七九、三）

（嘉慶一九、二、甲辰）諭軍機大臣等：據御史傅棠奏稱，浙江各府屬山勢深峻處所，多有外來遊民租場斫柴，翻掘根株，種植苞蘆，以致土石鬆浮，一遇山水陡發，衝入河流，水道淤塞，瀕河隄岸多被衝決，淹浸田禾，大爲農人之害。其遊民多係來自福建、江西、安徽等省，成群結伴，自數十以至百數，散處各山，無人稽察，不可不嚴行禁止等語。此等無籍遊民，租場開墾，既有礙水利，兼之百十爲群，往來無定，難保日久不滋生事端。初彭齡、董教增前任安徽巡撫時，曾將安徽省租典山場遊民奏定章程，嚴立限期，勒令退山回籍。今浙省租場開墾情形，與安省稍有不同，著李奕疇倣照安省奏准之例，察看情形，酌量變通，將此項遊民如何定限勒令退山回籍之處，妥議章程奏明，分飭所屬，認真辦理。將此諭令知之。（仁宗二八四、

三〇）

（**嘉慶一九、閏二、丙子**）諭內閣：長齡等奏籌辦善後事宜一摺。陝省南山匪徒，現當勦除淨盡之後，所有撫綏彈壓各事宜，自當加意整飭，俾地方益臻寧謐。……又所奏木商傭工給予執照一款，此次山內滋事匪徒，大抵皆木廠傭工之人，該商等平時招募工作，不分良莠，以致藏垢納污。此後稽查約束，自當嚴定章程。著照所請，令州縣查明境內木廠紙廠處所，發給該商執照，將所雇工匠姓名鄉貫，造冊交鄉約甲長查察。其外來傭工，亦令先投鄉保等，問明姓名鄉貫，另冊呈報，按照保甲之法，認真稽查，以時增刪，日久毋懈。（仁宗一一八六、一七）

（**嘉慶二一、一〇、甲辰**）又諭：御史孫世昌奏，棚民滋害，請嚴申議准章程一摺。安徽徽州府屬棚民，於嘉慶十二年議定章程，以租種山場契約年限為斷，限滿退山回籍，其未載年限者，亦不能過十年。迄今已屆年限，據該御史奏，該處老棚不退，新棚日增，恐限滿棚民仍在彼佔種滋事。著康紹鏞督飭該地方官詳查，現在棚民業經限滿者，概令退山回籍，仍按年造冊報部查覈。再，棚民限滿，地方官延不查辦，應予議處。如從前未經定有處分，著該部明定處分，奏准後，由該管上司照例查參。（仁宗三二三、一七）

（六）僧道

（**康熙四、六、丁丑**）戶部議覆：廣東總督盧崇峻疏言，異端僧道，惑世耗民，請敕地方官勒令還俗，使其開墾新荒，可以增朝廷粟米之供，昭戶口生聚之盛。況去此蠱惑小民之術，則金錢不致耗散。查各省僧道等，既經給與度牒，應姑存留。此後應照前額定之數，府四十人，州三十人，縣二十人，其無度牒僧道，令各該府州縣官嚴查，照前定例治罪。至男女聚會，應通行嚴禁。得旨：無度牒為僧道及男女聚會者，著該地方官嚴行察拏。若仍前怠玩不拏，或科道糾參，或旁人出首，將該地方官一並從重治罪。餘依議。（聖祖一五、二〇）

（**康熙五〇、一二、丁卯**）禮部議覆：左都御史趙申喬疏言，直隸各省寺廟，常窩藏來歷不明之人，行不法之事，嗣後請除原有寺廟之外，不許創建，將見在寺廟居住僧道，查明來歷，令按季呈報甘結，不准容留外來可疑之人。如事發，將該管官員照例處分。應如所請。得旨：依議。近見直隸各省創建寺廟者甚多，建造寺廟則佔踞百姓田廬，既成之後，愚民又為僧道日用湊集銀錢，購買貧人田地給與，以致民田漸少。且遊民充為僧道，窩藏逃亡罪犯，行事不法者甚多，實擾亂地方，大無益於民生者也。著各省督撫及

地方官，除原有寺廟外，其創建增修，永行禁止。（聖祖二四八、二九）

（雍正一三、九、己未） 命僧衆仍給度牒。諭曰：歷代僧人披剃，有給與度牒之制。所以稽梵行，重律儀也。我世祖章皇帝於順治八年，停其納銀，仍給度牒。迨聖祖仁皇帝康熙初年，並給發度牒亦經停止。蓋其時僧徒尚未甚多，又當玉琳國師箬溪禪師主持法席，相繼振興之餘，猶知共循遺軌，故不給度牒，亦屬可行。近日緇流太衆，品類混淆。各省僧衆真心出家修道者，百無一二。而愚下無賴之人，游手聚食，且有獲罪逃匿者，竄跡其中。是以佛門之人日衆，而佛法日衰。不惟參求正覺、克紹宗風者寥寥希覯，即嚴持戒律、習學小乘之人，亦不多見。蔑棄清規，徒增塵玷，此其流弊，將不可勝言。朕崇敬佛法，秉信夙深。參悟實功，仰蒙皇考嘉獎，許以當今法會中契超無上者，朕爲第一，則並無薄待釋子之成見可知。特以護持正教之殷懷，不得不辨其薰蕕，加以甄別。著該部仍行頒發度牒給在京及各省僧綱司等。嗣後情願出家之人，必須給度牒，方准披剃。仍飭府州縣等衙門，嚴查僧官胥吏，毋許借端需索，擾累僧徒。違者從重治罪。爾部即遵諭行。（高宗三、一八）

（乾隆一、二、己丑） 諭：朕前以應付僧、火居道士竊二氏之名，而無修持之實，甚且作奸犯科，難於稽查約束。是以酌復度牒之法，使有志修行者，永守清規，而無賴之徒，不得竄入其中，以爲佛老之玷。其情願還俗者，量給資産，其餘歸公，留爲養濟窮民之用。此亦專爲應付僧、火居道士而言也。名山古刹，閉户清修者，在所不問，前降諭旨甚明。現交與王大臣九卿會議，乃聞外省傳述錯誤，一切僧道，皆有惶惑不安之意，恐將資産歸公，遂爾弊端百出。有將己身田宅，詭寄他人户下，希圖藏匿者；有謀囑書吏，分立花户詭名、以多報少者；有減價速求售賣、變銀入橐者。且有局外匪類，從中借名索詐者。夫此等僧道，既謀利戀財如是，揆之仙佛之法，乃糠粃稂莠也。即收其私橐歸公以養濟窮民，亦何不可之有。天下後世，自有公論。但朕之本意，原以天地好生之心爲心。一物不得其所，如己推而納之溝中。此庸愚無知之僧道，亦天下之一物耳，朕何忍視同膜外？況朕先所降旨甚明，原以護持僧道，而非有意苛刻僧道。今觀伊等情形，是愚昧無知，被人恐嚇，而不知原降之諭旨也。著該部先行曉諭，去其迷惑。至於應付僧、火居道士之貲産，因無所歸著，是以有養濟窮民之説。究竟國家養濟窮民，豈需此區區之財物。亦可不必稽查歸公。此處著另議具奏。（高宗一三、二〇）

（乾隆一、六、乙丑） 太常寺卿雅爾胡達條奏：……菓木園頭内，禁止僧道。查園頭內有僧道，皆稱原有帶地投進者。竊惟僧道係出家之人，當差於理不合，祈交內務府查現在園頭內如有僧道，著革去園頭，令其仍歸本廟，辦給養生地畝，其餘帶來地畝，另派園頭耕種。從之。（高宗二〇、五）

（**乾隆四、六、戊寅**）諭軍機大臣等：往昔帝王之治天下，每有沙汰僧道之令。誠以緇黃之流，品類混雜，其間閉戶潛修，嚴持戒律者，百無一二，而游手無籍之人，借名出家，以圖衣食。且有作奸犯科之徒，畏罪潛蹤，倖逃法網者，又不可以數計。夫一夫不耕，或受之飢，一女不織，或受之寒，天下多一僧道，即少一力作之農民。若輩不耕而食，不織而衣，且甘食美衣，公然以為分所應得，不知愧恥。是以上農夫二三人內袓深耕之所入，而不足以給僧道一人之用。既耗民財，復漓民俗，在國家則為游民，在佛老教中亦為敗類，誠不可聽其日引日多，而無所底止也。惟是此教流傳已久，人數繁衆，一時難以禁革，是以朕令復行頒給度牒，使目前有所覈查，將來可以漸次減少，此朕經理之本意也。今禮部頒發各省度牒，已三十餘萬張，此領度牒之本僧，各准其招受生徒一人，合師徒計之，則六十餘萬人矣，目下亦只得照此辦理。但朕察外省官員情形，不過循照部文，敷衍了事，蓋未深知朕漸次裁減之本意。爾等可密寄信與各督撫，令其徐徐留心，使之日漸減少，需以歲月，不在取必於一時，若官吏奉行不善，致滋擾累，則又不可。（高宗九四、三）

（**乾隆四、八**）〔是月，署廣西巡撫安圖〕又奏：前奉上諭，漸次裁減僧道。查廣西實在僧道，共八百九十餘名。惟有董率屬員查察，使之日漸減少。得旨：如此辦理甚佳。廣西此類原少，殊易辦也。（高宗九九、三五）

（**乾隆八、三、辛酉**）諭軍機大臣等：二氏之教由來已久，其遵守戒律，閉戶焚修者，固於民無害，即尋常僧道，或因無力營生，藉此以免飢寒，亦難盡行沙汰。但游手之徒，借名出家，耗民財而妨民俗，自不可聽其引而日盛，不爲清釐。是以從前屢降諭旨，令該部頒發度牒，本身但准招受生徒一人。原欲其易於覈查，俾將來可以漸減，後因該部所給度牒甚多，而繳到者尚少，是以復令直省於歲底將核減實數，具摺奏聞。兩年以來，據奏僧道數目，皆有核減矣，而緇黃之流，並未見其減少。此何以故，究之各省督撫，曾將此事辦理耶，抑名辦而實則否耶。如但虛應故事，則因循一二年，與因循至數十百年何以異，甚非朕禁止遊惰、勸民自食其力之本意。可傳諭各省督撫，務必實心經畫，善爲奉行。固不可強迫以滋擾，亦不得掩飾以務名，當使漸自裁減，數與册符，毋循故轍，以致毫無成效。若辦理有費周章，或致遊手遊食者反不得藉以養贍，毋寧仍舊，不必亟亟以減册上之虛名爲奉職

也。（高宗一八六、八）

（乾隆八、閏四）［是月］甘肅巡撫黃廷桂奏：甘、涼、西、肅一帶，有青衣僧、黃衣僧、摯僧各名色，托跡緇黃，並非閉戶焚修，請勒令還俗歸業。得旨：徐徐辦理，不必如是急遽爲之。（高宗一九一、一七）

（乾隆一九、一、庚午）又諭：前經降旨，禮部頒發僧道牒照，復令各督撫歲終將所減實數，具實奏聞。此原欲斁遊手爲良農，略示沙汰之意耳。乃十餘年來，各省奏報不過具文從事；且若輩即盡令歸農，安得餘田而與之，轉不免無籍爲匪耳。據實嚴查或滋擾，有名無實，甚無謂。此綜理日久所悉，正不必襲復古闢邪之跡也。著停止。（高宗四五五、三）

（乾隆三九、六、癸巳）山西道御史戈源奏：近據禮部奏請，自乾隆四年以後，僧道未給度牒者，交地方官通查補給，以備僧綱、道紀等官之選。查乾隆元年至四年，僧道之無度牒者，已有三十四萬餘人。自四年迄今，其私自簪剃者，恐不下數百萬衆，若紛紛查補，必多滋擾，請嗣後永停通頒。如遇選充僧道等官，著地方官查其實在戒行嚴明者，具結咨部，給照充補。得旨：所奏是。僧道度牒，本屬無關緊要，而查辦適以滋擾。所有禮部奏請給發度牒之處，著永遠停止。其選充僧道官，令地方官查明，具結辦理，亦如該御史所請行。該部知道。（高宗九六〇、一七）

二、八旗戶籍

（一）旗戶

1. 滿蒙八旗

（康熙三三、四、庚午）理藩院題：今歲編審外藩蒙古四十九旗人丁，共二十二萬六千二百七十有奇。內除隸公主、郡主、王、貝勒、貝子、公、額駙、台吉等三萬一千五百九十六丁外，餘十九萬四千六百七十餘丁。三丁內著一丁披甲，應披六萬四千八百九十一甲。下所司知之。（聖祖一六三、一）

（雍正五、一二、甲辰）莊親王等奏言：查八旗內有繼養另戶旗人之子，請撥回本旗歸宗，繼養民人之子，請撥出爲民，繼養僕人之子，分檔僕人之子，內有情願仍歸本主，及本主亦情願容留者，准其容留，情願爲民者，請俱撥出爲民。得旨：繼養子嗣人等，原非內府之人，除將旗人歸併各該旗外，其民人之子及僕人之子，俱著爲民。從前當過官差者，各賞銀十兩，其

撥出爲民之後，隨分安生，毋得妄干法紀。(世宗六四、二七)

(雍正九、九、壬戌) 諭大學士等：從前三姓地方人等，俱歸入旗分，編爲佐領，七姓地方之人，見今仍打牲捕貂，聞伊等漢仗甚好，與三姓地方無異，著行文該將軍常德，於七姓人等內，如有漢仗好情願披甲效力者，查明數目具奏。(世宗一一〇、一)

(雍正一〇、一二、丁丑) 諭八旗：旗員子弟久隨外任，不但伊等安逸遊蕩，荒廢無成，而在署干預地方之事，每壞伊等父兄聲名，是以從前議定外官子弟，十八歲以上者，悉令歸旗，或讀書肄業，或披甲食糧，使之各有成就，不至廢棄，此朕教養之恩也。至伊等子弟中有可以助其父兄辦理事務或別有情節不能相離者，朕原准其奏聞請旨，而道府以下官員，不能自達於朕，亦有督撫代奏之例。今太原知府劉崇元將伊姪劉度昭私留任所，涇陽縣縣丞羅思哈將伊子什勒誑稱年歲未及，不行咨送，似此怠玩功令之員，不可不加懲戒，劉崇元、羅思哈，俱著解任，送伊子姪來京，該旗大臣奏聞請旨。嗣後儻有不行奏聞而私留子姪在任者，悉照此例，併交部議處。(世宗一二六、二〇)

(乾隆三、一〇、癸未) 加八旗護軍、領催、馬甲、養育兵額。諭：八旗弁兵等，蒙皇祖六十一年教養之恩，不啻天高地厚。我皇考臨御十三年，宵旰焦勞，施恩沛澤，爲旗人籌畫生計者，至周至渥。朕即位以來，仰體皇祖、皇考聖心，無時無刻不以贍養旗人爲念。凡有益於伊等生計者，悉已次第舉行。即如近年之中，借給餉銀數百萬兩。原議按月扣除，未幾仍行豁免。在國帑所費已多，而於旗人究未能永遠補益。今再四思維，八旗生齒日見其繁，若於每佐領下各添兵額，則食糧者加增於原數，而閒曠者自少，似爲贍養旗人之本計。除各王公屬下包衣外，查八旗、滿洲、蒙古，現有十六歲以上壯丁七千六百餘名，十五歲以下幼丁一萬六千四百餘名；漢軍壯丁，現有二萬五千一百餘名，幼丁七千一百餘名。又圓明園八旗壯丁，現有五百餘名，幼丁一千餘名。共計五萬七千九百餘名。著將滿洲、蒙古佐領共八百八十二個，每佐領添食四兩之護軍一名、領催一名，食三兩之馬甲二名，食二兩之養育兵十名；圓明園八旗，添養育兵四十二名。至於漢軍佐領，共二百七十個半，伊等人丁雖衆，其中力能營運者尚多，且佐雜千把，皆可錄用，與滿洲、蒙古不同。今酌量每佐領添領催一名、馬甲二名、養育兵六名。通計加添護軍、領催、馬甲四千三百三十餘名，養育兵一萬七百七十餘名，每歲需銀四十三萬九千餘兩，需米九萬六千三百餘石。至於八旗佐領人數，多少不一，若照額加添，或佐領人數不敷，或有人丁而不願披甲者，應於人多之佐領下挑補，其如何辦理妥協之處，著軍機大臣會同議政王大臣八旗大臣詳加妥議具奏。此朕格外加恩之舉，旗人等當思國家經費有常，弁兵之額數有定，將來生齒愈繁，豈能更有增益，朝廷曠典，不可屢邀，惟有謹身節用，崇儉去奢，以爲仰事俯育之道，不致匱乏，則朕之施恩爲不虛，而旗人亦永享安寧之福矣。（高宗七八、九）

（**乾隆五、四、乙未**）兵部奏請：嗣後外任旗員，在任內所生之子，隱匿不報本旗記檔，假捏過繼，潛向別處居住，除將隱匿及潛留之員，斥革治罪外，該地方官在任半年以上失察者，罰俸一年，該管之道府，罰俸六個月，如未及半年，及過半年自行查出者，俱免議。如該地方官，明知旗人隱匿之子，容隱不報，降一級留任。該管道府罰俸一年。從之。（高宗一一五、二七）

（**乾隆六、一〇、丙辰**）戶部右侍郎阿里袞奏：盛京內務府三佐領下，有未入旗檔人丁約六七千人，毫無管束，緣三佐領下，入冊納差，共有三千八百餘丁，每歲每丁應交納者，或鹽一千觔，或靛三百觔，或魚二百八十觔；又有入官人丁每一丁交銀二兩至三兩不等。至比丁之年，入冊一丁，即添差一分，如有逃避，仍在本族中包墊完納。此等人丁，並無錢糧，因畏避入丁添差，皆隱匿不報，閱年已久。請敕交盛京內務府三旗佐領等詳悉清查，造入丁冊。但三佐領下所屬人丁，代遠人多，而不食錢糧，又無官地耕種，用度未免拮据。今將查出人丁入冊納差，勢必不能清楚，不令納差，又與向例不符，請將查出衆丁歸併已納差之三千八百餘名。所納差使之數目，均分交納。嗣後比丁之年，所入人丁，即照分納數目添差。則差輕易納，將來自無隱漏人丁之弊。得旨：允行。（高宗一五三、一四）

（**乾隆三三、九、甲寅**）又諭：據增海奏，廣州八旗滿州兵內，現查明披甲幼童二百二十九名，其中復有領雙分錢糧者一百三十六名，請即革退。其孀孤無倚之九十三名，請照現由天津撥來養育兵之例支給餉米等語。著照所奏辦理。各省駐防兵特爲防守調遣而設，理應挑取年力精壯者，豈可以不能騎射之幼童充數。今廣州挑補幼童至二百二十九名之多，甚屬非是。從前將軍大臣等，所司何事？著交李侍堯、增海，查明此項糜費糧餉確數，著落歷任將軍大臣等賠補。再各省駐防亦不免有似此者，著交各該督撫將軍副都統等，查明據實奏聞。（高宗八一九、三三）

（**乾隆四〇、一二、乙巳**）軍機大臣議准：盛京侍郎兼管府尹富察善、奉天府尹銘通奏稱，奉天各州縣及旗莊地方，旗民錯處，並無旗界民界之分，是以歷來俱係旗民官員，會同查辦，一體給予門牌。若以旗人毋庸編查，恐旗民所雇流寓傭工，潛匿奸匪，雖有旗員查察，究不若編入保甲，旗民官員一體會查之周密。至奉省州縣及通判等官，所轄地方遼闊，管界旗員較多，如會同查辦，實足以資民員所不及，若止令民員辦理，遇有重犯，旗員前往查拏，民人以保甲非旗員應辦，或致抗違，兼恐旗員以無編查民人保甲之責，不肯實心究察。請將奉天保甲，仍照向例，令旗民官員，會同編查。應如所請。從之。(高宗九九八、三)

(乾隆五九、二、壬申) 又諭：據富昌等奏，廣州滿洲兵丁所懸二百馬甲之缺，作爲四百委署馬甲，分給滿洲、漢軍旗分各二百，挑取家口衆多者，通融養贍等語。現在廣州滿洲兵丁，閒散餘丁甚少，挑取馬甲既不得人，而漢軍閒散餘丁，又一千五百有餘，自應通融辦理。據富昌等將滿洲旗分所懸二百馬甲之缺，作爲四百委署馬甲，分給滿洲旗分二百，漢軍旗分二百，所有家口衆多者，俾得養贍，及餵養馬匹，賞給紅白事件銀兩之處，詳悉覈計，通融辦理，甚是。著照富昌等所奏辦理。俟滿洲兵丁生齒繁盛時，應作如何通融辦理之處，臨期再行酌量覈辦。(高宗一四四六、二六)

(嘉慶二四、五、辛未) 又諭：御史希寧奏請清釐戶口一摺。八旗生齒日繁，近日竟有希圖冒領錢糧、抱養民人之子或以戶下人之子爲嗣者，不可不嚴行清釐。著八旗都統、副都統發現天良，通飭參佐領等詳加查察，不可姑息，不可畏難，如有抱養等弊，責令該族長隨時呈報究辦。如扶同徇隱，別經發覺，定將該族長治罪不貸。(仁宗三五八、七)

2. 漢軍旗

(康熙二〇、九、丁丑) 兵部題：耿昭忠等呈稱，家口甚多，難以養贍，乞照漢軍例，披甲食糧，既可當差效力，又可均贍老幼家口。應如所請，編爲五佐領，令在京佐領管轄。每佐領下設驍騎校一員，小撥什庫各四名，馬甲各五十四名，步軍撥什庫兵各十三名。此五佐領，俱係耿昭忠、耿聚忠等屬下，不便分晰，應將伊等本身一併俱歸入正黃旗漢軍旗下。從之。(聖祖九七、二一)

(雍正八、一〇、甲辰) 又諭：我朝定鼎之時，漢軍從龍入關，技勇皆爲可用，今海內承平日久，伊等狃於安逸，且意在文職而不在武弁，是以韜略騎射遠不如前，目今官至提鎮副參者，寥寥無幾，而在內簡用都統、副都統時，亦覺難得其人，朕爲此時廑於懷，常思漢軍生齒日繁，當籌所以教養之道，而額設之兵丁，爲數又少，似應酌量增添，於國家之營伍，旗人之生計，均有裨益。如外省之駐防漢軍子弟，日漸繁衍，而本身錢糧各有定數，難以贍養，應令餘丁回京披甲，亦可望其成人。又如外官隨任之子弟，往往遊蕩荒廢，前曾有旨悉令回京披甲當差，習學弓馬，以圖上進。又如候缺之微員，一時難以銓選者，若情願披甲當差，到應選時，仍許輪班補用，則在彼既可得受錢糧，以爲餬口之資，又可預先習學弓馬，以備居官之用。又如內務府人丁甚衆，於充役當差之外，其閒散人丁，亦可撥入八旗披甲。再，五旗諸王之漢軍佐領，仍屬本王外，其貝勒、貝子、公等之漢軍佐領，實無所用，應撤歸旗下公中佐領當差，且可免掣肘之弊。其如何增添漢軍兵額，及如何妥協補充永遠可行之處，著尹泰、查弼納、石文焯、石禮哈、莽鵠立、德祿等議奏。尋議：漢軍八旗，總計領催、鎗手、礮手、敖爾布、教養兵並銅匠、鐵匠、弓匠、聽差、護城、看門及看守礮位、火藥局、教場等兵，以至步兵、門軍，共一萬七千五百二十八名，今請於原額之外，酌量增添兵二千四百七十二名，以足二萬之數。但查上三旗一百二十七個佐領又半個佐領，下五旗一百三十八個佐領，應將上三旗佐領，每旗均爲四十分，下五旗佐領，每旗添足三十分，其上三旗所餘之七個佐領，酌量撥入下五旗，從前半個佐領下所轄人少，俱以公中壯丁補足之，計添設佐領三個，共二百七十分，皆各勻整。所有新添佐領下，應增領催十五名，步兵領催三名，步兵四十八名，每佐領下，各補足鎗手四十名，敖爾布八名，共應添補鎗手五百四十六名，敖爾布一千三百六十名。上三旗每旗補足教養兵一百八十八名，下五旗每旗補足教養兵一百四十九名，共應增添教養兵五百名。如此，則八旗漢軍佐領，由此均齊，而兵丁足用。至挑補新添兵丁，見據八旗冊開，在京閒散壯丁約萬餘人，此外各省駐防漢軍之餘丁，情願歸旗者，行令各該將軍咨送歸旗，挑選充補。再，外官隨任子弟，年至十八歲以上者，悉令歸旗，除情願讀滿漢書者，移送官學國子監肄業，並學習弓馬外，其情願披甲食錢糧者，仍准挑補甲缺。再，候選微員，情願披甲者，亦准其披甲，如遇選期，輪班補用。至內務府見今查出過繼養子等項人丁，約二千餘名，亦應撥入各旗漢軍壯丁不齊之佐領下，一體挑選，披甲當差。至於下五旗漢軍佐領，除親王郡王屬下外，其貝勒、貝子、公等，既有包衣佐領，則所屬漢軍人等，應歸入各旗公中佐領，庶漢軍不苦生計之無資，而國家亦收營伍之實效矣。從之。(世宗九九、六)

(雍正一一、六、甲寅) 杭州將軍阿里袞奏言：杭州漢軍現在閒散餘丁，共一千六百餘人，養贍不敷，請按漢軍四旗餘丁繁衆之家，挑選材技兼長者三百名，造册咨送督撫，撥入本城標下，食糧操演。如四旗內遇有甲兵領催缺出，掣回撥補，仍於餘丁內挑送標營，以足三百名之數。如果守法奉公，弓馬嫻練，千把以上等官，聽督撫選撥題陞。如不聽標營將弁約束，酗酒賭博及一切生事滋擾者，即革去名糧，交該旗治罪，實於旗標兩有裨益。從之。（世宗一三二、三）

（乾隆七、四、壬寅） 籌漢軍歸籍移居。諭：八旗漢軍，自從龍定鼎以來，國家休養生息，戶口日繁，其出仕當差者，原有俸祿錢糧，足資養瞻，第閒散人多，生計未免窘迫。又因限於成例，外任人員既不能置產另居，而閒散之人，外省即有親友可依，及手藝工作可以別出營生者，皆為定例所拘，不得前往，以致袖手坐食，困守一隅，深堪軫念。朕思漢軍，其初本係漢人，有從龍入關者，有定鼎後投誠入旗者，亦有緣罪入旗與夫三藩戶下歸入者、內務府王公包衣撥出者，以及招募之礮手、過繼之異姓，並隨母因親等類，先後歸旗，情節不一。其中惟從龍人員子孫，皆係舊有功勳，歷世既久，自無庸另議更張。其餘各項人等，或有廬墓產業在本籍者，或有族黨姻屬在他省者，朕意欲稍為變通，以廣其謀生之路。如有願改歸原籍者，准其與該處民人一例編入保甲，有不願改入原籍而外省可以居住者，不拘道里遠近，准其前往入籍居住。此內如有世職，仍許其帶往，一體承襲。其有原籍並無倚賴、外省亦難寄居、不願出旗、仍舊當差者，聽之。所有願改歸民籍與願移居外省者，無論京外官兵閒散，俱限一年內具呈本管官查奏。如此屏當，原為漢軍人等生齒日多籌久遠安全計，出自特恩，後不為例。此朕格外施仁、原情體恤之意，並非逐伊等使之出旗為民，亦非國家糧餉有所不給。可令八旗漢軍都統等詳悉曉諭，仍詢問伊等有無情願之處，具摺奏聞。（高宗二八四、三二）

（乾隆七、九、己未） 兵部議覆：鑲紅旗漢軍都統和碩恒親王等奏八旗漢軍情願為民一案，除現任者均有額缺職守，其進士、舉、貢、生、監及捐納職銜，未經出仕當差，應俟一年限滿，彙奏請旨。至領過老圈地畝，並自置旗下及抵買公產地畝，如移居外省，不在近京五百里內居住，並不倚賴為生者，俱徹出；入籍在近京五百里之內，如情願轉售旗人者聽，不願轉賣者，仍聽耕種；其抵買公產地畝價銀，未經扣完，不願接扣者，給還價銀，徹出地畝；其有仍欲接扣者，仍令按季交銀，地畝令其管業。至各旗兵丁官房，應行徹出，另給窮苦兵丁，若陪嫁公主人等，既經內務府撥出，已隸公主屬下，不便准其為民。應如所請。從之。（高宗一七四、八）

（乾隆八、四、戊申） 八旗漢軍都統等奏：皇上以八旗漢軍生齒日繁，改歸民籍。查現在情願為民者，一千三百九十六人，內除盛京工部郎中施廷龍等十七員，原係漢缺，既改籍為民，即與漢人無異，應令照舊供職。其整儀尉韓國鉞等三員，俱係旗缺，既未便因改歸民籍遽行黜退，又不便仍佔旗缺，應照本身職銜，給與頂帶。如願在各該處營伍當差，准其呈明效力；如果人才弓馬可觀，酌量題補。丁憂郎中施廷敬等三員世職，准其帶往，俟服滿歸入班次補用。其進士、舉人、貢、監生及候補、候選、降調官員並捐納職銜，共一百十七名，應照本身職銜，與漢人一體考試錄用。其現食錢糧馬步兵、拜唐阿並告休參革官員以及閒散，共一千二百五十六名，應照呈准入各該地方民籍，一體編入保甲。所出馬步兵各缺，各該旗另行挑補。得旨：朕前因八旗漢軍戶口日繁，生計未免窘迫，又限於成例，不能出外營生，特降諭旨，除從龍人員子孫無庸更張外，其餘各項入旗人等，有願改歸民籍與願移居外省者，准其具呈本管官查奏，原指未經出仕及微末之員而言。至於服官既久，世受國恩之人，在伊等本身及伊等子弟，自不應呈請改籍，而朕亦不忍令其出旗。此奏內，文職自同知等官以上，武職自守備等官以上，俱不必改歸民籍。餘依議。（高宗一八九、一五）

（乾隆一〇、六、癸卯）禮部議覆：盛京工部侍郎留保奏稱，工部五品官六品官司匠，所管千丁，上供三陵燒造物料，生齒日繁。查康熙年間，部議准千丁子弟，照竈戶之例，在奉天八旗漢軍內考試。續經盛京戶部禮部，將所屬莊頭千丁子弟，援例奏令考試。至工部惟四品屬下千丁准考。五六品官等所屬，事同一例。應請准入於奉天八旗漢軍內，一體考試等語。經臣部以盛京工部五六品等官所屬千丁，從前因何不准考試，咨行該侍郎。今據咨稱，從前五六品等官，所屬無幾，僅能應役，無暇讀書。現在人丁繁盛，實有奮志讀書者。又據奉天將軍咨稱，盛京工部五六品官所屬千丁，俱係陳人。五品官所屬內，有三藩人三百八十二人，亦具係陳人。與考試之例相符。應如該侍郎所請。從之。（高宗二四二、五）

（乾隆一二、七、乙未）又諭：朕因八旗漢軍人等生聚日繁，家計未裕，於乾隆七年特頒諭旨，自從龍人員子孫外，願改歸民籍移居外省者，准其具呈本管官查奏。旋據漢軍都統等分晰辦理，允行在案。朕觀漢軍人等，或祖父曾經外任置立房產，或有親族在外依倚資生，及以手藝潛往直隸及各省居住者，頗自不少，而按之功令，究屬違例。伊等潛居於外，於心亦自不安。朕思與其違例潛居，孰若聽從其便，亦可各自謀生。嗣後八旗漢軍人等，願在外省居住者，在京報明該旗，在外呈明督撫，不拘遠近，任其隨便散處，該督撫咨明該旗，每年彙奏一次，以便稽查。務令安靜營生，無得強橫生事。如此則於功令不相妨礙，伊等亦得安居樂業，生計有資矣。（高宗二九四、一〇）

（**乾隆二二、三、辛亥**）吏部議奏：乾隆十八年奏定漢軍改入民籍，於入籍地方准其考試。原議內並未議及捐職一節。今有江蘇報捐從九黃浩一員，係散處漢軍，查考試、捐職事同一體，應准遵照辦理。從之。（高宗五三五、九）

（**乾隆二六、二、己卯**）戶部議覆：署江西巡撫常鈞奏稱，漢軍之出旗為民者，往來各省，向未定查驗之法，其是旗是民無由察覈，恐與逃旗相混，應如所請，令該管州縣，於入籍後、查明年已成丁者，均各給鈐印手票收執隨帶，其由京赴各省入籍者，令各該旗給照，至入籍地方繳銷，換給手票。再八旗另記檔案養子、開戶人等，其往來他省，經過地方均干盤詰，應令本旗並各該地方官一體給照備驗。從之。（高宗六三〇、一二）

（**乾隆二八、二、丙申**）軍機大臣等議覆：江寧將軍容保、兩江總督尹繼善奏，辦理京口出旗漢軍事宜。一、咨明旗部銷檔，聽所願赴處入籍。考試、結婚、立業，與該處民人一體。進士、舉、監、生員及候補、候選、降調、世職、捐班均入漢班。一、願補綠營者，勻派京口等二十餘營候補，即於該處入籍。馬、步糧分照原缺撥補，四缺得三。各營馬糧少，應先補戰糧。一、該兵依餉為生，除為民者，限於四月內悉令出旗住支外，共改補綠營者，未得缺之前，暫令食糧，俟改補住支。一、出旗兵向住官房，清查立界分給移駐滿兵，不許旗民雜處。其自行添建、典出、抵換者，查實給價。一、改補綠營兵，有房者給搬移銀二兩，無者給賃房銀六兩，閒散內鰥寡孤獨無依者賞銀八兩。一、扣存馬價，應查給。有借項扣還。其馬，分給江寧缺馬兵。馬價，於得馬兵坐扣。一、移駐京口兵、專用江寧兩翼蒙古兵，已敷奏定數，摻防差遣亦畫一簡便。蒙古筆帖式等官，隨駐辦事。一、各營員告退為民者聽，其應引見及送部補用，與改補綠營者，分別辦理。一、漢軍三千餘名，既出旗一千餘名，所有移駐之蒙古兵數減半。額設副都統二，應裁一。從之。（高宗六八〇、一九）

（**乾隆二八、二、癸丑**）大學士等議祿：涼州將軍巴祿、陝甘總督楊應琚奏，涼莊漢軍官兵出旗事宜。一、願為民者，准呈明涼莊地方官給印票，行文所往地方一體考試、婚配、立業。一、願補綠營者，查係領催、馬甲並有馬匠役頭目，補馬糧；係步兵、匠兵、養育兵，補步糧；就近於甘撫標、陝甘提標及陝提屬之靖逆標、寧夏、涼州、西寧、肅州、沙州五鎮所屬營勻補，即於食糧處入籍。一、調補兵、窮苦閒散戶口，照閩省漢軍調補例，分別給賞，准領回自立馬匹。一、出旗官員，分別送部引見，咨部改補，及世職、進士、舉、貢、生、監，並候補、候選、降調、捐職銜等員，均歸入漢

班考試補用。從之。(高宗六八一、一六)

(二) 户下家人(奴僕)

(順治一、八、己未) 有王崇高者,曾爲人僕,捐貲造泥溝坡橋成。事聞,上嘉之。令以人償伊主,出户爲民,賞銀百兩,復其家。仍命樹碑其所。(世祖七、六)

(順治八、九、甲申) 諭户部:盛京癸酉年定例,凡係本家奴僕開户另造者,許其編入;其係各户長同造一户者,許其編出。今有以盛京户口册内另户之人,稱原係伊家奴僕具告者,毋准;其册内本同户,乃告稱非伊家奴僕者,亦毋得開出。再自入北京以來,牛録章京、驍騎校因披甲人先後參錯出征,其主不知,而小撥什庫以爲户口各異可以關支糧米,大干法紀,將一家兩披甲分記者,有之;以家下奴僕分記者,亦有之。今當編審之年,各該牛録章京、驍騎校、小撥什庫及户長會議,果係兄弟,聽其別編;果係本家奴僕,各歸户長造送。此編審時,如以家下奴僕復行開户造送,後雖告稱原係伊家奴僕,不准仍聽另户。如將未成丁之子分户造送者,論罪。其無嗣寡婦守節不嫁,不願同承產之人編入,情願於身在之日另注册籍以爲生計者,將承產人姓名立户,後開或嬸母、或嫂、或弟婦、或姪婦滿洲奴僕若干、漢奴僕若干,另爲一款,造送部内。此婦或再醮、或身故,按册上姓名,准其承管。(世祖六〇、九)

(康熙一九、一一、戊午) 命旗下從征僕人得功牌二次者,許令出户。(聖祖九三、二)

(康熙三五、一、辛巳) 諭領侍衛内大臣等:官軍之廝役人等,有能踰鹿角營而進擊者,作何給還本主身價,令其出户以示勸勵,爾等集議。尋議覆:官軍家下兵丁廝役,或駱駝營、或鹿角營、或於曠野賊兵對敵之處,有能首先躍入,衆人接踵繼進,以致殺敗賊寇,其首先躍入之家下兵丁廝役及其父母妻子,俱撥在佐領,立爲另户。照例計其人口,給還伊主身價。得旨:依議。其第二、三前進者,亦著照此例行。(聖祖一七〇、一〇)

(康熙五二、一〇、庚辰) 九卿等遵旨議覆:八旗出征舊人、有將擄獲之人爲養子分產開户者,傳至子孫輩,或因勒詐不遂,稱爲祖父家奴,混行控告,殊違祖父初心。嗣後有子孫控告祖父時爲養子分產年久者,永行禁止;其惡劣不肖之徒,不遵法度,捏造他故控告者,該部指名題參,有職者革職,無職者枷號兩個月、鞭一百;如有勒詐款跡審實,照訛詐律處分,著爲定例。得旨:依議。養子於分居開户之後,其原主子孫或極庸懦、或至絶

嗣，養子之子孫或冒稱近族弟兄，反肆欺凌及爭告家産者，亦著嚴行禁止。（聖祖二五六、一八）

（**雍正二、五、庚戌**）諭內務府：內府佐領渾托和下人分檔時、派給各莊頭者，以生齒日增，錢糧浩繁，因令往各莊服田力穡，庶幾仰事俯育，人各有資，朕特念伊等生計，故有此舉。爾等奉行不善，竟似將伊等發遣者，以致恐懼疑惑。再，莊頭等役使壯丁，頗多暴悍非理，嗣後如敢肆行凌虐者，許壯丁即行控告。所告果實，止一二人，則另撥與別處屯莊；至四五人，即將莊頭革退治罪。其分檔漢人內，有欲歸民籍者，著詢問原主，如情願令其爲民，則准其爲民，有欲撤回，亦准其撤回。（世宗二〇、六）

（**雍正二、一〇、甲申**）戶部議覆：正白旗滿洲副都統奇爾薩條奏，八旗開檔併爲義子人等，嗣後不得越佐領認戶，請仍留在本佐領下當差，方不負原主豢養之恩。應如所請。從之。（世宗二五、九）

（**雍正三、二、壬辰**）［戶部］又議覆：八旗家奴，或自行贖身，冒於旗民之間，或隨伊主仕宦，私立産業鑽謀贖身者，俱查明歸於本旗。如果伊主念其累世效力，情願令其贖身爲民，檔案可查，以後不得借端控告，庶定例遵行，訟端可息矣。從之。（世宗二九、二〇）

（**雍正五、一〇、辛丑**）諭刑部：向來另戶之人，犯罪發遣，俱不爲奴，但另戶亦有不同，其中有卑污下賤，同於奴僕者，亦有原係家下奴僕，開戶而爲另戶者，若發遣遠方，不令人管束，又致生事。嗣後除滿洲正身之另戶外，如有此等犯罪發遣者，著該部酌量給與披甲之人爲奴當差。（世宗六二、二三）

（**雍正五、一二、乙酉**）刑部遵旨議覆：奉天等處人犯，有應枷責發遣者，該將軍查明送部，照例枷責。滿日，若係滿洲另戶正身，發給西安等處駐防當差，其身爲奴僕及奴僕開戶而爲另戶者，發給西安等處駐防兵丁爲奴。至奉天、西安等處旗下家人逃走，及發給爲奴當差之人脫逃者，令各該將軍年底彙奏。又從前在逃之犯，已奉旨寬限自首，若過限不行投到，獲日，將減等盜犯於原發遣處正法。平常發遣之犯，有行兇爲匪者，亦於原發遣處正法；如無爲匪之處，枷號兩個月，鞭一百，仍交原發遣處安插。若旗下家人私自逃走者，加逃罪一等治罪。從之。（世宗六四、五）

（**雍正九、一〇、丙午**）諭八旗都統等：王公及閒散宗室等所有口外牧場看守牲畜之蒙古，其有馬匹牲畜田産者，尚可度日，若並無馬匹牲畜田産者，伊等家主，豈概能贍養，因致妄生事端，則累家主不少矣。與其任伊等遊蕩，莫若命大臣前往收養。著通行曉諭八旗王公宗室並大臣官員以至閒散

人等，伊等所有口外蒙古内，如有此等無馬匹牲畜田産、不能照看養贍、情願報出者，令伊等家主各行報出。（世宗一一一、一三）

（**雍正一一、四、庚辰**）諭辦理軍機大臣等：家選兵丁，前往軍營之時，朕降恩旨，凱旋之日，將伊等妻子俱令出本主之家，編爲另户。但各路軍營從征人内，亦有分檔開户之人充當領催、披甲者，伊等久在軍營，辛苦效力，甚屬可憫，著各路軍營將軍大臣等，將效力行走好者，以伊等姓名註册，俟大兵凱旋之日，亦照家選兵丁例，編爲另户。（世宗一三〇、二四）

（**雍正一一、一一、丁酉**）兵部議覆：浙江杭州將軍阿里衮疏言，駐杭漢軍四旗兵丁，有另户、開户、户下等項，舊例准其一體擢用，康熙二十八、九年間，户下人等，不准擢用，雍正五年間，三代開户人等，亦不准擢用。但查現今各旗開户及户下人等，其祖先俱係歸命隨征，以功得官，歷歷可考，實非官僕頂充食糧可比，請將現在查出之官員後裔，有册可據者，准與另户之人，一體擢用。其餘歷年久遠無案可稽者，行令該旗及該將軍核實具結，保送註册，至有騎射優長人品出衆者，請不論開户、户下，准該將軍出結送部，轉咨該旗，帶領引見，候旨擢用。應如所請。從之。（世宗一三七、七）

（**雍正一二、一一、丙戌**）户部議覆：署正白旗漢軍都統高起條奏，八旗另户壯丁人等，有任意潛往關東居住者，該管官員亦不詳加查察，以致丁册虛懸，殊屬違例。請行令各該旗，逐一查明，將丁册内有名無人者，俱移咨奉天將軍等衙門確查，如有在彼多年，情願永遠居住之人，令其自行呈首，即於該處入册當差，有仍行潛匿，及嗣後不呈明該旗，私往別處者，一經發覺，照逃人例治罪，其該管之參佐領，並不行查出之地方官，照例議處。應如所請。從之。（世宗一四九、八）

（**乾隆一、七、戊午**）兵部奏：署寧遠大將軍查郎阿，遵雍正十一年諭旨，將西路軍營之奮勉出力開檔領催馬甲，造册送部；定邊大將軍平郡王福彭，將北路軍營開檔領催馬甲，分別頭二三等送部。查西路册送西安開檔兵二百九十名；北路列爲頭等京城開檔兵二十三名；右衞、奉天、寧古塔、黑龍江等處開檔兵三十九名，俱係倍加奮勉，應准作爲另户，由臣部行文八旗及各該處，令報明户部。再北路列爲二等之京城開檔兵三百三十六名，右衞等處開檔兵二百三十二名，應否作爲另户之處，伏候命下施行。得旨：列爲二等之開檔兵丁，亦作爲另户，俟出派歸化城戍守兵丁之時，該部具奏請旨，餘依議。（高宗二三一、一二）

（**乾隆三、六、丙申**）議政大臣、大學士尹泰等遵旨議覆：正紅旗漢軍副都統趙國政條奏八旗家奴開戶一疏稱，近年丁冊內，有本身姓名及照戶部所奏陸續置買入冊者，除在戶下挑驗步兵等缺養贍孤寡外，亦許放出爲民，不准在佐領下另立一戶。查既入丁冊，不准贖身，但果否效力年久，既不准開入旗檔，又不准放出爲民，則不獲霑伊主之恩，殊爲可憫。臣等酌議，倣照康熙二十一年用印契所買之人，准令贖身爲民之例，將乾隆元年以前白契者，准作印契，仍舊在伊主戶下挑取步甲等缺外，應俟三輩後著有勞績，本主情願放出，准其爲民；並元年以後白契之人，未入丁冊者，仍照例准贖身爲民。但放出之人，主僕之名分尚存，與贖身者不同，誠恐將來服官之日，主僕同列，大有未便，須行文該地方查明註冊，只許耕作營生，不准求謀仕宦。至收養異姓義子承祧，實屬紊亂宗支，應令八旗人等立本宗之人爲嗣，不得過繼異姓。如自襁褓時撫養成丁，無宗可歸者，應如該副都統所請，准其另記檔案。至將民間成丁子弟改隨本姓，濫入旗檔，冒食錢糧，照例查究。從之。（高宗七〇、二七）

（**乾隆三、一一、乙亥**）和碩莊親王允祿等奏：遵旨查明介福、慶泰二佐領，一係康熙八年，佟國綱等移入上三旗時，由正藍旗帶來，一係康熙四十年，恩賜溫憲公主，俱應照原定爲勳舊佐領。楊姓、唐姓、秦姓祖父遠年丁冊，開在佟姓壯丁之內，應作爲帶來奴僕。但自康熙年間，丁冊俱開一戶，且註有姻親字樣，與八旗開檔養子不同，仍應作爲另戶。潘姓、傅姓、董姓爲佟姓帶來投誠之漢人，俱爲另戶，並造入佐領根源冊內，飭令名下畫押，以杜後來爭端。都統策凌，並不細查確據，輒作爲帶來人，又不將帶來何項之人聲明，實屬不合。平郡王福彭，雖作爲奴僕，仍未將另戶戶下查明，亦屬疏忽，均應請交各該衙門分別議處。得旨：介福、慶泰佐領緣由，既經王大臣等查明定議，著照議辦理。……（高宗八一、二一）

（**乾隆三、一二、丁亥**）又諭：從前軍營徹回開檔開戶領催、馬甲內保列一等二等者，已作爲另戶，另記檔案矣。其和通呼爾哈諾爾、烏遜珠勒等處，打仗陣亡之開檔開戶領催馬甲等，轉未得與伊等同列。伊等爲國捐軀，殊爲可憫。著交八旗，將此等陣亡之開檔開戶領催馬甲之子孫查明，亦作爲另戶，另記檔案。凡遇挑補差使，俱著照另記檔案人等之例，以馬甲挑補。（高宗八二、二一）

（**乾隆四、五、丙寅**）兵部議覆：建威將軍王常等，遵旨會議副都統趙國政奏稱，八旗佐領下，馬甲額兵，應行挑選正戶，不得將開檔人等挑取。查右衛兵丁，原係另戶滿洲並開檔分戶一同派往駐防。若照京城之例，不准開檔人等挑取馬甲，則額兵缺出，另戶壯丁不敷，勢必兼挑幼丁，營伍軍威，難於整肅。請嗣後右衛馬甲額兵缺出，先將另戶挑取，如不敷，准於開檔分戶選補。儻舍應挑另戶，止挑開檔分戶，該參領等照例議處。從之。（高宗九三、一〇）

（**乾隆四、六、癸未**）軍機大臣議覆：署馬蘭鎮總兵副都統布蘭泰奏稱，外省駐防，順治、康熙年間，開戶人等子孫，念伊祖曾經出力，仍准挑補馬甲。雍正年間開戶者不准。查前議准趙國政條奏，八旗馬甲額兵，應挑取正戶，開戶者不准充當。又兵部議准將軍王常奏，右衛駐防，另戶人少，開戶人多，兵額准於分戶內選充。查八旗兵額定制，止許另戶充補。王常所奏，係因右衛駐防，與在京多少不同起見。嗣後各省駐防兵額，仍請遵照定例，先將另戶壯丁挑補。其另戶中雖年力未及，驗其可以造就者，亦准挑補。儻再不敷，方准於開戶內酌量選用。又稱從前陵寢八旗滿洲，只有披甲，續經添設驍騎校二員；但定例兼設領催，應請添設四名，辦理糧餉檔案，俟驍騎校缺出推陞。查前議覆法爾善奏，添張家口等處驍騎校，並未請添領催，其應否酌量兵數，一併添設之處，請交兵部會同八旗定議具奏。從之。（高宗九四、一六）

（**乾隆四、一二、癸未**）戶部議覆：平郡王福彭，續查正紅旗漢軍旗分戶口不清人員七百四十六名，冊送到部，按款詳議。一、閒散馬溥龍等四十五名，原係另戶人之子，後又繼養另戶人爲嗣，請依前奏嗣出之另戶唐進忠等事例，將馬溥龍等仍作另戶，入於編審。一、驍騎校馬國璽等一百三十四員名，原係民人之子，繼養旗人爲嗣，請依前奏另戶萬應通等事例，將馬國璽等開入另戶冊，另行記檔。一、驍騎校王夢魁等二十六名，本係民人，因親戚入旗年久，請照副都統策楞奏准民人冒入旗人，照養子准作另戶之例，另行記檔。一、領催高聰芳等三十八名，原係開檔家人之子，繼養旗人爲嗣，並有由養生堂抱養爲子，不知來由，造入旗檔者，請照署副都統額爾圖奏准開戶養子內已入另戶記檔之例，另行記檔。一、閒散高聰英等八十八名，原係開戶冒入另戶冊內，請照署副都統額爾圖奏准開戶養子內未至前鋒、護軍、領催已入戶冊者，另行記檔。至監生鄧焞，亦係開戶冒入另戶之人，並請照例記檔等語。查原任都統李禧奏辦自首戶口不清之監生金永年等案內，經臣部會同禮部議覆，生監人等實係旗奴開戶者，准另記檔案，但許別途進身，其本身及子孫不准考試。今鄧焞應即照前例辦理。一、閒散何忠等三十二名，內有原係民人繼與旗人，因不知來由，從前查辦時，或以抱養報，或以未入丁冊，俱應作爲養子等語。查臣部會奏戶口案內八旗另戶，凡未及呈報，又丁冊無名、不准自首者，總屬戶口不清之人，未便任其脫漏，應將何忠等照例以養子另行記檔。一、閒散莫興祖等二百五十名，俱係開户家人，應作爲開户等語。應令該旗於編審之年，以開户造報。又册內馬兵蘇桂馨等六名，係軍營編爲頭二等，已經兵部遵旨作爲另户之人。應令該旗於開户項下開除，造入另户册報。一、閒散林士顯等八名，原係民人。因親戚入旗或繼與開户旗人，從前造送比丁册入於開户等語。應仍行該旗以開户造報。一、閒散萬敏等，原係另户人之子，隨母撫養與開户人爲子，未便另行記檔，應照臣部奏定另户旗人之子、自幼給旗民正身户下家人撫養呈請歸宗之例，准其歸宗，俟比丁之年，造入另户報部。從之。(高宗一〇六、二四)

（**乾隆五、六、乙亥**）户部議准：鑲紅旗蒙古副都統托保等奏稱，先經户部議覆管理正黃旗滿洲都統印務多羅平郡王福彭查奏正紅漢軍旗分户口不清人等，分晰另行記檔。八旗亦應畫一辦理。至各省駐防，原屬八旗，應通行各省將軍、副都統等，轉行所屬查明咨旗，一並彙奏，咨部記檔。查雍正七年遵旨自首人員，由民人抱養爲嗣，並原係開户年久造入另户檔內人等，或不知來歷，抱養爲嗣，以及家下開户人之子過繼爲嗣人等，從前編審册內，俱已開寫另户，與另記檔案之例相符外，其另户過繼另户人之子爲嗣人等，俱係不應另記檔案之正身。而有於從前自首時，惟稱以養子遽行另記檔案者，又有於雍正七年未及自首現在據實補行自首應另記檔案者，並有從前另記檔案人等，既經查明緣由，理應作爲開户者。今既經奏明，從前八旗另記檔案人等，俱照平郡王所奏分晰辦理。謹將該副都統托保等原奏、並續據該旗查覆緣由，核對部存丁册，均屬相符。按照原册逐款詳議。一、佐領阿鍾阿等十四員名，原係另户人之子過繼與另户人爲嗣。雍正七年自首時，未將緣由查明，惟據首稱養子，遽行另記檔案。查定例，開户並家生子以及民人之子，過繼與另户爲嗣者，令其另記檔案；並無另户人之子，過繼與另户爲嗣者，令其另記檔案之例，阿鍾阿等既查明實係另户，俱應於另記檔案內開除，令該旗俟編審之年，造入另户册內報部察覈。一、原副護軍校護軍官德等三十五員名，原係民人之子旗人過繼爲嗣。部存自首以前編審册內，俱以另户開寫，於自首時據實首出本身緣由，業經另記檔案。官德等，既查明原係民人之子旗人繼養爲嗣，應准其另行記檔。一、步軍校資柱等四百八員名，伊等不知來歷，養爲己子，並原係户下家人，以及開户人之子過繼與另户人爲嗣之人。部存自首以前編審丁册內，俱以另户開寫，於自首時據實首出本身緣由，業經另記檔案。今資柱等既查明原係户下家人及開户人之子繼與另户旗人，並不知來歷抱養爲嗣之人，應准其另行記檔。一、四品典儀六十四等二百七十八員名，原係開户之人，部存自首以前編審册內，以另户開寫，於自首時據實首出本身緣由，業經另記檔案。今六十四等既經查明俱係開戶之人，冒入另戶丁册，應准其另行記檔。一、原領催黑胡等一十二名，係民人之子開戶人戶下家人之子過繼與另戶爲嗣，從前年幼未及丁尺，是以未入編審册內。至自首以前，駐防各省，或因發遣在逃，於雍正七年未及自首。今據各省撥回京城，首出本身緣由，應准其另行記檔。一、披甲二格，原係民人之子，原任天津協領寶住抱養爲嗣，雍正七年自首時，二格遵旨首出本身緣由，業經另記檔案。因寶住之胞弟熱河佐領達賚等不將本身開戶實情首出，本旗參奏將達賚革職，寶住之子俱照例作爲開戶。二格雖從前造入另戶册內，後經自首另記檔案。二格養父之親子，現今俱作開戶，二格未便仍准另記檔案，應作爲開戶。再查另記檔案人等內，有佛保佐領下驍騎校和林布護軍常太親軍官明等，先於雍正七年自首時，俱稱伊等祖父原係戶下家人過繼與另戶爲嗣，業經另記檔案。以上共七百四十九員名，並作爲另戶另記檔案，以及作爲開戶，分晰辦理。從之。（高宗一一八、一〇）

（**乾隆五、九、辛未**）戶部議：正白旗漢軍副都統石勇奏該旗都統佟時茂、副都統馬元熙，將戶下家人蔡榮耀，朦混挑送鑾儀衞，補放治儀正，殊屬溺職。除佟時茂已另案革職，應將馬元熙照例革職，其參佐領等，分別降調，蔡榮耀應革職，作爲開戶家奴。得旨：依議。馬元熙著革職。（高宗一二六、三）

1. 投充人

（**順治一、七、壬寅**）又諭諸王及官民人等曰：凡我黎民，無論新舊，同屬朝廷赤子。近聞有將歸順人民給與滿字背帖，徑充役使；或給發資本，令其貿易，同於家人；或擅發告示占據市行，與民爭利。虧損國稅，亂政壞法，莫此爲甚。除已往姑不追究外，自今傳諭以後，宜亟改正。若仍怙勢不悛，定置重典，決不輕宥。其新附軍民，力能自贍者，宜各安本業，不許投充勢要，甘爲奴僕。如有奸棍土豪，自知積惡，畏懼有司，因而委曲鑽營結交權貴，希圖掩飾前非，仍欲肆志害民者，定行加等重治。如果鰥寡孤獨無計自存，許親赴順天府呈告，轉咨戶部啟聞。（世祖六、一一）

（**順治二、一、庚戌**）諭戶部曰：凡包衣大等新收投充漢人，於本分產業外妄行搜取，又較原給園地册內所載人丁有浮冒者，包衣大處死不赦。（世祖一三、一一）

（**順治二、三、戊申**）諭戶部：近聞出征所獲人民，有祖父、父母及伯叔兄弟、親子、伯叔之子並元配妻未經改適在籍者甚多，爾等如情願入滿洲家與兄弟同處，可赴部稟明；如實係同胞兄弟，即令與同處，若係遠支兄弟，則勿令同處。又聞貧民無衣無食饑寒切身者甚衆，如因不能資生，欲投入滿洲家爲奴者，本主稟明該部，果係不能資生，即准投充；其各謀生理力能自給者，不准。爾小民如以遠支兄弟爲近支，本可自給而詐稱無計資生，及既投入滿洲後復稱與己無預，雖告不准。至各省人民，有既經犯罪欲圖倖免，白於該部情願投充，該部不知其有罪，輒令投充，嗣後得實，仍坐罪不宥。此等投充旗下人民，有逃走者，逃人及窩逃之人、兩鄰、十家長、百家長，俱照逃人定例治罪。（世祖一五、一〇）

（順治二、四、癸亥）諭户部：前許民人投旗，原非逼勒爲奴，念其困苦饑寒，多致失所，至有盜竊爲亂，故聽其投充資生。近聞或被滿洲恐嚇逼投者有之，或誤聽屠民訛言畏懼投充者有之。今欲平定天下，何故屠民。且將及一載，虛實已見，有何驚疑。此後有實不聊生願投者聽，不願投者毋得逼勒。（世祖一五、一六）

（順治二、四、辛巳）諭户部：前聽民人投充旗下爲奴者，原爲貧民衣食開生路也。誠恐困於饑寒，以致爲盜，是以令各自便，不許迫脅。今聞有滿洲威逼投充者，又有愚民惑於土賊姦細分民屠民之言，輒爾輕信妄行投充者。此等甚可憫惻。前曾令户部榜諭，貧苦之民無以爲生，願投充旗下者聽，不願者勿得逼勒以苦民人。今京城內外人等，雖已聞知，尚未明曉，不肯全信。又距京三百里外耕種滿洲田地之處，莊頭及奴僕人等，將各州縣莊村之人逼勒投充，不願者即以言語恐嚇，威勢迫脅。各色工匠，盡行搜索，務令投充，以致民心不靖，訛言繁興，惟思逃竄。此甚非安撫民生之至意也。爾部再行曉諭京城內外滿洲人等，凡恐嚇民人逼脅投充爲奴者，許令本人赴部告理，或赴五城御史及順天府衙門控訴轉送爾部，治以迫脅之罪。距京城三百里內外莊頭人等，有逼勒投充爲奴及將工匠逼脅爲奴者，道府州縣官審明，即將受逼之人釋放。如有莊頭及奴僕人等恃強不從者，該道即行拏解爾部，審明定罪。如有重罪，可轉申撫按題參，請旨定奪。如此，庶民人得以安生，地方亦可寧謐。爾部可速刊示，通行曉諭。（世祖一五、二九）

（順治三、二、甲申）諭兵部：近聞京城內盜賊竊發，皆因漢人雜處旗下，五城御史，巡捕營官難於巡察之故。嗣後投充滿洲者，聽隨本主居住。未經投充，不得留居旗下。如違，並其主家治罪。工部疏於稽察，亦著議處。漢人居住地方，著巡捕營查緝。滿洲居住地方，著滿洲守宿官兵查緝。其遷移民居，工部仍限期速竣，勿得違怠。爾部速行傳諭。（世祖二四、四）

（順治三、四、辛卯）江南道監察御史蘇京奏言：投充名色不一，率皆無賴游手之人。身一入旗，奪人之田，攘人之稼；其被攘奪者憤不甘心，亦投旗下，爭訟無已，刁風滋甚。祈勅部嚴禁濫投。事下户部。（世祖二五、二二〇）

（**順治四、一、己酉**）禁止鹽丁投充王、貝勒等。已經投充者，悉令革除。（世祖三〇、二）

（**順治四、三、己巳**）諭户部：前令漢人投充滿洲者，誠恐貧窮小民失其生理、困於飢寒、流爲盜賊，故諭願投充滿洲以資餬口者聽。近聞漢人不論貧富，相率投充，甚至投充滿洲之後，橫行鄉里，抗拒官府，大非軫恤窮民初意。自今以後，投充一事，著永行停止。爾部即行傳諭。（世祖三一、一〇）

（**順治八、三、癸卯**）諭户部：滿洲出征陣獲人口，各有至親骨肉，今既天下一統，誰無相見之思。向因禁止，不許歸家探望，以致情迫勢極，不能自已，往往私自逃歸。既去之後，又恐法必不容，多有不敢歸者。不查，則滿洲苦戰所獲人口豈可任其逃去；一經查出，收留者又不得不坐以隱匿之罪，朕心大爲不忍。爾部傳諭各旗，陣獲人口，如有願歸探望親戚者，聽本主給限前往，如到地方借端生事，許地方官依律治罪；黨事干重大，具詳解部審究。其父母兄弟妻子有願投入旗下同歸一處者，地方官給文赴部登記於册，准其完聚，以示朕滿漢一視之仁。（世祖五五、一八）

（**順治八、七、丙子**）諭户部：數年以來，投充漢人生事害民，民不能堪，甚至有爲盜、窩盜者，朕聞之不勝痛恨。帝王以天下爲家，豈有厚視投充、薄待編氓之理。況供我賦役者，民也，國家元氣賴之。投充者，奴隸也，今反借主爲護身之符，藐視有司，顛倒是非，弁髦國法，欺壓小民，若不大加懲治，成何法紀。自今以後，上自朕之包衣牛录，下至親王、郡王、貝勒、貝子、公、侯、伯、諸臣等，若有投充之人，仍前生事害民者，本主及該管牛录果係知情，問連坐之罪，除本犯正法外，妻孥家產盡行入官。若本主不知情，投充之人，罪不至死者，本犯及妻孥不必斷出。以前有司責治投充之人，曾有革職問罪者，以致投充之人益加橫肆。今後各該地方官，如遇投充之人犯罪，與屬民一體從公究治。爾部刊刻告示，嚴行曉諭，務使天下咸知。（世祖五八、二）

（**順治八、八、辛酉**）諭户部：漢人投充旗下，原令窮民藉以養生，又恐多投以致冒濫，是以定有額數。乃睿王所收人數已足，又指稱伊子多爾博名下亦應投充，遂濫收至八百名之多，且有借勢投充，遂佔人田地者，甚屬不合。爾部即查多爾博投充人役册，逐名開寫，發回該州縣，與平民一體當

差。其投充人本身田地，仍著留給。如有帶投他人田地者，俱著查明歸還各原主爲業。（世祖五九、一二）

（**順治八、八、癸酉**）諭户部：睿王指稱伊子多爾博名［下］多投充人役，朕前已傳諭爾部俱令查還各州縣。今又聞其指稱莊內人數不足，濫令投充至六百八十餘名。夫莊內人數不足，亦止可收貧乏無業者，用以力農，乃所收盡皆帶有房地富厚之家，殊屬不合。爾部查照投充原册，逐名開寫，發還各州縣，照例納糧應差。其中或有帶投他人房地者，俱嚴責各地方官確查明白，歸還各原主爲業。（世祖五九、二八）

（**順治九、一一、辛亥**）户部左侍郎王永吉疏言：投充流弊，大害有五，而意外之隱憂不與焉。投充翼虎噬人，以致告訐紛爭，司農司寇之堂，闐然如市，甚至鳴冤闕下，捐生禁中，褻朝廷而紊職掌，一也。惡棍坐享豐腴，良民反遭凍餒，平墳伐樹，拋家棄產，失畿輔百姓之心，二也。旗下多一投充，則皇上少一土地民人，減户口而虧賦稅，三也。諸王大臣，賜賚不妨從厚，若濫受投充，有並尊耦國之嫌，四也。旗下厮養，縱橫亂法，督撫不敢問，有司不敢詰，廢國家之成憲，五也。至於投充，皆兇頑亡命之徒，根株蔓引，線索潛通，萬一巨姦大憨竄入其間，窺探既久，恐生肘腋之患，又不止於怙勢爲非而已。章下所司。（世祖七〇、一九）

（**順治一六、一、庚申**）偏沅巡撫袁廓宇疏言：楚省姦民違例投旗，詐害滋甚，計定藩屬下旗丁家口分駐於衡寶二府，爲日甚長，請酌定條例。其九年以前，出征湖南粵西所收者，如有逃走，照例審擬；自九年以後，與見今移駐地方投充者，請分別定例，以定姦棍之害。命所司嚴察議奏。（世祖一二三、一三）

（**康熙八、六、甲申**）刑部題：旗下有民人投充及賣身之人，入旗之後，多以從前舊事赴部院衙門告理，並倚恃旗下，代親屬告訐者，提解人犯，牽累平民，請嚴加禁止。凡此等告控者，不得准理。從之。（聖祖三〇、一〇）

2. 另户、開户、另記檔案人户

（**雍正五、一二、甲辰**）莊親王等奏言：查八旗內，有繼養另户旗人之子，請撥回本旗歸宗。繼養民人之子，請撥出爲民。繼養僕人之子、分檔僕人之子，內有情願仍歸本主、及本主亦情願容留者，准其容留。情願爲民者，請俱撥出爲民。得旨：繼養子嗣人等，原非內府之人，除將旗人歸併各該旗外，其民人之子及僕人之子，俱著爲民。從前當過官差者，各賞銀十兩。其撥出爲民之後，隨分安生，毋得妄干法紀。（世宗六四、二七）

（雍正一一、四、庚辰）諭辦理軍機大臣等：家選兵丁，前往軍營之時，朕降恩旨，凱旋之日，將伊等妻子俱令出本主之家，編為另戶。但各路軍營從征人內，亦有分檔開戶之人充當領催披甲者，伊等久在軍營，辛苦效力，甚屬可憫。著各路軍營將軍大臣等，將效力行走好者，以伊等姓名註冊，俟大兵凱旋之日，亦照家選兵丁例，編為另戶。（世宗一三〇、二四）

（雍正一一、一一、丁酉）兵部議覆：浙江杭州將軍阿里衮疏言，駐杭漢軍四旗兵丁，有另戶、開戶、戶下等項，舊例准其一體擢用。康熙二十八、九年間，戶下人等，不准擢用。雍正五年間，三代開戶人等，亦不准擢用。但查現今各旗開戶及戶下人等，其祖先俱係歸命隨征，以功得官，歷歷可考，實非官僕頂充食糧可比；請將現在查出之官員後裔、有冊可據者，准與另戶之人一體擢用。其餘歷年久遠無案可稽者，行令該旗及該將軍核實具結，保送註冊。至有騎射優長、人品出眾者，請不論開戶、戶下，准該將軍出結送部，轉咨該旗，帶領引見，候旨擢用。應如所請。從之。（世宗一三七、七）

（雍正一二、一一、丙戌）戶部議覆：署正白旗漢軍都統高起條奏，八旗另戶壯丁人等，有任意潛往關東居住者，該管官員亦不詳加查察，以致丁冊虛懸，殊屬違例，請行令該旗逐一查明，將丁冊內有名無人者，俱移咨奉天將軍等衙門確查，如有在彼多年，情願永遠居住之人，令其自行呈首，即於該處入冊當差，有仍行潛匿，及嗣後不呈明該旗私往別處者，一經發覺，照逃人例治罪。其該管之參佐領，並不行查出之地方官，照例議處。應如所請。從之。（世宗一四九、八）

（乾隆一、七、戊午）兵部奏：署寧遠大將軍查郎阿，遵雍正十一年諭旨，將西路軍營之奮勉出力開檔領催馬甲，造冊送部，定邊大將軍平郡王福彭，將北路軍營開檔領催馬甲，分別頭二三等送部。查西路冊送西安開檔兵二百九十名，北路列為頭等京城開檔兵二十三名；右衛奉天、寧古塔、黑龍江等處開檔兵三十九名，俱係倍加奮勉，應准作為另戶，由臣部行文八旗及各該處，令報明戶部。再北路列為二等之京城開檔兵三百三十六名，右衛等處開檔兵二百三十二名，應否作為另戶之處，伏候命下施行。得旨：列為二等之開檔兵丁，亦作為另戶，俟出派歸化城戌守兵丁之時，該部具奏請旨。餘依議。（高宗二三、一二）

（乾隆五、九、乙酉）八旗漢軍都統議覆：調任正藍旗漢軍都統永興奏，從前勳舊佐領下，驗放甲缺，因另戶壯丁甚少，故開戶戶下人等，亦准驗放。嗣經副都統趙國政條奏，開戶人等，不准挑甲，遇有甲缺，每難辦理。

請將未曾增減壯丁之勳舊佐領下，開戶戶下人等，准其一體驗放等語。查開戶人等，若不准挑甲，另戶壯丁，不能得人，必在甲喇內揀選，實多窒礙。請嗣後八旗漢軍勳舊佐領下所出甲缺，先於另戶人等內揀選補放。若不得人，即於開戶人等挑補。至戶下一項，若係初編佐領時，原額戶下壯丁之子孫，現今仍在戶下者，亦准一體挑甲。其新進戶下人等，仍不准其挑補。從之。（高宗一二七、三）

（**乾隆六、二、壬戌**）諭：據署福州將軍策楞奏稱，各旗開戶人等，定例不准挑取馬甲，先將另戶壯丁挑補。其另戶中，有年未及壯，一二年後可以造就者，亦准挑補。再有不敷，方於開檔分戶人等內酌量選用。此通行之例也。查福州四旗，並未照例遵行，緣閩省披甲之開戶戶下人等，通計二百餘戶，內有康熙十九年初撥駐防之時，原披甲閩者一百四十餘戶，迄今將及百年，伊等父子兄弟互相傳頂，家口重大，惟藉甲糧養贍，漢仗弓馬，與另戶無異。且伊等祖父有原係官來閩，並在閩曾經出仕者，若缺出裁汰，俟另戶不敷，始行挑取，必致失所。況原來之一百四十餘戶駐防日久，滋生繁衍，現在家口至一千七百餘口之多，伊主在京在杭，無可依倚，非京旗隨主豢養家奴可比，實有不得不挑之勢。似應陳明，分別辦理。嗣後除駐閩官兵之開戶戶下，遵照定例不准挑取馬甲，俟有缺出概行裁汰外，其初移駐時，本身雖係開戶戶下，或原係官來閩，或原披甲來閩人等之子孫，准其與另戶一體挑補。則伊等養贍有資，不致失所，等語。福州四旗開戶人等中，既有不同情節，自應分別辦理。著照策楞所請，查明初移駐時或由官來閩，或披甲來閩之子孫，准其與另戶一體挑取馬甲。其餘戶下，不得違例濫挑，以致另戶雍滯。該部可即行文該將軍等知之。（高宗一三七、七）

（**乾隆六、六、丁巳**）兵部議覆：獨石口副都統保善奏稱，古北口、獨石口、張家口、千家店，此四處駐防開檔人等，俱順治二年八年，康熙二十三年，初設駐防續添領催披甲子孫，在口養育數世。請嗣後此四處披甲缺出，先於另戶閒散滿洲壯丁內挑補。其另戶中，有年力未壯而一二年後可造就者，亦准挑補。如再不敷，方准於開檔戶內，年力精壯、技藝可觀者，揀選充補。應如所請。從之。（高宗一四五、一四）

（**乾隆六、七、壬申**）大學士等議覆：直隸總督孫嘉淦奏稱，輔國公齊努渾等將王岐圈禁勒索，請將王岐等作為開戶，或編入內務府當差，毋令齊努渾等肆其陵虐。查王岐業經刑部審明，實係齊努渾之莊頭冒入民籍，豈可因其告訐，即令開戶，以長刁風。應將該督所奏毋庸議。得旨：王岐明係投充莊頭，作為開戶固屬不可，入於內務府當差，亦不可。齊努渾曾將王岐圈

禁年餘，其暴戾可知，未便仍行給與。王岐一户，著賞給怡親王。（高宗一四六、二六）

（**乾隆六、九、甲戌**）禮部等部議覆：正白旗漢軍都統怡親王弘曉奏稱，駐防杭州開户生員王廷曉，呈請援例考試。查從前事例，未歸畫一，難以遵循，請敕部詳議一摺。嗣後八旗遠年開户人等，除從前奉有諭旨、准其考試之舉、監、生員，仍准其考試外，其從前契買家奴，將本身及子孫考試之處，永遠禁止。至投充、養育、俘掠人等，雖本係良民，既經開户，但未開户以前，曾在伊主家身供役使，今若准令考試，究於名分有乖，應將本身及子孫考試之處，永遠禁止。又八旗另記檔案人户，來由不一，惟另户抱養民人，本係良民，應准考試。及從前奉旨准其居官考試者，原係恩加本身，仍准其居官考試外，其有奉旨後考中舉、監、生員，兼捐納貢、監者，仍留頂帶終身。所有一切另記檔案人户，將伊等及子孫考試之處，亦概行禁止。行文户、兵二部、八旗併各省駐防將軍、副都統等處，永爲定例。從之。（高宗一五〇、一五）

（**乾隆八、閏四、戊辰**）鑲黃旗漢軍都統裕親王廣祿等奏：臣等會議杭州將軍富森等，咨送該處與另户一體任用之養子，業經開檔人等，與八旗另記檔案者無異，請一體另記檔案。查八旗另記檔案人等，其開檔過繼緣由，於雍正八年，令伊等據實檢舉。有現任前鋒護軍者，仍著加恩准登仕籍。其子孫並與另户一體辦理。止將伊等出身緣由，另記在案。今杭州照另户一體任用人等，係由部查出另記，非自行檢舉、准與另户一體陞用者可比。若因其效力軍前，本身既與另户一體任用，子孫亦得另記檔案，殊屬不合。但此内曾經出兵打仗，著有勞績，及弓馬嫻熟之人，亦宜酌量鼓舞。請將開檔人丁内，祖父本身，得有軍功者，交部另記。嫡派子孫，作爲另户一體任用。擇才具優長，堪任職官者，照例帶領引見。若出兵並無勞績，及未曾出兵之人，止將本身作爲另户，一體任用。其伯叔兄弟之子孫，概不許入。得旨：這所議好。依議。（高宗一九〇、一九）

（**乾隆九、三、甲午**）管理鑲白旗蒙古都統事務誠親王允祕奏：八旗另户人等在逃者，每於直隸遠處州縣，或八溝、熱河、蒙古邊界等處藏匿，恐日久聚衆，未免滋事，請勒各該管官員出派官弁訪拏，解部審詢。如非緣事出逃，實係因病失迷或被人誘拐者，仍准挑差効力。若有緣事情節，即照逃人例，分別輕重治罪，交該旗嚴行管束。其有踰年自知改過者，由該旗呈送，令挑步軍，儻能奮勉，三年後由各該處移送各旗，令挑護軍馬甲。得旨：著照所請行。該部知道。（高宗二一三、二）

（乾隆九、三、戊戌）管理鑲黃旗漢軍都統和碩裕親王廣禄奏：正黃旗另記檔案之佛保住呈稱，伊曾效力有功，各路將軍大臣，保爲頭二等，請照例削去另記檔案，作爲另户等語。伏思此項人等，俱作爲另户，另記檔案，原係念其祖父軍前微勞，格外施恩，若不另記檔案，削去開檔，逕入另户，則與滿洲毫無分別，恐日久混淆，無所查照，必致與滿洲一體揀選秀女，應試科塲，於國家名分制度，甚有關碍。請將佛保住作爲另户，仍另記檔案。現在八旗，如有似此削去另記檔案字樣，與滿洲一體作爲另户者，仍遵照原旨，作爲另户仍另記檔案，於滿洲名分，庶有分別。從之。（高宗二一三、八）

（乾隆一一、一二、乙丑）大學士等議復：綏遠城將軍補熙奏稱，綏遠城駐防之家選、列等、復仇、兵丁，生齒漸多，糧餉不敷養贍，日久生計愈艱，宜及時酌辦，等語。查此項兵丁，原係八旗家奴，恩賞給伊主身價贖出，作爲另户，移駐綏遠城。現在内有領催、前鋒、馬甲、匠役等，共二千四百名。年來户口日繁，其十歲以上，漸次成丁者，已有六千四百餘名口，自應早籌生計。從前，乾隆六年，該將軍條奏殺虎口内外一帶地方，添設靖遠營一案，兵部議准，由大同鎮、殺虎協二處所轄，抽出馬步兵共五百名撥往，並設都司千總各一員，把總四員，於乾隆十年移駐。伏念綏遠城與靖遠營甚近，此五百名兵缺，即於綏遠城駐防派往馬兵一百七十名，以領催前鋒頂補，步兵三百三十名，以兵丁頂補，千總於驍騎校内，把總於領催前鋒内揀補，其現在靖遠營兵丁，抽撥未久，令回原處。此外尚餘兵一千九百名，查直隸、山西二省，現在兵額甚多，應即分派該二省頂補緑旗兵缺。請勅該督撫悉心會議，酌量通省標營兵額多寡，分出一千九百缺，令該兵等頂補；一切操防管轄旗幟盔甲等項，均照新募緑旗兵之例辦理。惟查守兵，月支餉銀一兩，米三斗，恐該兵等初次遷移，不敷用度，應令頂補馬步兵之缺。將來伊等子弟，遇有馬步兵缺，俱准挑補。此一千九百名兵内，所有食半分錢糧之馬兵一百三十一名，原係老幼殘廢，今議派往直隸、山西二省，應令該將軍查明，除年力尚堪驅策者，仍令頂補馬步兵外；其餘或子弟已有錢糧，可資養贍，無庸頂補；抑或尚堪頂補守兵之處，分別咨該二省辦理。至搬移頂補之處，應查照乾隆十年八旗漢軍壯丁頂補馬蘭、泰寧二鎮兵缺之案，令該督撫妥議。又查前項人等内，現有驍騎校二十七員，品級與千總相等，除現議將一員改補靖遠營千總外，尚餘二十六員，亦令該督撫於兩省内，分出千總二十六缺，將伊等照兵丁例撥往間補。再千總六年俸滿，例得保送陞用，但乾隆二年，奉旨將家選兵，照八旗另記檔案之人，止准用驍騎校等微員。是此項改補之員，既無陞轉之階，亦未便令其久佔額缺；將來俸滿，作何甄別辦理，其戶口應如何稽查之處，均應該督撫定議具奏。得旨：所議千總不准陞用一條，此內如有材技可觀，實心效力者，令該管大臣，豫行奏明，准其陞用。餘依議。（高宗二八〇、五）

（乾隆一二、七、癸卯） 戶部奏：八旗戶下家奴，有借名設法贖身，私入民籍，或被首告，或經查出，查明曾報部旗，伊主得過身價者，應令歸旗，入於原主名下，作爲開戶，不准歸本佐領下。如未經報明部旗，無論伊主曾否得過身價，俱令歸旗，仍作爲原主戶下家奴，不准歸入佐領作爲開戶。從之。（高宗二九四、二五）

（乾隆一六、一、戊申） 諭：八旗另記檔案之人，屢經稽查，朕皆加恩，定以仍留本任，停其陞轉等例。原以除該管旗員勒索，並伊等徼倖鑽營之弊。今查出之鑲黃旗蒙古另記檔案之主事巴達克圖等員，部議革職。朕思八旗似此自行檢舉後，或陞任，或補用，人數不少。若不徹底清查，只將現在查出者治罪，未經查出者倖免，固屬不合；若盡查革，致失生計，朕心深爲不忍。著傳諭八旗滿洲蒙古漢軍，令其將各旗另記檔案之人，查奏造冊，咨送吏、戶、兵三部。此內現任文武官員，俱著加恩免其革職，各留本任。其停止陞轉，及伊等子孫不准考試爲官，仍准挑前鋒、護軍、馬甲之處，俱著遵照原定之例行。現議參革之蒙古鑲黃旗主事巴達克圖等員，即著照此辦理。如另記檔案之文武官員內，實有奮勉出色者，著該處聲明請旨。此朕法外之恩。若仍不據實聲明，妄思徼倖，該管大臣含糊保薦者，發覺一併從重治罪，斷不寬貸。（高宗三八〇、一三）

（乾隆一八、四、己酉） 戶部議奏：查得向例上三旗滿洲，有不安分爲匪者，發往拉林阿勒楚喀耕地。至另記檔案，如開戶家人，並王公佐領下隨田民人及高麗人，一概援照發往，似無區別。嗣後請將八旗另記檔人爲匪者，停遣拉林，即照民人例發遣辦理。從之。（高宗四三七、一一）

（乾隆二一、二、庚子） 定八旗另記檔案人爲民例。諭：八旗另記檔案之人，原係開戶家奴冒入另戶，後經自行首明，及旗人抱養民人爲子者，至開戶家奴，則均係旗下世僕，因効力年久，伊主情願令其出戶。現在各旗及外省駐防內，似此者頗多，凡一切差使，必先儘另戶正身挑選之後，方准將伊等挑補，而伊等欲自行謀生，則又以身隸旗籍，不能自由。現今八旗戶口日繁，與其拘於成例致生計日益艱窘，不若聽從其便，俾得各自爲謀。著加恩將現今在京八旗、在外駐防內另記檔案及養子開戶人等，俱准其出旗爲民。其情願入籍何處，各聽其便，所有本身田產並許其帶往。此番辦理之後，隔數年似此查辦一次之處，候朕酌量降旨。此內不食錢糧者，即令出旗外，其食錢糧之人，若一時遽行出旗，於伊等生計不無拮据，其如何定以年限裁汰出旗之處，交與該部會同八旗都統詳悉定議具奏。尋奏：八旗另記檔案及養子開戶人等，貧富不齊，生計亦異，定年裁汰，恐屆期尚有未能出旗謀生者，辦理轉致參差。謹遵旨晰議：一、准出旗之人，文武官署任者，不准實授，本任，俟出缺裁改外，屆陞調期，交吏、兵部議以漢缺用。外任及綠營各員，非旗缺即改民籍。前借庫項坐扣完結；病故、革退者，既出旗，加恩免。捐納候缺者並進士、舉、貢、生、監，均即改隸，如何考試錄用，歸吏、兵部辦理。一、閒散人，由本旗詢明願隸何處，即咨地方官入籍，造冊咨戶部存查。現食錢糧，願告退者如之。一、現在當差人，停其調選，遇事故不支給賞銀，前借庫銀坐扣完結；病故、告退、革退者，既出旗，無錢糧可支，亦予免。一、此內具呈告退人，有現食俸餉者，亦有陣亡人、父母妻室賞半者，仍准支養餘年，故後裁。孀婦期年半俸半餉，毋庸給。養贍孀婦之養育兵，停挑補。一、外省駐防閒散人，由將軍大臣詢明願隸何處，一體辦理。裁後缺，如挑補人數不敷，該管大臣妥辦具奏。一、典買及老圈地畝，有典賣者，照例與旗不與民，有指俸餉認買官地官房，未經扣結，遇病故、革退、辭糧者，有現銀准交，無者原地房交戶部，將扣過俸餉計數租息外，餘給領。一、正紅、鑲紅、鑲藍三旗佐領下，內有俱係雍正九年內務府撥出另記檔案人，缺出並無應挑人，應將該旗現食錢糧人分撥，儘額外當差另戶頂補。從之。（高宗五〇六、三）

（**乾隆二一、二、庚子**）又諭：現因八旗戶口日繁，已降旨將另記檔案及養子開戶人內，查其未食錢糧者，各令出旗自行謀生外，其現食錢糧者如何定限裁汰出旗之處，著該部會同都統等議奏。至宗室王公等包衣戶口，有因其効力年久，據該王公等咨請撥附旗下佐領者。現今八旗另記檔案及養子開戶者，俱經查明辦理；其宗室王公等包衣戶口如仍舊准其撥附，則旗人眾多，伊等不能遽得錢糧，生計未免艱窘，彼此均無裨益。嗣後宗室王公等包衣戶口撥附旗下佐領之處，著停止。再宗室王公等包衣戶口滋生日繁，該王公等養贍亦恐拮据，著該宗室王公等會同各該旗都統等，將各包衣戶口亦著查明辦理一次。此次辦理之後，隔數年似此辦理之處，候朕酌量降旨，庶此項人等均得一體謀生。該王公都統等即行遵旨辦理。（高宗五〇六、六）

（**乾隆二一、五、乙亥**）諭軍機大臣等：據喀爾吉善奏，駐防官兵閒散內另記檔案養子開戶人等，請照福建漢軍兵丁出旗之例，酌定規條一摺，已批令軍機大臣議奏矣。此等另記檔案開戶人等，本屬家奴，不但不可與滿洲正身並論，並非漢軍及綠旗營兵可比。准其出旗爲民，已屬加恩格外。至出旗以後，聽其各自謀生。即入綠營充伍，亦所不禁。若以其生計艱窘，復一一官爲料理安插，殊覺過當。且綠營兵缺有限，已爲出旗漢軍所分，若爲此等多占，將又何以處民户食糧者耶？該督所見非是，著傳旨訓諭；並諭令薩勒哈岱知之。（高宗五一二、一七）

（乾隆二一、六、癸卯）諭：昨據户部會同八旗議奏，另記檔案開户人等出旗一事，若將設法贖身作爲公中開户人等一體出旗，似無區別，請將伊等緣由分別查辦，等語。查旗人生齒漸繁，又因身隷旗籍，無由自謀生理，朕將施恩，格外准其出旗爲民，間有數人徼幸，無甚關繫，原毋庸詳細根查，且伊等年分深淺各有不同，若交該參佐領逐一查考，徒滋繁瑣，或應令爲民者，因無力被阻，實有情節之人反得徼倖出旗，種種弊竇，轉未得均霑朕恩矣。此項作爲公中開户人等，不必另行查辦，即著出旗爲民，嗣後仍有設法贖身者，再照例辦理。可傳諭該部及八旗知之。（高宗五一四、一七）

（乾隆二二、二、壬申）吏部等部議奏：八旗另記檔案及養子開户人等，上年三月内，經户部奏定，俱准出旗爲民。其在京文武各員，停其陞轉旗缺。如届應陞應調，應作何改調漢缺之處，交吏兵二部定議。其外任文職、綠營等官，本非在京旗缺，應即令出旗爲民。現在捐納候選人員，並閒散繙譯二項進士舉人生員等，亦准其爲民。至如何考試錄用之處，交吏、禮、兵等部辦理等因。查此項另記檔案人員，乾隆十六年清查時，凡現任文武各官，曾蒙恩旨，但停陞轉，免其革退。今應仍遵前旨行。如有特著勞績、賢能出衆之員在内之文職，許該堂官保題漢缺；武職許都統步軍統領保題；在外之文武各官，許該督撫將軍保題。均候旨辦理。其現任文武，係旗缺者，出缺後不便再補；係候補漢缺者，但准補用，補後停其陞轉。其一應舉貢生監，應照乾隆六年題准之例。如原係另户抱養民人爲子者，准歸入民籍應試；如本係家奴開户另記檔案者，其本身止准頂帶終身，不得再行考試。此項人等，既經出旗爲民，其子孫應各照該籍民人例，一體辦理。從之。（高宗五三二、二一）

（乾隆二三、二、庚辰）又諭：從前八旗之另記檔案與開户人等，原擬分發直隷、河南、山東、陝西四省作爲綠營兵丁。今聞伊等在京當差日久，不能在綠營當差，情願爲民者甚多。此輩在旗食餉年久，所以作爲綠營兵丁者，原欲令有餉可食，生計較裕之意。既不能在綠營當差，即爲民亦可。但爲民之後，便無錢糧，恐失生計。現在福建、廣東尚有駐防滿兵，此二省著無庸滿兵駐防，即令伊等往駐。如仍不願，聽其爲民。（高宗五五七、一九）

（乾隆二三、一一、己亥）兵部議准：閩浙總督楊應琚、福州將軍新柱等奏，裁汰駐防漢軍額缺，挑補滿兵事宜。一、在京八旗滿洲、蒙古、漢軍，另記檔案開檔人等，前已派頭二起來閩，裁缺即令滿兵頂補，不必由京補額，將來人數不足，另籌請旨辦理。一、另記檔案開檔各兵來閩後，無論滿洲、蒙古、漢軍，應俱照旗色，各歸該旗滿員管轄。至關支錢糧馬乾，派撥差操，均照現駐滿兵例辦理。其人材弓馬可觀者，挑補前鋒領催，不准挑驍騎校。一、福州駐防在前漢軍及現在滿兵內前鋒、領催、馬匠，各兵扣存馬價，遇事應賞給各兵，仍於新兵名下另行扣存。將來另記檔案開檔各兵出缺裁汰，應照例給還。從之。（高宗五七五、六）

（乾隆二三、一二、己卯）諭：近以另記檔案開檔人等，不能在綠營當差，多有願為民者。伊等食餉有年，一旦為民，不免有失生計，因令前往廣州，補駐防滿兵缺額。今聞此項遣往人等，謂將伊等作為裁汰之數，陸續缺出，子孫不得挑補，因有不願前往之意。嗣後二處兵丁缺出，先盡挑補滿洲子孫；若不得其人，再將此項遣往人等子孫挑補。（高宗五七七、二八）

（乾隆二四、一、辛丑）軍機大臣等議准：黑龍江將軍綽勒多疏稱，奉旨，外省駐防另記檔案人，俱著出旗為民。查齊齊哈爾、黑龍江、墨爾根城、呼蘭、呼倫貝爾等處，共二百六十餘戶，俱不願為民。黑龍江為東北極邊，接壤俄羅斯，地廣人稀，俱係土著，非他省自京派往駐防可比。且平日另戶旗人，賴其幫同耕牧，安土重遷，即願為民者，亦一時口許，實非情願。應仍令各歸本旗本佐領，俟馬甲缺出，揀選乏人，挑補當差。至打牲處另記檔案人，請仍留與另戶索倫、達呼爾，一同貢貂。其漢仗好者，遇調遣，亦一體簡派。從之。（高宗五七九、六）

（乾隆二五、三、庚戌）優卹陣亡官兵奴僕等。諭軍機大臣等：軍營效力有功及陣亡官兵，朕皆分別加恩敘卹。至官兵奴僕陣亡，均屬為國捐軀，自當加恩議卹。著查明交部，若官員奴僕陣亡，將伊子弟准其開戶為民。如係兵丁奴僕，著酌賞伊主身價，亦准其為民，即照陣亡例議卹。其昭忠祠祭祀，列名於兵丁之次，以示優獎。（高宗六〇八、五）

（乾隆二七、閏五、戊寅）又諭：派出查旗王大臣等奏稱，稽察八旗另記檔案開戶人等，應將歷年丁冊並現在食餉檔案細覈等語。向令查明另記檔案人等為民，原因此項人等，與正身旗人有間。俟查明辦妥時，勻出錢糧，可養正身，是以如此辦理，非欲裁缺節省錢糧。況查明伊等出旗時，年壯者，挑補直隸、山西等省綠旗兵丁。途次賞給車價口糧，並給安家銀兩。其餘人內，復揀一千名，仍食原餉，遣往福州、廣州駐防。其不能自贍之老幼殘疾人等，亦各予以賞賜。雖令伊等爲民，而民人亦有上進之階，並非輕賤伊等，何得尚存不足之想。乃鑲藍旗蒙古，有業經爲民之另記檔案人等，復入旗籍挑補馬甲、拜唐阿冒食糧餉者三百餘人。今正白旗蒙古又查出開户人等，由此觀之，別旗亦必有似此者。皆由該都統等不知朕體恤旗人之意，惟沽名市惠，苟且因循，而另記檔案人等，又係愚昧小人，貪圖錢糧之所致。本應照王大臣等所奏，詳悉查出，重加治罪。朕今格外加恩，再給十五日限期，令伊等自行出首。如限内或該管官員查出，或本人自行首報，即將從前蒙混之罪，均予寬免。若限滿不行首報，必照王大臣所奏辦理。稽查此事，亦屬不難，覈對檔案，自然可得。彼時朕不必照尋常蒙混治罪，即留其軀命，決不止枷責。輕之又輕，亦必發遣伊犁等處。伊等寧不知辦理西寧之事耶？將此旨著王大臣等通諭遵行。其現查出之正白旗蒙古另記檔案人等，不得入於此内，仍著治罪。失察官員，亦俱著議處。（高宗六六三、二）

　　（**乾隆二七、閏五、乙酉**）諭：現在清查另記檔案人等，有欲上自康熙年間徹底搜查者，大臣等並未喻朕意。從前屢次降旨，飭令另記檔案之人自首，今又降旨賞限十五日，如或自首，免其治罪。此特指乾隆二十二年查出另記檔案業經爲民、又復入旗侵佔旗缺者而言，非欲連二十二年以前者鏊剔。儻如此清查，年限久遠，而各旗册檔不全，何時了局。況二十二年另記檔案之人，如果遵旨自首，朕當施恩准其爲民，今此等業經爲民後復又入旗人等，果於十五日限内自首，亦不過無賞無罰而已，大臣等祇當將二十二年以後清查。若於十五日限内自首者，不必治罪，仍令爲民。若隱瞞不報，至限滿時，經大臣等查出，即從重治罪。此内有於二十二年未經報出，能遵此旨自首者，照前次施恩獎賞准其爲民。再，阿里袞等查奏，正白旗蒙古另記檔案内，中書達賚等十五人俱係二十二年前即入另户之人，並非業經爲民後復入旗者，著加恩免其治罪。其家產妻子賞與王大臣之處，悉行停止，仍著爲民。現在八旗，如有似達賚者，俱照此辦理。再，達賚等既加恩免其治罪，其失察之歷任都統官員等，亦著加恩，免其交部議處。著再曉諭八旗遵行。（高宗六六三、一六）

　　（**乾隆二七、六、丁酉**）諭：派出查旗之王大臣等，將八旗另記檔案業經爲民復行入旗及抱養人等，並請覈對部中檔案。今經限滿，派出之王大臣等將自首人等分別具奏，有二十二年查後復行入旗者，亦有二十二年以前未經查出者，伊等俱於限内自首。著加恩將二十二年查後復行入旗人等寬其治罪，悉令爲民；其二十二年未經查出今聞朕旨，即於限内自首者，尚屬可矜，若將伊等辦理，則匿而不首之人反得僥倖，著加恩俱作爲另户，各當原差。再二十二年以後、經此次查辦或猶有不自首者，查出時斷難寬恕，即照鑲藍旗蒙古之案辦理，悉發往伊犁；其二十二年以前，閱年已久，無憑查覈，著無論有無情節，亦悉加恩免究，均令作爲另户旗人，即有出首之人，亦不必查辦。但都統等有稽查專責，宜不時悉心嚴查，數年後朕仍派王大臣等查覈，若有復行入旗及以民人爲子等事，一經查出，除將本人從重治罪外，定將該旗都統等一併從重治罪，決不姑貸。著通行曉諭八旗遵行。（高宗六六四、八）

（乾隆二七、七）［是月］陝西巡撫鄂弼奏：乾隆二十一、二十五兩年清查各旗分應行出旗爲民户口，至今六年間，出缺裁汰官兵二百五十餘員名，尚未裁汰者一千二百五十餘員名，且彼時幼丁俱成壯丁，仍住滿洲城度日者共有一千七百九十九名，旗人實多重累。查綏遠城右衛駐兵，有移往綠營食糧之例，請將西安現應出旗之壯丁挑驗，於省城督撫標及近省之提鎮各營步守兵缺出，與綠營餘丁間補。至現在當差尚未出缺裁汰之官兵，應照原議，俟壯丁挑往補完日，陸續移往。得旨：甚好。如所議行。（高宗六六七、一八）

（乾隆二七、一〇、丁未）諭軍機大臣等：據福增格奏稱，遣往福州之另户閒散滿洲內，挑選水師營五十名，壯丁難以足額。請將舊有水師營漢軍存留一半，其餘一半出缺。俟挑取另户步甲餘丁，開檔另記檔案之人操練熟嫻後，再將存留之漢軍出旗，調充綠營等語。福州舊有漢軍官兵，皆係另户世僕，非開檔另記檔案之人可比。不可因此輩，將正身漢軍反令爲民。現在遣往福州之開檔另記檔案人等，著交與福增格先行調充綠營。其正身漢軍，仍著存留當差。俟數年後，開檔另記檔案之人，陸續出旗，該將軍再行奏請，由京派遣另户滿洲。如果生齒繁衍，再將漢軍人等調充綠營。廣州亦有此等遣往之人，交明福等，一體辦理。（高宗六七三、六）

（乾隆二九、一、壬申）諭軍機大臣等：據額勒登額奏，現在遵旨於熱河等處挑選滿洲蒙古兵一千名，移駐伊犁。查此項兵丁除另記檔案外，共有一千三百名，若於此內挑出一千名，所餘俱非出色之兵。再從京師派來補缺兵丁，於隨圍事宜，亦未熟練。每年巡幸之時，外藩部落，咸來瞻仰，殊有關係。似未可以此項兵丁，豫備差使。查另記檔案兵丁六百零四名，在旗年久，諸事熟習，請於此內一體揀選派往。經軍機大臣議，此項另記檔案兵丁，係已經出旗之人，毋庸揀選。但派往伊犁，俾伊等世世受恩自當踴躍從事，請降旨額勒登額，詳議酌辦。其管領之協領、佐領、驍騎校等官，悉照涼州、莊浪移駐兵丁之例派往。此項兵丁四月間始能起程，計到烏魯木齊時，天氣已寒。查涼州、莊浪頭起兵丁，於春季起程，遺有房屋可以居住，請令熱河兵丁，到彼暫行歇息，俟明年起程。仍行知嵩椿，將由西安往駐涼州、莊浪兵丁，暫行停止等語。此項另記檔案兵丁，久應出旗爲民，朕憐其生計艱難，加恩仍令食糧，俟出缺後裁汰。今如所議，於伊等生計，頗有裨益。但其中不願派往者，未必無人，著舒赫德、新柱前往熱河，詳細詢問。願往者，即行派出，其或不願遠行，即令出旗爲民，不必勉强。(高宗七〇三、七)

(乾隆二九、一、庚辰) 諭：據舒赫德等奏稱，熱河現在食餉之另記檔案兵丁，不願前往伊犁者，共七十七户，現將伊等出旗爲民之處，交瑪瑺辦理等語。此等人爲民後復思入旗，皆未可定。從前鑲藍旗蒙古，有復行入旗假冒食餉之事，將該管大臣官員等，從重治罪，兵丁俱行發遣。今此項出旗爲民之人，係不願前往伊犁者，更與尋常情願爲民之人不同。若復行入旗，一經查出，將該管大臣官員等，從重治罪外，必將伊等正法，斷不姑貸。將此諭瑪瑺曉示伊等，仍令留心防範稽查。(高宗七〇三、一七)

(乾隆二九、一一、癸丑) 户部奏：現屆比丁之年，八旗內有現食錢糧，應俟出缺裁汰之人，或因軍營著有勞績，或因技藝出衆，荷蒙特恩，作爲另户人等，除伊父本身子嗣及親兄弟歸入另户丁册造報外，其親祖及親伯叔，應否一體作爲另户，恭候欽定。得旨：伊等之父及親兄弟准其作爲另户。(高宗七二二、八)

(乾隆四四、二、戊辰) 内務府大臣議奏：户部據綏遠城將軍雅郎阿咨稱，助馬口外莊頭三丫頭、鄧世忠、嘉宏、劉住子等四名，因欠糧革退，將伊等家屬一百四十餘口，交該處莊頭張思載等名下，充當壯丁。兹據張思載等呈稱，無力養贍，懇請放出爲民。查乾隆九年，因口內莊頭生齒日繁，奏准除莊頭子弟及緣罪發遣壯丁無庸置議，並鰥寡孤獨老幼廢疾令莊頭留養外，其願爲民之壯丁等，准該莊頭陸續呈報，覈咨户部，轉令該州縣改入民籍在案。今三丫頭等家屬，莊頭張思載等既無力養贍，應如該將軍所請，除本人因欠糧革退莊頭，不准爲民外，兄弟子姪，情尚可原，請照例准其爲民。得旨：此等莊頭既因拖欠錢糧革退，本係獲罪之人，轉因接辦之莊頭以人多不能養贍，請將伊等之兄弟子孫放出爲民，令其自謀生計，內務府大臣雖係照例議准，日久不能保無流弊。莊頭等或欲圖出旗自便，故意拖欠錢糧，罪止革退，而其子孫轉得爲民，仍可倚以自贍，日後並可考試，倖登仕籍，皆情理所必有，不可不防其漸。嗣後凡獲罪革退之莊頭，其家屬有呈請爲民者，除疎遠族户准仍照舊例辦理外，其本身及子孫，俱應發往打牲烏拉

充當苦差，以示懲儆。此案即照此例行。(高宗一〇七六、三二)

（**乾隆四八、三、丙辰**）諭：向來滿漢官員人等家奴，在本主家服役三代實在出力者，原有准其放出之例。此項人等，即經伊主放出，作爲旗民正身，亦未便絕其上進之階，但須明立章程，於錄用之中，仍令有所限制。嗣後此等旗民家奴，合例後，經該家主放出者，滿洲，則令該家主於本旗報明，咨部存案；漢人，則令該家主於本籍地方官報明，咨部存案，經部覆准後，准其與平民一例應考出仕。但京官不得至京堂，外官不得至三品，以示限制。著爲令。(高宗一一七七、二三)

3. 逃人追捕

（**順治一、九、丁酉**）上駐蹕永平府，知府馮如京、副將張維義率文武官員出城迎駕，上賜食。諭之曰：爾等各安心軫恤所屬軍民人等，愛養孤貧，俾其得所。又須嚴查各屬，遇有一二逃人，獲時即行解京，儻隱匿不解，被原主識認，或被旁人告發，所屬官員從重治罪，窩逃者置之重刑。仍傳諭山海關，曉示各屬。(世祖八、一〇)

（**順治三、五、庚戌**）諭兵部：隱匿滿洲家人，向來定擬重罪，朕心不忍，減爲鞭笞。豈料愚民不體軫恤之心，反多隱匿之弊，在在容留，不行舉首。只此數月之間，逃人已幾數萬，斯皆該管地方官員不加嚴察之咎也。似此逃竄不已，玩法殊甚，其如何更定新律，嚴爲飭行，俾愚民免罹國法，爾部詳議具奏。尋議：隱匿滿洲逃人不行舉首，或被旁人訐告，或察獲，或地方官察出，即將隱匿之人及隣佑九家、甲長、鄉約人等提送刑部勘問的確，將逃人鞭一百，歸還原主。隱匿犯人，從重治罪，其家貲無多者，斷給失主，家貲豐厚者，或全給、半給，請旨定奪處分。首告之人，將本犯家貲三分之一賞給，不出百兩之外。其隣佑九家、甲長、鄉約各鞭一百，流徙邊遠。如不係該地方官察首者，其本犯居住某府某州縣，即坐府州縣官以怠忽稽察之罪，降級調用。若本犯所居州縣，其知府以上各官不將逃人察解，照逃人數多寡治罪。如隱匿之人自行出首，罪止逃人，餘俱無罪。如隣佑、甲長、鄉約舉首，亦將隱匿家貲賞給三分之一。撫按及各該地方官於考察之時，以其察解多寡，分其殿最，臣部刊示頒行，務使人人通曉，無致犯法。從之。(世祖二六、四)

（**順治三、七、壬子**）諭兵部：先定逃人自歸尋主者，將窩逃之人正法，其九家及甲長、鄉約俱各鞭一百，流徙，該管官俱行治罪。今定逃人自歸者，窩逃之人及兩隣流徙；甲長并七家之人，各鞭五十；該管官及鄉約俱免

罪。其餘俱照以前定例。（世祖二七、七）

（**順治五、一一、辛未**）以奉太祖武皇帝配天及追尊四祖考妣帝后尊號禮成，諸王群臣上表稱賀。是日大赦天下。詔曰：大一統之業，禮莫重於配天，通孝思之誠，情莫切於尊祖，謹於順治五年十一月朔八日冬至，恭祀天於南郊……典禮綦隆，覃恩宜廣，特大赦天下，以慰臣民。應行事宜，條列於後：……一、滿洲赦前逃人，如在順治六年八月以前自歸者，匿主、鄰佑、官長人等，一概免議；在九月初一以後者，不免。若在限定日期之內被人告發，或失主認識者，仍舊例問罪。（世祖四一、八）

（**順治六、三、甲申**）又諭兵部：向來申嚴隱匿逃人之法，原以滿洲官兵身經百戰，或有因父戰歿而以所俘賞其子者，或有因兄戰歿而以所俘賞其弟者，或有親身捨死戰獲者，今俱逃盡，滿洲官兵紛紛控奏，其言亦自有理。故先令有隱匿逃人者斬，其鄰佑及十家長、百家長不行舉首、地方官不能覺察者，俱為連坐。今再四思維，逃人雖係滿洲官兵功苦所獲，而前令未免過重。自今以後，若隱匿逃人，被人告發，或本主認得，隱匿逃人者免死流徙，其左右兩隣各責三十板，十家長責二十板，地方官俟計察時併議。若善為覺察者，亦俟計察時議敘。逃人自歸其主，或隱匿者自行送出，一概免罪，有親戚願贖回者，各聽其便。（世祖四三、九）

（**順治六、九、己巳**）靖南王耿仲明屬下牛录章京魏國賢、旗鼓劉養正，隱匿滿洲家人，並鞍匠四人，索取時僅獲二人，餘俱為梅勒章京陳紹宗、牛录章京張起鳳縱令脫逃。事聞，遣官齎敕諭定南王孔有德、靖南王耿仲明、平南王尚可喜曰：前聞滿洲家人多被王等招收而去，已令兵部傳旨查明解送。今有靖南王耿仲明所屬旗鼓劉養正、牛录章京魏國賢隱匿滿洲鞍匠四人，已搜獲其二，魏國賢將二鞍匠隱匿在家，及搜查人到，攔阻不容入門，隨縱二鞍匠脫逃。再審所獲二人，云不止我等，其放馬之處，滿洲家人隱匿者尚多，因遣人前往搜查。劉養正豫先知覺，密遣人至放馬處通知梅勒章京陳紹宗、牛录章京張起鳳，將所匿逃人盡行驅放，及搜查人到，止獲九人，餘俱未獲。其陳紹宗、劉養正、張起鳳、魏國賢等，雖有航海來歸之功，似此隱匿逃人，悖逆殊甚，是犯不赦之條矣。原遣王等南征，以為歸順有功，腹心可寄，必然利益國家，乃反掠滿洲家人，實出意外。朝廷及各王府並滿洲家人，多被招誘，其事甚確，諭旨到時，王等即親身嚴察，將隱匿逃人盡行查出，交與差去官員，仍撥兵護送。如此，庶見王等為國之誠，若漫不查送，則此隱匿之事，顯係王等知情矣。特諭。（世祖四六、五）

（**順治七、一、己卯**）先是，平南王尚可喜、靖南王耿仲明率師征粵時，隱匿旗下逃人千餘名，至是刑部鞫實。議削可喜、仲明爵，仍各罰銀五千兩，所屬阿思哈尼哈番、阿達哈哈番、牛彔章京陳效忠、劉養正、張起鳳、魏國賢等，俱應革職贖罪。得旨：尚可喜、耿仲明等有航海投誠之功，免削爵，各罰銀四千兩。陳效忠等免革職，分別折贖。（世祖四七、六）

（**順治九、五、丙申**）定隱匿查解逃人功罪例。凡逃人一次拏獲者，本人鞭一百，仍歸原主，隱匿之人，並家產給與逃人之主，左右隣及甲長各責四十板，旁人出首者，即以隱匿之人家產給賞三分之一。逃人二次拏獲者，本人正法，隱匿之人並家產解戶部，左右隣及甲長，仍各責四十板，旁人出首者，亦以隱匿之人家產給賞三分之一。如係旁人舉首或係本主認獲，該管州縣官，每逃人一名，罰俸一月，二名罰俸兩月，至十二名，罰俸一年，至十三名，降一級調用。州縣官有查解逃人十二名者，紀錄一次，二十四名者，紀錄二次，三十六名者，俟應轉之日，加陞一級。知府則以所屬州縣論，如轄十州縣內有隱匿逃人至十名者，罰俸一月，一百二十名者，罰俸一年，一百三十名者，降一級調用。如轄十州縣內有獲解逃人至一百二十名者，紀錄一次，二百四十名者，紀錄二次，三百六十名者，俟應轉之日，加陞一級。督、撫、按及各道等官，俟考察之日，查所屬地方報解隱匿多寡，併議功罪。武官營伍中有逃人潛身冒名充兵食糧者，不行查出，該管隊長責四十板，百總三十五板，把總三十板，外委千總二十五板。其衛千總并守備、都司、遊擊降爵、紀錄、加陞，照州縣官例。該管副將、參將，計所屬營伍多寡，照知府例。提督、總兵官以及掌印都司，照督撫按各道例。如船戶隱匿逃人者，罪坐隱匿之人，與民間一例。如途遇逃人有能拏獲一名者，賞銀二兩，凡隱匿之人能自舉首者，俱與免罪。（世祖六五、八）

（**順治九、七、丙戌**）兵刑二部會議查解逃人例：凡隱匿逃人，無論滿漢，或僱傭工，或賃房屋與居住，有保人者，罪坐保人，僱工賃房之家及地方官、鄰佑、十家長，俱免罪；地方官查送者，紀錄。如無保人，容留過十日者，坐隱匿之罪；逃人歇宿店家，十日之內，店主免究，越十日，照例治罪；地方官查送者，紀錄。夫妻父子同逃，各自來歸者，隱主免查，如一半歸一半仍留隱家，其隱主、鄰佑、十家長，照例治罪。逃人七十歲以上十三歲以下，舊例俱免責，今兩次脫逃者，亦應免死，隱匿之家治罪，如逃人被獲於後次隱匿之家，其先次隱匿之家免究，隱匿之人家產，給逃人之主，房地交與戶部。至逃人自回無隱主者，無憑查究，兵部徑行歸結。議上。報可。（世祖六六、一一）

（**順治九、九、甲申**）諭：隱匿逃人者，止令本犯家產給主，其分家父

子兄弟等不知情者，不得株連。（世祖六八、二三）

（**順治九、一二、己酉**）兵科給事中王廷諫疏言：清盜源必嚴窩主，如旗下莊頭投充等輩，俱爲法所不及，彼何憚而不爲窩主乎？祈敕嚴加體訪，有窩盜者，不論何人，一體依律治罪，庶窩主畏法而盜可潛銷。得旨曰：著所司速議搜捕嚴法以聞。（世祖七〇、一八）

（**順治一〇、一、丁丑**）兵部議覆：兵科給事中王廷諫疏言，盜賊恃窩主爲巢窟。爲窩主者，非地方豪惡，即投充莊頭也。其力足以展辯，使舉報者罹反坐之條，其勢足以庇護，使考問者獲違禁之罪，即欲嚴行搜捕而勢有不能也。自今以後，凡拏獲賊盜，即追問窩家，既得窩家，即依律究治，如係莊頭及投充人等，該地方官即行擒拏解部。仍行保甲，嚴加搜捕，務靖根株，則盜賊自息矣。從之。（世祖七一、一〇）

（**順治一一、一、丁巳**）兵部督捕右侍郎魏琯奏言：籍沒止以處叛逆，強盜已無籍沒之條，乃初犯再犯之逃人，罪鞭一百，而窩主則行籍沒。逃輕窩重，非法之平。今欲除籍沒之法，須先定窩逃之罪，請下議政諸臣會議，務期均平，以便遵守。下部議。（世祖八〇、一五）

（**順治一一、二、庚寅**）吏科右給事中王楨奏言：窩逃既議發盛京屯種，若復將田產入官，是仍行籍沒，請照充軍例，止發本身夫婦，其餘家口田產俱免追論。至窩主既遣，又議令鄰佑、保甲、縣官出銀四十兩，給與逃人之主，恐此例一開，啟貪得者之心，因而生事害人，深屬未便。下所司議。（世祖八一、一七）

（**順治一一、六、甲子**）督捕右侍郎魏琯奏言：窩逃之人審實，例應羈候，提到家口，一同發遣。今暑疫盛行，絡繹病亡，屍骸暴露。臣思窩主之罪，原不至死，況既經監斃，其妻子係寡婦孤兒，道路誰爲看視，即到盛京，誰與贍養，恐死於飢餓者不知其幾也。祈皇上格外施恩，凡窩主已故者，家口免其流徙，田宅免其報部，則澤及枯骨矣。得旨：滿洲家人，係先朝將士血戰所得，故窩逃之禁甚嚴，近年屢次寬減，罪止流徙，且逃人多至數萬，所獲不及什一，督捕衙門屢經具奏，魏琯明知，何得又欲求減。顯見偏私市恩，殊爲可恨。著議政諸王、貝勒、大臣、九卿、詹事、科道各官會同從重議處具奏。（世祖八四、一）

（**順治一一、六、庚午**）和碩鄭親王濟爾哈朗等會議：督捕侍郎魏琯統司緝捕，一年之內，逃人至於數萬，所獲未及數千，不思嚴加追獲，反行疏請將恩赦不免之窩逃大罪照小罪熱審例求減，以寬逃禁，欲使滿洲家人盡數逃散，姦詭之謀顯然，魏琯應論絞。疏入，得旨：王等議良是，魏琯本當重

處，姑從寬宥，著降三級調用。（世祖八四、七）

（**順治一一、八、甲戌**）諸王及滿洲漢軍部院大臣奏言：從前隱匿逃人之律，將窩主正法，後特減等充軍，後又將窩主併家口俱給本主爲奴，今復免其爲奴，仍充軍。方窩主正法、家口爲奴之時，雖有逃人，尚多緝獲，自定充軍之例，一年間逃人幾及三萬，緝獲者不及十分之一，惟其立法從輕，故致窩逃愈衆，仰請再行酌定。得旨：著同漢九卿、詹事、科道會議具奏。（世祖八五、一九）

（**順治一一、九、己丑**）上幸内院，召諸王及九卿、科道等漢官。賜茶畢，因語及巡撫宜永貴疏稱，滿洲逃人甚多，捕獲甚少，而漢官議隱匿逃人之罪，必欲輕減一事，諭諸漢臣曰：朕荷天眷，撫有鴻業，無分滿漢，概加恩遇，於漢人尤所體恤。乃爾等每與滿洲牴牾，不克和衷，是何意也。當明末，北人南人，各爲黨與，致傾國祚。朕儻有偏念，自當庇護滿洲。今愛養爾等，過於滿洲，是朕以一體相視，而爾等蓄有二心，朕以故舊相遇，而爾等猜如新識，朕以同德相期，而爾等多懷異念矣。朕從來不念舊惡，爾等自太祖太宗以來，本爲敵國，朕荷天祐，撫有大業，海宇之内皆我臣庶，自應捐除既往，悉予恩施。但爾等遭流賊之禍，如蹈水火，朕救援而安養之，爾等誠念及此，豈可不圖報效。今爾等之意，欲使滿洲家人盡皆逃亡，使滿洲失其所業，可乎。朕姑宥前罪，嗣後其各改心易慮，爲國爲君，盡忠効力，以圖報稱。朕優念爾等，故面諭及此，若更持貳志，行私自便，爾時事發，決不爾貸。諸漢臣奏曰：皇上諭及此，臣等有何置辯，從此以後，惟改心易慮，各盡職守耳。（世祖八六、一）

（**順治一一、九、壬辰**）初，和碩鄭親王濟爾哈朗等議窩逃罪，即以窩逃之人給與逃主爲奴。上以立法太重，恐姦徒借端陷害無辜，命改議。會南贛巡撫宜永貴疏言，邇來滿洲家人逃者甚多，獲者甚少，乞仍照初定例。章下王等並議。至是王等議，隱匿逃人者正法，家產入官，其兩隣各責四十、流徙，十家長責四十；如窩主自行出首者，免罪；傍人出首者，將窩主家產分爲三分，一分給與出首之人。第二次逃者，仍鞭一百歸主；第三次逃者，本犯正法。該管地方官無論有無拏獲逃人，一年兩次造册呈報督捕。如有逃人隱匿不報，事覺，將前報部官革職。凡擎獲逃人，即當解送督捕。若有監羈沉滯不行起解者，將該管官革職，仍罰銀一百兩，給與出首之人。如運船隱匿逃人，該管官照民例治罪，若軍船、商船，該管官將本船男婦數目造册用印，給與船主，凡到閘口，俱照數驗放，如多於正數，即行拏解督捕，若審係逃人，即將船家正法，船内財物入官。見任文武官員，並有頂帶閒官，進士、舉人、貢生、監生及休致回籍閒住各官，隱匿逃人，將本官並妻子流徙，家產入官。文武官員赴任之後，有家人隱匿逃人者，本官不知情，免罪；其隱主如係另戶者，即將隱主正法，家產入官，如係同居者，其妻子房地免議，家產財物入官。至於府屬州縣官內，如有一官革職者，知府降一級，直隸知州照知府例議處，道員罰俸九箇月，巡撫罰俸六箇月，總督罰俸三箇月。拏送逃人數多者，該管地方官紀錄，俟考核時酌量優陞。其解到逃人，督捕即當收拘認主，如有主認者，交與本主，無主認者，給與官米食用；查係某旗者，即交與該旗固山額真、梅勒章京，一月之後無主認者，即行入官。其送到逃人或窩主，如攀引他人，應暫羈候，提到彼人再行質審。如滿洲家人隱匿逃人，鞭一百，罰銀五兩，其本主不論官民，罰銀十一兩，或另戶人隱匿逃人，鞭一百，罰銀十兩。宗室公以上家下莊頭等人窩隱逃人，鞭一百，罰銀五兩，其管莊撥什庫罰銀十兩。逃走二次或三次，如本主不行報明，被傍人出首者，平人鞭一百，有頂帶官員鞭一百、折贖，仍將前入官家產分作三分，一分給與出首之人。生員隱匿逃人，與平民一例正法。其逃人拐帶物件，即於入官物件內賠補。窩主不行舉首或被十家長、隣佑、百長出首者，亦將窩主家產三分之一給與出首之人。或有逃人在營伍中食糧，不行盤查，事覺，管隊責四十，百總責三十五，把總責三十，外委千總責二十五；衛千總、守備、都司各官俱照知州知縣例，參將、遊擊、各計所轄營伍照知府例，副將照道員例，掌印都司、總兵官照巡撫例，提督總兵官照總督例議處。凡拏獲逃人者，給銀二兩。如投充滿洲人之兄弟、子姪、親戚，戶部檔內無名，假稱逃人嚇詐良民者，舊人鞭一百，民責四十。在盛京時出征所獲之人，如係出邊逃者，照例鞭責，歸給原主，其窩家免議；如係未出邊逃者，釋放爲民；未到京逃者，照例鞭責歸主；其窩主責四十，釋放爲民。或滿漢雇覓逃人做工，或賃房與住，如有人作保者，其保人，不分滿漢，即坐以隱匿之罪，其雇覓賃房之人免罪，該管官、該地方、十家長、隣佑，俱免罪；若無保人，留住過十日者正法，家產入官，十日之內者免究。逃人夫婦、父子逃出復回者，窩主免究。若同逃內有一半仍在原窩家居住，部文行提，該管官即行查解者，紀錄；隱匿之家並地方、隣佑、十家長，照例治罪。凡逃人，無論男女，七十以上十三歲以下者，俱免責；逃三次者，亦免死；窩主並地方、十家長、隣佑，俱照例治罪。凡窩主，無論男婦，七十以上十三歲以下者，俱免死，入官；其窩主父子兄弟分居者，取地方官印結，免入官。其應入官家產，亦取地方官印結，追入官。如不係分居假稱分居，或隱留家產一半者，即將該管地方官革職。凡隱匿逃人，將末家斷作窩主。其保賣逃人者，若係逃人自行賣身，將保人斷作窩主。逃人逃出，自娶之妻，仍應歸給逃人，若強娶霸佔者，釋放還家。凡各處解送逃人窩主，如解役故意致死，及受賄縱逃者，責四十、流徙。如係無主認識逃人，中途逃死者，除窩主正法外，家產入官。僧道隱匿者，照民例治罪。該管僧道官，照知縣例治罪。如部文行提窩主並逃人，不行解送者，指名題參。從之。(世祖八六、四)

(順治一一、一一、壬寅) 上以地震屢聞，水旱疊告，……降詔大赦天下，詔曰：……隱匿滿洲逃人，在頒詔之日以前，見在審理未結者，悉與赦免，赦後者仍照例處治。(世祖八七、四)

(順治一二、一、丙午) 都察院左都御史屠賴等奏言：……年來因逃人衆多，立法不得不嚴，但逃人三次始絞，窩主一次即斬，又將鄰右流徙，似非法之平也。竊謂逃人如有窩主者，逃人處死，即將窩主家產人口斷給逃人之主，兩鄰甲長責懲，該管官員議處；無主者，仍鞭一百，給主；其自投歸主及窩主首出者，俱照例免議。庶逃人少，而無辜之株連者亦少。再如建言降革諸科道，已蒙特旨令吏部開列事由奏請矣。查降調禮部郎中郭一鶚、流徒詞臣李呈祥、侍郎魏琯等，其罪雖分輕重，實皆由於進言，似應一體開列，以候睿裁，庶不虛宥過惜才之盛典也。得旨：著議政王、貝勒、大臣、九卿、詹事、科道等官會議具奏。(世祖八八、一四)

(順治一二、一、庚戌) 兵科右給事中李裀奏言：逃人一事，立法過重，株連太多，使海內無貧富、無良賤、無官民皆惴惴焉莫保其身家，可爲痛心者一也。法立而犯者衆，勢必有以逃人爲奇貨，縱令索詐，則富家立破。禍起奴婢，則名分蕩然。使愚者誤陷而難解，智者欲避而不能，可爲痛心者二也。犯法不貸、牽引不原，即大逆不道，無以加此。且破一家，即耗朝廷一家之供賦，殺一人，即傷朝廷一人之培養。古人十年生之，十年教之，今乃以逃人一事戕之乎，可爲痛心者三也。人情不甚相遠，使其安居得所，何苦相率而逃至於三萬之多。如不以恩意維繫其心，而但欲以法窮其所往，法愈峻，逃愈多，可爲痛心者四也。即自捕獲以後，起解質審，道塗騷擾，寃陷實繁，藤蔓不已，生齒凋敝。夫執非皇上之赤子乎，可爲痛心者五也。且飢民流離，地方官以挨查逃人之故，閉關不納。嗟此窮黎，朝廷日蠲租煮賑，衣而食之，奈何以酷法苛令，迫而斃之乎，可爲痛心者六也。婦女躑躅於原野，老稚僵仆於溝渠，其強有力者，東西驅逐而無所投止，勢必鋌而走險。今寇孽未靖，方且多方招徠，何爲本我赤子乃驅之作賊乎，可爲痛心者七也。疏入，命議政王、貝勒、大臣會議。(世祖八八、

一八

（順治一二、三、戊子）初，戶部右侍郎趙開心以飢民流離可憫，請暫寬逃人之禁，以靖擾累，以救民命。奉旨：逃人甚多，緝獲甚少，何策而令不累民，又能速獲逃人，著令回奏。至是，開心疏奏：嚴逃人者，一定之法，救流民者，權宜之計。聞近畿流民載道，地方有司懼逃人法嚴，不敢容留，勢必聽其轉徙。若將逃人解督捕衙門，暫寬其隱匿之罪，以免株連，則有司樂於緝逃，即流民亦樂於舉發，而逃人無不獲矣。得旨：逃人之多，因有窩逃之人，故立法不得不嚴。若隱匿者自當治罪，何謂株連。趙開心兩經革職，特與赦宥擢用，不思實心爲國，輒沽譽市恩，殊失大臣之誼。著降五級調用。（世祖九〇、二）

（順治一二、三、壬辰）諭兵部：朕承皇天眷命，統一寰區，滿漢人民，皆朕赤子，豈忍使之偏有苦樂。近見諸臣條奏，於逃人一事，各執偏見，未悉朕心，但知漢人之累，不知滿洲之苦。在昔太祖太宗時，滿洲將士，征戰勤勞，多所俘獲，兼之土沃歲稔，日用充饒。茲數年來，疊遭饑饉，又用武遐方，徵調四出，月餉甚薄，困苦多端。向來血戰所得人口，以供種地牧馬諸役，乃逃亡日衆，十不獲一，究厥所由，姦民窩隱，是以立法不得不嚴。若謂法嚴則漢人苦，然法不嚴則窩者無忌，逃者愈多，驅使何人，養生何賴，滿洲人獨不苦乎。歷代帝王，大率專治漢人，朕兼治滿漢，必使各得其所，家給人足，方愜朕懷。往時寇陷燕京，漢官漢民何等楚毒？自我朝統率將士入關，翦除大害，底於敉寧。即今邊隅遺孽，殘虐百姓，亦藉滿洲將士驅馳掃蕩，滿人既救漢人之難，漢人當體滿人之心，乃大臣不宣上意，致小臣不知，小臣不體上心，致百姓不知。及奉諭條奏兵民疾苦，反借端瀆陳，外博愛民之名，中無爲國之實，若使法不嚴而人不逃，豈不甚便？爾等又無此策，將任其逃而莫之禁乎。朕雖涼德，難幾上理，然夙夜焦思，不遑暇逸，惟求惠養滿漢，一體沾恩，以副皇天降鑒，祖宗委託。爾等諸臣，當徧曉愚民，咸知朕意，方是實心報主，毋得執迷不悛，自干罪戾。爾部即傳諭各官，刊示中外。（世祖九〇、四）

（順治一二、三、甲午）諭吏部：朕愛養諸臣，視同一體，原欲其實心爲國，共圖治安。是以屢次訓誡，常恐爾等胸懷偏私，陷於罪戾。至訓誡不改，則愛養之道亦窮，國憲具存，豈能曲貸。即如逃人一事，累經詳議，立法不得不嚴，昨頒諭旨，備極明切，若仍執迷違抗，偏護漢人，欲令滿人困苦，謀國不忠，莫此爲甚，朕雖欲宥之弗能矣。茲再行申飭，自此諭頒發之日爲始，凡章奏中再有干涉逃人者，定置重罪，決不輕恕，爾部即傳諭通

知。(世祖九〇、八)

(順治一三、六、辛巳) 更定督捕事例三款：一、旗下人逃走者，各旗俱用印信投遞逃檔。一、各督撫所屬官，有因逃人革職一員至四員者，巡撫罰俸九個月；至五員，降一級留任；革職一員至九員者，總督罰俸六個月；至十員，降一級留任；其督撫降至三級應調用者，均免其調用。巡撫查解逃人五十名者，紀錄一次；一百名，功過相抵，復一級；二百名，復二級。總督查解逃人一百名者，紀錄一次；二百名復一級；四百名，復二級；照此數多解者，俱功過相抵。一、巡按所屬官，有因逃人革職一員至四員者，巡按罰俸九個月；至五員，降一級留任；降至三級者調用；查解逃人五十名，紀錄一次；一百名，加一級。(世祖一〇二、三)

(順治一三、六、己丑) 諭八旗各牛录：朕念滿洲官民人等攻戰勤勞，佐成大業，其家中役使之人，皆獲自艱辛，加之收養，誼無可去。乃十餘年間，或戀親戚，或被誘引，背逃甚衆，隱匿滋多，特立嚴法示懲。窩逃正犯，照例擬絞，家產盡行籍沒，鄰佑流徙，有司以上各官，分別處分。以一人之逃匿，而株連數家，以無知之奴僕，而累及職官。立法如此其嚴者，皆念爾等數十年之勞苦，萬不得已而設，非朕本懷也。爾等亦當思家人何以輕去，必非無因，果能平日周其衣食，節其勞苦，無任情困辱，無非刑拷打，彼且感恩效力，豈有思逃之理。爾能容彼之身，彼自能體爾之心。若專恃嚴法禁止，全不體恤，逃者仍衆，何益之有。朕爲萬國之主，念茲犯法諸人孰非天生烝民，孰非朝廷赤子，倘刑罰日繁，户口日減，爾心亦何能自安。今後務各仰體朕意，覺悟省改，使奴僕充盈，安享富貴，豈不休哉。兵部即行傳知。(世祖一〇二、五)

(順治一四、二、丙戌) 諭督捕衙門：向來所定隱匿逃人之法，將窩逃之人給發逃人本主爲奴，不意遂有姦徒乘機詐害，弊端百出，後經改議，隱逃窩主擬絞秋決。每逃一人，輒置一窩逃者於重辟，年來秋決重犯，半屬窩逃，人命至重，誰非朕之赤子，於心不忍。斟酌前後兩議，晝夜思維，不如將窩逃之人面上刺窩逃字樣，併家產人口發旗下窮兵爲奴。著議政王、貝勒、大臣、九卿、詹事、科、道等官會議妥確具奏。(世祖一〇七、一二)

(順治一四、二、己亥) 議政王、貝勒、大臣、九卿、詹事、科、道等官會議：窩逃犯人，免死，責四十板，面刺窩逃字，併家產人口入官。聽户部酌量分給八旗窮丁。從之。(世祖一〇七、二四)

(順治一五、五、癸卯) 諭兵部督捕衙門：逃人事宜，屢有諭旨，念滿漢人民皆朕赤子，故令會議，量情申法，衷諸平允。而年來逃人犯法者未止，小民因而牽連被害者多。近聞有姦徒假冒逃人，詐害百姓，或借名告假還家，結連姦惡，將殷實之家指爲窩主，或原非逃人，冒稱旗下，在外嚇詐，群黨指稱，轉騙不已；或有告到督捕，買主冒認，指詭名作眞者；或有聲言赴告，在地方官處稟拏，嚇騙良民者；或告假探親，肆行指詐，及領本貿易，假夥攀害；種種詐僞甚多，深爲可惡。今後凡有逃人，本主即報明本固山額眞、梅勒章京、牛彔等官，將逃人之主及逃人姓名具印結報部。如逃後日久方報，既獲逃人，乃稱係伊家人者，此人不許給主，即著入官。直省地方有旗下告假私出妄爲，及冒稱旗下群姦橫行者，著該督撫嚴行訪拏，解部查明，併本主從重治罪，八旗牛彔以下及買賣人等，俱著通行嚴飭。併傳諭内外咸使知悉。（世祖一一七、四）

（順治一五、五、庚戌）九卿、詹事、科、道會議更定逃人事例：一、州縣官，查解逃人至十五名者，加一級；三十名者，不論俸滿，即陞。知府，三十名，加一級；六十名，不論俸滿，即陞；不屬府轄之州，照知府例。道官，四十五名，加一級；九十名，不論俸滿，即陞。巡撫，七十五名，紀錄一次；一百五十名者，加一級；三百名者，加二級。總督，一百五十名者，紀錄一次；三百名者，加一級；六百名，加二級；解多者，照數遞加，仍准功過相抵。其鹽運司運使，照道員；分司，照知府；鹽場官，照典史例。内外錢局中布政，照道員；主事，照知府；同知，照知縣例。窰場中該管官，照知府例。其捕盜同知、通判、州吏目、縣典史等官，俱照各掌印官例。州縣解逃十五名後，地方窩逃一名者，功過不准相抵，仍革職。其知府以上總督以下等官，罰俸降級，俱照先定例。巡按所屬，解逃七十五名者，紀錄一次；一百五十名者，加一級；至營伍等官，功過俱照文官例。一、滿洲家人，不許給票探親，詐害良民。一、盛京出征所獲人，出口逃走及未到京而先逃者，如有本主認領，取有保結者，仍給本主；倘後有冒認假保情弊，發覺即將認主及保人一併從重治罪。一、逃人經部文提解者，其地方官免議處，倘在別處拏獲，審出行提時在彼地方居住者，該地方官從重議處。一、將已獲逃人併窩主，仍照前定例，解督捕衙門審理。一、民人首告逃人，如係挾仇誣害者，即將原告仍照定例責四十板，枷號一月，免流徙寧古塔。一、民人自首身係逃人，借端行詐者，免行徙發，責四十板，妻子、家產、人口入官。一、各處解來逃人，不必交與撥什庫兵丁，俱送交城門，如有主者，審結後鞭刺交與伊主；如無主認之逃人，原行肘鎖發與各旗認主，夜間仍交與各旗門上看守。一、官員子弟逃走者，免刺字，送門枷號一月，滿日鞭一百，不准折贖。一、地方文武官，毋論有無逃人，每年兩次造册報部；其虛報者，除革職外，仍罰銀一百兩。議上。得旨：禁逃之法宜嚴，若官員子弟逃走免刺，則法弛，著仍照舊。餘俱如議行。(世祖一一七、一二)

（**順治一五、一〇、壬申**）更定巡撫、巡按所屬地方查解逃人：一百五十名者，加一級，一百五十名以上、三百名以下，亦止加一級，至三百名者，加二級；如多解者，照數遞加。其司道已陞京堂應加一級者，紀錄二次，應不論俸滿即陞者，紀錄四次。(世祖一二一、五)

（**順治一六、一〇、乙卯**）九卿科道議奏逃人事例；一、刺字逃人私出境外被地方官拏解者，其經過州縣未能查獲等官，雖有拏解逃人之功應加級陞轉者，不准題敘，仍罰俸半年；容留逃人歇宿店主，責四十板。一、責令各道員嚴行保甲，每年兩次取州縣官甘結，如所屬州縣官失察逃人，道員降一級留任，降後所屬地方查解逃人至四十五名，即復還原級。一、出邊或在盛京與未到京之先逃走者，與自京逃走者不同，免刺，仍鞭一百，給原主；如無主逃人，應入官者，免鞭刺。一、陝西、湖廣、四川、江南、江西、浙江、福建、廣東、廣西、雲南、貴州所獲逃人，著令遞解，批文限定日期；如經過地方官選差不慎，鈕鎖不嚴，以致脫逃，查參革職；違限者，該衙門察參。一、畏罪潛遁，或往屯過限，十日之內拏獲者，止鞭一百，過十日者，鞭刺。從之。(世祖一二九、一六)

（**康熙二、一、壬午**）諭兵部；凡查解逃人，有主認識，始行照例擬罪。今見靈壽縣所解逃人李大增，督捕傳撥什庫七人到部，俱不認識。即李大增自供，並地方十家長，俱云並未投充滿洲。李大增明係民人，督捕不行審明，即議李大增等入官，李九山等流徒，恐屬冤枉。且陳氏等七人何以盡斃於獄。爾部即將該縣典史楊煦、快役高應正、溫起家，並出首李大增之高萬臣，作速差人提取到部，請旨定奪。(聖祖八、二)

（**康熙三、一二、壬午**）兵部督捕左侍郎馬希納等疏言：臣衙門之設，專以緝獲逃人，禁止奸頑。近有奸民結黨夥告，恣行嚇詐，及至提審多屬子虛。此輩原非實報逃人，止欲藉端嚇詐，故首告狀內不詳寫被告人居址姓名。滿其欲，則藉爲閱脫之端；不應其求，則改爲駕禍之地，雖將原告治罪，而被告人家產蕩然。有死於路、斃於獄者。乞敕部，嗣後首告之人帶有逃人之主同赴具告者，准咨該督撫嚴查解部；若並無逃人，取地方官保結咨報，免提案内牽連之人質審。得旨：不將被告干証提來質審，則逃人獲者稀少，若提來質審，不但牽連多人，且往來提解甚苦，以後有首告逃人在某處某家者，將首告之人拏送地方官，照發去口供，止將窩隱之人，令出質

問，若無逃人，而挾仇控告或牽引妄扳，將誣告之人加等治罪。(聖祖一三、二二)

（康熙四、一、甲午）諭兵部督捕衙門：向因滿洲藉家僕資生，若立法不嚴，必致盡行逃走。不得已，嚴定窩逃之法，非欲以逃人之故，貽害於民也。今聞各地方奸棍結黨，詐害報仇，或指逃報部，提審全虛；或指稱某家窩逃，審虛復扳別家；或逃檔無名，復改易名姓；或自稱逃人，解部無人識認；或棍徒在地方犯罪，逃京投旗，希圖免罪；或地方官拏獲重犯，因誑稱逃人，不敢加刑，遷延漏網；或解役與逃人結黨，沿途搶掠，肆行無忌；或地方官唆令逃人指扳富室，巧行嚇詐。此等株連蔓引，冤及無辜，餓死道途，瘐斃監獄，實屬可憫。何以立法使逃人可獲，奸棍不得肆惡，小民不受詐害，著議政王、貝勒、大臣、九卿、科、道確議具奏。(聖祖一四、二)

（康熙四、四、壬申）浙江總督趙廷臣疏言：駐防滿洲各旗家僕，有新經收買未及逾年者，聲音裝束與本地居民無異，賣身之時，親朋里甲不得而知，一旦逃回，原籍之人留宿留飯，事發牽連，似屬可憫。嗣後駐防旗下凡收買新人，地方官驗契印照，仍出示曉諭本縣地方，俾知某人賣身旗下，不許容留。儻復逃走，有人窩藏，查係報部有檔，與已買一年以上者，照例究罪。如未經報部有檔，並未及一年者，分別酌議。下部知之。(聖祖一五、五)

（康熙六、四、戊申）諭兵部督捕：嚴立逃人之法，因愚民窩隱旗人，逃亡日眾，不得已而然，非欲苦累小民也。近聞有遞解逃人，所過城邑村莊，嚇詐搶奪，及解役亦將逃人縱放，借端枉道村莊，同謀挾詐，害民殊甚。此皆由地方各官起解逃人時，不嚴禁解役，不將逃人嚴加桎梏之故，凡城邑則有該管官員，村莊則有經管約長，如將挾詐搶奪者嚴拏舉首，誰敢擾民。以後逃人及解役，若於所過地方騷擾者，鎖拏送京，治以重罪，毋有所縱。若原起解官不嚴禁解役，經過地方官不行察拏，事發嚴治其罪，必不寬恕。爾衙門即通行曉諭直隸各省遵行。(聖祖二一、一九)

（康熙六、六、辛巳）吏部尚書阿思哈疏言：各省所解逃人，其有主認識、實係逃人者，即照例處分，給與本主。若無主認識，非係逃人者，免其入官，即釋放為民。拏獲逃人之地方官，不准議敘。兵部以不便更改定例議覆。得旨：各省所解逃人，據供自認，但不知旗分佐領者，照例入官，發給旗下，如不行招認，又無主認識者，免入官，著為民。至地方官將良民捏稱逃人拏解者，將原解官照定例議處。(聖祖二二、一八)

（康熙七、九、丁酉）兵部議覆：左都御史王熙疏言，康熙三年定例，逃人謊稱伊有財物，稟部行提，虛者鞭責。但玩法之人，仍將无辜誣告，亦未可定。應查原檔內有財物帶往者，准行提，原檔內无者，不准行提。又窩逃之人，未曾流徙之先身故者，其妻子免其流徙。應如所請。從之。（聖祖二七、一）

（康熙七、一一、丙辰）先是，兵部以浙江蕭山等縣拏解逃人、監禁沉滯，請照例革職。奉旨：地方官誤將良民稱爲逃人拏解者，因其不行詳審，定有處分之例；今欲詳核，故將逃人存留，乃復以監禁沉滯處分，則地方官將遵何例而行。著再行確議。至是，議監禁沉滯革職之例，不便停止，其誣拏良民降級之例，應令暫停。得旨：據奏，欲留監禁沉滯處分之例，停其誤將良民拏解處分之例，如此，則不肖官員將良民拏解邀功亦未可定，兩例著俱存留。其拏獲逃人，不行起解，遲滯几日，作何處分，著再定議具奏。（聖祖二七、一八）

（康熙一二、九、辛卯）兵部督捕議奏逃人定例。得旨：逃人在外娶妻，所生之女，若已經聘嫁，不許拆散，亦不必向伊夫追銀四十兩給與逃人之主。著爲例。（聖祖四三、一四）

（康熙一五、一、丁酉）諭兵部督捕衙門：逃人事情，關係重大，前因立法太嚴，恐致百姓株連困苦，故將條例屢行更改減定，期於兵民兩益。近見各該地方官奉行疎玩，緝獲日少，深有未便，應遣部院大臣會同爾衙門將新舊條例逐一詳定，務俾永遠遵行。（聖祖五九、一一）

（康熙二五、五、丙午）刑部題：旗人郭良臣，夥同督捕司書辦張子和等，販賣逃人，應按律追擬。其員外郎格塞禮、楊爲梓於張子和所犯之處，不行查出，應降級留任。得旨：逃人一事，民多苦累，該管衙門官員，理應整剔弊端，嚴稽奸頑，以安民生。今員外郎格塞禮等，將蠹書買逃蔑法之處，不行查出，格塞禮、楊爲梓，著隨旗行走。餘如議。（聖祖一二六、一九）

（康熙五〇、一、戊申）先是，上諭領侍衛內大臣公鄂倫岱曰：延慶州地方，藏匿盜賊逃人甚多，常行刧擄，擾害居民莊頭未獲安處。爾率前鋒參領豐盛額、護軍參領沈保、前鋒護軍八十人，聲言放鷹，前往緝捕；刑部尚書齊世武，帶賢能司官同往審理。尋鄂倫岱等前往獨石口外營盤口等處，擒獲盜賊逃人李得功、陳大等百餘人，交齊世武審理。至是，齊世武奏：李得功等六人，俱擬斬立決；逃人陳大等，照例係旗人給還原主，係民人發回原籍。得旨：李得功、方小嘴、白達子、黑子、劉八短子、劉四，俱著即處斬；逃人陳大等，依議。此案内額楚，係圈禁家中之人，今逃遁村莊，夥同賊盜肆行不法，情罪可惡，著交與伊父英赫紫、伊母舅齊世武處死。（聖祖二四五、三）

（康熙五〇、三、丁未）先是，上以喀喇沁地方盜賊逃人甚多，命近御侍衛關保、署理理藩院侍郎事務巴録率八旗前鋒參領八員、前鋒八十名，聲言放鷹，前往緝捕。至是，關保等覆奏：於喀喇沁地方緝獲盜賊逃人，共五百六十餘人。命將盜首二人正法，餘令各歸原籍。（聖祖二四五、二五）

（雍正二、六、壬午）九卿議覆：戶部侍郎覺羅塞德奏稱，逃人之例甚嚴，而限期又迫，地方官員懼罪，故行隱匿。因而逃人反得潛藏。應如塞德所奏，嗣後逃人在該地方居住，已過一年，而地方官不行拏獲，將地方官降一級留任。十家長、里長、隣居及窩逃之家，俱照不應重律，責三十板完結。不及一年者，俱各免議。儻過二年發覺，仍照從前定例治罪。如所居之家不知情者，免議。其逃人在所逃之處置有家產者，將一半入官。在逃之單丁男婦，年過六十或原有廢疾者，即未及六十而伊家主願令爲僧道者，俱免照逃人例治罪。若逃出後，自改爲僧道及故將其身殘毀者，仍照逃人定例。從之。（世宗二一、五）

（雍正四、一〇、壬申）諭刑部：逃人在外生事，被人毆死，與尋常斗毆不同，不應擬抵，庶使逃人知所儆懼。爾部即知會各省遵行。（世宗四九、一七）

（雍正五、一一、戊午）諭刑部：奉天習俗不好，凡犯罪發遣之人，若發往相近邊地，必至逃回，又生事端。嗣後犯法之人，應枷責發遣者，著解送來京，照例枷責，滿日發與西安、荊州等處滿洲駐防之兵丁爲奴。向來奉天等處發遣人犯並彼處旗下家人，私逃者甚多，該將軍等，但有緝捕之名而無其實。嗣後著該將軍等，將每年緝獲之犯與未獲之犯，於年底報部奏聞，候旨分別賞罰。其從前逃走之犯，著該將軍等通行出示曉諭，令其自首。若伊等於雍正六年五月以前自行投到，則免其逃走之罪，仍照本罪安插，儻不行自首，被人拏獲，則嚴加治罪。以上數條，著該部定議具奏。（世宗六三、五）

（乾隆五、六、乙未）刑部議覆：署廣東巡撫王謩會同廣州將軍阿爾賽疏稱，粵省駐防已久，所買民人日多，每有拐竊財物逃匿本籍。該旗本主果有訪知下落，即稟左右司給票撥兵，密移地方文武，添差協拏，等語。應如該撫等所題，嗣後該旗果訪知確實下落，許即稟左右司，一面密移地方文武，一面撥兵給票，計程勒限，赴地方官衙門投驗照票，該地方官即刻會同營弁，添差兵役協拏訊供，轉解理事同知收審。其窩家仍照不許並解例，聽地方官審擬詳報。儻兵役不實力協拏，以致兔脫者，照疎脫逃人例治罪。如旗差恃有照票，不赴地方官投驗，徑自拘拏者，仍照旗人私自拏逃例定擬。至旗差兵役夥詐財物，審明照例科斷。其逃人已出廣東地方，應報明該管衙門，移會該省拏解。再，查定例，地方失察逃人，如居住在六個月以內者，免議；過六個月者，降一級留任；若過一年不行拏獲，失察一名，降二級調用；如明知逃人，不行查拏，縱容居住者，革職，等語。是旗人逃匿地方，該管官員，俱論居住年月，照例分別失察縱容查議。該地方官准有知會，不即協拏，若因逃人居住在六個月以內，竟行免議，恐地方官恃例無處分，不無玩延牽制。嗣後廣東旗逃，該文武各官准有旗員知會，不即票差協拏，如失察逃人居住在六個月以內者，應照鄰境該管官有心牽制不行協拏逃犯例，罰俸一年，其失察逃人居住過六個月一年，及明知縱容居住者，仍照原例分別議處。如旗員知會一到，該文武官立即添差協拏者，概免議處。再，定例內，凡逃人之主，不許私自差拏，准在督捕衙門控告行提，或告附近地方拏解。若違例私自往拏，逃人之主係官，罰俸一個月，等語。儻旗員不密移地方官添差協拏者，照例罰俸一個月，如逃人已出廣東地方，務須移會該省拏獲報解，旗員亦不得越境差拏。從之。(高宗一一九、一九)

(**乾隆七、四、辛卯**)刑部等部議覆：寧古塔將軍鄂彌達等奏稱，船廠等四城兵丁均係種地為生，離城一二百里居住，賞給為奴之人逃走者，本主近覓不獲，再報知該管官追緝，玩延數日兔脫已遠，而追緝官員又係別旗別佐領之人，弋獲無從，不免罰俸之累。應如所請，嗣後將所派追緝之員停止，如有逃者，令本主限期稟報，該管官派員帶領追緝，儻本主奉差外出，即令妻屬呈報，該管官速行派員躧捕，如不弋獲，例將承緝官員年底彙題參處。從之。(高宗一六四、一二)

(**乾隆二八、六、戊申**)刑部議准：盛京將軍舍圖肯奏稱，新例，容留逃人，於本罪加一等，其加等未經分晰。嗣後不知情者，本罪杖一百，加杖六十，徒一年；知情者，本罪鞭一百，枷號一月，加杖六十，徒一年。再查漢軍正身犯徒流罪者，已改不准折枷；家奴折枷之例，亦應改不准折枷，實徒滿日，仍歸旗管束。從之。(高宗六八九、十四)

(**乾隆二八、一一、己巳**)諭軍機大臣等：明瑞等奏稱，納旺前往阿布勒比斯游牧，索取厄魯特逃人鄂勒錐圖，詳細諭以利害，其屬人綽特拜畏懼，將鄂勒錐圖獻出，隨即帶回。臣等傳集眾厄魯特，數其逃竄之罪，立行正法。其失察之領隊大臣伍岱等，請交部察議，等語。納旺奮勉可嘉，著賞

緞二疋。伍岱等係初次失察，著加恩免其交部。（高宗六九九、二）

（**乾隆**三五、五、癸巳）刑部奏：清河道誇喀，失察家人田八潛赴薊州，典地居住。應請交吏部議處。得旨：依議。田八潛行出境，典地滋事之處，伊主誇喀咎止失察，處分本輕，不應規避。乃春間於行在召見誇喀時，據伊面奏，從前早將田八逐出。今閱案情，則伊於二十二年，將田八自署令回京師，且未報明部旗立案，是自薊州逐回伊京城之家，安得謂之逐出，非家人乎。誇喀欲避失察處分，竟爾飾詞虛詆，其咎轉重。誇喀著交部嚴加議處。（高宗八五九、三）

三、少數民族户籍

（一）蒙古族

（**順治**九、二、丁巳）諭外藩王、貝勒、貝子、公等曰：今聞地方多有盜賊，但各旗皆有王、貝勒、貝子、公、固山額真、梅勒章京、甲喇章京，若各旗悉心稽察，盜賊何由竊發。至編查壯丁，務將所屬丁數細加查點，毋得隱漏，儻有隱漏，後經發覺，從重治罪。（世祖六三、三）

（**雍正**二、五、戊辰）總理事務王大臣等遵旨議覆：撫遠大將軍年羹堯條奏青海善後事宜十三條。一、奏稱青海部落宜分別遊牧居住也。請照依内扎薩克編爲佐領，以申約束。每百户編一佐領，其不滿百户者，爲半佐領，將該管台吉俱授爲扎薩克，於伊等弟兄内揀選，授爲協理台吉。每扎薩克俱設協領、副協領、參領各一員，每佐領俱設佐領、驍騎校各一員，領催四名。其一旗有十佐領以上者，添設副協領一員，佐領兩員，酌添參領一員。……一、奏稱喀爾喀厄魯特之四部落，宜不屬青海也。查伊等原非被擄之人，今青海諸王台吉内之投降者，咸歸仁化，助逆者，俱已被擒。而喀爾喀内，有隨大兵投降者，宜乘此軍威遠振。將不願爲青海屬人之喀爾喀等，照青海例，編旗分爲佐領，添設扎薩克等，分駐勘滅逆賊之舊地。其情願歸本處者，听其自便，則青海之勢可分，而喀爾喀台吉等，無不感恩報効。應如所請。……得旨：所議甚屬周詳，依議。（世宗二〇、二六）

（**雍正**四、二、甲戌）理藩院奏：厄魯特多羅郡王額駙車零旺布、多羅貝勒色卜騰旺布、貝子茅海等，請與衆一體編分佐領。應遣官前往辦理。得旨：此係編分佐領之事，甚屬緊要，應遣大臣前往。今散秩大臣伯四格等，往定阿爾泰山邊界，事竣之日，即著四格從彼處前往，會同副都統花善，詳議編分。尋議：郡王車零旺布、貝勒色卜騰旺布、貝子茅海，俱授爲扎薩

克，將伊等所屬厄魯特，編爲四佐領。從之。（世宗四一、一地）

（乾隆一九、閏四、甲子）又諭：我內扎薩克與外四部落及衆喀爾喀扎薩克地方，各按旗分部落，設立正副盟長，管理游牧事務。今將新來投誠之厄魯特台吉車凌等帶來戶口，俱編設旗分佐領，既與內扎薩克喀爾喀扎薩克等相同，應將車凌授爲盟長；車凌烏巴什授爲副盟長，台吉色布騰協辦盟長事務。其盟會著賜名爲杜爾伯特賽音濟雅哈圖部落。（高宗四六二、二○）

（乾隆四○、五、壬戌）軍機大臣等議覆：伊犁將軍伊勒圖條奏。一、土爾扈特汗策凌納木扎勒游牧，請授策凌納木扎勒爲盟長、貝子恭坦爲副盟長；親王策伯克多爾濟游牧，請授策伯克多爾濟爲盟長，其副盟長現無合例之員，請暫停補授；郡王車凌德勒克游牧，請授車凌德勒克爲盟長、貝子奇布騰爲副盟長；貝勒默們圖游牧，以默們圖爲盟長，其副盟長無合例之員，亦請停補授；和碩特游牧，請授貝勒德勒克烏巴什爲盟長、貝子布顏楚克爲副盟長，等語。查策伯克多爾濟，乃一大游牧，非默們圖可比，請令伊弟奇哩布爲副盟長，餘均如所請行。一、正盟長俱經授給印信。汗策凌納木扎勒、親王策伯克多爾濟，均蒙賞給烏諾恩蘇珠克圖舊土爾扈特部落字樣；和碩特貝勒德勒克烏巴什，賞給巴圖色特啟勒圖和碩特部落字樣；頒發伊等印信，請即照欽賜字樣鑄給。至車凌德勒克、默們圖，止賞郡王貝勒品級，未蒙賞給部落字樣，頒給盟長印信，請亦用烏諾恩蘇珠克圖舊土爾扈特部落，上加東西字樣。一、請將汗策凌納木扎勒、親王策伯克多爾濟、郡王車凌德勒克、貝勒默們圖德勒克烏巴什，貝子布彥楚克、奇布騰、恭坦、公拜濟瑚等九游牧台吉扎薩克，頭等台吉伯爾哈什哈、諾海等均爲扎薩克，策伯克多爾濟之弟閒散頭等台吉奇哩布、阿克薩哈勒屬下，均有五百餘戶，尚各編爲四佐領，今策伯克多爾濟游牧更無別扎薩克。再，和碩特閒散頭等台吉齊葉齊屬下亦幾一百五十餘戶，儘數編設旗分佐領，請將奇哩布、齊葉齊並作爲扎薩克。均應如所請行。一、扎薩克等，請各給印信。蒙古等嚮分東西南北左右翼，照厄魯特之例，以右爲大、左爲次。請將土爾扈特和碩特汗策凌納木扎勒作爲舊土爾扈特南部落，管理扎薩克印信；恭坦爲南中、拜濟瑚爲南右、伯爾哈什哈爲南左、策伯克多爾濟爲北、奇哩布爲北右、阿克薩哈勒爲北左、車凌德勒克爲東右、奇布騰爲東左、默們圖爲西。和碩特、貝勒德勒克烏什爲和碩特部落，管理扎薩克印信；布彥楚克爲中、諾海爲右、齊葉齊爲左。均請鑄給印信，併盟長扎薩克印信，兼用滿洲蒙古字鑄給。又稱，已及歲之扎薩克，請即頒給印信；未及歲之扎薩克，現有照料大臣、侍衛，請暫存部，無庸頒給，等語。查既將土爾扈特、和碩特一體授爲扎薩克，若先頒給及歲者，恐未及歲者不知，不無生疑。況各遊牧均有照料大臣侍衛，請將未及歲盟長印信，一體頒給，遇應行印用處，令照料大臣等監視。一、請揀放協理台吉。策凌納木扎勒之弟阿喇布坦多爾濟、恭坦之弟阿都齊、默們圖之子額爾德尼、德勒克烏巴什之弟薩克遜，均尚年幼，俟及歲後再授爲協理台吉；策伯克多爾濟並無子嗣，亦無庸揀放。車凌德勒克之弟巴彥達里、布彥楚克之弟鄂齊爾，均年已及歲，俟咨部辦給等第後，再授協理外，請將閒散頭等台吉阿喇克巴爲公拜濟瑚協理台吉；閒散頭等台吉博羅爲扎薩克台吉伯爾哈什哈協理台吉；閒散二等台吉裕增爲奇哩布協理台吉；閒散四等台吉羅布藏巴勒珠爾爲阿克薩哈勒協理台吉；閒散頭等台吉策登爲奇布騰協理台吉；閒散頭等台吉博克班爲諾海協理台吉；閒散二等台吉巴特瑪爲齊葉齊協理台吉。一、編立佐領，約束成丁屬人。按各遊牧台吉戶下，年屆十五歲丁數，以一百五十人以下，百人以上編一佐領，未及百人者編一管領。統計應設管旗章京、副章京各十九員，參領二十六員，佐領、驍騎校各九十二員。每佐領設小領催四名，每管領設小領催二名，每十户設十户長一人。均應如所請行。其應補人員，請飭各遊牧照料大臣、侍衛指補，造册咨部備查，三年一次。一、册封汗王貝勒貝子公等勅書，及封汗王貝勒貝子公妻室，按年頒給憲書等件，均請查例遵行。從之。（高宗九八三、一）

（二）回族

（**乾隆二一、一〇、己卯**）諭軍機大臣等：兆惠派和起會同噶勒藏多爾濟等，擒拏巴雅爾，此時應已辦竣。擒拏巴雅爾後，伊部落所屬人等，應行分賞。第噶勒藏多爾濟等雖同派兵擒拏，至於分賞戶口，不必過多，酌量以百戶爲率。其餘若鄂爾奇木濟等酌量分賞，令其管轄。餘俱歸入二十一昂吉，方爲妥協。再輝特部落內如何通額默根等，雖與巴雅爾同一部落，伊等俱屬安靜，所屬户口，自不得照巴雅爾一例辦理，並將巴雅爾户口歸入伊等管轄亦可。著傳諭兆惠遵照辦理。（高宗五二四、二六）

（**乾隆二二、四、己巳**）署定邊左副將軍車布登扎布奏：臣等遵旨將伯什阿噶什游牧劫奪侍衛佛保之爲首賊人，交瑚爾起帶兵擒勦。旋據藍翎侍衛齊凌扎布等獲造言惑衆之護衛孟克柴、巴岱，倡言：達什達瓦人衆，俱已勦滅，我等不如逃走，致厄魯特、沙賴古勒等搶掠，伊等又欲驅喀勒占和碩之牧群。經巴岱之兄和錐勸阻不從。有厄魯特達啓聞知，向綽爾濟喇嘛、長史博和勒岱處首告，因報侍衛等擒獲，解送軍營。巴岱於途中病故。訊據孟克柴等，知台吉達布都噶爾曾奪佐領色布騰牲只，色布騰因與孟克柴等糾搶，以致達布都噶爾屬人困窮，刦奪侍衛佛保。巴岱業經病故，將其子女賞喀爾喀。孟克柴正法梟示。色布騰理應正法，但尚無倡逃情形，此次又同侍衛等擒賊，應解京。巴岱之兄和錐曾力阻、厄魯特達啟即行首告，俱送察哈爾安插。其伯什阿噶什幼女三人，現交喇嘛及長史等看守，量給口糧。所餘五十一戶大小二百四十餘口分賞喀爾喀。至前奉旨賞伯什阿噶什、貝子烏巴什牲只，應請停。得旨：伯什阿噶什之幼女及看守人等，俱著解送來京。（高宗五三六、一六）

（**乾隆二六、三、癸卯**）軍機大臣等議復：葉爾羌辦事都統新柱等奏稱，葉爾羌乃回疆大邑，共二十七城村。兼之安集延、布嚕特、敖漢、瑪爾噶朗、巴達克山、博羅爾等部落之伯克，遇有事件，皆遣人前來與臣等商酌。土伯特、安集延商賈，亦雲集往返，行旅眾多。現在居民夾雜，竊恐奸宄藏匿，請照哈密、吐魯番一體編立保甲等語。查從前安西、吐魯番等處回部，編立保甲，究以附近內地，尚易仿行。今葉爾羌、喀什噶爾等城，乃新定之區，可否照內地一體編立保甲之處，必須體察回民情性，熟酌地方情形，始為有益。今舒赫德總理回疆事務，請令會同新柱、額敏和卓等悉心妥議具奏。從之。（高宗六三二、六）

（**乾隆四六、七、庚午**）又諭：據畢沅奏，查禮拜寺中規例，於通往回民，不論認識與否，皆收留居住，最易滋弊。現經傳集西安各寺回眾，再三開導，嗣後過往投止回人，儻見形跡可疑，即密察地方官查究，並飭各屬概行出示曉諭等語。所辦好。已於摺內批示矣。回眾散處各省，良莠不一，無籍之徒，恃有禮拜寺收留居住，遂致四出游蕩，安保無潛結為匪之事。畢沅妥為飭禁，不動聲色，令回民安然樂從，是即不禁自禁之法。辦理頗為合宜。著將畢沅摺奏鈔寄各督撫等，照畢沅所辦督率屬員，明切曉諭，毋任胥役等紛紛查訪，致滋事端。將此各傳諭知之，並著隨時具奏。（高宗一一三七、五〇）

（**乾隆四九、四、甲午**）軍機大臣議奏：據烏嚕木齊都統海祿奏稱，烏嚕木齊近日人烟稠雜，請照內地編排保甲，設牌頭、甲長、保長，按戶填寫門牌，隨時稽察；各廠挖金人等，該地方官給票查驗。應如所請，仍禁胥役擾累。從之。（高宗一二〇四、二二）

（**乾隆四九、七、壬午**）又諭：據阿桂、福康安奏稱，將逆回賊首張文慶、馬四娃等妻子家屬業經全行誅戮，其餘現在石峯堡底店等處賊回子女共四千餘犯，內除遵旨賞給現在軍營侍衛、章京、滿洲兵丁及四川屯練官弁等一千九百餘口外，所餘子女二千餘口並各州縣搜出之賊回子女五百餘口，統計二千六百餘人，請旨賞給江寧、浙江、福建、廣東等處駐防滿洲官員兵丁爲奴，等語。著照阿桂、福康安所奏，將現在所餘賊回子女二千六百餘口發遣江寧、杭州、福州、廣州等處，分賞駐防官兵外，並交江寧、杭州、福州、廣州等處將軍，俟此等發遣回犯子女解到，即遵旨賞給該省官員兵丁爲奴。該將軍等分賞，務擇堪能約束之官員兵丁賞給，毋致生事。十日半月親身往查一次，斷勿致其脫逃。如有私逃及生事之處，即行審明正法。設有失於覺察、管理不嚴，不惟將該官員兵丁治罪，即該將軍、副都統等，亦一併從重治罪。著將阿桂等所奏漢摺鈔錄分寄閱看，並著曉諭阿桂、福康安遵行。（高宗一二一一、二九）

（三）其他少數民族

（順治一七、五、壬申） 禮部議覆：貴州巡撫卞三元疏言，貴州苗民中，有文理稍通者，准送學道考試，擇其優者，取入附近府州縣衛學肄業，仍酌量補廩出貢。從之。（世祖一三五、九）

（雍正四、四、甲申） 諭大學士等：弭盜之法，莫良於保甲。朕自御極以來，屢頒諭旨，必期實力奉行，乃地方官憚其繁難，視爲故套，奉行不實，稽查不嚴。又有藉稱村落畸零，難編排甲，至邊省更藉稱土苗雜處，不便比照內地者。此甚不然，村落雖小，即數家亦可編爲一甲，熟苗熟獞，即可編入齊民。苟有實心，自有實效。嗣後督撫及州縣以上各官，不實力奉行者，作何嚴加處分；保正甲長及同甲之人，能據實舉首者，作何獎賞；隱匿者，作何分別治罪；其各省通行文到半年以內，被舉盜犯，可否照家長自首之例，暫治以輕罪；舉首之盜，儻有從前未經發覺之案，地方官可否從輕處分，以免瞻徇畏縮；著九卿詳議具奏。再，盜案疏防，文武各有處分，雖著有成例，但其中尚有分別。凡山海大盜，聚衆多人，土獞苗蠻，成群劫奪，及響馬老瓜等賊聚有窩穴，勢難擒捕者，當責之弁兵。如久無緝獲，則文武一例處分，情罪俱當，若盜止十人以下，踪跡散處者，則捕役力能擒制，雖事發潛逃，亦能躧探。而營汛弁兵，各有職守，勢難遠緝，此等盜犯，似當專責州縣。武職處分可否酌量從輕，庶情法得平，中無枉抑。著九卿一併確議具奏。（世宗四三、一八）

（雍正四、七、乙卯） 吏部遵旨議覆：保甲之法，十戶立一牌頭，十牌立一甲長，十甲立一保正。其村落畸零及熟苗熟獞，亦一體編排。地方官不實力奉行者，專管兼轄統轄各官，分別議處。再，立民間勸懲之法，以示鼓勵，有據實首告者，按名數獎賞，隱匿者，加以杖責。應通行直省，以文到半年爲限，有能舉首盜犯者，免罪。其從前未經發覺之案，地方官即行揭報者，亦免議處。至盜案疎防文武各官處分，除山海大盜、土獞蠻苗及響馬老瓜等賊，勢難擒捕者，文武官照舊例處分。若盜至十人以下者，文職照例處分外，武職各官，酌量分別寬減。惟未獲盜首者，專汛官仍照定例處分。得旨：依議。通行各省，文到半年，爲期甚迫，著以一年爲限。（世宗四六、三〇）

（雍正五、三、甲寅） 兵部議覆：雲貴總督鄂爾泰疏奏，經理狆苗事宜。……一、狆苗姓氏，相同者多，難於分別。應令各照祖姓造報户口清册，編立保甲；其不知本姓者，代爲立姓，以便稽察。……應如所請。從之。（世宗五四、三〇）

（雍正五、一一、戊辰） 雲貴總督鄂爾泰疏言：黔省邊界生苗不納糧賦，不受管轄，隨其自便，無所不爲，由來已久。臣自勦撫長寨後，生苗目覩長寨苗户安居樂業，各思投誠內附，長寨後路克猛等處，及馬頭山松把廣順州、定番州、古羊山外等處，招撫化誨夷苗共一百八十四寨，一千八百餘户，俱聞風嚮化，並獻弓弩盔甲。雖區區頑苗頑狠，不啻犬羊，戔戔夷土夷糧，何增毫末。但念其原無統轄，遂任彼擾害邊疆，欲行稽查，無從踪跡，縱思撫恤，末由招安。今仰賴聖主聲教所訖，莫不願附版圖，但户口必須編造，錢糧自應從輕。且夷民半無姓氏，名字雷同，應行更定姓名，彙册報部，酌爲額賦，按年輸租，庶幾邊境長寧，夷民永賴。得旨：苗民梗化，由來已久，況屬生苗，尤難懾服綏靖，鄂爾泰勦撫並用，威惠兼施，俾生苗等嚮化輸誠，咸願納賦歸附版籍。又謬冲逆苗等，素稱獷狷難馴，今勦撫已靖，悉皆內嚮。鄂爾泰辦理，甚屬可嘉，著由拜他喇布勒哈番，加授一等阿達哈哈番世職，以獎勞績。張廣泗遵依鄂爾泰調度，實心出力，著交部從優議敍。在事官兵，應如何議敍賞賚之處，著鄂爾泰分別具奏。（世宗六三、一七）

（雍正七、七、戊午） 雲貴廣西總督鄂爾泰疏報：都勻各寨苗民輸誠納賦，編入保甲，下部知之。（世宗八三、二七）

（乾隆二、閏九、己巳） 户部議：兩廣總督鄂彌達奏，新寧海滘場上川猺民甘大振等呈請立户，自辦稅糧。查上川猺户，素居內地，民猺相安，應如所請，甘大振等准其另立猺户。所有從前投寄民户熟荒稅畝，聽其自行輸納墾升，將民人何五福等，寄糧開除。從之。（高宗五二、二四）

（**乾隆六、三、丙戌**）議政大臣等議：貴州總督張廣泗會同湖北廣西督撫議定楚粵兩省苗疆善后事宜。……一、編保甲。苗寨大者，十户爲一牌，牌有頭；十牌爲一甲，甲有長；寨立長一二人。小者，隨户口多寡編定，寨立長一人。稽漢奸及外來苗猺，在寨居住，一人容隱，九家連坐。……均如所請行。從之。（高宗一三九、一〇）

（**乾隆一一、四、庚午**）户部等部議覆：大學士川陝總督公慶復等奏稱，川省三齊等三十六寨番民，歸隸茂州管轄，籌酌管束事宜：一、查明番地四至，立碑定界，俾民番各安疆土。一、三十六寨，每寨擇老成謹慎者，設正副頭人各一名，將所管户口，造册送州稽查。其户婚錢債細事，令頭人秉公排解。不服，赴州控斷。並將頭人功過立簿查覈，年底分別賞罰。一、番民每歲納麥糧六十石，編入賦役全書，責令各頭人督催完納，就近兑支威茂協營兵米。一、番寨山頭地角，曠土儘多，飭地方官令各頭人按户分段給墾，免其升科。一、番民既入版圖，即與編氓無異，應於該寨適中之地，設立講約所，該州暨儒學等官朔望輪往，傳集番民，宣講聖諭廣訓及整飭地方利弊文告，並於律例中擇其易犯之條繙譯講解，曉諭化導。其子弟秀異可讀書者，送州義學肄業，果能漸通文理，照土司苗猺子弟應試之例，准其考試。一、新附生番，未便驟繩以法，或犯命盜等事，暫照夷例歸結，十年後照内地一體辦理。均應如所奏行從之。（高宗二六四、四）

（**乾隆一五、四**）[是月] 貴州巡撫愛必達議覆：大學士張允隨奏稱，貴州州兵役，毋許擅入苗寨，並嚴禁漢奸煽詐及開岩挖窖等弊，違者從重治罪；該管員弁縱容失察，分別參處，等語。查黔省舊疆熟苗，與漢人比屋雜居，甚爲恭順，有土司、土舍、土目及苗鄉約、寨頭管束。新疆生苗與屯軍錯處，亦額設土弁、通事、寨長、百户分管，但性愚多惑。臣到任後即通行嚴飭，凡遇緝逃查兑取結事件，各府廳州縣不許濫差出票，俱交承辦之土司、土舍及土目、土弁等勒限拏繳；或遇密拏要犯以及提審案件，慎選差役，票内註明協同該土司、土目等會拏字樣，並按程定限回銷，違者責處。若土司土目等敢有索詐欺凌，許苗人赴控究治。至漢人在舊疆苗地住久，置有房產，素行良善者，飭土司、土目等於年底查造烟户民數時，附造入册，仍毋許招留册外之人。其歸化未久與新疆一帶各苗寨，令地方官稽查，不得聽漢人置產，亦不許潛處其地。至一切開岩挖窖等弊，一概嚴禁。再，前經兵部議定，漢奸潛入土蠻地方，文武各官如失察者，該管官降一級調用，該管上司罰俸一年，徇縱者，該管官革職，失察之上司降一級調用，兼轄之上司降一級留任，統轄之上司罰俸一年，通行在案。臣現在申明新例，嚴飭辦

理。……得旨：如所議行。（高宗三六三、三〇）

（**乾隆一九、六、辛亥**）户部議覆：四川總督黃廷桂疏稱，前任督臣策楞題准雜谷善後事宜案内，以各番改土歸流應照内地編連保甲、牌頭、保正，其各寨舊有之寨首，改爲鄉約，派差之中書科改爲差頭等因。番民一寨之中，立有守備、千把、外委，今復設鄉約、差頭各名目，俱得免徭。是在官人多，應差人少，番民稟稱不便。至舊有寨首，半係蒼旺私人，百姓素不悦服，今若改爲鄉約，令其管束衆人，未免大失民望，等語。應如所請，將寨首仍循其舊，止令催納糧賦，遣派差事；另選素爲衆番悦服之人拔爲鄉約，教化番民，調處詞訟。舊有之外保，改爲甲長，令其稽查奸匪。寨首、鄉約、甲長，均聽撫夷掌堡管束，其差頭、牌頭、保正等名目，請一併裁汰。從之。（高宗四六六、一）

（**乾隆三一、一二**）[是月]署兩廣總督楊廷璋等議奏：據廣西布政使淑寶奏，永寧、養利、永康、寧明、東蘭、天保、歸順、奉議、凌雲、西隆、西林等十一州縣苗疆，現俱設保分甲，應考納賦與内地無異，請將該州縣土著客籍烟民共男婦大小六十一萬三千餘丁口，彙入民數册奏報。應如該司所奏行。報聞。（高宗七七五、二八）

（**乾隆四一、六、丁卯**）又諭曰：裴宗錫奏查辦民數情形一摺。據稱黔屬在在漢苗雜處，而向來民數，有僅報漢民者，亦有僅報苗民者，且有漢苗全不造報者。現在通行嚴飭確查實在數目，分別漢苗一體開報，等語。所辦非是。各省歲報民數，用以驗盛世閭閻繁富之徵，原止就内地編氓而言，其邊徼苗猺本不在此例，國家休養生息户口殷繁，各省滋生之數不啻歲增萬倍，豈藉此數處苗民以形阜庶。況苗性多疑，只應以鎮静撫馭爲主，伊等箐居峒處，滋息相安，素不知有造報户口之事，忽見地方有司逐户稽查，漢苗悉登名册，必致猜懼驚惶，罔知所措。甚或吏胥保長藉此擾累，致滋事端，於綏輯苗疆之道甚有關係，斷不可行。若云恐漢奸藏匿，惟在地方官實力體察，有犯必懲，奸徒自知斂跡。若整飭不得要領，雖按户挨查，又何足以懲頑詰慝乎！著傳諭裴宗錫，所有漢苗一體查造之處即速停止，且不獨黔省爲然，其雲南、兩廣、兩湖等省，凡有苗猺黎獞等類，其户口皆不必查辦。陝西、四川之番夷及福建之生熟番境，並遵此旨一體妥辦，毋稍滋擾。將此遇便傳諭各該督撫知之。（高宗一〇一一、一九）

（**乾隆四八、一一、己丑**）軍機大臣遵旨議奏：據四川成都將軍特成額奏稱，平定兩金川後，該處降番就近安插，八年以來，該降番等，久沐深思，各安耕作，遇有差遣，莫不奮勉出力，無異内地民人，懇准改土爲屯，除去降番名目。又稱，降番等生齒日繁，男婦約計九千餘名口，應設專員管理，請令懋功協中軍都司與綏靖營游擊就近彈壓，仍飭懋功協副將統爲控制。其錢糧命盜案件，歸美諾同知辦理，該營員不許越俎干與。均應如所奏。從之。（高宗一一九二、三）

（乾隆五八、一、乙卯） 軍機大臣會同大學士九卿議覆：欽差大學士公管兩廣總督福康安等奏，酌籌藏内善后章程。……一、衛藏各寨地方，雖統於達賴喇嘛，而户民增減去留，無從稽覈，請俟後令達賴喇嘛將所管大小廟喇嘛造册，並令噶布倫將衛藏所管地方及呼圖克圖等所管寨落户口一體造册，於駐藏大臣衙門及達賴喇嘛處各存一份備查……均應如所請。從之。（高宗一四二一、一一）

（嘉慶一七、九、己亥） 是月，四川總督常明奏籌定編查漢民私佃夷地章程。一、查夷地在萬山之中，佃耕漢民，各自成家，相距數里、十數里不等，勢難編連十甲一牌，但所佃之地各有業主，如係土司地方，即以土司爲綱，列佃耕漢民於後；夷人地方，即以夷人爲綱，列佃耕漢民於後，各以道里遠近，挨順編運，將户口填入牌内。如有在彼窩匪滋事者，同牌之人赴地方官呈首；儻該佃民情願搬回内地，責成土司夷人投明立案，准其退佃註册，但不准將所佃之地轉佃他人，土司夷人亦不得將所退出之地再招漢佃，違者照私人夷地例治罪，夷人一律究懲。若土司有蹈前項情弊，更當從嚴懲治。……一、查建昌各營從前分別汛地，原爲防邊而設，今汛地之外，增添場市，防邊汛地轉在場市以内，現在編連保甲，責重巡防，須擇扼要之區，將原安各營汛移查，分撥駐劄，以資控制。得旨：此皆汝應辦之事，持之以久，行之以勤，毋託空言爲要。（仁宗二六一、二七）

（嘉慶一九、八、丁亥） 諭軍機大臣等：據御史何彤然奏，廣西省南寧、太平、慶遠、思恩、鎮遠五府管轄土司四十六處，皆與各府屬州縣地址相錯，並非化外邊氓。其土民考試事宜，前經奏准除承種番哨隸置私田，身充賤役不准考試外，其正民、雜民承種官田者，恐其入學抗糧，退田後，仍准應試。乃各土官辦理未能畫一，往往借退田一説影射民田爲官田，含混阻考，以致各土童控訴紛紛，有乖撫綏之意，等語。該省役田、官田、民田，布政司俱有册檔可稽，其應如何查覈明晰，俾各土民考試不致受土官抑勒之處，著蔣攸銛、台斐音會議具奏。將此諭令知之。（仁宗二九五、二四）

第二節 人丁統計

一、歷朝全国人丁統计表*

(一) 順治朝

年份		人丁戶口**
順治	公元	
8	1651	10,633,326
9	1652	14,483,858
10	1653	13,916,598
11	1654	14,057,205
12	1655	14,033,900
13	1656	15,412,776
14	1657	18,611,996
15	1658	18,632,881
16	1659	19,008,913
17	1660	19,087,572
18	1661	19,137,652

* 本表根據《清實録》中各年年末總計數字编制。

** 順治、康熙、雍正三朝實録，通係於年末記載："是歲，人丁戶口"若干，唯雍正十年所記爲，"是歲，人丁戶口"若干"丁"，明確所載的"人丁戶口"數爲丁口數。

(二) 康熙朝

年份		人丁戶口
康熙	公元	
1	1662	19,203,233
2	1663	19,284,378
3	1664	19,301,624
4	1665	19,312,118
5	1666	19,353,134
6	1667	19,364,381
7	1668	19,366,227
8	1669	19,388,769
9	1670	19,396,453
10	1671	19,407,587
11	1672	19,431,567
12	1673	19,393,587

(續表)

年份		人丁户口
康熙	公元	
13	1674	17,246,472
14	1675	16,075,552
15	1676	16,037,268
16	1677	16,216,357
17	1678	16,845,735
18	1679	16,914,256
19	1680	17,094,637
20	1681	17,235,368
21	1682	19,432,753
12	1683	19,521,361
23	1684	20,340,655
24	1685	20,341,738
25	1686	20,341,738
26	1687	20,349,341
27	1688	20,349,341
28	1689	20,363,568
29	1690	20,363,568
30	1691	20,363,568
31	1692	20,365,783
32	1693	20,365,783
33	1694	20,370,654
34	1695	20,370,654
35	1696	20,410,382
36	1697	20,410,682
37	1698	20,410,693
38	1699	20,410,896
39	1700	20,410,963
40	1701	20,411,163
41	1702	20,411,380
42	1703	20,411,480
43	1704	20,412,380
44	1705	20,412,560
45	1706	20,412,560
46	1707	20,412,560
47	1708	21,621,324
48	1709	21,921,324
49	1710	23,312,236
50	1711	24,621,324
51	1712	24,623,524

(續表)

年份		人丁戶口	永不加賦滋生人丁*
康熙	公元		
52	1713	23,587,224	60,455
53	1714	24,622,524	119,022
54	1715	24,622,524	173,563
55	1716	24,722,424	199,022
56	1717	24,722,424	210,025
57	1718	24,722,424	251,025
58	1719	24,722,424	298,545
59	1720	24,720,404	309,545
60	1721	24,918,359	467,850
61	1722	25,309,178	454,320

*康熙五十一年一月壬午有詔"嗣後所生人丁，免其增加錢糧，但將實數另造清冊冊報"（《聖祖實錄》卷二四九，葉一四）。

（三）雍正朝

年份		人丁戶口	永不加賦滋生人丁
雍正	公元		
1	1723	25,326,307	408,557
2	1724	25,510,115	601,838
3	1725	25,565,131	547,283
4	1726	25,579,675	811,224
5	1727	25,656,118	852,877
6	1728	25,660,980	860,710
7	1729	25,799,639	859,620
8	1730	25,480,498	851,959
9	1731	25,441,456	861,477
10	1732	25,442,664（丁）	922,191（丁）
11	1733	25,412,289	936,486
12	1734	26,417,932	937,530

（四）乾隆朝

年份		民　　數
乾隆	公元	（大小男婦）、（名口）
6	1741	143,411,559
7	1742	159,801,551
8	1743	164,454,416

(續表)

年份		民　　數
乾隆	公元	(大小男婦)、(名口)
9	1744	166, 808, 604
10	1745	169, 922, 127
11	1746	171, 896, 773
12	1747	171, 896, 773
13	1748	177, 495, 039
14	1749	177, 495, 039
15	1750	179, 538, 540
16	1751	181, 811, 359
17	1752	182, 857, 277
18	1753	183, 678, 259
19	1754	184, 504, 493
20	1755	185, 612, 881
21	1756	186, 615, 514
22	1757	190, 348, 328
23	1758	191, 672, 808
24	1759	194, 791, 859
25	1760	196, 837, 977
26	1761	198, 214, 555
27	1762	200, 472, 461
28	1763	204, 209, 828
29	1764	205, 591, 017
30	1765	206, 993, 224
31	1766	208, 095, 796
32	1767	209, 839, 546
33	1768	210, 837, 502
34	1769	212, 023, 042
35	1770	213, 613, 163
36	1771	214, 600, 356
37	1772	216, 467, 258
38	1773	218, 743, 315
39	1774	221, 027, 224
40	1775	264, 561, 355
41	1776	268, 238, 181
42	1777	270, 863, 760
43	1778	242, 965, 618
44	1779	275, 042, 916
45	1780	277, 554, 431
46	1781	279, 816, 070
47	1782	281, 822, 675

(續表)

年份		民　　數
乾隆	公元	（大小男婦）、（名口）
48	1783	284,033,785
49	1784	286,331,307
50	1785	288,863,974
51	1786	291,102,486
52	1787	292,429,018
53	1788	294,852,089
54	1789	297,717,496
55	1790	301,487,115
56	1791	304,354,110
57	1792	307,467,279
58	1793	310,497,210
59	1794	313,281,795
60	1795	296,968,968

（五）嘉慶朝

年份		民　　數
嘉慶	公元	（大小男婦）、（名口）
1	1796	275,662,044①
2	1797	271,333,544
3	1798	290,982,980
4	1799	293,283,179
5	1800	295,237,311
6	1801	297,501,548
7	1802	299,749,770
8	1803	302,250,673②
9	1804	304,461,284
10	1805	332,181,403③
11	1806	335,369,469
12	1807	338,062,439
13	1808	350,291,724
14	1809	352,900,042
15	1810	345,717,214
16	1811	358,610,039
17	1812	333,700,560
18	1813	336,451,672
19	1814	316,574,895
20	1815	326,574,895

(續表)

年份		民　　數
嘉慶	公元	（大小男婦）、（名口）
21	1816	328,814,957
22	1817	331,330,433
23	1818	348,820,037
24	1819	301,260,545
25	1820	353,377,694

①湖南、湖北兩省及福建之福州等府未經查報。
②湖北、陝西、福建三省未經查報。
③福建、陝西未經查報。

二、個別地區人口

（**康熙二、八、甲子**）江西巡撫董衛國疏報：江西省新增男婦七萬六千六百二十丁口，共增丁銀七千六百二十兩有奇。下部察核。（聖祖九、二八）

（**康熙三三、四、庚午**）理藩院題：今歲編審外藩蒙古四十九旗人丁，共二十二萬六千二百七十有奇。內除隸公主、郡主、王、貝勒、貝子、公、額駙、台吉等三萬一千五百九十六丁外，餘十九萬四千六百七十餘丁，三丁內著一丁披甲，應披六萬四千八百九十一甲。下所司知之。（聖祖一六三、一）

（**雍正一〇、一〇、丁卯**）辦理軍機大臣等遵旨議奏：張家口外居住之察汗喇嘛等徒眾，共一百七十丁，合之歲饑來投之蒙古及副都統瞻岱等所進新平口外蒙古共六百有五丁，請以五百五丁編爲三個佐領，賞給額駙策凌收管，餘一百丁，以七十丁賞給喀爾喀公密什克，三十丁賞給一等台吉丹津，並按戶給予牲畜，以資活計。從之。（世宗一二四、一九）

（**乾隆二三、二、庚申**）署定邊左副將軍納木扎勒等奏：烏梁海戶口，各得沁有十餘戶、二十餘戶不等，請將戶少者歸併，約四十餘戶編爲一得沁。又總管莽噶拉克幼時，所屬九得沁，曾三分，同布珠庫、輝齊賚等管理。今布珠庫已死，輝齊賚年老，戶口亦僅足五得沁之數，請均歸莽噶拉克管轄。至新附之鄂木布、特楞古特三得沁，併歸察達克、圖布慎等管轄。報聞。（高宗五五六、六）

（**乾隆二四、閏六、癸卯**）定邊將軍兆惠等奏：臣等進兵喀什噶爾，閏六月初三日，至伊克斯哈喇。據前隊參贊大臣明瑞所派之游騎巴圖魯侍衛伍岱等，夜聞行走聲息，即行圍截。見回人六騎，稱係喀什噶爾投誠之人，因布拉呢敦將伊等搶掠，潛行逃遁，伊等來迎大兵，等語。……臣等詢問葉爾羌、喀什噶爾從賊逃去者，係何等人戶？現餘戶口若干？其喀什噶爾村莊種植若何？據稱，不知葉爾羌逃去人數，其喀什噶爾之人，布拉呢敦帶去一百五十戶。又親信之烏沙克等男丁千餘口，家口亦多。我等百餘戶內，有帶去者，此時亦多逃回。計本城所屬，共一萬六千餘戶，人五萬餘口。其汗額哩吉衣、雅普爾古、烏什哈喇城之人，俱各自保守。牌租阿巴特，有千餘戶，亦不肯從賊，彼此相拒，此時不知勝負。至所種地畝，大麥已熟，小麥尚未收割。本城之阿奇木伯克墨墨氏敏、伯克阿布都爾瑀，俱被賊帶去，城內街市俱焚，城門亦毀。有伯克托喀等，現在修理，等語。……下部知之。（高宗五九一、一四）

（乾隆二四、七、丁巳）定邊右副將軍富德等奏：臣等由固瑪薩納珠前進，據索倫總管薩壘等，獲回人伊巴哩野木等，告稱霍集占棄葉爾羌逃往英吉沙爾，大小伯克等，情願迎降。臣一面派兵五百名，令鄂博什等，持檄往諭爲首之喀瑪勒和卓等；一面帶兵前往，沿途回人，扶老攜幼，道左跪迎。行至聽雜阿布河岸，鄂博什等，將檄傳之喀瑪勒和卓等，帶來投降。臣等造兵渡河，入城撫慰回衆，令各安生業。查明現存戶口二萬餘。復詢霍集占逃走所向，僉稱或往巴達克山，或往安集延，不知確實，等語。臣等務期追獲。報聞。（高宗五九二、一一）

（乾隆二四、九、甲戌）又諭曰：福祿等奏，詳查和闐六城回人，共一萬三千一百四十三戶，四萬一千二百八十六口，較齊凌扎布等原查數目，缺五千四百五十七戶，三萬一千二百五十七口，等語。齊凌扎布等原查數目，本未確實，而後來被圍數月，或不免傷損，抑係回人等圖貢賦輕減，隱匿脫漏，亦未可定。今若有人首告，自不便顢頇，否則不必究問。著傳諭舒赫德等，此時且以停止查辦爲妥，若日後自行敗露，亦無難再辦也。（高宗五九七、二八）

（乾隆四五、一、己丑）烏嚕木齊都統索諾木策凌奏：烏嚕木齊地方，延袤三千餘里，自改設道府州縣，安駐兵民三萬餘戶以來，繁庶無殊內地。（高宗一〇九八、一八）

（乾隆四五、二、辛亥）伊犁將軍伊勒圖、喀什噶爾領隊大臣惠齡奏：伊犁兵民戶口，漸增至十餘萬人。（高宗一一〇〇、三）

（乾隆四五、九、丁酉）吏部議覆：伊犁將軍伊勒圖奏稱，伊犁十數年來，兵民商賈較前數倍，兼以移駐綠營兵丁，具隨帶子弟，俱歸民籍，戶口益多。（高宗一一一五、一二）

(乾隆五五、二)［是月］陝甘總督勒保奏：新疆民穀總數，查明鎮西府屬宜禾、奇台二縣，迪化州暨所屬昌吉、阜康、綏來、濟木薩、呼圖壁各州縣縣丞、巡檢及頭屯、蘆草溝、塔西河三所千總乾隆五十四年民數，共一十二萬五百三十七口，倉貯各色糧七十八萬六千二百三十八石零。得旨：冊留覽。（高宗二二四九、三八）

(乾隆五八、一二、己卯) 諭軍機大臣等：前因海島居民日眾，令各督撫編查戶口，入於年底彙奏。本日據福寧奏，查明原無居民海島六十一處，並無新建房屋居住之人，其長山島三十三處，共有居民三千二百餘戶，男女大小二萬三千餘名口，等語。海中島嶼易爲匪類潛蹤，是以前降諭旨，嗣後毋許民人私自建房居住，以防其勾結滋事。至沿河灘地居民日多，築隄圈堰，亦於河流有礙，是以一併禁止。今閱福寧所奏，山東一省海島居民，即有二萬餘名，各省海島，住者想亦不少，此等民人相沿居住，爲日既久，人數又多，勢難概令遷徙，惟當遵照前旨，不准添建房屋，以致日聚日眾。所有現住民人，仍應留心訪察，嚴密稽查，勿任勾結匪徒，滋生事端。其沿河地方，並宜一體飭屬隨時查察，弗令多占河灘，有礙河道。該督撫等總宜實力奉行，不得以彙奏塞責。（高宗一四四三、七）

(乾隆六〇、三、) 是月，浙江巡撫覺羅吉慶奏：浙江沿海各島五百六十一處，除本無居民之四百十四島現無建屋居民，其向有民人之蛇盤、深灣及大小門山等各戶內陸續遷回內地者，男婦五十餘名口。至鎮海縣之上下梅山，凡因農期移住者，均令於種作事畢，即回內地。各島居民，現有減無增，仍飭各鎮道等，於出洋會哨時留心稽查。得旨：以實爲之，毋虛應故事。（高宗一四七五、二二）

第二章　土地

第一節　官地

一、旗地、官莊

（一）直隸旗莊

1. 建置

(1) 圈占分配

（順治一、一二、己未）順天巡按柳寅東疏言：清察無主之地，安置滿洲莊頭，誠開創弘規。第無主之地與有主之地，犬牙相錯，勢必與漢民雜處，不惟今日履畝之難，恐日後爭端易生。臣以爲莫若先將州縣大小、定用地多寡，使滿洲自占一方，而後以察出無主地與有主地互相兌換，務使滿漢界限分明，疆理各別，而後可。蓋滿人共聚一處，阡陌在於斯，廬舍在於斯，耕作牧放各相友助，其便一也。滿人、漢人，我疆我理，無相侵奪，爭端不生，其便二也。里役田賦，各自承辦，滿漢各官無相干涉，且亦無可委卸，其便三也。處分當，經界明，漢民不致竄避驚疑，得以保業安生，耕耘如故，賦役不缺，其便四也。可仍者仍，可換者換，漢人樂從，且其中有主者既歸併，自不容無主者隱匿，其便五也。疏入。下户部詳議速覆。（世祖一二、二）

（順治一、一二、丁丑）諭户部：我朝建都燕京，期於久遠，凡近京各州縣民人無主荒田及明國皇親、駙馬、公、侯、伯、太監等死於寇亂者無主田地甚多，爾部可概行清查，若本主尚存，或本主已死而子弟存者，量口給與，其餘田地，盡行分給東來諸王、勳臣、兵丁人等。此非利其地土，良以東來諸王、勳臣、兵丁人等無處安置，故不得不如此區畫。然此等地土，若滿漢錯處，必爭奪不止，可令各府州縣鄉村滿漢分居，各理疆界，以杜異日爭端。今年從東先來諸王各官兵丁、及見在京各部院衙門官員，俱著先撥給田園，其後到者，再酌量照前與之。至各府州縣無主荒田及徵收缺額者，著該地方官查明造册送部，其地留給東來兵丁，其錢糧應徵與否，亦著酌議。

至熟地錢糧，仍照額速徵，凡紳民有抗糧不納者，著該撫、按察處；有司官徇情者，著撫、按糾參；若撫、按徇情，事發，爾部即行察奏。(世祖一二、一二)

(順治二、一、辛卯) 户部以圈撥地土事奏聞。得旨：凡圈丈地方，須令滿漢分處。至於故明賞賚勳戚莊地及民間無主荒田，悉令輸官，酌行分撥。(世祖一三、四)

(順治二、二、己未) 令户部傳諭各州縣有司，凡民間房屋有爲滿洲圈占兑換他處者，俱視其田産美惡，速行補給，務令均平。儻有瞻顧徇庇，不從公速撥，觗延時日，爾部察出，從重處分。(世祖一四、六)

(順治二、二、壬戌) 兵科給事中向玉軒奏言，民間墳墓，有在滿洲圈占地内者，許其子孫歲時祭掃，以廣皇仁。從之。(世祖一四、九)

(順治二、二、丙寅) 命户部傳諭管莊撥什庫等：凡圈占地内，所有民間墳墓不許毁壞耕種；所植樹木，毋得砍伐。違者治罪。(世祖一四、一二)

(順治二、六、壬戌) 順天巡按傅景星奏言：田地被圈之民，俱兑撥鹻薄屯地，若仍照膏腴民地徵輸，則苦累倍增，應照屯地原額起徵爲便。儻額賦既减，支解不敷，再於支解額中，量爲裁省。下户部知之。(世祖一七、七)

(順治二、九、甲子) 諭户部：河間、灤州、遵化等府州縣，凡無主之地，查明給與八旗下耕種。其故明公、侯、伯、駙馬、皇親、太監地，酌照家口撥給外，餘給八旗。(世祖二〇、二〇)

(順治二、一二、壬辰) 工部議覆：順天巡按傅景星疏言，昌平地瘠民窮，惟城北一帶山場樵採，以資生計。近聞各王府分認山場，愚民驚惶無措。應令地方官曉諭小民，照常入山採取。從之。(世祖二二、五)

(順治二、一二、辛丑) 户部尚書英俄爾岱等奏言：臣等奉命圈給旗下地畝，查得易州、安肅等州縣軍衛共三十六處。無主田地，盡數撥給旗下，猶若不足，其未察地方，如滿城、慶都等二十四州縣，尚有無主荒地，若撥給旗下，則去京漸遠，兵民雜處，多有未便，議將易州等縣有主田地酌量給兵，而以滿城等處無主田地就近給民，庶幾兩利。至於清查事緒繁多，應差廉幹官員前往，從公撥給，務令滿漢兵民各有寧宇。疏入。得旨：遣給事中四員、御史四員，同户部司官八員前往撥給。(世祖二二、九)

(順治四、一、辛亥) 户部奏請：去年八旗圈地止圈一面，内薄地甚多，以致秋成歉收；今年東來滿洲又無地耕種，若以遠處府州縣屯衛故明勳戚等地撥給，又恐收穫時，孤貧佃户無力運送，應於近京府州縣内，不論有主無主地土，撥換去年所圈薄地，並給今年東來滿洲。其被圈之民，於滿洲未圈州縣內，查屯衛等地撥補。仍照遷移遠近，豁免錢糧。四百里者准免二年，三百里者准免一年。以後無復再圈民地，庶滿漢兩便。疏入。從之。於是圈順義、懷柔、密雲、平谷四縣地六萬七百五晌，以延慶州、永寧縣、新保安、永寧衛、延慶衛、延慶左衛右衛、懷來衛無主屯地撥補；圈雄縣、大城、新城三縣地四萬九千一百一十五晌，以束鹿、阜城二縣無主屯地撥補；圈容城、任邱二縣地三萬五千五十一晌，以武邑縣無主屯地撥補；圈河間府地二十萬一千五百三十九晌，以博野、安平、肅寧、饒陽四縣先圈薄地撥補；圈昌平、良鄉、房山、易州四州縣地五萬九千八百六十晌，以定州、晉州、無極縣、舊保安、深井堡、桃花堡、遞鵰堡、雞鳴驛、龍門所無主屯地撥補；圈安肅、滿城二縣地三萬五千九百晌，以武強、藁城二縣無主屯地撥補；圈完縣、清苑二縣地四萬五千一百晌，以真定縣無主屯地撥補；圈通州、三河、薊州、遵化四州縣地十一萬二百二十八晌，以玉田、豐潤二縣圈剝無主屯地及遷安縣無主屯地撥補；圈霸州、新城、涿縣、武清、東安、高陽、慶都、固安、安州、永清、滄州十一州縣地十九萬二千五百一十九晌，以南皮、靜海、樂陵、慶雲、交河、蠡縣、靈壽、行唐、深州、深澤、曲陽、新樂、祁州、故城、德州各州縣無主屯地撥補；圈涿州、淶水、定興、保定、文安五州縣地十萬一千四百九十晌，以獻縣先圈薄地撥補，圈寶坻、香河、灤州、樂亭四州縣地十萬二千二百晌，以武城、昌黎、撫寧各縣無主屯地撥補。(世祖三〇、三)

　　(順治四、三、庚午) 諭戶部：滿洲從前在盛京時，原有田地耕種，凡贍養家口以及行軍之需，皆從此出。數年以來，圈撥田屋，實出於萬不得已，非以擾累吾民也。今聞被圈之民，流離失所，煽惑訛言，相從爲盜，以致陷罪者多，深可憐憫。自今以後，民間田屋不得復行圈撥，著永行禁止；其先經被圈之家，著作速撥補，如該地方官怠玩不爲速補，重困吾民，聽戶部嚴察究處。著作速行文該撫按誕告吾民，咸使聞知。(世祖三一、一一)

　　(順治七、七、丁巳) 戶部理事官牛彔章京吳爾柱坐圈撥滄州莊房受賄，革職，鞭一百，籍其家。(世祖四九、一三)

　　(順治八、二、丙午) 上諭戶部諸臣曰：田野小民，全賴地土養生。朕聞各處圈占民地，以備畋獵放鷹往來下營之所。夫畋獵原爲講習武事，古人不廢，然恐妨民事，必於農隙。今乃奪其耕耨之區，斷其衣食之路，民生何以得遂。朕心大爲不忍。爾部作速行文地方官，將前圈地土盡數退還原主，令其乘時耕種。(世祖五三、二七)

（順治九、一二、壬寅）諭戶部：清苑縣民路斯行等控告，房地被王儀等佔奪投充。朕命九卿大臣等會審。據奏，路斯行等三百餘人房地，戶部撥給王儀等，未曾補還，原非王儀等帶投，奈衆民不告未得地土情由，謬執王儀等帶投，屢次擾奏，以故屢受刑責。朕念王儀等八莊與三百餘人，皆係朕民，衆民既已不得房地，又復屢受刑責，因將戶部尚書車克等及原任知縣周瑋分別處分。今將王儀等所領八莊房地退還受責之三百餘民，仍全免九年地租，以示朕愛養小民之意。此外各地方凡係戶部圈給地土，不得妄援此例，瀆告取罪。（世祖七〇、一四）

（順治一〇、一〇、乙丑）戶部奏請圈撥民間房地，給移住永寧、四海堡及關外看守山梨之壯丁。得旨：地准撥給，房令自造，不必圈占。其民地被圈者，該管官即照數撥補，勿令失業。以後仍遵前旨，永不許圈占民間房地。（世祖七八、九）

（順治一一、一、乙卯）都察院奏言：滿洲兵丁，雖分給地土，而歷年並未收成，因奉命出征，必需隨帶之人，致失耕種之業，往往地土曠廢。一遇旱澇，又需部給口糧，且以地瘠難耕，復多陳告，而民地又不便再行圈占，請查壯丁四名以下，地土盡數退出，量加錢糧月米；其馬匹，則於冬春二季酌與餧養價銀。其退出之地，擇其腴者，許令原得瘠土之人更換，餘則盡還民間。在滿洲有錢糧可望，樂於披甲，而又無瘠地之苦。至民間素知地利，復不至於荒蕪，是兵民共仰皇仁於無盡矣。下該部確議。（世祖八〇、一〇）

（康熙八、六、戊寅）諭戶部：朕纘承祖宗丕基，乂安天下，撫育群生，滿漢軍民原無異視，務俾各得其所，乃愜朕心。比年以來，復將民間房地圈給旗下，以致民生失業，衣食無資，流離困苦，深爲可憫。自後圈占民間房地，永行停止；其今年所已圈者，悉令給還民間。爾部速行曉諭，昭朕嘉惠生民至意。至於旗人，無地亦難資生，應否以古北等口邊外空地撥給耕種，其令議政王、貝勒、大臣確議以聞。（聖祖三〇、八）

（康熙九、二、癸未）戶部遵旨議覆：古北等口外空閒之地，分撥八旗。查喜峯口、獨石口外既無閒地，正紅旗又無赴邊外領地之人，不必撥給。今以古北口外地撥與鑲黃旗、正黃旗，羅文峪外地撥與正白旗，冷口外地撥與鑲白旗、正藍旗，張家口外地撥與鑲紅旗、鑲藍旗。從之。（聖祖三二、九）

（康熙一七、閏三、丙寅）諭戶部：朕巡視京畿，見八旗亡故軍士葬地窄狹，墳墓纍纍，亦有竟無塋地者，皆因郭外近地價值騰貴，故不易得。本朝軍士，奕世效力行間，殞命疆場，或身被重傷在家老死，皆家業貧窮，至不能營辦葬地。朕每觸目，甚深憫惻。作何撥給地土，俾八旗貧苦兵丁俱獲葬所，令議政王、貝勒、大臣詳議以聞。(聖祖七二、二六)

(康熙一七、四、乙未) 諭大學士等：前命爾等清察地畝，以給出征死亡兵丁葬地，必平原高燥之處方可，若地勢卑濕，不堪爲墳塋，雖撥給何所用之。又須令與道路相近，若取道遠，則貧家難以趨赴矣。至於官員秩卑、小民貧乏者，皆資地畝爲生，若取伊等之地撥給兵丁，又致彼失業，可查內務府所管地畝及諸王大臣地畝，詳加丈量，有溢於正額者，給與兵丁，以副朕優恤至意。尋大學士等議：滿洲、蒙古及包衣，每佐領給地十五畝，漢軍另戶兵少，每佐領給地七畝半，清查內務府及王以下大臣等圈地溢額者撥給。從之。(聖祖七三、一二)

(康熙二三、五、甲申) 諭戶部：民間田地，久已有旨永停圈占，其部存地畝分撥時，或不肖人員借端擾害百姓，圈占民人良田，以不堪地畝抵換，或地方豪強隱占存部良田，妄指民人地畝撥給，殊爲可惡。直隸巡撫可嚴察此等情弊，指名糾參，從重治罪。(聖祖一一五、一九)

(康熙二四、四、戊戌) 吏部等衙門題：禮部尚書杭艾原係宗室額奇屬下之人，乃巧稱不係屬下控告。又伊前任戶部尚書撥給地畝時，檢取附近關廂園池善地，殊屬不合。應將尚書、佐領、拜他喇布勒哈番、又一拖沙喇哈番俱革去。從之。(聖祖一二〇、一九)

(康熙二四、四、戊戌) 戶部議覆：順天府府尹張吉午，疏請自康熙二十四年始，凡民間開墾田畝，永免圈取，應不准行。上諭大學士等曰：凡民間開墾田畝，若圈與旗下，恐致病民，嗣後永不許圈。如旗下有當撥給者，其以戶部見存旗下餘田給之。(聖祖一二〇、一九)

(康熙五三、七、甲子) 戶部議覆：直隸巡撫趙弘燮疏言，直屬旗人退還田地，原有二項，一係退還民人當差納糧，永行停圈者；一係退還民人承種輸租，應圈之時，例令圈撥者。滄州旗人退還田地，係奉旨永行停圈之地，今莊頭李必達等具呈內務府，指圈滄州旗人退還地六百餘頃。查此項田地，滄州民人耕種當差納糧已久，若聽圈撥，必致失所，請於各屬旗人退還輸租地內，均勻撥給。應不准行。尚書趙申喬另議：滄州旗人退還地，原係奉旨停圈之地，應如該撫所請，於輸租地內均撥。得旨：著照趙申喬所議行。(聖祖二五九、一九)

(雍正八、九、乙酉) 戶部遵旨覆奏：太平峪所用民地，已經加倍償給。其旗人地畝，應請行旗查案。得旨：旗人地畝，若賞給銀兩，則旗人固得實惠，而佃種之人，未免無地可耕。著再查入官地畝賞給，使原佃之人，仍得

耕種。（世宗九八、一一）

（**乾隆一、一〇、壬戌**）户部等部議覆：吏部右侍郎阿山等疏言，清丈張家口外東四旗地畝，除應得賞給外，所有太僕寺馬廠駝馬牛羊群等開種地一千五百九十一頃九十三畝有奇，賞給一半養贍，餘照例納課。又千家店駐防兵多開種地二十九頃六十七畝有奇，獨石口駐防兵開種地二十一頃九十七畝有奇，各村莊香火地八十五頃一十三畝有奇，石窨子、六間房、東溝門等處班第佐領下地一百四十七頃七十畝有奇，楊木柵子、怡親王府槍手地三十七頃八十二畝有奇，胡素臺、韓慶壩、三道營等處色楞家人地一十三頃三十一畝有奇，俱照例納課，於乾隆三年起科，並禁種地民攜帶妻子及多雇人，越界耕種。又設立領催四名，分管新營、六間房、太平莊西峰砦各路，每路給兵四名，協同同知差役，催交錢糧，稽查奸匪，分別月給銀兩，歸理事同知管轄。又查丈出西四旗餘地五百七十二頃四十八畝有奇，一併照例起科。應如所請。從之。（高宗二八、三）

（**乾隆三、一一、庚戌**）署直隸總督孫嘉淦疏參貝勒允祐濫受西寧縣民王宰挾忿投獻生員馬承宗房地。得旨：這所參事情，著交刑部嚴審定擬具奏。孫嘉淦履任伊始，即能秉公執法，據實糾參，甚屬可嘉，著交部議敍。貝勒允祐，著交宗人府嚴加議處。（高宗八〇、四）

（**乾隆六、一一、辛卯**）大學士等議奏：調任直隸總督孫嘉淦奏稱，獨石口外之紅城子、開平城二處，張家口外之興和城、北城子二處，地土寬衍，請於該處開墾駐兵。現已奉旨派令尚書海望等查勘，俟查明到日再議外，再查古北口外熱河等處，從前原無熟地，自康熙九年，將八旗官員人等口內熟地換給口外荒地開墾，其原數作爲額地，餘地給本人執業，按畝交糧。熱河東西，共旗地一萬九千九百餘頃。又古北口至圍場一帶，從前原無民地，因其處土脈肥腴，水泉疏衍，內地之民願往墾種，而科糧甚輕，故節年開墾升科者三千餘頃。此等民人，如內地本有田畝者，輕去其鄉，反致拋荒故業，如係無業之民，而聽其出口，五方聚處，旗民交雜，易滋事端；且該處本非民地，與其聽游民占業，何如分撥旗人耕種。再熱河地方，原駐滿兵二千名，如此項民地分撥旗人耕種，則兵糧充裕，尚可添撥，駐防更爲周密。應令欽差大臣前往獨石、張家二口勘地回轉之便，再往古北口外熱河等處逐一履勘，將該處地勢情形具奏定議。從之。（高宗一五五、二〇）

（**乾隆九、二、壬子**）大學士等議覆：直隸總督高斌奏稱，古北口外零星餘地，請仍聽民耕種。臣等前議，該處本非民地，若聽民人占種，則旗地轉多侵礙，且有地民人，輕去其鄉，反致拋荒故業；如無業之人，聽其出口，則五方聚處，旗民交雜，易滋事端。再熱河地方，原駐滿兵二千名，若將此項民地分給旗人耕種，則兵糧充裕，尚可添撥駐防，於邊防更為周密。是以令該督查明定議，請旨辦理。今該督詳查，喀喇河屯廳所轄之白馬關、潮河川，熱河廳所轄之張三營、白馬川，四旗所轄之波羅河屯各汛內，凡有平坦可耕之區，悉係旗地，間有民人新墾者，俱係旗圈餘地，自雍正十年奉旨聽民認墾輸糧，從此民人安立家室，悉成土著，如一旦撥給旗人，恐民餬口無資，難於別處安置。且係零星段落，計地二千九百餘頃，而地段有十萬四千餘段，散布山巔溪曲，即分給旗人，亦不能自種。是旗人未受得地之益，而民人先有失業之累。應如所請，將喀喇河屯等處地畝，仍聽民人照舊耕種。但古北口外，邊防所係，尤宜慎重稽查，應令該督轉飭該管各員留心約束，實力嚴查，無許無籍游民，藉口墾地滋事。從之。（高宗二一○、五）

（乾隆一五、一○、戊子）熱河總管實圖奏：上年莊頭趙明遠等呈報開墾餘地二百十一頃六十六畝，經內務府奏准，照例每晌徵糧四斗，並令將報出地畝及未報之莊頭地畝逐一查丈，倘再有餘地，照例納糧；仍將隱匿不報之莊頭，交內務府治罪等因。本年三月，續據趙明遠等又報出餘地五百四十三頃五十畝，其未報餘地之莊頭于珠等又報出四百十八頃六畝，現已會同欽差內務府員外郎四格，查丈得餘地六百餘頃，一時不能丈完，現值秋成，請將所報餘地，於本年起，照例徵糧，為本處添放兵米之用。俟丈完時再有餘地，仍請照例添徵。至隱匿不報之莊頭于珠等五十四名、呈報不實之莊頭趙明遠等八十一名，請照例治罪。得旨：內務府大臣議奏。（高宗三七五、六）

（乾隆二七，六、丙辰）戶部議奏：八旗積存地畝一萬五千餘頃，請擇可編官圈者，分設整分半分莊頭數百名，即於現在莊頭子弟內，選擇安放。得旨：戶部所有八旗積存地畝一項，摺內酌議分設莊頭之處，著照所請行。但安放莊頭，需地不過三四千頃，所餘尚有一萬頃之多。此等皆係老圈旗地，且發帑贖回者，十居七八，原係應行入官地畝，徒交地方官徵解，適滋胥吏侵肥，旗與民兩無裨益。著將此項交內務府派員經理徵收，俟原帑按數歸清之後，即將地畝賞給八旗，作為恆產。其將來如何酌定章程妥協辦理之處，臨時著該部會同內務府八旗大臣，悉心詳議具奏。現在內務府查辦時，並著八旗各派幹員會同經理，將來該員等亦俱熟練，即可接手承辦矣。（高宗六六五、一一）

（乾隆三六、七、甲辰）軍機大臣等議覆：工部尚書管順天府府尹裘曰修奏稱，八旗荒蕪地畝，應令酌量墾種，並開挖泡子。得旨：依議。此項開挖泡子，低窪田畝雖荒蕪已久，在業戶原不能收藝穫之利，但伊等究未免少此產業，殊堪軫念。著加恩將應行開挖之地查明畝數，交戶部於官贖旗地及入官地畝內，酌量減半抵給，俾得耕種收租，足資永業，以示體卹。再此項地畝，僅交八旗都統及順天府承辦，不足以專責成，著派裘曰修、英廉、伍訥璽專司其事，前往各該處查勘實在情形，詳悉分別辦理具奏。（高宗八八八、一一）

（**乾隆四七、一一、辛亥**）大學士暫署直隸總督英廉奏：直隸各屬，有旗租者，統計七十七州縣；積欠旗租者，四十二州縣。其積欠至二十年之久，數至二十四萬餘兩之多，非實力清查，虛實終難明晰。（高宗一一六九、四）

（**乾隆五〇、二、乙巳**）諭軍機大臣等：據山海關副都統寶琳奏，從前原賞山海關旗員地畝內，餘地三十八項有餘，每年差兵收取糧石，多有遲延不給者，向交該處地方官轉催交納，嗣後應請將此項糧石，竟交地方官催齊變價，暫存本署，由副都統處按季出具印結支領。所有口外冷口、喜峯口二處地畝，亦請一律辦理，等語。所奏是。此項地畝，原為旗人養贍之資，若遲延不給，於旗人生計有礙，與其該處副都統差兵收取，自不若即令地方官催交完納。但直省於旗人地畝租稅之事，漠不關心，多不肯實力辦理，已成積習，著傳諭劉峩，所有此項地畝，應照寶琳所請，竟交各該地方官催繳變價，按季解交山海關副都統收貯。仍嚴飭承催之員，如有奸民托故遲延，不行完納者，即嚴行查辦，毋得稍存迴護。將此傳諭劉峩，並諭寶琳知之。（高宗一二二五、一一）

（2）撥換增補

（**康熙三、一、甲戌**）先是，正黃旗副都統穆占奏稱，伊牛彔下四百四十名壯丁地畝不堪，祈給地更換。奉有各旗村莊，有地畝不堪者，壯丁一百名以下仍令留住，一百名以上准其遷移之旨。至是，戶部查覆：鑲黃、正黃、正白、正紅、鑲藍各旗壯丁一百名以上，地畝不堪者共二萬六千四百五十名，應將順天、保定、河間、永平等府屬州縣圈出地畝十三萬二千二百五十晌分給各旗，每壯丁一名給地五晌，准令遷移。並清差部員旗員會同地方官，酌量換給。得旨：右翼，著尚書去；左翼，著侍郎一員去；其更換不堪地畝各旗，著副都統去。餘依議。（聖祖一一、二）

（**康熙五、一、丙申**）先是，八旗地土各照左右翼次序分給，時因睿親王多爾袞欲住永平府，故將鑲黃旗應得之地給與正白旗，而給鑲黃旗地於右翼之末保定府、河間府、涿州等處，二十餘年，旗民已各安其業。至是，輔臣鰲拜與蘇克薩哈雖連姻婭，每以論事相爭而成隙。且鰲拜鑲黃旗人，蘇克薩哈正白旗人，而鑲黃旗應得之地為正白旗所占，鰲拜故立意更換。索尼亦素惡蘇克薩哈，遏必隆不能自異，因共附和之。鰲拜遂使八旗以地土不堪呈請更換，移送户部，户部尚書蘇納海等奏，地土分撥已久，且康熙三年奉有民間地土不許再圈之旨，不便更換。請將八旗移文駁回。疏入，輔臣等欲構成其罪，稱旨：著議政王、貝勒、大臣、九卿、科、道會議以聞。(聖祖一八、三)

（**康熙五、一、壬寅**）和碩康親王傑書等議覆：沙壓水淹地十五萬四千晌有奇，該佐領未經踏勘，難以懸議。應差部臣前往踏勘，明白造册再議。疏入，輔臣等稱旨：踏勘地畝，事情重大，著八旗滿洲蒙古漢軍都統、户部滿漢尚書及滿侍郎一員、都察院左都御史及滿左副都御史一員、六科給事中或滿或漢每科各一員往勘具奏。(聖祖一八、五)

（**康熙五、三、辛丑**）都統固山貝子温齊等，查勘各旗沙壓水淹不勘耕種之地，內鑲黃旗地尤不堪，其餘各旗，有一半可耕者，亦間有過半不堪與全不堪者，分別具疏覆奏。輔臣等稱旨：太祖、太宗時，原將八旗左、右翼莊田房屋，俱從頭挨次分給，後因睿親王到京，欲住永平府，留剩週圍地土未圈，且欲令伊本旗切近，故將鑲黃旗應住地方與正白旗，而給鑲黃旗於右翼之末。今各旗以地土不堪具控。據都統等踏勘回奏，鑲黃旗不堪尤甚，如換給地畝，別旗分已立界截圈，不便更易，惟永平府週圍地畝，未經圈出，應令鑲黃旗移住。且世祖章皇帝旨亦云，凡事俱遵太祖、太宗例行。今思莊田房屋，應照翼給與，將鑲黃旗移於左翼，仍從頭挨次撥給。至各旗不堪地畝作何分別，圈占之地作何補還，鑲黃旗移出舊地作何料理，著户部一並酌議。(聖祖一八、一五)

（**康熙五、四、己未**）户部議覆：八旗圈換地土一事，以兩議請旨。一議，鑲黃旗近圈順義、密雲、懷柔、平谷四縣之地，毋庸撥換外，其在右翼之涿州、雄縣、大城、新安、河間、任邱、肅寧、容城等處地，應照舊例，從頭挨次撥換；將正白旗通州、三河、迤東大路北邊至豐潤縣地、永平府週圍留剩地，撥給鑲黃旗，如不敷，將遵化至永平路北夾空民地圈給；其正白旗所撤通州迤東之地，亦應於永平週圍地內撥補，不敷，將路北夾空民地、灤州、樂亭縣民地圈給。至二旗包衣佐領下壯丁應否遷移，伏候上裁。再六旗地畝內，除一半可耕一半不堪者不准撥換外，其過半不堪與全不堪者，應將各旗圈內空地或退回地畝，酌量撥換。俱俟秋成後，差員丈量分撥。一議，鑲黃旗既有順義等四縣地，應將所移涿州壯丁，即於順義等處民地圈给；其河间等七县所移壮丁，应将正白旗蓟州、遵化州地拨给，不敷，将夹空民地圈给；其通州、三河、玉田、丰润等处地，仍留正白旗；余照前议。奏入，辅臣等称旨：镶黄旗涿州壮丁移于顺义等县，依后议；其前议将正白旗通州迤东大路北边给与镶黄旗，南边留与正白旗之处，俟秋收后差员将正白旗满洲地、投充人地、皇庄地丈量明白，取具实数，酌议分拨。余俱俟镶黄旗迁移事竣，具题请旨。(圣祖一八、一八)

（**康熙五、一一、丙申**）直隶山东河南总督朱昌祚疏言：镶黄、正白两旗拨换地土一事，奉差大学士管户部尚书事苏纳海、侍郎雷虎、会同臣与巡抚王登联酌议圈换。臣等履畎圈丈将及一月，而两旗官丁较量肥瘠，相持不决。且旧拨房地，垂二十年，今换给新地，未必尽胜于旧。口虽不言，实不无安土重迁之意。至被圈夹空民地，百姓环愬失业，尤有不忍见闻者。若果出自庙谟，臣何敢越职陈奏，但目覩旗民交困之状，不敢不据实上闻，仰祈断自宸衷，即谕停止。直隶巡抚王登联疏言：旗民皆不愿圈换，自闻命后，旗地待换，民地待圈，皆抛弃不耕，荒凉极目，亟请停止。疏入，辅臣等称旨：总督、巡抚，俱各有专任职掌，这地土事，但应照所委料理，将已定之事越行干预，纷更具奏，事属重大。着吏、兵二部会同议处具奏。(圣祖二〇、一〇)

（**康熙五、一一、丙申**）辅臣等称旨谕吏部、兵部：镶黄旗户部官员、旗下官员，差去换地，俱已回来，户部尚书苏纳海等，带如许官员，一月有余，尚未给地，官员擅自回来，何不奏明。尔二部速差人去，将镶黄旗换地去的副都统三员禁守，尚书苏纳海拏来禁守，总督朱昌祚、巡抚王登联拏来，尔二部议奏。圈换地土事情，着侍郎巴格前去。(圣祖二〇、一一)

（**康熙五、一二、庚申**）吏部、兵部议覆：大学士管户部尚书事苏纳海，系专差圈换地土之大臣，乃不分遣章京等速行办理，故称屯地难于丈量，镶黄旗章京不肯受地，正白旗包衣佐领下人不肯指出地界，俱不即指名题奏；又因督抚等题疏请停圈换，观望迟误，不尽心于奉旨责成之事，应革职，交刑部议。总督朱昌祚、巡抚王登联，将奉旨已定之事不钦遵办理，妄行纷更具题，亦应革职，交刑部议。郎中鄂莫惠等，俱降四级调用。副都统巴喀、喇哈、祖良栋，系领地大臣，见苏纳海给地迟误，不催令速给，俱降三级留任。阿思哈尼哈番达赖等，擅自回京，俱罚俸一年。不许丈量屯地之笔帖式、拨什库等，交刑部议处。辅臣等称旨：苏纳海、朱昌祚、王登联，俱着革职，交与刑部议。巴喀、喇哈、祖良栋，俱革职。鄂莫惠等俱降一级留任。旗下各章京，俱免罚。余依议。(圣祖二〇、一四)

（康熙五、一二、丙寅）刑部議：蘇納海撥地遲誤，朱昌祚、王登聯紛更妄奏，事屬重大，查律無正條。蘇納海、朱昌祚、王登聯，俱不准折贖，鞭一百，除伊妾外，家產籍沒，照兵丁留給財產。其不許丈量屯地之筆帖式、撥什庫等，俱鞭一百。疏入，上知鰲拜以蘇納海始終不阿其意，朱昌祚、王登聯疏奏旗民不願圈換地畝，堅守不移，阻撓其意，必欲置之於死。特召輔臣等賜坐詢問。鰲拜、索尼、遏必隆堅奏蘇納海等應置重典，獨蘇克薩哈不對，上終未允所奏。鰲拜等出，稱旨：蘇納海若有意見，即應陳奏，既奉差撥地，種種奸巧，不願遷移，遲延藐旨；朱昌祚、王登聯，身爲總督、巡撫，各有專任職掌，撥地事不照所委料理，妄行具奏，又將奏疏與蘇納海看，且疏內不止言民間困苦，將旗下不願遷移之處，一並具題，情罪俱屬重大。蘇納海、朱昌祚、王登聯，俱著即處絞，其家產免籍沒。餘依議。(聖祖二〇、一七)

（康熙五、一二、戊辰）輔臣鰲拜等，以原任户部尚書英武爾代係蘇納海族人，追論其罪。稱旨：諭吏部、户部，太宗文皇帝因英武爾代辦事勤敏，擢爲大臣，配以王女，授爲多羅額駙，迨太宗文皇帝上賓之時，諸臣議因皇考幼沖，令鄭王、睿王輔政。及遷都京城，睿王竟不令鄭王預事，任意妄行，英武爾代將庫內銀自行專主，蓋造宮殿，草率完工，爲伊王蓋造房屋，反將庫銀費用不貲，與之相好者，即令陞官富足，其不相好者，即行處分降謫。伊身無大功，授爲一等公爵，將給與鑲黃旗之地，乃取給正白旗，又將鑲黃旗置於右翼，種種欺上，罪過甚多。議處睿王之時，止將英武爾代革去公爵，仍留精奇尼哈番，此係叛附睿王之譚泰、石漢爲之也。今將鑲黃旗之地，仍令歸鑲黃旗，正白旗地畝所應得之處，委令撥給。蘇納海藐旨，不行撥地，是正白旗，又出一英武爾代，此皆由於英武爾代獨專朝政，縱意而行之故。英武爾代若在，應行正法，因其已故，將官職盡行革去，從前所給蒙古、投充漢人，俱著取出。蒙古，交與該衙門分撥；投充漢人，令其爲民。投充漢人地畝，著察地畝不足之旗分撥給。(聖祖二〇、一八)

（康熙五、一二、己巳）户部議覆：奉差撥地侍郎巴格等疏言，鑲黃旗遷移壯丁共四萬六百名，該地二十萬三千晌，將薊州、遵化、遷安三處正白旗壯丁分內地、民地、開墾地、多出地、投充漢人地派給，不敷，將延慶州民地撥補。其正白旗遷移壯丁二萬二千三百六十一名，該地十一萬一千八百五晌，將玉田、豐潤二處民地、多出地、開墾地、投充漢人地並永平等處投充漢人地派給，不敷，將永平、灤州、樂亭、開平民地酌量取撥。從之。(聖祖二〇、二〇)

（康熙六、二、乙卯）户部題：各旗撥換地土將完，餘剩房地，應交地方官辦糧。此後各旗有具呈請撥換者，概行禁止。從之。(聖祖二一、七)

（康熙二二、八、甲寅）先是，上以八旗貧兵養贍不給，命議政王大臣等會議資生之策。至是，議政王大臣等議：旗下兵丁貧無妻室者，官給資婚娶；無房屋者，令八旗王以下，官員人等以上，有房屋四十間者，分撥一間給與居住，無田土者，以戶部所存未分撥田土撥給，並丈量王以下，官員人等以上，戶內田土有較原數浮溢者，令存留候撥。上曰：所議尚未盡善。每四十間撥一間，如在住室牆垣之內，恐有未便，或別所房屋、或空地築室撥給，庶不涉於強派。其皇莊地土，未經議及，亦非公私一體之誼，應令一併丈量。若親王以下，富戶以上，有空閒園地房屋情願捐輸入官者，著該部奏聞，分別議敘。(聖祖一一一、二三)

（康熙二三、五、壬午）户部題：丈量過旗下大臣官員及投充民人溢額地畝，暫留原主名下，需用時再行撥給。上諭大學士等曰：田地為民恒產，已經給與者不便復取。其旗下大臣官員既有溢額之地，理宜註冊，俟需用時再行撥給，民地不可輕動。(聖祖一一五、一六)

（雍正一、四、辛未）諭宗人府：分給廉親王、怡親王之莊田財物等項，查有少於誠親王之處，著補給。果郡王、理郡王，除所分旗分佐領、包衣佐領人員外，其莊田財物等項，俱查照敦郡王之數分給。履郡王之莊田財物等項，查有少於敦郡王之數，亦著補給。(世宗六、二三)

（乾隆一一、五、甲辰）總管內務府大臣等奏：八旗公產地內，向有未經認買以及存退餘絕地畝，於乾隆七年，戶部議定，凡內務府莊頭牲丁等當差地畝瘠薄，應行換給，或賞給新滿洲，並撥補挖河占用等項，均在此內勤撥，將存退餘絕等項地內，酌留一千頃，以為各案撥補之用。查此項地畝，未經撥用之前，仍係地方官收租徵解，官租為數既輕，且不免土豪胥吏包攬侵漁等弊，況自酌留以來，撥補僅數十頃，與其置之閒地，經理不得其宜，不若酌籌安置，以收實用。請將此項未撥地畝九百餘頃，照例全數安設莊頭，將來遇有應行撥用之處，即於各莊頭名下，按照數目指給。其應如何安設分給之處，並請勅部會同內務府詳悉妥辦。從之。(高宗二六六、一四)

（乾隆三五、一二、癸未）諭：向來內務府所屬莊頭，每有因地畝薄瘠沙壓呈請退交另換者，此等地畝，莊頭等久經撥定當差，伊等承充有年，霑被恩惠不少，設或地有肥磽，年有豐歉，即加功墾闢，亦分所當然，乃因有退交之例，動輒藉口瘠淤，紛紛呈請，殊屬非理。使其地果不可耕治，何以交官後，一招民種，復為沃壤，若在莊頭，則漸成蕪廢，在小民，則馴致膏腴，其勤惰已可概見。而以農氓墾荒爲熟之地，仍得任莊頭等換回，奪民之業，而坐收其利，於情亦未平允；且伊等恃有此例，或與佃戶等交好，即退出交官，藉減租數，或覬覦上產，而以所授之田捏報求換，貪得無厭，因而滋生事端。種種情弊，皆所不免。嗣後各莊頭所種地畝，概不准其退交，其中果有誤差，不能承當莊頭者，即著內務府大臣查勘確實，另與能承種者承當莊頭。（高宗八七四、一七）

(3) "井田" 與八旗閒散自耕地畝留置

（**雍正二、六、甲午**）户部議覆：户部侍郎塞德奏請設立井田。查內務府餘地一千六百餘頃，入官地二千六百餘頃，應於此內擇二百餘頃爲井田，將八旗無產業人內，自十六歲以上、六十歲以下者，派往耕種，滿洲五十戶、蒙古十戶、漢軍四十戶，共一百戶。各受田百畝，周圍八分爲私田，中間百畝爲公田，共力同養公田，俟三年後，所種公田之穀，再行徵取。於革職大員內，揀選二人勤教管理，三年分別議敘。每年十月後，農事既畢，校圍學射；並令户部派員往視，設立村莊，蓋造土房四百間，計口分給。其耕種之人，每名給銀五十兩，以爲置辦種粒牛具農器之用。其井田地畝，儻有旗民交錯之地，請將附近良田照數給換。從之。（世宗二一、一九）

（**雍正三、一、癸丑**）户部遵旨議奏：遣官於直隸固安縣擇官地二百頃爲井田。從之。（世宗二八、二）

（**雍正五、閏三、丁巳**）諭八旗大臣等：旗人犯罪革退官兵，在京閒住，並無恒業，倚靠親戚爲生，以致良善之人被累。伊等無事，遊手好閒，自必爲非作惡，將此等人查出，令於京城附近直隸地方，耕種井田，其作何安置之處，爾等會議具奏。尋議：八旗另户滿洲、蒙古內，因拖欠錢糧，並爲非犯法革退之官兵，無產業可依者，請俱查明，連妻子發往井田，每户給地三十畝，每五户給牛三隻，其製辦農具秄種並半年口糧，每户給銀十五兩，交與管理井田官員；照伊人口多寡，給與土房居住。如有約束不嚴、生事擾害等弊，將該管官從重治罪。得旨：依議。井田地方，著添設驍騎校四員、領催八名，其俸祿錢糧陞轉之處，照京城驍騎校、領催之例行。如有已經陞轉、仍願在彼効力者，即帶所陞品級，在彼居住。（世宗五五、二）

（**雍正一三、一二、己卯**）户部議准：內閣學士岱奇奏，旗員歷任外省，有在任所置產者。令各自首出，交該省督撫勒限責令變價回旗，如有隱匿不報，查出財產入官，地方官失察，照例議處。得旨：依議。向來涿州地方，旗人在彼居住者甚多，有廣置田產，爲恒居常業之計者，有躲避差役，苟且偷安者。伊等身係旗人，久居民地，介乎兩歧之間，稽查殊有未便。若言京中無產養活，現今畿輔之地，設立井田，營治地畝，俱有田可耕，儘可謀畫生理。將此等人口移往彼處，墾耕井田，以圖養贍，似屬妥協。著八旗大臣查明詳議具奏。（高宗八、三三）

（**乾隆一、一一、壬子**）總理事務王大臣議覆：原任正黄旗漢軍都統管理井田事務甘國璧疏陳屯莊事宜，一、井田每户原給田一百二十五畝，十二畝五分爲公田；十二畝五分爲廬舍場圃；百畝爲私田；公田儘收儘報，今既改屯莊，應令按畝完納屯糧。一、堡户原止給地三十畝，令其耕種，不交公糧。今若令一體完課，未免拮据，請加恩增給地畝。一、三堡旗民雜處，難於稽查。請將各户原領三堡房地，盡交該州縣，即於現今咨回井户所遺房地内，照數撥給。一、八旗改屯人户，嗣後身故有子者，自應頂補，儻遇無子寡婦，情願守節，並無親戚可依者，請留地四十畝，以資養贍，即令本屯之人，代種完糧，俟伊身後，仍將地畝交官召種。一、井田原撥霸州、固安、永清、新城四州縣地，今改屯莊，令防禦管轄，請將附近霸州者，令霸州防禦管轄，附近固安者，令固安防禦管轄。一、井田向設鄉長，請仍留供役，果能勤慎，遇有屯長缺出撥補。一、驍騎校應遵議徹回，但一時未有可補之缺，請俟補放之日，令其交地回京。均應如所請，惟堡户一條，納糧既屬無力，增地又似多事，應仍令其照舊暫行耕種。從之。（高宗三一、五）

（**乾隆一、一二、甲申**）總理事務王大臣奏：遵旨議以八旗入官地畝九千五十餘頃，立爲公產，令八旗都統於參領内揀員經管，召種取租，每年將所取租息報明户部。又入官房屋八千三百餘間，准人認買，其未認買之前，亦由各該處取租，以此分給旗人之貧乏者，使得各立產業，以資養贍。從之。（高宗三三、一一）

（**乾隆三、三、癸酉**）户部奏：直隸總督李衛咨稱，霸州、固安、永清、新城等州縣，井田改爲屯莊地畝，應徵屯糧，並無科則可以援照，請仍照井田各户每年所納公田糧石核算，每畝議徵屯糧一斗。應如所請。從之。（高宗六五、一三）

（**乾隆一二、二、丁卯**）軍機大臣等議覆：直隸總督那蘇圖奏稱，八旗閒散人户下屯種地一案。照原議興造房屋，自應陸續完工，但旗户到屯，尚需時日，現屆東作，若待旗户下屯始將地畝播種，勢必後時，若令各佃照舊耕種，又恐旗户到屯收地，佃户虚拋辛力，工本無償。應豫定成規，以免彼此偏執。查秋麥係上年佈種，春融加以耕耘，如旗户在三月以前到屯，應令議還工本，交出地畝；在四月到者，麥已將熟，應令主佃各半分收。其秋禾粟穀等項，在三、四月佈種，五、六月耘鋤，如旗人在五月以前到屯，償還籽種；在六月以前到屯，償還工本；在七月到者，收成已屆，應令主佃各半分收。至籽粒工本數目，令地方官傳同屯長旗佃，照本處情形，秉公議定報明，以免偏累。應如所請。從之。（高宗二八四、一二）

（乾隆一二、六、庚申） 戶部議准：直隸總督那蘇圖疏稱，八旗下屯種地人等應建房屋，現在通州、昌平、豐潤、三河、玉田、昌黎、樂亭、涞水、武清等州縣，各報建竣二百五十戶；又任邱、文安、香河、大興、延慶衛、大城、霸州、延慶州、灤州、順義、清苑、望都、容城、密雲、寶坻、遷安、高陽、雄縣、蠡縣等州縣衛，續報共建竣三百六十九戶；又建竣耕種任買公產地畝共三十二戶，應查明已撥人戶，令其前往耕種。內有各屬已造旗分姓名及現報完工。尚未造有旗分姓名者，均經分晰彙造總冊，應聽戶部移咨各旗，按戶查明，發銀給照，令其前往，等語。查各州縣建竣房屋內，八旗共計六百十九戶，耕種公產者三十二戶，共六百五十一戶，應照原議，於公產地價項下，動撥銀六萬五千一百兩，令各該旗出具總領，赴部領回，會同查旗御史，按戶給發。每戶給牛具籽種銀各一百兩，並印照一紙，令其前往。又稱，各屬未經建竣六百四十三戶及耕種認買公產旗人一十九戶，現在督令速建等語。應令該督嚴飭趕辦，隨竣隨報，俾得陸續下屯耕作。從之。（高宗二九二、二）

（乾隆一二、七、辛卯） 大學士等議覆：副都統李世倬奏稱，八旗下屯種地各戶應給牛具籽種銀兩，請陸續分給等語。查種地人等，各給銀一百兩，以爲耕種資本。若撥往之始，全行給與，易致糜費。應如所奏，先給銀三十兩，餘七十兩，令該旗都統委佐領等官赴各處，將牛具籽種確估購買，按戶交給，餘銀分給各戶。從之。（高宗二九四、五）

（乾隆一二、七、癸卯） [戶部] 又奏：八旗另戶閒散下屯種地一案，應行籌畫事宜。一、下屯種地之人，原准上京挑選當差，但種地人等，自當專心耕作，本人應不准挑差；如兄弟子姪有願上京考試及挑補差使者，聽。一、下屯種地內，或有病故之戶，所遺房地，伊妻子可以承種者，照舊管業，如無妻子，准於原報冊內有名嫡屬，令其承種；如衹存妻室孀婦，即將房地徹出，令地方官暫行召佃徵租，孀婦情願回旗，酌給盤費銀二十兩，即於徵收租息內動支。至孀婦情願在屯居住，應於原給地內，上地酌給四十畝，中地六十畝，下地八十畝，土房四間，俟其身後徹出；其餘地畝，召佃輸租。一、種地人戶，或遇偏災暨青黃不接之時，應令地方官會同理事廳員查勘，與民人一例賑貸。從之。（高宗二九四、二六）

（**乾隆一二、一二、丁巳**）軍機大臣等議覆：直隸總督那蘇圖奏八旗下屯種地稽查董率之方。一、撥受房地四至造冊，交理事廳稽查。一、屯戶原係理事廳衙門應管，其命盜等案，不得專責州縣，仍會同理事廳辦理；至窩賭、窩逃、私宰、私燒、鬥毆等事，一體稽查。一、旗戶屯地，私行典賣與民人，已有定例，至旗人轉相典賣，一體查禁。其另派旗戶頂種及出銀典買之人，按律治罪。一、屯戶領受房屋，如有些小滲漏破損，自行粘補，均照所請。一、雇工傭耕，應聽自便，亦照所請。如將田畝出租召佃，則非令其種地習勞本意，應嚴禁。豫行交租認佃者，民人照例治罪，旗人追租。一、旗戶如探親他出，往返在五日以上者，給假票；如私自遠出及逾限不回，分別懲治。但該戶儻任意逗遛，該旗如何稽查及理事廳如何查催之法，尚未議及。應令於遷移安集後，察看情形酌辦。從之。（高宗三〇四、一）

（**乾隆一六、八、辛亥**）又諭：前因八旗生齒日繁，命大臣等詳悉籌畫，其有情願前往屯莊務農之人，給予官田，並置立牛具房屋銀兩，俾得勤習農務，以為生計。今據直隸總督方觀承奏稱，遣赴屯莊之人，力田謀生者甚少，並有冒領官地、官銀任意花銷，逃回京城者。當日舉行此事，原為裨益旗人起見，今行之數年，不特無益，轉開不肖匪徒冒領銀地之弊，實屬有負朕恩。著八旗大臣等將逃回之人，嚴行治罪外，嗣後應否仍遣務農及如何調度之處，并著軍機大臣等會同八旗大臣等議奏。尋奏：屯田旗人，共派一千二百六十四戶，內未往者九十九戶。據報，惟鑲黃旗漢軍高大紀潛逃，餘或脫逃在外，或係本佐領隱匿不報。現飭八旗行查，如由該督查出，將該佐領治罪，逃人家屬，發遣拉林耕種。至未經前往者，業給安插之資，令限期遣往。嗣請無庸再派。其贖回民典旗地，應行徵租處，另議請旨。從之。（高宗三九七、四）

（**嘉慶一七、一一、癸巳**）諭內閣：御史李培元奏調劑八旗閒散人生計，請酌令下鄉種地一摺。八旗生計固應調劑，但近畿入官旗地，民人佃種已久，今若逐戶查撥，不特紛紛滋擾，且奪其世業，亦非朕一視同仁之意。況旗人下鄉，一時棲止無所，又不諳耕種，既納官租，復令自贍身家，恐亦力有不給。該御史所奏多格礙難行之處，著無庸議。（仁宗二六三、二六）

2. 維護管理

（**雍正二、七、甲寅**）怡親王允祥等遵旨議覆：都統世子弘昇疏奏，丈量察哈爾右翼四旗地畝，共二萬九千七百餘頃，每年應徵銀十九萬餘兩。請設滿洲理事同知一員，駐扎北新莊地方，督管農民事務，並設滿洲千總二員，催糧稽察。再，察哈爾西界，窮山僻谷，易於藏匿，請再設滿洲理事同知一員，駐扎張家口，管理詞訟，稽查邊口出入之人。均應如所請。從之。（世宗二二、一〇）

（雍正八、四、己酉）諭內閣：……查國家定制，旗人地畝，不許民人典買，例禁甚嚴，乃無籍之徒，不遵禁約，彼此私相授受，以致諸弊叢生，姦僞百出，爭訟告訐，大爲人心風俗之害，實有不得不清查釐正者。朕又念此等積弊，沿習多年，按律究治，有所不忍，於是特降諭旨，寬其違禁典買之罪，且命動支內帑，給價歸贖，使旗地仍歸旗人，不至爲民人巧占，民人仍得原價，不至資本子虛，永息爭端，革除弊竇。（世宗九三、一三）

（乾隆一、四、丙戌）八旗王大臣會議：侍讀學士積德條奏，拖欠錢糧人等之入官房、地、奴僕，與墳墓相關，賞還本人，畫一辦理一事。入官房屋地畝，與墳墓相關者，從前入官時，有登記檔案者，亦有臨時報出者，此內亦有希圖徼倖多報者，若視其報出即行賞還，則不肖之徒希圖徼倖妄報，在所不免。臣等公同酌議，入官墳塋祭田內，與墳墓相關者，如係三項以下，即查出賞還本人，其十餘項者，將三項賞還本人，餘者入官。此項房地內，賣出者，交各該旗查明在部原交數目，支領贖出，退還本人；看守墳塋人內，已經賣出者，若令贖還，或有拆散夫婦之事，除已經賣出者毋庸議外，其現在官者，俱請查還。又此項墳塋地畝，聖主施恩賞還，誠恐伊等絕祀，實仁慈之至意。但此內有弟兄數人者，雖一人之房地入官，其弟兄尚有房地，若此者，請毋庸查辦。如此，則聖恩週徧，亦可去宵小徼倖之事。命下之日，交與各旗秉公查辦。從之。（高宗一七、一一）

（乾隆一、六、乙亥）又諭：戶部查奏，八旗復令入官之房屋地畝，共七十二案，俱係從前欽奉皇考恩旨，已經寬免者。後因該旗大臣不能仰體聖意，復令交官。今既查明造冊具奏，著仍給還本人，令其執業。再此項房地內，有於交官後，已經估變認買及賞給兵丁官用者，若復行徹出，未免滋擾。著該部查明，已經估變認買及賞給兵丁官用之房屋地畝，將別項入官之房屋比照間架、地畝比照等次賞給，儻有不公不均，藉端作弊者，一經察出，定從重究治。餘照所奏行。（高宗二〇、二四）

（乾隆一、六、乙酉）鑲黃旗漢軍都統納穆圖奏：旗人已經賣出房地，令戶部贖還，給與本人。得旨：此項入官墳園地畝賞還本人，乃朕格外之特恩，今將戶部存留地畝與撥給莊頭之地畝徹回，給還本人，事屬可行，若將已經賣出之地畝復行贖回給還，事覺紛擾，即以官地抵還，亦爲不便。此一項，著八旗照此遵行辦理。（高宗二一、一二）

（**乾隆二、二、戊寅**）巳刻，上御養心殿，召入八旗都統等，諭曰：從前入官旗人之地，理應賞還旗人，俾得資生之計，但旗地與民地不同，不便交部，是以特交爾等八旗大臣辦理。今爾等議稱，入官地畝，從前所定租額本輕，徒致州縣吏胥中飽，請派員前往，另行秉公更定等語。現在入官地畝之租，較之民人佃種旗地之租，爲數實少，而此項入官之地，原屬旗地，與民人交納錢糧之地不同，雖經官定租額，而百姓不知，仍納重租，以致吏胥中飽。今因地定租，固爲允協，但愚民不明事理，或妄生疑意，謂添增租額，亦未可定。夫旗人民人，均吾赤子，朕一視同仁，並無歧待。著交與直督出示曉諭，若無從前弊端，即令該督保題，停止增添。又議稱，似此一定之後，交與地方官，按年照數收租解部等語。夫年歲之豐歉不齊，如遇歉收之歲，仍照定數徵租，則百姓未免受累。其旱潦之年，作何減收，豐稔之年，作何補納之處，著各該州縣官，隨年歲之豐歉酌量辦理，報明該旗。仍報部存案，以備稽察。儻有藉端朦混，不據實辦理者，即著該旗、該督查參。（高宗三七、四）

（**乾隆三、二、戊戌**）命旗買民地已入公產者，准民人置買。諭：朕前以旗人生計貧乏者多，令王大臣議將八旗入官地畝立爲公產，取租解部，按旗分給，以資養贍。但思此等入官地畝，內有我朝定鼎之初，圈給八旗官兵，將錢粮悉行豁免，亦有旗人與百姓自相交易，出銀置買，仍在州縣納糧者，兩種原屬不同。祇因旗產入官，有糧無糧，未經分晰，一并交官收租，是以部冊并造入公產。此項民地，當契買之時，旗人執業，民人得價，原係彼此樂從之事，若以入官之後，一概定爲公產，不准民買，殊非朕軫恤畿輔黎赤之本懷。用是特頒諭旨，除原圈官地爲旗人世業，自不容民間置買；其旗人自置有糧之民地現在入官者，如有願售之人，不論旗民，一體准照原估價值變賣，將銀兩交解司庫，陸續咨解戶部，交各旗料理生息，分給旗人，俾沾惠澤。至於民買官地，該地方官務須經理得宜，毋致中飽壟斷等弊，以昭朕一視同仁，欲旗民兩便之至意。（高宗六三、一）

（**乾隆三、二、乙巳**）又諭：雍正十三年九月間，朕以八旗入官地畝房屋，從前該管大臣等辦理不妥，有將已經豁免之項，因該旗查報在先，仍行勒逼交官者，其間弊端種種，曾經諭旨，飭部確查辦理。又於乾隆元年六月內降旨，將八旗應入官之地畝房屋，雖經報部尚未估價、已經估價尚未交部者，分別情罪，令各該處查明，給還本人。以上二次諭旨，屈指已歷三年，今朕訪聞，仍有稽延遲滯，未曾清楚者，大約因該管大員從前辦理不善，未免回護前非；或貧寒孤苦之家，無力控訴；又或胥吏借端需索，有意遲回；

有此數端，以致膏澤不能下逮。用是再頒諭旨，凡入官田房，有與前次旨意相符者，許本身及其的屬在各該管衙門據實呈明，如果情有可原，該管大臣即行具奏請旨，毋許仍蹈前轍。儻有應奏不奏者，經朕訪聞，或別經發覺，定行從重議處。若本人捏詞妄控，亦照誣告例治罪。（高宗六三、八）

（**乾隆三、三、辛未**）給還八旗入官房地。諭：朕前因八旗人員生計艱難，曾降諭旨將應入官之房產地畝，有雖經交部尚未估價及八旗已經估價而尚未報部者，令各該處查明給還本人執業。又念欠帑人員挪移之項，與侵貪不同，著該部查明，各案內有家產已報未估并報估而尚未變交者，如實係因公，確有憑據，准其具題請旨。乃降旨已久，而戶、刑兩部奏請給還者，不過數案。推求其故，蓋因承辦衙門泥於前旨內估價而尚未變交之語，以爲凡抵帑之產，一經開報，即爲交官，既係交官，即不應在給還之列矣。又因戶部覆奏，房地等項，作爲已還數內者，不應給還，毋庸查奏，以爲凡抵帑之產，一經交官，即俱扣作完數，皆不應在查奏之列矣。是以歷數年之久，而奏請者仍寥寥無幾。朕思雍正十三年九月以前抵帑入官之房產，現存者不過十之一、二，久留官所，徒滋荒圮，於事無益，用是再頒諭旨，凡從前各案，有情罪稍輕，如挪移、分賠、代賠、著賠、開欠、指欠等項入官之產，除已經變價、已指俸勒限、有人認買者不必查奏外，其現存未變價者，毋論已未交官、已未扣作完數，一概查明原案情節，將應否給還之處，具奏請旨。可傳諭戶、刑二部行文八旗各省一體辦理。（高宗六五、一〇）

（**乾隆四、三、庚戌**）大學士等議覆：直隸總督孫嘉淦奏，裁免旗地民租，以杜爭釁。查旗圈民房，經前督臣李衛斷令房則歸民，地則歸旗，每畝照上等科則起租，最爲平允。自應如舊斷給。至所稱圈內房間，以現在管業者爲準，如有民人占旗人地段，多蓋房屋，與旗人占民人房屋，希圖取租者，均照違制律治罪。應如所請。從之。（高宗八八、五）

（**乾隆四、七、庚午**）又諭：旗人諸事，必令由佐領出具保結者，原以杜絕倖求假冒之弊。乃有不肖領催等，往往藉此肆行勒索訛詐，即如旗人一時窘迫，售賣房地，領催等往往勒索，得受銀錢，始行出具保結。此等積弊，迄今未息，不但於售賣房地之人無益，於人情風俗亦大有關繫。佐領有專轄之責，與領催等最爲親近，自應清釐此等弊端，留心稽查，勿使該佐領人等受其擾累，該都統參領等，亦當不時訪查，嚴加約束。著交八旗都統等，嚴行曉諭禁止，並著不時稽查。（高宗九七、一三）

（**乾隆四、八、甲午**）又諭：前經降旨，令將八旗入官地畝，仍著賞給八旗永遠爲業。据八旗都統等議奏，請於京城空地建造房屋，賞給無房人等居住。其建房工料銀兩，請於庫帑借支動用，俟陸續收到地租，交庫歸完原款之時，再將續收租銀應請如何賞賚，俾得永濟之處議奏等語，已依議行矣。朕思此項地畝，俱係八旗人等祖業，或因拖欠官項入官，或因貪婪抵補應賠之項入官。此項地畝，既已賞還八旗世僕，復又存公辦理，所得租銀，分給亦斷不能均遍。且官徵地租，較之自行收取爲數少，況以每年所收之租分賞，人多租少，所得無幾，到手即盡。輾轉思維，不若將此項地畝仍令八旗官員兵丁承買，或指俸餉，或交現銀，庶謀生之人，均得各置產業，而八旗之地，仍給八旗之人，自於生計有益。昨將入官民地，已令旗民承買，現在入官旗地，八旗無業官兵閒散人等，如有願買者，亦著聽其承買。此項地畝，業經降旨賞給八旗，其賣價銀兩，即著交該部補還建房之項。其餘銀兩，應作如何調濟辦理，及現在地畝，應如何量其肥瘠定價，令其承買之處，著該部會同八旗都統等詳細妥議具奏。(高宗九九、一一)

(乾隆五、七、甲戌) 禁八旗私行典賣承買地畝。諭：朕爲八旗人等生計，叠沛恩施，復爲伊等謀永遠之益，將賞作公產地畝，准令貧乏旗人承買，以爲恒產。今聞不肖之徒，承買此項地畝，祇圖目前微利，竟有私行典賣與旗民者。……著通行曉諭八旗，務令伊等仰體朕心，各圖生計，將承買地畝斷不可顧目前之利私行花費，作爲恒產，並交與該管大臣官員，將此等私賣地畝不肖之徒嚴加查禁，若禁而不遵，奏明治罪。務將旗人視如子弟，留心管養，不時教訓，俾令各知永遠生計，以至豐裕。斷不可仍前漫不經心，苟且怠忽。(高宗一二二、六)

(乾隆六、二、丙申) 又諭：聞八旗兵丁在部具呈買置官地，及到該地方領地之時，往往移甲換乙，將瘠薄更易膏腴，非復原指之產業，而歸旗之限又迫，不得不回京師；及向部中具呈，部中據呈行查，該地方官又復支吾塞責，不能爲之清理，大失公平之義。著該部定議，作何稽查以清弊竇。尋議：交直隸總督遴委道員、同知、通判等官專司督察，儻有仍前串通更換等弊，州縣官不爲清理，致旗人羈延守候者，即將該地方官嚴加議處。如承委之該管官失於覺察，一并參處。從之。(高宗一三六、二)

(乾隆六、四、壬戌) 工部等部議准：御史祿謙奏稱，民人典買旗地，例得贖取。查有不肖民人，潛來京師，賄囑原舊地主，串通旗人代爲出名，換契假買，昂增價值，以防日後贖取。應嚴行禁止。……從之。(高宗一四一、一二)

(乾隆七、六、丁酉) 大學士等議奏：旗、民不准交產，定例禁止，遵行日久，查禁漸疎，請嗣後旗人認買官地，該佐領於年終查明，有無私行典賣之處，呈報都統察核，並令該保正、甲長查明民人有無典賣旗地，由該州縣詳報直隸總督稽查。儻私行典賣，將旗、民分別按例治罪外，地畝地價，均照例入官；該佐領州縣官，失於覺察，一并交部議處。從之。（高宗一六八、一九）

（**乾隆七、六、丙辰**）議政王大臣議覆：順天府府尹蔣炳奏稱，旗人藉地租當差，民人賴種地度日，每有業主被佃戶之勒掯，佃戶受業主之欺凌，以致爭控到官。該地方官於此等案件，故意玩延，竟成積習。應如所請，嗣後如有告發奸民掯勒者，州縣官不速爲審理，該上司即行查參議處；如旗人有欺虐情弊，令州縣官申送該上司訊究。總期平允，無致偏枯。再旗人以地畝事件告假下鄉，非尅期所能猝辦，應交與八旗都統等寬給限期，俾從容料理。從之。（高宗一六九、二三）

（**乾隆七、八、乙未**）兵部議覆：工大臣等會議，順天府府尹蔣炳奏稱，旗莊地畝，俱在近京五百里內，八旗官兵人等，各有當差執事，不得不資佃耕種，收取租息，佃戶亦得藉此養贍身家。近年以來，旗人下鄉取租，黠佃多方刁蹬支吾，旗人情急，將該佃送官究治。乃州縣中，有以抑挫旗人爲不畏強禦者，有以袒護民人爲善於撫字者。遇此案件，大都置之不理。請嗣後旗人取租、召佃、贖地等事，如佃戶將租計刁難及串通霸佔、故意勒掯、告發到官，應令該地方官速爲秉公審理。如任意遲延，有心偏袒，令該上司提訊，將奸民按律懲治，州縣查參議處。如旗人欺虐佃戶，令該州縣送臣衙門究治。再旗人以地畝事件告假下鄉，原非十日半月所能猝辦，應令該旗寬給限期，俾得從容辦理，庶不致爲奸民掯勒，等語。均應如所請。從之。（高宗一七二、三〇）

（**乾隆七、一〇**）是月，都察院左都御史杭奕祿、理藩院左侍郎勒爾森、署直隸總督史貽直會奏：奉命查徹莊頭典賣地畝，共計一千二百餘案。年歲久遠，其中情事不一，如有應行變通之處，當商酌妥辦，務使旗民兩得其平。得旨：所見甚是。和衷詳酌爲之。（高宗一七七、二〇）

（**乾隆八、四、己丑**）大學士等議准：左都御史杭奕祿、理藩院侍郎覺羅勒爾森、署直隸總督史貽直等奏，查撤直屬各州縣莊頭，私行典賣當差官地事宜。一、分別應追全價、酌給半價之處，照雍正十三年查徹園頭牲丁地畝之例辦理。一、白契典賣官地，准自雍正十三年分別前後，酌給半價，其應徹地內，已種秋麥者，毋庸議給工本，俟秋收後，退交莊頭管業。一、莊頭名下，應追全價半價，不能當時交還，將其養家餘地及自置田地，或將徹回地畝內，酌量撥出，議定租數，令民人承種，限年以租抵償；至應追全價，著落用印官及莊頭各半之處，已屬有著，應准恩免。一、清查後，儻有故智復萌者，事發，照盜買盜賣之例治罪，地方官徇隱及漫無覺察者，議處。從之。(高宗一八八、八)

(**乾隆一一、三、戊辰**)〔户部〕又議准：直隸總督那蘇圖疏請，直屬州縣回贖民典旗地，酌定各條款。一、贖價宜按年遞減。查原議在十年以内者，照原價；十年以外者，減十分之一；必至二十年，始減十分之二。所給價值，未免偏枯，應令按年遞減；其原價較時價過重者，令該督查照原題，務使地畝、價值，兩得其平。一、詳驗原契，較對原册，並查明原典，分别作準。查從前造報册内，有與契載年分不符、銀地各數多寡互異者，自應驗契據實更正。應令逐案詳查，質証時價，造册報部，並將轉典地畝，無論價值多寡，總以原典價爲準，按年減價取贖；其轉典價重者，原典之人完補。一、依次取贖，毋得攙越。查原議行令挨次取贖，民典旗地者，恐有爭先告贖，臨時規避，如典主果事故遠出，而泥於鱗序辦理，非惟回贖無期，抑且虚懸帑項，自應挨次取贖。儻典主有意支延，中保通同徇隱者，查究。一、原典莊窠場園等地，宜一例取贖。查前項莊窠場園，原係老圈旗地，無論典價多少，均照原價一例減贖，則旗地歸旗，不致牽混；其有民人於原典旗地内已造墳塋者，丈明畝數，照頭等租數，聽民租賃，造清册二本，一送該旗，一存部備考。一、業主備價回贖之案，宜查明辦理。查直屬各州縣民典旗地，有原業備價自行回贖者，各該旗咨部，即於原册内開除。應令將現在報稱原業贖去者，造册送部，儻有私相典售，即照隱匿官田例治罪，該參佐領並地方官議處。從之。(高宗二六〇、五)

(**乾隆一一、三、壬申**)軍機大臣等議奏：據順天府尹蔣炳奏稱，民典旗地，令地方官領帑回贖，交官徵租，徒爲土豪胥役侵漁，不如於贖出時，即交旗人管業，不必更定官租。查贖出地畝，皆先儘原主取贖，必原主不願取贖，始令各旗官兵認買，或贖或買，必查核明確，方按名給與，其間必須時日，斷難於甫經贖出時，即交旗人管業。應仍照在官徵租之例辦理。至該府尹又稱，向日旗地，每畝收租係二錢、三錢者，今所定官租，每畝自六分至錢許不等，土豪胥役，遂將地畝包攬，仍照原額轉租佃民，從中取利。再地畝多寡，必原業旗人，方知實數，去冬贖地，但憑民人首報，未經傳問旗人，以致隱匿。查該部原議内，地方官於贖地時，查明現種之人與現出之租，將佃户租銀數目造册三本，一存地方官，一送户部存查，一咨該旗備案。又令該督通飭各地方官，毋得草率徇縱滋弊，儻有旗民夥開浮價，誆報分用情弊，照例治罪，地畝入官。種種弊竇，皆立法剔除，何以去冬贖地時，祇憑民人首報，致仍有如該府尹所稱等弊。現在總督那蘇圖酌定條款，復將從前所送冊內錯漏之處，俱令驗明契紙，據實更正，其從前遺漏之案，亦令另行續報。該部定議覆准，應令該督嚴行查察，照例妥辦，毋得仍前草率。再查該督現在報部所贖之地，自必照原議現出之租辦理，今所報固安、滄州、赤城三處租數，每畝自二、三分起至二錢不等，誠如該府尹所稱二、三錢者，僅六分至錢許，則現租與原租，太覺懸殊，侵隱包攬之弊，勢所不免。此項租銀，留爲將來贖地之用，豈可過於減輕。且旗人贖買之後，照此收租，必較原租短少，於旗民均無裨益，徒爲土豪胥役中飽。應請一併勅交該督詳悉查核，妥協辦理報部。得旨：現今高斌、劉於義在直隸地方辦理水利工程，於各處情形，知之必悉，著會同那蘇圖妥商辦理。高斌此時差往南河，有查勘事務，即著劉於義先行商辦。（高宗二六○、九）

（**乾隆一一、一○**）是月，直隸總督那蘇圖奏：辦理回贖旗地案內，查保定府屬有旗地各州縣，現在共贖過一千三百九十六案，給過按年遞減價銀四萬四千五百餘兩，此外各府州屬回贖之案，尚未報齊，臣復嚴行催辦。其已贖地，一面照例收租，一面行知八旗官兵回贖認買，俟將來租銀與贖買地價交納，又可接濟官贖之需。得旨：好。甚愜朕意。但恐過於欲速耳，不無滋擾耶。旗固當念，民亦當念也。妥爲之。（高宗二七七、二四）

（**乾隆一三、五、甲午**）户部議准：直隸總督那蘇圖疏稱，回贖民典旗地，其原典之年，在九月以後者，係次年承種，收租亦於次年起扣給價，如在八月以前，已收本年租息，應概以當年扣贖找價。從之。（高宗三一四、二七）

（**乾隆一五、一二、己卯**）［户部］又奏：西洋人郎世寧等，於例禁之後，私典旗地，應徹回治罪。得旨：民人私典旗地，定例綦嚴，屢經伤禁，但念郎世寧等係西洋遠人，內地禁例，原未經通飭遵行；且伊等寄寓京師，亦藉此以資生計，所有定例後價典旗地，著加恩免其徹回治罪。其定例以前所典之地，亦著免其一例回贖。如原典之人自行用價收贖，仍聽其贖回。此朕加惠遠人，恩施格外，今禁例既經申明，嗣後西洋人於此項地畝之外，再有私行典買旗地者，與受之人，定行照例治罪，並此次恩免徹回之處，從重究治。郎世寧等，既經寬免，所有出典之蔡永福等，並失察之該管各官，均從寬免其治罪議處。至河游地畝，亦係郎世寧等價典之地，俱免圈徹。但蔡永福於認買公產之外，所有多得河游地畝典價，並非伊分內應得之項，著該部照例查辦。（高宗三七八、一六）

（**乾隆一九、二、壬辰**）軍機大臣等議奏：臣等現查以俸餉坐扣贖出地畝及買得公產地畝，共九千八百十三項八十二畝，除租佃與民及典賣在旗外，其餘典賣與民人地畝共七百二十五項二十八畝。伏思此項地係特恩勤帑向民贖回，將伊等俸餉坐扣，俾各得原業，不許私行典賣與民之處，例禁甚嚴。乃竟有不肖旗人，圖利私典與民，民人違例私典，均屬不合。請將此項七百二十五項有零地，盡行徹出，照戶部原奏收取租銀、年終彙奏、賞給旗人之例辦理。再查旗人原圈地畝及自置地畝內，從前清查時未報，此次報出典賣與民共一萬四千七百五十九項零。既據自行報出，照議免其治罪，應交與各參佐領清查原業主，如能交銀回贖者，令其回贖，如不能回贖者，將此項地官贖，所得租息，亦照部議辦理。並請將八旗地畝冊檔咨送戶部，轉行直隸總督，除現納錢糧民地外，挨村清查，有無遺漏隱匿之旗地，勒限一年，據實造冊咨部。戶部即令各該旗造冊鈐印，收貯備查。如有再行違例私典與民，及民人私自典賣，或被查出，或被首告，從重治罪，將地畝價銀盡行徹出，交與該旗，照例辦理，并將該管大臣、地方官嚴加議處。從之。（高宗四五六、一五）

　　（**乾隆一九、四、辛巳**）又諭：鑲黃旗奏請旗人所典房產俱令過契上稅一摺，內有講將私行典賣房產地畝入官之語，甚屬非是。朕臨御以來，每念旗人生計維艱，撥出官地一萬餘頃，作爲公產，又將典賣於民地畝贖出，亦作爲公產，無非欲有裨於旗人生計之意。此項贖出地畝內，或有不肖之徒，復行典賣於民者，官又爲之辦出，仍作公產。今伊等私用白契典賣房產，若令入官，非惟不副朕惠愛旗人之意，且令不肖之徒得以藉口，謂朕借端將房產入官矣。況入官之例，原爲己身獲罪，或有虧公項者而設，若私行典買房產未經稅契，非此可比。即欲懲治，亦不過不准復歸本主，作爲公田濟衆而已。請入官可乎。朕所賞旗人萬餘頃地，即此入官之地也。此項尚且賞回，私行典賣之房產，該旗奏請入官，甚屬錯誤。將此通諭知之。（高宗四六〇、三）

　　（**乾隆二一、一一、壬寅**）戶部議奏：旗人有將康熙年間賣出之產，捏稱爲典，圖利控贖者，總因年遠，兩造俱非經手之人，中証又皆無存，一稱爲典，一稱爲買，甚至價值多寡互異；即以契爲憑，雍正元年以前，俱係白契，真僞難辨。竊思康熙年間典賣房地，至今多則八、九十年，少亦三、四十年，賣者固無回贖之理，即典者亦輾轉出售，難以根尋，應將八旗地畝，凡典賣於民者，仍彙入民典旗地案內辦理；其在康熙年間典賣者，概不准贖。嗣後凡契典房地，俱報明各該佐領，將價銀併載旗檔，回贖時，仍報明銷檔，以杜訟端。從之。（高宗五二六、九）

（**乾隆二二、二、戊子**）值年旗奏：民典旗地租銀內，有絕嗣及無力收贖者，曾充公產，爲貧苦兵丁賞項，由各旗派員赴各州縣收取。嗣經副都統廣成奏准，改爲修理營房之用，其銀仍由各旗派員取自各州縣，轉交戶部，似屬紛繁。請嗣後將此項地租銀不必由旗派員收取，但由部行文該督飭交州縣解部，由部行旗註檔，俟敷修費，臣等奏請動用。得旨：允行。（高宗五三三、二二）

（**乾隆二二、一二、癸亥**）戶部議奏；旗人存退餘絕地畝，應酌留一千頃，撥補官用，其餘照例安放莊頭辦理。其入官地畝，應交與該旗查明原業原收租數，行令地方官照數徵解。得旨：依議。其入官地畝，交該旗查明原業收租數，行令地方官照數徵收之處，此等地畝，以加惠小民而論，即租額再爲輕減，亦無不可，但向來官地租額雖輕，而民佃多不霑實惠。蓋地畝一項，既不在官，又不在民，則不肖官吏，轉視爲利藪。該部請照原納租數徵收，自爲杜絕弊端，所奏是。但旗人原收租數，或係市平市斛，而官爲收納，勢必用庫平官斛，則租數雖屬相符。而貧民所加，已屬不少。嗣後入官地畝，地方官照原數徵收，著即照原收平斛，令其輸納，庶俾承佃各户，交租不致畸重，而官吏亦不致中飽矣。（高宗五五二、一六）

（**乾隆二三、二、甲戌**）軍機大臣會同八旗大臣等議奏：據副都統祖尚賢奏稱，八旗老圈地畝，例止准本旗買賣，遇緊急事故，本旗難覓售主，准典與別旗。其中添寫虛價，多勒年限，致日久難贖，名典實賣，且得價轉不如賣，請嗣後照八旗買公產例，不拘旗分買賣，令於左右兩翼稅課司過稅，不准私立文券。應如所請，嗣後旗人遇事故典地者，仍報該都統、佐領存案，以備查贖，或圖多得價直，准其不拘旗分出賣；漏稅私立文券者，治罪。從之。（高宗五五七、六）

（**乾隆二七、一〇、庚子**）［軍機大臣等］又議覆：察哈爾都統巴爾品奏稱，察哈爾右翼地租銀，請照正黃旗例，分賞貧人一摺。查正黃旗地租銀五百九十三兩零，於乾隆二十二年經巴爾品奏准，將該旗歲得租銀歸公，除公用外，餘銀存貯，俟成總時，查明本旗貧人分賞在案。現在正紅旗歲租二十八兩零、鑲藍旗二千三百八十二兩零，自應照正黃旗一體辦理。至鑲紅旗租銀一千一百五十餘兩，經前任總管高恒奏准，購買牛羊孳生，爲貧人生計。查此項牛羊，倒斃者多，毫無實濟，應請將現存牲隻均勻分賞。嗣後歲租，亦照正黃旗辦理。惟各旗地租多寡不等，必將本旗銀分賞本旗，未免不均。應統計四旗共得租銀，均齊數目，畫一辦理。其每年各佐領修理旗纛、帳房，並給戴干寺及本衙門印房浩齊特游牧主事等項，需用若干，餘銀作何存

貯分給之處，交該都統查奏另議。從之。（高宗六七二、一八）

（**乾隆二八、八、癸巳**）諭：上年因八旗回贖旗地，積至一萬餘頃之多，降旨令户部會同内務府及八旗大臣定議，以三、四千頃安設莊頭，餘俱賞給八旗，作爲恒産。第念此項田畝，雖係旗人世産，現在貧民耕種日久，藉以資生，若改歸莊頭，於傭佃農民，未免失業。所有分設莊頭管理之處，不必行。其如何按則交租並酌定章程之處，著軍機大臣會同方觀承，詳悉妥議具奏。尋議：現在贖回地畝，向來各該業主每畝所收若干，雖無從一一查覈，而各該處田畝之前後左右，自必有現在旗民執業，所租地畝，應即按照各隣近田畝租數，一體徵收。但佃户輸租業主，往往因循拖欠，或銀色低潮，未能按期清楚。既經地方官徵收報解，例應年清年款，而庫平庫色，亦較諸業主所收不無少異，應於額租内酌減，覈計佃户所出添平補色之數，仍與原租相仿，在佃户符其向來應交之額，吏役亦無從借端滋弊。請派大臣前往，會同方觀承督率道府，逐一履畝查勘，按其地址，繪造清册，並將租額分別上、中、下則實數，填册二分，一送總督衙門，一送户部。所有每年租銀，應如何解交，及偶遇水旱，如何酌量分數，分別蠲免，統令會同熟籌妥議。得旨：依議。著派英廉、錢汝誠會同方觀承查辦。（高宗六九二、一〇）

（**乾隆三四、九、甲申**）諭軍機大臣等：英廉奏，肅寧縣武生孔聖宗呈控，伊種郭炘地畝，每年交租二百餘兩。去年郭炘緣事，地畝入官，忽經該縣勒令退出，與生員劉喬齡承種，止納租銀六十餘兩，其事甚可駭異。以原佃交租二百餘兩之産，一經入官，忽另招新佃，改定租銀六十餘兩，輕重懸殊，其中顯有情弊。著傳諭楊廷璋，即行秉公確訊，將此項田畝，在郭炘手内原收租銀若干、該縣因何換佃減租僅收四分之一及劉喬齡如何夤緣佃種、該縣如何袒庇奪田各情節，徹底確查，務使水落石出，毋得稍有含混。此案並非楊廷璋任内之事，即孔聖宗所控均屬實情，亦與楊廷璋無涉，斷不必稍爲回護。設欲博屬員感悦，略存瞻徇之心，至案情或有不盡不實，將來別經發覺，恐伊不能當其咎也。所有郭炘名下坐落九州縣入官地畝租額，並著楊廷璋一併查明，分晰具奏。英廉摺一併寄閲。其原告孔聖宗，即著英廉派役押交楊廷璋候質，並將此諭令英廉知之。（高宗八四二、八）

（**乾隆三四、一〇、己酉**）諭軍機大臣等：楊廷璋奏，查審肅寧縣武生孔聖宗具控劉喬齡減租奪佃一案，業經訊出原任肅寧令王汝木管門家人張福元有串通夤緣賄囑減租各情節，請旨將王汝木革職解審等語。王汝木，著革職。該員籍隸山東諸城縣，前已告病回籍，著富明安即速遴委妥員前往該處，將王汝木及伊家人張福元嚴行押解，迅赴直隸，交楊廷璋質審。沿途務

須小心管押,隔別遞送,毋任同行串供,捏詞詭卸。將此傳諭知之。(高宗八四四、二)

(**乾隆三四、一○、戊午**)諭:據楊廷璋查奏,肅寧縣武生孔聖宗控告承種郭炘入官地畝減租奪佃一案,該旗委員和爾景阿,先赴原佃陳文彩家居住,得受餽送,串通減租,捏名認種,復經告病知縣王汝木家人受賄,代投認狀各情由;並查出霸州、河間、任邱三處郭炘入官地畝,均有短少租額情弊,亦係委員和爾景阿自往勘定,領催跟役,俱得受錢文。該地方官並不會同查辦,率行造冊,並任書役人等婪贓舞弊,恐其中尚有別情。請將委員和爾景阿解任,同領催人等發直質訊。其霸州知州李汝琬、任邱縣知縣商衡、前任丁憂河間縣知縣盛鐸,均請革職審擬,等語。和爾景阿查地定租時,既有受賄營私情弊,即著革職,並領催跟役人等,交與軍機大臣嚴審確情具奏。所有肅寧縣告病知縣王汝木,業經降旨革職,令山東巡撫解直質審。其李汝琬、商衡、盛鐸,俱著革職,並案內有名人犯,交與該督一併嚴審定擬具奏。(高宗八四四、三一)

(**乾隆三四、一一、戊戌**)諭軍機大臣等:據楊廷璋奏,查審和爾景阿受賄減租分別定擬一摺,所辦殊未允協,已交軍機大臣會同該部另行覈擬矣。和爾景阿,以旗員奉委、查丈郭炘入官地畝,敢於所到之處,串通婪索,任意減租。內如肅寧縣地畝一項,原租二百三十兩,竟減至六十四兩,爲數不及三分之一,至按其丈過各處積算所減額租,不可勝計。是其舞弊虧公,乃本罪之萬無可貸者。該督定案時,理應統覈所減租額,照侵虧律擬罪,方爲允協。若該犯收受餽送盤費禮物共銀六十餘兩,不過本案中之餘罪,何竟照此計贓定擬,遽以折枷鞭責了事乎。況該犯各處所減原租,數至如許之多,安知非豫爲地步,事過之日,向地户等陸續按減數索謝。此乃案情緊要關鍵,豈可轉置之不論。該督久任封疆,屢經審辦案件,不應輕重失當若此。楊廷璋,著傳旨申飭。(高宗八四七、四)

(**乾隆三五、七、丙辰**)[户部]又議奏:嗣後旗民典當田房,契載年分,統以三、五年至十年爲率,仍遵舊例,概不稅契。十年後,聽原業取贖,如原業力不能贖,聽典主執業,或行轉典,悉從其便。倘立定年限以後,仍有不遵定例,於典契內多載年分者,追交稅銀,照例治罪。從之。(高宗八六四、三○)

(**乾隆四○、一二、戊辰**)諭曰:四阿哥奏稱,履親王原有張家口外牧場,現在並無牧放馬匹牲畜,其牧場蒙古,無人約束,恐其生事,請派人管束等語。此項牧場,既無牧放牲畜,想來必有開墾之地,著交常青查明,酌

量派委差使，以便管束。其地業經開墾者，著官辦取租，將每年所收之租，給與四阿哥。（高宗九九九、一五）

（乾隆四三、一二、辛巳）諭：八旗入官地畝，向來原准賣給八旗官兵，嗣因不肖之徒私行賣與民人，種種滋弊，始令入官取租。現在生齒日繁，八旗人等圈地，俱在京城附近五百里內，數目有限，若仍將此項地畝入官取租，旗人產業不免日漸短少，嗣後所有入官圈地，加恩仍照舊例，賣給官兵。著都統等嚴密稽查，不許私自賣與民人，以示矜恤八旗之意。（高宗一〇七三、一九）

（乾隆四四、一、戊戌）諭：八旗入官老圈田地，向皆令八旗官兵認買，後因不肖之徒私行典賣，諸弊叢生、始降旨不准認買，租由官取。今旗人生齒較繁，此項田地若仍由官取租，旗人產業漸少，於伊等生計無益，復降旨將入官老圈田地，加恩仍准官兵分買，並交戶部、八旗查覈議奏。今又詳思八旗人眾，內有家奴者無多，分買之田，與京相近，尚易取租，儻分買之田過遠，告假取租，不但徒耗盤費，更恐百姓刁難，租銀得否，尚在未定，而每月錢糧，先扣存地價，於伊等生計更屬無益。朕意此項田地，莫若仍由官取租，俟每歲租銀送交戶部時，分給八旗兵丁，則伊等既不費力，又不須扣存地價，於生計甚有裨益。著交戶部、八旗將如何分給之處，妥議具奏，以副朕惠養旗人之至意。（高宗一〇七四、一六）

（乾隆四八、六、甲子）諭軍機大臣等：昨據正藍旗都統奏，奉恩輔國公弘晸，差家人許鳴持諭往靜海縣收取馬廠地畝一事，係由直隸總督咨查戶部，由部轉咨該旗，此事實為僅有。……嗣後遇王公大臣等，有因地畝一切事件與地方官交涉者，若不由戶部及本旗行文，竟敢私自差人持諭前往，無論其事之是非曲直，該督即行據實一面奏聞，一面辦理，毋得稍存瞻顧，自干咎戾。著將此旨存記，俟劉峩到［直隸總督］任時，傳諭知之。（高宗一一八二、五）

（乾隆四八、六、丁卯）諭軍機大臣等：本日王大臣等奏到摺內，將戶部咨行正藍旗原稿呈覽。內開弘晸家人許鳴，持劄往諭靜海縣，有本年正月十六日，賞馬百匹，現今草料甚貴，即將雙窰村馬廠地交收，以備養馬，等語。所有賞馬百匹之事，從何而起，著傳諭王大臣等，即向弘晸及家人許鳴嚴加詢究，令其據實供吐。（高宗一一八二、一三）

（乾隆四八、六、壬午）又諭曰：弘晸於伊姪延恒令許鳴冒充家人，捏造諭帖，赴靜海縣私收地畝一事，曾與許鳴見過兩次，又令與延恒商同辦理，經留京辦事王大臣會同宗人府、刑部審訊明確，請將弘晸永遠圈禁。其罪固由自取，第念延恒所寫劄諭內言語，究非弘晸授意令其編寫，若使劄諭出自弘晸之手，自當加倍治罪，尚不止於圈禁。今訊明止於貪圖微利，尚與授意者有間。況今與朕同輩年稍長者，止弘晸一人；現在駐蹕熱河，敬念皇祖推恩篤祜，奕禩相承。前弘晸，因伊父緣事圈禁數十年之久，尚且格外加恩釋放，洊封公爵。今雖伊自取罪戾，若照所擬永遠圈禁，朕心實爲惻然。弘晸，著加恩仍授爲散秩大臣，令其在家閉戶閑住，不必當差行走。（高宗一一八三、七）

（乾隆四八、六、壬午）諭軍機大臣等：弘晸差家人許鳴持諭至靜海縣查收地畝一案，現已據留京辦事王大臣審明定擬具奏矣。至靜海縣雙窰村等處，有弘晸之父入官地畝共一百九十三頃，迄今徵租地僅有二十七頃，其餘荒地至一百六十五頃之多，其故殊不可解。此項地畝既經入官，自應召墾徵租，乃直屬向來陋習，旗地一經入官，即多報荒，此皆地方官假揑詳報，以爲影射漁利之地，最爲積弊，亦不止此案也。從前旗租拖欠，經部議定有處分之後，即按季徵解，不致拖欠。況此項地畝，當年未入官時，若皆似此拋荒，本人何以取租養贍。可見從前報荒地畝，非地方官規避處分，即係藉端揑報。著交劉峩將靜海此項地畝徹底清查，其荒棄者，究有若干頃。其餘各屬旗地，報荒衝壓者，亦一併查辦，據實詳明覆奏。（高宗一一八三、九）

（乾隆四八、七、丁酉）又諭：據留京辦事王大臣等奏弘晸之姪延恒與民人許鳴訛詐地畝一案，其代寫諭帖之王二，即王福清，審明擬以杖一百、流三千里等因一摺。王福清，著改發伊犁，給額魯特兵丁爲奴。閱此造作諭帖一事，弘晸之主使明矣。何則，延恒年幼，焉知舊事。而許鳴又係漢人，亦豈得知。若無弘晸主使，何能造作墨墨聶等字句。若止係延恒與許鳴商謀，轉令王福清編作諭帖，則舊佃花戶姓名，延恒又何由得知。此事朕不肯深究，特行寬宥耳。並非不能看出此等情節也。著傳諭王大臣等知之。（高宗一一八四、一五）

（乾隆五八、三、庚申）諭曰：步軍統領衙門奏，貝子永澤莊頭五德呈控本府管事家人霍三德多收錢糧，並指稱本主訛詐銀兩一案。霍三德，以民人投充，代主收納錢糧，於莊頭五德每年應交銀二百六十兩之數，長至一千五百兩，又慫恿伊主多收平銀，索要車輛，復藉稱伊主之名，詐銀五百兩，侵用入己，情節甚爲可惡。應如所奏，將霍三德連眷屬發往黑龍江，給索倫兵丁爲奴，以昭儆戒。貝子永澤，任用民間長隨，復聽信其言，派累莊頭，任意增長錢糧至一千五百兩之多，竟與上年綿惠任聽太監倭昇額訛詐莊頭孫文繼之案無異，亦應如所奏，照伊加增派累一千五百兩之數，十倍罰出入官示懲。至五德一户，若仍令在永澤家充當莊頭，必致挾嫌磨折，別生事端。著將五德莊頭一户，連地畝一併徹出，交內務府暫行收管取租。俟將來遇有阿哥分府時，再將此項人地撥給。（高宗一四二五、一二）

（**嘉慶六、一二、甲辰**）諭內閣：御史舒敏奏，請查明八旗王公等空閒馬廠地畝，照從前恒祿等四家呈進馬廠之例開墾一摺。所奏似屬可行。八旗王公等，分賞馬廠地畝，其中多有並無馬匹牧放者，與其任聽民人偷種，自不如官爲經理，轉可於地租內酌量賞給原有馬廠之家，俾沾租利。著宗人府查明前此宗室公恒祿等四家呈進馬廠辦理舊案，飭令八旗王公以及閒散宗室，將所分馬廠地畝，其現不牧放情願開墾者，自行呈報，彙繕清單奏聞，照例辦理。（仁宗九二、二）

（二）東三省旗莊

1. 奉天

（**順治二、八、戊戌**）平西王吳三桂奏言：臣原蒙隆恩准給錦、義、寧遠、中後所安插臣眾，後內院傳出，義州地土尚留牧馬，將寧、錦、中右、中後、前屯、中前給臣安插人民；又按丁給地五晌。查各所房屋灰燼，地土瘠窪，仰祈增給改撥。……下所司速議。（世祖二○、九）

（**順治四、四、庚子**）兵部奏言：山海關外地土，原以一半給與平西王，一半仍留土著人民爲業。茲議鐵永官兵家口，仍居本地，以便耕種，其各兵歸隸山海總兵標下，以足營額。從之。（世祖三一、二三）

（**順治一八、七、壬申**）户部題：世祖章皇帝守陵內侍共四十四名，官員人役共六十六名，應給園地共三百八十餘晌，請將附近地畝圈取撥給。從之。（聖祖三、二○）

（**康熙七、七、己亥**）令奉天唐官等屯所圈之地退還民間。（聖祖二六、一五）

（**康熙一二、三、壬午**）平南王尚可喜疏言：臣年七十，精力已衰，願歸老遼東，有舊賜地畝房舍，乞仍賜給。臣量帶兩佐領甲兵並藩下閒丁，孤寡老弱，共四千三百九十四家，計男婦二萬四千三百七十五名口。其歸途夫役口糧，請敕部撥給。得旨：王自航海歸誠，効力累朝，鎮守粤東，宣勞歲久。覽奏年已七十，欲歸遼東，情詞懇切，具見恭謹，能知大體，朕心深爲嘉悅。今廣東已經底定，王下官兵家口，作何遷移安插，議政王大臣等會同户、兵二部確議具奏。（聖祖四一、一七）

（康熙一八、一〇、丁丑）户部議覆：奉天府府尹梁拱宸疏言，奉天錦州等處，旗下荒地甚多，民欲耕種，旗下指爲圈地，如檔册未經圈給妄稱爲圈地者，察出從重治罪。應如所請，將被圈之地概行查明，除旗下額地之外，俱退與州縣官員，勸民墾種。得旨：旗下額地之外，其餘未墾之地，著嚴加詳察具奏。（聖祖八五、一三）

（康熙一八、一二、癸未）户部議：發盛京成熟地畝，分給新滿洲。上曰：田畝，百姓生業所關，以熟地撥給新滿洲，恐生民困苦，可更議兩便之法。尋議：奉天所屬，東自撫順起、西至寧遠州老君屯，南自蓋平縣攔石起、北至開原縣，除馬廠羊草等甸地外，實丈出五百四十八萬四千一百五十五晌；分定旗地四百六十萬五千三百八十晌，民地八十七萬八千七百七十五晌。新滿洲遷來，若撥種豆地，每晌給豆種一金斗；撥種穀米黏米高糧地，每晌給各種六升。旗人民人無力開墾荒甸，又復霸占者，嚴查治罪。從之。（聖祖八七、一七）

（康熙一九、九、丙寅）户部議覆：和碩額駙尚之隆疏言，臣父尚可喜在日，曾題請蓋州地方安插，並帶佐領二員及佐領下兵丁防守彼處地方，今蒙皇恩搬取臣父骸骨並臣母及家口前來，臣不敢照前復請兵丁，惟墾皇上恩賜閒散佐領二員，以便統轄家口。查蓋州係滿洲官兵駐防之所，不便給與，海州向有平南王尚可喜莊地，應酌量撥給並賜閒散佐領二員管轄家口。從之。（聖祖九二、七）

（康熙二一、一二、甲申）户部會同內務府，議山海關外大凌河地方展拓牧場事宜。上問曰：爾等所看牧地內有民田否。管牧御馬侍衛馬錫奏曰：圈內亦有民田。上曰：民居村落若何，可有墳塋否。馬錫奏曰：每村或十數家或三二十家，共有六十餘村，居住年久，亦有墳塋。上曰：小民居住年久，邱墓已成，今若圈爲牧場，遽令遷移，必致失所，朕心不忍。應將民地盡行開除。（聖祖一〇六、一九）

（康熙二八、六、乙酉）户部議覆：原任奉天府府尹金世鑑疏言，奉天等處地方，旗民田畝互爭訐告，請將八旗莊頭餘地荒地另行丈出給民，則錢糧可增，有裨國用。查奉天田地，康熙十九年，業經原任將軍安珠護等丈明立界，今因無檔可查，欲另行丈出給民，殊爲不合，應不准行。得旨：奉天等處旗民田地，所立界限不明，著將各部賢能司官差往，會同盛京户部侍郎及該府尹，將旗民田地及牧廠逐一確察，各立界限，詳定具奏。（聖祖一四一、九）

（康熙二八、六、庚寅）奉天府府尹王國安陛辭。上曰：府尹無甚要務，但奉天爲根本重地，今聞遊民甚多，務農者少，一遇旱潦，即難補救。今年亢旱，朕遣賽弼漢往奉天諸處，將糜費米糧，如蒸酒等項，悉行禁止，爾至任當勸民務農，嚴察光棍游手之徒。奉天田土，旗民疆界早已丈量明白，以旗下餘地付之莊頭，俟滿洲蕃衍之時，漸次給與耕種。近金世鑑奏，請將旗下餘地俱與百姓耕種，徵收錢糧。所增錢糧，亦復有限，所見何淺陋也。今已另遣官前往丈量，雖係彼處戶部之事，爾在地方亦須公同詳察，永定則例，毋忽。（聖祖一四一、一一）

（康熙二八、一二、己卯） 戶部議覆：戶部郎中鄭都等疏言，臣等遵旨會同盛京戶部、奉天府府尹，親至各屬地方，詳察旗民地畝，分立界限。嗣後分界之地，不許旗人、民人互相墾種，以滋爭端。如有荒地餘多，旗民情願墾種者，將地名畝數具呈盛京戶部，在各界內聽部丈給，庶界地分明，旗民各安生業，不致互相爭告。應如所請。從之。（聖祖一四三、一八）

（康熙五四、一一、丁未） 九卿等議覆：署奉天將軍事前鋒統領伯唐保住、奉天府府尹朱軾疏言，奉天城內及關廂居住民人三百餘戶應令搬移，在城外關廂內擇一處安插。至村莊地方，雖立旗民界限，仍有攙雜居住者，若盡令搬移，恐致苦累。應令嗣後有賣房者，在旗界內之民房賣與旗人，在民界內之旗房賣於民人，違者照侵奪例治罪。庶旗民得從容搬移，日後自各在界內分開居住，而互相爭告之事可省。應如所請。至奉天、錦州二府人民，或將子女典賣與旗人，別省人及旗民互相侵占田土者，仍如前議治罪。從之。（聖祖二六六、八）

（雍正七、閏七、己卯） 諭內閣：恭查陵寢祭祀，需用黍稷菓菜，是以設立園頭、莊頭，給與地畝，俾其種植灌漑，按時供辦。康熙三年，聖祖仁皇帝於孝陵設立莊頭、園頭，共給地四百一十晌，至康熙三十九年，又增給地一百五十三晌。據禮臣查奏，此二項地畝，已足供辦祭品，朕伏念陵寢祀禮，關系重大，所需時獻品物，必承辦之人充實豐裕，然後嘉穀珍蔬繁茂鮮潔，庶可展孝思而達誠敬。今欲加增地畝若干，賞給莊頭、園頭，使之供應饒裕。著三陵總管大臣詳悉查議，到日交與該部議奏。尋議：請撥附近膏腴之地二百七十五晌，增給莊頭、園頭，令其辦理陵寢祭品饒裕鮮潔，以達誠敬。從之。（世宗八四、五）

（雍正九、七、庚辰） 諭管理旗務大臣等：盛京係根本之地，朕意欲於山海關中後所地方，築造城垣，揀選京師及盛京兵丁數千名，將查出莊頭等之餘地，給與伊等居住，令其在山中採獵，並學習技藝，供應差遣，著奉天將軍那蘇圖詳議具奏。（世宗一〇八、二六）

（雍正一〇、二、辛卯）［大學士等］又議覆：奉天將軍那蘇圖遵旨查奏，山海關外中後所舊城西邊地方，查出多餘之地五萬七千晌有餘，此處可以造城，駐兵四千名，於盛京所屬滿洲漢軍餘丁內，每旗挑滿洲兵三百名，漢軍兵二百名居住，照例給與錢糧地畝等項，添設官員管理。應如所請，將盛京餘丁內，挑選四千名添設駐防。但此等餘丁，現在十六城居住，應令仍在各舊住處當差操演，不必另行築城設官。從之。（世宗一一五、八）

（雍正一三、八、丙子）户部議覆：倉塲總督宗室塞爾赫，查丈熱河以東八旗地畝事宜。一、寬城驛等處驛站弁兵三項地畝，共丈出三百九十八頃有奇，請照數按則輸糧，歸於熱河兵糧內交納。一、義院口、桃林口等處地畝，共丈出一百六十頃有奇，歸於承德、撫寧等州縣，按數升科。一、南至長城、北至喀喇沁、東至科爾沁、西至熱河地畝，向照熱河莊頭，以六畝爲一晌，今共丈出十萬六千晌有奇，請照上、中、下三則之例，按晌納糧。俱應如所請。從之。（世宗一五九、一一）

（乾隆四、五、乙丑）兵部議覆：管理養息牧、哈岱、郭羅、馬群總管對親奏稱，養息牧設立牧廠，每年出青時，俱於養馬屯莊就近牧放，該衙門不時嚴禁耕種。雍正五年丈量地畝，將原地均入紅册，今開墾漸多，牧廠日窄，應請禁止。查前據奉天府府丞王河奏，嚴禁馬群丁役騷擾小民，應令各立疆界，以杜爭競。從之。（高宗九三、七）

（乾隆八、一二、辛亥）諭：盛京爲我朝豐沛之地，人心風俗，最爲淳樸，忠義本於天性，雖上古之世，亦莫加焉。本年朕恭謁祖陵，見該處官兵，於一切公務，無不踴躍勤奮，其敬上愛君之義，尚皆出於純誠，素風未泯，朕心深爲嘉悦。但現在流寓民人甚多，商賈輻湊，以致本處之人漸染流俗，以奢靡相尚。……至本處之人，向於官差餘暇，俱各力田躬耕，以資生計，今則本身自種者少，雇民佃種者多，將來生齒日衆，若不務農業，惟資錢糧度日，費用又繁，其生業有不日漸消微乎。嗣後兵丁等除操演緊要官差外，減其閑散雜差，俾伊等得有餘暇，親自耕作。並著查明應行開墾荒地，酌令自行墾種，或借給籽種，令其開墾，以資生理。又聞兵丁錢糧，俱有扣項，雖係因公坐扣，相沿日久，但每月所得錢糧，若不多留有餘，恐於伊等生計有礙，自應通盤籌算，裁減扣項，俾伊等留有餘資，不致拮据。著交該將軍大臣等公同悉心籌酌，務期均沾實惠，妥議具奏。並令飭禁浮華，不失滿洲本色，以副朕敦重根本，崇尚素風至意。（高宗二〇六、一）

（乾隆一三、九、庚辰）户部議：盛京户部侍郎德爾格等題覆，乾隆四年郎中徐萬卷條奏，查丈盛京各城界內馬廠等處長寬四至並荒地令查明招墾一案。一、鑲黃旗漢軍佐領李國宰等三佐領，以山尖泡處馬廠窄小，移往黃蠟坨子地方牧放，並金州八旗增城東澄沙河等四處小馬廠，向係空閒，不堪開墾。應如所請，准其移增，並將馬廠坐落四至丈明，造册送部。至三尖泡處舊廠內私墾地二十餘處，應令照例入官變價。其餘閒荒，悉招旗人認墾輪租。一、長興島內旗民地畝，現據該侍郎等查明，已入紅册者三萬八百九十八畝零，但每年徵糧若干，何年起科，應令再查報部。其車世烈等陸續私開地畝，照例入官，分別等則，估價招旗人認買。所遺荒甸招墾。一、山廠委員查丈，立定四至，造册送部。至私開地畝內，鑲黃等旗四廠既屬廢棄，應令估變招墾。其英額林子等處，丈出私墾地畝，有礙地方，應即平毀。仍飭該管地方官，不時查察，毋許私墾。從之。（高宗三二五、三八）

（**乾隆**三〇、一一、**丙子**）諭曰：倭盛額奏，在京旗人，盛京有房地者，因相隔遼遠，不能親往查看，不肖莊頭私行隱匿典買，請加治罪，等語。此等惡僕，固宜嚴懲，即私行售買及居間人，亦應一併治罪。但恐不肖之徒揑故訛詐，亦不可不防其漸。著該部詳悉定議辦理。（高宗七四八、七）

（**乾隆**三一、三、**癸酉**）又諭：戶部議覆，侍郎英廉奏請丈出盛京旗民餘地准令無地兵丁閒散人等認買一摺，原爲旗人生計起見，但此等無地人戶，貧富不齊，其有餘者，置產必多，而無力之家未必能一律承買，恐於伊等資計仍無實際。因念該處冬圍兵丁一切鞍馬之需，不無拮据，若將此項餘地內酌撥徵租，每年賞備資裝，於該兵等殊有裨益。其應撥用若干，及所餘地畝除撥補隨缺各項外，或可一體徵租存貯動撥，或聽旗人認買，毋致有名無實之處，新柱現在出差盛京，著會同該將軍府尹等確勘該地實在情形，妥協定議具奏。尋奏：丈出餘地，約共三十一萬二千四百晌有奇，其撥補官兵隨缺各項地，應就本境撥給，再有餘者，即令原種之旗民照數納租承種。按地畝肥瘠、糧額等差，分別覈計，每年共徵租銀十一萬二千四百兩有奇。查每年派撥冬圍兵丁一千三百名，每名擬賞銀十五兩，即於此項租銀內按數撥給，餘銀解交盛京戶部，另貯候撥。如此一轉移間，不特冬圍兵丁鞍馬有資、無稍拮据，而官員兵丁俱可得地耕種。下部議行。（高宗七五六、五）

（**乾隆**三一、一〇）是月，盛京將軍舍圖肯等奏：軍機大臣等議覆，奉天府府丞李綬奏請設瀋陽書院一摺，令臣等會議。查瀋陽書院，始於乾隆七年，前任府尹霍備勸捐修建，向緣經費無項，未經辦理。今即就舊有書院延師，慎選生徒，勤加訓誨，實於文風有裨。至奉天州縣，每學設立學田一千畝，每年可得租銀七百餘兩，此項租田，原以養贍貧士，令其力學，應即以此作束脩膏火之費，餘銀仍酌給貧士。其一切應行事宜，責成治中總理、府

丞專司考察。從之。（高宗七七一、二一）

（**乾隆三二、二、乙卯**）軍機大臣等議覆：盛京將軍舍圖肯等議奏，據盛京兵部侍郎富德奏稱，盛京現丈出旗民餘地三十一萬餘晌，每年租銀十一萬二千四百餘兩，請令銀米兼收，俟各城倉貯足用，仍照例全收租銀。查各屬地方遼闊，道路紆長，運腳難免飛灑。且每銀一兩折交米一石，較市價過賤，旗民勢難輸納，應請仍照舊例徵銀。惟各城倉貯，本屬無多，應於秋收價平時，令各屬就近採買，價昂即行停止。俟倉米足數，遇青黃不接之時，即如所奏，以三成減價出糶，秋成後照數買補還倉。均應如所議。從之。（高宗七七九、一三）

（**乾隆三二、二**）是月，盛京工部侍郎兼管奉天府府尹雅德奏：現丈出餘地應徵租銀，前經議准，銀錢兼收，解盛京戶部存貯，所收錢除撥給冬圍兵恩賞，餘俱按成搭放春、秋兵餉。惟查每年租銀十一萬二千有奇，大半交納錢文，按數起解，勢必另籌運價。且祇盛京一城搭放，各城未能流通，恐奸商居奇擡價，有妨旗民日用。請將徵收租錢存貯各該州縣庫，惟將實收數報明，移咨盛京戶部酌覈。各城應發兵餉，並派撥冬圍兵應領恩賞銀兩，按各該城徵錢多寡盡數配給。所徵銀，仍按限解交盛京戶部兌收。得旨：所奏甚是。如所議行。（高宗七七九、二一）

（**乾隆三七、一一、庚子**）盛京副都統德福奏審辦錦州民人偷典官地一案。得旨：此案若僅照德福所奏辦理，尚恐未能平允，裘曰修、瓦爾達，現在盛京查勘民典地畝，著將此摺譯漢鈔寄，令伊等便道查明實在情形，秉公核擬具奏。（高宗九二〇、一九）

（**乾隆三七、一二、丙戌**）又諭曰：將軍增海等具奏，盛京各佐領下、所有馬甲多寡不等，請裁馬甲，添設步甲，其餘剩錢糧並隨缺地畝，入於正項報銷一摺，經軍機大臣會同該部覆准具奏。所辦非是。盛京額設馬甲並隨缺地畝，皆為養贍該處滿洲而設，今年久生齒日繁，若將伊等應得分例裁汰入官，於伊等生計殊屬無益。如現在京中八旗戶口繁盛，生計不無拮据，經朕特沛恩施，另賞鰥寡孤獨錢糧，以資生理。其派往西安、涼州、莊浪、寧夏兵丁，俱照所派之額，在京挑補。又添兵缺甚多，每年多費帑金不下數萬，並無恡惜，國家一切用度，固應節儉，然亦止宜酌減無益糜費，並查覈不肖人員，使不得從中侵蝕，至於正項應支之處，豈可節省。盛京滿洲，皆朕臣僕，人丁日盛，不敷養育，尚宜酌量添給，豈有轉將伊等現在應得分例裁汰之理。今各佐領下馬甲，額缺不均，固宜均勻辦理。但此項裁缺錢糧地畝，亦宜斟酌養贍多人，或添設步甲，或養育兵，俾衆人均霑實惠。不宜如此辦理。著將此項裁汰之馬甲三百六十名錢糧，交增海等，或添設步甲，或添設養育兵，惟期普被恩施，辦理具奏。其隨缺地三千一百六十晌，如何使衆人均有裨益之處，並著增海等定議具奏。將此通諭中外，示朕體恤滿洲至意。（高宗九二三、三三）

（乾隆三八、二、乙丑）欽差尚書裘曰修等奏：查盛京民典旗地，計十二萬餘晌，蒙恩動帑回贖。請嗣後原業旗人，自能耕種，准其徹回，原佃民人欠租，官爲催比，如抗玩不交，徹地另行招佃。至帑項未經扣完以前，旗人不能自種，佃戶又無拖欠，遽將地畝徹回者，治罪示儆。得旨：所奏是。依議。（高宗九二六、一八）

（乾隆三八、八、庚寅）諭軍機大臣等：上年奉天查贖旗地一事，經裘曰修會同履勘後，交瓦爾達等詳加查覈。今半年餘，尚未見奏查辦完竣，現已降旨，將瓦爾達革職。所有查辦旗地案內，或尚有未完事件，著交喀爾崇義仍會同將軍弘晌、府尹博卿額，即速悉心確查妥辦具奏，並將瓦爾達等曾否清查完竣緣由，一併查明奏覆。將此諭令知之。尋奏：臣等公同確查，應動帑回贖旗地十二萬六千八百二十六晌，已經欽差尚書裘曰修等履勘，奏准照戶部原議辦理。嗣續行首報民典旗地五百九十餘晌；自瓦爾達離任後，復據各州縣造報回贖地三千四百二十餘晌。尚有地一萬四千一百六十餘晌，未據各州縣造報回贖，臣等現勒限催令如期辦竣，不使遲延。俟報銷全完，用過銀數清册，再覆加詳查，報部覈扣。報聞。（高宗九四〇、七）

（乾隆四一、五、戊寅）諭軍機大臣等：本日戶部議駁弘晌等奏盛京各城兵丁隨缺地畝，請交地方官按則徵租，將所得租銀折中定價，改給米石一摺。所駁甚是，已依議行矣。各城兵丁，賞給隨缺地畝，俾其自爲耕種，以資養贍，所以體卹兵丁者，至爲周渥。弘晌等乃因其地有遠近，輒欲官爲徵收，按價折米。設或豐歉不齊，採買無資，又將作何籌辦。該將軍等何未計及於此。至從前定議時，原令將現在閒空荒甸就近均匀分撥，何以兵丁等受撥之田，悉皆窵遠。是當時已屬辦理不善。即或因地畝不能就近分撥，有斷難照辦之勢，當時即應據實奏明，另爲設法妥辦。乃歷年相沿已久，忽欲一旦更張，又不計其事之是否可行。是徒欲邀譽衆兵，而未知通盤籌畫，有是理乎。著傳諭弘晌等，即將因何如此改辦緣由明白回奏。仍照部議，將其中有無弊混之處，據實奏覆。此旨著由四百里傳諭知之。（高宗一〇〇八、一七）

（乾隆四二、一二、己酉）軍機大臣等議奏：據盛京將軍弘晌奏稱，大凌河馬廠西北，杏山、松山地方，丈得澤田萬畝有奇，地甚肥美，請移閒散宗室分往居住。查閒散宗室內，願往者一百十五戶，大小共二百零三名，其十歲以上及隨孀婦之單户閒散宗室，共一百三十四名，餘俱未及十歲，係隨父兄度日，不必給予房間地畝等項。其應得者，每名給銀二百八十兩，暫給八十兩，治裝起程，俟到該處時，再給二百兩。每人給地畝三頃，一半官爲開墾，一半著自行從容開墾，或令家人耕種，或募民耕種。其地畝不許私行典賣，如查出私行典賣者，將價銀、地畝並追入官，典賣人照違禁例治罪。如有病故乏嗣者，將家產呈報將軍，分給人口衆多之宗室成丁者。再每户給房八間，如子弟衆多，不敷居住者，著該將軍酌量多予數間。其房屋編爲四屯，各就地畝近處修築。查在京宗室，十歲者每月給銀二兩，二十歲三兩，每歲給米四十八斛。今遣伊等前往，不必支給米石，仍按歲照京城宗室例，減半給與銀兩。俟十年後，居久服習，全行裁汰。又每人給予耕種器械。到該處，先給一年口糧，應飭該將軍將應墾地，即豫行派兵耕種，收貯糧石，以備給予。其紅白事應得銀兩，俱照盛京舊居宗室例辦理。再墾地蓋房，豫交該將軍辦理，俟來年秋季，分作二起遣往。請飭宗人府於京城現任奉恩將軍內，揀選四員護送，到該處即分住四屯，令其嚴行管束。又由現往宗室內，擇老成者，每屯揀選二名，賞戴金頂，協同辦事。奉恩將軍係現任官員，其應得之俸，照舊給予外，每員給地五頃、房十二間、銀三百兩，仍給予耕種器具。所管宗室內，有妄行滋事，或私將房地典賣等事，將該管官一併治罪。盛京舊居之宗室等，或有生齒日繁不能度日者，併飭該將軍酌給地畝錢糧，一體辦理。從之。（高宗一〇四七、三）

　　（乾隆四三、三、壬戌）軍機大臣等議覆：盛京將軍宗室弘晌奏稱，前因盛京丈得閒田，議請移駐閒散宗室一百餘户，分爲四屯，給屋一千八間、地四百四十三頃，每屯駐宗室章京一員；閒散三十户，建屋木料，由遼陽、寧遠等處運買，甎瓦缺少，户給瓦屋三間，餘蓋平棚。墾田一犁三牛，兵爲耕種，一切需費，先由盛京户部支領。又每屯設貼寫、傳事、馬甲各四名，並另給蕩田一頃，取租作爲公用。此外餘地招墾。俱應如所請。得旨：此事暫行停止辦理。著存記。（高宗一〇五二、四）

　　（乾隆四五、五、庚寅）又諭曰：李侍堯名下所有陸續置買田產什物，自應概行查明入官，毋得稍有漏匿。至伊盛京房地及所得老圈地畝，未便因李侍堯一人獲譴，一概籍没。（高宗一一〇六、二八）

　　（乾隆四五、七、丙戌）諭曰：李侍堯雖經獲罪，其先世李永芳、巴顏俱著有勳績，其在盛京所遺之房產及老圈地畝，俱著加恩賞給，免其入官。（高宗一一一〇、一九）

　　（乾隆四六、一〇、丁亥）又諭曰：索諾木策凌奏稱，現今查出流民私墾地畝，酌定租銀，併定旗倉納米數目。此內如有畏賦重不肯承種、仍回原籍者，將地交旗人耕種，照紅冊地畝例納米。仍嚴飭民間永遠不准私墾官地，如旗人不種，又暗令民人耕種取租者，除一併照例治罪外，仍將地徹回入官，等語。索諾木策凌所辦尚是，已交部議矣。盛京、吉林二處，流民私墾地畝，辦理錢糧，事屬一體。昨和隆武奏稱，應納地丁錢糧十三戶居民，俱棄地逃走，不知去向。和隆武所辦，如果人心悦服，何至逃走不知去向乎。又稱，仍將地收回，著窮苦滿洲耕種，如再有逃者，亦照此辦理等語，甚屬糊塗，不知事體輕重。奸民欲隨意耕種，則令其耕種，如不遂意，則任其逃避，有是理乎。且所遺地畝，令滿洲耕種，滿洲慵懶不種，此項奸民，仍然潛回。給與微末租價，仍得耕種，於滿洲何益。和隆武若俱照索諾木策凌辦理，自能妥協，伊即糊塗不能辦事，豈亦不能倣效他人乎。著傳諭和隆武，接奉此旨後，將究竟如何辦理之處，速行奏聞。並將索諸木策凌奏摺，鈔寄閱看。（高宗一一四三、六）

　　（**乾隆四六、一一、己亥**）諭：户部議覆，索諾木策凌等奏查丈流民私墾地畝仿照山東科則定賦一摺，自應如此辦理。流民私墾地畝，於該處滿洲生計，大有妨礙，是以照內地賦則酌增，以杜流民占種之弊。且徹出地畝，並可令滿洲耕種，不特旗人生計有益，並可習種地之勞，不忘舊俗，原非爲加賦起見。至吉林與奉天接壤，地糧自應畫一，今据户部查奏，吉林所定額賦，又係照直隸辦理，與奉天查照山東科則者互異。是和隆武專似爲言利起見，殊非均平賦額，加惠旗人之意。所有吉林地畝錢糧應收賦則，著將户部原摺交和隆武會同索諾木策凌，詳悉熟籌，酌中畫一定額，妥議具奏。（高宗一一四四、一）

　　（**乾隆五五、一〇、甲戌**）諭軍機大臣等：據伊齡阿查明松山、杏山等處牧廠地畝一摺。此項地畝，於紅冊之外，丈出多畝，皆係影射私開，自應查明業户，照畝數之多寡，治以應得之罪。其查出尚可開墾荒地，未便聽其拋棄。今據伊齡阿逐畝丈量，必須登記簿冊，既可備招募開墾之需，亦可杜影射占據之弊。現在奏到摺圖存記，著傳諭伊齡阿，再將米廠地畝，速行詳悉查勘。並將私墾各案及失察之副都統、地方文武應議各官，一併秉公查辦。俟具奏到日，交内務府會同該部分別覈議。（高宗一三六五、二四）

　　（**嘉慶四、一二、戊申**）諭内閣：據琳寧奏，查明奉天旗民私墾餘地，隱占日久，若不清查辦理，恐致妄起爭端。請將從前私種之罪，並地方官失察處分，俱行寬免。賞限二年，令各業户將浮多地畝自行首報，不拘數目，照依紅冊納糧之例，一律交納，等語。所奏尚是。此等私墾地畝，爲日已久，自應清查辦理，以杜爭端。著照所請，賞限二年，令各業戶將浮多地畝自行首報。其從前私種之罪，及地方官失察處分，俱著加恩寬免。惟所稱照依紅册地畝納糧一節，尚未妥協。向來納租，餘地每畝交銀六分，今著加恩減半，每畝酌中納租三分，折交錢文，自於旗民生計爲便。如有逾限隱匿不首者，准令地鄰人等首報，丈出餘地，即撥給首告之人耕種納租。該將軍等，務須督飭所屬，實力詳查，儻吏胥等有藉端勒索影射等弊，必當嚴行治罪，決不姑貸。（仁宗五六、四一）

（嘉慶一〇、八、癸未）諭內閣：盛京清查民典旗地一事，前經戶部議令勒限一年，准其首報。其旗人首報者，徹地入官，即佃原業旗人按則輸租，免罪免追典價，民人照例治罪，並追歷年租息入官；民人首報者，免罪、免追租息，即佃原首民人輸租，並免徵一年租銀，以抵典價；其出典之旗人照例治罪，並追典價入官，如旗、民公首者，均免治罪，免追典價租銀，仍令民人佃種，三年後將地入官，交原業旗人承種輸租，當經降旨施行。今據富俊等奏稱，自上年九月至今，業據旗民首報地約計二十一萬餘畝等語。此項民典旗地，事閱多年，且尚有輾轉接典等事，頭緒繁多。該旗民等，均係窮苦之人，今既各將地畝呈首，而一則應追典價，一則應追租息，俱不免追呼之擾，且尚有應得罪名，其情究屬可憫，茲格外施恩，著將業經首出地畝所有旗民人等應得之罪並應追典價租息銀兩，一併寬免。此事前已降旨展限至明年二月爲止，嗣後旗民人等，如有依限續行首報者，一律照此辦理，以示朕省方行慶普惠旗民至意。至應議章程，仍著富俊等屆限滿時，再行奏明交部覈辦。（仁宗一四八、五）

（嘉慶一四、三、壬戌）諭內閣：據戶部奏、議覆盛京將軍富俊等，查明內務府莊頭羊草官甸情形一摺。此案奉天旗民所種官甸，既據該將軍查明，該莊頭等，自順治、康熙年間，因備養官馬，即占取官荒以供差徭，迄今百數十年，久已視爲己產，不復知爲官荒，與私開各案，稍有區別。著照部議，所有墾熟官甸，准其按例交租。其未經開墾及水衝沙壓之官甸，俟開墾後，隨時呈報辦理。歷任失察職名，並著加恩寬免。餘依議。（仁宗二〇八、五）

（嘉慶一六、閏三、丁酉）定盛京七廟養贍喇嘛丁地科則。先是七廟喇嘛等，於官撥養贍地加差累丁，致興獄訟，經盛京戶部侍郎薩彬圖等會議章程具奏，下軍機大臣議。至是議覆：各廟莊地、園地並一自行招佃租地，計三萬九千一百七十六畝零，概行升科，每畝納銀八分，交各界官徵收，按照喇嘛名目，分別支給口糧。其丁銀照奉天民丁例，按則徵收，分給各廟，以

充公用。從之。(仁宗二四一、一一)

（嘉慶一七、八、壬子）諭軍機大臣等：松筠等奏會勘大凌河牧廠餘地並柳河溝一帶，均可陸續移駐旗人墾種緣由一摺。……今松筠等所勘大凌河、柳河溝一帶之地，距盛京省城皆遠在數百里之外，四面遼闊，並無官員駐劄，設旗人移住居住，憑何約束。……至摺內所叙東廠南北東西，周圍不下百餘里，皆有積水，須自邊牆相地開河，使入大川歸海，方可涸出沃壤。又東柳河溝一帶，積水蕩漾，須自北山、東由拒馬流河，西至鷀鷹河，橫開大渠，束水入海，方可闢墾耕屯，等語。開渠引水，必須察勘地勢高下，方不至受水之患。十年前詣盛京，馬上遥見海水混茫，海舶來往，高仰之勢顯然，即使地勢合宜，而興舉鉅工，事豈易言。現在帑項不能寬裕，伊等豈不熟知。即使儲蓄充盈，朕亦不肯徒勞罔功，爲此無益之事。松筠等所議，俱不可行，亦無庸繪圖呈覽。既據伊等奏稱，大凌河一帶地方，多有閒曠地畝，向被游民私墾，著即嚴行示禁，將閒曠之地造册存記，或日久另有需用之處，以備查考。至鳳凰城一帶，松筠、富俊已往查勘，即使勘有可墾之地，亦無庸辦理。(仁宗二六○、六)

（嘉慶一七、八、乙丑）諭軍機大臣等：松筠等奏，續經會勘彰武臺邊門外、養什木河牧廠閒地可移住旗人，並籌辦大凌河西廠，先行試墾各緣由一摺。盛京駐旗人一事，現在經費不敷，實不能辦理。前次松筠等奏到會勘大凌河牧廠地畝情形，已有旨詳晰指示，松筠等仍遵照前旨，毋庸勘辦，亦不必繪圖呈覽。其所稱大凌河西廠東界一帶，於大道附近之處，酌墾田數十頃，於今冬雇夫翻犁，來春給以籽種，先行試種一節，該處既有可墾之田，著該將軍等即雇夫試種。如獲有秋收，陸續開墾，其所交糧石，即於附近存貯，亦可留爲將來添贍旗人之用。將此諭令知之。(仁宗二六○、二三)

（嘉慶一七、九、甲戌）給移住盛京宗室每户田三十六畝。從欽差協辦大學士松筠等請也。(仁宗二六一、四)

（嘉慶一八、九、己丑）諭軍機大臣等：據和寧奏，查勘大凌河、養息牧曠地，初年試種，著有成效一摺。大凌河東岸一帶及養息牧空曠廠地，經該將軍等派員劃定地界，分投試種，現在大凌河一處，墾成熟地五十頃，計四年加墾，可得熟地一千頃；養息牧河一處，墾成熟地一百六十八頃，計五年加墾，可得熟地八千四百頃；該旗佃等甚爲踴躍。和寧辦理此事一年，已有成效，著即循照辦理，自可冀地利日闢也。(仁宗二七五、一四)

（嘉慶一九、八、丙寅）諭軍機大臣等：前據潤祥等奏，請停止大凌河牧廠試墾地畝，將旗民人等徹回，此項廠地照舊分撥三營，添補牧放。當交軍機大臣等會議。茲據富俊奏稱，此項試墾地畝，實與三營牧群無礙，若將已墾成熟之地全行廢棄，領佃旗人雇工等一千六、七百人，全行失業，於旗人生計大有關礙，等語。此項試墾廠地，若有礙牧群，自應停止。如三營牧地，本無不敷，新墾地畝，原屬閒荒，可裕旗人生計，一旦廢棄，亦覺可惜。所有潤祥等前奏請勒令領佃旗人等進邊，以及拆卸窩鋪，平毀溝壕等事，著和寧等飭令暫行停止，無庸辦理。晉昌即日到京，陛見後，即令赴任。文寧於此事未經查辦，無所迴護，著派晉昌於到任後，會同文寧親往該處覆加履勘，詳悉妥議具奏，候旨遵行。將此諭令知之。（仁宗二九四、二一）

（嘉慶一九、一〇、丙戌）諭內閣：晉昌等奏，勘明養息牧河牧廠試墾情形一摺。此案養息牧河牧廠，前經松筠、富俊、和寧於會勘大凌河西廠試墾摺內，請將該牧廠查丈，歸官開墾。其時因經費不敷，降旨停止勘辦，惟令將大凌河西廠試墾。續經和寧、富俊將該牧廠地畝撥給錦州、義州各界旗人及陳新蘇魯克認領試墾。嗣據潤祥等於審辦烏特拉丹撒等控案，查明該處牧廠試墾不便情形，並將松筠、和寧、富俊參奏，當經降旨，令軍機大臣會同該部議奏。未及議上，復據富俊奏稱，開墾此項牧廠，不糜經費，而於旗人生計有益，廢棄實屬可惜，等語，復經降旨，令晉昌會同文寧確勘具奏。茲據奏稱，該牧廠地在邊外，距錦州、廣寧、義州皆三、四百里，旗人無力者不能開墾，有舊業者又不肯捨舊圖新，現在試墾者，多係內地民人包攬分種，於旗人生計無益，徒為奸民牟利之藪，等語。所見甚是。該牧開墾，於旗人生計無益，且與牧政有礙，著即裁徹。其潤祥等原奏各事宜，仍著軍機大臣會同該部議奏。松筠、和寧，仍著議處；富俊，固執不通，呶呶瀆奏，著嚴加議處。（仁宗二九八、二七）

（嘉慶一九、一一、己酉）諭軍機大臣等：本日軍機大臣會同該部議奏烏特拉丹撒等罪名，已依議行矣。此案養息牧廠閒荒地畝，松筠等於奉旨停止勘辦之後，復行試墾，並未詳悉奏明，乃伊等之咎。至此項地畝，原在三營牧廠之外，其陳新蘇魯克黑牛群，原定牧廠界址，各寬二十餘里至八十里，長四十里至一百數十里不等，本屬寬餘，近年又撥給養贍地一萬四千六百晌，於生計更為充足。此項曠廢馬廠，與牛羊廠毫無干涉，該牧丁等，前此藉以牧放私有牲畜，並私自開墾地畝，駕詞誣控。茲審明分別治罪，若仍聽該牧丁等占據牧放，刁風斷不可長。即如軍機大臣等所議，令該將軍每年派員巡察，嚴禁私墾私放。但地既關曠，又與三營廠界相連，恐稽察難周，仍復多滋訟端。上年九月內，和寧具奏，養息牧曠地，現已開墾成熟一百六十八頃，五年加墾，可得熟地八千四百頃。曾經降旨，以此事辦理一年，已有成效，著循照辦理。本年該處秋收豐稔，旗佃均霑利益，此時若盡行裁徹，平毀溝濠，拆逐窩鋪，轉多紛擾。此事既不糜國家經費，每年又增收租穀，竟以仍行開墾爲是。地既開墾，則松筠等處分亦可稍減。松筠、和寧，俱改爲降一級留任；富俊改爲降二級留任，仍准抵銷。此事著專交晉昌。仍派和忠前往該處，將界址、溝濠逐一覆勘。其應如何分給旗丁等照舊耕作並經理妥善歷久無弊之處，著晉昌詳查，妥議具奏。將此諭令知之。(仁宗二九九、二三)

(**嘉慶二三、一、壬寅**) 諭内閣：富俊等奏大凌河馬廠曠地，試墾期竣，酌擬章程一摺。大凌河牧場餘地，試墾期竣，勘丈於原墾續墾十一萬餘畝外，尚浮多地五千八百餘畝，均地近海濱，其中磽薄沙鹹者多，不能按原議照直隸旗租之例升科。著加恩即照養息牧試墾地畝之例，每畝徵租銀四分，作爲定額。現存已徵穀一千七百八十餘石，准其減價十分之三出糶，價銀解交盛京戶部存庫備用。其起科年分、催徵考成及收成分數、查禁私典各章程，俱著照所議辦理。(仁宗三二八、二)

2. 吉林

(**乾隆一四、一○、癸巳**) 大學士等議覆：寧古塔將軍永寧奏稱，吉林烏拉、伯都訥等處旗地，現丈出餘地三萬八千五百八十六畝，並游民私墾地一萬三千八百九十八畝，俱應照盛京納糧之例，編爲三等，今年秋收，即令納糧。其未丈地畝，詳細確丈，每年報部納糧。應如所請。其京城、盛京、黑龍江地方旗地，應令各該旗、該將軍查明，到日另辦。從之。(高宗三五一、三)

(**乾隆四五、七、壬寅**) 軍機大臣等議覆：吉林將軍和隆武奏稱，三姓地方，原立官莊十三處，每歲納穀三千石入倉，積至三萬石，爲應貯定數。除供給雜項口糧米石外，餘穀二千餘石，於青黃不接之時，糶與兵丁，甚有裨益。但現在新駐寧古塔及三姓地方貢納貂皮人等，二千三百餘户，均需賞給口糧，原糶穀石不敷，請增設官莊五處，自明年爲始，每丁令其交穀三十石，共收穀一千五百石，以資接濟兵丁口糧。應如所請，交該副都統明英派員妥協辦理。從之。(高宗一一一一、一六)

(**乾隆四六、一二、己卯**) 又諭：户部議覆，和隆武奏請將吉林地畝錢糧數目，酌與盛京地畝錢糧數目覈定一摺，請以地之頭、二、三等定其錢糧，等語。所辦得中，已依議行矣。此事初因和隆武查出地畝錢糧，所定額數過多，愚民皆懼不能交納，漸至逃避。如伊果能酌中辦定，則編氓何至棄產遠逃。是皆和隆武不知事之輕重，惟務多取所致，非朕諄諄訓示，則此事任伊所辦，必至不妥。和隆武，著傳旨申飭，並令伊嗣後遇一切事務，留心辦理，斷不可稍事輕率。（高宗一一四六、二二）

（**嘉慶一七、五、丁丑**）諭內閣：賽冲阿等奏，吉林官莊壯丁積年拮据情形一摺。據稱，該處官莊設立之初，丁戶富庶、地土肥腴；歷年來壯丁缺額、牛隻不敷原數，兼有拋荒地畝，不堪耕種，糧石攤徵，致多積欠，請量加調劑，等語。吉林官莊丁戶，近多缺額，應徵糧石逐漸攤徵，丁力日形竭蹶，既據該將軍等徹底清查，自應覈實辦理。著照所請，加恩將該處應徵丁糧，即以一萬零六百八十石作爲正額；所缺壯丁二百三十四名，准其以現存幼丁，於五六年後添補足數；所缺官牛一百一十七隻，准其於五年倒斃牛銀內豫支一半銀一千零五兩，陸續買補，每年仍領未支一半銀二百零一兩，俾資按年添補；其不堪耕種地畝，著於零星閒荒內桃揀撥補，招丁抵租。至所欠官糧二千九百五十九石四斗，著加恩豁免一半；餘剩糧石，著落值年官員名下，分作五年賠補交倉，俟糧額交完，方准更換。並著該將軍等於將來丁牛敷額、撥補地畝齊全後，再行察看情形，將能否查照原額交糧之處，另行酌議具奏。（仁宗二五七、七）

（**嘉慶一七、一一、庚辰**）諭內閣：賽冲阿等奏新增錢糧，請分別覈實攤徵一摺。伯都訥東十甲黑林子地方，丈出新陳餘地，應徵銀兩，自十六年起徵，至今未能一律完納。現據二道河西民衆結稱，東十甲地畝，本屬低窪，不如河西屯堡平坦膏腴，所有東十甲未完銀糧，情願自十七年起，永遠代爲攤徵十分之六，所餘四成，令東十甲民戶自行完納。經該副都統履勘屬實，並無勒徵情弊，自應准其通融攤徵，以紓民力。著照所請，該處應徵銀六千零三十兩六錢七分五釐，自十七年起，著於東十甲實徵四分，河西攤徵六分，分別造册，永遠照徵。其十六年未完銀二千九百六十兩九錢五分，除逃丁正耗銀四百七十八兩九錢九分五釐准其豁除外，其餘銀兩，仍於東十甲民戶分作五年帶徵。其新陳流民拋荒地畝，著飭令招佃耕種，交納錢糧，無致曠廢。（仁宗二六三、一六）

（**嘉慶一九、一一、癸丑**）諭軍機大臣等：富俊等奏，豫議試墾章程，請先於吉林等處閒散旗人內，揀選屯丁一千名，每丁給銀二十五兩、籽種穀二石，於拉林東南夾信溝地方，每名撥給荒地三十晌，墾種二十晌，留荒十晌。試種三年後，自第四年起，交糧貯倉，十餘年後，移駐京旗蘇拉時，將熟地分給京旗人十五晌、荒五晌，所餘熟地五晌、荒五晌，即給原種屯丁，免其交糧，作爲恒產。並將屯田出入各數、屯丁用款及設官管理章程，開單呈覽。此項試墾地畝，需帑無多，將來開墾成熟後，移駐京旗閒散，與本處旗屯衆丁錯處，易於學耕夥種，不致雇覓流民代耕，啟田爲民占之弊。所議似屬可行。其單內合計十年用銀四萬零五百兩，其試墾之第一年，祇需銀二萬八千餘兩即可興辦，著即照富俊等所議，挑選屯丁一千名，由該處備用銀兩內撥給牛價等項，公倉內撥給穀種，如法試墾。富俊現准來京陛見，著松寧先行經理，俟富俊回任後，一切會同妥辦。此事創行伊始，伊等務計畫周詳，督率各屯丁勤習耕作，並隨時認真查察。如一年辦有成效，則積至十餘年後，所得租穀糶價，大可裕旗人生計。若仍令雇民代墾，或將地畝私行租佃，久之悉爲流民占據，將來移駐旗人時，無地可耕，則該將軍等辦理不善，咎有攸歸，斷不寬恕。其所議按年徵租及派撥官兵約束一切章程，均著照所議辦理。將此諭令知之。（仁宗二九九、二七）

（**嘉慶**二三、一一、**庚子**）諭軍機大臣等：……本日又據松寧等奏，站丁藉地當差，今因私相典賣，若將各站丁地畝普行勘丈，每名留給十晌，餘俱入官徵租，丁力拮据，請仍其舊，等語。此事並著富俊悉心覈計，應如何派撥均勻，俾各有力當差，不致私行典賣，妥議章程具奏。（仁宗三四九、九）

（**嘉慶**二三、一二、**辛巳**）又諭：富俊奏覈議吉林站丁地畝章程一摺。吉林站丁，私將地畝典賣，若將該丁等自墾地畝普行勘丈，每名僅給十晌，餘俱入官徵租，丁力必驟形竭蹶，著仍照松寧原議，循舊辦理。至查出典賣與民地一萬三千五百六十三晌五畝，著照富俊所議，均勻賞給額設站丁八百五十名，每名十五晌九畝零，即作隨缺工食養贍津貼。其當差窮苦站丁，各按典賣之民種滿十年，照該村屯租地寬減二成，給該丁納租，不准該丁奪地另佃，如民抗不交租，照例徹地，交站丁自種。嗣後如再有越界私墾及私相典賣者，丁民俱一體治罪，地價全行入官，以示懲儆。（仁宗三五二、五）

3. 黑龍江

（**康熙**二六、一〇、**丙午**）諭大學士等：黑龍江官兵口糧，關係至重，屢次轉運米數，並黑龍江墨爾根地方接續所種米數，宜加察明，自盛京等處廣運米石，以爲久遠裨益之計。此皆當周詳區畫。又發遣彼處游手無事之人甚多，其口糧作何酌給。前至黑龍江一帶，乃徑直通衢，往來轉輸，斷不致稍有阻滯。如蔡毓榮等巨富之人並殷實之家，概予口糧，殊覺未當。彼處漢軍，皆著察出，披甲當差。游手無事之人，可分設官莊，廣開田畝，以爲恒產。令戶、兵二部賢能司官速往逐一察明，到日確議具奏。（聖祖一三一、

一二)

（康熙二九、一〇、壬戌）户部議覆：黑龍江將軍薩布素疏言，墨爾根居住之總管索倫安珠護等，每年耕種官田二千餘晌，令官兵移駐墨爾根，請即以此項成熟之田分給耕種。應如所請。從之。(聖祖二四九、五)

（乾隆八、二、庚戌）户部議准：黑龍江將軍博第等疏稱，呼蘭溫得亨山並都爾圖一帶，地廣土饒，水草佳美，請安設官莊五座，並乾隆六年十二月內添設五座，俱於額丁內挑領催一名管理，錢糧一體給發。從之。(高宗一八五、一八)

（乾隆一一、六、庚寅）户部議覆：黑龍江將軍富森疏稱，呼蘭左近溫得亨山，地土寬廣，水草佳美，可設官莊。請於奉天將軍查送願種地開户人內能種地之壯丁，每十名設官莊一座，仍歸舊官莊領催管轄。應如所請。從之。(高宗二六九、二四)

（乾隆一一、一二、丙寅）户部議准：黑龍江將軍傅森疏稱，黑龍江被水官莊三座，酌移額爾本河開墾，所有蓋造兵房並派兵協墾，及分別年限交納錢糧各事宜，均照呼蘭添設官莊例辦理。從之。(高宗二八〇、九)

（乾隆一六、一二、辛亥）户部議准：黑龍江將軍富爾丹等疏稱，呼蘭城、溫德亨山八座官莊地畝，疊被水災，不堪耕種。請移於巴延穆敦、郭爾敏穆敦地方。從之。(高宗四〇五、五)

（嘉慶九、二、癸酉）諭軍機大臣等：那彥成奏籌辦齊齊哈爾事宜一摺，並條列六款進呈。朕詳加披閱，如所請。嗣後內地民人有來黑龍江貿易者，准其攜眷居住，種地謀生；屯丁之放出為民者，亦准其安居樂業，不必逐出境外一款，事不可行。……，惟據稱該處田土多曠，屯丁日貧，自當妥為調劑；或於該處屯丁子弟內，或於發往罪人內，酌給籽種牛具等項責令開墾，以期土無遺利，人有恒業，方為盡善。至所稱每丁領牛一隻，須交糧二十五倉石，而官員子弟及兵丁之不領牛隻者，一任種地之多寡，並無升斗之糧，以致富者日富，貧者愈增積欠。此則太覺偏枯，亦應將官員及豐厚之户承種地畝立定限制，不准私行開墾。著觀明會同宜興體察情形，酌立章程，總當使旗人等均沾樂利，期於行之可久；並將那彥成所奏請添給新官莊牛隻倒斃銀兩及請減額糧等款，一併詳悉妥議，用漢字摺具奏，候旨遵行。再據那彥成面奏，黑龍江兵丁有不能騎射者。該處兵丁素稱勁旅，豈可廢弛騎射至此。並著觀明隨時查察，務令嫻習為要。將此諭令知之。(仁宗一二六、一五)

（三）直省駐防八旗官兵田地

1. 直省駐防旗兵置産規定

（**順治二、九、己巳**）諭户兵二部：近來土賊竊發，民不聊生。如直隸順德府，山東濟南府、德州、臨清州，江北徐州，山西潞安府、平陽府、蒲州八處。著滿洲統兵駐劄，務期勦撫得宜，以安百姓。以上八處駐劄滿兵，著給以無主房地。其故明公、侯、伯、駙馬、太監地，察明量給原主外，餘給滿洲兵丁。（世祖二〇、二一）

（**康熙二三、四、庚子**）和碩康親王傑書等會議：江寧、杭州、荆州、西安等處駐防官兵，雖爲地方緊要，分撥佐領駐防，伊等老病致仕退甲與已故官兵家口，如不令回京，仍行留住外省，恐年久漸染漢習，以致騎射生疎。嗣後除盛京寧古塔不議外，江寧等各省駐防，凡有老病致仕退甲及已故官兵家口，俱令回京。所缺之兵，即於彼處頂缺披甲。如不得人，該將軍申明原由咨部，自京補送，著爲定例。得旨：依議。西安等各省駐防官兵，原非令其久住，若置立産業墳塋，遂同土著，殊屬不合。著該將軍等嚴行禁止。（聖祖一一五、三）

（**雍正一三、一二、丁亥**）又諭：從前條奏旗人不許在外置産者，蓋以旗員歷任外省者甚多，往往回旗之後，遺留田産於任所，安設家人，潛匿户口，滋生事端，不得不防其流弊，並非爲駐防弁兵而言也。夫駐防弁兵，久於其地，所有産業，皆遠年所置，以養贍家口者，若概令變賣，必致妨其生計。此乃奉行錯誤，非立法之本意。著該部即速行文外省駐防將軍等知之。（高宗九、二七）

（**乾隆二〇、一、己亥**）又諭：據方觀承所奏正白旗圍場兵丁，開墾地畝，用過傭工口糧以及賃用牛具等項一摺，已飭交該部矣。但圍場兵丁，給地耕種，原爲伊等養贍之計，惟當指與地畝，令其自行耕種，何必又雇民人，代爲墾治。即使雇人墾治，而山溝隙地，平衍饒沃，略加鋤犁，即可樹藝，似亦不必費至工本九百餘兩。若果如此，則出口種地貧民，豈能各費如許工本乎。事經官辦，遂多糜費，即此可見。可傳諭方觀承，令其再行確查，據實覆奏。尋奏：賞給正白旗兵丁荒地三千六百畝，遠雇民夫，剋期墾治，畝實費銀二錢六分七釐有奇。報聞。（高宗四八一、一九）

（**乾隆二一、二、庚子**）定駐防兵丁置産留葬例。諭曰：各省駐防兵丁，不准在外私置田産，有物故者，其骸骨及寡妻，仍令各回本旗。此定例也。

朕思國家承平日久，在内在外，俱已相安一體，若仍照例辦理，則在外當差者，轉以駐防爲傳舍，未免心懷瞻顧，不圖久遠之計，而咨送絡繹，亦覺紛煩，地方官頗以爲累。嗣後駐防兵丁，著加恩准其在外置立產業，病故後，即著在各該處所埋葬，其寡妻停其送京。但各處情形不同，兵丁內有無力置地營葬者，亦未可定，著該將軍、都統等酌動公項，置買地畝，以爲無力置地窮兵公葬之用。再向來此等駐防兵丁，有因患病事故呈請回京，到京後，又復挑選差使者，甚屬無謂。今既准其在外置產安葬，所有呈請回京之例，著停止。著爲例。（高宗五〇六、二）

（**乾隆五一、五、甲寅**）直隸總督劉峩奏：保定駐防兵丁牧放馬匹，從前撥給任邱縣屬無糧官荒地五十一頃，近因淤泥漸積，春草不生。查該地土脈鬆浮，尚易開墾，請招墾升科。至牧放馬匹，現有上年勘報荒地，坐落靜海縣之四黨口村一千三百餘頃，內水草茂盛者，三十餘頃，堪作牧廠，即請改撥。報聞。（高宗一二五四、一四）

2. 陝西、甘肅

（**乾隆一、三、丁酉**）鎮守寧夏將軍阿祿等奏：阿拉善山下，遠隔民田，水草甚好，請爲滿洲牧廠，並派兵出牧。即以學習圍獵舊制，兼可熟識牧放之所。報聞。（高宗一四、五））

（**乾隆一〇、四、己巳**）戶部議覆：甘肅巡撫黃廷桂疏稱，寧夏移建滿城，占用民地，先經奏明照時給價，俾另行置買。其舊城基地，並從前撥給滿兵官地，亦奏准交地方官變價。今請即將所遺官地，撥給新城所占民地各戶承種。新舊滿城，相距不過數里，民情俱甚樂從。應如所請。從之。（高宗二三九、二九）

（**乾隆一五、一一**）[是月]陝西巡撫陳宏謀奏：西安駐防八旗馬廠，每旗一百二十頃，與民地毗連，原定界址，隨高就低，不能截然畫一，且逼近渭濱，坍漲靡常，旗則指爲牧地，民則指爲種地，各圖侵占，連年控爭。臣委員履畝勘丈，每旗丈足一百二十頃，於交界之處，築墩挖濠，立定界址，令地方官諭民不得越界侵種。至民人承種之地，亦經照額丈足，分撥清楚，可以永杜爭端。復查此項外，又有丈出餘地，非旗非民，乃河灘之官地，例應召認墾種，但河濱坍漲靡常，升科請豁，未免紛煩，不若召民承墾收租，解司充公。通計興平、武功、盩厔、扶風四縣，丈出可墾地八十一頃七十畝零，俾附近之民，墾種資生，於窮民不無裨益。得旨：覽奏甚妥。知道了。（高宗三七七、四一）

（乾隆一六、六、丁巳）兵部議准：陝西巡撫陳宏謀奏稱，督、撫兩標馬廠，向無定額，是以兵民侵占互爭。臣等遴委員弁，按照各營馬數多寡、廠地高下立界，其未經承糧及開墾之地，督標丈出三百七十九頃零，撫標丈出二十五頃零，按其科租，共銀二千六百九十五兩，請照八旗馬廠奏明事例，畫一辦理。從之。（高宗三九三、八）

（乾隆二五、一二、戊子）又諭：據岳鍾璜奏，建昌鎮等處馬廠地界，多與民田相聯，屢致侵占搆訟，請照提標馬廠之例，招佃開墾收租，添補餧養馬匹，等語。此項馬廠地畝，原係給營牧馬在官之產，並非閒曠，乃毗連民地，以致日久私侵，互相控告，勢所不免。今據該提請將此項地畝佃民承墾成田，每歲收租，散給添補飼餧之資，息爭端而清案牘。事屬可行，著傳諭開泰，令其確查勘丈，酌量情形會同籌辦，務使兵民兩便，以爲久遠相安之道。將此傳諭知之。（高宗六二七、八）

（乾隆二七、四、辛未）又諭：據如松等奏稱，西安滿洲二旗副都統，俱有田園二十晌，惟漢軍二旗副都統並無田園，請將裁汰滿洲一旗副都統之田園，給與現留之漢軍副都統，等語。同一副都統，將現餘地畝給與無地之副都統，非爲不可。但陳世泰人本平常，原係裁缺留京之員，朕念其母老，持〔特？〕恩將范宜中調任，復補用西安副都統。如松此奏，特爲將此地畝與彼，而陳世泰即當陳説，阻攔將軍之奏方是，乃並不阻攔，且與聯名具奏，甚屬糊塗卑鄙。陳世泰，著交部查議。如松將陳世泰職名入奏，亦屬非是，如松，著飭行。此項地畝，不必與陳世泰；其租銀，著暫存公用，俟陳世泰出缺，另放有人時，再行給與。（高宗六五八、一一）

（乾隆四〇、八、丁亥）兵部等部議覆：西安將軍傅良、陝西巡撫畢沅奏稱，駐防西安八旗官兵牧馬廠地九百六十頃，自節次移駐新疆等處，現僅存馬三千五百，留四旗廠地四百八十頃，足備牧放，其餘四旗旗地四百八十頃，請交地方官，招民墾種升科，以作官兵紅白賞卹之需。應如所請。從之。（高宗九八八、二三）

（乾隆四一、二、庚申）兵部議准：寧夏將軍三全、陝甘總督勒爾謹奏稱，寧夏、平羅兩縣，黃河沿一帶有寧夏滿兵牧廠。查滿兵從前每名拴馬二匹，經前任將軍傅良奏准，照西安涼州例，每兵實拴馬一匹。此項廠地多有閒曠，應將平羅廠地仍留牧馬，其寧夏廠地丈勘定界，聽民認墾。從之。（高宗一〇〇三、一二）

（乾隆四二、八、丙午）陝甘總督勒爾謹、陝西巡撫畢沅、西安提督馬彪等會奏：籌辦西安提標馬廠地畝。查中、右兩營廠地一百九十七頃零，坐落成陽、興平、鄠縣，地勢寬平，水草豐美，以提標五營馬匹，統於二廠牧放。又左營廠地，硝塉夾雜，不堪耕種，亦仍存留牧馬。其前後兩營，坐落長安、咸陽、高陵、三水、淳化等縣馬廠，除沙磧塉灘土脈磽瘠不堪耕種外，計可墾地一百七十頃六十九畝，招民認墾，試種取租，與牧馬既無妨礙，而附近貧民得地墾種，足變無用爲有用，應取租息，請遞年歸還各營借項。得旨：允行。（高宗一〇三八、一九）

（**乾隆五九、一〇、辛未**）西安將軍舒亮等覆奏：查明入官地畝，賞給駐防兵丁，以爲養瞻孤寡之用。查西安駐防滿營，節經奏准於馬廠牧地租銀內支給，但該營生齒日繁，自應籌款添補，請於西安滿營內裁缺移駐入官地八項三十畝零，召佃納租，以備散給。得旨：自當如此。（高宗一四六三、六）

3. 其他直省

（**乾隆一、一二、丁亥**）總理事務王大臣議覆：山西巡撫覺羅石麟疏言，晉省口外，附近寧朔衛之劉家窰等十四村，居民有墾熟地四百餘頃，因在察哈爾鑲藍旗界內，前經賞給右衛駐防兵丁，民人皆向旗兵交租。於雍正十三年，察哈爾總管廣錫，又請給還蒙古游牧，令居民於收穫後遷居，民情甚爲戀戀。查劉家窰等村，民人建屋而居，耕田而食，已二十餘年，一旦令其移徙，則謀生託足，皆致失所。且蒙古向年以來，並不藉此遊牧，莫若照豐川衛之例，令寧朔衛守備會同該總管，將此民地查明畝數，仍准居住耕種，照例交租，散給應得地畝之蒙古等收領。應如所請。從之。（高宗三三、一三）

（**乾隆四、七、甲寅**）江蘇巡撫張渠議覆：前撫臣楊永斌奏請豁免高淳縣馬場租銀一摺。查高淳縣草場田，共五千六百六十餘畝，原係明代弊政，一田兩賦。唯是此項地畝，名雖雜項，實則即在通縣額田數內，與民田一例完糧，且磽瘠低窪，秋成出息有限，而閱年既久，已非馬户承耕，既照民賦起科，又納場租銀兩，小民輸將，殊形拮据。應准前撫臣楊永斌所請，將應徵租銀二百七十二兩零全數豁除。得旨：允行。下部知之。（高宗九六、一二）

（**乾隆二六、七、乙巳**）又諭曰：蘇昌奏，荆州八旗牧馬廠地，坐落江陵、潛江、石首、監利、枝江等縣一帶沿江地方。從前原係民間拋荒地土，後因設立滿洲官兵，即圈作馬廠。近日居民漸次報墾升科，旗人稱爲侵占廠地，民人指係納糧產業，彼此爭競不息。現在會同將軍定界造冊，以息兵民紛事，等語。牧廠關係營伍，而糧地亦民間生計所資，自必明定界限，始可永遠杜息爭端。現在沿江之地，如果牧放久經圈用，勢在必需，而民人從中計圖侵種，自應按照前此界限，查出歸旗。若僅係附近馬廠四旁，原無礙於牧放，民人又已墾熟升科，亦應仍給民人管業。蘇昌已經調任，此事著即交與愛必達會同該將軍秉公妥協勘辦，務令兵民相安，彼此有益無損，毋任有司旗員各存袒護，致乖平允之道。將此傳諭該督等知之。（高宗六四〇、一〇）

（**乾隆三六、一一、戊午**）軍機大臣等議覆：江寧將軍容保奏稱，乾隆三十二年，開墾江寧教場廢地三千四百畝，每年徵租銀一千五百六十四兩，請將此項分給八旗佐領官學公費及兵丁運腳。應如所請，造册報部。從之。（高宗八九七、一九）

（**乾隆五七、一一、丙午**）又諭：據長麟奏，請將太原駐防滿兵絶嗣入官地畝，仍賞該營作爲養贍孤寡之資，等語。所辦是。此項地畝即使入官，不過空閒，若賞給駐防兵丁，養贍孤寡，甚有裨益。一著交各省駐防將軍大臣等，均照長麟所奏辦理。著爲令。（高宗一四一六、一五）

（**嘉慶一四、一一、乙酉**）又諭：弘康等奏，丹徒縣召變蘆洲，請准京口駐防官兵承買一摺。此項入官蘆地，現經照例估變，旗人與民人同一承買，本無差別，且從前該處駐防，曾有置買儀徵縣入官蘆洲之案，著加恩准其動用存公銀兩置買，分年坐扣還款。將此項蘆地作爲京口八旗駐防公產，每年除完正賦外，按各官兵數目，酌定分領章程，務俾均沾實惠。（仁宗二二一、二〇）

（四）部寺官莊

（**順治一、一一、甲辰**）先是，設看守故明十三陵，每陵夫二十四名、田二十二頃。至是定制，除萬歷陵不設外，其十二陵各設太監二名、夫八名，照役給田。仍命户部量給歲時祭品。（世祖一一、一三）

（**順治一五、五、戊午**）九卿、詹事、科、道會議禮部條奏四事：一、該部官莊，原爲餧養牲口而設，應交回户部及上林苑監，照例徵收丁地錢糧，解送光祿寺；其餧養應用各項，自户部支給；催屯撥什庫，亦應退回各旗牛录。……應如該部所議行。從之。（世祖一一七、一八）

（**雍正一、三、乙未**）諭禮部：陵寢重地，凡有關風水者，理合嚴禁。但有相隔甚遠，本無關礙之地，概行設禁，則無知小民以私竊耕種樵採而獲罪者必多。前因陵寢地方柴薪甚艱，曾令欽天監會同總管副將詳確相度，將遥遠無礙之地令衆樵採。此等田土，或交皇莊耕種，或應作賞給之用，著總理事務王大臣，會同户部、禮部、工部、欽天監定議。尋議：陵寢風水，關係重大，謹查自分水嶺起至五靈山頂止，俱應禁止採樵，現在偷種地畝，並行查出。所有寺廟居住僧人，於風水遥遠之寺廟，酌量安住。將草搭窩舖窟座等項，盡行拆毁。其當禁止之處，各令樹立紅椿，交與古北口總兵官並四關官兵加謹巡查，再，鳳凰山及分水嶺等處地勢微窪，應派官員前往查勘，即行填墊。從之。(世宗五、一四)

(**雍正一、七、甲申**) 諭禮部：國家祀典，必貴潔誠，先農壇每歲展祀，且爲親耕藉田之所，最宜清肅。舊制，圍牆內有地一千七百畝，以二百畝給壇户種植五穀蔬菜，以供祭祀，餘一千五百畝，每年交租銀三百兩，以備修理。聞康熙四十年間，內務府撥給園頭耕種，粢盛蔬菜，無所從出，惟向市井採買，殊非潔净精誠之意。今著園頭清還地畝，仍給太常寺壇户耕種，以供祭祀之需。餘地一千五百畝，著將內外圍牆查明丈尺，每種地十畝，估計令其修牆若干，務期加謹葺護，毋致傾壞。每年派滿漢太常寺少卿一員不時稽察，庶壇壝清潔，祀事更加虔謹矣。(世宗九、四)

(**雍正八、四、戊午**) 户部奏請，太平峪建立紅椿之內，撥換田房、遷移寺廟一切事宜。得旨：風水地內所有民間田畝，按其陞糧科則，照應得之價加倍賞給，已經耕種者，俟收成後，再令交官。村莊盧舍，悉照房屋間櫺加倍先給銀兩，俟其將遷居之處收拾周備，再令搬移。各村舍所種樹木，亦著給與價值。一應寺廟，於風水地紅椿之外，照式官爲蓋造。如該寺廟有香火田地，亦著將新建寺廟附近地畝加倍撥給。至所有墳墓，悉照地之大小，從厚賞給地價，俟卜有平穩之地，再令遷移。務使民間從容寬裕，各霑實惠。其應需各項價值，悉於內庫支領。(世宗九三、二一)

(**雍正八、六、丁未**) 諭大學士等：從前怡親王常在朕前奏稱，自家疃一帶居民忠厚善良，深知感激朝廷報養之恩，今王薨逝，而彼地居民人等感念王之恩德，願自備資本建立祠宇，歲時致祭。輿情懇切，足徵王之遺愛在人，而民風醇厚，亦即此可見。朕欲將白家疃數村地丁錢糧永遠蠲免，以爲將來祭祀香火之資，並使良民均霑恩澤，爾等確議具奏。尋議：白家疃等十村莊，具呈建祠之鄉民，共三百餘户，內有田土者甚少，查得此地附近有入官田土三十餘頃，需人耕種，又若將此數村人口酌量多寡，派撥地畝，令其世世管業，每年除辦祭物外，俾得均霑餘潤，所有應納錢糧，永遠蠲免，庶於鄉民俱有裨益。從之。(世宗九五、一〇)

(**雍正八、一〇、辛酉**) 總理太平峪工程事務保德疏言：萬年吉地圈入旗民地畝，請照原地上、中、下三則，將易州入官地畝加厚撥給。得旨：撥給伊等地畝，著將辛亥年應納之錢糧寬免一年。（世宗九九、二五）

（乾隆一、一一、癸卯）禮部議覆：光祿寺疏言，臣寺額設網戶六十名，每名給地三十六畝，辦供太廟奉先殿祭品。今准太常寺將各壇廟祭祀，併歸光祿寺辦理，應請網戶每名增給地十五畝。應如所請。從之。（高宗三〇、一五）

（乾隆一四、五、乙卯）諭軍機大臣等：東陵後，千松背山，原係風水內地，因將紅椿火道向內遷移，遂屬風水地外。但該山究為官地，聞有附近民人私行砍樹燒炭，殊屬非是。爾等可寄信布蘭泰，令伊嚴禁管束，仍著查明具奏。再，陵寢週圍山勢，各處樹株疏密情形，令伊繪圖呈覽外，並將千松背距紅椿遠近及抵密雲行官若干里之處，一併繪圖黏簽呈奏。（高宗三四〇、一七）

（乾隆二一、六、辛酉）［禮部］又議奏：昌平州明代十二陵，向設司香太監十六名，多係虛設。且距京稍遠，稽查為難。查每陵有看守陵戶三名，又有世襲一等延恩侯歲時承祭，應將前項太監裁歸為民。所遺養贍地畝，交地方官同原撥祭地招佃收租，辦理祭品。并令選老成殷實者充補陵戶守護。又該州明代妃塚六處，即十二陵太監承管，今既裁，應添陵戶四名，各給養贍地三十五畝。餘地併交地方官招佃收租。又西山有明代景泰陵及墳塋數處，原有司香太監六名，應併裁。酌設陵戶二名，照昌平州例辦理。又江寧明太祖陵，亦有太監，應行令江南總督，查明照辦。從之。（高宗五一五、一四）

（乾隆二五、三、己未）又諭：行宮周圍附近田地不許耕種，原為扈從人等安營起見，遇朕巡幸之期，自應遵照辦理。但永遠荒蕪，亦屬可惜。如朕巡幸木蘭皆在秋令，麥苗等項，原可早為耕穫。朕恭謁二陵，如在春季，車駕已過，秋穀儘可耕種。如在秋季，春花亦已收成。著交總管內務府衙門，將此次圈出各行宮附近田地，即行賞給各行宮千把兵丁等，遇朕經過之時，留為隙地，于經過前後，分撥耕種。則田地不至廢棄，而於官兵生計，亦大有裨益。（高宗六〇八、二一）

（乾隆二九、九、辛未）軍機大臣等奏：查磬錘山簽立木椿之外一帶，均有山場地畝，雖不在從前查禁交界之內，但附近行宮，地處高阜，未便聽旗民開種。茲據熱河道勘報，磬錘山南及東北一帶山場地，共二頃三十三畝，又桃園東西一帶地十八畝，紅橋西南一帶地七頃三十三畝，共地九頃八十四畝，應請亦歸於原禁簽椿之內，交該道查照向例，如數撥給，仍不時嚴

行查察，毋許私種及樵採牧放。報聞。（高宗七一九、七）

（**乾隆三二、三、甲申**）軍機大臣等議奏：陵寢官員太監，從前分給菜地，以非例內應得之項，均經徹回。惟查東陵總管尚有分受官地，應照泰陵總管向未給予例全徹。至兩陵官員太監茶膳人等，均各有官地自三十畝至二十四畝不等，坐落遵化、薊州、新城、安肅四處，其應否仍行賞給之處，現飭查明請旨。得旨：官員太監，一概不必給予。（高宗七八一、一二）

（**乾隆五九、九、己亥**）總管內務府大臣怡親王永琅等奏：遵化州官地，從前輸租過重，應自本年爲始，每畝徵收租銀一兩。報聞。（高宗一四六〇、三〇）

（**嘉慶一八、七、辛未**）諭內閣：綿譻等奏莊頭誤差一摺。西陵祭品，向由承種官地莊頭備辦，年久相沿，並無缺誤。本年清明節，莊頭劉福來誤差，即應參奏查辦，此次中元節，又復貽誤。祭品關繫典禮，非尋常誤公可比，該莊頭具呈，以地畝沙壓爲詞。著溫承惠即飭拏劉福來到案詢問，並著內務府查明，該莊頭承領地畝冊檔，移交該督委員確勘，如地畝實有曠廢等情，奏明調劑，如係飾詞玩誤，訊明從重懲辦。即查無別情，其兩次誤差，亦治以應得之罪。（仁宗二七一、一一）

（**嘉慶一八、七、辛卯**）諭內閣：弘謙等奏，據莊園頭等呈稱官地不敷備辦祭品，懇請補撥一摺。據稱東陵后妃以下各主位桌張，自乾隆八年歸併承辦，內未准議撥地畝者，尚有五十五分，俱係該莊頭等，由租息內通融辦理。現在物價昂貴，未免拮据，請酌半賞撥地畝，等語。著交禮部詳查檔册，與所奏是否相符。如當年未經議撥屬實，即奏明飭令直隸總督，於附近州縣內查明官地，酌半撥給，俾該莊園頭等承領備辦，以昭慎重。既經添撥地畝之後，如再有缺誤，即奏明照例懲治。（仁宗二七一、三五）

（**嘉慶一八、八、甲辰**）諭內閣：前據弘謙等奏，東陵各莊園頭等，承辦祭品，因從前后妃以下各主位內，有未經議撥地畝者，未免拮据，懇請酌半賞撥。當經降旨，交禮部詳查具奏，並諭令綿譻等，恭查西陵莊園頭等承辦祭品情形是否相同。茲據奏稱，西陵皇貴妃園寢內主位，亦有八分未經撥給地畝者。與東陵事同一例，著禮部一併詳查檔册，奏明辦理。尋奏：東陵祭品，臣等按該貝子等所奏五十五分詳查檔册，內雍正七年以前奉安之后妃十一位，所有承辦祭品莊園頭等，業經雍正七年撥給地畝；乾隆八年以前奉安之妃嬪八位，所有承辦祭品莊園頭等，業經乾隆八年撥給地畝，今俱無庸再給。惟乾隆八年以後奉安各主位共三十六位，其承辦祭品莊園頭等，應遵

旨酌半給與地畝。又西陵妃園寢主位八位，俱係乾隆八年以後奉安，其莊園頭等地畝，亦請酌半給與。從之。（仁宗二七二、一八）

二、屯田

（一）漕運衛軍屯田

（順治七、八、癸卯）户部奏言：故明衛所軍丁，有城守領運之責，故屯田徵派，較民地稍輕。今軍丁既裁，凡無運糧各衛所屯田地畝，俱應查照州縣民田則例，一體起科徵解。從之。（世祖五〇、七）

（順治八、九、庚子）户部左侍郎王永吉條奏三事：一、查各衛所屯地，分上、中、下三等，撥上田予運丁，以濟運費。一、各項折色銀兩，仍令官收官解，其本色物料，動支折價採買，如舊額不足，酌加數倍，以甦民累。一、洲田丈量，重爲民害，請將蘆課併入各州縣考成，酌定五年一次丈量，則蘆政可以不設。敕所司速議。（世祖六〇、一四）

（康熙八、五、戊午）令各省衛所錢糧併入民糧，一體考成巡撫。從御史張所志請也。（聖祖二九、六）

（康熙九、三、甲戌）諭户部：江南壽州衛，自順治六年大水，衛軍死徙，田地荒蕪，減存月糧銀兩，無從徵收，著豁免，仍令漕臣設法招墾。（聖祖三二、二〇）

（康熙三八、六、甲辰）直隸巡撫李光地疏言：通州等六州縣，額設紅剝船共六百隻，剝運南漕，計船一隻，給地十頃，以爲運丁贍養之費。倘遇水旱，收入既寡，仍照常令其修船僱夫，是與民地同一被災，而不得均沾蠲免之恩。嗣後請一體蠲免。部覆無庸議。得旨：此紅剝地畝，若遇災傷，著與民地一例蠲免。（聖祖一九三、二一）

（康熙三九、九、己酉）户部等衙門議覆：倉場侍郎石文桂疏言，每歲糧船轉衛，恐遇淺阻，額設紅剝船六百隻，輪流剝卸，續運至通。此項船隻，每地十頃，免其徵科，辦船一隻，起剝淤淺。近來其地盡皆賣出，僅僱募船户當差，船既有名無實，甚至破壞不堪，而沿途攙和偷取，以致漕糧虧折，旗丁反受其害。但糧船淺阻，必須起剝，臨期僱募，又恐時有時無。南方船隻儘多，若許運丁各帶剝船一隻沿途剝運，實爲甚便。莫若議革紅剝船隻，將辦船之地畝通計六千頃，交地方官，於康熙四十年起徵，解送户部。將此項數目，行文漕運總督照數動支正項錢糧，均分散給運丁，以爲各帶剝船及北河僱夫剝淺之用，歲終即以前項抵銷。既無沿途竊取之弊，亦無破船

濕米之虞。應如所請。從之。(聖祖二〇一、一一)

（**康熙五七、二、壬寅**）户部議覆：湖廣巡撫劉殿衡疏言，沔陽衛屯田，實係水淹窪地，歲輸屯餉，又輓漕運，兩差難以兼辦，請照清浪衛減則之例科糧，以舒軍困。應如所請。從之。(聖祖二七七、二九)

（**乾隆一、二、乙酉**）户部議准：原任漕運總督顧琮，會同兩江總督趙宏恩，疏題兩江軍田議贖議貼條款。一、凡典出隨船運田，令現運此船之丁，查照原契取贖。其不能措贖者聽。輪流駕運之丁，令公同回贖。田租亦輪流收受。有富豪踞占，及奸丁勾串冒贖者，照例嚴懲。如有添蓋房屋等項，縣衛勘估補償。如另簽新丁，令償前丁贖價。應津貼者，照例津貼。一、昔年拋荒衛田，軍民自行墾熟，及年遠難稽者，免其回贖，照例幫貼。其有典賣原主可查，而契券無存者，令縣衛秉公議償，不得短價強贖。一、軍田久有墳墓，不在回贖之例者，飭州縣查注備案。有暗立新墳圈占者，察究。一、運田歸船，不許復典於民。並不許復典於軍。違者，與、受均究。一、廬、鳳等衛運田，另有糧餉等田，有幫貼漕運，亦有向不幫貼者，應一概酌量議貼。一、執業運田，應造細册報部。從之。(高宗一三、一五)

（**乾隆一、八、乙酉**）減浙江嚴州屯糧。諭：朕聞浙省屯糧，向來每石徵銀一兩，因軍丁等輸納維艱，於康熙年間特恩減免，改徵銀五錢五釐，計算每畝徵銀八分有零。彼時惟嚴州一所遺漏開報，未經查明減免，每畝仍徵銀二錢一分五釐。查杭州前右二衛屯田，與嚴所地方相距咫尺，每畝止徵銀一錢二分八釐零，而嚴所地土比通省較薄，賦額則比通省較重，實屬偏枯，所當酌量變通，使一體均沾恩澤者。為此特頒諭旨，將嚴所屯糧，循照杭州前右二衛科則徵收，以紓軍力。其應豁減銀兩若干，著大學士嵇曾筠確查報部，永著為例。(高宗二五、一四)

（**乾隆二、二、癸酉**）減浙江溫、台二衛屯田科則。諭總理事務王大臣：朕因外省軍田糧額輕重不等，年來留心訪察，聞浙江溫州衛現徵屯田三百一十二頃，每畝額徵銀一錢七分零；台州衛現徵屯田二百二十頃，每畝額徵銀一錢四分零，比本地民田較重，丁民輸納未免艱難。查杭州前右二衛科則，均係一錢二分八釐，溫、衛屯田，著照此例畫一徵收，永著為例，俾沿海丁民受減賦之益。該部即遵諭行。(高宗三六、一八)

（**乾隆三、四、丁酉**）減安徽軍田歲賦。諭：朕思惠養斯民之道，以輕徭薄賦為先。凡各省田糧，偶有些微偏重之處，悉已陸續查明豁免，以紓民力。今查得安徽所屬懷遠衛軍田十三頃，每畝徵銀八分八釐零；又田二頃，每畝徵銀六分二釐零。較之民田，未免稍重。著照蒙城縣民田之例，每畝徵銀二分一釐零，共免銀九十八兩八錢七分。又武平衛軍田五千二百九十一頃，每畝加徵銀七釐三毫零，除現在請禁衛田之私典等事案內，每畝應留贍運銀一釐七毫外，每畝著減去加徵銀五釐五毫零，共免銀二千九百六十二兩六錢五分。該部即遵諭行文該督、撫，從乾隆三年爲始，永著爲例。（高宗六六、一八）

（**乾隆四、四、壬寅**）户部議覆：漕運總督托時疏稱，溫州衛屯田，請仍令屯民經管，向佃收租，每畝酌定收穀，上田三石、中田二石、下田一石六斗。仍照舊例，按畝輸津納餉。查屯田一項，向係贍運公産，屯民不能過問，即旗丁亦不能視爲己業，應仍照雍正五年以屯田歸民佃，衛備催徵解給之例辦理。但前定輸津銀數，每畝上田三錢五分、中田二錢五分、下田一錢六分，每畝餉銀一錢二分，與該督所定屯民收租之數多寡懸殊，佃户獲利未免過多，應按租穀加增，最少亦須平分。仍令該督會同浙撫，將佃户輸津、衛備徵解之處，再行詳議具題。從之。（高宗九一、一二）

（**乾隆四、一二、癸酉**）户部議覆：江蘇巡撫張渠疏稱，武進、陽湖二縣役田租銀，原因明代白糧責成糧長里民運送，苦累不堪，後經巡撫捐銀買田，除完辦條漕外，另收租銀，以抵白糧募船水腳之用。我朝糧由官運，此項役租遂歸白糧經費裁存項下充餉。在當時置買此田，止令民間領價認租，並未開報實在田畝，遂有無田領價，有田私賣，以致日久無著。後因迫於清查，凡有户可追者，暫將己田開抵，其無户可問者，即將租銀攤派圖里認賠。請將前項無著田租銀八百十二兩零，全行豁除，以甦民困。應如所請，照數除免。至現存原置役田，從前原係官置，其開抵民田一項，亦係領價未買，均非無著可比。今該撫請減半徵收，未便議准。應令於承辦條漕之外，照額徵租，以濟公務。從之。（高宗一〇六、三）

（**乾隆五、五、甲寅**）户部議覆：漕運總督托時奏，嗣後出運漕船，額設屯田，只許得當年租銀，不得層累疊加，立券預支。至現在已加租之田，嚴飭各丁舉報；力能回贖者，即退還價值另租；間有力不能回贖者，俟租價滿日另租。儻此時隱匿不舉，將來發覺，將田追給運丁，租價概不准算。至嗣後如有指稱加租名色，立券私交者，將該丁革退，與出銀租田之人，均依典軍田例治罪，其田追給新丁，仍向革丁名下追取租價入官。從之。（高宗一一六、一一）

（**乾隆六、三、丁亥**）户部議覆：吏部尚書、署兩江總督楊超曾奏請江省屯田照民田科則減徵。查蘇州、太倉、鎮海、淮安、大河五衛，及興化縣並所屯田糧額，偏重三分以上，但較諸上則之民田，固覺稍重，而衡諸頂則

之民田，又屬過輕。毋庸議減。從之。（高宗一三九、一七）

（乾隆六、五、辛卯）巡視北漕御史王興吾奏：查舊制每漕船一隻，旗丁十名、丁地五頃，因累年丁地半歸民戶，運丁貧乏難前。經戶部行文清查，有衛所地方軍地，不許民間隱占。訪得山東各員，並不細加踏勘，惟向各丁取具軍田足數甘結，各衛守備，向出運旗丁每名坐派銀兩，遺累無窮。請敕下該省督、撫確訪嚴參。得旨：著照所請速行。（高宗一四三、二一）

（乾隆八、六、癸亥）戶部議覆：漕運總督顧琮疏稱，凡軍田典賣在民，以及頂墾絕荒，培成沃壤者，該民願當軍差，准其管業，如不願當差，則聽本軍及同伍之軍回贖。或軍置軍產，田差俱去者，亦准其管業，如田去差存者，仍准回贖。應如所請。但恐原戶有貧疲不能回贖者，仍令該督、撫分別津貼。從之。（高宗一九四、一九）

（乾隆一〇、一二、丙午）戶部議准：漕運總督顧琮疏稱，東昌衛之平山前後兩幫永減船隻軍丁內，有糧地一頃四十畝有奇，間運軍地內，有糧地十七頃二十五畝有奇，請照本幫，於津貼銀八分內，除二分完糧，每年每畝實津貼銀六分。其兩幫共墾地九十畝有奇，民人曾費工本，應照本幫有糧地，除完銀二分外，每畝酌立津貼銀四分，濟寧、東昌、臨清三衛，各幫典出贍運地畝，按契照原價取贖。至德州正左兩衛屯地二千四百二十九頃有奇，從前每畝雖貼租銀二分一釐、二分七釐不等，但地戶照例給租者，十無二三，請每年概以一分起租。從之。（高宗二五四、一二）

（乾隆一一、九、戊午）戶部議覆：左都御史、署漕運總督劉統勳奏稱，溫衛屯田，前定收租上田三石、中田二石、下田一石六斗，額數過多，即豐年亦不能如數。今酌定每畝除完正餉外，上田徵津四錢、中田三錢、下田二錢，係與各半平分之數相符，照田定額，兩無偏累。應如所請，自乾隆十一年起運十年分漕糧為始，將應徵前項餉津銀兩，統令該衛照數徵收。從之。（高宗二七五、一〇）

（乾隆一二、九、壬辰）戶部等部議覆：漕運總督顧琮奏稱，清理各衛屯田，請定州縣衛所官弁處分一摺。應如所請。屯田典賣與民，許旗丁備價回贖，由衛所移明州縣，令民收價退田。儻州縣不即飭退，照承查遲延例，扣限查參，分別議處。如該丁不即備價，混控退田，官弁未及詳查，旋即更正者，罰俸一年。實係民地，捏報軍田者，官弁降一級調用，旗丁責革。再有倚恃書役隱占軍田者，官照失察衙役犯贓例參處，役照侵盜官糧例治罪。嗣後各省屯田，如有影射侵漁等弊，州縣衛所不即審結，將該管各糧道一併題參。從之。（高宗二九八、九）

（乾隆一九、四、壬辰）兵部議覆：江蘇巡撫莊有恭等疏稱，奉裁金山衛，歸併鎮海衛。……金山衛屯糧，向係衛備在周浦鎮徵收，今歸併鎮海衛，應仍其舊。……至儀徵衛，離揚較近，屯糧既歸揚州衛額，應令各丁赴揚完納。……又金山衛屯田，坐落金山南滙等縣民田內，軍丁住居四散，一切催糧等事，需人傳喚；應將金山衛原設快役三名，照舊存留。又各衛屯田，係分散各縣地方，若佃戶隱占抗租，或盜賣脫籍避運等弊，向係衛備管理，今應除軍丁詞訟、有干命盜大案及戶婚田土事件歸州縣辦理外，至一切租種運造案件及有關屯政之詞訟，應照舊歸衛查辦。又各衛年額養廉，原定繁缺五百兩、簡缺四百兩，今揚州衛養廉已照繁缺例，毋庸加增；其鎮海衛養廉，年額四百兩，今歸併金山衛，事務較繁，亦請照繁缺例，增銀一百兩。又儀徵衛編支泰州所門軍口糧，並儀邑四門門軍口糧，原有支給本款，應照舊存留，歸入揚州衛額內，按年支解。……均應如所請。從之。（高宗四六〇、一九）

（乾隆二二、九、甲寅）又諭：前因東省濟寧等五州縣積水未消，曾經降旨，將積年民欠銀兩及常平穀石，概予豁免，其屯軍地畝被災情形，與民地相同，自宜一體撫卹。所有臨清衛坐落濟寧、魚臺二州縣境內之屯戶人等，未完乾隆二十一年地丁徵耗等銀一千四百餘兩，俱著加恩一併蠲免，俾災地軍民均沾渥澤。該部遵諭速行。（高宗五四七、一六）

（乾隆二三、四、癸亥）大學士等議覆：署江西巡撫阿思哈條奏，一、雍正年間，軍戶民戶，一體編審，近年軍丁點者匿避，疲丁止憑戶族開報，長途重運，多致掣肘。請將九江、南昌等衛坐落德化等二十四縣軍丁等，委南昌府同知查辦；吉安、贛州等衛廬陵等三十二縣軍丁，委建昌府同知查辦；撫、饒二所坐落江南建德、東流二縣屯田並軍丁，事屬隔省，委廣信府同知會同地方官查辦；並酌定四年一次編查，等語。應如所請，將九江、南昌等衛所有屯田坐落地土造具清冊，並將老戶及新生軍丁戶口徹底清查，毋得漏匿。一、康熙年間清查屯地，將原地畝查出，定例回贖，原以杜絕民屯私相典賣，今日久弊生，丁田民地，壠畝毗連，或暗中典賣，違例互移，亟宜清理，等語。應如所請，委員將所有屯地，按軍丁州縣，照冊查明，諭令回贖，詳細清釐，以杜隱占。一、軍屯田租，自應隨時增減，以收實惠。查從前吉安、建昌二所屯田，係佃戶耕種，折租交納，每糧一石，折銀二錢四分及六分不等，除完賦外，該丁每畝止得租銀一錢二、三分，以致軍丁辦運拮据。現經酌議，將吉安、建昌二所定為四錢八分及四錢不等，佃戶樂從，請飭令地方官傳齊丁佃取結，等語。應如所請，准其加增。但各佃租額，既經加增，恐平色等項浮於所取，應令該撫嚴飭州縣實心辦理，毋使胥役滋擾。以上各條，該撫祇就江西而言，其他有漕省分，亦應隨時整頓，詳查具奏。得旨：依議速行。（高宗五六〇、一四）

（**乾隆二三、四、丁丑**）户部議覆：漕運總督楊錫紱奏稱，運丁屯田，於雍正十三年、乾隆七年屢經奏請清查，造册送部，其典賣者，許原價取贖，並禁軍民不得私相典賣；自定例後，貧丁仍無力回贖。請嗣從贖價在百兩以上，分三年交價，等語。應如所奏，價銀分三年清交。其已過一年、二年者，租息作何次第酌給，妥議辦理報部。……從之。（高宗五六一、一九）

（**乾隆二四、四**）[是月] 署江西巡撫阿思哈奏：江省軍屯，先經奏請立限清查，今查出脫漏及新生之丁四萬二千三百餘名，私行典賣屯田四百五十餘頃。其脫漏奸丁，現調各丁家譜及保甲門牌册互相參考，尚易查辦；惟典賣屯田，情形不一，即議以取贖，亦須地方官親爲料理，方歸實濟。現將典賣地畝逐一酌辦，取贖歸軍；其民人久佃屯田，率經百十餘年及數十餘年不等，應仍令原人佃種，酌加餘租，給軍濟運。至荒屯一項，所在皆有。如贛州一府，多至五百餘頃，皆係山頭地角，難以開墾，現在徹底清查，寬其已往，盡令地主自首，在軍者歸軍墾報，在民者增租給丁。此次清理之後，即爲定制。得旨：惟在據實妥辦。勉之。（高宗五八五、二四）

（**乾隆二五、三**）[是月] 署江西巡撫阿思哈奏：江省軍丁，係歸縣管，統人民户編查，殷實半多脫漏。現委員設法清釐，計查出丁二十三萬三百五十四，其違例典賣屯田，均許據實首出，免其治罪，酌照直隸分年減價回贖旗地例，弔契覈數，責令原業主及運丁同族、同船人等措價回贖，計共贖回田地三百一十七頃。至原撥屯田，弓口溢額，各軍自行開墾，坵段寬餘，並有誤作官荒報墾歸入民田納科等弊，現已查丈改正。計共清出田地九百二十五頃零，另題升科。再軍户屯田，大半給佃耕種，折租數少，解道分給各船，更爲有限，其十年大造及每年起運，全憑丁力，屯田竟無實濟，請將各幫田均按地方情形、科則高下，一概酌增餘租。計共加餘租銀十一萬七千七百三十兩零。除九江、吉安、建昌、贛州等衛原有分貼大造租費外，其餘均無造費，應統給餘租銀，每船每造，三百兩至一千兩不等；每年起運，除原有租銀外，應加給餘租銀，每船每運一百兩至三百五十兩不等；其多寡互異，係就各本衛田租之數，分別派給。至贛衛餘租過多，仍行撥給撫、饒等衛。得旨：此事所辦甚妥。（高宗六〇九、二八）

（**乾隆二六、三、辛亥**）諭軍機大臣等：胡寶瑔所奏江西省軍屯、城工二事，已於摺内批諭矣。此等地方要務，即素有幹濟之能者，尚恐不能經理盡善，況阿思哈在巡撫中不過中材乎。從前清理軍屯，原以杜民户欺隱、屯軍典賣，爲卹丁濟運之長策，而摺内不免舊額有加一語，似有難於質言之處，殊不明晰。江西民俗，素爲刁悍，定議伊始，自多浮議，若任事者因此而旋議更張，成何政體。但如直隸查辦民典旗地一事，令伊等自扣錢糧俸禄，置爲己産，且定有私行典賣治罪之條，而旗人尚未必實能受益，今以官贖之地，徒手給與疲惡之丁，將來隨手花消，適以助其飲博糜費，何所底止。此項清出屯糧，或應另行招募殷實良丁，或應存貯公所，遇糧艘有應用之項，於此請給，以資辦公，方爲妥協。應如何酌定章程及卹丁濟運，作何通盤籌畫，示之節制，俾公私交便，可以永遠遵行，著該撫悉心妥議奏聞。（高宗六三二、一七）

（**乾隆二七、三**）是月，江西巡撫常鈞奏：查前撫阿思哈清理軍屯，委員勘丈時，令將各屯田地繪畫圖形，仿民田魚鱗圖式彙造成册，嗣前撫胡寶瑔奏准，令經徵各州縣詳開坵段四至，造入交代。一事兩册，久易滋弊。今酌將四至段落等項併入鱗圖册内，擬名鱗圖四至册，以歸畫一。報聞。（高宗六五七、二二）

（**乾隆三〇、閏二、丁卯**）户部議准：大學士管兩江總督尹繼善等疏稱，鳳陽、長淮二衛，坐落壽、鳳等州縣暨本衛屯田，前據漕運總督楊錫紱題請，每畝酌議徵津一分，以濟漕運。查較别衛屯田每畝三分、六分以及糧一差一者，所徵猶薄，且有益窮丁，應請如該漕督原議，按畝徵解，給丁辦運。從之。（高宗七三一、一一）

（**乾隆三二、九**）[是月]江西巡撫吴紹詩奏：江西軍籍屯田，原爲幫貼漕船而設，前因屯丁典賣隱占，以致領運維艱，經前撫阿思哈奏明，通行清丈，分限贖回，除扣還屯糧正耗外，餘給運丁爲造船領運之費。但田地星散，清釐不易，前撫阿思哈原奏，每届四年清編一次，内有屯産不符者，於清編時據實更正。臣於三十一年到任後，咨訪各屬利弊，據九江、南康、袁州、贛州各府，均以所屬屯田除應納屯糧年清年款外，其餘租銀兩多以加科過重，徵解不前；又贛衛之贛縣、雩都二縣，共缺田三千餘畝，無從徵租，紛紛稟詳，均以租重缺額爲詞，臣往返駁查，一則由從前清丈之時，限期緊迫，各委員未及查明田地之肥磽及上中下確據，按則科徵，是以有租重之累。又丈量之時，田禾正茂，難以施弓，僅用繩索圍量，數多浮溢，兼因贛衛舊額短缺，委員將依山傍澗初墾未熟之田，俱行造入，清丈後水衝沙壓，漸成荒土，是以有缺額之累。查軍丁向年在籍者，享田多租輕之利，而出運者，有租輕費繁之苦，近年則出運之造船運費，均屬有餘，而在籍之完糧納租，殊多拮据，似應少爲變通，清理妥協。現有建昌府知府黃肇隆，久任江西，熟悉屯田情形，臣委該員協同九江、贛州、南康、袁州各守，將缺額數目查勘明確，其租重地方，果否因田地肥磽不分，科則未確，以致多寡不均；並將缺額應否豁除，租重應否酌減，豁減之後是否不礙漕運之處，一併詳查妥議。容與督臣漕臣會覈另奏。報聞。(高宗七九五、二〇)

(乾隆三五、八) 是月，兩江總督高晉奏：江西各幫運糧船隻，設有屯田，以濟軍運。先因屯丁典賣隱占，屯租不敷，嗣查出隱墾典賣田地加收餘租，統計應徵銀十三萬一千三百五十二兩零；後因九江等衛所屯田應徵租折，徵解不前，前撫臣吳紹詩委員清丈，題請減收餘租，經部議覆，以南昌等衛所田缺租重，是否實在情形，令臣等再行悉心詳查。兹等勘明，南昌、九江二衛，雖無缺田，但租則過重，贛州、袁州、鉛山、建昌、饒州等衛所，除原報缺田六十三頃四十餘畝外，此次復有贛、雩等縣丈缺田七頃六十三畝零；統計缺田租重屯地，應減銀二萬八百九十六兩零。各幫運費，每船所少不過三十兩至七十兩不等，並不致稍有拮据，若徒將格外之租加徵催比，各佃力不能完，既多苦累，於軍丁亦無實濟。得旨：覽奏俱悉。(高宗八六七、一〇)

(乾隆三七、七、丙辰) 户部議准：署漕運總督嘉謨、閩浙總督鐘音、陞任浙江巡撫富勒渾疏稱，浙江杭、嚴、嘉、湖等衛屯田，皆幫丁自行執業，收租完餉。惟台州衛前後兩幫屯田，坐落臨海、黃巖、太平、天台四縣，離次窵遠，旗丁春出冬歸，不能兼顧，向係佃種，每畝輸津銀四、五、六分不等，不敷辦運。請自乾隆三十七年爲始，無論豐歉，按照民田租額，酌中定數，上田交穀一石，中田九斗，下田八斗。第收穀一石，曬颺盡淨，實止八斗，而該衛又無倉廠，徵穀誠爲不便。今覈定每淨穀一石，折銀六錢，其應徵正耗餉銀，上、中、下一例，每畝一錢三分八釐零，即於徵租内扣除，餘銀給丁濟運。從之。(高宗九一三、一二)

(乾隆三七、一〇、戊辰) 諭軍機大臣等：據嘉謨奏，屯田原係給丁贍運，因其間隱漏典賣者多，以致田不歸運，丁力益疲；請將湖廣等省照江西查辦章程，徹底清釐一摺，所奏甚是。江西丁田一案，前經阿思哈奏請清理，勒限查清，行之頗著成效；此外如湖廣、江南、浙江、山東，俱係有漕省分，自應仿照江西省辦過章程，一體實力查辦。著傳諭各該督撫等，責成藩司糧道遴委幹員，協同縣衛覈實清釐，於僉丁贍運事宜，均屬有益。其如何定限確勘清查一律整頓之處，並著該督撫一面妥速覈辦，一面具摺奏聞。所有嘉謨原摺，即行鈔寄閱看。(高宗九一八、一三)

（乾隆三七、一一）［是月］山東布政使國泰奏：東省屯田，間有隱漏典賣，奉旨查辦。現於每衛所派委試用知縣及丞倅佐雜等各一員，協同縣衛各官逐細清查，其實係運丁典賣，無力回贖者，即照嘉謨所奏，借帑取贖，永禁典賣，犯者治罪。得旨：覽奏俱悉。此乃查弊之事，不可反致滋弊，詳妥爲之。（高宗九二一、三五）

（乾隆三八、七、壬戌）諭軍機大臣等：上年嘉謨奏各省屯田，原係給丁贍運，其間隱漏典賣者多，以致丁力益疲，請照江西查辦章程，一體清釐。當經傳諭有漕各省督撫委員確勘，覈實查辦奏聞。嗣據河南、湖北、湖南陸續奏到，俱經部議覆，其山東省近經具奏，現交部議，惟江南、浙江尚未覆奏。昨嘉謨押運抵通，赴行在召見，詢及查辦軍屯一事，據奏江省現在查勘造册，等語。屯田隱漏典賣，田不歸運，丁力日就疲乏，自應及早清釐，以濟漕運。況係特旨查辦之事，更不宜經久羈延。著再傳諭高晉、薩載、裴宗錫、三寶，將清釐屯田事宜迅速查明，妥覈具摺奏聞，仍將因何遲延緣由，一併覆奏。（高宗九三八、一六）

（乾隆三八、八、辛丑）諭曰：裴宗錫覆奏查辦軍屯一案，據稱糧道林文德稟，請將上下江無爲等州十七州縣向不歸運之裁衛屯田，一概加徵津費。該撫以加徵津貼事屬創始，必須確查實在情形籌酌，尚無定議，等語。所辦非是。而加徵之名，更屬不能深體朕意。前經嘉謨陳奏，屯田原以贍丁，若聽其私相售賣，丁力必致日疲。是以令各該督撫查辦，原指近年出運屯田之典賣在民者而言，即須徹底清查，亦祇可從乾隆年間查起，辦理尚易爲力。其在雍正年者，已屬年遠難稽，若國初早經裁併州縣，田地久按民賦起科，更難悉行追溯。即其中有較民賦輕者，尚得云借屯田爲影射，若已與民賦相等及加重者，小民又何所利而爲之。此理之顯而易見者，裴宗錫何見不及此耶。至於實係屯田有據，則係逃軍入民之類，應酌爲津貼，仍屬以屯濟運，自相資助，亦不宜稱官爲加徵。朕惠愛百姓，普蠲恩免，不下數千百萬，惟期家給人足，樂利永臻，何獨因清釐屯糧一節，欲舉百餘年相沿之民產，一旦忽議加賦，朕豈肯爲之。即謂疲丁宜恤，又豈可因恤丁而轉以累民乎。況旗丁如果疲乏，亦必以漸而致。從前楊錫紱爲總漕最久，頗能體恤運丁，何未聞其議及於此。豈丁力獨疲於近日乎。其間或實係屯產轉售他人，而豪猾者貪圖輕賦，以逞其侵隱。此等官爲之經理，實所宜然。若因此而追究遠年之民產，且定以官爲加徵之名，則斷乎不可。此事著交高晉妥協查辦，迅速完結，毋致稽延時日。其江蘇省，並著一體照此旨辦理。（高宗九四〇、二九）

（乾隆三八、八）是月，大學士管兩江總督高晉奏：清查屯田一事，查上、下江各衛，衛有省衛、外衛之分，丁有運丁、快丁之別，運丁歸衛編查，快丁又屬州縣，其中脫漏規避，在所不免；而額定屯田，軍民私相典賣，輾轉出售者，亦復不少。應令一併清釐。前經定限年半查辦完竣，今仍飭催各屬無得遲延。得旨：查固應詳，亦不可延緩。(高宗九四一、四五)

(乾隆四○、七、壬子)户部議覆：湖北巡撫陳輝祖奏稱，武昌等衛所清出典賣屯田，請加津贍運。查典賣屯田，與受各户，均應照例辦理，特以典賣者未必盡係現運之丁，執業者亦恐非起首承買之户，從重加津，免其徹田歸運，則私相授受者知戒，而仍不至失業，向後典賣之弊可除。應如所奏。從之。(高宗九八六、一○)

(乾隆四八、八、辛酉)諭軍機大臣等：户部議覆薩載、毓奇等奏江淮、興武二衛丁力日疲，領買入官地畝，永爲隨船恒產，以資贍運一摺，已依議行矣。向來有漕省分，各該州縣因無辦運專責，一遇僉丁征津等事，視同膜外，任聽胥吏高下其手，賣富差貧，遲延拖欠，種種滋弊，竟成積習，牢不可破。昨據毓奇奏請嚴定處分，以專責成，業經行在該部議復准行。著再傳諭有漕省分各督撫實力查察，儻各州縣內有仍前怠玩誤漕情弊，即應據實嚴參。如各督撫稍存瞻徇，仍任該州縣賣富差貧，即著毓奇查明參奏，惟該督撫是問。至江淮、興武二衛，既經領買入官田畝以資贍運，此後仍著該督撫董飭地方官隨時查察，毋許旗丁私行典賣。如有此等情弊，除將該旗丁照例治罪外，仍將該州縣嚴行參處。(高宗一一八六、二)

(乾隆四九、三、甲辰)又諭曰：……江西軍田，向於屯糧外，每畝徵餘租三分，以爲造運之費。前撫臣阿思哈奏准清理，每畝增至三錢及二錢不等。嗣因軍佃不能完納，經前督臣高晉等奏，減租八分、四分不等，而節年仍多懸欠，實因田多磽瘠，租額太重。必須再行普減八分、六分、四分不等，方能稍紓軍力。(高宗一二○一、一○)

(乾隆五一、三)是月，漕運總督毓奇奏：江南江淮衛頭二七幫、興武衛三幫，向無贍運屯田，乾隆四十八年，經總督薩載奏准，承買入官田畝，爲隨船公産，價銀分四年呈繳。該丁承領後，四十九年應繳價，按限清完，五十年應繳價，因旱災歉收，且該丁等連年運船，守淺起剝，費用倍常，無力清繳。請將未完三年應繳價銀，自五十一年起，分六年完繳。得旨：如所請行。(高宗一二五一、二六)

(乾隆五一、四、戊寅)漕運總督毓奇奏：江南江淮衛頭二七等幫、興武衛三幫，從前認買官田，價銀四萬四千五百九十四兩零，分作四年呈繳，除已完初限外，下欠三限，實係年旱歉收，且官田坐落泰州、東臺等處，地

較瘠薄，歲入租銀不過四千餘兩，丁力疲乏。請自本年爲始，分作六年完繳。得旨：著照所請行。該部知道。(高宗一二五二、九)

（**乾隆五一、五、己巳**）户部議准：漕運總督毓奇奏稱，淮安衛頭幫額船五十隻，因節年黃水漫溢，屢次遭風，丁力疲乏。查有入官田畝三十頃三十畝有奇，報銀一萬四千四百兩，請令該幫各丁承買，隨船贍運。應徵價銀，照安慶衛借帑贖屯例，先在江安糧道庫內，借漕項解交藩庫，仍於各丁每年額支行月等項銀內繳還，自乾隆五十二年始，分八年扣完。從之。(高宗一二五五、一七)

（**乾隆五四、一、戊寅**）户部議准：湖廣總督畢沅、湖北巡撫惠齡奏稱，各省屯丁，定例四年編審一次，但向來止稽查户口，未及田產，恐仍有漏匿情弊。嗣後編審之時，應將各丁田地房產一併查明，於各丁户口之下，造册存案。如四年內，家道稍有缺乏，即可隨時另僉接運。仍責令糧道同該等道、府督率衛所等官，實力查察。儻徇情揑飾，即照僉選不實例，降二級調用。並將該管上司，照失於覺察例，分別議處。應如所請。從之。(高宗一三二一、一二)

（**乾隆五四、一一、乙酉**）户部議覆：兩江總督書麟等奏稱，江西漕船，行月二糧，向俱全支折色，買食不敷，請將該省徵給船户水腳並縣倉扒夫等項銀米減半；節省銀一萬二千零、米一萬九千二百石零，分給十三幫，以爲增補行月之用。其軍船積欠通濟、長蘆及糧道各庫銀十四萬八千兩，請於江西藩庫閒款內動借銀十萬兩，先還通濟、長蘆等庫項，以應支放。仍將前動借各項銀十四萬八千兩，併爲一款，分作十年按船扣還。至各丁屯田地方，間有錯入江南等縣境內，請將屯坐本管地方者限以一年，分隸別府州縣者限以二年，責成該管府、州、縣、衛細查報部；如有私典之田，另行設法議贖。此後再有私相典當，治以盜賣之罪。均應如所請。得旨：依議速行。(高宗案一三四二、八)

（**乾隆五四、一二、癸丑**）户部議准：兩江總督書麟等奏稱，本年編查安省軍丁田地房產，因地方遼闊，兼趕辦災賑，請展至五十五年五月爲止，以便詳細編查。再各省軍丁，多有私典屯地之事，請照江西奏定事例，將屯坐本管者限以一年，分隸別府州縣者限以二年，詳查咨部，歸入編審册內。得旨：依議速行。(高宗一三四四、二)

（**嘉慶六、九、丙戌**）户部議准：江蘇巡撫岳起疏請，興化縣低窪屯田一百五項，照賦減則。從之。(仁宗八七、一二)

（**嘉慶二四、三、己酉**）漕運總督李奕疇奏：廬州衛軍丁典出屯田一千

十頃有奇,丁力疲乏,懇請借項抽贖,收取租籽,以勷辦運。從之。(仁宗三五五、一八)

(二) 其他屯田

1. 陝西、甘肅

(**雍正一三、六、己丑**) 辦理軍機大臣等議覆:署寧遠大將軍查郎阿等,摺奏西路駐防事宜。一、巴爾庫爾兵丁全撤之時,廷議於安西等處,添設一提一鎮,兵一萬名。各令搬移家口,前往駐劄,以彈壓邊陲,聲援哈密在案。查添兵萬名,需糧料十萬餘石。安西屯地,不過三千餘石,甚屬不敷。況兵丁搬移家口,更多糜費。即城堡營房等事,俱費周章。不若更番迭戍,既可省費,亦可以經久遠。請將駐防哈密兵五千名,就近於肅鎮、甘提、涼鎮、西寧鎮、安西鎮各派撥一千,合足五千名,令在哈密駐防。其安西地方,不必添設提鎮兵丁。一、於陝西督標,派撥一千名,固原提標並各協屬,派撥一千五百名,延綏派撥一千名,寧夏派撥一千名,河州派撥五百名,共五千名,在赤金、靖逆、柳溝、布隆吉爾、橋灣五處駐防。彼地附近俱有牧場,可以牧放馬駝。一、赤靖五處之兵,二年期滿,應全行更換。其哈密兵丁,應每年更換一半,則一半熟手,即可教習一半新兵。一、哈密、赤靖等處,各有五千兵丁駐防。其統領將弁,須派總兵二員、副將二員,帶領遊、守、千、把分管。駐防赤靖等處之總兵、副將,於兵丁換班,亦俱更替。駐防哈密之總兵、副將,須一年更替換班。庶屯田、斥堠諸事,有新舊大員,相間管領,諸事熟練。一、軍營應支口糧。查駐防哈密之兵,屯種收獲,儘足供支。至駐防安西之兵五千名,連領兵將弁,歲需口糧一萬五千餘石。其各衛所官屯地畝,應全交與安西鎮標營兵丁,承領屯種,為伊等恒產。即以收穫籽粒,供兵丁口糧。如尚不敷,照例折給銀兩。一、肅鎮為臨邊重地,請添城守一營。設都司一員,千總一員,把總二員。於標營兵內,派步兵二百名,專司城守汛防之事。查肅鎮標,合計新舊兵共二千九百餘名,應添足三千之數。將新募之守兵,即撥入城守營。俱應如所請。但哈密及赤靖等處駐防兵丁,雖各派總兵統領,大兵甫撤,兩總兵分駐兩處,必得一總統大臣彈壓。請再派提督一員,駐劄哈密,節制兩處駐防之總兵。居中調度,更為有益。從之。(世宗一五七、一四)

(**雍正一三、一二、甲申**) [吏部] 又議覆:署理陝西總督劉於義奏稱,涼州府屬之柳林湖等處屯員,呼應不靈,應照直隸屯田例歸地方官管轄。查該處知縣俱係衝要，各有地方事件，應於涼州府添設通判一員，駐劄鎮番，專管屯田，仍責成涼州道督查。高臺縣添設縣丞一員，駐劄鎮夷堡，專管毛目城、雙樹墩屯田。添設主簿一員，專管三清灣、柔遠堡、平州堡屯田。肅州添設州判一員，駐劄九家窰，專管屯務，兼查南山一帶地方事件。其肅、高二處屯田，俱責成肅州道督查。請再立勸懲條例，如該屯增墾籽種二百五十石以上者，准紀録一次；五百石以上者，准紀録二次；一千石以上者，准加一級；再多，遞加。如該屯荒蕪籽種一百石以上者，罰俸一年；二百石以上者，降一級留任；三百石以上者，革職，仍勒令墾復舊額，方准回籍。均應如所請。從之。（高宗九、一二）

（**乾隆一、一〇、丁卯**）總理事務王大臣議覆：大學士仍管川陝總督查郎阿等疏言，陝省屯田更名地畝，其額賦本重於民田，雍正五年間，前督臣岳鍾琪，又請將通省之丁糧攤於通省之地糧，其屯更地畝，每本色糧一石，亦照民折銀一兩之例，均載丁銀一錢五分有奇，以致屯更百姓，於正供外，增派銀二萬四五千兩，實爲苦累。請照甘省豁除屯丁之例辦理。又督標火器營額兵一千名，乃撥於咸、長等州縣之屯丁，每名每月止領餉銀七錢，外皆屯民幫貼，請照鎮標步兵之例，召募領餉，免其在屯衛提補。均應如所請。從之。（高宗二八、一一）

（**乾隆三、四、甲辰**）［户部］又議准調任陝西巡撫崔紀疏言，陝省豁除屯更丁銀，請自本年爲始，攤入編審新丁應徵銀兩內，入額徵解。從之。（高宗六七、一五）

（**乾隆四、五、乙丑**）甘肅巡撫元展成疏稱：安西鎮屬之卜隆吉、柳溝、雙塔、赤金、靖逆、惠回等處屯田，向撥屯兵耕種，秋收除農具籽種外，糧石平分，給作口糧，統於原估折餉銀內扣除。後以派防各兵，尚有歷年借製行裝銀未完，因將乾隆元年、二年分過屯田糧石，自四年春季爲始，在折餉項下四季扣除。上年鎮屬各營屯地悉被蟲災，請將平分糧石，除支領本季春餉，按扣一季外，其餘限以四、五兩年，分作七季扣清。得旨：如所請行。該部知之。（高宗九三、八）

（**乾隆四、一一、辛未**）大學士鄂爾泰等議覆：川陝總督鄂彌達奏，安西屯田每年所收糧石，請民得六分，官收四分，按數輸納，以備兵糧。其籽種、牛具、料草，請官爲借給，秋收扣還，交靖逆通判管理，安西道督率稽查。其餘可墾地土，有民人與餘丁願墾者，報該通判勘實，官給工本墾種，成熟照例納糧。應如所奏辦理。從之。（高宗一〇五、一五）

（**乾隆八、一一、辛巳**）户部議覆：陝西巡撫塞楞額疏稱，陝省西、鳳、同、乾四府州屬軍屯地畝，經前撫臣史貽直將寄莊寄糧題請改隸，尚有咸寧、長安、醴泉、高陵、臨潼、盩厔、渭南、興平、鄠縣、涇陽、咸陽、藍田、三原、寶雞、郿縣、岐山、扶風、大荔、華州、蒲城、乾州、永壽、武功等二十三州縣，未經改隸屯田一千一十餘頃，應令寄糧州縣將額糧科則，移送地畝坐落之州縣徵收。內有人糧本在一處，而地在別邑者，即於改隸之時，開註佃戶姓名，著令催輸。更有屯戶軍地已售，而糧未過割者，即行令州縣清查，使典主賣主過戶完賦。應如所請。從之。（高宗二〇四、六）

（乾隆九、二）［是月］甘肅巡撫黃廷桂奏：涼州府屬開墾之笈笈灘營田，距涼城窵遠，若派兵丁耕種，難免曠廢差操，請聽民人承種，納租交營，接濟兵食。得旨：著照所議行。（高宗二一一、二九）

（乾隆九、三、己丑）戶部議覆：甘肅巡撫黃廷桂疏稱，高臺縣三清灣屯田地畝，鹼重砂多，收成歉薄，每歲官役俸工養廉、渠長工食、並渠道歲修等項，所收不敷所用。請改歸民種升科。其原設之主簿，並額設屯長渠長口食歲修銀兩，一併裁汰。又柔遠、平川二屯，應改歸高臺縣典史管理。至三清灣民渠，並責令該典史稽查督率，隨時修築。其已裁之三清灣主簿，改為西寧縣主簿，移駐丹噶爾地方稽查邊隘盜匪。均應如所請。從之。（高宗二一二、一二）

（乾隆一三、七、丁亥）戶部等部議覆：陝西巡撫陳宏謀疏稱，裁汰潼關縣一案，准部覆，各項另議具題。一、潼關縣屯地並節年開墾地，共三千三十五頃二十五畝一分零，共徵本色糧一萬四千四百三十四石九斗五升零、折色銀二千二百二十四兩一錢零，內坐落潼、華、閿屯地，應歸潼關廳徵；坐落河南靈寶縣屯地，歸靈寶縣徵；坐落大荔、朝邑、郃陽、澄城、華州、臨潼、渭南屯地，歸大荔等七州縣徵收。一、潼關縣額徵屯地錢糧，照例一石折銀一兩，靈寶等八州縣耗銀，請照加一五徵收。至靈寶隨徵耗銀，聽豫省酌議。……俱應如所請。從之。（高宗三一八、九）

（乾隆二一、一〇、乙亥）［大學士管陝甘總督黃廷桂］又奏：瓜州回人遷移魯克察克，所遺成熟地二萬四百五十畝，應就近募種。按官四民六徵收，存貯廳倉，供支駐防滿兵口糧。得旨：好。如所議行。（高宗五二四、二〇）

（乾隆二七、三、戊午）［戶部］又議准：甘肅巡撫明德疏稱，安西廳屬之瓜州踏實堡、小灣、奔巴爾圖等處屯田，先經督臣楊應琚於乾隆二十四年奏請改為民地，招佃認種，現查明各該處屯民，共七百七十五戶，新舊開墾水旱地，四萬六千三百二十一畝。據墾戶呈稱，該處不產穀草，所有每畝應納草束，統照原奏改爲小麥三升，隨正糧同納。其安西、柳溝二衛，二十四年業經題報升科地，亦請一例改納。再、該處招佃，多係口内民人，既經改屯升科，即爲伊等世守之業，應令地方官發給印照，詳開户籍並地畝段落，俾收執以杜爭冒。從之。（高宗六五七、一三）

（**乾隆五三、六、丁酉**）欽差協辦大學士陝甘總督辦理將軍事務公福康安奏：入官叛産，遵旨撥給戍兵，但戍兵有操防之責，往返更替，不能自行耕種，應將查出地畝交地方官經理收租，會同營員散給。請每名先借銀二兩，撥產後徵收歸款。得旨：如所議行，該部知道。（高宗一三〇六、二〇）

（**乾隆五六、六、己未**）户部議准：陝甘總督勒保疏稱，鎮番縣民王元簡等，認種箕㲼湖義田。所納銀糧，作書院生童膏火；額交草束，酌分鎮、蔡二營，以爲馬草。從之。（高宗一三八一、二）

（**嘉慶九、一二、壬戌**）諭内閣：那彥成等奏籌辦寧陝及漢南各鎮、協營新兵借項，置買地畝情形一摺。據稱，陝安鎮營、漢中協營並陽平關、寧羌、略陽等處新兵與寧陝新兵，皆須一律置買地畝，俾裕生計。統計馬步戰兵八千六百一十七名，每名給與十兩價銀之地，共應需地價銀八萬六千一百七十兩，請於嘉慶八年地丁項下先行借支，在於節省馬乾項下扣還，並交寧陝總兵楊芳等趕緊置買，兼令提督楊遇春督率辦理，等語。寧陝及陝安等處新兵，多係無業鄉勇，應募入伍，生計未免竭蹶，自當先令衣食充裕，方可一律訓練。且深山老林，逐漸開墾，則汙萊日闢，耳目易周，亦不致有藏垢納污之事。所奏自屬可行。著照所請，每新兵一名，借給地價銀十兩，共銀八萬六千一百七十兩，在於九年地丁項下借支，並准其於節省馬乾項下分年扣還，至嘉慶十五年冬季全數歸款。至提督楊遇春、總兵楊芳等，平素帶兵打仗，最爲勇往，惟當責以訓練新兵。至於買地、納糧、丈量、踏勘等事，必須詳細經理，且伊等所用，不過營中字識等，於一切事件，恐不能諳悉，此事著派臬司朱勳，或其餘道員内，熟悉地方情形辦事結實者，令其會同該提鎮詳悉籌辦，務臻妥協。（仁宗一三八、五）

（**嘉慶一九、五、丙申**）諭内閣：長齡等奏，籌撥寧陝裁兵餘地，請由營員經理，備支公用，並酌添兵食一摺。陝省寧陝鎮及漢中協籌撥營田，原照舊額兵數置買，嗣將寧陝鎮裁徹，漢中協改鎮，其裁去兵丁餘出地畝，交地方官招佃，收租變價，以備營中公用。茲據長齡等奏，漢中鎮各營，均係折色餉銀，全賴營地租糧藉資接濟。各營地畝，歷年水衝沙壓，租糧多有豁免，馬步兵丁得項較優，尚可支持，守兵關餉最少，生計維艱，著加恩將寧陝裁兵餘出地畝，自嘉慶十九年起，仍歸各營招佃收租，除每年營中公項變價動支外，餘糧勻給領糧最少之兵，俾資接濟，仍著地方官監放，將收支細數按季報明督撫，以杜侵蝕。（仁宗二九〇、一二）

2. 四川、雲南、貴州

（順治一七、五、己巳）平西王吳三桂，以移鎮雲南，地方荒殘，米價騰貴，家口無資，疏請故明國公沐天波莊田給壯丁二千人，每人地六日。部議每丁給地五日。從之。（世祖一三五、六）

（康熙六、一二、己丑）四川總督苗澄等，請以重慶、夔州等鎮、成都城守等營督、撫、提標兵抽撥七千名，開墾成都屯田，每歲可得米四萬二千石，省部撥銀五萬六千兩。從之。（聖祖二四、三〇）

（雍正七、七、戊申）户部議覆：雲貴廣西總督鄂爾泰疏言：原任工部侍郎申大成條奏，黔省軍田，許照民田一體買賣，每畝上稅銀五錢，給契爲業，經九卿議覆准行。但黔省軍田一畝之價，可買民田二畝，應納糧賦，一畝亦可抵民田二畝，若再徵稅銀五錢，於民生無益，仰請豁免。嗣後凡有軍田授受，悉照常例報稅。應如所請。得旨：……申大成所奏軍田一案既不可行，則從前會議時，有軍田省分之九卿官員，何以不肯直言，今朕既知其不可行，若避朝更夕改之名，苟且遷就，以致貽累民生，朕不忍爲也。……（世宗八三、二〇）

（雍正八、一〇、己未）［户部］又議覆：四川巡撫憲德疏言，松潘鎮所屬南坪營，涪州舊城內外，及黑格郎、會龍、隆康等處，空隙荒地，請令各兵安插家口承墾，永爲世業，照松潘衛地糧之例，按年起科。應如所請。從之。（世宗九九、二四）

（乾隆二、閏九、己卯）免雲南軍丁銀。諭總理事務王大臣：朕前因各省軍屯額糧過重，密諭各省督撫確查。今據尹繼善奏稱，滇省軍丁一項，從前未曾攤入地畝，原議俟查有欺隱軍屯田地，陸續抵補，每丁自二錢八分至六錢二分不等，共應納銀一萬五千三百八十兩，內除自雍正四年至十一年，抵去銀三千餘兩外，尚有應徵丁銀一萬二千二百七十餘兩，歷年惟按冊載老丁名字徵收，或已無寸土，而追比無休，或已絕後嗣而波及同伍，等語。滇省軍丁一項，從前既未曾攤入地畝，而現在完納丁銀之人，又係無田之戶，邊地屯民，未免輸納維艱，深可憫恤。著將應徵軍丁銀一萬二千二百七十餘兩，自乾隆三年爲始，概予豁免，俾無業屯民永釋苦累。該督撫等即通行曉諭，務使均霑實惠，以副朕加惠邊氓之至意。（高宗五三、七）

（**乾隆二、一二、乙巳**）免雲南昆明縣老丁田地餘租。諭：朕聞雲南昆明縣，有老丁田地一項，原係督撫兩標牧放營馬之區，坐落省會昆海之濱，本屬草澤，嗣因沙壅淤，漸成可墾之地。節年以來，定爲額收租米一千五百六十八石。除完納稅糧條編，並給發老丁口糧，共需米九百二十三石外，尚餘米六百四十石，從前題報歸公，遵行在案。但此額租數目，乃照豐收之年科定者，而地處海濱，土壤磽瘠，若遇水大歉收之時，則小民完納甚艱，可爲軫念。除老丁米石並糧條仍應照舊完納外，其歸公米六百四十四石零，著該督撫查明，永行豁免，俾租額減輕，民力寬裕。即從乾隆二年爲始，該部可遵諭速行。（高宗五九、九）

（**乾隆三、一**）[是月] 大學士管川陝總督事查郎阿議：四川副都統永寧奏，成都八旗馬廠，共地十七里有餘，惟山岡高處，可以牧馬，其山谷低凹處，若令開墾耕種，兵民有益，等語。查該處現設馬廠三座，又近廠田地七頃二十二畝，有池可飲，有草可食，俱應留作馬廠。其餘溝田、坡地，共十九頃有奇應如所奏辦理，並令派撥旗員自行招佃承種，每年收穫租穀，無論豐歉，對半均分，收貯旗下公所。其如何撥用之處，聽該副都統酌辦。再此項原係官產，與民間報墾不同，應免按則升科。得旨：著照所議行。（高宗六一、一四）

（**乾隆三、一〇**）[是月，雲南提督蔡成貴] 又奏：雲南大理城三十里之喜州地方草廠，向爲提督牧馬之區，因有曠廢餘地，於乾隆二年，借備工本銀二百兩，置買牛隻農器，募墾成田三百餘畝，本年募民耕種，得京石租米一百二十石。請即以爲提標養濟孤寡租田，令臣標中軍參將經管。其應行升科額賦，並請加恩豁免。得旨：著照所請行，然亦令督撫知之，則日久而無弊矣。（高宗七九、二三）

（**乾隆四、九、辛酉**）又諭：據貴州總督張廣泗奏稱，貴州逆苗絕户田產，賞給屯户，令其選擇形勢，建築堡牆，以資捍衛，官給工價口糧。內有小工工價一項，每日每名以銀二分、米一升給與。乃各處屯軍赴工之時，止領米一升，其工銀二分，並未具領。俱稱我等荷蒙天恩，賞給田地耕種，給以盤費口糧，復給牛具籽種，感激之私，無由上報，今建築堡牆，分應效力，每日所領食米一升，足資餬口，所有工銀二分，情願不領，等語。通計小工銀一萬五千餘兩，係題明應行散給之項，既據該屯户報效心切、不願具領，應准其所請，歸還正項。具摺請旨。朕思築建堡牆，原爲各屯户保衛身家，伊等子來趨事，不領工價，愛戴之意，出於至誠；但今伊等甫至屯所，家計未能充裕，而力辭應給之項，良民知義，實屬可嘉，其工銀一萬五千餘

兩，仍著賞給。（高宗一〇一、四）

（乾隆五、七、甲申）免鶴慶府驛站丁銀。諭：朕聞滇省鶴慶府城及所轄之觀音山，於前明時分設驛站，後因驛站裁革，驛馬分給驛丁，將觀音山編爲三十馬頭，每馬人丁十七丁，每丁歲徵銀五錢四分；在城驛站，編爲二十馬頭，每馬人丁五十六丁，每丁歲徵銀二錢五分，共徵驛站丁銀五百五十九兩有零。至今相沿，每歲交納，而窮丁無力輸將，以致官役代爲賠補。前經地方官將自首額外條編，並折徵税秋銀六十二兩九錢抵充外，其餘仍屬無著。朕念此等歲無出産之民，徒以先世貽累賠納丁銀，情殊堪憫。嗣後將此項應徵銀兩悉行豁免，以示朕加惠邊氓之至意。（高宗一二三、一）

（乾隆六、六）[是月，四川提督郊文煥]又奏：順河牧廠周圍六十里，地方卑濕，水草不生，請交地方官悉行招墾。報聞。（高宗一四五、二八）

（乾隆七、六、壬寅）工部議准：四川巡撫碩色等疏報，提標附郭馬廠，開墾水旱田地三十三頃三十一畝，請照撫標退出河舖馬廠官地之例，免其升科。從之。（高宗一六八、二六）

（乾隆一〇、三）[是月，四川巡撫紀山]又議奏：官庄田地，兵丁任種納租，未免曠弛營務。且所入有限，不能徧濟兵艱。應如重慶鎮臣邱策普所請，照重慶鎮標塘田，悉爲變價，與節年動存租銀，一併買貯米石。遇有青黃不接時，按名借給，關餉扣除。得旨：著如所議行。（高宗二三七、一九）

（乾隆一五、三）[是月]四川總督策楞、提督岳鍾琪奏：華陽縣束關演武教場，向以東方生氣，不宜演武，是以會合大操，俱在城中東北教場。雍正五年，經前提臣黃廷桂將此地招佃收租，以爲本標各營公用，歲收租價銀一百九十兩零，迄今二十餘年，漸次開闢成熟，而報充歸公，仍止前數。查有水田七百零一畝五分、旱地二十四畝八分，每年應折穀價銀四百五十一兩四錢有奇，已飭立案，統歸營中差遣及賞需等項之費。報聞。（高宗三六一、二三）

（乾隆一五、九、辛酉）户部議准：雲南巡撫圖爾炳阿奏稱，各屬年徵官莊穀一萬五千餘石，動糶無幾。常平倉額貯外，共溢額穀一十八萬餘石，應自乾隆十五年爲始，照秋米長折之例，每米一石，折銀一兩、穀豆一石折銀五錢徵收。至官莊穀既經折色，其每年支放囚糧，應於常平溢額項下動放，其無溢額穀之處，於額貯穀内暫行借放，秋後買補。從之。（高宗三七三、八）

（乾隆二三、七、）[是月]雲貴總督愛必達奏：綠營兵缺出，例將兵丁子弟挑補，如不得其人，即募土著民人充補。查黔省新疆各鎮營兵，安設之初，多由調撥，間有隻身無家者，兵丁子弟無多，而地居苗藪，又無土著民人應募，外來投充者，皆內地游民。伏思古州、朗洞、清江、台拱、丹江、八寨等處，附近皆有屯堡，屯軍子弟多可入伍，況查屯軍原議每户上田六畝、中田八畝、下田十畝，現生齒日繁，丁多田少，請以屯軍子弟補綠營兵糧，則營伍得實在之兵，屯堡亦裕資生之計。得旨：如所議行。（高宗五六七、二八）

（乾隆三二、四、戊申）四川成都副都統、宗室雅郎阿奏：成都駐防兵米，經前任副都統臣卓鼐奏准，於每歲米折項下，存貯藩庫銀一萬七千兩，交就近十五州縣採買米二萬石，運送滿城，存倉支放。其額設駐防等官，共七十四員，今生齒日繁，不下六百餘户，歲需米約及千石，前此未經籌及。查賞給兵丁牧場内，有開墾水田三千三百十八畝、旱田一千零七畝，歲交米一千九百十石八斗，向係折價存公，此項稻米交納後，復行變價，徒滋輾轉，請照例每稻二石，交米一石，即令駐防各員指買。每石作價一兩四錢，於各該員歲俸内坐扣歸款。從之。（高宗七八二、二四）

（乾隆四二、三）［是月］調雲南巡撫現任貴州巡撫裴宗錫奏：黔省古州一帶，均係新闢苗疆，其間有著名牛皮大箐者，綿長數百餘里，東連八寨，南接丹江，西通古州、清江、台拱，北枕都江，山深林密，人跡罕經。乾隆元年列屯置軍，僅在各廳腹地，獨此箐未經議及。臣思苗疆重地，非可因承平無事稍存怠忽。求其防慮周備，莫若寓防於屯。查該箐坦壤可墾者甚少，惟山半腰以南，名雷公地，丹江廳所屬，約可墾田四五百畝。又雷公地以下，有歐收勇、荒蒿箐二處，約可墾田三四百畝。此地山箐深險，開墾之利小，而藏匿之害大，況各衛屯軍，生齒日繁，額田每虞不給，今既有可墾平原，應令附近之威震等堡屯軍，派撥子姪人等赴箐認段試墾，責成丹江廳稽查，毋許流匪竄入滋事。俟墾熟，即在該處立堡，以資防守。再，請於四十里之雞溝汛抽撥千總一員、兵丁五十名，擇適中處設卡駐守，以資控制。得旨：此事所辦甚可嘉，可謂留心封疆之大臣。交圖思德妥爲之。（高宗一○二九、二一）

（乾隆四二、七、丁亥）軍機大臣等議覆：貴州巡撫覺羅圖思德奏覆，查明牛皮箐內，地勢稍平，並非泉水灌注之處。多施人力，可望墾熟。請於該箐適中之地，相度高阜處所，設立汛防。查丹江營雞溝一汛，舊有千把總各一員、外委二員、兵二百名在汛巡防，即於該汛内，撥千總一員、兵五十名前往箐内新設汛地，屯駐防守。其箐口設卡一處，在總汛兵内撥五名，輪流稽察，聯絡聲勢。均令丹江營參將總轄，雞溝汛守備專轄。一切稽查訓練，俱歸該參守就近留心整飭，等語。應如所請。又稱，屯田事宜，飭令丹江通判管理，並督同丹江衛千總派近箐邊屯軍子弟，造冊移廳給照，認段開墾。俟三、四年後成熟，按則升科。亦應如所請行。從之。（高宗一〇三七、一九）

（**乾隆五〇、一一、戊午**）諭軍機大臣等：據富綱奏，雲南提標，向有大會等五莊田畝，收存租息，爲養贍營中孤寡兵丁眷屬之用，嗣因木邦土司線甕團等投誠，安插大理府，將漾濞上下二莊田畝撥給，另於營中積存租穀變價銀內，酌留銀六千五百兩，另買田畝，取租瞻給。今線甕團已經改遷東川府安插，所有年徵租息，既經報部充公，而前項租息，因無田可買，久未買足，營中提存銀兩，孤寡不敷贍給，請將漾濞上莊田畝仍撥還提標，爲贍卹之用，即以提存藩庫田價銀兩，作抵上莊原價，等語。此項田畝，本係該營自置，今仍舊發還提標，而以提存藩庫銀兩抵還原價，其事尚非不可。但摺內稱，提標現在年收租米，孤寡兵眷，不能普給，有實應支口糧而不得者，尚有一百數十戶等語。果如所言，則購買未得田畝，已經十有餘年，此百數十戶孤寡，不得口糧，又何所賴以存活。情節殊未明晰，難以據准。著傳諭富綱再行詳悉查明，據實覆奏。尋奏：查該標自乾隆三十八年，按所買莊田歲科定額，每孤寡兵眷，月給米一斗五升。其時祇有一百八十戶，此後遞年增添，復有一百三十餘戶，除動支租米外，餘係營員捐辦，是以奏請將漾濞上莊田賞還，爲贍卹之用。得旨：依議可也。（高宗一二四二、一五）

（**乾隆五一、八、乙卯**）軍機大臣等議覆：四川總督保寧奏稱，川省督標三營，向有馬廠地。坐落華陽縣沙河鋪，給民墾種收租，採買麩豆，價貴時，給兵餧馬，於馬乾銀內扣還，節年餘銀一萬五千九百餘兩。查馬兵每名，冬春月給大乾銀一兩二錢，夏秋小乾，每月五錢，加給米二斗，照米值算，比大乾尚少三錢，請過小乾月分，再加米一斗，俾兵力益得寬裕。再，該廠水田租穀，每年餘米一百四十石，請於青黃不接時，借給步兵，於該兵米折銀內扣還買貯，仍借步兵支食。再，每年採買麩豆，止需銀五千九百餘兩，其餘一萬兩，請交典生息，分給廠租無餘之撫提二標，及未設馬廠之城守營各步兵。庶羨項不致虛懸，營伍皆有裨益。應如所請。其尚有餘銀，飭仍貯督標，備修製軍裝之用。從之。（高宗一二六二、四〇）

（**嘉慶三、五、癸酉**）戶部議覆：雲貴總督鄂輝等查勘苗疆逆產並酌給苗弁錢糧一摺，據稱有設立苗弁之處並無逆產，有逆產之處不必設立苗弁，因地制宜，自不便彼此遷就，而現在添設之土守備、土千總等，均應酌給錢糧。應如所請，照湖南苗疆、貴州銅仁例，土守備，每名每年給銀十六兩；

土千總，十二兩；土把總，八兩：土外委，六兩；先行動項給發，俟各路逆產招佃收租後變價撥給。惟查苗疆戡定，逆產亟應清查，應令該督等速委明幹大員逐一丈勘，勿任絲毫隱漏。就近責成各該地方官招佃收租，即將歲入租息變價撥兌各土弁餉銀，以歸節省。仍將丈勘地畝若干、及每年租息銀數，合計興義四鄉、貞豐、册亨、黃草壩……等處添設土弁餉銀，每年實需若干之處，造册咨送户兵二部查覈，其苗弁關支餉銀時，令貴西道會同營員按季監放，以杜侵冒剋扣之弊。從之。(仁宗三〇、四)

（嘉慶六、七、甲申）軍機大臣議覆：雲貴總督琅玕請於石峴苗地建立碉卡、招募屯軍、設汛控馭一摺。據稱……逆苗絶產，俱係成熟上田，俟查明確數，每軍應給若干，造册報部，免交租糧。仍照九衛屯軍之例，歸貴東道經理，……應如所請。從之。(仁宗八五、八)

3. 其他直省

（順治一、一一、癸卯）河南巡撫羅繡錦疏言：河北府縣荒地九萬四千五百餘頃，因兵燹之餘，無人佃種，乞令協鎮官兵開墾，三年後量起租課。疏下部議。(世祖一、一)

（順治一八、七、辛亥）户部議覆：山西巡撫白如梅疏言，天成、陽和二衛屯糧銀，共一萬七千有奇，委之衛弁，致多逋欠。應令中路通判移駐陽和，兼管東路，以便稽屯清餉。從之。(聖祖三、四)

（康熙一〇、二、丙午）山西巡撫達爾布疏言：晉省官兵，於長子等縣開墾荒地，應照例三年起科。但兵之墾荒，居址田器，未能猝辦，非土著人民可比，請再寬一年起科。下部議行。(聖祖三五、一一)

（康熙四六、一〇、壬辰）諭内務府：據河屯營守備楊弘德奏稱，駐防河屯兵丁二百名，已給錢糧，請將原給地畝交回。朕思兵丁内，陞轉病故者，伊等妻子既無地畝，又無錢糧，何以養贍。著將地畝仍令伊等耕種。(聖祖二三一、七)

（乾隆一、二、戊寅）福建巡撫盧焯奏：閩省同知通判額徵屯糧，其地坐落各州縣，兼有隔府隔省者，請將福州等處屯田，查明坐落州縣，有田歸民耕而仍列故軍老户者，即行更正的名，分歸州縣徵收。下部議行。(高宗一二、二四)

（乾隆一、五、乙巳）總理事務王大臣，會同理藩院大臣議：尚書通智等奏稱，殺虎口外清水河地方田畝，從前喀爾喀敬安固倫公主奏請耕種。康熙五十三年，因行走之人擾亂，停止耕種。雖將從前所領之票，具奏交部，而公主屬人，仍於其間耕種行走。今額駙端多普多爾濟既赴喀爾喀地方，此處種地之人，難以遙管，理宜將此項田畝徹出，招民耕種，以足戍兵之糧。但額駙將此地耕種多年，已成熟地，照土默特蒙古等賣田每畝銀二錢例價，查額駙檔內，載伊屬人所種清水河田四萬八千三百七十五畝，可否賞給銀九千六百七十五兩之處，恩典出自皇上等語。查從前臣等因歸化城種地以足戍兵之糧，議令額駙端多普多爾濟，在清水河較原賞田數，加倍開墾，至數萬頃。今額駙端多普多爾濟既赴喀爾喀地方，此項地畝，自係招民耕種，飭交通智，將原賞地畝查出，如何折價，賞給額駙銀兩，並將伊屬人多佔地畝徹出，作何辦理耕種之處，議奏等因，奏准在案。今尚書通智等，查明清水河地畝從前雖經端多普多爾濟具奏停止耕種，將票交部，而屬人仍復耕種數年，俱應徹出。但額駙屬人，既將此地種熟，應照伊檔內所載耕田四萬八千三百七十五畝之數，遵蒙古賣田例價，每畝賞銀二錢等因咨覆前來。應如通智所奏，賞給額駙端多普多爾濟銀九千六百七十五兩。所有清水河地畝，每年所得糧數，令通智等查明，照原奏辦理。所賞額駙端多普多爾濟銀兩，著伊派人持具印領赴京，在戶部支領。再通智等奏稱，清水河東北西爾哈墨哩圖一帶地方、西北烏蘭拜星一帶地方，原係蒙古游牧處所，續經額駙將蒙古等移於別處，已歷多年。臣等以為耕地至此處，如遇舊牧之蒙古人等爭競，即行確查，地畝果好，每畝賞銀二錢，別處安置，如地不成片段，即請退還仍令游牧等語。查此帶地方，原係蒙古游牧處所，並非耕田建房者可比。自額駙端多普多爾濟屬人占據以來，移於別處安居多年，如屯田開墾，遇有蒙古爭競，即行給價，則僥倖告訐之人必多，辦理未免紛紜。應交通智等，將原在西爾哈墨哩圖、烏蘭拜星游牧之蒙古，詳細查核，果係原耕之地，或照地給價，或仍令游牧之處，分晰辦理。從之。（高宗一八、二四）

（**乾隆一、五、乙卯**）豁減直隸懷來縣墾荒地糧，諭總理事務王大臣：朕聞宣化府屬之懷來縣，僻處山邊，向有保字號墾荒地七十一頃，徵糧八百六十餘石，始於前明時，防禦邊患，募兵戍守，即以近山地土，令其耕種。每軍士一名，種地五十畝者，准作半年糧六石；種地一頃者，准作一年糧十二石。彼時應募屯軍，不過圖免本身雜差，遂不計地之多寡荒熟。今歷年既久，其間有地荒而糧存者，有地少而糧多者，官民不免賠累之苦。且該縣徵糧科則，上地每畝徵糧五升六合，中地三升六合，獨此項地土，則每畝徵糧至一斗二升，民力尤難輸納。著該督委員確查，將山地不可耕糧無所出者，共計若干，奏聞豁免。其可以耕種之地，則按照本縣科則，分別定議，俾邊塞黎民，永沾實惠。（高宗一九、一〇）

（**乾隆一、六、庚辰**）諭總理事務王大臣：朕聞廣東有屯糧羨餘一項，原係衛所官弁徵收，每正糧一石，收穀三四石不等。除正米撥支兵糧外，餘穀悉係衛所官弁侵蝕入己，嗣經督撫查出，題報歸公，留備賑糶之用。但屯田糧額，本重於民田，今以一石之糧，徵收至三、四石，屯民其何以堪。又聞各省軍田額糧，較之民地亦重，從前軍田畝數原多，嗣後漸次清釐，田主亦屢經更易，而糧石仍輸舊額，自屬苦累。大學士等可寄信各督撫，詳加確查，將如何定額徵收並革除額外加徵之處，密議請旨。（高宗二一、五）

（**乾隆一、九、庚申**）諭：粵西舊有軍屯田畝，當日原係給與各屯兵領耕，不與民田一例編徵四差等項。是以糧額較重於民田。其他州縣偏重之數無多，又無別項差徭，民間尚不至於苦累，惟武緣一縣所徵糧額，較之下則民田，每畝多出銀二錢二分，未免過重，小民輸納維艱。著該撫將武緣縣軍田舊額酌減，每畝定以一錢徵收，永著爲例，示朕優恤閭閻之意。（高宗二七、一五）

（**乾隆一、一一、己未**）總理事務王大臣議覆：福建巡撫盧焯疏言，邵武縣之永安所屯田，每畝徵米四斗三升五合有奇；霞浦縣之福寧衛屯田，每畝徵米三斗三升有奇，又每畝徵修倉銀一分三釐，糧額實爲過重。請照中則屯田例，每畝徵米二斗，其多徵之米，並福寧衛應徵修倉銀兩，概予豁除。應如所請。從之。（高宗三一、一〇）

（**乾隆二、一、癸巳**）減山西太谷等十州縣屯糧科則。諭曰：各省屯糧科則，輕重不一。朕聞山西所屬太谷、祁縣、徐溝、清源、交城、朔州、馬邑、左雲、右玉、偏關等十州縣之屯糧，有較之民田過重者；有同一屯地，而徵糧之本折多寡不同者；有同一科則，而額糧之輕重相去懸殊者。念此屯民皆吾赤子，若地瘠糧重，未免輸納維艱，著該撫石麟轉飭各州縣有司秉公確查，各就原額糧則之重者，酌量裁減，具題請旨，俾輕重各得其宜，輸糧不致竭蹶，以示朕愛養屯民至意。（高宗三四、二）

（**乾隆三、八、乙酉**）戶部議覆：山西巡撫石麟奏稱，歸化城與鑲藍旗察哈爾連界之察漢庫崙等處地畝，原係召民認墾輸租，雖坐落土默特界內，不便改歸土默特，請仍令寧朔衛管轄徵收，解交綏遠城充餉。其坐落察哈爾界內地畝，本係土默特巴特馬孟克等七戶業地，未便歸公，請亦令寧朔衛照例收租，解送歸化城，散給原管業主收領。其兩旗交錯地畝，均畫界立石，毋許越種。應如所請。從之。（高宗七四、一一）

（**乾隆三、九、甲寅**）大學士等議覆：直隸總督李衛奏請減免屯田糧額一摺，查直屬屯田，如宣化府屬之宣化等縣、永平府屬之箭桿嶺等處，並順天府屬薊協營路之李家峪等處，所有編徵糧額，均較重於民田，應照民糧科則酌量減免。請將各處民屯錢糧，令該督分別科則；造册送部，以便覈議。得旨：依議速行。（高宗七六、五）

（乾隆三、一二、丙戌）［戶部］又議准：湖南巡撫張渠疏報，芷江縣歸並沅州衛屯田，賦役全書多載加攤糧七十五石、條銀一百十一兩有奇。查與原報數目相符，應自本年爲始，如數豁除。從之。（高宗八二、一九）

（乾隆五、九、辛未）［戶部］又議覆：署廣東巡撫王謩奏，瓊山、文昌兩縣，現徵屯米二千一百三十五石零，向係加一收耗。該縣等未經分晰開報，致前任督撫照通省之例，以一六計算，多加耗米一百二十八石零，實屬錯誤。請照舊加一徵收，免滋民累等語。應如所請。從之。（高宗一二六、三）

（乾隆五、一二、丁巳）［戶部］又議：據直隸總督孫嘉淦册送各屬屯田糧額，查永平府屬之箭桿嶺等處，共河淤屯地三十八頃四十六畝有奇，額徵銀米豆石，計銀合算，每畝徵銀自七分八釐至二錢二分不等，較之附近撫邑上則民田，每畝多徵銀二分至一錢七分不等。又邊儲屯地一百三十八頃二十畝有奇，額徵米豆，計銀合算，每畝徵銀自三分九釐至一錢二釐不等。較之中則民田，每畝多徵銀一分至九分不等。應請自辛酉年始，將河淤屯地每畝徵銀一分、米二升二勺、豆三升，邊儲屯地每畝徵米一升五合一勺、豆一升五合。從之。（高宗一三三、九）

（乾隆七、四）［是月，湖廣總督孫嘉淦］又奏：苗人經勸洗就撫之後，不敢多種田畝，而苗頭人等，恃强多占，苦樂不均，現飭理猺同知會同城、綏二縣逐寨清丈，每卒一名授田十畝外，餘爲官田，召佃起租，給崗長工食，並以充餉。惟猺人時出爲匪，多因無恆產所致，現亦飭查有無田廬，編立保甲，給種官田近山，照苗寨之例，設立頭人約束。得旨：所奏俱悉，可實力妥協爲之。至於撫綏苗猺一摺，言雖近是，不能無易視之之弊也。（高宗一六五、二七）

（乾隆八、閏四、壬戌）戶部議准：江蘇巡撫陳大受疏稱，江蘇省額賦之外，雜辦項下，有牧馬場租等款，共銀三萬一千三百六十兩零，閏月銀二百一十四兩零，均係有款可徵。應請按則徵收。從之。（高宗一九〇、一一）

（乾隆一四、一二、癸巳）兵部議准：安徽巡撫衛哲治奏稱，安、徽、寧、池、太、廣六府州屬馬田租稻，向係折米搭放兵糧，其不通水路州縣，俱折徵充餉。嗣於十二年，經前撫臣潘思榘奏改徵收本色，今查歙縣馬田，坐落休邑，山地瘠薄，止播雜糧，且嶺路崎嶇，運腳浩繁，該縣每年餘剩租

稻，僅百有餘石，添補倉廒，爲數甚微，不若折徵充餉爲便。從之。（高宗三五五、一〇）

（乾隆一五、七）［是月，直隸總督方觀承］又奏：查永平、宣化二府所屬各州、縣、廳額徵本色屯糧，向有加一餘耗。雍正七年，經前任布政使王璧議，每石一斗之内，三升留爲鼠耗，七升變價充公。嗣於乾隆二年題准，此後糶價銀兩，節年動用。祇緣章程未立，迄今未彙案咨銷。兹據布政司造册詳送，查屯耗一項，雖節年並無侵蝕，但既未按年報銷，而徵存糧亦不按年糶變，恐生弊竇。請嗣後永、宣二屬所收屯耗，責令各該府督催，按年變價解司，以充地方公用及辦差之費，動支隨時咨部。仍於奏銷時，按年彙册咨部查核。至各屬辦公借墊，本案俱有應領之項，現在陸續報銷，如核減不敷，仍令各屬照數完補，以符款額。下部知之。（高宗三六九、二二）

（乾隆一八、三、癸酉） 户部議覆：湖北巡撫恒文疏稱，恩施縣外屯一處，距郡城四百餘里，在川省巫山、奉節、建始三縣之中，屯民五百餘户。遇一切公務，必越建始，往返旬餘，實爲不便。從前改衛爲縣時，建邑尚隸川省，是以未及議歸，今建邑已改隸施郡，請將外屯一處改建始縣管轄，其項畝糧銀額徵、烟户册籍，飭令恩施縣造移建邑接管。應如所請。從之。（高宗四三五、四）

（乾隆二二、一、壬戌） 兩廣總督楊應琚奏：粵西猺獞錯居，土司環繞。向來漢土各屬，於額設營汛外，又設土兵曁狼兵、堡卒、隘卒等項，每屬自百名至數百不等，給有軍田，輕其糧賦，平居則耕鑿巡防，有事則徵發調遣。近來土兵額少，田畝銷售，竊以兵額固不便虛懸，而軍田尤應嚴［禁？］私賣。臣擬飭有土兵之漢土各屬，查照兵卒舊額補足，將現存田數、坐落、土名，清查造册，查照各兵承耕田數，給予印照管業。如有事故，開收繳還。其應納錢糧，並另立軍田户名，以免混淆。如各兵有貧乏不能守業者，田歸本族本地之狼猺，即令承田充兵；如民人有私典買者，授受俱如律治罪。並責各頭目，於農隙實力操演，地方漢土各官，會同營弁每歲訓練一次。如無營弁地方，即專責該土司自行訓練，該管道府，歲底通報查覈。得旨：好。（高宗五三一、二七）

（乾隆二二、七）［是月］兩廣總督楊應琚奏：臣於乾隆二十年，查得欽州地方尚有未墾官荒地畝，即與該道府捐資招民承墾。現已墾田三千一百五十餘畝，情願自本年起，每畝輸租穀七斗，共二千二百餘石，以資公用。查廉州府屬之廉州營、欽州營兵米，歲支本色不及一成，較内地獨少，且所領折色，遇價昂不敷買食。應請即以此項租穀，自戊寅年爲始，撥一千三十一石二斗碾運廉營，一千一十五石四斗碾運欽營，合之該二營原支色米，可得一季本色之數。其應領折色原款，扣回解司充餉。儻遇歲歉，官穀不敷撥支，仍照每石七錢折給。尚餘穀一百五十餘石，變價作解運廉營之費，該處原係山陬瘠土，應遵恩旨免其升科，仍飭地方官給與印照，非逋租拋荒，毋輕易佃。得旨：甚好。（高宗五四三、四〇）

（**乾隆三二、五、辛卯**）軍機大臣等議奏：山西巡撫彰寶奏稱，右衛牧廠餘地，現經派員履勘招墾辦理。並將召募赴科管轄各事宜，酌擬條款。一、查勘五旗牧廠餘地，正藍旗為一段，正黃、正紅、鑲紅三旗為一段，鑲藍旗為一段。其中堪以墾種者，共計一千六百餘頃。應於歸綏道所屬五廳及大同、朔平二府屬沿邊州縣，招募佃民。每地五頃為一分，各量資本，或一戶認種一分，或數人合認一分，入冊後，給以印照管業。當初認種之年，免其輸納，於次年起科，其餘遞年耕熟，陸續升報。一、此項地畝，較察哈爾土性瘠薄，祗可種植雜糧，應照口外不分等則之例起科。其牧廠俱坐落和林格爾及清水河二廳地方，所有應徵租銀即交該處通判經徵，就近解交綏遠城同知衙門，撥充旗營兵餉。一、此項地畝，除現在招墾一千六百餘頃外，尚有八百餘頃，係砂磧山溝。不成片段，俟佃民將好地墾成後，飭令零星開種，以盡地利。又此項應募佃民，約需千有餘戶，將來俟認種人多，即令該處兩通判相度適中之地，設立村莊，以便稽察彈壓，無須另設專員。以上均應如所請。惟稱該處地畝，土性瘠薄，應照口外例不分等則之處，查徵賦之重輕，應准收成之厚薄，此時未可懸定，應令試看成熟後，再行定則。又該處佃民，聚集既多，其中或不無遊民攔入，滋生事端，並抗租逃避各情弊，宜嚴飭承辦之員，時加稽察。從之。（高宗七八五、一三）

（**乾隆四四、五**）〔是月〕江西巡撫郝碩奏：省城外設有馬廠二處，皆濱臨江湖沙地，向為撫、鎮下六營暨縣驛牧馬之所，界內之地，間被隣田侵越，今按址清出，除原定額地外，兩處餘地共一千三百餘畝，召民墾種，今歲即據各戶認繳租銀，一百三十七兩零；其未據認墾之地，將來成熟，約收租銀二百兩。此項銀兩，即可儲備六營公用，請自今歲為始，隨時支給。設遇水坍沙漫，酌將租銀豁除。報聞。（高宗一〇八三、二一）

（**乾隆五六、七、丙戌**）軍機大臣議奏：熱河總管盛住呈稱，熱河園內及外廟，續添看守兵丁。共三百六十三名，每名每月除給錢糧一兩外，又賞地六十畝。近年食物昂貴，所得不敷瞻養，情願將地畝退交；再熱河看倉兵丁，每月祗給銀一兩，並無地畝，生計更艱，均請每月各加給錢糧一兩。又千總十名、副千總十七名，亦願將賞地退出；並請一體增給錢糧。報聞。

(高宗一三八二、二九)

（嘉慶九、一一、庚寅） 湖廣總督吳熊光等奏：鳳凰廳，係苗疆咽喉，最爲緊要。沿邊二百數十里，共建碉卡八百餘座。原議屯丁六千名，更代防守，每丁量授田五、六、七畝不等，共需田三萬餘畝，除鳳屬民人呈出田二萬餘畝，分授勇丁四千名外，不敷之田，在附近同資保障之麻陽、瀘溪二縣酌量分均，其乾州等處，各在本處一律均田屯勇。茲據總管三廳邊務鳳凰廳同知傅鼐稟稱，麻陽、瀘溪二縣均出田一萬餘畝，已丈收五千餘畝，分給鳳凰廳屬原留鄉勇一千八十一名歸屯；乾州廳屬，已丈收一千五百畝，分給原留鄉勇三百名歸屯；計歸屯鄉勇一千三百八十一名。本年秋成豐稔，該丁等口食有資，未便與未經授田之丁一體支食鹽糧，致無區別，應請覈實住支。其餘業經報均尚未丈收之田，及古丈坪、保靖縣二處屯勇四百名，應均田二千畝。永綏廳一路，田本無糧，原議挑撥壯勇二千名，分布防守，現須丈清田畝再行分給，統俟來年秋收後，全局報蕆。至裁存土塘苗兵，原因暫時羈縻窮苗起見，未便習以爲常，令傅鼐督令開山種地，買牛置具，漸次安頓。應將現可耕種謀生之土塘苗兵酌加裁汰，鳳凰廳屬裁去二千二百名，乾州、永綏每處一千二百名，古丈坪一百名，保靖縣三百名，共裁五千名，均於本年十月初一日住支鹽糧工食，以節糜費。此外未經授田鄉勇二千一百四十一名、裁存土塘苗兵九千九百三十六名，仍照舊分別支給，俟來年均田全竣，另議裁徹。下部議行。(仁宗一三六、八)

（嘉慶一〇、四、丙辰） 諭內閣：阿林保奏苗人震懾兵威繳出強占田畝，分別籌辦，以固邊隅而垂永久一摺。據稱此次勘辦永綏八里逆苗，石宗四名下查有侵占各寨田地一千餘畝，其餘各犯亦多有侵占之田。正在查辦間，旋據各里苗守備隴八月等呈稱，各處苗民情願將從前侵占田地全行繳出，請收作官田，分佃良苗，查照苗例，每年田畝納租穀三成，山地納雜糧一成五分，以充公用。將來邊防徹後，仍挑留苗兵分交管帶，將此項租糧賞給支食，以期辦公無誤。現在永綏七、八、九、十等里，已繳出一萬餘畝，其餘乾州、鳳凰、保靖等處，亦紛紛呈繳等語。從前平苗案內，查出逆苗叛產並客民插花地畝，原應分給無業窮苗，乃當日俱爲強苗侵占並未均勻分給。現在邊防將竣，土塘苗兵即須停支口食，既慮無以謀生，且該處究少兵力彈壓，既據該苗民等將從前侵占田地自行繳出，出於至誠，著照該撫所議，查明繳出田畝及此次叛產確數，劃明畛畔，分佃收租。將來邊防裁徹之後，仍挑留苗兵在彼捍衛，即將此項租糧支給口食，以爲安逸經久之策。至此項地畝，該苗民本由強占而得，此時懾威呈繳，自應留備邊糈。但該撫仍當妥協經理，約束苗備等，不得借此擾累，強令各寨苗民一概派出，又致失其恒產，方足以靖邊疆而綏苗寨。其應如何覈辦之處，並著照該撫所請，歸於屯均經久案內，彙覈辦理。(仁宗一四二、五)

（**嘉慶一三、二、戊寅**）諭內閣：……辰沅永靖道傅鼐由佐貳出身，洊陞道員，歷任苗疆十有餘年，勦除頑梗，安撫善良。前後修建碉卡哨臺一千餘座，均屯田土十二萬餘畝，收卹難民十萬餘戶，挑習屯練八千名，收繳苗塞器械四萬餘件。又復多方化導，將苗民妄信巫師椎牛聚眾惡習禁止革除，設立書院六處、義學一百處，近日苗民已知向學，籲求分額考試。所有鳳凰、乾州一帶邊界苗眾，實已革面革心，輯寧安堵。……著加恩賞給按察使銜即令其先換頂帶以示獎勵。(仁宗一九二、一四)

（**嘉慶一九、一一、甲寅**）直隸總督那彥成奏：請將長垣、東明、開州逆產地三十八頃給正定鎮標兵丁召佃收租。從之。(仁宗二九九、三〇)

三、蘆洲、河淤、沙地

（**順治二、七、甲戌**）太常寺典簿王文言條奏：江南長江一帶，荻蘆數千餘里，中多腴地，乞遣臺臣部臣，以次清查，立爲蘆政，以充國用。得旨：江南初經歸附，治平急務，惟在安民，王文言何得借端言利？不准行。(世祖一九、二一)

（**順治三、一、乙亥**）工部議覆：操江巡撫陳錦疏，請將故明勳戚及各衙門自占蘆洲查出歸公；其有主者，丈量入冊。得旨：葦地果屬無主併各衙門自占者，查出歸公；其有主者，不必入官。(世祖二三、一一)

（**順治一八、五、庚申**）戶部議覆：巡按江寧御史何可化條奏蘆課六弊。坍沒之賠累宜豁，收解之耗費宜革，豪強之隱佔宜清，洲書之飛洒宜禁，佃蠹之侵欠宜究，蠲免之條例宜溥。俱應如所請。從之。(聖祖二、二七)

（**乾隆五、九、甲午**）工部等部議覆：河東河道總督白鍾山奏稱，豫東兩省，向無蘆葦，專用秫稭。第蘆葦爲河工要料，自應設法栽植。現在清查黃河南北兩岸坑塘窪地，共二百餘頃，除不堪栽葦地外。尚餘一百三十餘頃，可全行栽種供用。但爲地尚少，非民栽不能寬廣；非州縣官勸導，不能踴躍從事。請照墾地之例，酌定議敘；如有抑勒等弊，亦照例議處。至民人栽成葦草，願議敘者，栽葦四頃，給九品頂帶；不願者，依時價採買等語。應如所請。嗣後州縣官能勸民栽葦二百頃以上，紀錄一次；四百頃以上，紀錄三次；六百頃以上，加一級；八百頃以上，加一級、紀錄一次；數多者照例遞加。如抑勒挪報，均照墾荒地例議處。至將可栽葦草之地，任其廢棄，

該督撫查明指參，分別議處。從之。（高宗一二七、一五）

（**乾隆九、五、癸巳**）户部議覆：江南河道總督白鐘山疏稱，南河自乾隆元年以來，宿遷等縣陸續報墾地四百五十四頃有奇，前因濱河淹涸靡定，兼之淮徐一帶，連年災歉尚未報升。但已墾灘地，若再不勘定科則，適啟豪強爭奪，官吏侵漁，若即報升，則灘地較腹地課輕，納稅無多，而完糧則一。設遇水旱，勢必一例報災，議賑議蠲，徒滋紛擾。況坍漲無定，今歲報升，明年請蠲，亦非體制。且愚民無知，恐報升后遇坍，難於豁免，往往畏累，不欲承種者有之。莫若將此項灘地酌定額租，另立一册，租銀彙解河庫，以爲河工之用。歉則減免，坍則豁開，歲於搶修案内動用報銷。查該河督所稱此項淤出之地，是否係民間舊田水沈近復涸出，抑係河灘新漲，請勅下督撫確勘。如係新漲之田，即照該河督所奏，妥議具題。從之。（高宗二一七、一）

（**乾隆九、五**）是月，江蘇巡撫陳大受奏：上元縣七里洲江寧縣銅井地方，新漲洲灘，原無業主，應照例入册升科。即以所刈蘆薪變價納賦，其餘爲普濟、育嬰、廣仁各堂經費。報聞。（高宗二一七、三三）

（**乾隆九、八、丙寅**）工部議覆：尚書公訥親等奏稱，南旺一湖，在運河西岸，隄列斗門，以洩汶水盛漲。前河臣白鍾山，議於湖中截築圈隄，分爲内外兩湖，以資蓄水，請將餘地給民認墾。但查議圈之内湖，更多高阜，即使截築成隄，亦不能蓄水濟運，應請停止。至湖内積窪之區，可容減下之水，本爲耕種所不及；其餘高阜處，水小之年，悉可布種，即遇汶水漫溢，數日消退後，仍屬腴田，請將涸出湖地，令民耕種。水大時，仍以受水，免其輸租，歉收之年，亦不得請賑等因。查南旺湖地，藉洩運河暴漲之水，是以久經封禁，不令民間墾種。今經勘明形勢，請將高阜之地給民布種，應如所議，令河東總河會同山東巡撫，委員查丈，除河工柳園葦地及先賢祠宇墓地外，撥給無業貧民領墾，毋許富户胥役侵占，並分別銀則及每户領給若干具題。所收租銀，即貯道庫，爲河工之用。儻遇歉收，亦應如所議，免其輸租，不得請賑。從之。（高宗二二三、一六）

（**乾隆一〇、六**）[是月]江南河道總督白鍾山奏：柳株爲河工要料，必須豫籌種植。現在黄河兩岸，丈出侵隱官地一千五百三十四頃零，各營汛兵，每年有應栽額柳，力難兼顧，應俟農功畢後，遴委效力幹員會同文武汛官，於丈出官地内，募夫栽植。所需工價，公項内酌量節省發辦，不必請動錢糧。得旨：所奏俱悉。但論裕料可耳，必以節省爲見，亦屬過中。（高宗二四三、二五）

（**乾隆一〇、八、庚子**）工部議准：陞任直隸總督高斌奏稱，直省淀泊河灘各地畝，或因水道遷徙，或係隄岸空餘，半屬腴田，可以耕種。現在逐一查勘，分別等次，酌定租銀，給附近貧民認種。每戶自十畝至三十畝，計口受田，毋許逾限。每年所收租銀，解貯道庫，爲河工歲修之用。如遇水大被淹，止免應徵租銀，不得請賑；或值地方大勢災歉，仍照例一體辦理。儻有逃絶之戶，招人另佃，禁私行典賣。從之。（高宗二四六、三）

（**乾隆一一、三、己卯**）諭：朕愛育黎元，特降諭旨，將直省錢糧輪年通免，使之均沾惠澤。查浙江溫台二府所屬玉環山地方，從前棄置海外，雍正六年設立文武官弁，招徠開墾，現在田地山場每年額徵本色穀一萬六千四百九十餘石；又海寧縣有錢塘江海口，南大亹、中小亹之間，天漲沙地給佃承種，每年應徵銀五千五百二十餘兩。以上二項，與腹內地丁無異，因名爲租穀、租銀，是以不在所蠲之內。彼邊海之地，土瘠民貧，自當一視同仁，俾免輸將，以安作息。丁卯年，係該省輪免之期，著將此二項一體蠲免。該部即傳諭該督撫知之。（高宗二六〇、一九）

（**乾隆一二、一**）[是月，署山東巡撫直隸布政使方觀承] 又奏：安山湖地分撥貧民認墾開科一案，行司轉飭東平州詳查。據稱安山湖地面寬闊低窪，運河水漲，則由通湖閘分減入湖，以保運道，各村瀝水，亦均藉湖爲歸宿，以全民田。乾隆十一年夏秋間，通湖皆水，現猶停蓄，大概湖地必須雨水調勻，秋禾始望有收。惟二麥佈種於已涸之後，收穫於未發之前，小民皆願認墾。臣查湖田多屬沃壤，而麥收足抵秋禾，每畝額徵銀二三分，又至輕減，故雖有水患，民間亦願升科。但升科之後，官徵民納，例重秋收，如秋禾被水，或並未播種，則請蠲，並將請賑；且或連年積水，河工需地行水，又應請豁，徒致紛煩，兼多妨礙。竊思安山、南旺二湖，同爲運河洩水之地，南旺湖業經奏准報墾徵租，安山湖似應一例辦理，將升科改爲徵租，並照直隸淀泊河灘地畝分季徵收之法，其專種一季夏麥者，於麥後徵收，兼種秋禾者，分麥、禾兩季徵收，地方官解交運河道庫，以爲河工之用。如遇水溢，查明免其輸租，不得請賑。貧民每戶領地二十畝，禁私相典賣，則租額毫無減於升科，而除去升科名色。官地民種，應徵應免，可以隨宜辦理。且富戶無從兼併，貧民常霑恩澤。得旨：所見頗是。知道了。（高宗二八三、二一）

（**乾隆一五、一二、乙未**）諭軍機大臣等：據開泰摺奏，……[湖南]龍陽縣大圍堤涸出地，續墾田畝，援照官莊之例，給照徵租一摺，並著鈔寄楊錫紱，將辦理情形，是否妥協，具摺奏聞。（高宗三七九、一五）

（乾隆一五、一二）［是月，湖南巡撫開泰］又奏：龍陽縣内，向有濱湖積水荒地，經前撫臣趙申喬勸民修筑大圍隄一道，逐漸淤成平陸，共報墾田五萬一千七百七十五畝，久已入額輸糧。惟查隄内尚有湖坪草塌等地，民人逐年開墾，今查勘得圍民未首之地八千八百五十二畝有奇，該處地勢較高，應請照水田下則，每畝科糧二升。又續墾田二萬三千九十八畝，該處地勢甚窪，雨水稍多，收成即歉，應照官莊徵租之例，照水田下則，每畝科租二升。下部議行。（高宗三七九、二一）

（乾隆二二、三、壬辰）又諭閩浙總督喀爾吉善、浙江巡撫楊廷璋：西湖之水，海寧一帶田畝藉以灌溉，今聞沿湖多有占墾，若將墾熟之田挖廢歸湖，小民未免失業，如任其占墾，將來日漸壅塞，海邑田畝有涸竭之虞，於水利民田均有未便。除已經開墾成熟者免其清出外，嗣後不許再行侵占。尋奏：西湖舊址三十餘里，雍正二年清查時，僅存二十二里四分有奇，至今三十餘年，小民復漸占墾。現委員將湖址逐段勘丈，凡現存湖面及淤淺沙灘，俱丈量標誌，繪圖存案，侵占依律懲治。至現在小民栽荷蓄魚之蕩，止許用竹箔闌隔，以通水道，禁其私築土埂，仍責地方官於每歲水落時，按圖勘丈，具結申報。其現已墾熟田畝，雖蒙恩免其清出，但究係私占官湖，俟丈出占墾確數，如果無礙水源，當另請旨酌量徵輸，歸入西湖歲修項下，爲挑濬之用。得旨：是。（高宗五三四、二）

（乾隆二二、一二）［是月］浙江巡撫楊廷璋奏：臣奉諭旨清理西湖。查自雍正二年丈實湖面週二十二里四分，迄今三十餘年，沿湖居民或培土成田，或築隄爲蕩，逐漸占墾，並淤淺沙灘，共二里有餘，遵旨將已墾成熟者免其清出。臣謹周歷相度，將各處有無阻遏水源，逐一標記，分定應去應留，明白曉諭，於秋杪收穫後，令該道府督率各員分頭展復，較前清出一里有餘。現在湖面計二十一里二分，四處立碑，永禁侵占。其不礙水源之田畝地蕩，尚有五百八十九畝零，遵旨免其清出，仍酌定稅額，於二十三年起，歸入西湖租息項下，以備挑濬公用。再請照蘇隄式，於清出隄岸上偏栽柳樹，不特可杜小民侵損，其根株盤結，亦可堅固隄身。報聞。（高宗五五三、三九）

（乾隆二四、一）［是月］署江蘇巡撫陳宏謀奏：蘇州郡城，設有普濟、育嬰、廣仁、錫類等堂，需費浩繁，歷任督撫，或清查官產，或撥留灘地，或撥公項。收養日廣，經費較增。灘地時有坍沒，公費不敷，撥社倉息穀接濟。但息穀爲出借農民籽種，撥充堂用，漸少漸虧。查雍正年間，部議准江南新漲無主互爭之洲，勘明入官，今通州如意沙，係新漲無主灘地，向有刁民隱占，委員往勘，除附近民業者，仍聽升科執業，餘撥作堂中官產。又通州、崇明、連界新漲玉心沙，爲兩邑民人爭毆致命，經地方官查明究議，歸作堂中公產，以餘地養窮民，息穀仍歸民借，洲棍攘爭，亦可漸戢。得旨：不但一舉而數善備，而汝亦因此得名也。（高宗五七九、二六）

（**乾隆二六、一二、壬申**）戶部議准：兩江總督尹繼善疏稱，鹽城縣范公隄外，舊有公樵草灘七百五十六頃，嗣因民竈爭訟，另於伍佑、新興二場淤灘，照數撥給竈樵。恐日久私墾，請每歲春間令該縣及鹽大使親勘出結；儻徇情失察，知府分司查揭參處。從之。（高宗六五○、一四）

（**乾隆三一、二**）是月，直隸總督方觀承奏：直隸淀泊河灘淤地，前經奏定分給附近貧民認種完租，每戶自十畝至三十畝止，定例遇有改移河道開挑引河等事，需用民人認種地畝，即行免租聽用。查淤地以天津、河間二府屬爲多，今將實係貧民，仍聽照數認種，其有爲胥役豪强詭名占種者，悉行徹出。直隸各州縣，設有留養局五百餘處，雖各有經費，而衝途流養較多，所需衣被薪米不敷，俱係地方官捐辦，若將徹出冒占之淤地酌撥各局經理，除完租外，以羨餘補留養之需，則貧民之力能受佃者，既沾樂利，而煢獨之尤無告者，更慶生全。得旨：嘉獎。（高宗七五五、二八）

（**乾隆三一、一〇**）[是月] 直隸總督方觀承奏：武清縣屬范甕口一帶，舊有淤灘葦地四十七頃八十六畝零，內除河身起土坑蕩，並隄壩占壓及栽柳空隙等地八頃九十一畝零，實存地三十八頃九十四畝零。近因積次受淤，已成高灘，非葦性所宜，應交地方官丈明召墾，改種禾稼；初種之年，稍寬租數，一、二年後，漸成熟地，即可普定租額。以每畝租銀二、三錢計，每年可收銀一千餘兩，除歲需河神各廟香火之用，餘銀存貯永定河道庫，遇有河隄等公務動用。得旨：如所議行。（高宗七七一、二二）

（**乾隆三二、五**）[是月，兩江總督高晉等] 又奏：江省崇明縣之北、通州之南、新漲沙灘一處，自乾隆二十八年以來，該州縣詳報頃畝多寡不等。查此項沙灘淤漲頗廣，未便任聽地方官草率辦理，致滋影射。現委員查勘，草灘二百四十五頃有奇、泥灘二百八十四頃有奇、水灘三百八十四頃有奇，應將漲出沙地北歸通州，南歸崇明，分界管轄。目下情形，沙尚低嫩，請俟灘地堅實，再由該州縣詳報查明丈尺，估報定則。報聞。（高宗七八五、一九）

（**乾隆四三、四、庚子**）江蘇巡撫楊魁奏：臣標左、右二營及蘇州城守中、左、右三營，額設馬步守兵，遇有僉差並無賞項，每於月餉內攤扣，未免拮据。查江陰縣官灘內，有圍築成田者三百二十三畝、水草灘二千六百九

十五畝零，請給兵丁承領，召佃墾種，按例升科，俾得藉霑餘息。報聞。（高宗一〇五四、一八）

（乾隆四八、三、戊申）諭軍機大臣等：據阿桂等奏十三日合龍，大溜全入新河，壩工堵合穩固一摺，已降諭旨交部議敘矣。阿桂此時，自必將善後事宜次第籌辦妥協，方始起程前赴東省。朕思善後事宜內，惟撥給民地一事，最關緊要。北岸河身既經涸出，其空地可以墾種者必多，以彼易此，總須以南岸占用民地頃畝數目，將北岸地畝官爲丈量，照數撥給，多寡一如原數。若一任小民自行占踞，則豪强者得以多占膏腴，而懦弱無力貧民竟至缺少，且不肖官吏胥役，得以藉此侵漁滋弊，殊非安集災黎，清釐地畝之道。此事著責成阿桂、李世傑迅速辦理，早爲換給，俾小民得以乘時趕種夏禾，方爲妥善。至此項地畝，除照數換給閭閻之外，如尚有多餘，不妨召募佃種，收取租糧，以備河工公用。再要工既經堵合，則下游漫水來源已斷，而運河兩岸縴道，自必漸次涸出。著傳諭明興，即督率該道等趕緊一律興修，以便漕艘銜尾遄行。至金鄉、魚臺被淹地畝，此時業經涸出，恐被水災黎無力耕種，並著明興查勘確數，照例酌借籽種，俾得及時播種，咸慶西成，以副朕軫念災黎有加無已之至意。將此由六百里各傳諭知之。（高宗一一七七、五）

（乾隆五〇、一〇、己丑）諭軍機大臣等：據阿桂奏攔黃壩後填塘河工，勘量丈尺，提查案卷，尚無別項情弊一摺，因念薩載、李奉翰現在應賠之項，爲數較多，已明降諭旨寬免議處；其工部所減方價，准其開銷，毋庸伊等分賠矣。至此項工程，上年南巡時，朕親臨閱看，本在可辦可不辦之間，若薩載等彼時奏明，所費如許之多，可以不辦，則亦止矣。今至糜費如許之多，而又無當河工要務，薩載等原不能辭咎，但業已辦理，亦毋庸再議。惟現在壩後深塘既經填壓平實，又係久淤之土，地脈必肥，既未便令百姓耕種，致滋爭占，若聽其閒隙，又覺可惜。或竟令官爲召墾取租，所收餘息，即歸入河工項下動用。是否可行，著薩載等詳悉妥議，據實具奏。並將該處所填塘工情形，繪圖貼說呈覽。將此由四百里諭令知之。尋奏：履勘填塘地，共五頃七十畝零，除緊靠壩後六十八畝零應栽柳護隄，其餘即招墾取租，歸入河工項下動用。報聞。（高宗一二四〇、二三）

（乾隆五一、二）[是月]署河東河道總督蘭第錫奏：豫、東兩省境黄河大隄內外官地，雖零星不成片段，上冬委員清查，除現種葦柳及浮沙鹽城外，舊坍新淤及空隙可種地，約一百餘頃；又乾隆四十八年，改築南隄，舊隄自考城六堡以東，至河尾五十餘里，已屬廢棄，召募墾種，可清出官地

二、三十頃；又曹縣舊河身內，新丈出無糧灘地六十四頃十二畝，除撥補新河占用民地外，尚餘二十二頃有奇；各地若由官招佃徵租，於工用民生兩益，懇請恩准咨會兩省巡撫委員會丈召耕，分別議賦。原係工員管理者，仍交工員徵解；續查出地，由地方官徵解；統貯各河道庫，按年報部，遇工奏請動用。得旨：此係有益於民之事，爾等妥爲之。（高宗一二四九、三四）

（乾隆五一、一二、戊午）又諭曰：劉峩奏勘明大陸澤地畝，酌議徵租一摺，已批交該部議奏矣。惟摺內稱，現在認租之戶，每畝僅輸租二分零，未免過優，若每畝徵銀一錢，未免過重，等語。地畝徵銀，比較多寡，自應寫輕重字樣，試思優與重，字義相仿，何所區別。已用硃筆改正。（高宗一二七一、八）

（乾隆五二、一、乙未）諭軍機大臣等：工部奏駁葦蕩右營新淤蕩地添建樵兵一摺。內稱，該河督原題每年交柴十七萬束，原指蕩地新淤而言，一、二年後，自應加增。今奏請添設樵兵，何以竟將十七萬束作爲定數。又查雍正年間，新淤灘地，每畝計產柴三束，今新淤蕩地，計每地一畝竟不及一束，前後大相懸殊，等語。該營新淤產柴蕩地，雖係河督管理之事，但李世傑係兩江總督兼管河道，其淤地所產柴束，何以並不留心查覈，竟將十七萬束作爲定數，又不詳查舊案，致每畝產柴數目，與雍正年間多寡懸殊。看來竟係李世傑病後精神恍惚，於地方事務不能照料周到，漫無查察所致，不特前日所奏硝磺短少一事辦理乖謬也。著傳諭該督將是否實因病後精力衰頹，以致辦事多有錯誤之處，據實覆奏。其新淤蕩地實在產柴數目，仍著該督會同李奉翰確切查奏辦理，毋任營員朦混具報。將此傳諭李世傑、李奉翰知之。（高宗一二七三、二八）

（乾隆五三、九、庚辰）諭：據阿桂等奏查抄荊州府蕭姓民人家產，請將勒休都司蕭夢鼎一併革職，解部治罪一摺。各省民田廬舍，俱有管業之人，始准其輾轉售賣；今江心漲出沙洲，自係官地，無論何姓，皆不得據爲己業。若云蕭姓所墾洲地，買自王、齊、葉、張、楊五姓，則此五姓民人，又因何敢私占官地，必係奸民見江中漲有沙洲，認種可以獲利，遂藉詞升科，呈請開墾，而地方官受其賄賂，因而准行。既據蕭逢盛供，係伊祖父於雍正七年起、至乾隆二十七年止，陸續買自王、齊、葉、張、楊五姓，雖雍正年間閱時既久，而契冊可以調查。窖金洲乃係官地，該五姓民人因何准其私相售賣，抑係此五姓從前又向何姓轉買，實在起自何時，亦無難逐一清查。著阿桂、畢沅務將此項洲地係何姓始行私占開墾，何時地方官得其賄賂、准令私占之處，再行詳細確查，據實具奏。至前令阿桂等將蕭姓家產查抄者，原因窖金洲適處江心，逼束溜勢，而蕭姓一味漁利，於洲上多種蘆葦，以致滋蔓環生，沙洲不能刷動，日漲日寬，逼溜北趨，衝決隄塍，淹斃數萬生靈。皆伊一家貪利，貽此鉅害，此而尚令坐擁富厚，何以示懲儆而慰輿情。現據阿桂等將伊家產查封具奏。但此項查出財產，不可照例入官，著阿桂等即分別估變，留於該處，以抵工賑之用，使爲富不仁者，知所儆戒。（高宗一三一三、二三）

（**乾隆五九、三**）是月，浙江巡撫覺羅吉慶奏：浙江沿海沙地，坍漲靡常，奸民爭訟不已。現查有陸凱等二十四案，計地十三萬三千畝零，或罩陞多畝，或藉詞妄占，均屬不安本分之徒。且若輩每歲勒租，佃户多致受累，此項地畝，應照例入官，仍給原佃種作，按則納課。民地歸縣徵收，竈地歸場徵解，册報充公。嗣後有續漲新沙，即照此次章程辦理。儻有仍前爭控罩陞霸占滋事者，即照强占官民山場律，杖一百流三千里，以昭炯戒。得旨：嚴明妥實，勉爲之。（高宗一四四九、一九）

四、其他官地

（**雍正一〇、六、甲申**）户部議覆：廣西巡撫金鉷疏言，桂林府屬之永寧州，地居萬山之中，爲猺獞出没之所。向年改州之初，有富祿、常安二鎮，設有狼兵守隘，每名各給兵田二十畝。富祿鎮狼兵五十六名，頭目管事官屬五名，又該鎮養贍田三百二十畝；常安鎮狼兵八十四名，又該鎮養贍田三百二十畝，並無頭目等名色。兩鎮共給兵田三千七百畝，各自耕種，不輸差餉。此項田畝，原在額荒數内，自清查首墾，將所給田畝令與民一體升科，各兵養贍無資，何能供應差遣？請將富祿、常安二鎮原給兵田，仍循舊例，免其升科。至富祿鎮向有頭目管事官屬人等，原不隨兵差操，實屬虛縻，應請革去，將伊等名下田畝添設狼兵九名，以昭畫一。均應如所請。從之。（世宗一二〇、一七）

（**乾隆一、三、癸丑**）户部議覆：福建巡撫盧焯疏稱，閩省寺田，向係四分租給僧，六分租歸官，僧人應收之租，官爲代徵，僧人應納之糧，向佃追比，寺佃深受其累。請將租穀徵糧，全歸僧收僧納，每畝徵銀二錢。應如所請。從之。（高宗一五、七）

（**乾隆三、五、庚辰**）户部議准：調任陝西巡撫崔紀疏言，邠州匠地二十頃一十畝有奇，查係故明時撥給匠户之項。額徵匠價，成例已久，今地畝俱推與民户耕種，悉屬山坡磽瘠，與民間下則地無異。請以額徵匠價通融攤入匠地徵收，則地糧並無隱漏，即匠户亦無偏累。從之。（高宗六九、二九）

（**乾隆三、一二、庚辰**）工部議准：署理蘇州巡撫許容疏言，松、太二府州屬，建築海塘，挖廢田畝，前署撫顧琮題准塘西概留二十丈、塘東概留三丈，爲歲修取土之需，豁免錢糧，交塘長收息充用。今華亭等六縣業戶，紛紛呈請自種。細察民情，以地非全廢，一歲所入官租外，尚可稍沾餘利；即或再有挖廢，姑俟他年，又作計較。應請俯順輿情，將前項已未挖廢地畝，仍令原業戶耕種，定額輸租，另款徵解海防道庫收貯，充歲修及堡房塘長工食之用。從之。（高宗八二、三）

（**乾隆四、一〇**）[是月]江蘇學政劉吳龍奏：江蘇有學田一項，係從前職官鄉宦捐置，以助諸生膏火，輸糧與民田無異。歲收租銀五千餘兩，除修理學官，備辦祭祀，併歲科試、賑貧、給廩外，遇豐年，約贏餘四五百兩不等，原議撥司充餉在案。此項銀兩，向隸學臣報銷，其贏餘備載司册，請嗣後照常支用外，如有贏餘，即作刷印御纂經書之費。歲科試，於優等內，擇其有志向學無力購書者給之。又各學月課時，貧生一飯維艱，如印書再有餘，請分給各學爲月課飯資，仍照例入册核銷，庶學田所出，供訓課之用，名義亦覺相符。得旨：此奏俟朕緩緩酌量。（高宗一〇三、二四）

（**乾隆六、三、辛巳**）免福建無著學租。諭：朕聞福建福州府屬之閩縣鼓山里，舊有學田一千八百四十八畝，每年徵學租銀五百三十三兩二錢有零，勻給廩生貧士，爲膏火之資。後因田久荒蕪，租無所出，至康熙三年，招民墾復，改爲民業，報升糧色，輸納正供，已非昔日官置民佃之學田矣。乃廩生貧士，仍欲復還學租，以致墾戶頻頻告免。於康熙五十三年，該知縣將丈出通縣田地溢額等銀詳抵學租，各業戶始獲相安。雍正五年通查溢額之時，該縣知縣辦理錯誤，將從前已報溢額詳抵無著學租之項，復報溢額，詳請升科，又將康熙三年墾復之民田丈實，只存洲田一千六百二十畝，加徵學租，勻追符額，以致民苦失業，佃苦馱賠，節年追比無完，徒滋擾累。以朕所聞如此。著交與總督德沛、巡撫王恕悉心查辦，將從前詳抵無著學租之項，即行豁免，以甦民困。該部即遵諭行。（高宗一三九、一）

（**乾隆七、二、戊午**）軍機大臣會同戶部議覆：兩廣總督公慶復、廣西巡撫楊錫紱奏稱，桑江逆苗入官之產，可作堡田者二千四百畝，驟募堡卒不及，暫與苗民耕種完租，其畸零瘠薄之田即給苗自種，薄徵其出。但堡卒皆無產游惰之民，安分守法者不肯承充，其素無產業游手惰民，重以官之招募，視苗猺有如奴隸，且聞多不自耕，仍資苗代，久之又主持教唆，使爲不法。前首逆張老金，即堡卒包。又苗性兇貪，以其世受族居之地爲他人所據，不得佃耕，積怨不能相安。本年甃產募耕，點者已不能平。桑江一隅，設重兵彈壓，堡卒直無所用，不但缺者不必足額，即已募者亦可令其回籍，將田全給就近苗猺，分耕薄斂。且以爲該地積貯，責理苗通判經理，可備新設協營之餉，可免柳、慶二府山運之艱，無損有益。應如所請。但已招堡卒，承種一載，勒令復回，房屋牛具籽本均有所費，宜熟籌不致失所之道，妥協辦理。從之。（高宗一六、一三）

（**乾隆九、四**）［是月］甘肅巡撫黄廷桂奏：上年九月內，奏明平羅縣屬四堆子以下埝外閒田，不在升科之內，仍立社倉，酌量輸租。今計墾熟田二十三萬五千三百餘畝，民二千五百餘戶，俱給執照，聽其管業，按戶設牌，開明丁口，選立堡長，編排保甲。因令各戶田一畝，輸租一升，每堡選身家殷實二人充社總、社副，專司登記，仍令官爲經理，歲底報查。惟四堆子一帶，舊有老埝，延長七十餘里，近年以來，該地民復於老埝之內逼近河流之處，加築新隄二道，均應歲修，令於春融農隙時，每田百畝，出夫一名，量備柴草，併力興作，官爲督率。得旨：好。知道了。（高宗二一五、三三）

（**乾隆一一、五、丁酉**）戶部議覆：巡視臺灣戶科給事中六十七等奏稱，臺郡供粟之外，尚有官莊一項，按畝徵納，與正項錢糧無異。今閩省丙寅年地丁錢糧，並臺屬額徵供粟，已全蠲免，此項租銀，應否照舊徵收，奏聞請旨。查臺灣官莊，租息三萬餘兩，自題報歸公後，撥充內地養廉之用，原非耗羨銀兩，亦非正項錢糧，實與雜稅無異，自應照舊徵收。惟查本年三月，奉旨蠲免滇省官莊義田等項租銀十分之三，農民均霑恩澤，今臺灣官莊事同一例，可否照滇省蠲免，請旨。得旨：依議速行。（高宗二六六、七）

（**乾隆一三、一○**）［是月，直隸總督那蘇圖］又奏：靜海縣蒲港窪地方，有正紅旗馬廠［廠］地一百五十四頃七十七畝，在子牙河東岸，向有西隄一道，以障河水，康熙三十八年，復築東隄，將此地夾入兩隄之中，久無渾水灌潤，漸致不毛。乾隆三年，東隄決三十餘丈，引入渾水，逐漸受淤可墾。乾隆四年，有天津縣武生楊普成等，朋挐詭名，認墾地三十頃，以爲霸占之由，經臣飭審勒退。此地原係馬廠［廠］官地，未便報墾升科，應照河淀淤地之例，分給附近貧民認種，上等地每畝租銀六分，次等三分，每年徵解道庫，爲河工添補歲修之用。如遇大水被淹，勘明豁免，不得請賑。報聞。（高宗三二七、二七）

（**乾隆一六、二、壬辰**）諭：朕聞常州府屬之武進、陽湖二縣，開抵役田租銀一項，原係前明時虛田領價；後因本戶逃亡，株連親族，各將己產開抵。實非前明原置之田，亦非當日領價之戶，小民條糧役租，力難並輸，以致積年拖欠，朕省方所至，民隱勤求，清問既周，倍深軫念。著將武進、陽湖二縣開抵役田，除應辦條漕仍照民田一例完納外，其新舊租銀，概予豁免，以除民累。凡爾百姓，尚其永承樂利，各相勉於孝弟力田，以仰副朕格外加恩之意爲。（高宗三八三、一〇）

（乾隆一六、四）［是月］福建臺灣總兵李有用奏覆：水沙連地方，逼近生番，久經定界，李朝龍恃買墾地，混占爭租，李光顯復挾仇啟釁，招集流棍。經文武各員將首從人犯嚴拏監禁，研訊確情，從重定擬。其聚棍空寮，俱經焚毀解散。現在民番寧靜，並無驚擾情事。至該處開墾有年，所有無辜之佃民人等，若概行驅逐，轉恐滋擾。請將大小二十四莊，開成田園一千五百七十一甲，未墾荒地二百六十餘甲，一併入官，令該佃照例輸租，以杜爭競。其近番山界，勘明立石，定爲禁地，不許復生覬覦。報聞。（高宗三八七、二三）

（乾隆一九、一）［是月］廣西巡撫李錫秦奏：鎮安府係改土歸流，土司向有役田一項，共九百三十五埠，除完正賦外，每年繳租銀一千八十六兩零，以爲地方辦公之用，名曰公堂銀兩。自改流以來，如各書役工食及修理犒賞並幫貼天保縣辦公等項，經臣酌定，共需銀七百零六兩。查該府首邑天保縣屬，有鑒隘、倫隘、旺崗、忙村、甘沙並向武土州通凍等六塘號書、舖司，每年應給工食一百二十六兩，向係天保縣土民及下雷、湖潤、上暎、都康四土司按年公捐，解府支給，未免苦累，應將此項公捐銀兩永行革除，其工食亦於該府役田租內支給，餘剩銀二百五十餘兩，將領田少而納租多者，查明公平酌減。報聞。（高宗四五五、一九）

（乾隆一九、二）［是月］兩廣總督班第奏：廣東合浦縣永年司巡檢所轄地方，距縣三百六十里，周圍亦三百餘里，與廣西橫州、貴縣、興業、鬱林、博白等州縣壤界相接，爲獞猺出沒之所。明成化年間，令獞猺兵丁分守要隘，撥田耕種，蠲徭薄賦，名曰獞田猺田。各兵後人，承田充兵，糧餉不費，足資捍禦。本朝初年，尚存獞猺田一百四十四頃一十八畝零，存兵二百四十二名。閱年久遠，稽查有疎，致田畝多被土人誘騙典當，兵數漸缺。現在覈對賦役全書，清出田畝圻段，並查出私典數目、授受姓名，勒限分別定價取贖，並酌議章程，自本年爲始，如有民人向獞猺私典授受，照盜買盜賣官田例治罪。儻獞猺內有貧不能守業者，田歸本族本地之獞猺承買，務令按田當兵，不得外售與民。仍飭地方官不時考驗技藝，操演訓練。得旨：覽奏俱悉。（高宗四五七、一五）

（乾隆二九、九、癸亥）諭軍機大臣等：輔德奏查辦寧州還俗僧人盧秉剛一案，議將寺內田產撥出歸公，仍餘二百餘畝給還養贍之處，辦理尚未允协。卢秉刚，以还俗僧人占寺为室，娶妻生子，捐纳职衔移毁佛像、钟鼓，并将寺中田庐据为己有，实属缁流中之匪类。若不示以重惩，则凡丛林住持不守清规者，尤而效之，势将何所底止。况寺内租谷，原为常住香火之资，住僧经营有年，积赢阡陌，仍系寺中余息所出，并非伊披剃时携带私赀，自行置买者，又何必给令管业，以遂其拥货自利之心乎。其折内所请给与养赡田二百余亩，着概行入官充公，并将卢秉刚定拟发遣，以示炯戒。可将此传谕辅德，令其另拟具奏。（高宗七一八、二〇）

（**乾隆三三、一、戊午**）谕军机大臣等：高晋奏，审拟江宁不法僧人恒昭诱奸民妇一折，仅请改发伊犁，所办殊属轻纵。……至所称另招戒僧居住，酌留斋田二顷之处，其数未免过多。此寺既以聚徒挟赀，自作不靖，向后即须酌觅住持，不过令其稍敷餬口足矣。又岂应优给产业，转滋游荡。着将此项田亩，再加酌减存给外，其余尽数估变，作为修理幽栖寺等处之用。此案该督即遵旨执法办理完结，并不值交部覆复，更增谳牍也。将此传谕知之。（高宗八〇三、三一）

（**乾隆三三、一二、丙辰**）户部议覆：御史虞鸣球奏称勋田一项，系前明勋臣产业，散在江浙诸省。其赋较别项田亩为轻，且不纳漕米。现在执业，并非勋臣后裔，而田赋科则，相沿邀恩，殊为未协。应如所请，勒各督抚按册立限，饬各州县清查，并令民户首报布政司覆实，一体输将，督抚具奏办理。从之。（高宗八二四、六）

（**乾隆三七、五、庚申**）户部议覆：署江苏巡抚萨载疏称，先据江苏按察使胡季堂原奏变卖上元、江宁二县狱田，划买王文进入官地亩一折，奉敕详查覆奏。今查得各处狱田，均系山圩夹杂硗瘠，虽有一千二百余亩，额租并无照收，不敷司监之用。近年田价增昂，据估值银六千余两。至王文进入官田亩，系种稻平田，其契载田价，俱属近年所置，无可另议增减，等语。查胡季堂原奏苏州狱田一项，远在隔属，征解不便，兼硗瘠无获，请变价抵买王文进入官田亩，自属酌量变通，以收实用。今既据该署抚分晰声明，应如所奏，将上元、江宁二县原置狱田一千二百亩变价，于长州、元和二县王文进入官田七百余亩，划买四百余亩，委员征解报销。其从前狱田项下民欠租息，并令该署抚确查，应追应免，分别办理。从之。（高宗九〇九、一九）

（**乾隆三八、九、己巳**）直隶总督周元理奏：永定河下游七工旧河身内，有坐落武清县范瓮口蔴苇地三十八顷九十四亩。前经召民试种禾稼，酌定每亩租银自一钱五分至三钱不等，每年共征租银一千六十余两，收贮道库，为永定河祀神祈报及河防一切公务之用，不入奏销。惟该处地属下游，土浮沙薄，生植稍難，節年以來，屢有拖欠，應請將租額減輕，每畝自一錢至二錢一分六釐，較原租共覈減銀三百四十兩五錢五分。得旨：如所議行。（高宗九四二、三一）

（乾隆四五、六、丙子）兩江總督薩載等奏：江蘇吳縣地方，向有公田一萬二千五百餘畝，原係前明本地富民捐置。其承種民戶，除完納地漕等項銀米外，歲收租息，以爲添補運漕之費。迨入本朝，民間此項租息久未完納，乾隆三十一年，經前撫臣明德據知縣介玉濤查出碑據，奏將此項應徵餘租米二千二百二十七石，遞年抵補吳縣逃亡無著錢糧。歲餘米一千數百石，留爲該縣地方公用。因此項餘租並非正賦，不入報銷，儻遇歉年，悉照定額催徵，亦不按照災分辦理，以致歲有逋欠。每遇恩旨，亦從未援請蠲豁。計自乾隆三十一年起，至四十三年止，共積欠銀一萬九百八十九兩有奇。現在江省歷年災緩正項錢糧，俱沐恩普行豁免，此項公田餘租積欠，應請一體恩蠲。嗣後如遇歉收之年，勘明災分，照例蠲。得旨：允行。（高宗一一〇九、一八）

（乾隆四五、六）是月，江蘇巡撫吳壇奏：長江舊設救生船五十六隻，又康熙四十七年，奏准於京口輪雇漁船六隻，每船月給工食銀三兩，當即買置丹陽縣民田五百畝，名曰普生莊，歲收租息，除納正項錢糧外，即以供添雇漁船及救人得生加賞之用。嗣經前撫臣雅爾哈善奏裁救生船三十四隻，祇存二十八隻，分撥上元、江寧、江都、丹徒、儀徵、江陰、靖江、山陽、清河、寶山等十縣，京口僅存救生船一隻、漁船六隻，不敷救濟。查普生莊租息，除動用外，歲有盈餘，請再添雇漁船四隻。得旨：嘉獎。（高宗一一〇九、一九）

（乾隆四九、二、癸酉）諭：……蘇州藩司所屬，地丁漕項公用餘租等款積欠銀糧，業經概予蠲除，因思吳縣公田已與民田一律交納條銀漕米，並加徵義租，嗣因該縣有節年無著田糧，復於公田徵收餘租米二千二百二十餘石，抵補無著虛糧七百餘石外，尚餘米一千四百餘石，留爲該縣地方公用，歷年均有拖欠，民力未免拮据。……著加恩永免徵收，以示省斂惠民，有加無已之至意。該部即遵諭行。（高宗一一九九、三）

（嘉慶六、九、己亥）諭軍機大臣等：御史鄭敏行奏，教匪滋事地方，地多人少，請查明共有若干，造册報部，分給鄉勇，等語。各該省叛產絕產，曾經降旨令各督撫等詳查明晰，或以之安插鄉勇，或以之分給難民，而該督撫日久遷延，總未辦有條款。此時大功將次告竣，誠宜及早詳查。該督撫接奉此旨後，即派委明幹大員分投查勘，除查係難民逃亡之產，其仍回原

籍者，給還業主，其餘應查明共有若干，豫爲清理，隨時具奏。將此各諭令知之。（仁宗八七、二〇）

（**嘉慶一四、一〇、癸丑**）諭內閣：戶部奏，衍聖公孔慶鎔缺額祭田，多至九百餘頃，有湖淤地畝，在應行撥補之例，前經奏明，行文該省查辦，今遲至二年之久，尚未奏報。請旨飭令迅即勘辦，等語。此項至聖先師祭田，缺額九百餘頃，前經該部奏明，由該撫派員履勘，將湖淤地畝是否無礙河流，再行酌量撥補。該省奉文之後，何難即行履勘明晰，分別辦理。如其地畝可以耕種，無礙河流，自應照數撥補；如果妨礙水利，不便開墾，亦應據實奏明，停止撥給。今事越兩年之久，尚未查覆，殊屬延玩。著吉綸即行派員據實查明，將各該處湖淤究竟於河流有無妨礙，應否撥補祭田，及有無民人佔據之處奏明，分別覈辦。尋奏：蜀山湖，爲瀦蓄要區，未便撥補，其聖廟祭田，應另行清理歸足原額。報可。（仁宗二一九、三三）

（**嘉慶一九、九、戊戌**）又諭：從前辦理川、楚、陝三省邪匪時，地方官清查叛產絕產，甚屬遲延，自緣三省地方遼闊，林藪邃深，事閱多年，易滋轇轕。其延緩尚屬有因。此次平定教匪如林清、祝現等犯，其逆產即在近畿，此外李文成及附逆匪犯大抵籍隸滑、濬、長垣、東明、開州暨曹、定一帶，逆產在千里之內，地勢平衍，並無山林錯雜，且前後三月藏事徹兵，爲時不久，清查較易，前經降旨飭辦，延未辦竣。又犯因循疲玩之錮疾矣。著順天府府尹、直隸、河南、山東各督撫迅即督飭所屬，各將該管地方叛產並絕產勒限查清，奏明辦理，毋得日久宕延，致吏胥等隱匿侵欺，種滋弊竇。（仁宗二九六、二六）

（**嘉慶二三、二、丁亥**）又諭：富俊等奏請將喇嘛自置私產仍令自行取租一摺。盛京實勝等寺，官給莊園冊地及自置香火地畝，前因該喇嘛等苦累壯丁，概令官爲徵租，酌給口糧。嗣各寺喇嘛以所得口糧不敷養贍，奏經部議，准其將自置及施捨地畝自行招佃，行令擬定租數，以免多收。茲該將軍奏稱，該喇嘛等自置施捨之地，並非官田，懇請自取糧租，歲獲餘潤，如有苛取，情甘領罪等語。著照所請，除官給莊園冊地二萬六千五百餘畝，仍照原定章程徵租，給予口糧外，其喇嘛自置私產並香火地一萬三千八百二十畝，准令該喇嘛等自行招佃取租，以資養贍。該將軍等，仍嚴飭各寺喇嘛妥協經理，不得任意加租，儻有苛求奪佃等事，隨時秉公懲辦，以杜爭端。（仁宗三三九、二〇）

（**嘉慶二五、三、戊辰**）戶部議駁綏遠城將軍祿成等奏沙拉穆楞地畝，請由喇嘛自行交收一摺。得旨：部駁甚是。歸化城沙拉穆楞地畝，節經該將軍等奏明，折收銀兩由歸化城同知徵解，分給蒙古喇嘛，作爲香火養瞻之資。嗣該撫請照吉林開墾地畝，由喇嘛自行收取，經户部咨駁有案。此次該將軍等復稱該喇嘛情願自行交收，不必官爲經理，是啟私相盜賣之弊，且恐招集多人滋生事端。所奏不准行。禄成、成格、博卿阿俱著交部察議。（仁宗三六八、六）

第二節　民地

一、官地的變爲民地

（一）河淤沙地

（**康熙五、四、丁卯**）漕運總督林起龍疏言：國家每年輓運七省漕糧四百萬石，以實天庾。近見糧艘北路，阻閘阻淺，處處見告。竊以爲欲申速漕之令，宜先清濟漕之源。查濟寧至臨清四百餘里，地勢雖係建瓴，而東平、濟、汶之間，有安山、馬踏……等湖，皆自故明萬曆年間築隄插柳，蓄水濟運……又東平、汶上……等處有二百五十餘泉，爲之接濟。具載河防一覽。年來近湖泉之地，多被土豪兼併，或阻水渠而不使之入，或決河岸而陰使之出，以致湖泉之水，不能濟漕而灌田，水櫃日減，泉源日塞，止憑一線河流，安得不致淺阻。請敕河道總督，躬親踏勘，……濬泉清湖，深通河道。……下部議行。（聖祖一八、二〇）

（**康熙三一、一一、甲寅**）河道總督靳輔疏言：淮、揚、鳳、徐所屬州縣地方，各有開河築隄，建造閘壩栽柳之處，俱係民間納糧田地，理應豁免錢糧。至於兩河歸故，中河告成之後，其黄水涸出及河湖低窪之處淤成膏腴熟地，豪強占種而不納糧者，亦復不少，應查出升科。請敕下江南督撫就近清查。得旨：這事若遣地方官丈量踏勘，恐借端擾民，著遣部院堂官前往，會同該督撫將應豁免、應升科錢糧確查定議具奏。尋命吏部尚書熊賜履前往確查。（聖祖一五七、七）

（**康熙四八、九、甲午**）户部議覆：江蘇巡撫于準疏言：丹陽縣練湖一區，冬春可洩水濟運，夏秋可分灌民田，自康熙二十年間，撫臣慕天顏題請上湖之地佃種升科，部議准行，歷年以來，奸民圖利，將下湖之地亦漸次佃種升科，練湖涓滴無存，湖旁民田，悉成荒瘠矣。今請改下湖升科之田，復令蓄水爲湖，可資千頃灌溉，利益民生，兼濟遭運。應如所請。從之。（聖祖二三九、三）

（雍正五、九、辛未）山東巡撫塞楞額疏奏：東平州安山湖清出官地，請給無地之民，蓋屋居住，栽柳捕魚爲業。得旨：塞楞額奏稱無地之民，准其在堤旁蓋屋居住，捕魚爲業，並未計及窮民蓋屋製船之費，應作何酌量賞助。地方現有耗羨備用銀兩，不於此等愛養百姓之處支給，更於何事動用。塞楞額所奏甚屬疎漏，著另議具奏。（世宗六一、二二）

（雍正六、四、丁未）工部議覆：山東巡撫塞楞額疏言，安山湖隄內無地窮民，查明共四百五十九户，捕魚爲業之湖民，共七十五名。應遵旨動用本省耗羨銀兩，於隄旁搭蓋房屋，設置船隻，分給各民，俾得安居樂業。應如所請。從之。（世宗六八、一六）

（乾隆一、六、甲申）命正經界，杜爭訟。諭：朕聞濱海之鄕，土地坍漲不常，田無定址，於是豪强得恣侵占，而爭端日興。其責在地方有司熟悉土宜，按制定法，弭釁於未然，而平其爭於初發，則可謂良吏矣。夫州縣有司，非盡不知愛民者，特以田土情形未能稔悉，不得不寄耳目於吏胥，而猾吏奸胥又往往與土豪交通，變亂成法，予奪任意，弱肉强食，爲厲無窮，訟獄繁興，端由於此。至若沿海新漲之沙，鄰邑互爭，有司又各袒護所屬，益滋紛擾，此皆徇私而未識大體者。朕以天下爲一家，而州縣官各膺子民之責，亦當體朕之心以爲心，又焉忍伸此屈彼，長其奸而導之攘奪哉。前此海濱要地，增設大員彈壓，果其秉公查勘，經理得宜，應即令界址劃然，各歸其產，不當遷延歲月，仍假奸民之便，而使窮黎久致失業也。夫奸豪不懲，則無以安良善，經界不正，則無以杜爭端。該督撫應飭所屬親民之員，毋以姑息怠緩從事，庶令民業各正，而爭端亦自是少息矣。（高宗二一、一〇）

（乾隆二、一）是月，直隸總督李衛奏：安州豬龍河兩岸淤出地畝，民人王希賢等爭墾不遂，同諴親王府護衛庫克，指稱王府名色，兩次來州囑託。除飭嚴審王希賢等定擬外，先據實奏聞。得旨；卿此奏甚是。如此執法秉公，實是封疆大臣之度。今特賜卿四團龍補褂，以獎卿直。此雖小事，然小事不避情面，可知大事益展嘉猷矣。其棍徒生事，須當重處，以警其餘。此皆庫克輩所爲，王年幼，不知也。朕已另有處分，卿不必用本題奏。（高宗三五、七）

（乾隆六、三）［是月］巡視南漕監察御史宗室都隆額奏：東平州安山湖，地勢卑於運河，並無泉源。沙土疏漏，不能蓄水灌河。不若聽民認墾。於漕運無礙，於窮黎有益。且升科錢糧，即可徵解河庫，爲隄工閘座歲修之用，於河工不無裨補。得旨：是。汝即同白鍾山、朱定元詳悉查明。如若可

行，令彼二人具題可也。(高宗一三九、三七)

（乾隆六、九、己卯）工部議覆：河南山東河道總督白鍾山疏稱，汶上縣安山湖，在運河西岸，留爲洩水之處，湖周六十五里，每年河坡水發，多在五、六、七等月。湖内高阜，可夏秋並種；即低窪亦可栽麥。播種於水落之後，收獲於水發之前。有益小民，無礙運道。應如所請，准其令民認領墾種。仍確加丈量，分晰科則，升科承糧。以乾隆壬戌年爲始。從之。(高宗一五一、四)

（乾隆六、九、庚辰）刑部等衙門議覆：協理山東道監察御史李清芳奏陳，……一、嚴禁土豪私買民間公産。應令該督撫轉飭地方官出示告誡，所有請將游蕩私賣者徒徒治罪，土豪富家勾引遞買者，照不應重律科斷之處，無庸議。……從之。(高宗一五一、五)

（乾隆七、六、壬子）工部議覆：御史都隆額奏稱，東省之安山湖地，前因不能蓄水濟運，給民墾種，以資養贍。乃有本處豪強，侵占七八頃及數十頃不等，甚有衍聖公孔廣棨，亦稱有伊原圈地。行文認領，反使窮民不得均霑實惠。應如所請，行令河撫二臣勘明實在貧户，給與承墾。如有侵占情事，即據實參處。從之。(高宗一六九、一四)

（乾隆一一、一、辛卯）户部議覆：福建巡撫周學健奏稱，福州府屬長樂縣十六都、十七都、二十三都、二十四都四里，民田七百餘頃，瀕海環山。水至則宣洩無餘，旱乾則灌溉無術。唐天寶間，邑人林鶑，有田四千餘畝，盡捨己田，瀦而爲湖，以資灌溉，四里民田，遂成膏腴。原税四千餘畝湖糧，攤入四里民田均輸，至今四里民田帶納湖税三分。是湖皆有糧之地，無容再墾報升。自唐以後至明嘉靖年間，近湖奸民先後占墾湖田數百畝，至本朝康熙初年，忽執有順治九年價買湖基之照。積年久遠，真僞莫辨。惟是康熙三十一年題報升科，加增銀一十七兩三錢零、米二石四斗七升零、湖田三百畝。彼時因奸民黃修等，以湖邊壅出荒田朦混報升，遂致凡執有照者，日事壅築。現在丈量湖內墾成熟田，已有千餘畝，占去原湖四分之一，總因此三百畝已經升科，效尤影射，懇勅部查明豁除。其湖面凡隄埂以内，原屬林鶑所捨之田，並無尺寸官荒，可以墾升，查照原湖丈尺，盡行剗除，廣資蓄洩。並立石碑，長禁近湖奸民藉端壅築，侵占湖面，犯者按律嚴加治罪。應如所請。從之。(高宗二五七、八)

（乾隆一二、一二、壬年）又諭：各省湖河灘地，經大學士等於乾隆九年，議令各該督撫、委員詳勘，除已經報墾之地畝外，其餘蓄水之處，劃明界限，不許再行開墾；其從前已墾地畝，亦令查明分別辦理，交部通行在案。各督撫等接到，自應遵照查辦，將該省有無此項地畝、及有此項地畝作何分別辦理之處，分晰奏明。乃及今數載，惟直隸、福建二省奏到，其餘現有湖河灘地之各省分，俱未見其奏報，殊屬遲延。著傳諭詢問，於伊等奏事之便寄去。(高宗三〇五、二三)

(乾隆一三、九、甲子) 戶部等部議覆：原任湖廣總督塞楞額奏稱，湖廣民田，多係濱江，每一洲漲出，爭執搆訟。請嗣後凡業戶坍地，報官勘明註冊，遇淤漲沙洲，如係附靠某戶之地漲出者，不得即令某戶據爲已有，仍令報官查明原坍若干，照數補足，此外餘地，不許概行霸占。如從前並未報坍，即不准給撥。至隔江遙遠之戶，果係報坍有案，即將多餘漲地秉公撥補；若報坍戶多，按先後以次照撥。儻坍戶均已補足，尚有餘剩，許召無業窮民具呈認墾，給與印照，按則升科。以上俱令季終造報，俟五年大丈之期，再行履勘，造冊報部，以定升除。儻未經報坍，與雖經報坍，而遇有淤洲，不行報官查撥私自霸占者，除將淤洲入官外，仍將該戶照盜耕官田律治罪。地方官不查丈明確，以致坍少補多，坍多補少，舛錯不公者，查出將該州縣官照官吏不用心從實檢踏律議處。應如所請。至所稱止許以本處之漲補本處之坍，毋得隔縣牽混之處，似未妥協，應令嗣後報漲報坍之案，如此屬淤漲之地，實係彼處坍塌之數，上下對岸顯有形迹可據者，即委員會同地方官據實勘驗，秉公撥補。從之。(高宗三二四、三二)

(乾隆一三、一二、戊子) 又諭：策楞、雅爾哈善覆奏湖河灘地一摺，已交軍機大臣會同該部議奏。但查摺內稱，吳江縣之龐山湖內，有新報未升之田二千餘畝，實與水道有礙，已示禁不許升科等語。既與水道有礙，即應剗復，豈但禁止升科。若既免升科而不行剗復，則有名無實，不徒減國家之賦額，而轉滋私墾之弊寶耶。又稱，吳江、安東、高郵三州縣間有水道之處已分別劃明界限，禁止開墾升科等語。既經有礙水道，已禁止開墾，何以又言及升科，所奏殊未明晰。著傳諭伊等知之。(高宗三三〇、一八)

(乾隆一四、四) [是月] 福建巡撫潘思榘奏：福郡城外西湖周二十餘里，建閘蓄水，可溉田數萬畝。現湖身日淤，當飭知府勘估，即以清出寺田租銀並捐湊添給，毋庸另籌款項。又福清縣法海埔一處，海灘淤地，可闢成田，再築長堘，內設陡門蓄洩。現據民認墾，可得田一千三百五十餘畝，次年可種。又郎官港一處，並據認墾，可成田八百二十畝。臣仍督屬親勘，依限完竣。得旨：勸課耕農，務民之本也。知道了。(高宗三三九、四五)

(乾隆一八、八、丙戌) 雲南道監察御史耀成奏：查會清河上自明圓園至通州一帶河道，向因清河本裕倉收貯號糧，皆由水運，河身河岸俱經修整；後因旱路車載，停止水運，該處居民竟將臨河兩岸，占墾地畝，以至河身淤淺，偶遇陰雨連綿，河水漲溢，有損田禾。該處居民皆稱奉閘官租給分種，每年納租交閘官轉送奉宸苑等語。是否，難以確信，應請交該衙門將河道逐一查勘修整，並議定離河若干尺不許耕種。得旨：著交五福、李因培、申甫查勘。尋奏：臣等前往查勘，緣臨河兩岸，內有地勢較高、水流不及之處，一路間有墾種田地。因傳訊閘官丁大倫，據稱雍正四年，水運改陸後，河邊漸有淤出高處，附近居民零星開種，閘官向地户量取租錢，留爲備辦外閘繩鈎及修理所住官房，並無轉送奉宸苑之事。臣等查明，雖零星片段、沙石相間，非膏腴可比，然究屬官河邊地，若逐漸墾種，必致日益填淤，自應嚴禁。將界限清出，插官柳標記，以杜後來越占等弊。得旨：允行。（高宗四四四、一二）

（**乾隆一九、閏四**）［是月］浙江巡撫雅爾哈善奏：遵旨查勘浙省湖河灘地。查慈谿縣之蓀湖、會稽縣之鑑湖，灌漑甚廣，無庸剷挖。餘姚縣之汝仇湖，積久成淤，里民就淤開墾，於雍正七年、乾隆三年兩次升淤田一百七頃有奇，又陸續首報墾田二十六頃三十畝有奇、蕩八十七畝有奇，又上虞縣夏蓋湖淤漲處所，開墾水田二百一十五頃餘畝。惟餘杭縣之南湖，界址未清、田糧淆混，現在確勘，各里首報開墾田地蕩二十六頃六十畝有奇，但地土肥磽不同，應分上、中、下三則科徵。前項報升內有民額地山蕩改田二頃三畝有奇。又杭州衛坐落餘杭陶村，草蕩改田三頃九十七畝有奇，今既改徵，田糧應豁除。至南湖原分上下兩湖，上南湖地高，久經開墾，惟下南湖爲蓄水要區，請嚴立四至界限，不許居民私墾。得旨：覽奏俱悉。（高宗四六三、一九）

（**乾隆二三、二**）［是月］直隸總督方觀承奏：永定河淤灘地畝，例准附近貧民認種輸租，每户不過三十畝，近多影射借占，且有旗莊人等冒認老圈地業爭控。現飭員普丈清理。查永定河伏汛時，附近村莊應派民夫守隄，貧無業者居多，淤地清理後，莫若即分給，給照領種輸租。又兩岸越隄內，亦有淤地可種，除旗民地畝未經撥補者仍聽本人領種，餘令各廳汛督河兵栽葦柳。得旨：越隄非正隄尚可，若正隄，則斷不可也。有如此者乎，查明奏來。（高宗五五七、三七）

（**乾隆二三、六、丁巳**）諭軍機大臣等：據裘曰修等奏，……有安山湖已成平陸之語，此湖既成平陸，民間自必耕種，現在曾否已經升科，著一併傳諭該督等查明具奏。尋……張師載等奏：安山湖原額湖灘地租，歲徵銀三千七百一十五兩零，乾隆九、十等年，湖水愈涸，招民墾種，十四年報部升租銀一千三百七十一兩零，二十年又報升租銀一百六十二兩零，現在每年實共徵銀五千二百餘兩，解運河道庫，爲歲搶二修工食等項之用。報聞。（高宗五六四、二）

（乾隆二四、三）[是月]浙江巡撫楊廷璋奏：台州府屬太平縣黃巖場一帶，濱海漲出沙塗數萬畝，認墾之户，半係衿豪胥猾，託名詭稟，空呈存案，以圖占地。各民竈又因縣場界址錯綜，甲甫率認，乙即混爭，現酌定章程，委員履勘。據報八九萬畝，通丈定數，於南北適中地，立界列號，近場者歸竈，近縣者歸民。查明前認墾户，實係民竈，按界分地，責令築塘蓄淡，照例試種，每户以百畝爲率，各給執照，將前呈註銷。復分別塗地等次，有將次成熟者，當年報科；高阜易墾者，照墾復田地例，三年報科，潮汐浸漾，俗名子沙者，照水田例六年報科。得旨：嘉獎。（高宗五八三、二九）

（乾隆二五、三）[是月]閩浙總督楊廷璋奏：浙省太平縣黃巖場一帶濱海地方，向有准民認墾新舊沙塗，多爲豪猾詭託認占，出租漁利，並不報墾升科。現在委員查勘，實丈有一十萬五十畝零，於適中地方，立定界限，分別號甲。迤南近場者歸竈，迤北近縣者歸民，一切空呈冒認各户，均經釐剔删除。現歸民墾田地六萬八千六百一十四畝零，竈墾田地三萬一千四百三十六畝零，勻給實在貧窮民竈，不許數過百畝。其已經試墾成熟者，例於當年升科，現飭縣場分別徵解，歸入地丁鹽課應徵册内。其已經蓄淡，沙性堅實易墾田地，及甫經築塘蓄淡之民業，仍照例分三年、六年後起科。得旨：好。（高宗六〇九、二九）

（乾隆二八、六、己亥）湖南巡撫陳宏謀奏：洞庭一湖，横亙八百餘里，容納川、黔、粤、楚之水。冬春涸出荒灘，夏秋即成澤國。每當諸江水漲之時，賴其浩衍始免衝溢。自康熙年間，許民各就荒灘，築圍墾田。數十年來，築隄數十處，占地二百餘里，遂成與水爭地之勢。現將各圍刨開多口，令與湖通，不致阻水，勒碑湘陰，久遠禁止。得旨：所辦甚是。（高宗六八八、一九）

（乾隆三六、六、壬申）户部議准：兩江總督高晉奏稱，陞任江蘇按察使吳壇奏請江省新漲沙地概行入官之處，令臣議覆。查江省蘆洲沙地，遇有淤漲，查明報坍，先後以次撥補，其餘剩，許召無業窮民認墾。緣坍漲靡常，沙棍蠧書，控冒混請撥補，又有望影報升爲他日占地步，各屬原坍未補之額，其中影射覬覦者固多，而實在地坍糧存候漲待撥者，亦復不少，若一概歸公，則從前之冒補者冒擁膏腴，而現在之實坍者徒賠課額，請嗣後報坍報漲，務須確勘實據，秉公辦理。凡從前沙疍鄉豪自行望影報升之弊，實力革除，併將從前冒補冒升兼無確據各案，查明掣銷。其江心海中實漲新灘，照例歸公，惟崇明一縣，向係均攤，宜循其舊。從之。（高宗八八六、五）

（乾隆三七、六、壬午）又諭曰：裘曰修奏驗收永定河工程一摺，並陳近水居民與水爭地之弊。據稱，淀泊本所以瀦水，乃水退一尺，則占耕一尺，既報升科，即呈請築埝；有司見不及遠，以爲糧地自當防護。隄埝直插水中，被淹更甚。請勅所司於一切淀泊，毋許報墾升科，並不得橫加隄埝等語。所見甚是。淀泊利在寬深，其旁間有淤地，不過水小時偶然涸出，水至仍當讓之於水，方足以暢蕩漾而資瀦蓄，非若江海沙洲，東坍西漲，聽民循例報墾者可比。乃瀕水愚民，惟貪淤地之肥潤，占墾效尤；不知所占之地日益增，則蓄水之區日益減，每遇潦漲，水無所容，甚至漫溢爲患。在閭閻獲利有限，而於河務關係非輕，其利害大小較然可見。是以屢終降旨飭諭，冀有司實力辦理。今裘曰修既有此奏，是地方前此奉行，不過具文塞責，且不獨直隸爲然也。即浙江之西湖葑地，居民占者亦多，向日雖曾申禁，恐與直隸之玩忽大略相同。而他省濱臨河湖地面，類此者諒亦不少。此等占墾升科之地，一望可知；存其已往，杜其將來，無難力爲防遏，何漫不經意若此。著通諭各督撫，凡有此等瀕水地面，除已墾者姑免追禁外，嗣後務須明切曉諭，毋許復行占耕，違者治罪，若仍不實心經理，一經發覺，惟該督撫是問。（高宗九一一、六）

（乾隆四三、一）是月，大學士、管兩江總督高晉奏：海門廳漲定天南沙地九萬一千三百十三畝，前經紳士汪永和等應募承買，茲已繳完地價，應准入額升科。其價銀，請留爲江寧各處行宮修費。下部知之。（高宗一〇四九、二四）

（乾隆四六、一二、戊子）……又諭軍機大臣曰：本日據大學士九卿等會議黃河水勢情形一摺，已依議行矣。內胡季堂所稱，河灘地畝，盡皆耕種麥苗，並多居民村落，一遇水發之時，勢必築圍打壩，填塞自多。是河身多一村莊，即水勢少一分容納。請勅下河南、山東、江南各督撫確查，令其拆去，遷居隄外等語。所見甚是。河灘地畝，居民日就耕種，漸成村落，一遇水勢增長，自必築牆叠壩、填塞河身。此弊由來已非一日，最宜嚴禁。從前朕閱永定河隄，即見有民人在彼耕種居住者，特諭方觀承令其嗣後嚴行禁止、勿使增益。彼時聞河南亦有此弊，曾於閱永定河隄、示方觀承詩內，再三諄訓。今河南、山東等省，聚居河灘者，村莊稠密，更非永定河可比。若聽其居住墾種，於河道甚有關係。著傳諭薩載等即行確加履勘，其隄外地處高阜、無礙河身者，自不妨聽其照常居住耕種，若隄內地方，不便占居填塞、有礙水道，所有村莊房舍，該督撫等務須嚴切曉諭，令其陸續遷移，徙居隄外，俾河身空闊，足資容納。……著將此傳諭薩載等，並諭阿桂、英廉知之。所有大學士九卿等會議原摺，俱著鈔寄閱看。(高宗一一四七、九)

（乾隆四七、一、壬戌）諭，前據胡季堂奏，黃水灘出地畝，多居民村落，並皆耕種麥苗，一遇水發，勢必築圍打壩，填塞自多；且河身多一村莊，即水勢少一分容納。請勅下河南、山東、江南各督撫確查，令其遷居隄外等語。……因思灘地居民，墾地結廬，已非一日。小民自謀生計，亦必非當衝刷之灘聚居墾種。若偶然河徙衝刷，是伊自取，即水退亦不可復令居住，若其目前無事、安居已久，不免安土重遷，且河隄以外均屬民田，亦無隙地可以遷徙。所有舊居隄內灘地、無礙河身者，民人已經築室墾種，仍加恩准其各守舊業，毋庸押令移居，以副朕廑念窮黎之意。至此後河南、山東、江南、直隸等省，凡屬瀕河隄內灘地，該督撫、河臣等必當嚴切查禁，毋許再行住居占種；如有仍前侵占灘地、阻遏水道者，惟該督撫、河臣等是問。將此通諭知之。(高宗一一四九、六)

（乾隆四七、一一、乙卯）諭軍機大臣等：豫省現在挑挖引河，俟明春桃汛時，即行開放。但黃河南岸隄內，前經阿桂等勘定應行挑挖之處，自不能不占用民田。從前阿桂等籌議時，如何酌量兌換之處，未經奏聞，是否按地給價，抑或另將官地丈量換給，俾小民不致失業。因思南岸隄內，既開挑引河，明歲合龍竣事後，其北岸河身必有涸出空地，可以墾種，以彼易此，小民自必樂從，且地畝錢糧，亦均有著落。李世傑，身任河南巡撫，一切民田廬舍，設法安頓調劑，是其專責。若一任小民自行占踞，則豪強者，得以多占，而懦弱無力貧民，竟至無田可耕。且不肖官吏人役，得以藉此侵漁滋弊，殊非安集均平、整飭清釐之道。總以在南失地頃數，於北給地頃數爲準。此事著交李世傑悉心妥協經理，並著阿桂督同妥辦，以副朕軫念民生之意。(高宗一一六九、九)

（乾隆四八、三、己未）兩江總督薩載奏：江寧府屬上元、江浦二縣濱江地方，漲有新灘，從前隨潮出沒，無從勘丈，至四十六年，查該處嫩淤漸實，勘明上元縣泥灘五千四百九十畝有奇，擬名宜昌洲；江浦縣蘆灘一千四百七十畝有奇，泥灘二千八百畝有奇，擬名永定洲，應照上元縣八卦洲例估計，召民繳價充公，給照管業。諭部知之。(高宗一一七七、三〇)

（乾隆五〇、一〇、甲申）欽差大學士公阿桂奏覆：運河一帶，農田戽水，遵旨照衛河例，酌立限制。請嗣後沿河分段設立誌椿，河水深至四尺以外，許農民戽水灌田；如消存四尺，即不准車戽。得旨：如所議行。（高宗一二四〇、一六）

（**乾隆五三、九、己未**）諭：據阿桂等奏查勘荊州被水情形一摺。內稱，荊州水患，詢之該處官員兵民人等，咸以窖金洲侵占江面，漲沙逼溜爲言。且言之不自今日始。經阿桂等親往履勘屬實，並查有本地蕭姓民人，於雍正年間至乾隆二十七年，陸續契買洲地，種植蘆葦，每年納課，因貪得利息，逐漸培植，每遇洲沙漲出，蘆葦即環洲而生，阻遏江流，洲面漸闊，江面即愈就窄狹，是以上流壅高，所在潰決，等語。窖金洲漲沙，逐年增長，侵占江面，逼溜北趨，以致郡城屢有潰決之事。其受病之源，實由於此。該處官員兵民人等衆口一詞，且其説相傳已久。該督撫等經四十四、四十六年兩次被水之後，仍不留心查察，置若罔聞，直同聾瞶，所司何事。又蕭姓置買洲地，種植蘆葦，牟利肥家，已非一日，此項洲地，原因沙漲而成，何得謂之祖業。必係爾時，蕭姓賄求地方官，薄認輕租所得耳。現在荊州被水，數萬生靈咸受其害，情節甚屬可惡。現飭令阿桂等將蕭姓家產查抄，並交刑部按律治罪。（高宗一三一二、一）

（**乾隆五三、九、己未**）又諭：各省民田廬舍，百姓等守其世業，或一姓相傳，先疇是服，或甲姓之業，售與乙姓，皆在所不禁。今窖金洲因沙漲而成，何得謂蕭姓之祖業。此必係奸民見江中漲出洲地，墾種可以獲利，藉升科爲名，納租認種。其交官者，不過數十分之一，而地方官吏，亦必得其利賄，其餘盡飽奸民之慾壑。一經具呈，地方官因受其賄求，遂罔顧利害，代爲朦混具詳，督撫等亦漫不加察，率准題達，任令據爲己業，牟利肥家，而奸民因報官有案，又貪利不已，逐漸培植，以致蘆葦環洲而生，阻遏江流，衝決隄塍城郭，以致數萬生靈，咸受其害。造孽甚深，情節實爲可惡，現將蕭姓查抄治罪，實爲不枉。但小民惟利是圖，止期益己，不顧損人，亦不特蕭姓爲然，即如黃河之外灘，以及西湖淀河、山東江南湖陂等處，百姓私占耕種者甚多，屢經曉諭飭禁，而奸民貪圖利息，地方官吏又思從中分肥，並不實力查禁，任令開墾居住，與水爭地，或藉口升科輸納少許，一經潰決，不特附近居民咸遭淹浸，而修築撫綏，糜帑倍蓰，於國計民生，均無利而有害。著傳諭各督撫，嗣後凡瀕臨江海河湖處所沙漲地畝，除實在無關利病者無庸查辦外，如有似窖金洲之阻遏水道，致爲隄工地方之害者，斷不准其任意開墾，妄報升科。如該處民人冒請認種，以致釀成水患，即照蕭姓之例，嚴治其罪，並將代爲詳題之地方官一併從重治罪，決不姑貸。（高宗

一三一二、四）

（乾隆五三、九、乙亥）又諭曰：阿桂等奏，提訊墾種窖金洲沙地蕭逢盛供稱，伊祖父於雍正七年起，至乾隆二十七年止，陸續向本處民人契買，種植蘆葦，等語。此明係狡飾之詞。各省民田蘆舍，俱有管業之人，其輾轉典賣，始得謂之契買，今江中漲出沙洲，自係官地，不論何處民人，何得據爲己業，蕭姓又何得向其契買。如蕭姓契買屬實，則雍正七年及乾隆二十七年以前有此沙地者，又係何人。著傳諭阿桂等即逐一查明，據實覆奏，毋任狡展。又據畢沅奏地方災賑情形一摺。所奏尚未詳晰。荊州被水之後，兵民蕩析離居，朕心爲之惻然，節經降旨令該督撫等妥爲撫恤，今江水久已消落，該處廛廬地畝，曾否全行涸出，旗民人等經撫恤之後，能否安輯復舊，朕軫念災區，無時或釋，並著畢沅等再行詳悉查明，據實具奏，以慰厪注。
（高宗一三一三、六）

（嘉慶一四、一一、庚申）諭內閣：朕恭閱聖祖仁皇帝實錄，開載山東運河，全賴衆泉灌注微山諸湖，以濟漕運。今山東多開稻田，截湖水上流之泉以資灌溉。上流既截，湖中自然水淺，安能濟運等因。仰見聖慮周詳、熟籌利濟至意。因思微山湖附近處所，多被民人開墾，不惟侵占湖地，勢必將上流泉水截注，以資灌溉；是近日湖水漸少，河身日淺，其弊未必不由於此。著山東巡撫吉綸，會同河東河道總督陳鳳翔，派明幹大員前往履勘，如所墾之地已經成熟者、姑聽耕種外，其餘未墾及已墾復荒地畝，出示嚴禁，毋許再行私墾。庶瀕湖一帶，泉流灌注，毫無阻滯，湖水愈蓄愈深，於運道方有裨益。儻此次示禁之後，仍有不遵，查明嚴行究辦，以利漕運。（仁宗二二〇、八）

（嘉慶一五、八、己丑）諭軍機大臣等：據許兆椿奏，……駱馬湖濟運引渠日漸淤高，並請嚴禁私墾一節。駱馬湖蓄水濟漕，爲邳、宿運河扼要機宜，豈可任其逐加淤墊。著該河督會同該督撫，派委明幹大員，妥爲清理。其墾種已久、無礙河渠者，仍循其舊；如有私墾湖灘、致防水道者，申明定例，嚴行禁止。其堵閉尾閭及收蓄泉水，悉依定制辦理，庶於通漕利運之道，不至有名無實也。（仁宗二三三、一〇）

（嘉慶二〇、五、甲午）諭軍機大臣等，御史王維鈺奏荒田涸復，准令居民墾種納糧一摺。直隸瀕臨河淀各州縣，自修築千里長隄之後，河流順軌，淀水消除，被淹地畝涸出者甚多，著那彥成飭令該管道廳州縣等，將所築長隄隨時保護、勿令衝塌損壞，以資捍衛。所有涸出地畝，除原有業戶者仍令照舊管業，其歷年久遠，失迷業戶者，即准令附近居民報墾承種，按畝納糧。此項地畝收歉無常，若遇水占之年，仍准其報明停徵。該督務飭州縣等實心經理，毋得任聽親友胥吏等從中舞弊。如有包戶影射招租者，即行徵辦，以裕民食，而息訟端。將此諭令知之。(仁宗三〇六、七)

(二) 更名田

(順治一、七、乙未) 錦衣衛官舍李諫善，啟進自置莊田。攝政和碩睿親王諭：故明勳戚贍田已業，俱准照舊，乃朝廷特恩，不許官吏侵漁，土豪占種，各勳衛官舍，亦須加意仰體，毋得生事擾民。(世祖六、六)

(順治三、二、庚辰) 兵科給事中李運長疏言：補給民人地畝，宜從戶貧地少者始。蓋富者失業，僅至於貧，窮者失業，必至於死。請先將故明勳戚內監皇莊軍屯補與貧民，拋荒故絕補與鄉紳富戶；荒地免稅三年，熟地免稅一年，以資開墾遷移之費。軍屯地，不論何衛，但坐落某縣者，即准補某縣，不煩遠徙，誠為至便。下所司議。(世祖二四、二)

(順治三、四、乙酉) 戶部議覆：招撫江西兵部尚書孫之獬疏言，故明宗室，團聚江西省城，近數千人，欲恩全之，應令散居各省；宗祿，照故明初徵額數解部，其加派庶祿，概行蠲免。應如所請。得旨：各省前朝宗室祿田錢糧，與民田一體起科，造冊報部。其宗室名色，概行革除。犯法者，與小民一體治罪。仍令各安故土，不必散處。(世祖二五、一八)

(順治四、七、丙寅) 戶部奏言：故明勳戚田地，賞賚及私占者，俱應入官；自置者，仍給本人贍養，與民一體納賦。從之。(世祖三三、一五)

(順治一六、二、庚寅) 吏部議奏，延綏巡撫周召南、湖廣右布政使田起龍，前任山東參政，失察昌邑等縣欺隱故明廢藩地九百餘頃，應革職。從之。(世祖一二三、二三)

(康熙三、六、癸巳) 山東巡撫周有德疏言：歷城縣廢藩地畝，除照民地徵糧之外，又復增租，與齊河等三縣同稱苦累。今齊河等三縣增租已奉旨蠲除，歷城增租應請豁免。下部議。(聖祖一二、一〇)

(康熙七、一〇、丁卯) 命查故明廢藩田房悉行變價，照民地徵糧。其廢藩名色，永行除革。(聖祖二七、九)

(康熙八、三、辛丑) 諭戶部：前以爾部題請直隸等省廢藩田產，差部員會同各該督撫將荒熟田地酌量變價，今思既以地易價，復徵額賦，重為民累。著免其變價，撤回所差部員。將見在未變價田地，交與該督撫給與原種之人，令其耕種，照常徵糧，以副朕愛養民生之意。至於無人承種餘田，應作何料理，著議奏。尋部議：請將無人承種餘田招民開墾。從之。(聖祖二

八、一五)

(康熙九、一、己酉) 初，直隸各省廢藩田產，奉旨免其易價，改入民戶，名爲更名地。內有廢藩自置之地給民佃種者，輸糧之外，又納租銀，重徵爲累。戶部議以久載全書，不當蠲免。得旨：更名地內自置土田，百姓既納正賦，又徵租銀，實爲重累。著與民田一例輸糧，免其納租。至易價銀兩，有徵收在庫者，許抵次年正賦。(聖祖三二、三)

(康熙三九、二、丁卯) 湖廣總督郭琇題：湖廣江夏等十三縣更名田地，乃明季下瘠之藩產，每歲只納租穀。順治九年，歲荒穀貴，每石折價銀四錢六分零，較民糧加重至六七倍，佃種窮民苦累，疊據布政司請照民田折徵。臣查此項田地，應照各縣上則起科，其不敷原額銀兩，於十三縣田內均攤，每畝所加不過釐毫，國課無虧，民困獲甦。下部議行。(望祖一九七、一〇)

(康熙四一、七、丁卯) 戶部議覆；山東巡撫王國昌疏言，……山東魯藩舊基地土荒廢，請聽民間開墾輸租，即於明年起科，給以印帖，俾爲恆業。……應如所請。從之。(聖祖二〇九、六)

(乾隆一、五、乙巳) 革山東益都縣更名地，減偏重納糧。諭總理事務王大臣：聞山東青州府益都縣，有前明廢藩更名地一項，在當日爲藩封之產，不納課糧，召人承種輸租，各佃止更姓名，無庸過割，謂之更名地，較之民糧多二倍至四倍不等。在當日居民，投靠藩勢，借佃護身，積漸增加，沿爲陋例，今則同爲民田，而納糧尚仍舊額，名爲欽租地，糧多賦重，小民輸納維艱，朕心軫念。著將欽租名色裁革，照依該縣上等民地按畝徵糧，每大畝納銀二錢一分零，每小畝納銀六分四厘零，歸入名糧項下，一體徵收，俾循惟正之供，永除偏重之累。著該部行文山東巡撫，即遵諭行。(高宗一八、二二)

(乾隆四、一、甲子) 諭：雲南勳莊變價一案，尚欠銀一千八百二十九兩零。聞此項田地，屢被水衝沙壓，難以耕種，承變各戶，早經逃散，無可著追，頗爲地方之累，著將應追未完銀兩，准予豁免。該部可即行文該督撫知之。(高宗八五、一)

(乾隆六、五、庚寅) 戶部議准：陝西巡撫張楷奏稱，咸寧縣更名水田，共十頃九十三畝有奇，因沙壓久成旱地。請自乾隆六年爲始，改爲四等旱地，徵收豌豆。又咸寧、長安、盩屋、鄠縣、臨潼、空賠果價房課山坡地畝等項錢糧，原係明時藩府房地碾磨租課，以及竹樹果木進鮮，後遂改折錢糧，作爲正賦。今流傳日久，原業迷失荒蕪，但有額糧，並無產息，請行豁除。從之。(高宗一四三、一八)

（**乾隆三六、一〇、庚午**）又諭：戶部議覆，給事中虞鳴球摺奏，東省前此查辦，並無勳田名目，今有王錞呈控，故明魯王藩田，更名里地一項；又聞淄川縣故明尚書王翱產業，銀糧並不官徵，既遺漏奏報於先，復不釐正升科於後，應令該撫查參具奏等語，已依議行矣。明季勳田名色，本乖體制，而故明藩下莊田，名雖異而實同，豈宜獨邀輕賦。前經戶部議，令各督撫查明具奏時，富明安但以並無勳田咨覆，及經部駮，仍以前詞入奏完結，殊屬疎漏。至虞鳴球所稱，聞故明尚書王翱產業官不徵租，果如所言，則富明安從前不能查出，尤爲率略。且恐所屬州縣似此者尚多，著傳諭周元禮[理]徹底清查覈辦，據實覆奏。至王錞控案內，更名里地賦額獨輕，周元理於查審時，不爲確覈更正，亦難辭咎，著一併查明妥辦具奏。……將此傳諭知之。（高宗八九四、二二）

（三）其他官地

（**康熙四、四、丁巳**）山東巡撫周有德疏請：德州駐防兵，如陝、浙駐防例給糧，將所圈地土五百餘頃歸還百姓。下部知之。（聖祖一五、一）

（**康熙三四、九、乙酉**）雲南巡撫石文晟疏言：滇省地方，明初多係屯田，每畝徵糧七斗二升不等。吳三桂在滇，將此屯租即爲額賦，以致歷年拖欠，追比難完。查通省民田賦額，惟河陽縣最重，每畝徵糧八升一合八勺三抄，伏懇將屯糧悉照河陽縣則起科。得旨：雲南屯田錢糧，較民田額重數倍，民人苦累，嗣後屯田額賦，著照河陽縣民田上則徵收。該部知道。（聖祖一六八、一一）

（**康熙四〇、八、丁卯**）戶部議覆：直隸巡撫李光地疏言，青縣等處西翼四旗馬廠餘地，原十八萬八千四百六十二晌有零，今民認墾者止三萬二千十六晌有零，其外有民偷墾鄰畝暫充爲己業者。其偷墾田畝中，有見爲水淹不可耕者，會勘之時，民人懼罪，莫敢出名承認。乞免其已往之罪，招民承種。於康熙四十年爲始，照則起科。應如所請。令該撫察核題奏。從之。（聖祖二〇五、九）

（**康熙四〇、八、辛巳**）直隸巡撫李光地疏言：八旗馬廠餘地，西翼四旗業經題報，其東翼四旗馬廠餘地，坐落天津等處，除鹻鹵不堪無人認墾外，見在認墾八萬一千七百十八晌零，康熙四十年爲始，照例起科，其餘召墾續報。下部知之。（聖祖二〇五、一二）

（**乾隆一、二、己丑**）戶部議准：原任河東總督王士俊疏稱，東省肥城十九縣應徵德米折銀，每戶爲數無多，請照河夫幫貼銀兩之例，併入大糧統

徵。從之。(高宗一三、二二)

(乾隆二一、一一、辛丑) 諭軍機大臣等：馬廠地畝，前已有旨令侍郎吉慶、劉綸會同方觀承查勘具奏。此項地畝，清查升科，該百姓等得以永遠爲業，原屬便民之事，但伊等私墾已久，地方各官規避失察處分，而墾户人等又恐將來一經報出，致干私墾之罪，或轉致互相欺隱，以致不能徹底清釐。著傳諭方觀承曉諭各該地方官及墾户人等，所有從前失察及私墾之處，一概免其追究，但須據實稽查報出，毋使稍有隱漏。若此番清查之後，尚有隱匿不報者，則地方官不得辭其咎矣。將此傳諭該督方觀承知之。尋奏：天津等十三州縣馬廠地，悉係官荒，應行招墾。從前民間惑於王公馬廠之説，恐一經認墾，即成王公當差佃户，每多隱匿不報，今奉旨私墾及失察之咎概免追究，臣已明白曉諭，照例報糧，即可守爲世業，雖至愚亦不肯隱匿干罪。報聞。(高宗五二六、七)

(乾隆二二、一、乙巳) 直隸總督方觀承奏：天津等十三州縣馬廠地畝，曾奉旨賞民報墾升科，守爲世業。若仍存馬廠名色，恐僻壤愚民，觀望不前。請改爲恩賞官地字樣，並與現修賦役全書内改正開載。從之。(高宗五三〇、二六)

(乾隆四〇、八、丁酉) 吏部等部議覆：陝西總督勒爾謹奏稱，……又肅州州判，專管九家窰屯田，該屯户視爲官田，不盡心耕種，以致收糧短絀，莫若改爲民田，令其自行經理，計畝升科。其州判一缺裁，所有該員廉俸，即分給添設之皐蘭、平番二縣主簿。又哈密廳屬之酤水堡，向設有巡檢，該處民居甚少，無籍專員彈右壓，請將酤水巡檢缺裁，移駐嘉峪關，爲肅州屬。該員廉俸，照數改撥。應如所奏。從之。(高宗九八九、一一)

(乾隆四九、一二、戊戌) 又諭：甘省逆回，勦滅淨盡，所有小山底店等處該犯名下房屋田畝，前經諭令福康安少爲估價，於甘省漢民内招買居住執業。如本省願買人少，並准其令附近甘肅之陝西漢民，出貲認買。嗣據福康安奏，委員分投查辦。迄今已閱數月，其作何辦理之處，何以尚未據奏及。此項房産，雖爲數稍多，或一時不能速變，亦當上緊籌辦，俾小民得利，自必踴躍認買。著傳諭福康安，即遵照妥辦具奏。但不可因欲速售，仍令回民託名承買，務使各該處皆爲漢人居住，以便稽察而靖地方。……將此傳諭知之。(高宗一二二一、四)

(乾隆五〇、二、丙戌) 又諭曰：福康安奏，籌辦估變逆産，於民人承辦之時，照原定價值，明示酌減，分年帶交。其歸籍貧民，即於入官房屋量撥棲身，並酌撥地畝承佃等語。所辦均屬妥協，已依議行矣。又夾片奏，此案逆產售變，不准回民承買，惟恐地方官辦理不善，致伊等懷疑。止令於招買時詳細察問，毋俾影射，並不於告示內明白宣露等語。所辦甚是，可謂留心之至。惟當持之以久，亦於摺片內批示。甘省回民較多，自應隨時防範，尤須不露形跡，俾回眾無所疑懼。今福康安於估變逆產一事，籌辦周詳，實屬可嘉。除將原摺就近交畢沅閱看外，著賞大荷包一對，小荷包四個，以示嘉獎。（高宗一二二四、八）

（**嘉慶二、四、壬申**）定苗疆善後事宜。諭內閣：畢沅等奏苗疆添設營汛官兵及修城築堡、酌給新設苗弁餉銀各摺。……著交軍機大臣會同各該部詳悉覈議具奏。尋議：查乾州鳳凰廳舊有邊牆一道，自喜鵲營至亭子關，綿亘三百餘里，為苗民之限。邊牆內地，向係苗產，經和琳奏明，如有漢人侵占，查出後不許再種。今據畢沅等奏稱，邊牆內寄居民人俱被焚掠，今將所有逃散田工悉歸苗業，伊等乏術營生，自應酌籌安置。現在永順府屬之龍山，界連湖北來鳳縣，距三廳較近，該處所遺叛產，兵火後招種乏人，莫若將此項失業民人移赴該處棲止，按戶酌撥承種，則貧民得資生計，地畝亦不至拋荒。應如所擬辦理。……其來鳳等處所遺叛產，即令三廳失業民人移往耕種，亦當飭令地方官妥為綏輯約束，俾資生計而杜侵占。總在該督撫等實力奉行，不可視同具文，以致日久滋弊，方為妥善。將此傳諭知之。（仁宗一六、一）

（**嘉慶六、一一、癸巳**）諭軍機大臣等：現在軍務即日告蕆，其善後事宜內，惟安插鄉勇一事最為緊要。屢次諭令該督撫，或酌給叛產絕產，或令充伍食糧，原為伊等豫籌生計。但聞叛產一項，為數無多，蓋各省匪黨，皆係無籍之徒，鋌而走險，其甘心從賊，如龐洪勝之家產饒裕者，寧有幾人。至被賊裹脅各村民，其本有田產者，一經散出，自必歸家各認己業，且各處尚有散出難民，均須安插，是叛產絕產亦豈能徧給無遺。況自賊中投出者，即屬良民，此等多係無業之徒，若不妥為安撫，仍令流離失所，亦恐滋生事端。因思川、陝、楚地方遼闊，儘有官山未經開墾荒地，與其為客民占據，何如撥給鄉勇，令其自安耕作。此外若有可興之利，不妨奏明辦理，如川省銅鹽等項，或有可以資借謀生，無礙於官而有便於民者，各就該省現在情形，量為指置。至鄉勇隨同官兵勦賊日久，其中傷病者諒亦不少，現在各省所調官兵，其因傷病未愈及隨征日久者，均以次徹歸原伍，而鄉勇之傷病者轉未議及，是官兵之裁徹者多，而鄉勇之冗食者不少，殊非覈實之道。且有由隔省調派隨征者，此時即應先行裁徹，以節糜費。將此傳諭知之。（仁宗九一、一〇）

（嘉慶七、一一、丁酉）又諭：大學士尚書等議覆：吳熊光查明湖北叛絕各產，分給鄉勇難民一摺。此項叛絕各產，原無入官之理，其坐落俱在腹地州縣，亦不能歸入屯田募丁墾種，況將田畝入官後，亦須召民耕佃收租，勢必假手吏胥，或有侵漁影射，仍致歲賦拖延，徒滋弊竇。自應分給鄉勇、難民，藉資養贍。但鄉勇、難民等人數較多，其本有產業者，足以自謀衣食，固可無庸撥給，而實在貧窘無力者，自當儘先分撥，俾資生計。惟各州縣田畝人數，多寡不均，若必將本境田產分給本境鄉勇、難民，恐辦理轉致偏枯。是須通盤籌計，酌劑均平，如所給之產，或離鄉井較遠，設令其移家就業，未必人盡樂從。尤在地方官隨時咨詢，從其所願，不必強以所難，稍有抑勒，方爲妥善。此事經理原非易易，必須派明幹道府大員親履其地，專司督辦。川、楚、陝三省地方，現在辦理善後事務較繁，或現任各員，不能分身經理。該督撫等，不妨奏請簡發數員前往幫辦，或以簡發之員人地生疏，即不妨將現任各員印務，酌令署理，以便騰出本任之員，專辦撥產一事。如果有實心經理得宜者，該督撫等，即可將該員等據實保奏，若稍有草率，或任聽吏胥高下其手，以致辦理不能公平，該督撫等，亦當據實劾參。務在嚴飭所屬實力妥辦，使窮黎普霑實惠，毋致一夫失所。其如何酌量分給之處，仍著該督撫等妥議章程，詳晰具奏。尋奏：分給田產，窒礙難行，即將變價銀兩解司報撥。從之。（仁宗一〇五、二四）

（嘉慶一七、三、壬午）諭內閣：馬慧裕等奏湖北各屬承變逆絕田產情形不一、請分別查參展限一摺。湖北省勦除教匪所遺逆絕各產，原勘入官估變，勒限歸款。從前辦理此事，本未能迅速妥協，以致懸宕日久，實難保無朦混影射及不肖官吏串通徇隱等弊。既據該督等奏稱各州縣境內情形本有不同，不可不徹底確查。著照所請，再予展限一年。該督等即督同藩司遴委公正誠實之員分往各屬確查，先將已經變價銀兩提解司庫，仍查原勘數目是否確實，原定價值今昔有無增減。儻有匿報侵挪情弊，即將承辦各員指名參究，務於限展一年期內認真辦理後，毋再任遲延滋弊。（仁宗二五五、一〇）

（嘉慶一八、九、壬甲）諭內閣：溫承惠奏酌議勘丈官荒地畝章程一摺。直隸天津、豐潤、青縣、靜海、滄州、鹽山、任邱、寶坻、寧河九州縣馬廠官荒地畝，前於乾隆年間賞給附近民人報墾升科，當據丈明可墾地七百二十餘頃，造報升科。所餘地畝，歷年久遠，已墾未墾，尚未據查丈明確分別造報，每致外來牟利之徒，合夥包攬認墾轉租，互相攘奪，訐訟不休。上年經戶部議准，行令該督飭委道府大員確切勘丈。茲據溫承惠奏，此項地畝，爲數較多，墾戶蕃庶，向無鱗冊可稽，非墾戶自行首出，礙難勘丈；而墾戶因私墾多年，隱漏糧賦，恐按律治罪，並畏追地入官，多方欺隱，未肯據實首報，自係實在情形。著照該督所請，先行出示曉諭該民人等，如果據實首報，准將從前私墾漏未報升之處，免其治罪，並免追歷年糧賦，給予管業。不准外來包戶影射爭奪，以杜訟端。儻此次查辦之後，再有隱匿包占，一經查出，即照例嚴懲。(仁宗二七三、一〇)

（**嘉慶一九、閏二、乙亥**）諭內閣：御史王家棟奏勸民耕種，以盡地利一摺。上年直隸、豫、東三省逆匪勦淨之後，曾降旨令該督撫查明叛產絕產，分別辦理。此事務須及早清釐，方不致被胥吏欺朦，豪強侵占，若遲延日久，則諸弊叢生。著該督撫派員迅速查明，分撥無業難民，以資撫卹。現當耕作之時，其無人播種之田，並著先行招佃力作，無使荒廢。其有田無力者，酌借籽種口糧。被荒賤售地畝，均准令產主照原價回贖，毋許勒掯居奇，有妨農業。(仁宗二八六、一六)

（**嘉慶二三、一〇、丙戌**）又諭：御史李遠烈奏官荒、入官各項地畝，請飭查勘丈，報墾升科一摺。直隸天津等處馬廠官荒，及各抄產入官抵項、私典入官各地畝，節經降旨交直隸總督查明，報墾升科，除溫承惠任內勘丈出地二千九百餘頃外，其餘日久總未據查明奏辦，殊屬延宕。著方受疇即派委妥員認真查勘，所有前項地畝，已報墾者，速即報部升科；未勘報者，逐一履勘，查照原定章程，普行召墾，按則升科。其各項入官地畝，戶部行查未結者，即速估變招佃。如有奸胥猾吏串通隱占，究明，按律治罪，以杜侵欺，而裕國課。(仁宗三四八、二〇)

二、民地的私人占有

（一）清政府與土地私有制

1. 否定限田、均田奏議

（**乾隆二、二、甲子**）上御養心殿，召入總理事務王大臣、九卿等，諭曰：前據御史薛醞條奏各款，內有限田一條，頗有關係，是以交與總理事務王大臣閱看。今據王大臣等議稱，限田之說，種種擾亂爲害甚大，斷不可行，而薛醞以此悖謬之說見之章奏，理應交部察議等語。朕念切求言，若因此加以處分，恐阻人進言之路。……著從寬免其察議。(高宗三六、六)

（**乾隆八、九、丙申**）諭：前漕運總督顧琮督運來京，奏請舉行限田之法，每戶以三十頃爲限。以爲如此，則貧富可均，貧民有益。朕深知此事名雖正而難行，即去年盛安均田之說也。因示諭云：爾以三十頃爲限，則未至三十頃者，原可置買，即已至三十頃者，分之兄弟子孫，則每人名下不過數頃，未嘗不可置買，何損於富戶，何益於貧民。況一立限田之法，若不查問，仍屬有名無實，必須戶戶查對，人人審問，其爲滋擾，不可勝言。夫果滋擾於一時，而可收功於日後，亦豈可畏難中止。今輾轉思維，即使限田之法，地方官勉強奉行，究於貧民無補，是不但無益，而且有累也。而顧琮猶以爲可行，請率領地方官，先於淮安一府試行之。持論甚堅，甚至與大學士張廷玉、公訥親等動色相爭，朕見彼如此擔當，勇於任事，意尚可取，是以令其再與尹繼善熟商。今據尹繼善陳奏難行之處，與朕語不約而同，則是此事之斷不可行，斷不能行，實出人人之所同然，又豈可以嘗試。茲特降旨曉諭顧琮，此事著停止，並令各督撫知之。（高宗二〇一、二）

（**乾隆四一、一一、己巳**）諭軍機大臣曰：李質穎奏，高要縣童生梁暢善，向將軍永瑋處呈遞稟帖，並具請復均田表文，懇其代奏。據永瑋將該犯差員押送前來，現在訊供查辦，等語。井田之法，已非三代以後所能倣效，若均田，則更斷不可行，此必該犯窮極無聊，借上書而圖希冀。但以無知愚賤，敢於妄逞臆說，懇求將軍代奏，實屬不安本分之徒。著傳諭李質穎，即將該犯嚴行審訊，按律定擬具奏。（高宗一〇二〇、一）

（**乾隆四六、一〇、丁酉**）諭曰：劉天成奏請嚴浮費之禁，以裕民生一摺，其意在於去奢崇儉，返樸還淳，言之亦覺動聽，而行之實有所難。如摺內所稱，居樓園館，一日輒耗數日之需，浪子酒徒，一人每兼數人之用，甚至齊民婦女，宦家奴隸，僭肆奢華，妄誇文繡等語，未嘗非真實情事。但此等風俗，積漸使然。國家承平百有餘年，生齒日繁，京師爲萬方輻輳之地，各省省治，與夫蘇、杭、漢口、香山、大馬頭之類，百姓耳濡目染，非鄉愚偏僻可比，由儉入奢，勢使然也。若如所言，即京城言之，朕何難飭令步軍統領衙門及巡城御史轉飭司坊各官，將茶坊酒肆，一切花費錢財之地，盡行封閉飭禁，其有僭越定制，妄事侈靡者訪拏究處。即外省大市鎮各處，亦可俾各督撫實力查禁，當此政治嚴肅之時，何慮不令行禁止。然朕既不能道德齊禮，以成丕變之休，即不得已而齊以政刑，亦當務其大者。黨以閭閻浮費之故，輒繩以國法，輕則不足示懲，不過陽奉陰違，重則未免已甚，朕不爲已甚也。是使民未蒙崇儉之益，而先受滋擾之紛，亦豈政體所宜。況每歲秋審，謀故殺人犯已不勝誅，豈能將侈肆越禮之人復一一繩以三尺乎。此時朕非不能辦，實不忍辦，亦不必辦也。且其事亦多有不便於民者，即以官員服色而論，從前康熙、雍正及乾隆初年間，屢經臣工條奏，然行之究無實效。

如繡蟒一項，若概不許服用，勢必將舊有者藏之筐笥，而令其另置織蟒服用。爭購居奇，轉滋耗費，自不若任其穿用之爲便也。夫淳樸難復，古道不行，如三代井田之法，豈非王政之善。當時所謂八家同養公田，公事畢，然後政治私事，此亦宜於古而不宜今。近世人情日薄，誰肯先公後私，即均田亦稱善政，窮儒往往希此，以爲必應行，而在今日，亦斷屬難行，無論奪富以益貧萬萬不可，即使裒多益寡，而富人之有餘，亦終不能補貧人之不足。勢必致貧者未能富，而富者先貧，亦何賴此調劑爲耶。朕宵旰勤求，未嘗不欲民風敦樸，戶有蓋藏，而習俗日趨於華靡，殆非條教號令所能飭禁。譬如江河之向東，誰能障之使西流耶。亦惟崇儉尚樸，願內外大小臣工，不可不存此心，以期漸就返古還淳，俾四民知所則傚。此則我君臣所當知愧知凛而已。劉天成此奏，若以爲嘉奏疏則可，若以爲目今治世之良法，則未然。著發鈔，並將此通諭中外知之。（高宗一一四三、二九）

2. 勸諭災年減收地租

（**康熙九、九、乙卯**）戶部議覆：吏科給事中莽佳疏言，遇災蠲免田賦，惟田主沾恩，而租種之民納租如故，殊爲可憫。請嗣後徵租者，照蠲免分數，亦免田戶之租，則率土沾恩矣。應如所請。從之。（聖祖三四、一）

（**康熙二九、七、丁巳**）戶部等衙門議覆：山東巡撫佛倫疏言，東省康熙二十九年分地丁錢糧，盡行蠲免，百姓莫不感戴。惟是無地小民尚未得均沾聖澤。臣仰體皇上一視同仁之心，傳集司道府官員，勸諭紳衿富室，將其地租酌量減免一分至五分不等。應如所請，嗣後直隸各省遇有恩旨蠲免錢糧之處，七分蠲免業戶，以三分蠲免佃種之民，俾得均沾恩澤。從之。（聖祖一四七、二六）

（**康熙四六、七、戊寅**）浙江巡撫王然疏報仁和等州縣亢旱情形。上諭大學士等曰：浙江巡撫王然報浙省旱災，而近日江南總督邵穆布，亦奏報江南全省俱旱，以此揆之，被旱之處甚廣。……且小民有田者少，佃戶居多，豐年則納糧之外，與佃戶量其所入分之，一遇歲歉，則佃戶竟無策可施矣。……奏聞之後，若能得雨，不必言矣。如未有雨，不早加詳議，殊非朕保民如赤子之心矣。著九卿詹事科道會同速議具奏。（聖祖二三〇、七）

（**康熙四九、一一、辛卯**）兵科給事中高遐昌疏言：凡遇蠲免錢糧之年，請將佃戶田租亦酌量蠲免，著爲例。上諭大學士等曰：蠲免錢糧，但及業主，而佃戶不得沾恩，伊等田租，亦應稍寬。但山東、江南田畝，多令佃戶耕種，牛種皆出自業主，若免租過多，又虧業主，必均平無偏，乃爲有益。

此本著交部議。尋户部議覆：嗣後凡遇豁免錢糧，合計分數，業主蠲免七分，佃户蠲免三分，永著爲例。從之。（聖祖二四四、一二）

（**康熙五四、一一、辛丑**）諭大學士等：張伯行爲巡撫時，每苛刻富民，如富民家堆積米粟，張伯行必勒行賤賣，否則治罪。此事雖窮民一時感激，要非正道，亦祇爲米價翔貴，欲自掩飾耳。地方多殷實之家，是最好事，彼家貲皆從貿易積聚，並非爲官貪婪所致，何必刻剥之，以取悦窮民乎。況小民無知，貪得無厭，近聞陝西有方耕種即挾制州縣報荒者。此等刁風，亦不可長。又賑荒一事，苟非地方官實心奉行，往往生事，蓋聚飢寒之人於一鄉，勢必爭奪。明時流賊，亦以散糧而起，此不可不慎也。書云：明四目，達四聰。朕於天下事無不洞悉，然知之而即發，亦非大體，總之爲政以中正誠敬爲本。中正則能公，誠敬則能去私。朕日讀性理諸書，見得道理如此。（聖祖二六六、五）

（**雍正七、三、戊申**）諭内閣：直省各處富户，其爲士民而殷實者，或由於祖父之積累，或由於己身之經營，操持儉約，然後能致此饒裕。此乃國家之良民也。其爲鄉紳而有餘者，非由於先世之留遺，即由於己身之俸禄，制節謹度，始能成其家計。此乃國家之良吏也。是以紳衿士庶中之家道殷實者，實爲國家之所愛養保護，則本身安可不思孳孳爲善，以永保其身家乎。夫保家之道，奢侈糜費，固非所以善守，而慳吝刻薄，亦非所以自全。周禮以鄉三物教萬民，有曰孝友睦婣任卹，可知公財行惠，任卹之義，與孝友而並重也。蓋凡窮乏之人，既游閒破耗，自困其生，又不知己過，轉懷忌於温飽之家。若富户復以慳吝刻薄爲心，朘削侵牟，與小民爭利，在年穀順成之時，固可相安，一遇歉荒，貧民肆行搶奪，先衆人而受其害者，皆爲富不仁之家也。逮富家被害之後，官法究擬，必將搶奪之貧民置之重典。是富户以斂財而傾其家，貧民以貪利而喪其命，豈非兩失之道，大可憫惻者乎。朕爲此勸導各富户等，平時當以體恤貧民爲念，凡鄰里佃户中之窮乏者，或遇年穀歉收，或值青黄不接，皆宜平情通融，切勿坐視其困苦，而不爲之援手。如此則居常能緩急相周，有事可守望相助，忮求之念既忘，親睦之心必篤，豈非富户保家之善道乎。從來家國一理，若富户能自保其身家，貧民知共衛夫富户。一鄉如此，則一鄉永靖，一邑如此，則一邑長甯。是富户之自保其身家，猶富户之宣力於國也。况積善之家，必有餘慶，種福果於天地之間，子孫必常享豐厚，豈不美歟。著各省督撫將朕此旨通行該屬之鄉紳士民人等共知之。（世宗七九、六）

（**雍正一三、一二、壬午**）勸减佃租，諭總理事務王大臣曰：朕臨御以來，加惠元元，將雍正十二年以前各省民欠錢糧，悉行寬免，誠以民爲邦本，治天下之道，莫先於愛民，愛民之道，以減賦蠲租爲首務也。惟是輸納錢糧，多由業户，則蠲免之典，大概業户邀恩者居多。彼無業貧民終歲勤動，按產輸糧，未被國家之恩澤，尚非公溥之義。若欲照所蠲之數，履畝除租，繩以官法，則勢有不能，徒滋紛擾。然業户受朕惠者十，苟捐其五，以分惠佃户，亦未爲不可。近聞江南已有嚮義樂輸之業户，情願捐免佃户之租者。閭閻興仁讓之風，朕實嘉悦。其令所在有司，善爲勸諭各業户酌量減彼佃户之租，不必限定分數，使耕作貧民有餘糧以瞻妻子。若有素豐業户，能善體此意加惠佃户者，則酌量獎賞之，其不願者，聽之，亦不得勉強從事。此非捐修公項之比，有司當善體朕意，虛心開導，以興仁讓而均惠澤。若彼刁頑佃户藉此觀望遷延，則仍治以抗租之罪。朕視天下業户佃户皆吾赤子，恩欲其均也。業户霑朕之恩，使佃户又得拜業户之惠，則君民一心，彼此體恤，以人和感召天和，行見風雨以時，屢豐可慶矣。(高宗九、二)

　　(**乾隆五、六、戊寅**) 河南巡撫雅爾圖奏：請定交租之例，以恤貧民。豫省佃户，均係貧苦之人，而地主苛刻者多，寬厚者少，往往於被災年分，照常徵租，窮民無所出，有賣男鬻女以償租者。請酌定章程，如被災五分，則收成止五分，自應止收五分之租；被災六分，則收四分之租；甚至被災十分，租息自應全免。得旨：著照所請行。至各省可否照此辦理之處，大學士會同九卿議奏。(高宗一一八、一六)

　　(**乾隆五、閏六、庚子**) 户部議覆：河南道監察御史陳其凝奏稱，河南巡撫雅爾圖請定佃户交租之例，奉旨允行。臣竊謂天下之田地，佃種交租，不出於分收交納之二法。雖上熟之年，田主亦不能收十分租穀，若有荒歉，惟照收成分數交租，田主斷不能收租於分數之外，佃户亦止肯交租於分數之中。業户出田以養佃，佃户力作以交租，民間交易，情可相通，若官爲立法，強以必從，則挾制爭奪，必滋擾累。請民田佃種照舊交收，不必官爲定例。該御史所奏，似屬平允，請勅下各省督撫，仍照雍正十三年十二月內諭旨，實力遵行，以杜紛擾。至該撫雅爾圖原奏交租數目，應照被災分數減免，不當僅照蠲免錢糧之數，亦係身任地方目擊情形，因時制宜之意。但恤貧安富，道在持平，仍應令該撫轉飭有司，加意撫綏勸勉，務使主佃相安，閭閻不擾，勿得拘泥原議，以仰體惓惓愛民之至意。從之。(高宗一二〇、五)

　　(**乾隆一〇、七、丁亥**) 大學士等議覆：給事中衞廷璞、御史孫灝奏稱，直省丙寅年地丁錢糧，現經奉旨蠲免，請令有產之家酌減佃租，並勸諭節儉各等語。查恩免之年，令業户減租惠佃，是在督撫大吏董率有司多方開導，俾田主知公溥之義，佃户無頑抗之風，以周惠愷而息爭端。若必限定讓租分數，繩以官法，其勢徒滋紛擾。所奏應毋庸議。至積年民欠，遇蠲租之歲，既予停徵，小民至愚，幸有贏餘，不知撙節，及來歲新舊兼徵，未免仍屬拮据。應如所請，飭令地方官訓民節儉，俾將來開徵之日，得以急公完納。從之。（高宗二四五、四）

（**乾隆一〇、七**）［是月］江蘇巡撫陳大受奏：……吴中佃户抗租久成錮習，況業户現邀恩免，頑佃尤得藉詞賴租。今酌議，業户收租，照蠲免之銀，酌減分數。如業户邀免一兩者，應免佃户五錢。得旨：所議尚屬留心，行之則仍在人耳。（高宗二四五、二三）

（**乾隆一〇、一二、甲辰**）江蘇布政使安寧奏：江都、婁縣、金山等縣紳士黃履昊等，因丙寅年恩蠲錢糧，呈請減免佃租。得旨：據安寧奏報，江省紳士，減免佃租。體朕賜復之恩，動彼任卹之誼，堪嘉許焉。著該督撫傳旨獎諭。該部知道。（高宗二五四、一一）

（**乾隆一四、三、乙卯**）諭軍機大臣等：據山東學政李因培奏稱，東省連遭荒歉，今春雨暘應候，二麥滋長，而天恩疊沛，所有積欠，久令分年帶徵。然僅及有田有糧之人，而貧者未能霑溉。請於將屆麥秋，特頒諭旨，令撫臣廣行勸諭有田者，將本年糧粒與佃民平分，積年宿逋，不得一概追索等語。佃民終歲勤動，固宜體恤，東省積欠之後，尤應加意培養。但有田之户，經營業産，納糧供賦，亦圖自贍身家，豈能迫以禁令，俾其推以予人。況佃民多屬貧無聊賴，其中賢否不一，豐收之歲，尚不免陵其佃户［田主］，抗負租息，今若明降諭旨，令地方大吏出示飭遵，在田主既不能强以必從，而頑佃更得藉端抗欠，甚至紛爭鬭毆，獄訟繁興，田主懲前戒後，勢將收田另佃，貧民轉致失所。是欲以施惠，而適以長奸，欲以恤貧，而適以貽累。地方有司奉行不善，徒以是爲沽名邀譽之具，而刁風由兹漸長，不可不爲遠憂也。朕意他省固未可通行，惟東省前年被災較重，元氣一時未復，且國家尚緩其積欠，則田主亦可推惠於佃户，暫爲權宜變通。然亦祇可令州縣官斟酌情形，善爲開導，使有田者好義樂從，佃民得霑惠濟，似亦因時補救之一道。著傳諭準泰詳加酌量，妥協籌辦，毋急遽以滋擾累，毋粉飾而事虛文。務期農佃相安，用收嫺睦任恤之效。並諭李因培知之，以擴其識見。（高宗三三六、一六）

（**乾隆二二、七**）［是月］河南巡撫胡寶瑔奏：河南布政使劉愷陳奏官借牛具籽種宜變通辦理、業佃分租宜爲調劑二款，奉旨令臣留心體察，奏聞辦理。查劉愷奏稱，災後出借牛種，佃戶概不准借，業戶田至二頃以上亦不准借。但歸屬土瘠，雖有田至三五頃，亦或窮乏，不能辦給牛種，輒至拋荒。應查各縣拋荒可耕之地，如鄉紳富戶，令自出牛種給佃；果有田雖多頃，實係貧乏，酌借牛具銀兩，押令買牛招佃。其籽種口糧，亦查明酌借，責成業主領給，屆期仍令業主還官。所借銀分作三年帶徵，等語。應如所奏辦理。又稱，佃戶一切牛種，悉仰給於業主，而業主每先將牛種計息取償，實屬過刻，嗣後業主牛種銀兩，不得取息。應如所奏禁止。至稱官爲酌定租數，徒滋繁擾，應毋庸議。得旨：如所議行。(高宗五四三、三八)

（乾隆三二、四、辛酉）諭：前於乾隆十一年，通行蠲免直省應徵錢糧，曾令各督撫轉飭州縣官，勸諭有田之家，酌減佃戶租糧，使之均霑惠澤。上年春初，朕特沛恩施，降旨將各省起運漕糧分年蠲免一週，俾薄海農畝，共叨樂利。在有田業戶，於輪蠲漕米之年，已得倍裕蓋藏，而佃戶等，尚未得一體仰邀曠典。著各省督撫屆輪蠲年分，通行曉示，勸諭各業戶等，照每畝應蠲漕米數內，亦令佃戶免交一半，務期愷澤均敷，使納糧力穡之人，倉箱並資盈皇。該部遵諭即行。(高宗七八三、二〇)

（乾隆三五、一、癸未）諭：朕嘉惠閭閻，俾益藏富，始和布令，將直省應徵正賦普免一周。因思有田業戶，應納條銀者，既已廣被恩膏，則食力佃農，自應亦令其分霑渥澤。前此丙寅、丙戌二年，普蠲錢糧糟〔漕〕米曾諭令各業戶就所蠲之數，量減佃租，伊等亦深知感戴朕恩，推施亞旅。此次又值加恩普免，著各該督撫遇輪蠲之年，遍行勸諭各業戶等，照應免糧銀十分之四，令佃戶準值減租，使得一體仰邀慶惠。在有田之家，歲入所資，固難強其分逯，而正供既免，食德宜均，諒無不共稟天良，歡忻從事。佃戶等，亦不得因有此旨，藉口抗租，以副朕一視同仁至意。(高宗八五〇、一二)

（乾隆四二、一、乙未）又諭：昨經降旨，自乾隆戊戌年爲始，普蠲天下錢糧，仍分三年輪免，以推廣慈仁。茲據戶部將分年蠲免省分詳議具奏，已依議行矣。因念前次加恩普免，曾令各該督撫，遇輪蠲之年，徧行勸諭各業戶，就所蠲之數，準值減租，俾食力佃農，一體仰邀慶惠。現在自應仍舊辦理。但此等事，不宜明張告示，致刁佃藉口抗租，止須密行札知各該州縣，勸諭業戶等量減佃租，伊等如感戴朕恩，推施亞旅，出於伊等天良。或其中有不能分逯者，亦聽其便，毋庸官爲勉強。蓋佃戶俱係鄉愚，黨出示曉諭，必以爲奉旨減租，刁風漸長，現今浙省，即有永嘉縣佃民抗租聚衆之案。所謂民可使由，不可使知，大率如此。著傳諭各督撫，遇輪蠲之年，務須督率屬員妥協辦理，俾業戶佃農霑實惠而無流弊。(高宗一〇二五、四一)

（乾隆五五、一、己丑）諭：今歲朕屆八旬壽辰，敷錫兆民，普天臚慶，特降恩旨，將乾隆五十五年各直省應徵錢糧，通行蠲免，農民等皆可均霑惠澤，因思紳衿富户田產較多之家皆有佃户領種地畝，按歲交租，今業主既概免徵輸，而佃户仍全交租息，貧民未免向隅。應令地方官出示曉諭，各就業主情願，令其推朕愛民之心，自行酌量，將佃户應交地租量予減收，亦不必定以限制，官爲勉强抑勒。務使力作小民共享盈寧之樂，以副朕孚惠閭閻，廣宣湛愷至意。（高宗一三四六、一六）

（乾隆五九、九、己丑）諭曰：御史甘立猷奏現奉恩綸，六十年普免天下漕糧，請勅下直省督撫，查明有糧之户，每恩免漕糧一石，酌減佃人額租若干，覈議章程，奏明辦理等語。前於五十五年普免天下錢糧時，曾降旨令地方官出示曉諭各業主，將佃户應交地租，量予減收，不必定以限制。蓋普免錢糧漕糧，皆係國家曠典，在蠲免之年，業主固可不必徵輸，而在不免之年，納總納秸，仍當業主按則輸賦，不能向佃户額外多取。况業食佃利，由來已久，佃户等或係受雇傭工，或係分給租餘，並非徒用其力，而不與以惠；在富民等，因朕特降恩綸，覃敷愷澤，推朕加惠之意，各發天良，量減租數，俾力作村農共霑餘潤。此固衷多益寡，同享盈寧之道。若如該御史所奏，議定章程，予以限制，勢必官爲勉强抑勒滋弊。且各省頑佃，平日已不免有抗租情事，若再定有減租之例，更可得以藉口，拖欠不交，是以推恩行慶之典，轉啓擾累刁抗之端，成何政體。甘立猷係甘汝來之孫，甘汝來在漢大臣中，尚爲曉事，甘立猷何不達時務若此。原摺著擲還。（高宗一四六〇、九）

3. 懲處不法地主事例

（乾隆一六、三、壬寅）又諭：據河南巡撫鄂容安參奏稱，歸德府紳衿中，有倚勢抗糧惡習，彭家屏、李肖筠兩姓，即欠至七千餘兩之多，而彭家屏之弟彭家植，致死佃户，諱匿不報；李肖筠之父，窩藏逃犯，玩法抗拘，等語。彭家屏、李肖筠，皆司道大員，深受國恩，理應奉法急公，型家表俗，以爲紳士之倡，乃逋負正供多至七千餘兩。今春特恩寬免豫省積欠，本以蘇窮黎下户之困，若將官户久抗之糧一體豁免，不特伊等視爲得計，使小民效尤，人思僥倖，大爲人心風俗之蠹。不加重懲，無以示儆。彭家屏、李肖筠，著交部嚴加議處。所欠積年正供之數，加罰十倍。該撫勒限嚴追。其彭家植、李奨應審之案，仍著該撫嚴審，定擬具奏。（高宗三八四、六）

（乾隆二八、一一、庚申）又諭：今日方觀承參奏原任知州劉有餘，因欠租杖責部四海斃命一摺；蘇昌參奏學政張模濫准呈詞，違例提審，擅作威福一摺。該督等據實糾劾，所辦甚屬公正。向來鄉紳在籍武斷橫行，學臣侵撓地方公事，最爲吏治民生之害，皇考世宗憲皇帝，悉心整頓，敝俗始得肅清，所當永遠凜遵，以昭法守。何得日久漸弛，復有恣意妄行，目無法紀之事。如劉有餘，以退職閒居之人，在家擅用刑杖，酷斃人命，其豪橫敨法，豈復情理所有。若張模以士子表率乃任性妄受士民詞訟，批斷批結。……劉有餘著拏交刑部，嚴審定擬，從重治罪。張模著交部嚴加議處。方觀承、蘇昌著交部議敘。（高宗六九八、九）

（**乾隆三六、八、己卯**）諭軍機大臣等：據永德奏，監生段興邦，威逼佃户周德先父子五人先後服毒投塘身死，照例擬發邊遠充軍，並請將田畝，斷給一半與周德先之孫一摺，已批交該部議奏矣。段興邦，以田土細故，輒捏詞控告佃户，復用言恐嚇，致周德先父子五人先後自盡，實屬豪強兇惡，僅擬軍罪，豈足蔽辜。據稱現在咨部覈結，刑部作何覈擬，或准或駁，曾否咨覆完結。而向遇威逼一家三命之案，部中作何定擬，有無分別另辦。若果悉以軍罪問擬，於理豈爲得平。著傳諭大學士劉統勳等，即行查明覆奏。至永德明知段興邦之情罪較重，仍照常擬以充軍，咨部完結，轉以科斷田產末節專摺陳奏，貌似嚴懲，而意存輕縱，未免近於取巧，豈封疆大臣實心任事之道。永德著傳旨申飭。（高宗八九〇、一七）

（**乾隆三六、八、壬辰**）諭軍機大臣等：刑部議，段興邦威逼佃户周德先致死一家五命一案，請照新定之例，改爲擬斬監候。自應如此問擬。細閱案情，段興邦以佃户欠租細事，告官斷追，已非安分之人；迨周德先業已遵斷交清，而段興邦猶以爲未足，仍然揑給收字，復以稟官差押清租追佃恐嚇，致周德先一家，同時窘迫自戕，是段興邦不僅倚富逞強，欺凌懦佃，必其平日以豪富監生，與該縣往來交好，該縣或並受其賄賂，惟所欲爲，該犯遂恃有護符，恣肆無忌。即不然，亦必與奸胥蠹役勾結把持，橫行鄉里，是以愚民畏其勢焰，不敢與爭，致父子五人皆以畏懼而畢命。其情節甚爲可惡。顯有倚仗官勢情弊，自爲案內緊要關鍵。今周德先父子雖死，而同爲段興邦佃户者必尚有人，及該處附近莊農，俱可悉心詢訪。段興邦平日恃符不法，必不能掩衆人之耳目，地方自有公論，無難得其底裏。著傳諭永德，即將段興邦向日如何與該縣交結情事，逐一密訪確查，務令水落石出，據實奏聞。若該縣有受贓庇縱之處，亦即據實嚴參重究。該撫辦理此案，僅照常例問擬，惟以斷給財產爲足示懲，已屬錯謬，今交查此事，若再圖顢頇了事，或並存心袒護，則是自速罪戾矣。將此傳諭知之。（高宗八九一、一八）

（**乾隆三六、一〇、甲申**）諭：據永德奏，查辦段興邦威逼佃户周德先致死一家五命一案，究出前任安仁縣參革知縣傅九錫，於周景福被逼身死之案，曾受該犯賄賂，從輕審釋；前署知縣高淳德，於段興邦捏控周德先欠租時，並不嚴行究詰，恐不無染指徇縱情弊。除將傅九錫監禁確審外，請將現補零陵令高淳德解任質審，等語。高淳德，著解任，交該撫梁國治與案內有名犯證一併嚴審定擬具奏。（高宗八九五、一）

（**乾隆三六、一〇、甲申**）諭軍機大臣等：據永德奏，查辦段興邦威逼佃户周德先致死一家五命一案，究出己革知縣傅九錫，實有得贓情事，等語。果不出朕所料。但所稱係辰沅道富泰訪查而得，恐未必盡然。富泰不過一謹慎之人，未必能發奸摘伏。蓋由段興邦倚富逞強，連逼五命致死，公論自爲不平，一經詢問，無難悉其底裏，並非案涉曖昧，必須抉摘隱微，富泰第據所聞稟報耳。至出示招告，祇屬相沿具文，從來豪強不法之案，其由招告而敗露者，曾見有幾。此等無益之事，即此足見其不曉事之一端也。今此案既已水落石出，即當就案審擬，以示重懲。永德業已調任廣西，其湖南巡撫，令梁國治調補。此案即著梁國治查審。段興邦一犯，雖經刑部照新定條例，改擬斬監候，但該犯仗恃豪富，橫行鄉里，妄謂財可通神，視人命如兒戲，逞威凌壓，連逼五命自戕，其情罪甚爲可惡，定案時竟當照光棍例定擬，庶足以雪民冤而申國法。至該犯既以刻薄成家，又復爲富不仁，所有田土貲財，未便仍留與伊子孫坐享，併著該撫查明地方應辦學舍義田之類，撥充公用。仍量撥所餘，給付死者之家定案，摺內毋庸叙及。其餘案內各情節，均著逐一詳細研鞫，毋使稍有遁情。將此詳諭梁國治知之。永德摺，並鈔寄閱看。（高宗八九五、二）

（**嘉慶二〇、一一、丁未**）諭內閣：禮親王昭槤被訐各款，昨派宗人府王公會同軍機大臣查問，據昭槤供認各款，……至伊於府內濫用非刑，現據英和起出鐵鎖、鐐鐐、木椿等件，並將受傷之莊頭程建忠、程建義傳案，經宗人府王公、軍機大臣等驗得，程建忠等，脊背均用磁瓦岔刺，血痕遍體，不忍寓目。諭係因逼令增租不從，即橫加敲扑，以酷濟貪。……昭槤，著革去王爵，交宗人府，於空室暫行圈禁。其餘應訊各款及一干人證，著宗人府王公、軍機大臣會同刑部審訊。昭槤應得罪名，俟全案奏上時，一併定擬具奏。此旨著上書房照繕存記。（仁宗三一二、二五）

（**嘉慶二〇、一一、己酉**）諭內閣：綿課等奏會訊已革禮親王昭槤勒逼莊頭程幅海增租，將程建忠、程建義非刑酷虐各情。此案程幅海之子程建義，充當莊頭二年，並未欠租，兼有長交租錢。昭槤因于大海增租，謀充莊頭，即將程建義革退，並令照于大海加增之數，加找二年租銀，程建義之父程幅海不從，昭槤派護衛柳長壽前往程幅海家，搶割莊稼，拆毀房屋，又將程幅海父子叔姪六人圈禁。昭槤自擲磁瓶於地，用磁片劃傷程建義、程建忠脊背百餘道，至於流血昏暈。似此以酷濟貪，虐我赤子，實出情理之外。我國家永不加賦，正賦錢糧，祇於按例催徵，每遇水旱偏災，仍必加恩蠲緩，即如昨日山東曹、定二縣豁免錢糧，即有二十餘萬，此外歷年所降恩旨蠲免者，殆不可數計。蓋損上益下，民說無疆，全黎庶之身家，保國家之根本。各王貝勒家衣租食稅，亦當仰體此意，豈宜分外苛求，恣行貪虐。昭槤承受世封，席豐履厚，平日以田租細故，在順天府、步軍統領、刑部等衙門，涉訟纍纍，而於府第中，仍如此非刑虐下，實屬奇貪異酷，僅止革去王爵，不足蔽辜，俟結案時，仍當治以應得之罪。二等護衛柳長壽，爲助虐爪牙，復侵用入己銀一百兩，著即革退，動大刑夾訊，嚴審治罪。程幅海長交租錢二百九十一千零，及被割莊稼變賣錢八百九十三千零，並搶毀各項什物及拆毀木植，著派秀寧、穆彰阿、彭希濂往該府，照數提取至刑部，傳程幅海等，當堂給還，並罰昭槤出銀二百兩，分賞橫被非刑之程建義、程建忠，即予省釋。此項地九頃六十畝，著即徹出王府，賞給貝子奕純，仍令程幅海承充莊頭，以示矜卹。于大海，謀充莊頭，從中播弄，著革去莊頭，交刑部加等刑訊治罪。昭槤如此妄爲，恐此外尚有別項殘酷款跡，其頭等護衛布音圖、德寧，俱著解任，同該府管事太監劉金磬，一併交刑部隔別研訊供詞，據實具奏。(仁宗三一二、三三)

(嘉慶二〇、一二、丁巳)諭内閣：宗人府、軍機大臣會同刑部審明昭槤被訐各款，分別定擬具奏。昭槤妄自尊大，輒敢陵辱大臣，此一款情節最重。景祿被其指斥得贓，忍辱不行奏辦，尚無不合。景安係一品大臣，被昭槤指稱係其屬下，爭論名分。彼時景安亦知忿怒，乃因旁人勸解，遂隱忍不行參奏，殊屬非是。景安，著交部議處。昭槤利欲熏心，貪得無厭，將其屬下莊頭人等禁押府内，非刑酷虐，種種貪暴無狀，孽由自作。昭槤，前已革去王爵，著照議，圈禁三年，以示懲創。柳長壽助虐橫行，又婪贓入己，于大海行賄，謀奪莊頭，架詞肇釁，情節俱尤爲可惡。柳長壽、于大海，著枷號三箇月。于二海，隨同濟惡加枷號一箇月，滿日再行發往黑龍江等處當差。餘俱照擬完結。昭槤以田租細故，輒咨刑部催追，甚至如此案程建義長交租錢，仍復控詞追比，實屬倚勢妄爲。嗣後各王公等田租，永不准咨部催追，各令自行辦理，如有違旨咨部者，該部除駁回不理外，仍即指名參奏。(仁宗三一三、四)

（二）土地兼併事例

1. 官兵勢豪兼併

（順治二、二、甲戌） 禮部議覆衍聖公孔允植疏奏，孔族支派繁多，聚廬遙遠，恐有借聖府名色占據田產，應敕嚴禁。報可。（世祖一四、一五）

（順治九、五、乙未） 福建道御史婁應奎疏言：投充之路，原以收養無依之民，不意此端既開，而姦猾蜂起，將合族之田，皆開除正項，躲避差徭，是投充之無益於國也。又有將他姓地土認爲己業帶投旗下者，一人投充，而一家皆冒爲旗下，府縣無冊可查，真假莫辨，是投充之有害於民也。臣謂部中必有投充清檔，彙寫一冊，發本地方官示民通知，則種種情弊自然斂跡。下户部議。（世祖六五、七）

（順治一二、一、丙午） 都察院左都御史屠賴等奏言：愛民莫先除害。近聞八旗投充之人，自帶本身田產外，又任意私添，或指隣近之地據爲己業，或連他人之產隱避差徭，被占之民，既難控訴，國課亦爲虧減，上下交困，莫此爲甚。宜敕户部，將投充之人，照原投部檔查核給地外，其多占地畝，即退還原主，庶民累稍甦，而賦租亦增矣。（世祖八八、一四）

（康熙二〇、二、甲午） 上以……逆賊吳三桂，在雲南曾以沐氏莊田賜給爲藩莊，其藩下官兵侵占民田，擅爲己利，命户部檄該督撫，事平之日察出，給還小民。（聖祖九四、一三）

（康熙二〇、七、庚申） 户部議覆：四川巡撫杭愛疏言，蜀省久爲賊踞，百姓逃亡，所存惟兵。各弁兵竟有強占民田，抗賦不納者。今逆孽漸平，若不急行清理，勢必仍蹈故轍。查四川通省地方，向係肥饒，而所徵錢糧甚少，良由文武官員兵丁占種民田。今逃亡漸歸，如有承認原田者，應令退還給民，如仍行強占者，照例治罪。惟開墾年久無主承認者，許令自首輸課，免其從前隱漏之罪。從之。（聖祖九六、二〇）

（康熙二三、九、己丑） 召山東巡撫張鵬諭曰：今見山東人民，逃亡京畿近地及邊外各處爲匪者甚多，皆由地方勢豪侵占良民田產，無所倚藉，乃至於此。爾至任，務剪除勢豪，招集流亡，俾得其所。（聖祖一一六、二九）

（康熙二九、五、辛丑） 刑部等衙門議覆：江南江西總督傅拉塔疏言，臣察審沭陽縣民周廷鑑叩閽告太常寺少卿胡簡敬父子兄弟一門濟惡、霸佔民人妻女田產、誣良爲盜等事，俱係情實。胡簡敬應革職徒三年，胡旭、胡敷世俱應絞。胡簡尤等俱擬杖徒。巡撫洪之傑奉旨交審事件，不速行審訊，反收胡簡敬訴詞，明係徇情，應降三級調用。上曰：朕早夜孜孜，勤思治理，日與在廷諸臣講求，無非愛養民生，恐其顛連無告，以致失所。若紳衿土豪倚勢橫行，凌虐小民，藐法縱恣，毫無顧忌，窮黎受害何所底止。胡簡敬等，一門濟惡，霸占民人妻女田產，誣告盜情，致斃人命，闔縣之人遭其毒害，種種惡蹟昭然有據，督撫不行舉發，科道漫無糾參，無非畏其勢力，瞻徇情面。今已告發審實，若不嚴加處分，立置重典，何以為直隸各省不法紳衿、積惡豪強之戒。胡簡敬等，應於彼處正法治罪。巡撫洪之傑為地方大吏，平日既不能體察糾參，及經告發，又不速行審治，遷延徇庇，殊負委任，應革職。著九卿詹事科道會同議奏。（聖祖一四六、三）

（乾隆九、三、戊子） 禁止臺灣武員置產。諭：外省鎮將等員，不許在任所置立產業，例有明禁；在內地且然，況海外番黎交錯之地。武員置立莊田，墾種收利，縱無佔奪民產之事，而家丁佃戶倚勢凌人，生事滋擾，斷所不免。朕聞臺灣地方，從前地廣人稀，土泉豐足，彼處鎮將大員，無不創立莊產，召佃開墾，以為己業。且有客民侵佔番地，彼此爭競，遂投獻武員，因而據為己有者；亦有接受前官已成之產，相習以為固然者。其中來歷，總不分明，是以民番互控之案絡繹不休。若非徹底清查，嚴行禁絕，終非寧輯番民之道。著該督撫派高山前往，會同巡臺御史等一一清釐。凡歷任武職大員創立莊產，查明並無侵佔番地及與民番並無爭控之案者，無論係本人子孫及轉售他人，均令照舊管業外，若有侵佔民番地界之處，秉公清查，民產歸民，番地歸番，不許仍前朦混，以啟爭端。此後臺郡大小武員創立莊產，開墾草地之處，永行禁止。儻有託名開墾者，將本官交部嚴加議處，地畝入官。該管官通同容隱，並行議處。（高宗二一二、一〇）

（乾隆一〇、二、庚午） 戶部議奏：臺郡民番錯壤，經福建布政使高山會同巡臺給事中六十七徹底清查，斷以民地歸民，番地歸番，各相允服。其歷任武職旗員莊產，實無侵佔投獻，致涉爭控者，應如所請，照舊管業；並行令該督撫遵照諭旨，轉飭臺郡武員，毋得再行開墾，置立莊田。從之。（高宗二三五、一三）

（乾隆一三、一〇、乙酉） 諭；據直隸總督那蘇圖參奏勵宗萬縱令弟僕霸占官地，未交價銀，強收租息，將勵宗萬、勵宗奕分別問擬徒流一摺。勵宗萬，在朝無楊震之節，歸鄉有楊惲之行，營私壟斷，按律奚辭。但據那蘇圖另摺奏，請派修固安縣城工。罪不重科，尚念曾居卿貳，免其城旦，勵宗萬宜痛自改悔，安靜家居，如仍復怙終〔惡〕不悛，定行從重治罪。餘著該部覈議具奏。（高宗三二六、一四）

（乾隆一三、一二、壬辰）又諭：朕前日降旨，謂陳世倌多卑瑣之節，並非泛論，即如伊乃浙人，而私置產兗州，冀分孔氏餘潤，斯豈大臣所爲。今既革職，著諭山東巡撫不准伊在兗州居住。（高宗三三〇、三一）

（乾隆一四、四、壬寅）又諭；前因歸化城副都統四十六參奏都統噶爾璽收受丹津之妻地畝、揀選佐領等官不公，並借用當舖駝隻各款，曾降旨令將軍補熙、巡撫阿里袞查奏。今據奏覆，噶爾璽於揀選官員雖無弊竇，但身爲大臣，擅受地畝，借用駝隻，有玷官箴。四十六，前在歸化城時，並未陳奏，玆因再任始行具奏，明係彼此齟齬，未爲公當。噶爾璽、四十六，俱著來京候旨。（高宗三三九、二三）

（乾隆一六、一、壬戌）又諭：潘思榘所奏臺灣縣武生李光顯爭墾結訟一案，甚屬糊塗。李光顯身恃武生，恣意佔管民番田園，以致爭鬧毆差，更復聚集流棍，藏蓄兵械，不法已極。李光顯實爲罪魁，必當嚴拏從重治罪。乃該撫摺內，僅稱拏獲流棍六名，並未將李光顯拏究之處奏聞，殊爲輕重倒置。且聚衆械鬬，最爲閩省惡習。臺灣遠隔海洋，番民雜處，尤當加意整飭，以警兇頑。若將首犯寬縱，致使漏網，將來聚衆報復，仇殺相尋，刁風益熾。其劉是，奪犯毆差，將李光顯鼻尖割去，情罪亦屬可惡。俱當從重究擬。潘思榘辦理此案，甚屬懦怯，著傳旨嚴行申飭。喀爾吉善，現在接駕辦差，何暇辦理此等事務。著傳諭潘思榘，將李光顯、劉是，及案內各犯，從重究擬具奏。如李光顯尚未拏獲，務令嚴緝治罪。並將辦理此案緣由，速行奏聞。若僅視爲泛常案件，姑息奸匪，朕必於該撫是問。尋奏，李光顯等各犯，已經該縣拏獲。現飭催解省，從重審擬。得旨：知道了。從重處治以警刁風可也。（高宗三八一、九）

（乾隆二八、四、癸丑）諭曰：御史吉夢熊奏劾方觀承玩視民瘼，徇縱天津道那親阿啓閘遲延，不能早籌宣洩一摺，……方觀承已經議處，無可再議。摺內所奏那親阿借書吏名色，用輕價承買捐田一節，八旗官員置產，原所不禁，但既任本地監司，而圖踞所部之業，則於官方大有關繫。那親阿現在尚未起程，著交軍機大臣嚴訊具奏。……（高宗六八五、二〇）

（乾隆二八、四、丙辰）軍機大臣等覆奏：訊據那親阿供，所買地畝，係照原價自買，並未減輕，亦借書吏名，其時已離天津府任，等語。查原契月日，雖在補放沂曹道後，但未離舊部，與現任無異，顯係違例營私。那親阿已經革職，發往巴里坤，此項地畝入官。從之。（高宗六八五、二二）

（乾隆三一、一、庚辰）諭軍機大臣等：英廉奏，查辦江弼與王永成互控地畝案內，查出乾隆二十四年查丈地畝時，兩造俱丈有餘地，雖例應入官招買，但伊等爭控之地，尚未勘斷明確，乃前鋒那蘇圖等覷此項餘地，價輕利厚，輒行認買。該將軍及盛京戶部估價，亦遽准其認買。彼時正值那蘇圖之父布顏達賚身任該處副都統，若非伊等囑託瞻徇，何以正案未結，先將丈出餘地急行出賣。此項地畝結案時，自應照數查追入官。其原辦之將軍、戶部亦不能辭咎，著傳諭英廉查係何人任內之事，據實參奏。（高宗七五二、一一）

（乾隆三四、一〇、戊午）諭：據楊廷璋查奏，肅寧縣武生孔聖宗，控告承種郭炘入官地畝，減租奪佃一案。……並查出霸州、河間、任邱三處郭炘入官地畝，均有短少租額情弊。……（高宗八四四、三一）

（乾隆三五、一二、甲戌）諭軍機大臣等：昨據諾穆親奏，已故黑井提舉黃輔、降調白井提舉高其人，虧空額鹽數百萬觔、薪本銀數萬兩，業經降旨，將高其人革職究審，並查封黃輔等旗籍貲財。今據該旗都統奏，高其人在旗，並無貲產可查，亦無的親家屬及管事家人可詢，等語。向來漢軍人員，多有潛於近京地方涿州、良鄉一帶，置買莊地房屋者，今高其人虧缺帑項，數至逾萬，不應竟無寸田尺宅，甚且親屬全無，殊非情理。或伊自揣虧蝕官項，久必敗露，因於近京地面潛置產業，以圖隱匿，亦未可定。著傳諭楊廷璋即行密速嚴查，務得實蹟，具摺覆奏。永貴等原摺，並鈔寄閱看。（高宗八七四、三）

（乾隆四三、五、戊辰）諭軍機大臣等：前據步軍統領衙門奏，貴州仁懷縣民人楊玫，呈控謝希廷等霸占地畝等一案，已降旨將該犯解往，令李侍堯於路過黔省時，將此案秉公查審。……（高宗一〇五六、一五）

2. 典買

（順治一八、九、癸巳）戶部題：民間地土房屋，禁止旗人置買，已於順治七年三月內定例遵行，後順治十三年，奉有順治七年未禁以前所買地土房屋入官，戶部給發原價，其錢糧行文地方官除免之旨。應將未禁以前所買地土房屋，發覺者請不給原價，免其入官。禁止以後所買地土房屋，仍照定議盡行入官，買者賣者，一併治罪。從之。（聖祖四、一八）

（康熙二〇、九、辛亥）先是，順治七年定例禁民間房地售與旗下，違者房地並價入官。至是戶部題：查出康熙十七年以前犯禁鬻地之民，應追價銀六萬四千餘兩。上命悉豁除之。（聖祖九七、一〇）

（康熙五四、二、癸巳）戶部議覆：奉天府府尹郝林疏言，奉錦兩府，多係招徠民人，恐愚民一時窘迫，將子女賣與別省人攜去，或典賣旗下，請敕部定議，作何禁止。又旗民地土，雖各有圈開界分，但互相交錯，易於侵占，以致爭競，且貪占已成熟田，必不肯盡力以墾未開荒地。亦請敕部通行嚴飭，勿許侵佔，以杜爭端。查奉天民人，原與他省不同，嗣後有將子女賣與別省人及旗下者，將買賣之人，照滿洲蒙古一應人等賣與漢軍民人例治罪。州縣官，分別知情與否罰俸。其旗民有不於所圈界內墾荒，而侵占熟田者，照定例治罪。得旨：奉天地方，旗民雜處，生事之人及盜賊人命之事甚多，必照駐防省分旗民分居，方可無事，亦於地方有益。著九卿會同議奏。尋議覆：應令奉天將軍府尹，將奉天城內外旗民作何分開居住，定議具題，到日議奏。從之。（聖祖二六二、一一）

（**雍正三、二、丙申**）戶部議覆：雲南巡撫楊名時條奏，……民間田產，先由吳逆賦重差繁，減價絕賣，今承平墾熟之後，指定原價告找告贖，爭控不休，應通飭永禁。……從之。（世宗二九、二三）

（**雍正三、四、庚辰**）兵部議覆：雲貴總督高其倬條奏苗疆事宜：……一、土司貧苦，往往將所管有糧之田作為無糧之土，賣與紳衿商民，以致完納無資，每至派累苗戶，請敕令查覈清楚，令各買田之人照例輸納；……得旨：……依議。（世宗三一、一五）

（**乾隆一二、八、己未**）戶部等部議覆：湖廣總督塞楞額疏稱，湖南永順、龍山、保靖、桑植四縣，苗地糧輕，漢民希圖賤買苗地，佐雜防汛各員每多濫批給照，外郡民源源挈眷而來，奸良不一，請嚴禁等語。應如所奏，嗣後佐雜微員濫給印照，塘汛放行，照濫用印信例，減等罰俸；地方官失察民入苗地，照例降革。凡苗疆省分，均照此例辦理。從之。（高宗二九六、二）

（**乾隆一五、一**）［是月］湖北巡撫唐綏祖奏：雲南參革安寧州知州陳題所虧帑項，請將原籍已賣田產找抵一案，先經奏聞，奉硃批：此必係多報，以圖抵項，賤賣以示無著，終於自買以得其原業。此等奸弊，必應深究。如何辦理之處，引此旨明白奏聞。查陳題祖遺田產，先於乾隆二年鬻抵蘭州虧空，因得依限開復。前買戶實係乘其急售，故意短價。其在滇開報，與原產數有不符者，以老契被焚，且向係委人經理，不知細數。其契既書賣絕字樣，各買戶揑不再找，是以前參令丁翊壽即以無可加找具詳，在陳題尚無勾串多報情弊。但田畝時價，較原值實不足，仍應令買戶增找。今眾戶已各供認，計所找足抵陳題虧項，當即定限飭交，另給買戶印照。至多報賤賣及終於自買等弊，誠宜設法辦理。請嗣後如侵貪人員將田產浮數開報，令地方官查估作抵，餘欠仍於本員著追。若買戶有貶價串通朦蔽等情，價與產一併入官，仍按虧數治罪。若開報承買，均無情弊，准地方官明立印照，令買戶久遠承業，庶絕留餘私贖得業之弊。報聞。(高宗三五七、二〇)

(乾隆一八、四、乙未)［戶部］又議覆：浙江按察使同德奏稱，州縣訟案，大約爭產居多。查乾隆九年定例，民間田房，如係賣契，又經年遠，即無杜絕等項字樣，概不准贖。今請以三十年爲限，限外不得找價興控，等語。應如所請。載入續頒條例，通飭遵行。從之。(高宗四三六、一二)

(乾隆五一、五、辛未) 申鄰省富民準折牟利之禁。諭：據畢沅奏，豫省連歲不登，凡有恒產之家，往往變賣餬口，近更有於青黃不接之時，將轉瞬成熟麥地賤價準賣。山西等處富戶，聞風赴豫，舉放利債，藉此準折地畝。貧民一經失業，雖遇豐稔之年，亦無憑藉。現在飭屬曉諭，勒限報明地方官，酌覈原賣價值，分別取贖，毋許買主圖利占據，等語。所奏實屬可嘉。豫省頻歲洊饑，閭閻元氣消耗，全賴業農之民家有恒產，一遇豐年，口食即可充裕。乃山西等處豪強富戶，越境放債，賤準地畝，且將麥收在望之田，乘機圖佔，一經準折，即擴爲己有。此更酷於王安石之青苗矣。似此乘人之危，以遂其壟斷之計，其情甚爲可惡。各省黎元，何一非朕之赤子，今因河南災旱，而山西富戶乘以爲利，是富者日益其富，貧者日見其貧。及遇豐年，輾轉增值售賣，而中州元氣，竟爲隔省豪強兼併侵剝，災區氣象何由得復舊觀。將來豫省貧民日漸流徙，田產皆爲晉民所有，成何事體。此事關係民生衣食根本，畢沅籌辦及此，實屬盡心民事。但摺內所奏，猶有未盡周到之處，若非明降諭旨，嚴定章程，恐地方官力量有所不及，而爲富不仁者尤無所畏懼，仍屬有名無實。此事著交畢沅率同江蘭悉心籌畫，飭屬詳查，此等賤買賤賣之田，覈其原值，勒限聽原主收贖。其連麥準價之地，仍令原主收回刈割，除原價歸還外，酌量給與一二分利息，毋許買主圖利占據，不行放贖，致失業之民有歲無田，坐聽豐年枵腹。儻有財力不贍，不能給與本利回贖者，在買主已獲厚利，自當於本利十分之中，酌減三四分聽贖，方合人情天理。該富戶等，同爲朕之子民，亦當各具天良，乃視人之饑寒以爲厚利，以天理論之，豈得長享富貴，甚可畏也。但遽繩以法，朕亦有所不忍。經此降旨明切諭勸之後，儻伊等仍思牟利，不放原主收贖，或勒取重利，不肯減價，則是圖利之民，怙惡不悛。一經查出，必當置之於法，勿謂朕不教不戒也。畢沅接奉此旨，即多行榜示通衢僻壤，使衆共聞知。至地方官查辦地畝，儻有不肖書役吏胥從中藉端勒索，滋擾閭閻，以致富戶貧民兩受其累，則是該撫等辦理不善。一經發覺，除將本人嚴行懲治外，必將該撫藩等一併治罪。畢沅、江蘭務宜實心籌畫，妥協辦理，以副朕惠愛一方災黎，調

燮變通之至意。（高宗一二五五、二三）

（**乾隆五一、五、辛未**）又諭：上年江蘇、安徽、山東、湖北等省被旱較重，民氣未復，如江蘇之揚州、湖北之漢口、安省之徽州等處地方，商販聚集，鹽賈富户頗多，恐有越境買産，圖利占據者，不可不實力查禁。著將明發諭旨鈔寄各該督撫閱看，儻各該省有似此牟利者，即行遵照諭旨，並查閱畢沅原奏辦理，以副朕惠保如傷至意。將此由五百里各諭令知之。仍著各將所屬災區有無似此賤買漁利之處，擬實覆奏。（高宗一二五五、二五）

（**乾隆五一、六、乙酉**）又諭：據畢沅奏接奉諭旨，廣爲宣布，使災區賤賣地畝毋許晉民霸占，令原主借價回贖一摺，所見甚是，已於摺內詳悉批示。其所稱，此番奉旨查辦，恐有中州無籍之徒希圖白退地畝，不償原價，准令買主呈控，照數退還，以昭平允一節，此論甚公，誠不愧公正大臣之誼。前因晉省富民乘河南荒歉，前往舉放利債，準折地畝，以爲壟斷兼併之計，於災區生計大有關礙，是以節經降旨，剴切曉諭，令該撫等於僻壤通衢遍行刊刻宣示，俾富户等各知警勸，以敦任卹之風。朕之爲豫民計者，不啻至再至三。夫豈獨厚於中州之民，蓋以各省黎元皆吾赤子，不欲令此省之有餘，利彼省之不足，故爲調劑變通，設法籌辦。所謂教養兼盡，易地皆然，非有所偏枯於其間也。在山西富户固應各矢天良，聽原主照價回贖，而河南業户儻因朕如此加恩，竟欲白退地畝，不償原價，則地方無籍之徒志在希圖便宜，此風亦不可長。試思從前棄産時，原因災旱頻仍，饑寒洊迫，故將地畝賤值售賣，以救目前之急。晉民在彼，雖係乘機賤買，究非白占人田，今因地方官查辦，輒思不交原價歸還舊産，有是理乎？著畢沅率同江蘭盡心經理，實力稽查，除令買主到官呈繳原買文契，聽原户具價回贖外，如有不肖之徒，冀圖白退地畝，強占便宜，亦即懲辦一二，以儆其餘，以體朕一視同仁、毫無偏畸至意。（高宗一二五六、一五）

（**乾隆五一、六、乙酉**）諭軍機大臣等：昨據御史莫瞻菉奏豫省已賣地，回贖時，如麥已糶出，即照月報麥價，於贖價內坐扣一摺，已降旨令該撫查照所奏是否可行之處，酌量辦理矣。今據畢沅奏此項準折地畝，儻有勒掯不行放贖者，許賣主將原價呈繳，當堂押贖，或恃有此番查辦，希圖白退地畝，不償原價，亦許買主呈控，照數退還等語。所見甚屬周到。但恐一經州縣之手，胥吏藉端舞弊，轉屬於事無益。此事專責成畢沅督率藩司江蘭秉公妥辦。前因豫省荒歉，貧民失業，致令準折地畝。而晉省豪強希圖牟利，乘機占據，是以降旨令酌減原價取贖。以賣斷之産仍得收回，在原業已屬便宜，若再欲退還地畝不償原價，則是無籍之徒希圖白占，此弊亦不可不慮。

著傳諭畢沅，督同藩司江蘭實力查辦，任怨任勞，務令買主與賣主各得其平，以昭允協。並查照莫瞻菉所奏，如果有可行之處，即酌量妥辦，儻若徒滋紛擾，於事無益，即行奏駁，不必因奉有諭旨、稍爲遷就也。除另行明降諭旨外，將此傳諭知之。（高宗一二五六、一六）

（乾隆五一、六、癸巳）諭：前因御史莫瞻菉奏請申明豫省贖地收麥事宜一摺，朕以該御史籍隸河南，所奏或有所見，當即降旨令畢沅查照辦理。繼思畢沅等已經辦有章程，未便復事更張，續經降旨令畢沅酌量，不必拘泥迴護。茲據畢沅覆奏，該省賤買賤賣地畝，自奉旨減利聽贖以來，愚民俱有良心，各知保家畏法。其已經收麥之地，現據各屬稟報，陸續贖回者甚多，兩造並無異詞。若照莫瞻菉所奏，以月報糧價爲憑，於原價內坐扣麥收之值，辦理轉屬紛紜，等語。如此甚好，朕心深爲嘉悅。此項賤售地畝，俱係豫省災民衣食恆產，朕節次降旨諄切勸諭，爲之調劑變通，不過欲貧民復還故業，原無取乎煩擾更張。蓋多一法，即多一弊，全在地方官實力經理，使買者賣者兩不偏枯，胥役無從需索，則閭閻自受其福。今據畢沅奏，現在回贖者紛紛，並無以麥價低昂，互相爭執者，則是該撫藩等辦理已有成效，即無庸另立規條，苛求滋弊。所有莫瞻菉奏請按照月報糧價，坐扣地值之處，不必行。畢沅摺及莫瞻菉原奏，著一併發鈔，通諭知之。（高宗一二五七、一一）

（乾隆五一、六、庚子）諭軍機大臣等：據明興奏，東省各屬災區，當糧貴食缺之際，貧民迫不及待，即恆業亦作絕產求售，而有力之家，亦未免乘人之急，圖賤絕買，應照豫省之例，一概准令回贖。如有轉行典賣，多得價銀，應令買主將浮得之價歸出轉贖，不得多行取值。其有帶麥出售之地，已經收割者，酌量所收多寡，均勻各半分給，等語。所辦尚好。東省災歉之區，雖無晉省等處富商大賈越境放債準折地畝之事，但該省民人誼屬桑梓，尤宜共敦任卹，若因貧乏食，急於售產，遂致乘機賤買，希圖占爲己有，即與晉民之利債準折無異。著將原摺鈔寄留京王大臣，傳籍隸山東之在京大小官員，令其閱看後，即寄信原籍親族鄉黨，俾各知大義，互相警勸，毋蹈爲富不仁之習，以副朕訓誨成全至意。將此諭令知之。（高宗一二五七、二四）

（乾隆五一、七、庚戌）又諭：據劉秉恬覆奏晉省乘機放債，越境買產一節。摺內稱，此等賤買之人，一聞官爲經理，必致匿而不出，畏法潛逃，及至事過之後，復行出認，致起爭端，請勅令河南撫臣等嚴行禁止，酌量辦理等語。此事經畢沅具奏後，節次降旨令該撫妥協籌辦。嗣據畢沅覆奏，該省賤買賤賣地畝，自奉旨減利聽贖後，愚民各知保家畏法，其陸續贖回者甚多，兩造並無異詞。所辦甚爲允協得理。今劉秉恬又復奏清於執照內註明"不得冒認索價"字樣，以免葛藤糾纏之弊，雖亦調劑之一法，但恐多立科條轉滋紛擾，劉秉恬既有此奏，著將原摺鈔寄畢沅閱看。(高宗一二五八、一七)。

（乾隆五一、八）[是月] 河南巡撫仍管布政使江蘭奏：豫省民間賤價售產，蒙恩諄切曉諭，晉省民人，皆知畏法聽贖。現據州縣具報，共已贖歸三十萬五百餘畝。其實在無力取贖者，先令退還一半，餘俟陸續贖回，俾失業者不慮無土可耕，買産者亦不致本貲無著。旁批，此一辦法好。又奏：現高家寨、蘭陽十四堡等工，加鑲堅固，惟儀封六七堡，閏七月溜勢南趨，埽段續有平蟄，飭員趕築，日來亦已平穩。報聞。(高宗一二六三、二九)

（嘉慶四、六、壬子）諭軍機大臣等：台布覆奏廣西土司典出地畝未便即令備價回贖，請開設官當以濟土司緩急，並土境客民另編客籍一摺。所奏殊屬非是。前因成林條奏開墾廣西空閒地畝招徠客民耕種一事，將原摺發交台布閱看，即以客民占據土境相沿已久，多有窒礙難行。台布接奉諭旨後，自應察看該處情形，果事在難辦，原不妨據實覆奏。今既查明漢民占種土司田畝爲日已久，如概令備價回贖，則土司疲憊無力；若欲分別查辦悉數追還，則漢民資本全虧，必至失所，是成林所奏斷不可行。朕前交台布查勘之意，本以成林既有此奏，自不得置之不議，並恐台布意存拘泥，特將種種未便之處詳悉諭示，俾其得有主見，乃台布既明知此事難辦，又恐全行議駁，近於畏事，復支吾其辭，爲開設官典、編造客籍之奏。試思客民占種土司地畝，重利準折，尚干禁例，今乃欲官爲開設典當，豈非朝廷欲貪土司之利，而爲此盤剝之事乎。況據稱，數年後得有息銀，足敷典本，即將本銀徹回歸款，再有餘息，解司報撥充公等語，試思所開典當，如取息甚輕，數年後焉有盈餘足敷典本。儻倍息取償，則内地民人尚不准其重利放債，又豈得以地方官吏爲此市井牟利之擧，重困土司。且漢土相安已久，即土司疲乏無力，亦祗可聽其自爲生計，又何必官爲過問乎？各省陋習，於地方典當，往往勒索當規，今台布欲於土境開典，自係地方官欲藉此需索典規，因以爲利，而台布爲其所愚，輕於聽信，儻日朘月削，致滋事端，究所由來，竟由於官設典當釀成其事，更復成何政體耶？至編造客籍一事，内地編查保甲，非不立法周詳，而地方官日久懈弛，尚且有名無實，視爲具文，何況行之土境。覺察難周，更不過徒爲吏胥需索之地，有何裨益。前此成林所奏已屬無謂，然猶祗欲招徠客民開墾荒地，今台布乃欲於土境創設從來未有之官當，種種擾累土民，較之成林所見尤爲紕繆。著傳諭嚴行申飭。(仁宗四七、二三)

（嘉慶一〇、五、壬辰）又諭：據裘行簡奏，審訊清豐縣已革武生于麗岎呈控回贖地畝一案，請將于麗岎祖遺地畝准令減半贖回，等語。此案于麗岎因祖遺地畝災年賤價賣與郝姓，疊次呈控，欲行回贖。該府張體公等，以限滿三年，例不准贖，尚屬照案詳斷。惟因于麗岎越控，輒行斥革杖責，辦理未免過當。且買主轉賣地畝，本許原主照現價買回，此項地畝，郝姓原買之時，每畝價銀僅止一兩內外，迨經于姓認買，遂增價至四兩八錢，顯有故意捐勒，高擡價值情事。若因限滿不准贖回，適以啓富戶乘災圖利之漸。所有于麗岎祖遺地二頃八畝零，著准令各該家屬，按照每畝四兩八錢之數減半，向謝姓贖回，其虧折半價，即令郝培德照數償還，以昭平允。所有原審之知府張體公，及會同審訊並不當堂公斷，私向原告開導之知府石飛熊，著照所請，交部分別議處。于麗岎武生衣頂，並照所請開復。（仁宗一四三、一一）

（嘉慶一九、九、戊戌）諭內閣：那彥成奏請將因荒賤賣地畝，准照原價回贖，以卹貧民一摺。小民以耕作爲業，藉資養贍。直隸大名等府屬三十餘州縣，前因連年荒歉，民間地畝多用賤價出售，較豐年所值減至十倍。本處富戶及外來商賈，多利其價賤，廣爲收買。本年雨水調勻，而失業之民已無可耕之地，流離遷徙，情殊可憫，亟宜官爲調劑，以遂民生。著照該督那彥成所請，明定章程，自上年麥收以後，本年麥收以前所賣地畝，准令照原價贖取，定以三年爲期，俾貧民漸次復業，免致失所。此外山東、河南兩省上年被擾歉收各州縣，並著各該撫飭屬查明，一體辦理，務令各地方官善爲經畫，毋許稍涉爭競，以期閭閻恒產有資，共安樂土。（仁宗二九六、二四）

（三）占有不均事例

1. 私田

（順治二、六、乙亥）給故明寧德長公主徽研、駙馬劉有福銀百兩、地二百晌，以資贍養。（世祖一七、一三）

（順治二、閏六、丁未）宣大總督李鑑，清察故明代藩宗祿以聞。得旨：明朝宗室故絕者，產業入官；見在者，分別等次，酌給贍田，入民冊內。其則例，戶部定擬。（世祖一八、二三）

（順治二、七、壬申）定歲給故明宗室贍養銀兩、地畝：親王銀五百兩，郡王四百兩，鎮國將軍三百兩，輔國將軍二百兩，奉國將軍一百兩，中尉以下，無論有無名封，及各王家下人丁，每名各給地三十畝。（世祖一九、二〇）

（順治三、一、辛未）定故明宗室卹典：親王，給銀二百兩、守墓八人、祭田九十畝；郡王，給銀一百兩、守墓四人、祭田六十畝；親王已封之子及妻，給銀一百兩；郡王已封之子及妻，給銀五十兩；將軍，給銀五十兩；諸王之祖母及母，各視所封給銀，令自行祭葬。（世祖二三、一〇）

（康熙四二、八、甲申）刑部尚書王士正等，因山左被災，奉旨截留漕米，並派八旗官員領帑往賑，具疏奏謝。得旨：朕四次經歷山東，於民間生計無不深知。東省與他省不同，田野小民，俱係與有身家之人耕種。豐年則有身家之人所得者多，而窮民所得之分甚少。一遇凶年，自身並無田地產業，強壯者流離於四方，老弱者即死於溝壑。此等情由爾東省大臣庶僚及有產業之富人亦當深加體念。似此荒歉之歲，雖不能大為拯濟，若能輕減其田租等項，各贍養其佃戶，不但深有益於窮民，爾等田地日後亦不至荒蕪。如果民受實惠，豈不勝謝恩千百倍耶。（聖祖二一三、三）

（康熙四三、一、辛酉）諭大學士等：朕數巡幸，諮訪民生利弊，知之甚詳。……至於蠲免錢糧，原為加恩小民。然田畝多歸縉紳豪富之家，小民所有幾何。從前屢頒蠲詔，無田窮民，未必均沾惠澤。約計小民有恒業者，十之三、四耳。餘皆賃地出租，所餘之糧，僅能度日，加之貪吏科索，蓋藏何自而積耶。（聖祖二一五、二）

（康熙四八、六、戊辰）山西巡撫噶禮疏言：原任工部尚書楊義，身故無嗣，亦無同宗應繼之人承分家產，請將楊義遺產照例入官；內有田十七頃，估價變賣。部議：應如所請。其田畝估價之處，恐遺漏短少，應令該撫核實增估。得旨：楊義曾為大臣，並無過犯，今因其無嗣即將家產入官，又再行駁查，竟與罪人無異，非待大臣之道。此事關係體統，從前有無入官定例，著九卿確查議奏。尋九卿遵旨議覆：凡戶絕無嗣者，家產入官，本有定例。楊義家產，應照例入官。今臣等仰體皇上篤念舊臣至意，請將原任工部尚書楊義應入官田產內，撥田二百畝，為楊義祭掃修墳之用，交伊家人管領，並令地方官不時查核，務使故臣得沾實惠。其田畝估價之處，准照原題完結。從之。（聖祖二三八、八）

（乾隆七、九、乙酉）戶部議覆：甘肅巡撫黃廷桂疏稱，甘省地處邊徼，從前土曠人稀，我朝定鼎以來，流亡漸集。然開墾之始，小民畏懼差徭，必藉紳衿出名，報墾承種，自居佃戶，比歲交租。又恐地畝開熟，日後無憑，一朝見奪，復立永遠承耕、不許奪佃團約為據。迨相傳數世，忘其所自，或租糧偶欠，或口角微嫌，業主子孫，既以奪田換佃告官驅逐，而原佃之家，又以團約炳據，忿爭越控。臣查各省業主之田，出貲財而認買，招力作以承耕，佃戶之去留，憑於業主。非若甘省佃戶，其祖父則芟刈草萊，闢治荒蕪，築土建莊，辛勤百倍，而子孫求爲佃戶而不可得，實於情理未協。應請將當日墾荒之原佃子孫，止令業主收租，果有拖欠，告官押追，不許奪佃。儻立意抗欠糧租至三年者，方許呈明地方官，訊實驅逐，田歸業主。若業主貧乏，將田另售，契內註明佃戶係原墾人之子孫，照舊承種，不許易佃。若業主子孫有欲自種者，准將肥瘠地畝各分一半，立明合同，報官存案，不得以業主另租與人，長佃戶告訐之風。又甘省山多地少，昔年流寓所至，穴土而居，擇山而種，管業一方，名曰腳佔。嗣因歲歉年荒，轉移他徙，所存地畝，多成曠廢，歸入本甲辦賦，或里長甲首另招他戶認墾承種，名曰招頂；里長甲首及戶族頭人，完納正課，覓佔收租，名曰佔耕。此項地畝，雖非老荒，而招頂之人積苦翻犁，佔耕之戶納課有年，原爲生安死葬之久計。延至今日，丁口愈盛，食指愈繁，田地貴少，寸土爲金，奸民覬覦，借端爭控，曉曉不已。請嗣後甘省拋荒地土，本戶子孫既已日久不歸，而招頂之家、佔耕之戶，辦賦應差，亦有年所，即永爲業主，毋許旁人妄控。儻原業〔主〕之子孫回籍，執有老契爲憑，而地隣族衆，俱可考証，計其拋荒年分，量爲酌給。如在一二年以內者，將當年所穫籽粒全給頂種之戶，承辦糧差，次年地畝，仍歸原業主。其頂種已過三年、至十年以內者，分給一半；二十年以內者，十分之四；三十年以內者，十分之二。所分地土，肥瘠各半，不得過分紛爭。至三十年以外者，是否原業〔主〕之子孫無從考究，概無分給，不得混爭。至頂種之中，亦有奸頑之戶，向因所頂地畝原無本主，而招頂之里甲每年更換，人非一姓，數世之後，物故者多，種地〔人〕之子孫賴爲祖業，不認老戶差糧，捏稱另有里甲，以致原糧無著，里甲賠累。應將頂種之老戶一概開除，責令現耕業主將實在姓名造冊承種。儻敢藉名詭寄，希圖隱漏者，查出照例治罪。均應如所請。從之。（高宗一七五、一九）

（**乾隆一三、七、乙未**）諭軍機大臣等：楊錫紱所奏湖南入官房產，惟湘潭縣有參革固原州知州石觀虧空倉糧案內，查出房產，除已變價三千九百兩、現貯縣庫外，另有田房估價七百二十四兩，並有未估價之木山一處，此係准部查封家產，備抵虧空，雖與入官有間，現亦嚴催估變，等語。虧空案內查出房產，既經變價，何以不知照原參督撫抵補欠項，而但貯縣庫，將何所待。其該員虧空幾何、合之任所、已完幾何、變產已交幾何，自有實數，何得又有備抵之項。如有不應入官，何得又催令變價。此案原參情節若何，所奏殊未明晰。著楊錫紱查明回奏。尋奏：石觀田房山產，已經伊子石曰琛變價銀三千九百兩，因石曰琛患病，未能齎往甘肅，又無便員搭解，是以暫貯縣庫。報聞。（高宗三一八、三八）

（乾隆二〇、七）［是月］浙江巡撫周人驥奏：乾隆十四年仁和縣墾地一百六十七頃零，海寧縣墾地一千六十三頃零。海寧認户多係豪強外籍，從不到地墾種，現在墾種者，係沿海無業民竈，各認户勒令納租，墾户不甘，紛紛赴控。臣徹底查清，悉歸墾户報升，認户原係墾户，仍准丈給。得旨：好。辦理其公當也。（高宗四九三、一七）

（乾隆三〇、六、庚戌）諭軍機大臣等：據尹繼善奏查抄李星垣產業，共地畝一百四十餘頃、房屋一百八十餘間一摺。上年李星曜在京召見時，請假回籍管教伊姪，因細詢其故。據奏，伊父李衛，兄弟二人，祖造田產共有八百餘頃，李衛之兄無子，即以李星垣爲嗣，將所有家產兩股均分，李星垣一人獨得四百頃，李星曜兄弟等共分四百頃，等語。今江省查出之數，與李星曜去歲所奏多寡懸殊，其中顯有隱匿情弊，已諭令尹繼善再行確查覆奏矣。李星曜昨歲甫經回籍查檢田產，知之必詳，該員現任川省道員，著傳諭阿爾泰就近面詢，令其將李星垣名下現在田數若干，據實開出，或李星垣從前受分之四百餘頃別有花銷費用，所存僅有此數。伊兄弟行事，彼此應無不知其底裏，無難和盤托出。若李星垣田產實止一百四十餘頃，則該道從前何以妄行陳奏。著李星曜逐一稟覆，毋稍徇隱，該督即行據稟具奏。尋奏：據李星曜稟稱，伊祖父新舊置有田房產業約計四百頃，星垣過繼伯父爲嗣，於四百頃內分去二百頃，星曜兄弟四人共分田二百頃，立有分單二紙，現俱可查。上年請訓之時，怵惕屛營，以致未將四百頃之數分晰奏明，實屬糊塗冒昧。清勅下江南地方官查取分單覈對，則一切細數，皆可立見。得旨：不必再問矣。（高宗七三八、九）

（乾隆三五、閏五、丙辰）又諭曰：永德奏，歸德府屬夏邑、商邱、永城三縣，有彭家屏入官地畝一項，從前胡寶瑔議，將所收租息與案內什物變價銀兩，交商生息，爲豐樂等河修費，後經阿思哈於停徹生息案內奏准，將地畝估變，節經部駁增估。應請照舊存留，減租給佃，俾河道工程藉有餘資，等語。所辦亦是。已批交該部議奏矣。但此項地畝，自阿思哈奏請召民認買以後，因估變未足，節經部駁，尚未出售。每年租銀，是否按額徵收，前後通計共有若干、是否全在司庫存貯，未據詳晰聲明。且所收租息，原以爲豐樂等河歲修之用，近年來河路深通，並無需費，惟前此修理橋工寺工，皆於此內動支，是此項積存銀兩，僅爲地方公用閒款，若不酌定章程，恐不肖有司任意花銷，漫無節制，而於河工應用時，轉不能得其實濟。著傳諭該撫留心稽覈，仍一面徹底查明，詳細覆奏。尋奏：彭家屏入官地畝等項，按年徵收租息，除修橋寺支用外，計三萬二百四十餘兩，現存司庫，將來疏濬

河工時，確估支銷。報聞。（高宗八六〇、二四）

（**乾隆**三六、八、**庚辰**）諭：今年布達喇廟猝被回祿，原非人力所能豫料，但永和、三格、薩哈廉，係專管工程之員，不能約束工匠，小心防範，致令失火延燒，其咎實無可諉。……昨至熱河，欲觀伊等良心如何，因傳旨詢問永和等作何賠補。隨據伊等各將家產開報。……今據英廉查奏，永和房地，於所報之外，尚有浮多，因併及薩哈廉，亦查有不符之處具奏。茲復令詢問永和等，據永和稱。房屋係已經典出，地畝原報十餘頃，如果查有二十頃之外，願甘重罪，而薩哈廉稱，係久經分出之產，並非欺隱。……所有永和、薩哈廉原報交產單，著交福隆安等將英廉摺詳加比對，如果少報不過二成，即屬無可加罪；若竟至三成以上，自亦難於寬宥。即三格隱匿之數，亦著查覈，共有十成之幾，則治以重罪，亦可令其心服。至伊等兄弟子姪久經析居者，罪不相及。向來即查辦重犯家財，尚不令牽連同坐，則永和等更不當一併覈計矣。……將此通諭內務府及工程處人員等知之。（高宗八九〇、二一）

（**乾隆**三七、一二、**己巳**）又諭曰：同文承辦引地，虧本誤帑，前經內務府將其房地查出，入官變抵，並請將同文革職具奏。朕因充當引商係伊世業，是以加恩免其革職。今據內務府奏稱，又經同文報出遷安等處，尚有祭田五十餘頃、房屋三百六十間，並據夥商李致山呈首，同文尚有隱匿遵化州等處房地甚多等語。同文既虧負帑本，自應將家產據實報抵，況經前此加恩免其褫革，尤宜倍加感激；今覈其所報遷安等處地畝房屋，並非出自本心，不過聞被首告，始行藉此塗飾。且祭田何至有五十餘頃之多，其為先事影射，更無疑義，情殊可惡。同文，著革職，解交周元理、金簡、西寧一併審擬具奏。（高宗九二二、一七）

（**乾隆**三九、三、**庚辰**）諭曰：鄂寧名下應追賠養廉銀兩，前經加恩免其一半，並賞限五年完繳。昨據該旗查奏，鄂寧之子鄂清，第三限完僅及半，尚未完銀一千五百餘兩，不能交納，請將伊所有地畝六頃三十畝交戶部變抵，其餘四五兩限，仍按限勒追。已如所請交部。第念鄂清現在力不能完，而鄂寧應交之項，尚與侵貪不法者有間，所有應追未完銀五千五百餘兩，著加恩再賞限十年完繳，其原報地畝仍著給還，聽其自行辦理，無庸交部變抵。該部旗知道。（高宗九五五、一五）

（**乾隆**四一、六、**戊申**）又諭：今日戶部奏覆，福建南安縣，歷年徵收陳萬策入官田地穀石，多寡不同一案，請委道府大員勘明酌定租數，等語。已派蔣允焄、奇寵格前往查覈矣。此項田畝，從前既收至二百數十石，何以近年徵收，漸次減少至一百八十餘石，必係年久因循，胥役等不無侵蝕漏瞞，未必能儘收儘解。蔣允焄、奇寵格往彼履勘確覈，自可得其實情。著傳諭鐘音、余文儀，於該司道查覆到時，即行覈明，據實具奏。（高宗一〇一〇、一六）

（乾隆四二、四、丁酉）諭軍機大臣等：前因彭理來京陛見時，看其年力已衰，不勝臬司之任，加恩降旨以京堂補用，自應在京靜候。乃伊於該旗佐領處具呈，請將伊原典買價銀四千四百餘兩之房產，繳抵分賠代賠銀二萬六千餘兩，並稱此外別無房產，實係盡絕，並無絲毫隱匿，餘俟補官日，將俸銀扣繳等情。所呈實屬取巧。……向來漢軍習氣，多於外任私買產業，以爲日後安享地步。彭理久任湖廣、雲南，豈不防慮及此。所有伊歷官處所，隱匿寄頓，或於直隸近京地方，私置產業，諒所不免。著傳諭周元理、李侍堯、裴宗錫、陳輝祖、敦福，於彭理歷任各屬及近京州縣，密訪嚴查，有無隱匿寄頓財產物件之處逐一詳查，據實覆奏，毋稍徇縱，亦不得聲張滋擾。（高宗一〇三〇、二）

（乾隆四二、五、丙戌）直隸總督周元理覆奏：據大興、宛平、涿州、寶坻、香河等州縣查出彭理田地房產，共十八處，又家人何晏莊地一處。緣奉密查，尚未根究。報聞。（高宗一〇三三、七）

（乾隆四六、二、丙辰）又諭曰：阿桂等奏，原任嘉興府知府陳虞盛，聲名不好，上年與王燧同在差局總理，通同浮冒。查該員在任時，於省城購買民居，蓋造房屋八十餘間，又於嘉興地方，置有田房產業。伊身故後，其眷屬現住嘉興，並未回籍。（高宗一一二四、二一）

（乾隆四八、一二、乙酉）諭軍機大臣等：……佟躍岱前在甘肅違例折捐，經朕加恩不加重罪，僅予革職留任，令將多收之項賠繳。自應依限完交。乃佟躍岱，於解差進京時，私將伊名下分得地畝，令伊姪佟常泰變賣銀一萬九千餘兩，託稱還債，並不交納官項，必係藉詞捏飾，將變價銀兩，豫爲隱匿，……不可不徹底根究。前已傳諭李侍堯委員將佟躍岱解京。如未起解，即著該督[將有關人犯]立即查拏，一併解京嚴訊。（高宗一一九五、一七）

（乾隆五四、六、癸酉）諭軍機大臣等：據伍拉納等奏，黃仕簡應繳認罰軍需銀三十萬兩、完繳司庫銀八萬兩，未完之數甚多。據黃仕簡之孫黃嘉謨，將所有田園地租房屋呈入官估變，共估銀二十五萬餘兩，現在查追變繳，等語。黃仕簡，因循畏葸，貽誤軍務，罪有應得，因念其年老多病，格外施恩，從寬免死。其罰繳之項，自應按數查追，但念黃仕簡業經身故，所估家產，抵變罰項外，餘剩無幾，且一時亦未能盡行變價，徒滋延擱。著加恩於應繳罰項內，再酌免十五萬兩留為伊家屬養贍之資，不必全行抵變，以示朕格外加恩至意。將此傳諭伍拉納、徐嗣曾知之。（高宗一三三三、四）

（**乾隆五五、三、戊子**）又諭：昨據綿恩、阿桂等奏到，查抄承安家產，酌量留給養贍之資，每年租息二千餘兩、住房九十餘間。朕細思之，租息既有二千餘兩，其原值即有二萬餘金，所辦錯誤。伊之產業，俱係明珠婪取所得，從前已耗去十之七八，今仍富甲巨室，伊戚屬內沾潤者多，復興尤甚，朕姑不究已往，仍令賞給承安養贍之資，已屬格外。且綿恩、阿桂、金簡、伊齡阿，與伊俱無瓜葛，乃竟留給二萬餘金地畝、九十餘間住房，毋乃瞻顧福康安、福長安情分耶。類此小事，尚用瞻顧，其餘自更不待言。昨日一同召見軍機大臣外，並未有獨見之人，亦並非有人密奏，朕於夜不成寐時，思及日間所辦之事，絲毫不肯忽略，是以交綿恩等另辦。若仍敢徇情，試問伊等應得何罪。現在查出典當糧店，俱交內務府照常開設，地畝亦毋庸交部，並交內務府令莊頭兼管，以備王等分府之用。其餘別項物件，仍著照例辦理。（高宗一三五〇、一〇）

（**乾隆五五、六、己巳**）諭軍機大臣曰：奇豐額奏查抄閔鶚元家人房產摺內稱，訊據趙深、祝徵萃等供出，共有寄存銀二萬一千九百八十餘兩、錢二千六百三十餘千、田五百八十畝。又據署震澤縣知縣王勸查出該縣地方第八都、第九都等處共田一百九畝，俱係閔鶚元名下之產。恐就近各縣，尚有假名置買之田，現在密行查訪，等語。各省大小官吏，每年祿糈所入，積有餘貲，置買田產，原屬例所不禁，即與富戶等締結姻親，亦事所常有。但以本省大吏，置買本省田產，與所屬部民鄉官富家結親往來，實為大干法紀之事。試思巡撫統轄全省，一切催徵銀糧等事，俱應秉公稽察，乃於所屬置買田畝，則完糧納稅，該縣豈敢實力催徵。並有代為完繳之事，皆不可知。而紳士富民等，倚恃與巡撫誼屬姻親，假其聲勢，必至包攬詞訟，武斷鄉曲，其弊更無所不至。著留京王大臣監提閔鶚元，嚴加訊問。此項田畝及與趙柟、祝徵萃結親，若在江寧藩司時，已屬牟利犯法；若在安徽任內，尚可毋庸置論；如在江蘇巡撫任內，則閔鶚元之罪更大。現在令奇豐額檢對契卷年月，無難立時查出，閔鶚元豈能始終狡飾耶。即使所置田產，係在安徽巡撫任內之事，伊調任江蘇後，亦應即時售去，於浙江本籍另行置買，有何不可。並應將與江蘇紳士富戶結親，係在安徽任內之處，具摺奏明，曉諭地方官，令親戚等毋得招搖生事，尚不失為公正大臣。閔鶚元係讀書曉事之人，於此等顯而易見之嫌疑，竟不思早為引避，利令智昏，公然將所置田產自行管業，而與紳士富戶等交結往來，並寄存銀兩生息，實屬顛倒瞀亂，天奪其魄。如此敻法辜恩，朕用伊爲巡撫多年，任其牟利徇情，朕亦深以爲愧。封疆大吏如此難信，朕實爲之寒心。至閔鶚元所買震澤縣田契，俱係捏名，而積存銀兩，又分交各處寄匿，其居心尤不可問。督撫等果自信潔己奉公，實心辦事，必不萌豫備犯罪之念。其豫備此念者，必係貪贓壞法之人，自知行私作弊，積有厚貲，一經敗露，必致查抄入官，心懷恐懼，方行豫爲隱寄親戚，假捏姓名，希圖查抄時可以遺漏隱匿。爲此鬼蜮伎倆，朕可欺，天可欺乎。……著傳諭留京王大臣，將以上指出各情節，向閔鶚元嚴加究訊，令其逐一登答，毋任稍有揑飾。（高宗一三五七、七）

2. 鄉、族、學、義、祀田

（順治六、七、辛酉） 戶部議覆：江甯巡撫土國寶疏言，華亭縣義米一項，始於義士顧正心憫里人差役之苦，宗族贍養之難，捐貲置田四萬八百餘畝，每歲租米四萬三千餘石，幫貼賠累，優恤貧窮，原與有司無涉。應仍歸正心子孫收種，以成義舉。從之。（世祖四五、一）

（雍正八、二、丁巳） 戶部議覆：浙江總督李衛疏言，嘉興、秀水二縣，有義田餘租一項，係從前民間捐置之田，自康熙二十八年，學臣周清源題歸官徵備賑，租有定額，窮佃不勝其累，間有逃亡，並累及原捐之後裔。請將此項田租，除五、六、七年未完，分年帶徵外，所有年久未完銀米，概予豁免，並請將此田，分別給還歸社，永免官徵。應如所請。從之。（世宗九一、一五）

（乾隆六、二）［是月］廣東按察使潘思榘奏：粵民多聚族而居，各建宗祠，置嘗租，歲入實費於祭祀及給族人等用甚鮮，餘以生息，月積歲累。偶與外姓睚眦小忿，通族扛幫爭訟，一切費用，取給嘗租。甚至按戶派丁，雇倩打手，釃酒擊豕，列械爭鬪，狡猾者發縱指使，貧困者挺身鬪格，釀成命案，則盡人抵償，撥給嘗租，養其妻子，以故人心樂於從事。即一族內，亦復分房角勝，囂陵成習，訟獄滋多，爲風俗大害。通省皆然，廣、潮等府尤甚。請仿范仲淹義田法，令地方有司曉諭每族，公舉老成公正二人爲族正副，甄綜嘗租、祭祀等用外，凡族中有鰥寡孤獨老弱廢疾不能存活者、婚嫁愆期喪葬無力者、子弟貧不能讀書者，酌量賙恤。設義學，資膏火，先將歲入租息實數、支用條款，呈明地方官覈定，不許侵冒偏枯。如有仍爲訟費者，究處族正副，追出訟費，買穀增貯社倉，以賑鄉里。則人心靜，風俗醇，於粵東大有裨益。得旨：告之督撫，詳酌而行。（高宗一三七、一八）

（乾隆一八、四、丁未）福建巡撫陳宏謀奏：建寧縣在籍知州徐時作，捐祀田五頃七十二畝、學田十畝，請循例立案，並載入縣志。下部議。尋議：徐時作捐置義田，與雍正十年內閣學士張照、雍正十一年直督李衛捐田立案入志之例相符。應如所請。從之。（高宗四三七、一〇）

（乾隆二一、六、甲辰）刑部議覆：江蘇巡撫莊有恭奏，子孫盜賣祀產義田，請照盜砍墳園樹木，計數加罪等語。查祀產與墳塋有間，請嗣後如有不肖子孫私將祀產投獻勢要，及富室謀占風水，知情受獻、受買，各至五十畝以上者，均依捏賣墳山例，問發充軍；不及前數者，依盜賣官田律擬罪。盜賣宗祠者，應計間數，一體辦理。至盜賣義田，又較祀產情罪稍輕，應仍照原任內閣學士張照奏定例，依盜賣官田律，止杖一百，徒三年。再請嗣後祀產義田，令地方官示諭有力之家，自行勒石，報官存案，即田數無幾，亦須族黨自立議單公據，為后有犯者定斷之憑。儻無確據，藉端生事者，照誣告律治罪。應載入例冊。從之。（高宗五一四、一一）

（乾隆三一、四、壬戌）廣東巡撫王檢奏：粵民多聚族而居，每族祠置祭田，名為嘗租，大户多至數千畝，小户亦有數百畝，租穀按支輪收，除祭祀完糧外，積至盈千累萬，貲財豐厚，往往倚強凌弱，恃衆暴寡。其勢均力敵者不能取勝，則祠內糾衆出鬬。議定族中鬬傷人，厚給嘗租，以供藥餌；因傷身故者，令木主入祠，給嘗租以養妻孥。如傷斃他姓，有肯頂兇認抵者，亦照傷故例。正犯漏網，奸徒愈無顧忌。前經按察使潘思榘請將嘗租仿宋臣范仲淹義田例，設族正族副經管，仍令地方官稽覈。奉行日久，而械鬬之風未悛。竊思聚此貲財，適以濟其兇惡，不如散彼田產，可以息其鬬爭。請飭查嘗租田自百畝以上者，計每年祭祀所需，酌留數十畝，擇安分族人承充族正經理，嗣後嚴禁添積。其餘田，新置者仍歸本人收管；年遠及遞年租利所置，按支派均散，俾貧民有田以資生，兇徒無財以滋事。得旨：另有旨諭。諭：據王檢奏，粵東隨祠嘗租，每滋械鬬頂兇之弊，請散其田產，以禁刁風等語，其意特為懲兇息訟起見。但欲豫防積弊，遽將通省鄉祠田產紛紛查辦，恐有司奉行不善，吏胥等或致借端滋事，而族户人等賢否不齊，亦難免侵漁爭攘之弊，徒多擾累。況建祠置產，以供祭祀贍族之資，果能安分敦睦，如宋臣范仲淹義田之制，閱今已歷數百年，其遺規何嘗不善。若倚恃族蕃貲厚，欺壓鄉民，甚至聚衆械鬬，牟利頂兇，染成惡俗，其漸自不可長。此等刁風，閩廣兩省為尤甚，邇年來，遇有械鬬傷人之案，皆究明兇手，盡數抵償，入於情實，不與尋常鬬殺同科。至買兇頂兇之犯，亦令部臣嚴定條例，盡法懲治，雖較前稍知斂戢，而澆悍之俗，尚未能盡除。嗣後令該督撫嚴飭地方官實力查察，如有此等自恃祠產豐厚，以致糾合族衆械鬭斃命及給產頂兇之事，除將本犯按律嚴懲外，照該撫所請，將祠內所有之田產查明，分給一族之人。俾兇徒知所警懼，而守分之善良，仍得保有世業，以贍族人，於風俗人心，較有裨益。不動聲色，爲之以徐。著將此通諭各省督撫飭屬一體留心妥辦。（高宗七五九、九）

（乾隆四五、七、戊子）又諭：據吳壇奏，前往金壇查辦于時和盜佔于敏中原籍貲產一案。……另摺所稱，于敏中前後置買義田一千一百餘畝，用價八千餘兩，養贍貧族，報官有案。此係義舉，不宜動。其餘分給于德裕貲財二、三萬兩，及于時和侵占銀兩，留充該地方公用之處，俱著遵照節次所降諭旨，妥協辦理。將此傳諭知之。（高宗一一一〇、二三）

（乾隆四七、五、甲辰）諭曰：鄭大進奏，據馮埏姊夫並族人首報，馮埏契買水地一頃，係分給族中貧寒之戶，以爲養贍，請一併查抄入官，等語。馮埏在山東知府任內，一任屬員虧空，不行揭報，並代國泰收存勒派各屬銀兩。其私存貲產，自應查抄入官。至此項水地，雖係馮埏出貲置買，究屬分贍族人，非私產可比，著加恩即行查明給還，不必入官。（高宗一一五六、一八）

（乾隆四八、一）［是月］陝西巡撫畢沅奏：陝省關中書院修金膏火銀內，有朝邑縣黃河灘地租五百六十餘兩，該縣地上年被水衝沒，已另請題豁，前項銀應籌撥。又人文日盛，甘肅、新疆士子多來肄業，亦應酌增費額。查興平、盩屋、扶風、武功、郃陽五縣歲徵八旗提標馬界外地租共七百五十餘兩，請全數撥入書院。報聞。（高宗一一七三、一九）

（四）少數民族土地占有情況事例

1. 蒙古族

（康熙五八、五、辛卯）議政大臣等議覆：差往西吉木等三處定設疆界之理藩院員外郎巴福壽疏報，臣將厄魯特貝子阿拉布坦並伊所屬之台吉阿爾薩郎、貝勒額爾得尼額爾克所屬之寨桑庫魯克、貝子車臣所屬之護衛車臣藏布等傅齊，會同西吉木等三處官員，將設立疆界情由示知。據貝子阿拉布坦等稱，青海人等荷蒙聖恩，焉敢各惜兵民耕種之地土，但於可以耕種之地外，留我等遊牧處所並所屬人等種地之處，足矣。臣查西吉木等三處種地之所，原係錫拉果爾蒙古人等遊牧地方，蒙古不曾種地，而兵民業已耕種，所有空地，蒙古人等照常遊牧。其達里圖地方，有車臣貝勒屬下人等與兵民遵循水道，相雜耕種。因西吉木之水源，俱係淖泥草墩之地，不堪耕種，是以蒙古人等於此遊牧。循水之下流，兵民與貝勒額爾得尼額爾克以及貝子阿拉布坦屬下人等，業已在水之兩岸，交錯種地。遂會同地方官員並台吉、寨桑等，將兵民蒙古人等見今交錯耕種地邊，立號爲界，不令逾越。應行令巴福壽，將伊所設之疆界，交明巡撫綽奇而回。從之。（聖祖二八四、一四）

（雍正九、九、乙丑）諭內閣：寧夏橫城口及黃甫川邊外閒地與鄂爾多斯接壤，內地民人越界耕種，而蒙古等私索租價，每至生事互爭，經該部堂官奏請照例定界，朕遂降旨，交與該督撫確查定議。今據該地方官派員與鄂爾多斯之扎薩克等會勘，請照原定之例分界，經大學士議政大臣等議覆准行。朕爲天下主，薄海內外，一視同仁，若照廷議立界，俾民人蒙古各守疆址，彼此無爭，揆之事勢，似屬有益。著行文鄂爾多斯之扎薩克王等，再加詳悉詢問，各抒所見，公同商酌，具奏到日，再降諭旨。（世宗一一〇、六）

（乾隆四、三、己酉）大學士等議覆：察哈爾正藍旗總管阿敏道奏，內地民人，往察哈爾墾種多年，斷難徙歸。但民人與蒙古雜處，惰性各異，易滋事端。請將劉家窰子之十三村民人，與在木圈子內之蒙古，互相抵換居住，餘地仍給民人耕種納租，似此定界，實爲兩利。應令山西巡撫石麟，派員會同該總管妥辦。至察哈爾各旗中，尚有似此民蒙雜處者，亦著各旗總管，移咨該撫查議具奏。從之。（高宗八八、三）

（乾隆七、一一、丙辰）[大學士等]又奏：土默特蒙古生計艱難，多有典出地畝，應酌籌久遠資生之計。從前喀爾吉善請令民人納糧，分給蒙古，並將未墾之地，招民耕種，經臣等議令該撫會同該將軍都統妥議具奏。今該都統吉當阿等會議，以量徵官銀，爲數無多，不敷散給，轉啟民人久遠侵占之弊。惟當定以年限徹還，使民人不致虧本，而蒙古得復原業。應如所議，按原價定限退還，均勻分給蒙古，自後不許復行典賣，違者按例治罪。再土默特地土，本係恩賞遊牧，從前既未均派，任有力者多墾，則侵占既多，無力之人，不得一體立業。今吉當阿等，議以地多之人，酌量撥出，分給窮苦之家。據稱官兵喇嘛等，俱各悅服，亦應如所議，令地多者量撥五千頃，將家口衆而地畝少及無地之蒙古等，按口分給，立業耕種，將來年滿，徹回再行均分。至未墾草地，原恐其荒棄，是以招民墾闢。今既稱土默特兩旗蒙古，並各喇嘛沙弼那爾等，牧廠不甚寬裕，且各扎薩克遊牧處之民人蒙古及喀爾喀貿易之馬駝牲畜，皆賴此牧放，若將草地陸續招墾，必致侵占牧所，於蒙古未便，仍當禁其耕種。亦應如所請。從之。（高宗一七八、三）

（乾隆一四、九、丁未）諭：蒙古舊俗，擇水草地游牧，以孳牲畜，非若内地民人，倚賴種地也。康熙年間，喀喇沁扎薩克等地方寬廣，每招募民人，春令出口種地，冬則遣回。於是蒙古貪得租之利，容留外來民人，迄今多至數萬。漸將地畝賤價出典，因而游牧地窄，至失本業。朕前特派大臣，將蒙古典與民人地畝查明，分別年限贖回，徐令民人歸赴原處，蓋憐恤蒙古，使復舊業。乃伊等意欲不還原價而得所典之地，殊不思民亦朕之赤子，豈有因蒙古致累民人之理。且恐所得之地，仍復賤價出典，則該蒙古等生計，永不能復矣。著曉諭該扎薩克等，嚴飭所屬，嗣後將容留民人居住增墾地畝者，嚴行禁止。至翁牛特、巴林、克什克騰、阿嚕科爾沁、敖漢等處，亦應嚴禁出典開墾。並曉示察哈爾八旗，一體遵照。自降旨後，如仍蹈前轍，其作何懲治，及應隔幾年派員稽察之處，該部定議具奏。（高宗三四八、一）

（**乾隆一九、一一**）［是月］陝西巡撫陳宏謀奏：由郃陽、韓城等處行抵延榆，查勘沿邊一帶情形，親見民人樂業，商販流通。其延榆二郡地近鄂爾多斯，每年内地民人，租種夷地，彼此相安，蒙漢不分畛域。……得旨：覽奏俱悉。具見一切留心。但鄂爾多斯蒙古，乃屬世僕，不應目之曰夷，此皆俗吏刀筆之談。如云夷漢蒙等語，甚屬不經，朕惡觀之。此後但稱蒙古漢人可。（高宗四七七、二七）

（**乾隆二二、三、庚子**）諭軍機大臣等：據理藩院奏稱，喀喇沁王喇特納錫第報稱，伊旗之昭濟魯克地方，現經八溝同知添設官兵，建立衙署，據直隸總督稱，係乾隆十八年奏准添設。又該同知並未告知扎薩克王子，將蒙古之鄂爾追圖差拏處死。又民人盜種蒙古地畝，既經審明，又不交回地主具領，等語。口外扎薩克地方設兵巡防，一切宜循舊制，不必更張移駐，致於蒙古游牧有礙。即經奏明部議添設，亦應確按情形，俾於蒙古相安，方為妥協，無庸膠柱鼓瑟。至同知之差拏蒙古人，並不告知扎薩克王子，及民人盜種地畝不給原主領回之處，看來皆屬實事，非該王子所能揑飾也。已派勒爾森會同方觀承前往查辦，可傳諭方觀承，務須秉公據實，逐一會同確查，不可稍存迴護之議。計此案查明時，朕已迴鑾，即迎至途次具奏可也。（高宗五三四、一○）

（**乾隆二二、八、癸酉**）諭軍機大臣等：現在兩路收服之厄魯特等甚多，伊等外雖投順，多係畏威乞降，其心未可全信。如姑息養奸，將來必致滋事。著傳諭將軍大臣等，看其情形毫無可疑者，即移向額林哈畢爾噶等處，指給游牧，以備來歲屯田之用。如稍懷叵測，即移至巴里坤，再令移入肅州，即行誅戮。朕從前本無如此辦理之心，實因伊等叛服無常，不得不除惡務盡也。將軍成衮扎布、兆惠等，將現在來降之厄魯特查明具奏，分別辦理。如應指給游牧，則不必送巴里坤。其送至巴里坤者，尤須愼密；如稍有漏洩，則聞風驚竄，地方益難寧謐。並傳諭阿里衮、黃廷桂等知之。（高宗五四四、三四）

（乾隆二三、一一、庚子）又諭：據綽勒多等奏稱，安插呼倫貝爾地方之杜爾伯特台吉班珠爾、布圖庫，噶勒雜特之得木齊根敦、達木拜，明噶特之巴蘇台等，一百四十七戶，伊等戶口甚衆，一時不能辦給產業牲畜，請每二戶合給農器價銀一兩、麥種一石、耕牛一頭，每一頭折銀八兩，令其耕種，以資養贍等語。著照所請辦理。但此等厄魯特習於貪饕，不知儉省，著傳諭綽勒多等，俟賞給伊等後，務加意約束，毋使浮費。（高宗五七五、八）

（乾隆二五、一一、己未）諭軍機大臣等：鄂弼奏請將大青山後民人租種土默特蒙古地畝歸官徵糧，其蒙古應完官租三千餘石概行豁免一摺，所見尚有未盡處。此項地畝，雖向係內地民人租種，而蒙古人自以爲世業已久。今一旦歸官徵糧，而免其官租，所免之租，不過三千餘石，在蒙古既未必知感，而以伊等世業，竟行歸官，其形跡轉似利其土地而有之者，徒滋口實，辦理殊未妥協。看來民人種地交租，原不無愚弄蒙古之處，而蒙古人收納租石交官之外，亦必尚有贏餘。若徒免其官租而竟收其世業，究無以使之心服。何不仍其舊而官爲經理，令民人照應交租額輸之於官，酌量分給蒙古若干，仍令蒙古歲納官租若干，以存輸賦之舊。如此則蒙古既不失舊業，而於交官外亦仍有所餘，於事理尤爲允協。其應作何詳籌妥辦之處，著傳諭鄂弼，會同舒明，悉心定議，具奏辦理。再伊摺內，土默特每年應納官租六千石，該處蒙古每年應完三千餘石等語，該處蒙古即土默特也，既云土默特蒙古應交六千石，又云該處蒙古應交三千餘石，所奏甚不明晰。或土默特統計應輸六千石，而爭田相告之處，則爲三千石乎？並著鄂弼查明具奏。尋奏：辦理蒙古地畝，已札知署將軍舒明，當即詳籌妥議。至前摺內敍所土默特每年應納官租六千餘石，原指應輸總數，其該處蒙古每年應完三千餘石，則專指爭田相告之地。報聞。（高宗六二五、七）

（乾隆二六、二、戊戌）［軍機大臣等］又議覆：署綏遠城建威將軍舒明奏稱，大青山之哈爾吉勒等十五峪地方，乃土默特蒙古喇嘛等祈福之山，且六十二佐領蒙古官兵，歸化城之七處喇嘛等牧獵滋息，及綏遠城之八旗滿洲官兵演習射獵牧放官駝馬要地。該處辦事大臣屢請封禁，將私收地租之蒙古治罪，偸種之民人驅逐，積年總未辦妥。今鄂弼欲將山內蒙古牧場三百餘頃，准原私墾之民承種，租銀分賞蒙古。惟是此項租銀無多，土默特之無業蒙古喇嘛甚衆，勢難徧給。且偸種之田，散在十五峪中，窮鄉僻壤，恐有奸宄藏匿生事。現據土默特參領三扎布等呈稱，情願於納穆爾扎等處，換給未墾地三百餘頃與民墾種，酌定年限徵租，似屬可行。其蒙古等應徵額糧，仍令照舊交納等語。查哈爾吉勒地方所居百姓，豈皆私往邊占蒙古牧場，必係蒙古希冀獲利，募佃取租。若如三扎布所請，將客民全行移赴納穆爾扎等處，恐哈爾吉勒不過徒存一牧場之名，一二年後，仍復圖利招耕。且驅現住之民，盡令移徙，棄數十年所墾熟田，赴納穆爾扎另墾，不特無裨生計，移撥亦殊不易。其應否指地換給，抑或嚴立章程仍留耕種之處，請令鄂弼、舒明查明妥議。得旨：此事著兆惠馳驛前往，會同鄂弼、舒明查辦。（高宗六三一、二〇）

（**乾隆二七、一一、庚辰**）諭軍機大臣等：據理藩院奏，翁牛特王布逮扎布等呈稱，該旗被民隱瞞地畝，經官清查，感戴天恩，願將餘地進獻一千頃，等語。此項地畝派官清查，原爲分給該旗無業貧人以資生計，伊等果能查明均分，俾得安分度日，咸至豐足，朕甚嘉悅。著傳諭布達扎布等，此項餘出地畝，不必進獻。（高宗六七五、七）

（**乾隆四八、一二、辛未**）諭曰：科爾沁貝子班珠爾募民開墾游牧田地，殊屬違例。本應革退差使，但念係達爾瑪達都之子，著施恩從寬退出御前，在乾清門行走。（高宗一一九四、二三）

（**乾隆五四、一二、壬申**）諭曰：索約勒積圍場甚遠，俱與索倫蒙古扎薩克接壤。盛京吉林地方，現成圍場甚多，俱足敷行圍，何必每年又須各扎薩克等，紛紛派人安設卡坐巡察，滋多繁費；但與其廢而不用，莫若分賞原獻圍場之索倫蒙古扎薩克等，以作游牧，較爲有益。拉旺多爾濟、巴忠，現往車臣汗部落查辦事件，事竣後，著即由彼前往，會同黑龍江將軍酌定分給原獻圍場之索倫蒙古扎薩克等，務須秉公查明舊日疆界分給，永杜爭端。（高宗一三四五、九）

（**乾隆五七、一二、庚辰**）又諭曰：理藩院奏，烏喇特三旗蒙古等，負欠民人私債銀二萬餘兩，經該扎薩克會同地方官查明，從前係將荒地令民人耕種五年，抵還欠項，年滿後退出，仍作牧場等語。向來禁止民人在蒙古地方開墾地畝，原因蒙古等以牲畜爲生計，若全行耕種，必致無牧放處所。今烏喇特三旗，令民墾種，即係有違例禁，而屬下人等又私欠民債至三萬餘兩，此皆由該盟長等未能嚴查所致。但念伊等負欠銀兩，無從歸還，著加恩照所請，暫令民人耕種五年，抵完欠項後，即行驅出。儻限外仍有私容民人墾種者，必當從重治罪，並將失察之盟長扎薩克等一併議處。（高宗一四一

九、一）

（**嘉慶四、一〇、戊申**）理藩院奏：郭爾羅斯公貢格喇布坦之子公綽克溫都爾恩克巴拜不遵部飭，將私行開墾地畝之民人驅逐，反增募多人，請就近交吉林將軍及該盟長等查辦。得旨：如所奏行。(仁宗五三、二二)

（**嘉慶五、五、甲午**）又諭：胡季堂奏敖漢墾地民人停其攆逐一摺。此項蒙古地畝，招民墾種之初，均出有押租錢文，並非憑空占種。嗣後民人挾資攜眷，陸續聚居，數十年來，生齒日繁，人烟稠密。蒙古、民人，本屬相安無事，迨墾種日多，有礙蒙古牧廠，因而呈請攆逐。第此等民人，本係無業，出口種地，以資餬口，一旦驅逐，未免流離失所。若將蒙古從前所得押租，概行追出，不特事涉紛擾，亦非體卹蒙古之意。我朝中外一家，無論蒙古、民人皆係臣僕赤子，所有此項地畝，除現在墾種者，仍聽該處民人各安本業，照舊交納租息，無庸驅逐，其押租銀錢，係從前所得，亦不必根查給還。惟蒙古人等以牧養牲畜爲業，若聽民人耕占牧廠，則日種日多，伊於胡底，於蒙古生計，殊有關繫。著胡季堂即派道員慶章親赴敖漢，切實查勘，仿照將軍秀林所辦，就現在居民所種地畝定界立碑，清查戶口，此外不准再行開墾一隴，亦不許添居一人，俾蒙古、民人永遠相安，兩有裨益。並傳集蒙古、民人，將所降恩旨，詳悉宣諭，俾共知感激，以示朕一視同仁加惠矜卹至意。(仁宗六七、一八)

（**嘉慶五、七、戊子**）諭內閣：軍機大臣會同吏部等衙門議覆吉林將軍秀林奏郭爾羅斯地方民人開墾地畝各事宜一摺。蒙古游牧處所，例不准內地民人踰界前往開墾。惟因蒙古等不安游牧，招民墾種，事閱多年，相安已久，且蒙古每年得收租銀，於生計亦有裨益。是以仍令其照舊耕種納租，此係朕爲體恤蒙古起見。乃秀林奏請照吉林民人之例，一體納租，大屬非是。方今中外一家，普天莫非王土，但蒙古向來游牧之地，既許內地民人墾種，若復官爲徵收，竟似利其租入，豈朕愛養蒙古之意。今軍機大臣等議令設官彈壓，不令經徵，並不准照吉林地丁收租，所議甚是。至秀林奏將長春堡界內居住蒙古等，另擇善地移出一節，該處本係蒙古等游牧之所，豈有轉令遷徙之理。秀林不曉事體，著傳旨申飭。仍令查照軍機大臣等所議，再行查勘，酌定租數，俾蒙古、民人兩有裨益，以副朕一視同仁至意。(仁宗七一、七)

（**嘉慶一三、一二、戊申**）諭內閣：溫承惠奏清查敖漢墾地民人分別辦理一摺。蒙古台吉等專恃游牧爲生，所有廠地，例禁台吉民人私相授受，自嘉慶五年查勘定界，免其驅逐，不准續將地畝出租。茲據該督查出，五年以前占種、漏未立樁及五年以後增添典賃各地戶尚復不少，現經該督飭令該地方官詳查酌辦，或補行丈量，歸於納租地戶，或將欠項令其自行清理，或徹地撩荒以儆將來。惟民人等私開耕種，亦由蒙古貪得銀錢、私行出租所致。著理藩院即行知敎漢盟長及扎薩克，轉傳各台吉等，經此次查辦之後，毋得再開一壠，添居一人，儻仍有不遵例禁，私相授受，將來或又以欠項不清懇請驅逐，除將該民人照例懲辦外，仍將各台吉等一體究治，不少寬貸。（仁宗二〇五、四）

（嘉慶一五、三、庚申）諭內閣：據慶怡等奏，請將察哈爾塔勒圭等處開墾地租，作爲每年正額徵收等因請旨一摺。察哈爾牧場地方開墾，本干例禁，今巴爾桑阿等膽敢募民開墾，不但有礙牧場，日久必致缺乏牧馬地方，殊屬不成事體。巴爾桑阿、松齡、承續、舒恒、塔爾巴均著交部分別議處。其越境開墾之閒散薩恰等，著交部治罪。除將已墾地畝每年作爲正額升科外，仍著該地方官察哈爾總管等，隨時親往嚴查，永遠禁止，不許私墾。嗣後如有私墾，該地方官不行親往驅逐，一經查出，定行治罪。（仁宗二二七、八）

（嘉慶一五、一〇、己亥）諭內閣：來儀等奏查明歸化城沙拉穆楞牧場復被民人私行墾種、會商辦理一摺。歸化城沙拉穆楞牧場，爲該處蒙古等生計攸關，若有民人私墾地畝，自應隨時驅逐，例禁綦嚴。茲據該將軍等查明，該處現在種地民人爲數較多，居住已非一載，開成熟地之外，尚有試墾未經成熟費過工本地七八百頃，若竟一律驅逐，毀其廬舍，未免窮無所歸。請照乾隆二十五年升科之例，免其驅逐，將所徵銀兩，量爲變通，爲該處喇嘛、蒙古等香火養贍之資。經此次查辦後，該處空地即不許多墾一壠、多容一人，等語。此等種地窮民，惟利是圖，現既墾種多年，自未便徑行驅逐，致令流離失所。但向來游牧地方民人私墾地畝，往往以閱日既久、礙難驅逐、日後毋許再添爲詞，竟成故套。若不實力查辦，或致驅而復集，數年後仍不過如此聲請，則查禁仍屬具文。著該將軍會同該省巡撫，悉心籌酌。出口民人，責成該地方官於關隘處所，隨時查察，嚴行飭禁。其偷墾民人，責成該將軍副都統轉飭所屬，分往各村詳加查點，毋任再添一戶，再墾一畝。若有新來戶口，即時驅逐，俾免日後復有未能驅逐情事，致礙游牧。其應如何嚴立章程、定以限制之處，著該將軍等會同妥議具奏。餘俱著照該將軍等所奏辦理。尋議上。得旨：來儀等會奏查禁民人私墾牧場一摺，據稱嗣後私行出口民人，免其驅逐，倣照保甲之法，編列牌頭、甲長、保正，責令互相首報，等語。編查保甲，原係成法，但行之內地，藉以稽查盜賊，而地方官視爲具文，尚屬有名無實。該處係游牧之所，蒙古地方向未設立保甲，今該將軍因查禁私墾民人，倣照辦理，責令互相首報，亦屬籌辦之一法。惟是此等出口民人，原應於關隘處所，豫爲嚴禁，毋令流民濫行偷越，則游牧地方自無慮聚集多人，礙難驅逐，若專責成保甲稽察，恐日久奉行不力，仍屬空言。該將軍等既有此奏，即著妥爲經理，仍一面嚴飭地方官及守口弁兵，遵照舊例，遇有出入民人，如係隻身，驗票放行，其移眷之戶，概行禁止，庶偷越者少，私墾之源可冀漸除矣。（仁宗二三五、一五）

2. 回族

（**雍正一二、一一、庚子**）諭辦理軍機大臣等：據哈密貝子額敏奏稱，所屬回民等有可種四百石穀之地，現在軍營屯田界內，願將此作爲官地等語。哈密地方，悉皆朕土，無俟伊等獻納。且大兵既撤之後，此地皆可留與哈密，亦斷無因其獻地另行安置民人之理。但此地現與官地交錯，若不允其所請，照舊令回民耕種，難免互相爭角；儻收爲官地，又係回民生計所資。朕意或另賞伊等地畝及牛具籽種，或每歲將應得穀石，折給銀兩之處，著署大將軍查郎阿等就近查議。（世宗一四九、一八）

（**乾隆二四、三、戊子**）參贊大臣舒赫德奏：從前準噶爾苦累回人，多取貢賦，年來霍集占惟用威力，挾制各城，以致地方凋敝。今伊等捐輸糧石，仍給以值，回衆懽感。查回人舊制，徵收糧石，係十分取一，載在經教。至阿克蘇城，乃舊汗公地，收穫時則係平分。又霍集占從伊犁同來回衆，墾種之地，俱已閒曠。昨因駐兵需糧，回人等交米二千四百石，頗屬黽勉。若將霍集占地畝，均給貧人，除公地照舊徵收，其餘地畝，俱十分取一，伊等愈爲樂業。已傳集阿克蘇、賽哩木、沙雅爾辦事人等曉示，俱各情願遵行。惟庫車甚爲殘破，似應另議。烏什現有貝勒品級伯克霍集斯往辦馬匹，請行文令其酌定，將來平定葉爾羌、喀什噶爾再行定議辦理。從之。（高宗五八二、二二）

（**乾隆二五、三、壬戌**）又諭：朕詢問霍集斯以烏什回衆等告伊父子情事，據奏稱，因回人等與伊不合，是以被控，今懇請留京等語。其意殊屬誠切，著照所請，厚爲資給，安置京師。但其先世墳墓，遠隔故鄉，著加恩將伊幼子托克托索丕，遣回阿克蘇以供祭掃。其烏什所有田產，即行變價，在阿克蘇置業，賞給托克托索丕承管。著舒赫德等，遵照辦理，仍傳諭該處回衆，俾咸知朕意。（高宗六〇九、五）

（**乾隆二五、三、庚午**）諭軍機大臣等：霍集斯和什克伯克請留京居住，將伊等帶來屬人及留住該處之户口具奏。又有烏什、和闐、哈密、吐魯番應取來京之人，及遣往原處回人，俱加恩照所請行。但霍集斯所請賞給伊子托克托索丕屬人，內多伊族，且產業頭緒繁多。著傳諭舒赫德等，查明伊所派屬人，果係世代僕役，即照所請賞給，或乘便指派官人則不可給與。其和什克伯克請在和闐安插之耕種回人及哈喇哈什所屬巴塔木蘇扎等處房產，是否舊日原業，一併查明辦理。如實係伊等故物，絲毫不可入官。若稍有影射不實，斷不可任其得遂僥倖之計。著將原摺一併錄寄閱看。（高宗六〇九、一九）

（乾隆二七、四、丁亥）又諭曰：永貴等奏稱，阿克蘇阿奇木伯克色提巴勒氏，因伊舊居烏什，祖父墳墓在彼，請將從前房產之入官者，稍為撥給，遣三四户人前往守視，所給官項，由阿克蘇抵交等語。色提巴勒氏前在軍營，頗屬奮勉，已加恩授為散秩大臣。阿奇木伯克，奉職亦屬盡心。今以先壟之故，請派數户前往守視，自宜允行。所有給與田產，著加恩賞賜，不必由阿克蘇抵交。著傳諭永貴等遵照辦理。並曉示色提巴勒氏知之。（高宗六五九、一二）

（乾隆二七、閏五、癸亥）喀什噶爾辦事尚書永貴等奏：從前喀什噶爾查出布拉呢敦等果園，因伯克等初次呈報，不無遺漏，臣等曉示，令其首出免罪。續據阿奇木伯克噶岱默特等，續報出果園二十九處。該伯克等始雖瞻徇，一奉曉示，即盡行呈首，情尚可原。因酌量賞還數處，以為伯克等來城住宿之地，其餘入官。果園內向產苜蓿草，每年可得二萬餘束，定額徵收，可供飼牧。俱造具印册遵照。從之。（高宗六六二、一）

（乾隆三五、八、庚寅）軍機大臣等議覆：安西提督巴彥弼、烏嚕木齊辦事大臣徐績等奏稱，烏嚕木齊所屬迪化、寧遠、阜康三城各項户民，例於升科之年將原借房馬價銀分年完繳；近緣年歲豐收，户民將糧入市變價繳官，而糴者甚少，每小麥一石，減至價銀五錢尚難售賣，户民不能全行完納。查本年應徵房馬價銀四千九百餘兩，除户民能完者聽便，其不能納銀之户，每銀五錢，照市價納糧一京石，為支發兵糧之用。應如所請。從之。（高宗八六七、二）

（乾隆四一、六、丙午）又諭：據綽克托奏稱，將阿克蘇、塞哩木、拜城回丁，共查出二千六百十八户。現據稟稱，情願將初定官租，與舊住回人均攤交納，並可略增。請將阿克蘇回人交納糧石，毋庸折交紅銅，另將紅銅作為加增之項，每年令其解送伊犁等處，等語。從前雅德等具奏，喀什噶爾回子生齒日繁，請移住伊犁，令其耕種交租。朕以其所辦妥協，降旨允行。

並傳諭各回城，有似此者，一體辦理，特因該回人等生計起見，並非令其多納官租也。今綽克托等，查出阿克蘇、賽哩木、拜城回人餘丁，但當將初定之租，令其與舊住回衆等均攤交納，若復加增，令其交納紅銅，轉非朕撫卹回人之意。著傳諭綽克托，此項查出之回丁，只令照納官租，不必另交紅銅。其應解送伊犁之銅，仍照舊辦理。併著綽克托傳諭阿奇木伯克鄂斯滿密爾普拉特、阿布都爾滿等知之。（高宗一〇一〇、一三）

（**乾隆四六、八、戊子**）欽差大學士公阿桂、署理陝甘總督李侍堯奏：撒拉爾回人分居十二工，除漢文寺、孟達、夕廠三工係舊教外，蘇四十三住查家工、韓二個住清水工，及張朶、別列、草灘、崖慢、蘇只、街子、打蘇古等七工，皆屬新舊二教錯居。現在新教剿盡，各工共遺存秄種地二百三十四畝零。臣等查隨同打仗之回人士兵頗爲出力，共傷亡三百三十餘名，請即將此項地畝，賞給伊等家屬，交土司均匀派撥。從之。（高宗一一三九、一一）

（**乾隆五七、四、戊申**）又諭：據明興奏，葉爾羌所屬十三臺站，內有地畝者四處，無地畝者九處，現將附近各臺站回人所遺地畝查出，分給原無地畝九站等語。各臺站回人，均係一體當差，而得項未能畫一，從前辦理，已屬錯謬。至無地畝臺站，惟擇有力回人幫同坐臺，無力者則另有換補，尤爲非是。此與晉省勒派鹽商無異。如此辦理，伯克等竟可高下其手，久之有力回人，漸皆貧乏矣。今明興等於無地畝九站，各將查出地畝分給，共有地臺站，亦量爲增添，所辦尚好。但各回城俱有坐臺回人，伊等得項，恐亦有辦理不均之處。喀什噶爾參贊大臣，總理各回城事務，著交明亮等會同各城大臣，查明所屬各臺站回人得項。如有原未畫一者，即著照葉爾羌例辦理，以示朕撫卹回僕、一視同仁之意。（高宗一四〇〇、二五）

（**嘉慶七、六、辛丑**）定哈喇霍卓附近之大臺作爲吐魯番交界，以其地四百畝有奇，仍令原墾之魯布沁回民耕種，毋得越界。從吐魯番領隊大臣明興請也。（仁宗九九、三）

（**嘉慶九、三、戊申**）賞阿克蘇賽哩木貧回地五千三百畝，以資養贍，從辦事大臣富色鏗額請也。（仁宗一二七、二〇）

（**嘉慶九、五、辛丑**）賞喀喇沙爾貧回地千頃，以資墾種。從辦事大臣麒麟保請也。（仁宗一二九、一四）

（**嘉慶九、八、甲申**）賞葉爾羌巴勒楚克等莊回民原墾渠地，免其升科，從辦事大臣達慶請也。（仁宗一三三、四三）

（**嘉慶一二、一一、甲寅**）又諭：廣厚奏酌籌隙地撥給軍臺當差回戶一摺。據稱，回子雖有官給口糧，僅敷本身食用，當差仍不無賠補，兼之馬牛到臺之後，因乏水草，易形疲弱，不能供差等語。自係該回子實在情形。現經廣厚等查明開都河北臺東西荒地二段，約五頃餘，又烏沙克他爾三工屯田餘地內，撥出六頃餘，計共地畝十一頃餘，可以撥給該回子耕種。著即照所請辦理，以資調劑。（仁宗一八八、三）

（嘉慶一七、六、己未） 撥喀什噶爾阿克達什閒地四千畝，給道蘭回子墾種，從參贊大臣范建豐請也。（仁宗二五八、一八）

（嘉慶二○、六、戊午） 又諭：西拉布奏從前賞給回子耕種烏什所屬沙圖卡倫附近地畝，回子等並未耕種，現已就荒，請撥給兵丁耕種，其兵丁所種地畝，照數賞給回子一摺。此項地畝，乃從前徹兵後空閒之地；賞給回子耕種，不令納糧，今已多年，回子並未耕種，自係田地瘠薄，難以挑濬溝渠，若改給兵丁耕種，於該兵丁有何裨益。西拉布並不籌畫此，而欲將兵丁熟地改給回子耕種，實屬冒昧不曉事體。所有賞給回子地畝既已就荒，祇可聽其自便，若如西拉布所奏，因回子等無力，將兵丁等熟地改給回子，令兵丁等轉墾荒地，種種更張，斷不可行。西拉布甫經辦事，不循舊章，率聽屬員之言，實屬冒昧好事。所奏不准行，並著嚴行申飭。（仁宗三○七、三）

3. 臺灣番民

（乾隆二、閏九、丁卯） 總理事務王大臣議准：巡視臺灣御史白起圖條奏臺灣善後事宜。一、歸還番地宜分別辦理，以安民生。應如所奏，飭地方各官嚴禁民人私買番地，並將近番地界畫清，以杜滋擾。所有私佔番地，勒令歸番，其契買田土，久經墾熟升科者，查明四至，造冊報部存案。一、嚴禁班兵擾累，以安番衆。應如所奏，班兵過臺分汛時，令該鎮派遊守大員沿途鈐束，毋許任意需索，抵汛後，嚴禁偷入番社滋擾。儻有所犯，重者計贓論罪，輕者責革示懲。該管官徇隱失察，分別議處。一、嚴禁民人私娶番婦，以防煽惑。應如所奏，交地方官通行查禁，犯者照例離異責處。一、請飭文武互相稽察，以重海防。應如所奏，飭文武官一體遵行。民人不法等事，許武員移送地方官究治，兵丁生事，亦許文員關會營伍責懲。有推諉者，照例罰俸。徇庇者，照例議處。從之。（高宗五二、一九）

（乾隆二、一二、戊戌） ［戶部等部］又議准：浙閩總督銜專管福建事務郝玉麟疏請臺民墾種番界地畝，各定界限，設立印冊，永杜侵占滋擾之弊。從之。（高宗五八、二四）

（乾隆九、一二） ［是月］巡視臺灣戶科給事中六十七等奏：遵旨會同布政使高山，清查臺灣民番互控地畝，各歸原業。現飭開列土名，查造四至清冊，永遠不許絲毫越占。得旨：所辦甚妥。知道了。（高宗二三一、一九）

　　（**乾隆一一、五、戊申**）戶部議覆：閩浙總督馬爾泰等議奏，布政使高山條奏臺地民番事宜：一、民墾番地，雖久經禁止，但不分別定罪，小民不知畏懼，請嗣後番地均聽各番自行耕種，如有奸民再贌，告發之日，將田歸番，私贌之民人，照盜耕種他人田地律，計畝治罪，荒田減一等，強者各加一等。若奸民潛入生番界內私墾者，照越渡緣邊關塞律治罪。一、番社地界，從前地方官原各查禁，而奸民不顧戕殺，每覬侵越，僅委佐雜微員，不足彈壓，應令地方官於農隙親勘，傳同土目、通事、鄉保、業戶，立表定界，統限一年內造冊報竣。一、臺地沿山二千餘里，到處皆有生番，若遍設汛防，臺兵不敷分撥，亦恐徒滋繁擾，請令該處營汛弁兵、各土目通事加謹巡查。均應如所議辦理。至生番乘秋穿越林莽，出界戕殺其迫近番地零星散處之莊民，該督等議令於秋冬移附近大莊居住，恐民情不便，應飭地方官善為勸諭，毋庸立定章程。其設法隄防之處，應如所議，令貼近生番莊社各設望樓一，懸掛銅鑼，每樓分撥五人，晝夜巡邏，近社者派番，近莊者派民，十日一輪，各自保護，隣莊有警，互相救援，儻有坐視不救者，即行究治。從之。（高宗二六六、一九）

　　（**乾隆一五、七、壬寅**）戶部等部議准：閩浙總督喀爾吉善奏，請定臺灣府屬廳、縣生番地方界址。一、淡水廳屬原定火焰山等界一十二處，毋庸更移。其新添貓盂溪頭等六處，應另立界。臺灣縣屬東南應以淡水溪為界，於陸張犁山等處立石。鳳山縣屬原定枋寮莊等處，毋庸改。其大武力等處，原界游移，今已另定。諸羅縣屬阿里丹地方移回頭埔立界。蘆麻產等三處，移金交椅山腳立界。其茄苳山等界，毋庸改。彰化縣屬，除大里杙等五處及東埔臘各莊照舊界外，其內外新莊各界均移至旱溝為定。又竹腳寮地方，以外山山根為界。嚴飭地方員弁，不時稽察漢民私墾違禁等事。懈弛分別題參，兵役嚴加治罪。一、每年秋冬，地方官勸諭邊界零星小莊移近大莊，各設望樓，銅鑼。每樓五人，晝夜巡邏，遇生番出沒，協力追擒。儻鄉保兵役抑勒苦累，或稽查疏懈，致生番潛入內地滋事，該管官嚴參。一、漢民與熟番爭控地畝各案，已經剖斷允服。嗣後熟番餘地，均聽自行耕種，不許奸民攙越，違者分別治罪。從之。（高宗三六八、一）

　　（**乾隆二五、八**）是月，閩浙總督楊廷璋條奏清釐臺屬邊界酌定章程：一、臺郡彰化縣沿山番界，年來侵墾漸近內地，生番逸出為害。今據該鎮道勘明，於車路旱溝之外，各有溪溝水圳及外山山根堪以久遠劃界其與溪圳不相接處，挑挖深溝、堆築土牛爲界。至淡防廳一帶，從前原定火焰山等界，僅於生番出没之隘口立石爲表，餘亦未經劃清。今酌量地處險要，即以山溪爲界，其無山溪處，亦一律挑溝堆土，以分界限。一、彰邑各處越墾田園，新舊界內共二十處，或社番自行開墾，或賸給民人開墾納租，番民均屬相安。若安設官莊，則地盡歸官，番民失業，自應遵照乾隆十一年之例，還番耕管。以各社通事土目爲管事，以各墾户爲佃人，分别納租。仍令各通事土目，將經收每年租粟及完納課銀各數目，造册查覈。一、淡水、彰化二屬劃定新界之外，其田園埔地盡皆退爲荒埔，還番管業，不許漢人賸墾。至如淡水廳所屬之拳頭母山等處，逼近生番，時出擾害，業經佃逃田荒，應徵粟米，均應按數豁除；其未墾埔田，飭令各業佃勒限三年開墾升科。一、淡、彰二處沿邊要隘，向派番丁把守，今定界之後，新屬沿邊共應設隘寮十處，派撥熟番二百一十七名；淡水一帶，共應設隘寮一十八處，派撥熟番七百二十名，加謹防守；其番丁口糧彰屬即於該社番租粟內撥給，淡屬向無租粟，查各社番壙埔，現在未墾者尚多，應令查出稟墾，以資隘丁口糧。仍令該管巡檢同附近汛弁，於定界各處，嚴密巡查。得旨：覽奏俱悉。（高宗六一九、一七）

4. 其他少数民族

（雍正五、三、甲寅） 兵部議覆：雲貴總督鄂爾泰疏奏經理狆苗事宜：一、長寨等狆苗不遵化誨，阻建營房，調兵進勦，首惡悉經擒獲，其未獲人犯，有自行投首及脅從附和者，請一概從寬。一、苗民被勦四散，已失耕種之期，本年正賦請行豁免。一、歸寨苗民，每人請月給糧三斗、鹽六兩，無力耕種者給以籽種，以示撫恤；其未歸寨者，以一月爲限，如逾限不回，將該苗田土分賞兵丁。一、苗民地畝，多恃強侵占，以致互相讎殺，應令各具契紙，開明四至，官給印信，俾永遠承業。……應如所請。從之。（世宗五四、三〇）

（雍正八、三、丙戌） 諭户部：湖廣新設永順一府，所轄永順、龍山、保靖、桑植四縣應徵秋糧，向係土司交納，實不從田畝徵收，每年雜派，任意輕重。至於肥饒之田，土官自行收種，餘復爲豪強分占，民間止有零星磽确之地。自改土歸流以後，有司因田畝未經清丈，或仍照舊册攤派，在無田之民，陋規尚未盡除，而隱占膏腴者，不納田賦，殊非任土作貢之義。著將永順一府秋糧豁免一年，令有産之家自行開報，准其永遠爲業，按田肥瘠分別起科。一切雜派私徵，嚴行禁革，是在督撫等督率有司善爲經理。儻奉行

不善，致土民不免疑懼，則咎有攸歸矣。(世宗九二、一二)

（乾隆一、一二）[是月]廣西按察使黃士傑奏言：南寧、太平、慶遠、思恩、鎮安等府所屬土司，共四十五員，向因土官例不給俸，又無養廉，所以各司舊有田例之名，即係按田取租。其租銀較民田加重，又有租外各項科派，土民剝削難堪，以致往往滋事。請將廣西各土司俱照流官之例，給與養廉，將其所收田例對半折減，並禁革雜派名色。得旨：此事頗有關係，不可冒昧舉行，汝寄與督臣，傳朕旨，聽其酌議。(高宗三三、一六)

（乾隆六、一一）[是月]湖廣總督孫嘉淦奏：調任督臣那蘇圖奏稱，城、綏二縣、長安五寨，難以駐兵，無庸設協建城。城步縣毛田地方，應設一營，令武岡遊擊移駐。經軍機大臣議覆准行。又那蘇圖奏：苗田甚屬有限，經軍機大臣議覆，新招堡戶無庸安設，其分授之田，應令附近民苗佃種。臣查張廣泗原奏與那蘇圖所奏情勢迥異，苗疆要地，安營增兵，招戶種田，所關匪細。長安地方如可駐兵，足扼要害，自當設協建城，如果形勢狹隘、道路難通，不惟城堡宜移，一切苗地營汛皆當減徹。至附近苗田，果有民人居住，既可租種苗地，亦可充當堡卒。如本無民人，則止當招苗承種，不可令民人錯雜其中。再苗猺蠢動非因汛單兵少之故，久安之道，當不僅在增兵設汛。臣欲親歷其地，諳其風俗，詢其疾苦，立簡易之法，使可久行。擬於明春前往查閱，務得確實情形具奏。得旨：是，知道了。(高宗一五五、二五)

（乾隆九、四）[是月，川陝總督公慶復]又遵旨覆奏：前署督臣馬爾泰准兵部咨稱，據岳鍾璜所稱郭羅克生計甚窘，查有相近之柏木橋地方可以屯種，事定後請勅交該督妥酌。臣查該地計荒七十餘頃，四十餘里，狹長一條，河西必留大路，以通階、文官道；河東又係民羌住牧之地，氣候陰冷，上年試墾無收，與郭羅克離遠，且與內地營汛逼近，不便遷移安插。除郭羅克已就本境勸令開荒，於善後事宜另摺請旨外，所有岳鍾璜所奏無庸議。奏入，報聞。(高宗二一五、三一)

（乾隆九、五、丙午）大學士鄂爾泰等議奏：川陝總督公慶復奏郭羅克善後各事宜。一、各寨有荒地可墾，而水草可以孳生羊馬，責成土酋分別勤惰定其賞罰。一、各寨窮番三百一十九戶，其中有牛籽無資者酌量借給。一、打牲立以限期，歲五、六月許打牲一次，九月至十二月在本境近地打牲。其打牲之人按寨分班，每起多者不得過十名。於駐汛官處掛號給票，定限回巢。……一、番民爭競之事隨時剖晰，而開墾畜牧以及有無遠出打牲，責成松潘鎮歲加查察，如土目管束有方，加以獎賞。均應如所請。從之。

(高宗二一七、二九)

(乾隆一〇、六)［是月，四川巡撫紀山］又奏：上中郭羅克地方，有尚堪開墾地土約計可播耔種二百零五石，畜牧亦易孳生，現在窮番共三百二十一户，各行作保，請借牛本耔種，通計需銀二千九百四十九兩零，即於鹽茶耗羡内動給辦理。報聞。(高宗二四三、二九)

(乾隆一〇、一二、戊申) 户部議准：貴州總督兼管巡撫事張廣泗疏請，將南江等寨絕產田畝，按各該處價值，令順苗認買，各給印照爲世業。從之。(高宗二五四、一八)

(乾隆一四、三、壬戌) 大學士等議覆：四川總督策楞等奏辦善後事宜十二條。一、巴底、巴旺，各立土千户，責令革布什咱管轄。查巴底、巴旺係土司納旺轄，以投金酋圈禁。今莎羅奔、郎卡既邀恩免，納旺罪非不宥，遽將所轄地令革布什咱管理，無端爲益部落，不足服所屬番民，且恐納旺姪勒兒悟爾結、噶杜爾結長成，爭地滋費。應釋納旺，仍令管理，以次承襲。一、革布什咱之扎什諾爾布請予承襲。查土司向係該管官加結到部，查給號紙，金川新定，革布什咱地與毗連，亟須彈壓；扎什諾爾布，從軍出力，應即給號紙，以示獎勵。一、雜谷、革布什咱、沃日、小金川四土司，宜聯爲一氣。查該土司等，壤接金川，屢被侵佔，今既還侵地，自可息事寧人，即思患豫防，應聽該番自籌，既傳集曉諭伊等頂經發誓，辦理完結，無庸議。一、小金川、沃日宜結婚姻，協守疆圍。查沃日向係土女澤爾吉轄，已據衆土司議，與澤旺婚配，無庸更議。一、沃日印務，請仍令澤爾吉護理。查澤爾吉雖配澤旺，仍管沃日，應令照常約束；生子，照明正司土婦功噶例，分襲兩土司。一、小金川被毀碉房宜督修，孫克宗、占固二處，宜駐防。查碉房與要隘，應聽自修自守，若委員督修分駐，恐莎羅奔等聞知疑懼；或已辦理，亦不可張皇滋事。一、小金川大小朗素，宜分別安插。查小朗素現奉旨詢問，大朗素秉性奸頑，又未出力，酌看情形安插。一、土舍、汪爾吉應暫爲安插。查該土舍原係郎卡異母弟兄，先來投誠，今事竣不能回巢，應交伊母舅扎什諾爾布帶赴游牧，俟有可安插處奏請。一、梭磨、竹克基、黨壩各土司土舍宜加銜獎勵，以分雜谷之勢。查各土司與雜谷本弟兄，受制雜谷，相隨從征效力。今遽加以安撫司等職銜，則率先之雜谷既恩無可加，轉將伊所轄地瓜分鼎立，相形輕重失宜。即慮部落過大，應俟一二年後熟籌請旨。一、各部土司，請加級以示鼓勵。查各土司恭順辛勤，業蒙恩旨賞賫，格外獎功，事屬可行，應請交部。一、嚴漢奸出入番地之禁。查漢奸本應查防，但各土司錢穀文移，須人代辦，自行延請則去留自由，而字識往來無關輕重。若一切取結詳報備案，地方官勢難兼顧，其願充者，必非安靜守法之人，挾經官選擇之勢，更恐滋事。至定以年限，給以職銜，求充者益多，與該土司稍有齟齬，赴內訐告，不便據以爲實，又不便不問。應遵前旨，漸次嚴密稽察，不必多爲禁約，難於遵守，至番民貿易，原難禁絕，惟在員弁嚴察匪徒出入。一、夷民典買漢地，應贖歸，以分疆域。查木坪、瓦寺西土司緊接內地，典買漢地甚多，管業已久，遽行追贖，轉似奪伊恆產。應嗣後嚴禁內地民人，不得將田地私售番民，違者治罪。得旨：依議速行。（高宗三三六、三六）

（乾隆一六、九、乙酉）又諭曰：蘇昌奏到思陵土州阿那何村，被夷人推去土牆，占去糧田六十二片等語。從前憑祥州一案，原因土民越占夷界起釁，該督撫等已委道員親臨查勘辦理，今思陵土州又有推牆爭占之事，如果因內地土民侵越所致，自應懲治土民以服外夷之心，不可長刁風而生邊釁；若果係夷人乘機闌入內境，侵占糧田，而該督撫等轉因恐滋事端，將就完結，示弱外夷，則不特體統攸關，亦非鄭重邊防之道。惟在該督撫等秉公酌理，據實妥辦，務令遠疆寧謐。再此案定長何以不行奏聞？著一併傳諭詢問。尋定長奏：思陵土州被夷人毀牆拔竹一案，維時因該道府將至憑祥查勘毀柵之事，即令就近先赴思陵查驗明確，是以未遽奏聞。嗣據覆係該土州頭人串同隘目，希冀侵占，捏誣妄報，當即秉公質訊，釐清界址，俾土夷人等還守舊業。其扶同妄稟之土知州韋日昱、吏目李仰高有無聽屬受賄等弊，亦經會同督臣蘇昌題參究審。報聞。（高宗三九九、一〇）

（乾隆三五、三、丁亥）副將軍尚書阿桂等奏：木邦土司線甕團，蠻暮土司瑞團等稟稱，已與緬夷爲仇，回本處恐被殘害，懇求安置內地。擬於沿邊附近之永昌、蒙化、大理一帶擇地安插，量其家口多寡建屋給田。查大理府屬並蒙化地方，有舊馬廠官莊田可撥給，其搬移家口，略給路費，於軍需報銷。再猛密司所屬孟連土目線官猛，於三十三年投誠，住隴川之戶南山，地土荒蕪，生計維艱，應一併賞賚安插。又戛鳩投誠之土司賀丙，係瑞團所屬，現已飭傳，俟其來日，一體安插。得旨：如所請行。（高宗八五四、二七）

（乾隆三六、五）[是月]署雲南總督德福奏：潞江土司田地，永昌、騰越士民多有典買者，請照關外干崖、盞達、南甸、隴川、猛卯、遮放、芒市七處有內地民人典買玃夷田產之例，飭永昌府令將士民典折土夷田地逐一首報，按照租息原價，酌定八年、十年爲斷，如收租已敷原本者，即將原業退還夷人；其年限未滿，租息未足償價，屆期以次退歸。嗣後永禁，毋許典押

夷地，不遵定例，將田產價值入官，承典之戶與出業之夷，一體照違制律治罪。得旨：所奏甚是。如所議行。(高宗八八五、二七)

(**乾隆三八、八、庚子**) 署云貴總督彰寶奏：桂家頭人叭立齋等，率眷屬戶口投誠，奉旨於緬地隔遠之處，妥爲安插。臣已飭屬查得楚雄府城有裁汰楚姚協營員衙署五所，共房共一百十三間，堪以全數撥給夷民居住。其應支口糧，有景東廳置買土司圈莊田一百二十三項二十一畝，每年租息銀一千五百九十二兩，堪充養贍，並酌賞給衣履銀大口二兩、小口減半，俾資禦寒。得旨：好。如所議行。(高宗九四〇、二九)

(**乾隆三八、一〇**)〔是月〕署雲貴總督彰寶奏：孟連夷目線官猛之子罕凹，亦遷入內地安插，請將線官猛住房之後餘地建屋，並給景東廳地方變價官地二千一百九十六畝，以爲口糧鹽菜之用。又耿馬土弁守備銜罕朝璣家屬亦住省城，並無養贍之資，請照安插夷人例，量撥充公閒款銀兩，俟有相宜田產，置買給租。報聞。(高宗九四五、三二)

(**乾隆五八、一、乙卯**) 軍機大臣會同大學士九卿議覆：欽差大學士公管兩廣總督福康安等奏，酌籌藏內善後章程。……一、達賴喇嘛賞給噶布倫戴繃等官房莊田，向有事故缺出，不交後任者，請查明隨任交代，不准私占。一、喇嘛支領錢糧，向多先期透領，請俟後按期支放，違者究治。一、各寨徵收租賦，向多牽混，請嗣後令商卓特巴按年立限嚴催，請交商上，並查實絕戶荒田，隨時豁賦。……均應如所請。從之。(高宗一四二一、一一)

(**乾隆六〇、五、乙丑**) 諭軍機大臣曰：福寧奏痛勦四堵坪賊匪一摺。……又據奏，四堵坪在萬山之中，向稱沃壤，現勦散苗匪，該處未割二麥，尚有十分之五，居民認明收穫等語。四堵坪既在萬山之中，自係苗寨地方，何以內地居民又到彼耕種？是否即係客民積年侵占之地？著俟辦理善後時，務派妥員逐一清查。如此項地畝本係民產，自應仍歸民種。如本係苗產，爲客民所占，今雖勦散苗匪，若即給予民種，將來苗民必致藉爲口實，又啟爭端。莫若竟給良苗耕種，以清界址而杜後患。(高宗一四七八、二五)

(**嘉慶二、一一、丙戌**) 軍機大臣會同兵部戶部議覆：調任雲貴總督勒保等奏狆苗擾事地方，先行籌定善後事宜：……一、各路村場被難商民歸里後，屋廬盡燬，資具全空，除已遵旨給借籽種外，應查明無力之戶，無論草瓦房，每間給與修理銀二兩，並酌借牛具，俾有棲止而資耕作。其順苗、降苗寨落被焚者，亦照難民一體撫卹。一、黔省倉儲，軍興以來，碾運殆盡，現在官兵難民接濟口糧、徹兵後散賑給糧，均須豫爲籌備。應於湖南、四川、雲南、廣西四境穀價較賤便於碾運處所，照民價採買歸倉。一、難民田産，亟須清釐界址，除户口已絕之産歸公招種外，其難民已歸者，聽其將原産領回，或有親伯叔兄弟先歸，飭令就近管種，俟本户回里，仍令歸業。至未歸難民各田土，暫行存公，俟陸續歸來，查明給與。再，苗人私墾未經升科被漢民盤剝準債之田産，即係向來紛爭滋事之根，未便歸還漢民，應查明原産主果係逆苗，即照逆産例入官，若係順苗降苗，其田産自應歸還管業，並令照例升科。以上均應如所奏辦理。從之。（仁宗二四、一五）

（**嘉慶六、一、戊子**）諭軍機大臣等：琅玕奏查明逆苗田産，請分賞貧苦無業苗人，以示獎勸一摺。該處逆苗田産，既經清查具報，爲數無多，自即應分賞苗衆，不必入官。但與其分賞無業苗人，曷若將前此辦理青苗時有幫助官兵認真出力者，查明賞給，贍其身家，更足以示獎勸。將此諭令知之。（仁宗七八、九）

（**嘉慶一八、一一、辛未**）户部議准雲南巡撫孫玉庭疏報：元江州開墾夷田六段照例升科。從之。（仁宗二七八、一〇）

第三節　田地統計

一、課賦田地的增減

（一）報墾升科田地

1. 各省疏報

（1）奉、吉、黑

（**康熙一九、八、己未**）户部郎中鄂齊理奉差往盛京踏勘滿洲新開荒地，事竣回奏。上曰：爾往勘開荒田畝，自何處起、至何處止。鄂齊理奏：東至撫順，西至山海關，南至蓋州，北至開原，皆經查勘。上曰：田畝總數若干、所收錢糧若干。鄂齊理奏：計田萬頃有奇，徵收錢糧約僅有萬兩。據將軍安珠護若將滿洲自開地畝盡撤入官，恐難度日。上是之。（聖祖九一、一〇）

（**雍正六、一一、癸丑**）盛京户部侍郎署奉天府府尹王朝恩疏報：復州、長寧等三州縣，開墾雍正五年分田地九十六頃有奇。下部知之。（世宗七五、六）

（**雍正七、一一、丁丑**）盛京刑部侍郎兼署奉天府府尹王朝恩疏報：遼陽、海城等八州縣，開墾雍正六年分田地二百五十頃有奇。下部知之。（世

宗八八、一一)

(雍正九、一〇、戊申)奉天府府尹楊超曾疏報遼陽、海城等九州縣開墾雍正八年分田地一百三十頃有奇。下部知之。(世宗一一一、一五)

(雍正一一、一二、戊申)奉天府府尹呂耀曾疏報：遼陽、承德等八州縣，開墾雍正十年分田地八十三頃有奇。下部知之。(世宗一三八、一)

(雍正一三、一、丁酉)奉天府府尹宋筠疏報：遼陽等八州縣，開墾雍正十一年分田地一百一十頃有奇。……下部知之。(世宗一五一、九)

(乾隆一、三、辛酉)戶部議准：盛京戶部侍郎官保等疏稱，廣寧所屬五道河至慈兒岡旗民耕種地畝，係自備資本報墾成熟之地，未便照前楊什木哈達牧群總管對秦所請，設立牧廠。又稱，旗民人等，自報新墾地八百三十五晌餘畝，係傍熟地滋墾，應照例徵糧。得旨：允行。(高宗一五、一八)

(乾隆一、七、戊申)奉天府府尹宋筠疏報雍正十二年，承德等十二州縣，開墾地畝一萬八千八百畝有奇。(高宗二三、二)

(乾隆一、一二、戊寅)奉天府府尹宋筠疏報：承德等十一州縣，雍正十三年分，開墾地畝並莊頭退出圈地，共二萬八千四百一十畝有奇。(高宗三三、九)

(乾隆三、一一、辛未)奉天府府尹吳應枚疏報：奉天海城等九州縣，乾隆元年，實墾地二萬三千一百九十八畝有奇。(高宗八一、一六)

(乾隆四、四、壬午)奉天府府尹吳應枚疏報：承德、遼陽、海城、蓋平、復州、寧海、開原、鐵嶺八州縣，乾隆三年分，開墾荒地八千四百五十九畝有奇。(高宗九〇、一〇)

(乾隆六、二、甲辰)奉天府府尹吳應枚疏報：承德、遼陽、海城、蓋平、鐵嶺、永吉、復州、錦縣、廣寧、寧遠、義州十一州縣，乾隆四年，開墾旱地一萬五千二百七十九畝有奇。(高宗一三六、一三)

(乾隆六、五、辛未)[王大臣]又議覆：奉天副都統哲庫訥奏稱，吉林等處，係滿洲根本，若聚集流民，於地方實無裨益。應如所請，伯都訥地方，除現在民人勿許招募外，將該處荒地與官兵開墾，或作牧場。……從之。(高宗一四二、八)

(乾隆七、六、庚子)奉天府府尹霍備疏報：承德、蓋平、永吉、寧海、錦縣、義州等六州縣，乾隆六年，開墾荒地五千一百七畝有奇。(高宗一六八、二四)

(乾隆八、二、己亥)寧古塔將軍鄂彌達疏報：永吉州、伯都訥二處民人，首出餘地八萬五千四百畝有奇。(高宗一八四、一六)

（**乾隆九、七、丙子**）盛京工部侍郎留保疏報：牛莊五道溝丈出葦塘餘地六千七十畝有奇。（高宗二二〇、三）

（**乾隆一八、一二、戊子**）戶部議覆：船廠將軍傅森奏稱，寧古塔地方，丈出裁汰泰寧縣交糧地畝及閒散民地並寄入旗人名下開墾地，共一萬六千七百四十四畝，請入船廠民冊內耕種交租。查裁汰泰寧縣並閒散民人地畝，接年自有承種之人，應照舊令其耕種交租。其寄入旗人名下開墾地畝，應徹出歸公招佃。令該將軍將承種人戶，逐年報部。至所稱租銀，應照船廠地丁錢糧徵收之處，查從前船廠寧古塔等處，丈出民人餘地，分別上、中、下則徵收，應照例辦理。從之。（高宗四五二、一四）

（**嘉慶一六、一〇、丁巳**）戶部議准：吉林將軍賽沖阿疏報：伯都訥、拉林河等處開墾田四萬八千二百四畝，照例升科。從之。（仁宗二四九、一〇）

(2) 直隸

（**順治一一、六、戊寅**）宣大總督馬鳴佩奏報：宣大等處，順治十年分，共開墾荒地一千一百九十頃有奇。（世祖八四、一四）

（**順治一一、一二、壬申**）宣大總督馬鳴佩疏報：宣、雲兩鎮，本年開過屯地二千六百九十餘頃，收糧一萬六千九百餘石。（世祖八七、一六）

（**順治一八、四、癸未**）巡按順天御史陳洪柱疏報：順天所屬州縣，共墾田一千三百三十九頃六十九畝。下部知之。（聖祖二、一二）

（**康熙二八、四、丁亥**）戶部議覆：直隸巡撫于成龍疏報，昌平州民馮三等自首出開墾地，共一百二十一頃。查從前隱地不報例應治罪，但既經自首，應免議。至錢糧應自開墾之日起科。從前不行查出之該管官，亦應處分。得旨：馮三等既行自首，免其按年追徵。該管官員不必查取職名。嗣後民人自首地畝，不必拘定年限，俱自出首之年起科。該管官員亦免議。（聖祖一四〇、二九）

（**雍正六、二、庚寅**）直隸總督宜兆熊疏報：通州、文安等四州縣，開墾雍正五年分田地五十頃有奇。……下部知之。（世宗六六、九）

（**雍正六、七、戊辰**）署直隸總督何世璂疏報：宣化府深井堡等處，開墾本年分田地六十頃有奇。下部知之。（世宗七一、二〇）

（**雍正七、一、己巳**）直隸總督何世璂疏報：宣化等府，開墾雍正六年分田地一百九十六頃有奇。下部知之。（世宗七七、一三）

（**雍正九、一、辛卯**）署直隸總督唐執玉疏報：保定、冀州等三府州，

開墾雍正八年分田地八十一頃有奇。下部知之。(世宗一〇二、二〇)

(**雍正九、六、癸卯**)署直隸總督唐執玉疏報：霸州、大城等十四州縣，開墾雍正八年分田地一百七十頃有奇。下部知之。(世宗一〇七、一四)

(**雍正一〇、一、乙酉**)署直隸總督劉於義疏報：永平等府，開墾雍正九年分田地四百四十八頃有奇。下部知之。(世宗一一四、一四)

(**乾隆一、七、辛酉**)直隸總督李衛疏報：磁州墾復原荒地畝二十八畝有奇。(高宗二三、二三)

(**乾隆二、四、癸亥**)直隸總督李衛疏報：雍正八年，順天、保定二府屬，報墾之水荒地一十七頃三畝有奇，應徵糧額，請於乾隆元年爲始。從之。(高宗四〇、一四)

(**乾隆三、三、丙子**)直隸總督李衛疏報：文安、香河、雄縣、長垣等四縣，首出隱匿地三十五頃八十一畝有奇。(高宗六五、一七)

(**乾隆三、四、壬寅**)直隸總督李衛疏報：霸昌、通永二道，並永平、保定、河間、正定、天津、宣化六府，及直隸易州各屬，開墾二年分水旱田地一百六十二頃有奇。(高宗六七、一一)

(**乾隆四、四、丁亥**)直隸總督孫嘉淦奏：雍正六年、十年，開墾贊皇縣水荒地十四畝有奇，查係誤報水荒，請照旱荒例起科。下部議行。(高宗九〇、一七)

(**乾隆四、五、壬子**)直隸總督孫嘉淦疏報：永平、天津、正定、宣化四府並易州屬，於乾隆三年，開懇〔墾〕成熟水旱荒田四百七十九頃九十二畝有奇。(高宗九二、九)

(**乾隆五、五、庚子**)戶部議准：直隸總督孫嘉淦疏稱，順天府之霸昌道屬及永平、宣化二府屬，雍正七年，共報墾過旱荒地三十九頃八十一畝有奇，又旱荒小下地一百九十三頃五十七畝有奇，共折大上地六十四頃五十八畝有奇。乾隆三年，據各屬報到，業經詳題，彙入熟荒地內升科外，實剩旱荒並折大上地七十九頃五十九畝有奇。又順天府之霸昌、通永二道屬並保定、河間、天津、宣化四府屬，雍正十一年，共報墾過水荒地二十二頃十八畝有奇，均請照例起科。從之。(高宗一一六、一)

(**乾隆五、七、甲戌**)直隸總督孫嘉淦疏報：香河、寶坻、文安、大城、遵化、安州、易州、承德、盧龍、靜海、井陘、西寧、保安、延慶等十四州縣衛，乾隆四年分，開墾水旱荒地一百一十頃三十一畝有奇。(高宗一二二、一〇)

(**乾隆九、三、己卯**)直隸總督高斌疏報：順天、永平、保定、正定、

順德、宣化等府並易州屬，雍正十一年並乾隆二年分，開墾水旱地一百一十四頃五十八畝有奇。(高宗二一二、一)

（乾隆九、七、己丑）直隸總督高斌疏報：開墾順天、保定、易州、永平、河間、天津、正定、順德、宣化各府州屬，水旱荒地一百十四頃五十八畝有奇。(高宗二二〇、一九)

（乾隆一〇、六、丙辰）直隸總督高斌疏報：順天、永平、保定、天津、正定、宣化等府屬，雍正十二年，開墾旱荒成熟地畝實在升科地九十五頃二十七畝有奇。又天津府屬之天津縣，乾隆九年，報墾過水荒地三十五畝。又保定府屬之高陽縣，雍正十三年，開墾旱地一頃八十五畝有奇。(高宗二四二、三〇)

（乾隆一四、四、甲午）直隸總督那蘇圖疏報：通永、霸昌、永平等道屬，乾隆十三年分，勸墾水旱荒地一十三頃四十三畝，應徵銀兩，照例升科。(高宗三三九、五)

（乾隆一四、四、壬寅）直隸總督那蘇圖疏報：霸昌、熱河二道並天津、正定二府暨遵化州屬，乾隆十三年，勸墾水旱荒地二百二十八頃一十畝，應徵額賦，照例升科。(高宗三三九、二三)

（乾隆一四、九、丁未）原任直隸總督那蘇圖疏報：各屬墾過乾隆十三年分成熟地一百一頃有奇。(高宗三四八、二)

（乾隆一六、一一）是月，直隸總督方觀承覆奏：察哈爾湯河圍場，四百有六里，現有村舖六十八所，住旗民二百五十八戶。其地畝已墾成熟者，一百八十七頃，未墾荒田，約計可得百餘頃，現令民墾種。俟成熟後，履畝確勘，照例升科。其新舊旗民各戶，應令獨石四旗二廳編排保甲，設立鄉地，以約束地方，催收糧賦。報聞。(高宗四〇三、二四)

（乾隆一七、九、甲戌）直隸總督方觀承疏報：寧河、昌黎、樂亭、赤城等四縣，乾隆十年十六年，首墾水旱田地六十九頃七十七畝有奇。(高宗四二三、六)

（乾隆一九、四、己亥）直隸總督方觀承疏報：遵旨勘實乾隆八年分保定、廣平等府共墾過旱荒地五十四頃九十七畝有奇。(高宗四六一、六)

（乾隆一九、閏四、辛亥）直隸總督方觀承疏報：乾隆十七年分，霸昌、熱河兩道屬，開墾旱荒地七十七頃四十四畝有奇，通永道屬，首墾荒地五頃二畝有奇。(高宗四六二、二)

（乾隆二〇、四、庚申）直隸總督方觀承疏報：霸昌、通永、熱河三道屬，永平、保定、河間、天津、正定、宣化六府屬易州一州，乾隆十九年，

首墾荒地一百八十六頃有奇。（高宗四八七、五）

（乾隆二三、四、己巳）戶部題：直隸總督方觀承疏報，熱河道所屬，乾隆二十二年墾過成熟地三百三十六頃七十九畝，應徵銀米當年起科。從之。（高宗五六〇、二六）

（乾隆二六、四、乙酉）直隸總督方觀承疏報：勘實薊州、良鄉乾隆十五年分，報墾熟地二頃六十一畝有奇。（高宗六三五、二）

（乾隆二八、三、壬戌）直隸總督方觀承疏報：直隸順義、懷柔、寶坻三縣，新墾地五頃三十六畝有奇，升科如例。（高宗六八二、一〇）

（乾隆二九、三、辛未）直隸總督方觀承疏報：乾隆二十八年，開墾順天、永平、宣化三府並遵化州屬，熟荒地六十二頃四十八畝，順天府屬，旱地六十九畝，正定府屬，水地二頃七十畝，薊州老荒地四頃三十七畝，宣化縣河灘荒地一十五頃六十三畝各有奇，分別升科。（高宗七〇七、九）

（乾隆三一、四、戊午）直隸總督方觀承疏報：乾隆三十年，順天、保定、天津、宣化四府並熱河道屬，共墾地二百五十六頃二十畝有奇。（高宗七五九、七）

（乾隆三三、三、己亥）直隸總督方觀承疏報：霸州、固安、永清、東安、涿州、良鄉、宛平、香河、灤州、盧龍、遷安、昌黎、樂亭、文安、大城、任邱、交河、故城、吳橋、東光、天津、青縣、靜海、滄州、南皮、鹽山、慶雲、清河、高陽、正定、元氏等三十一州縣，墾種淀泊河灘新淤地五百四十八頃九十七畝有奇。（高宗八〇六、一四）

（乾隆三三、四、壬申）直隸總督方觀承疏報：乾隆三十三年，順天、永平、保定、天津、宣化、遵化等六府州並熱河道屬，共墾田三百五十二頃八十一畝有奇。（高宗八〇八、三二）

（乾隆三四、三、甲申）直隸總督楊廷璋疏報：順天、保定、河間、天津、正定、永平等六府屬，乾隆三十三年分，開墾熟荒地六十六頃三畝有奇。（高宗八三〇、一）

（乾隆三五、三、甲午）直隸總督楊廷璋疏報：順天、永平、河間、天津、宣化、遵化、易州七府州，新墾荒地百四十頃有奇，升科如例。（高宗八五五、六）

（乾隆三五、三、戊戌）直隸總督楊廷璋疏報：順義、盧龍、撫寧、遷安、西寧、淶水、阜平等七縣，新墾水旱荒地五頃六畝有奇，升科如例。（高宗八五五、一八）

（乾隆三七、四、癸酉）直隸總督周元理疏報：順天、永平、天津、宣

化等四府屬，開墾荒地四頃六十五畝有奇。（高宗九〇六、一六）

（**乾隆三七、四、丁丑**）直隸總督周元理疏報：臨榆、玉田、阜平等三縣，開墾田地十七頃三十三畝有奇。（高宗九〇六、二一）

（**乾隆三八、三、戊申**）直隸總督周元理疏報：乾隆三十七年分，開墾房山、撫寧、臨榆、昌黎、淶水、曲陽等縣，額外荒地二十九頃有奇。（高宗九二九、九）

（**乾隆三九、三、癸亥**）直隸總督周元理疏報：順天、永平、保定、遵化、易州等五府州屬，乾隆三十八年，勸墾荒熟地六十四頃三十畝有奇。（高宗九五四、二一）

（**乾隆四〇、三、壬戌**）直隸總督周元理疏報：正定府屬阜平縣，報墾荒地二頃十畝。（高宗九七八、二五）

（**乾隆四〇、三、丁卯**）直隸總督周元理疏報：順天、永平、保定、河間、深州五府州屬，勸墾荒地並水旱田一百六頃有奇。（高宗九七九、九）

（**乾隆四一、三、辛卯**）直隸總督周元理疏報：開墾乾隆四十年分順天、保定、宣化、永平、正定、天津、遵化、易州等八府州暨熱河道屬，生熟地共四百頃有奇。（高宗一〇〇五、九）

（**乾隆四三、二、甲辰**）直隸總督周元理疏報：天津縣開墾恩賞官地一百九頃七十九畝有奇，順天、永平、保定、天津、遵化五府州屬，開墾民地一百七頃六十六畝有奇。（高宗一〇五〇、二一）

（**乾隆四六、三、丁亥**）直隸總督袁守侗疏報：順天、保定、天津、承德四府屬，乾隆四十五年，開墾熟地五十八頃九十二畝有奇。（高宗一一二六、一五）

（**乾隆四七、三、戊午**）前署直隸總督英廉疏報：順天府屬宛平、三河、武清、寶坻、薊州等五州縣，報墾荒地一百一十七頃三十三畝有奇。（高宗一一五三、一〇）

（**乾隆四八、四、癸亥**）大學士前署直隸總督英廉疏報：寶坻、豐潤、宛平、薊州、盧龍、遷安、樂亭、易州等八州縣，乾隆四十七年分，開墾荒地一百四十一頃二十一畝有奇。（高宗一一七八、七）

（**乾隆四八、四、甲戌**）大學士前署直隸總督英廉疏報：昌平、西寧等二州縣，乾隆四十七年分，開墾荒地九頃三十七畝有奇。（高宗一一七八、一八）

（**乾隆四九、閏三、戊辰**）直隸總督劉峩疏報：宛平、大興、武清、寶坻、薊州、唐縣、豐寧、豐潤等八州縣，開墾地一百一十一頃六十九畝有

奇。(高宗一二〇二、二四)

(乾隆四九、閏三、甲戌) 直隸總督劉峩疏報：廣昌縣開墾地七畝有奇。(高宗一二〇三、一〇)

(乾隆五三、四、庚申) 直隸總督劉峩疏報：灤州、昌黎、樂亭、唐縣、懷安、豐寧六州縣，墾地六十七頃七十九畝有奇。(高宗一三〇三、三一)

(乾隆五四、四、丁酉) 直隸總督劉峩疏報：乾隆五十三年，大興、宣化、豐寧三縣，墾地三頃五十畝有奇。(高宗一三二六、一九)

(乾隆五六、三、戊子) 直隸總督梁肯堂疏報：宣化縣墾地一頃四十八畝有奇。(高宗一三七四三三)

(乾隆五七、四、甲寅) 直隸總督梁肯堂疏報：乾隆五十六年分，大興、宛平、房山、薊州、香河、順義、灤州、西寧、阜平九州縣，報墾地二百八十畝有奇。(高宗一四〇一、一)

(乾隆六〇、四、壬午) 直隸總督梁肯堂疏報：乾隆五十九年，東安、香河、宛平、順義、懷柔、三河、武清、寶坻、天津、宣化十縣，共墾地二百十六頃二十畝有奇。(高宗一四七六、二)

(嘉慶一、四、庚辰) [戶部]又議准：直隸總督梁肯堂疏報，西寧縣開墾水田一頃九十畝，照例升科。從之。(仁宗四、四)

(嘉慶三、四、癸丑) 戶部議准：直隸總督梁肯堂疏報，大興、武清、順義、懷安、遵化、豐潤、灤、昌黎八州縣並桃林口，開墾地六十八頃八十畝有奇，照例升科。從之。(仁宗二九、七)

(嘉慶四、五、癸未) 戶部議准：直隸總督胡季堂疏報，三河、武清、香河、宛平、盧龍、遷安、天津、靜海、灤平九縣，開墾地八十一頃九十二畝，照例升科。從之。(仁宗四五、一五)

(嘉慶五、閏四、癸酉) 戶部議准：直隸總督胡季堂疏報，三河、大興、宛平、昌平、昌黎、新安、欒［灤］平、豐潤、易九州縣，開墾地八十五頃二十四畝，照例升科。從之。(仁宗六六、一一)

(嘉慶七、五、甲申) 戶部議准：前署直隸總督陳大文疏報，西寧縣開墾田五頃，照例升科。從之。(仁宗九八、一四)

(嘉慶七、五、辛卯) 戶部議准：前署直隸總督陳大文疏報，三河、安肅、易三州縣，開墾田七十畝有奇，照例升科。從之。(仁宗九八、二二)

(嘉慶一〇、六、甲寅) 戶部議准：直隸總督顏檢疏報，阜平縣開墾水田一頃二十四畝有奇，照例升科。從之。(仁宗一四五、二)

(嘉慶一〇、六、乙卯) 戶部議准：直隸總督顏檢疏報，寶坻、香河、

宛平、天津、懷安、豐潤六縣，開墾田一百頃五十二畝有奇，照例升科。從之。(仁宗一四五、三)

（嘉慶一一、四、戊戌）户部議准：直隸總督裘行簡疏報，房山縣開墾地六十畝有奇，照例升科。從之。(仁宗一五九、二六)

（嘉慶一二、六、乙酉）户部議准：署直隸總督溫承惠疏報，宛平、房山、香河、樂亭、天津、滄、豐寧、遵化八州縣，開墾田七十頃九十八畝有奇，照例升科。從之。(仁宗一八一、三一)

（嘉慶一五、六、甲午）户部議准：直隸總督溫承惠疏報，葉城縣開墾地四頃一十畝有奇，照例升科。從之。(仁宗二三〇、一四)

（嘉慶一七、六、壬寅）户部議准：直隸總督溫承惠疏報，新安縣開墾田一頃有奇，照例升科。從之。(仁宗二五八、一)

（嘉慶一七、六、丙辰）户部議准：直隸總督溫承惠疏報，寶坻、安肅、天津、遵化、豐潤、三河、香河、新樂八州縣，開墾田一百二十頃有奇，照例升科。從之。(仁宗二五八、一三)

（嘉慶二〇、一一、乙巳）工部議准：直隸總督那彥成疏報，定州墾種河灘淤地二十六畝有奇，照例升科。從之。(仁宗三一二、二四)

（嘉慶二二、七、庚戌）户部議准：直隸總督方受疇疏報，三河、香河、天津、滄、平山、新樂、遵化、豐潤、廣昌九州縣，開墾荒地九百七十五頃有奇，照例升科。從之。(仁宗三三二，三)

(3) 山東

（康熙五、八、壬子）山東巡撫周有德疏報：康熙四年分，開墾荒地三千二百三十餘頃。下部知之。(聖祖一九、一六)

（康熙七、一一、丙申）山東巡撫劉芳躅疏報：山東省於康熙六年，開墾荒地一萬二千二百六十餘畝，照例起科。下部知之。(聖祖二七、一四)

（雍正二、三、己卯）……山東巡撫黃炳疏報：新泰等七縣，開墾康熙六十一年分田地六十五頃有奇。(世宗一七、七)

（雍正四、四、癸未）山東巡撫陳世倌疏報：濟寧等十五州縣衛，開墾雍正二年分田地九十五頃有奇。下部知之。(世宗四三、一八)

（雍正五、二、丁丑）署山東巡撫塞楞額疏報：濟寧新城等九州縣，開墾雍正三年分田地五十九頃有奇。下部知之。(世宗五三、二七)

（雍正五、一一、癸亥）山東巡撫塞楞額疏報：鄒平等五縣，開墾雍正五年分田地二千三百八十五頃有奇。下部知之。(世宗六三、一三)

（雍正六、二、壬辰）山東巡撫塞楞額疏報：鄒縣等六縣，開墾雍正四年分田地三十四頃有奇。下部知之。（世宗六六、一〇）

（雍正一一、二、庚辰）山東巡撫岳濬疏報：東阿、德州等五縣衛，開墾雍正九年分田地七十二頃有奇。下部知之。（世宗一二八、一四）

（雍正一三、七、庚申）河東總督王士俊疏報：山東德州歷城縣成山衛浮山所等一百十五州縣衛所，開墾雍正十二年分田地二千頃有奇。下部知之。（世宗一五八、二三）

（雍正一三、一二、丁丑）[戶部]又議准：山東巡撫岳濬疏報，雍正十一年，鄒平等六十八州縣衛，共墾地一千一百五十一頃二十七畝有奇，應徵銀兩麥米，照例升科。從之。（高宗八、二四）

（乾隆一、七、癸丑）山東巡撫岳濬疏報：雍正十二年墾旱田地十頃有奇。（高宗二三、七）

（乾隆三、四、己丑）山東巡撫法敏疏報：肥城縣開墾旱地一十八頃八十畝有奇。（高宗六六、一〇）

（乾隆五、四、甲午）山東巡撫碩色疏報：乾隆三年分，各屬報墾旱地四十二頃十五畝有奇。（高宗一一五、二五）

（乾隆六、三、庚午）山東巡撫朱定元疏報：榮城縣乾隆四年墾旱地二十畝。（高宗一三八、八）

（乾隆八、三、辛未）調任山東巡撫晏斯盛疏報：金鄉、濟寧、蘭山、蒙陰、聊城、茌平、莘縣、臨清、高唐、樂安、臨朐、掖縣、平度、昌邑、膠州、高密、福山、萊陽一十八州縣，乾隆六年分，開墾旱田共五十頃有奇。（高宗一八七、五）

（乾隆一〇、四、癸卯）山東巡撫喀爾吉善疏報：乾隆八年，萊蕪、濟寧、莒州等三州縣及榮城縣收併成山衛開墾旱田地共一十七頃一十九畝有奇。（高宗二三八、四）

（乾隆一五、七、丁卯）山東巡撫準泰疏報：東平、聊城等縣開懇[墾]乾隆十三年分旱田三頃有奇。（高宗三六九、一七）

（乾隆一七、五）[是月，山東巡撫鄂容安]又奏：據新城、寧陽、莒州、日照、聊城等五州縣並德州一衛，首報已墾未升科地共三千九百餘畝，俟詳送冊結題奏。（高宗四一五、二八）

（乾隆一七、九、戊寅）山東巡撫鄂容安疏報：新城、寧陽、莒州、日照、聊城等五州縣德州衛，本年首墾地三十九畝有奇。（高宗四二三、一三）

（乾隆二〇、二、己酉）署山東巡撫郭一裕疏報：乾隆十八年分，各屬

開墾旱田三百六十六頃二十四畝九分有奇，水田十五頃十一畝有奇，分別升科。（高宗四八二、一〇）

（**乾隆二一、六、辛丑**）前署山東巡撫白鐘山疏報：商河、濱州、利津、蒲臺、泗水、滕縣、濟寧、汶上、蘭山、費縣、莒州、聊城、武城、安邱等州縣，乾隆十九年分，勸墾各項旱田地八十六頃二十六畝有奇。（高宗五一四、六）

（**乾隆二三、四、丁卯**）户部題：山東巡撫阿爾泰疏報，乾隆二十一年，霑化、聊城、安邱等三縣，開墾旱地十四頃二十八畝，應徵銀米至丙戌年限滿升科。從之。（高宗五六〇、二三）

（**乾隆二三、九、戊申**）山東巡撫阿爾泰疏報：乾隆二十二年分，開墾臨朐、安邱二縣田地四頃二十畝有奇。（高宗五七一、一三）

（**乾隆二三、一二、乙卯**）山東巡撫阿爾泰疏報：臨朐、安邱二縣，乾隆二十二年，開墾旱田四頃二十三畝有奇。（高宗五七六、二一）

（**乾隆二四、四、壬申**）山東巡撫阿爾泰疏報：新城、高苑、博興三縣，墾地七千七百畝有奇。（高宗五八五、七）

（**乾隆二四、一〇、乙巳**）山東巡撫阿爾泰疏報：安邱縣開墾旱地十四頃六十二畝有奇。（高宗五九九、五一）

（**乾隆二六、四、辛巳**）山東巡撫阿爾泰疏報：新城、高苑、博興等三縣，乾隆二十四年，勸墾水田六頃三十三畝有奇。（高宗六三四、二一）

（**乾隆二六、四、己丑**）山東巡撫阿爾泰疏報：勘實蘭山縣乾隆二十四年分，開墾旱田共一百三十六頃九十六畝有奇。（高宗六三五、一〇）

（**乾隆二七、三、丁酉**）山東巡撫阿爾泰疏報：乾隆二十五年分，新城縣開墾無糧水田地一十九頃二十四畝有奇。（高宗六五六、六）

（**乾隆二八、六、丁未**）山東巡撫阿爾泰疏報：新城、昌邑、濰縣等三縣，乾隆二十六年，勸墾田地六十五頃二十三畝有奇。（高宗六八九、一二）

（**乾隆二八、八、壬辰**）山東巡撫阿爾泰疏報：乾隆二十六年分，鄒平、東平、海豐、利津、霑化、安邱、昌邑、濰縣、膠州、靈山、鰲山、高密、萊陽等十三州縣衛，報墾無糧旱地一百四十六頃八畝有奇。（高宗六九二、九）

（**乾隆二八、一二、丙申**）山東巡撫崔應階疏報：乾隆二十七年，新城、濰縣二縣，墾水田地三十頃五十九畝有奇。（高宗七〇〇、一五）

（**乾隆三〇、五、甲申**）户部議：山東巡撫崔應階疏稱，新城、高苑、博興三縣，乾隆二十四年，勸墾水田六頃三十三畝，應徵銀一十六兩有奇，按年升科，於三十年入册徵收。從之。（高宗七三六、一二）

（乾隆三〇、八、乙巳）山東巡撫崔應階疏報：乾隆二十九年分，開墾海豐、霑化、泗水、臨淄、濰縣、壽光等六縣額外旱田七十六頃三畝有奇。（高宗七四二、三）

（乾隆三〇、一一、辛卯）山東巡撫崔應階疏報：新城、汶上、臨淄、壽光等四縣，乾隆二十八年，開墾水田八十五頃九十八畝有奇。（高宗七四九、六）

（乾隆三〇、一一、壬辰）山東巡撫崔應階疏報：新城、壽光等縣，乾隆二十九年，開墾水田七頃八畝有奇。（高宗七四九、八）

（乾隆三一、五、辛未）山東巡撫崔應階疏報：霑化、聊城、安邱三縣，墾地八頃九十一畝有奇。（高宗七六〇、四）

（乾隆三三、二、乙丑）原任山東巡撫李清時疏報：濰縣乾隆三十一年分，勸墾荒田一頃五十五畝有奇。（高宗八〇四、一九）

（乾隆三三、四、己巳）護理山東巡撫布政使梁燾鴻疏報：乾隆二十七年，新城、濰縣二縣，勸墾水地共一十二頃二十一畝有奇。（高宗八〇八、二四）

（乾隆三四、二、甲戌）前任山東巡撫富尼漢疏報：乾隆三十二年分，日照縣開墾旱田五十一畝有奇。（高宗八二九、一二）

（乾隆三五、二、己未）山東巡撫富明安疏報：新城縣新墾水田五畝有奇，升科如例。（高宗八五二、一七）

（乾隆三五、三、庚子）山東巡撫富明安疏報：萊蕪縣勸墾旱地一百八十八頃八十八畝有奇，升科如例。（高宗八五五、一九）

（乾隆三五、四、甲子）山東巡撫富明安疏報：乾隆三十四、五年分，高密縣勸墾地三百六十一頃五十五畝。（高宗八五七、二）

（乾隆三六、一一、丁未）陞任山東巡撫周元理疏報：高密縣認墾鹽鹻砂石地八頃八十八畝有奇，升科如例。（高宗八九六、一八）

（乾隆三七、四、己卯）山東巡撫徐績疏報：昌邑縣開墾旱田三頃六十三畝。（高宗九〇六、三四）

（乾隆四〇、三、甲寅）山東巡撫楊景素疏報：膠州鰲山衛報墾旱田一頃二畝有奇。（高宗九七八、一一）

（乾隆四〇、四、乙未）山東巡撫楊景素疏稱：乾隆三十四年，博興縣首墾水地三十五畝有奇。（高宗九八一、四）

（乾隆四〇、一一、庚寅）護理山東巡撫布政使國泰疏報：諸城縣乾隆三十八年，開墾荒地一頃五十一畝有奇。（高宗九九七、七）

（乾隆四三、六）是月，山東巡撫國泰奏：昌邑縣海隄久廢，估需銀三萬五千餘兩，即可修成，不慮潮患。隄內鹻廢地一千三百二十八頃，隄成即可耕種。現在居民已認墾一千二百二十七頃，雖係旱田，實可照水田例，六年升科。其修隄銀，先於藩庫借發，分年按地徵還。得旨：所辦好。知道了。（高宗一〇五九、二三）

（乾隆四六、閏五、己未）山東巡撫國泰疏報：樂安縣墾復荒地一十二頃一十一畝有奇。（高宗一一三三、五）

（乾隆五二、一二、辛亥）山東巡撫覺羅長麟疏報：膠州收併靈山衛開墾田四十九頃三十畝有奇。（高宗一二九五、一三）

（乾隆五三、六、己未）山東巡撫覺羅長麟疏報：高密縣墾地八頃三十二畝有奇。（高宗一三〇七、三八）

（嘉慶一、四、戊子）戶部議准：山東巡撫玉德疏報，膠州開墾旱田三十頃八十九畝，照例升科。從之。（仁宗四、一〇）

（嘉慶七、一一、己卯）戶部議准：前任山東巡撫和寧疏報，諸城縣開墾旱田一十六頃七畝有奇，照例升科。從之。（仁宗一〇五、九）

（嘉慶一八、二、乙巳）戶部議准：山東巡撫同興疏報，膠州開墾海灘田六十七頃三十三畝，照例升科。從之。（仁宗二六六、一〇）

(4) 河南

（順治六、一、丁卯）河南巡按李若琛疏報：開墾過蘭陽、南陽二縣荒地千有餘頃。（世祖四二、三）

（順治一〇、一〇、己卯）河南巡撫吳景道疏報：開封等府共墾荒田一萬二千二百五十頃有奇。（世祖七八、一二）

（順治一五、九、乙卯）河南巡撫賈漢復疏報：清察開墾荒地共九萬餘頃，每歲均增賦銀四十萬八千餘兩。上以其實心任事，下所司優敘。（世祖一二〇、一八）

（康熙四、三、乙巳）河南巡撫張自德疏報：康熙三年分，所屬州縣開墾荒地共一萬九千三百六十一頃零，該徵糧銀八萬三千一百四十餘兩。下部核議。（聖祖一四、三〇）

（康熙五、五、癸巳）河南巡撫張自德疏報：康熙四年分，豫省各屬，共墾荒地六千六百八十餘頃，照例起科。下部知之。（聖祖一九、三）

（康熙三〇、二、癸亥）河南巡撫閻興邦疏報：康熙二十九年分，開墾荒田六萬四千三百十五餘畝，徵銀二千二百八十兩有奇。下所司知之。（聖

祖一五〇、一〇)

（**康熙三二、八、丁亥**）河南巡撫顧汧疏報：豫省康熙三十一年分，開荒地共一千六百頃有奇。下所司知之。(聖祖一六〇、四)

（**康熙六一、一一、庚戌**）河南巡撫楊宗義疏報：鄧州、新野等七州縣，開墾康熙六十年分田地五百六十三頃有奇。下部知之。(世宗一、三一)

（**雍正二、三、己卯**）河南巡撫石文焯疏報：陳州、正陽等六州縣，開墾康熙六十一年分田地三百五十二頃有奇。(世宗一七、七)

（**雍正三、二、壬申**）……河南巡撫田文鏡疏報：蘭陽等五十一州縣，開墾雍正二年分田地二千五百七十頃有奇。(世宗二九、三)

（**雍正四、一、癸亥**）河南巡撫田文鏡疏報：睢州、陳留等二十三州縣，開墾雍正二年分田地二千八十頃有奇。下部知之。(世宗四〇、三五)

（**雍正四、二、壬午**）河南巡撫田文鏡疏報：陝州、鄢陵等九州縣，開墾雍正三年分田地二百七十八頃有奇。下部知之。(世宗四一、一九)

（**雍正五、二、壬申**）河南巡撫田文鏡疏報：汝州、內鄉等八州縣，開墾雍正三年分田地八百十九頃有奇。(世宗五三、二二)

（**雍正六、二、庚寅**）河南總督田文鏡疏報：鄧州、鄢陵等九州縣，開墾雍正四年分田地八百三十頃有奇。……俱下部知之。(世宗六六、九)

（**雍正六、七、庚午**）河東［南］總督田文鏡疏報：祥符等九十五州縣，開墾雍正五年分田地六千八百八十三頃有奇。下部知之。(世宗七一、二二)

（**雍正八、三、甲戌**）河東［南］總督田文鏡疏報：祥符縣開墾雍正七年分田地一百七十頃有奇。下部知之。(世宗九二、六)

（**乾隆二、七、乙未**）署河南巡撫尹會一疏報：雍正十二年分，豫省所屬，勸墾民衛地五十三頃二十一畝有奇；十三年分，勸墾民地四頃十三畝有奇。(高宗四六、一一)

（**乾隆二、九、辛丑**）署河南巡撫尹會一疏報：乾隆元年分，濟源等四縣，開墾旱田一頃二十九畝有奇。(高宗五一、二)

（**乾隆三、一二、戊子**）[戶部] 又議：河南巡撫尹會一疏言，豫省雍正十二、十三兩年，報墾老荒、夾荒、鹽碱等項地畝，……其實係可墾並補首祖父墾遺未經報升地共九千五十四頃三十一畝有奇，請分別限年起科。應如所請。從之。(高宗八二、二二)

（**乾隆四、五、乙亥**）河南巡撫尹會一疏報：乾隆二年，各屬開墾荒旱地三十一頃六十畝有奇。(高宗九三、二三)

（**乾隆四、七、壬子**）河南巡撫尹會一奏：內鄉縣前任試用知縣汪會正

任内，共勸墾過旱地二百一十三頃六十四畝零，現已起科，請照例議敍。下部議行。（高宗九六、一〇）

（乾隆四、七、壬申）河南巡撫尹會一題報：汲縣、濟源、武陟、商水、項城、長葛等六縣，里民續首分產丈有多餘民更二色旱地共一十四頃有奇。（高宗九七、二〇）

（乾隆六、七、庚辰）河南巡撫雅爾圖疏報：乾隆四年，墾旱田地十三頃八畝有奇，旱山地八頃三十一畝有奇。（高宗一四七、四）

（乾隆八、三、戊午）河南巡撫雅爾圖疏報：封邱、濟源、永寧三縣，乾隆六年分，共開墾民田旱地五頃七十一畝有奇。（高宗一八六、五）

（乾隆九、三、壬辰）河南巡撫碩色疏報：輝縣、濟源二縣，開墾民田旱地六十六畝有奇。（高宗二一二、一六）

（乾隆一〇、三、己亥）河南巡撫碩色疏報：禹州、濟源二州縣，乾隆八年分，開墾荒地二十七畝有奇。（高宗二三七、一四）

（乾隆一三、四、辛巳）河南巡撫碩色疏報：禹州南陽縣，十一年分，開墾荒地四頃三畝有奇。（高宗三一三、四二）

（乾隆一四、五、戊申）署河南巡撫鄂容安疏報：宜陽、嵩縣、郟縣三縣，乾隆十二年分，勸墾旱地五頃八十四畝零，應徵銀兩，照例升科。（高宗三四〇、七）

（乾隆一六、一二、己酉）河南巡撫陳宏謀疏報：內鄉縣乾隆十五年開墾旱田三頃九十四畝零。（高宗四〇五、三）

（乾隆一七、一〇、乙巳）河南巡撫蔣炳疏報：鄧州已墾成熟地二頃三十二畝有奇。（高宗四二五、四）

（乾隆一八、三、壬申）河南巡撫蔣炳疏報：內鄉、確山二縣勸墾荒地四十八頃七十七畝有奇。（高宗四三五、二）

（乾隆一九、四、丁酉）河南巡撫蔣炳疏報：乾隆十七年分內鄉、裕州、確山三州縣，開墾水旱田地共三十三頃五十四畝有奇。（高宗四六一、三）

（乾隆二〇、四、甲寅）河南巡撫蔣炳疏報：濟源、武陟、桐栢、新野、淅川、裕州、盧氏等七州縣，乾隆十八年，首墾水旱荒地八十三頃有奇。（高宗四八六、二三）

（乾隆二一、三、乙亥）河南巡撫圖勒炳阿奏報：乾隆十九年，濟源、武陟、內鄉、新野四縣，新墾水旱地百四十七頃三十一畝有奇。升科如例。（高宗五〇八、一九）

（乾隆二一、七）［是月］河南巡撫圖勒炳阿奏：首報升科，二次請展之

限今已期滿，但各屬尚有續報成熟地畝，請再寬限一年。俾群知首報免罪，糧賦漸可清釐。報聞。(高宗五一七、二一)

（乾隆二二、三、癸丑）河南巡撫圖勒炳阿疏報：乾隆二十年分，開墾內鄉、新野二縣，水旱民田七十一頃五十三畝有奇。分別升科。(高宗五三五、一二)

（乾隆二二、一二、癸酉）河南巡撫胡寶瑔奏報：封邱縣淤出古荒地尚可耕種。深淤地一十七頃七十六畝、淺淤地四十五畝、花淤地八十三畝，共徵銀一百八十兩五錢，於乾隆二十二年爲始。(高宗五五二、三二)

（乾隆二五、一二、丁亥）調任河南巡撫胡寶瑔疏報：武安縣開墾額外田七十六畝有奇。(高宗六二七、七)

（乾隆二六、七、乙丑）陞任河南巡撫吳達善疏報：濟源、洛陽、鄧州等三州縣，乾隆二十三、四兩年分，開墾成熟地二頃二十四畝有奇。(高宗六四一、一七)

（乾隆二七、四、丁丑）河南巡撫胡寶瑔疏報：乾隆二十五年分，武陟、內鄉、裕州、盧氏開墾水旱荒地五十三頃有奇。(高宗六五八、二一)

（乾隆二九、三、丁丑）河南巡撫阿思哈疏報：開墾南召、內鄉、裕州旱荒民地一十八頃九十五畝有奇。升科如例。(高宗七〇七、一七)

（乾隆三〇、九、甲午）河南巡撫阿思哈疏報：乾隆二十九年分，開墾祥符、內鄉二縣旱荒地，共四頃九十七畝有奇。(高宗七四五、一〇)

（乾隆三三、一〇、辛未）河南巡撫阿思哈疏報：內鄉、裕州二州縣，乾隆三十二年分，開墾旱荒地二十九頃七十畝有奇。(高宗八二一、九)

（乾隆三四、八、壬子）陞任河南巡撫阿思哈疏報：閿鄉縣乾隆三十三年開墾荒地八十九畝有奇。(高宗八四〇、四)

（乾隆三四、一〇、丙寅）河南巡撫吳嗣爵疏報：杞縣、裕州、盧氏等三州縣，乾隆三十三年分，共墾復旱荒地一十三頃五十二畝有奇。(高宗八四五、一三)

（乾隆三五、六、壬寅）河南巡撫覺羅永德疏報：乾隆三十四年分，裕州勸墾旱荒地四十四畝有奇。(高宗八六三、三〇)

（乾隆三八、一、己未）河南巡撫何煟疏報：乾隆三十七年分，開墾內鄉縣荒地二十四頃七十三畝有奇。(高宗九二五、二三)

（乾隆三九、二、辛亥）總督銜河南巡撫何煟疏報：內鄉縣乾隆三十七年勸墾民田山地十一頃七十七畝。(高宗九五三、一八)

（乾隆四二、九、己丑）河南巡撫徐績疏報：內鄉縣勸墾民田旱荒地一

頃九十八畝。(高宗一〇四一、一九)

（**乾隆四四、一一、戊子**）河南巡撫陳輝祖疏報：內鄉縣勸墾水旱民田三頃八十畝有奇。(高宗一〇九四、九)

（**乾隆四八、一一、乙巳**）河南巡撫何裕城疏報：內鄉縣乾隆四十七年分，開墾成熟地一頃六十畝有奇。(高宗一一九三、五)

（**乾隆五三、七、戊辰**）河南巡撫畢沅疏報：蘭陽縣乾隆四十八年，開墾老河身內水涸地一頃六十畝有奇。(高宗一三〇八、一九)

（**乾隆五九、二、甲戌**）河南巡撫穆和藺疏報：乾隆五十七年分，開墾內鄉縣水旱田七頃十一畝有奇。(高宗一四四七、一)

（**嘉慶八、閏二、乙酉**）戶部議准：河南巡撫馬慧裕疏報，武安縣開墾田二十四畝，照例升科。從之。(仁宗一〇九、一〇)

（**嘉慶二〇、四、壬申**）戶部議准：河南巡撫方受疇疏報，內鄉縣開墾田一頃三十六畝有奇，照例升科。從之。(仁宗三〇五、一四)

(5) 山西

（**順治一二、三、庚戌**）山西巡撫陳應泰疏報：所屬州縣衛所十一年開墾民屯荒地，共四百八十三頃有奇。下戶部。(世祖九〇、二二)

（**雍正六、二、癸巳**）山西巡撫覺羅石麟疏報：大同等府開墾雍正四年分田地三十四頃有奇。(世宗六六、一二)

（**雍正六、七、癸酉**）山西巡撫覺羅石麟疏報：太原等府開墾本年分田地三千一百五十頃有奇。下部知之。(世宗七一、二五)

（**雍正九、五、癸未**）山西巡撫覺羅石麟疏報：忻州、長子等四州縣，開墾雍正八年分田地一十七頃有奇。下部知之。(世宗一〇六、一九)

（**雍正一三、二、庚午**）山西巡撫覺羅石麟奏報：渾源、浮山等二十八州縣，開墾雍正十一年分田地五百九十頃有奇。下部知之。(世宗一五二、一五)

（**雍正一三、閏四、辛巳**）山西巡撫覺羅石麟疏報：陽高縣開墾雍正十二年分田地一十八頃有奇。下部知之。(世宗一五五、七)

（**乾隆一、七、乙卯**）山西巡撫覺羅石麟疏報：陽高縣陽和牧馬廠，墾復雍正十二三等年分地畝二十五頃有奇。(高宗二三、九)

（**乾隆二、三、丁酉**）戶部議准：山西巡撫覺羅石麟疏報，太原等七州縣衛，從前開墾成熟首報未盡地畝，共七十八頃八十二畝有奇，應於雍正十三年起科，照額徵解。從之。(高宗三八、一七)

（乾隆二、六、丁丑）户部議准：山西巡撫覺羅石麟疏稱，前准部咨，將從前開墾成熟首報未盡地畝，自乾隆元年爲始，定限一年内據實首出。今據襄垣、渾源、夏縣、吉州各屬，申報民屯各色共地七十三頃三十七畝有奇，請於乾隆元年入額徵收。從之。（高宗四五、五）

（乾隆二、八、丁巳）山西巡撫覺羅石麟疏報：察哈爾多内蘇磨地方，呈出該旗遊牧處所，作爲正項納糧田地，共四十二頃十畝有奇。（高宗四八、二）

（乾隆二、閏九、戊辰）總理事務王大臣議：綏遠城將軍旺昌奏稱，歸化城開墾地畝，業經試種一年，自應量地升科。其上則者，每畝請徵米三升，草十斤；中則者，米二升，草八斤；下則者，米一升，草六斤。應如所請辦理。從之。（高宗五二、二〇）

（乾隆三、四、乙酉）山西巡撫覺羅石麟疏報：山西潞城、天鎮、稷山、寧朔、黎城等縣衛，開墾旱地一十五頃七十畝有奇。（高宗六六、六）

（乾隆四、三、乙丑）山西巡撫覺羅石麟疏報：天鎮、鳳臺、高平、陽城、陵川、沁水、虞鄉、寧朔八縣衛，乾隆二年開墾屯地九頃一十六畝有奇。（高宗八九、五）

（乾隆五、三、庚午）山西巡撫覺羅石麟疏報：大同府屬之渾源州、豐川衛、鎮寧所，朔平府屬之寧朔衛，寧武府屬之寧武縣，並代州，乾隆三年分，開墾額内額外民屯下沙荒旱地一百三十九頃七十八畝有奇。（高宗一一三、一一）

（乾隆六、三、己卯）山西巡撫喀爾吉善疏報：大同、豐川、鎮寧、寧朔、懷遠等縣衛所，乾隆四年墾旱地二百九十九頃八十五畝有奇。（高宗一三八、二四）

（乾隆七、四、壬寅）山西巡撫喀爾吉善疏報：大同府屬豐川衛，朔平府屬寧朔衛、吉州並鄉寧縣，乾隆五年分，開墾旱荒田畝一百五十五頃五十七畝有奇。（高宗一六四、三六）

（乾隆七、一一、己巳）［户部］又議准：山西巡撫喀爾吉善疏稱，長治縣民互首欺隱地，二共丈出一十四畝零，照例入官變價，招種承糧，應於乾隆七年起科，入額徵解，仍於該年地丁册内造報查核。從之。（高宗一七八、二六）

（乾隆八、二、乙巳）前護理山西巡撫印務布政使嚴瑞龍疏報：平陽府屬之吉州，大同府屬之豐州衛、鎮寧所，朔平府屬之寧朔衛、懷遠所，乾隆六年分，共開墾民田荒旱地四十一頃十五畝有奇。（高宗一八五、一一）

（乾隆九、三、丁未）山西巡撫阿里袞疏報：大同府屬豐州衛、鎮寧所，乾隆七年分，開墾民田旱地二十一頃八十六畝有奇。（高宗二一三、三〇）

（乾隆九、九、乙未）山西巡撫阿里袞疏報：代州屬崞縣，開墾地畝一十四頃三十畝有奇。（高宗二二五、九）

（乾隆一〇、四、丁巳）山西巡撫阿里袞疏報：大同府屬鎮寧所、朔平府屬寧朔衛、寧武府屬寧武縣，乾隆八年分，勸墾過額外民屯荒旱地共九頃二十三畝。（高宗二三八、一九）

（乾隆一二、三、庚子）戶部議准：前護山西巡撫陶正中疏稱，大同府屬豐川衛，乾隆十年分，勸墾旱田二頃三十畝，應徵額銀，照例升科。從之。（高宗二八六、一五）

（乾隆一三、閏七、丙寅）山西巡撫準泰疏報：平魯縣墾旱下地一十五頃三十六畝。（高宗三二〇、二三）

（乾隆一四、五、壬申）山西巡撫阿里袞疏報：寧武、大同二縣並豐川衛，乾隆十二年分，勸墾額內額外旱荒下地五頃五十五畝零，應徵銀兩，照例升科。（高宗三四一、二〇）

（乾隆一四、九、庚戌）山西巡撫阿里袞疏報：大同府屬應州，首墾熟地三頃有奇。（高宗三四八、四）

（乾隆一五、一二、己丑）山西巡撫阿里袞疏報：應州本年開墾官灘河溝地七十畝。（高宗三七九、八）

（乾隆一六、一二、丙午）山西巡撫阿思哈疏報：豐鎮廳乾隆十五年開墾額外荒旱地一頃。（高宗四〇四、二二）

（乾隆二〇、二、己巳）山西巡撫恒文疏報：乾隆十八年分，大同府豐鎮廳，墾地四頃十五畝，照例升科。（高宗四八三、一九）

（乾隆二一、三、丁酉）山西巡撫恒文疏報：豐鎮廳乾隆十九年新墾地一頃，升科如例。（高宗五〇九、二三）

（乾隆二六、九、乙巳）山西巡撫鄂弼疏報，繁峙縣乾隆二十五年分，開墾沙山地一頃八十七畝有奇。（高宗六四四、一五）

（乾隆二六、一二、癸未）戶部議准：山西巡撫鄂弼奏，大青山十五溝墾熟地四百四十三頃七十五畝零，請每年編徵粟米，撥充綏遠城滿營兵糧。從之。（高宗六五一、六）

（乾隆二八、二、庚寅）山西巡撫明德疏報：乾隆二十六年分，大同縣勸墾荒旱下地十頃，升科如例。（高宗六八〇、六）

（乾隆三〇、九、甲午）山西巡撫彰寶疏報：乾隆二十九年分，開墾吉

州府屬鄉寧縣山坡旱地三十二畝有奇。（高宗七四五、一一）

（乾隆三三、八、癸亥）山西巡撫蘇爾德疏報：鄉寧縣乾隆三十二年分，開墾沙石旱地十畝。（高宗八一六、一七）

（乾隆三三、一〇、丁卯）前任山西巡撫蘇爾德疏報：大同府屬豐鎮廳，乾隆三十二年分，開墾額外荒地三頃五十畝有奇。（高宗八二〇、二七）

（乾隆三四、九、丁亥）山西巡撫鄂寶疏報：乾隆三十三年，大同府通判並吉州屬鄉寧縣，開墾官灘山坡旱下地六頃一十六畝有奇。（高宗八四二、一二）

（乾隆三五、五、丁亥）山西巡撫鄂寶疏報：乾隆三十五年分綏遠城右衛，認墾牧廠地三百二十二頃七十三畝。（高宗八五八、一七）

（乾隆三六、七、甲寅）山西巡撫鄂寶疏報：鄉寧縣乾隆三十五年分，開墾地五十三畝有奇。（高宗八八九、三）

（乾隆三六、一一、己亥）前任山西巡撫鄂寶疏報：渾源州、大同通判二州廳，開墾額內荒旱地三頃八畝有奇。升科如例。（高宗八九六、一〇）

（乾隆三八、一〇、癸卯）署山西巡撫、陝西巡撫覺羅巴延三疏報：乾隆三十七年，開墾豐鎮、靜樂、五臺等三廳縣額外荒坡沙地五頃二十七畝有奇。（高宗九四五、七）

（乾隆四〇、閏一〇、壬子）山西巡撫巴延三疏報：輔國公寧昇額等家，乾隆三十九年開墾牧廠地一百一頃十三畝有奇。（高宗九九四、一六）

（乾隆四三、五、庚辰）山西巡撫覺羅巴延三續報：寧遠廳墾熟荒地九十四頃四十六畝有奇。（高宗一〇五七、九）

（乾隆四五、一一、丁亥）山西巡撫喀寧阿疏報：豐鎮廳開墾荒地四頃四十五畝有奇。（高宗一一一八、二〇）

（乾隆四七、一一、壬子）山西巡撫農起疏報：輔國公寧陞額家，乾隆四十七年續墾牧廠荒地二百三十七頃十一畝有奇。（高宗一一六九、六）

（乾隆四九、一二、癸未）山西巡撫農起疏報：渾源州開墾成熟地一頃九十畝有奇。（高宗一二二〇、四）

（乾隆五五、一二、壬戌）山西巡撫書麟疏報：寧遠通判續墾成熟地六百三十五頃三十四畝有奇。（高宗一三六九、一）

（乾隆五九、一一、己丑）山西巡撫蔣兆奎疏報：歸化城渾津里開墾田地六十一頃二十七畝有奇。（高宗一四六四、一〇）

（乾隆五九、一二、己未）山西巡撫蔣兆奎疏報：山西渾源州開墾荒旱地八十四畝。（高宗一四六六、一三）

（乾隆六〇、一一、甲子）山西巡撫蔣兆奎疏報：乾隆六十年分，薩拉齊廳開墾葦塘地一百七十頃有奇。（高宗一四九一、七）

（嘉慶一二、六、丁丑）戶部議准：山西巡撫成寧疏報，榮河縣開墾田一百一十三頃六十畝，照例升科。從之。（仁宗一八一、一二）

（嘉慶一四、三、壬戌）戶部議准：山西巡撫成寧疏報，寧遠廳開墾地二百五十一頃八畝，照例升科。從之。（仁宗二〇八、七）

（嘉慶一八、九、甲戌）戶部議准：署山西巡撫衡齡疏報，薩拉齊廳墾復水占葦塘地二十四頃四畝有奇，照例升科。從之。（仁宗二七三、一二）

（嘉慶二一、一一、丁未）戶部議准：山西巡撫衡齡疏報，寧遠廳屬開墾地七十二頃有奇，照例升科。從之。（仁宗三二四、二）

（嘉慶二二、八、甲午）戶部議准：前任山西巡撫衡齡疏報，寧遠廳開墾地一百三頃，照例升科。從之。（仁宗三三三、一三）

(6) 陝西

（乾隆六、六、乙卯）戶部議覆：陝西巡撫張楷奏稱，西、鳳、漢、同、邠、乾等州，報墾不實民屯更名地畝二千八百八十七頃七畝有奇，所定額賦，一併豁除。應如所請。從之。（高宗一四五、九）

（乾隆六、七、辛未）陝西巡撫張楷疏報：雍正十三年，墾水田地一畝，旱沙、山、地一頃十一畝有奇。（高宗一四六、二六）

（乾隆一四、九、癸亥）陝西巡撫陳宏謀疏報：懷遠縣開墾乾隆十四年分糜地三十五畝。（高宗三四九、四）

（乾隆一八、六、甲辰）陝西巡撫鍾音疏報：隴州、扶風等州縣，首墾熟地九頃八十三畝有奇。（高宗四四一、四）

（乾隆二一、四、丙辰）戶部議准：前署陝西巡撫台柱疏稱，朝邑縣漲出黃河灘地，現種地二百六十六頃三十畝零，墾成地一百四十頃三十畝零，初墾地一百六十頃九十畝零，應自本年爲始，分年徵穀。從之。（高宗五一一、七）

（乾隆五六、三、辛丑）陝西巡撫秦承恩疏報：安康縣墾大道河等處水田一頃十八畝有奇。（高宗一三七五、三〇）

（乾隆五九、二、己未）陝西巡撫秦承恩補行疏報：乾隆五十年，開墾城固、西鄉、沔縣、寧羌等州縣旱地九十三畝有奇。（高宗一四四六、一）

（乾隆五九、五、庚子）陝西巡撫秦承恩疏報：漢中府屬留壩廳，乾隆五十七年分，開墾旱地一頃三十二畝有奇。（高宗一四五二、一七）

（嘉慶三、五、己丑）户部議准：署陝西巡撫秦承恩疏報，長安縣開墾灘地一頃四十畝，照例升科。從之。（仁宗三〇、一三）

（嘉慶六、一一、戊子）户部議准：陝西巡撫陸有仁疏報，長安縣開墾灘地一頃七十八畝有奇。照例升科。從之。（仁宗九〇、三四）

(7) 甘肅

（雍正七、五、壬申）甘肅巡撫許容疏報：鞏昌等府各屬州縣，勸墾本年分田地一千二十四頃有奇。下部知之。（世宗八一、三八）

（雍正一一、九、甲申）甘肅巡撫許容疏報：新寶等四縣，開墾雍正七年、八年、九年、十年、十一年田地九千四百頃有奇。下部知之。（世宗一三五、四）

（乾隆三、一〇、甲辰）户部議覆：甘肅巡撫元展成疏言，靖逆衛，雍正六年報墾地四十三頃十一畝有奇，應徵正糧馬糧等項，均於乾隆二年照例入額徵收；嗣奉旨甘省馬糧，著自乾隆三年為始，一概豁免。該衛馬糧，自宜並請免徵。應如所請。從之。（高宗七九、一〇）

（乾隆三、一一、丙辰）甘肅巡撫元展成疏報：新渠、寶豐二縣，雍正七、八等年，實墾田地共七百四頃九十三畝。（高宗八〇、一四）

（乾隆三、一二、戊戌）[户部遵旨] 又議准：甘肅巡撫元展成疏報，中衛縣白馬寺灘，新墾地畝四萬九千三百八十二畝，自乾隆元年初種，二年升科；現當再行確勘加增，分別上中下地，共應加增糧四百七十四石有奇，銀七十八兩有奇，永為定則。從之。（高宗八三、一五）

（乾隆四、八、己卯）甘肅巡撫元展成疏報：鞏昌府屬之岷州，屯耕民户開墾馬華倉、業力山二處荒山地，共七頃八十畝有奇，照例升科。（高宗九八、八）

（乾隆五、閏六、庚申）甘肅巡撫元展成疏報：蘭州府屬之狄道、渭源、金縣，鞏昌府屬會寧等四州縣，接收臨洮衛報墾荒地三千三頃六十六畝。（高宗一二一、一〇）

（乾隆六、四、壬戌）甘肅巡撫元展成疏報：乾隆二年分，平番縣墾地二百八十畝。（高宗一四一、一三）

（乾隆六、五、甲子）甘肅巡撫元展成奏報：乾隆四年分，武威縣開墾旱地四頃六十畝有奇；靈州開墾鹻地四十一畝有奇。（高宗一四二、三）

（乾隆六、一一、丁丑）前護甘肅巡撫徐杞疏報：歸德所康、楊、李三寨屯民，於雍正十三年開墾水地八頃三十七畝有奇。（高宗一五五、二）

（**乾隆七、八、丙辰**）甘肅巡撫黃廷桂疏報：口外柳溝衛所屬布隆吉等處，開墾水地一十七頃二十八畝有奇。（高宗一七三、三二）

（**乾隆一〇、四、戊午**）甘肅巡撫黃廷桂疏報：安西衛渠户，乾隆四年分，墾成地一十頃有奇。（高宗二三九、四）

（**乾隆一〇、一二、戊戌**）户部議准：甘肅巡撫黃廷桂疏報，乾隆元年，赤金衛户民開墾乾硤地六十畝，應徵小麥草束。令於本年照例升科。從之。（高宗二五四、二）

（**乾隆一三、一〇**）[是月，甘肅巡撫黃廷桂] 又奏報：乾隆十二、十三兩年，寶豐縣續招民一百六十四户，墾地九十五頃餘。報聞。（高宗三二七、三二）

（**乾隆一八、四、己酉**）甘肅巡撫鄂樂舜疏報：靈州墾地四千五十七畝。（高宗四三七、一二）

（**乾隆一九、五、癸巳**）甘肅巡撫鄂樂舜疏報：西寧縣屬沙塘、川腦、巴扎等各莊番漢民人，補首乾隆九年至十年分墾過旱地共一千零二十二段；十三年分，墾過水地一百三十七段。（高宗四六四、二二）

（**乾隆二一、九、己丑**）甘肅巡撫吳達善疏報：秦安縣勘報升科地五十八畝有奇。（高宗五二一、一〇）

（**乾隆二六、八、壬午**）諭軍機大臣等：楊應琚奏，遷居吐魯番回人，現已自肅州起程出關，沿途料理護送等語。前據該督奏，將來回人起程後，所遺熟地，肅州民人俱願認墾升科；經軍機大臣議覆，令於回人起程後，丈明確數、按則升科，該督此時自應遵照前奏，確勘妥辦。其從前瓜州回人所遺熟地，現在作何辦理之處，著一併查明具奏。尋奏：肅州回民遷移後，所遺熟地，丈明共一萬二十一畝，經肅州民人認種升科，其從前瓜州回民所遺熟地二萬四百六十畝，改爲民地，給種升科。得旨：覽奏俱悉。（高宗六四三、一）

（**乾隆二六、一〇、辛卯**）陝甘總督楊應琚奏報：高臺縣毛目等處，勸墾水田五千三百畝有奇。（高宗六四七、一八）

（**乾隆二九、八、乙酉**）大學士管陝甘總督楊應琚疏報：乾隆二十八年分，靖遠縣開墾荒地五十六畝有奇。（高宗七一六、一〇）

（**乾隆三一、四、戊辰**）原任署陝甘總督、陝西巡撫和其衷疏報：乾隆三十年，狄道州墾地一頃五十二畝。（高宗七五九、二四）

（**乾隆三三、一一、辛卯**）陝甘總督吳達善疏報：平羅縣乾隆三十三年分，開墾荒地一百三十一頃九十畝有奇。（高宗八二二、一一）

（乾隆三四、二、甲子）調任陝甘總督吳達善疏報：靖遠縣户民首墾沙鹻薄地四頃九十五畝，照例升科。（高宗八二八、二二）

（乾隆三七、四、丙戌）户部議准：陝甘總督文綬疏稱，乾隆二十七年環縣報墾地一頃九十五畝，照旱田升科例，至三十六年入額徵收；因該年地丁全行蠲免，請展至三十七年徵收。從之。（高宗九〇七、二二）

（乾隆四〇、閏一〇、丙辰）陝甘總督勒爾謹疏報：甘肅高臺縣，乾隆三十五年開墾荒地五百十畝。（高宗九九四、二〇）

（乾隆四一、一〇、乙巳）陝甘總督勒爾謹疏報：秦州屯乾隆四十年分，開墾地二頃十一畝有奇。（高宗一〇一八、一二）

（乾隆四七、六、戊寅）陝甘總督李侍堯疏報：甘肅平番縣乾隆四十六年分，開墾旱地六頃四十五畝。（高宗一一五八、一五）

（乾隆四九、一二、戊戌）陝甘總督福康安疏報：甘肅鎮原縣開墾成熟地一頃八畝。（高宗一二二一、五）

（乾隆五〇、一二、壬辰）陝甘總督福康安疏報：平羅縣開墾熟地四十五頃八十六畝。（高宗一二四五、三）

（乾隆五三、三、辛巳）署陝甘總督勒保疏報：狄道州乾隆四十七年至五十一年開墾成熟地十六頃六十畝。（高宗一三〇一、一一）

（乾隆五四、四、戊申）陝甘總督勒保疏報：乾隆五十三年，狄道州墾地十六頃六十畝。（高宗一三二七、二〇）

（乾隆六〇、四、丁亥）陝甘總督勒保疏報：乾隆五十九年，伏羌、寧夏二縣，首墾旱沙地二十三畝有奇。（高宗一四七六、五）

（嘉慶一、六、己丑）户部議准：陝甘總督宜綿疏報，甘肅寧、伏羌二州縣開墾灘田二頃九十九畝有奇，照例升科。從之。（仁宗六、八）

（嘉慶二、六、癸酉）户部議准：前護陝甘總督陸有仁疏報，甘肅靖遠、正寧二縣開墾地一頃十九畝，照例升科。從之。（仁宗一八、五）

（嘉慶三、八、戊戌）户部議准：陝甘總督宜綿疏報，甘肅靖遠、正寧二縣，開墾地八頃九十八畝有奇，照例升科。從之。（仁宗三三、七）

（嘉慶三、八、丙辰）户部議准：陝甘總督宜綿疏報，甘肅合水、靈、平羅三州縣並紅水縣丞所屬，開墾地一百七十三頃二十四畝有奇，照例升科。從之。（仁宗三三、二〇）

（嘉慶三、一一、乙酉）户部議准：陝甘總督宜綿疏報，秦安縣及烏嚕木齊開墾地七頃三十四畝有奇，照例升科。從之。（仁宗三六、六）

（嘉慶四、五、辛未）户部議准：陝甘總督宜綿疏報，伏羌縣開墾地二

頃八十畝，照例升科。從之。(仁宗四四、三一)

（**嘉慶四、一一、乙卯**）户部議准：陝甘總督松筠疏報，甘肅西寧縣開墾旱田六段，照例升科。從之。(仁宗五四、一)

（**嘉慶八、二、癸亥**）户部議准：陝甘總督惠齡疏報，甘肅靖遠、鹽茶、山丹、鎮番、中衛五廳縣，開墾地五十八頃九十畝，照例升科。從之。(仁宗一〇八、一三)

（**嘉慶八、三、癸卯**）户部議准：陝甘總督惠齡疏報，甘肅山丹縣開墾田七頃有奇，照例升科。從之。(高宗一一〇、九)

（**嘉慶九、五、辛卯**）户部議准：陝甘總督惠齡疏報，西寧縣開墾地二十三段，照例升科。從之。(仁宗一二九、四)

（**嘉慶九、五、丁酉**）户部議准；陝甘總督惠齡疏報，秦、中衛二州縣，開墾地四十二畝，照例升科。從之。(仁宗一二九、八)

（**嘉慶九、七、癸巳**）户部議准：原任陝甘總督惠齡疏報，靖遠、正寧、固原、靜寧、環、秦、鹽茶七廳州縣，開墾灘地一頃五十畝、鐵地三頃七十三畝、銅地一頃五十畝、山地一十二頃二十一畝、官荒地四十四頃四十畝有奇，照例升科。從之。(仁宗一三一、一三)

（**嘉慶一一、九、戊申**）户部議准：陝甘總督倭什布疏報，大通縣開墾北川口外番地一百四十四段，照例升科。從之。(仁宗一六六、五)

（**嘉慶一二、六、甲申**）户部議准：前任陝甘總督全保疏報；鹽茶、正寧二廳縣，開墾田八頃八十畝有奇，照例升科。從之。(仁宗一八一、三〇)

（**嘉慶一三、閏五、癸未**）户部議准：陝甘總督長齡疏報，甘肅皋蘭、靖遠、靈三州縣及紅水縣丞所屬，開墾地二十八頃有奇，照例升科。從之。(仁宗一九六、一七)

（**嘉慶一四、六、甲午**）户部議准：前任陝甘總督長齡疏報，甘肅靖遠、秦安、正寧三縣，開墾田六頃六十一畝有奇，照例升科。從之。(仁宗二一三、六)

（**嘉慶一五、五、庚午**）户部議准：前署陝甘總督勒保疏報，甘肅靖遠、中衛二縣，開墾地四百四十畝有奇，照例升科。從之。(仁宗二二九、一八)

（**嘉慶一六、閏三、乙巳**）户部議准：陝甘總督那彥成疏報，正寧縣開墾地二十八頃八畝，照例升科。從之。(仁宗二四一、一四)

（**嘉慶一七、七、壬午**）户部議准：陝甘總督那彥成疏報，山丹縣開墾地七頃二畝有奇，照例升科。從之。(仁宗二五九、一五)

（**嘉慶一八、七、癸酉**）户部議准：陝甘總督那彥成疏報，秦、靖遠、

秦安、正寧、古浪五州縣及紅水縣丞所屬，開墾地二十二頃九十七畝有奇，照例升科。從之。(仁宗二七一、一四)

（嘉慶一八、七、乙亥）户部議准：陝甘總督那彥成疏報，中衛縣開墾地三十畝，照例升科。從之。(仁宗二七一、一八)

（嘉慶一八、一二、丙午）户部議准：前任陝甘總督那彥成疏報，秦州開墾地十二頃有奇，照例升科。從之。(仁宗二八〇、二四)

（嘉慶二〇、一〇、乙亥）户部議准：陝甘總督先福疏報，皋蘭、山丹二縣開墾地三頃八十七畝有奇，照例升科。從之。(仁宗三一一、二〇)

（嘉慶二一、一二、戊寅）户部議准：陝甘總督先福疏報，鹽茶、正寧二廳縣開墾地十八頃八十八畝，照例升科。從之。(仁宗三二五、二)

（嘉慶二二、八、乙亥）户部議准：前任陝甘總督和寧疏報，皋蘭、靖遠、靈三州縣並紅水縣丞所屬，開墾地二十八頃五十畝有奇，照例升科。從之。(仁宗三三三、三)

（嘉慶二三、六、丁丑）户部議准：陝甘總督長齡疏報，靖遠、秦安、正寧三縣，開墾地五頃六十畝有奇，照例升科。從之。(仁宗三四三、一二)

（嘉慶二五、五、辛酉）户部議准：署陝甘總督朱勳疏報，靖遠、中衛二縣，開墾田四頃二十六畝有奇，照例升科。從之。(仁宗三七〇、八)

（嘉慶二五、六、庚戌）户部議准：陝甘總督長齡疏報，靖遠、伏羌二縣，開墾田十一頃六十九畝有奇，照例升科。從之。(仁宗三七二、二七)

(8) 新疆

（乾隆二六、一二、）［是月］陝甘總督楊應琚奏報：巴里坤勸墾地三千七百餘畝，照水田例升科。得旨：嘉獎。(高宗六五一、一九)

（乾隆二八、八、己亥）陝甘總督楊應琚奏：前因巴里坤地土廣衍，水泉敷裕，請飭該同知於現在屯田之外，召募開墾，荷蒙俞允，隨據同知佟祿陸續開報，商民認墾之地共八千二百餘畝，俱照水田之例，六年升科。報聞。(高宗六九二、一八)

（乾隆三五、二、己酉）户部議覆：陝甘總督明山疏稱，巴里坤乾隆二十九年安插吳加隆等七户，承種地二百十畝。應如所請，於乾隆三十四年依淵泉縣民賦科則，徵收如額。從之。(高宗八五二、四)

（乾隆三五、閏五、庚戌）陝甘總督明山疏報：乾隆二十九年分，烏嚕木齊募墾地六十五頃八十畝有奇。(高宗八六〇、一二)

（**乾隆三六、九、丁未**）陝西巡撫文綬疏報：乾隆三十一年分，烏嚕木齊開墾地四百八十頃四十畝，升科如例。（高宗八九二、三〇）

（**乾隆四〇、三、癸酉**）陝甘總督勒爾謹疏報：巴里坤屬三道溝地方，回民馬世友等報墾地四百二十畝。（高宗九七九、一八）

（**乾隆四〇、一〇、壬午**）陝甘總督勒爾謹疏報：甘肅迪化、昌古二州縣，乾隆三十四、三十七等年，開墾荒地五十七頃有奇。（高宗九九二、一四）

（**乾隆四二、七、丙戌**）諭軍機大臣等：據勒爾謹覆奏，甘肅被災情形一摺，內稱，附近省城地方，受旱與去歲相仿，其餘各處，俱比上年稍輕。雖上年夏災二十九處，今歲被旱三十二處，而一州一縣之中，即有成災不成災之分，皆因今春雨雪優霑，廣種麥豆，凡低窪近水之地，總有薄收，此與去歲情形稍有不同等語。甘省今年被災，雖較上年稍輕，但積歉之區，窮簷生計，不無拮据，必須實力撫綏，俾免失所。著傳諭勒爾謹遵照節次所降諭旨，將應行撫卹各事宜督飭各屬妥協辦理。其有實在極貧，刻難緩待之户，即酌借口糧，以資食用。至今歲因烏嚕木齊一帶地皆沃壤，可耕之土甚多，貧民果能往彼墾藝，不但可免於饑窘，并可贍及身家。曾傳諭勒爾謹熟籌妥辦。嗣據勒爾謹、索諾木策凌節次奏稱，移往户民六百餘户，官為資送，酌量分段安插，籌備農具籽種。並稱烏嚕木齊一帶，可安四千餘户，現在設法勸諭，俾各處貧民，互相招引，源源趨赴等語。此項户民，於何時移往，及此後是否復有願去之人，該督作何籌辦未據奏及。著傳諭勒爾謹，即行查明據實覆奏。至烏嚕木齊一帶所移户民，到後作何安插得所，民情是否樂於耕作，鼓舞歡欣，足使内地人民，聞風趨赴之處，並著索諾木策凌查明具奏。尋奏：被災各處，現已分別題請賑卹，並酌借口糧，不致失所。至貧民出關，現據各屬報稱，願往者六百九十餘户，程途遙遠，實難携眷前行，應請照上年資送之例，酌給一半，報聞。（高宗一〇三七、一〇）

（**乾隆五四、四、癸巳**）陝甘總督勒保疏報：乾隆五十三年，烏嚕木齊所屬蘆草溝所，認墾民人五户，共地一百五十三畝，又塔西河所，認墾民人十八户，共地五百四十畝。（高宗一三二六、九）

（**乾隆五四、四、丁酉**）……陝甘總督勒保疏報：乾隆五十三年，烏嚕木齊所屬之塔西河所認墾民人三十二户，共地九百六十畝。（高宗一三二六、一九）

（**乾隆五四、五、庚申**）陝甘總督勒保疏報：乾隆五十三年，鎮迪道屬迪化州，招墾民人三十七户，共地一千一百十畝。昌吉縣招墾一户，種地三十二畝。呼圖壁巡檢招墾二百三十三戶，共地六十九頃九十畝。綏來縣招墾二十一戶，共地六百三十畝。齊木薩縣丞招墾二百六十四戶，共地七十九頃二十畝。奇臺縣招墾十一戶，共地三百三十畝。(高宗一三二八、九)

（乾隆五四、一二、乙丑）陝甘總督勒保疏報：乾隆五十二年分，烏嚕木齊塔西河所，開墾田地一十六頃五十畝。(高宗一三四四、二八)

（乾隆五六、一、辛丑）陝甘總督勒保疏報：烏嚕木齊頭屯安插民戶墾田一頃八十畝有奇。(高宗一三七一、二〇)

（乾隆五六、二、辛酉）陝甘總督勒保疏報：烏嚕木齊濟木薩縣丞安插民戶墾田八頃四十畝。(高宗一三七三、一)

（嘉慶二、二、甲戌）戶部議准：陝甘總督宜綿疏報，奇臺縣並烏嚕木齊塔西河所，開墾地九頃三十畝，照例升科。從之。(仁宗一四、三)

（嘉慶二、二、乙酉）戶部議准：陝甘總督宜綿疏報，烏嚕木齊頭屯所，開墾地八頃有奇，照例升科。從之。(仁宗一四、一〇)

（嘉慶二、一一、壬辰）戶部議准：署陝甘總督英善疏報，烏嚕木齊塔西河所、蘆草溝，開墾地十九頃二十畝，照例升科。從之。(仁宗二四、二二)

（嘉慶三、一二、乙未）[戶部]又議准：陝甘總督宜綿疏報，烏嚕木齊頭屯所，開墾地五頃四十畝，照例升科。從之。(仁宗三六、八)

（嘉慶三、一二、丙申）戶部議准：陝甘總督宜綿疏報，甘肅奇臺縣及烏嚕木齊塔西河所，開墾地二頃四十畝，照例升科。從之。(仁宗三六、八)

（嘉慶四、一二、己亥）戶部議准：陝甘總督松筠疏報，烏嚕木齊頭屯所、蘆草溝，墾種地一頃八十畝，照例升科。從之。(仁宗五六、三〇)

（嘉慶四、一二、辛丑）戶部議准：陝甘總督松筠疏報，烏嚕木齊塔西河所，開墾地三百三十畝，照例升科。從之。(仁宗五六、三二)

（嘉慶六、三、辛巳）戶部議准：陝甘總督長麟疏報，迪化州及烏嚕木齊蘆草溝，開墾地六十畝，照例升科。從之。(仁宗八〇、一三)

（嘉慶七、二、甲辰）戶部議准：前任陝甘總督長麟疏報，奇臺縣開墾地九十畝，照例升科。從之。(仁宗九四、四)

（嘉慶七、二、丁巳）戶部議准：前任陝甘總督長麟疏報，烏嚕木齊塔西河所，開墾地三頃六十畝，照例升科。從之。(仁宗九四、一三)

（嘉慶七、二、己巳）戶部議准：前任陝甘總督長麟疏報，烏嚕木齊蘆草溝所，開墾地三十畝，照例升科。從之。(仁宗九四、三一)

（嘉慶七、三、癸酉）戶部議准：前任陝甘總督長麟疏報，烏嚕木齊塔

西河所，開墾地九十畝，照例升科。從之。(仁宗九五、二)

（嘉慶八、一〇、乙丑）户部議准：陝甘總督惠齡疏報，烏魯木齊塔西河所，開墾地十七頃十畝，照例升科。從之。(仁宗一二二、六)

（嘉慶八、一一、甲辰）户部議准：陝甘總督惠齡疏報，烏魯木齊塔西河所，蘆草溝口，開墾地七頃二十畝，照例升科。從之。(仁宗一二三、一九)

（嘉慶一〇、二、乙亥）户部議准：陝甘總督那彥成疏報，烏魯木齊塔西河所，開墾地七頃五十畝，照例升科。從之。(仁宗一四〇、二三)

（嘉慶一〇、四、甲寅）户部議准：署陝甘總督那彥成疏報，烏魯木齊蘆草溝開墾地六頃六十畝，照例升科。從之。(仁宗一四二、四)

（嘉慶一一、三、丙子）户部議准：陝甘總督倭什布疏報，烏魯木齊頭屯所，開墾地十三頃五十畝，照例升科。從之。(仁宗一五八、三一)

（嘉慶一一、一一、甲子）户部議准：前任陝甘總督倭什布疏報，烏魯木齊頭屯所，開墾地二頃十畝，照例升科。從之。(仁宗一七一、一三)

（嘉慶一一、一一、丙寅）户部議准：前任陝甘總督倭什布疏報，烏魯木齊塔西河所，開墾地六頃，照例升科。從之。(仁宗一七一、一五)

（嘉慶一一、一一、辛未）户部議准：前任陝甘總督倭什布疏報，烏魯木齊塔西河所，開墾地六十畝，照例升科。從之。(仁宗一七一、二二)

（嘉慶一一、一一、壬申）户部議准：前任陝甘總督倭什布疏報，烏魯木齊蘆草溝開墾地十二頃，照例升科。從之。(仁宗一七一、二六)

（嘉慶一二、五、丁未）户部議准：前署陝甘總督方維甸疏報，迪化州開墾屯地二十三頃四十畝，照例升科。從之。(仁宗一七九、一四)

（嘉慶一三、五、乙巳）户部議准：陝甘總督長齡疏報，烏魯木齊塔西河所開墾地一頃二十畝，照例升科。從之。(仁宗一九五、一九)

（嘉慶一三、一〇、庚戌）户部議准：陝甘總督長齡奏報，烏魯木齊蘆草溝所，開墾地四頃八十畝有奇，照例升科。從之。(仁宗二〇二、一四)

（嘉慶一四、一二、戊子）户部議准：前護陝甘總督蔡廷衡疏報，奇臺縣開墾田二頃一十畝有奇，照例升科。從之。(仁宗二二二、五)

（嘉慶一四、一二、甲午）户部議准：前護陝甘總督蔡廷衡疏報，烏魯木齊塔西河、蘆草溝二所，開墾田三頃有奇，照例升科。從之。(仁宗二二二、九)

（嘉慶一五、一二、乙未）户部議准：陝甘總督那彥成疏報，烏魯木齊頭屯所開墾田三頃九十畝，照例升科。從之。(仁宗二三七、一五)

（嘉慶一六、閏三、壬寅）户部議准：陝甘總督那彥成疏報，烏嚕木齊塔西河所，開墾地三頃六十畝，照例升科。從之。（仁宗二四一、一三）

（嘉慶一六、一〇、丙辰）户部議准：署陝甘總督董教增疏報，長安縣及烏嚕木齊蘆草溝所，開墾地七頃二十畝有奇，照例升科。從之。（仁宗二四九、九）

（嘉慶一六、一〇、乙丑）户部議准：署陝甘總督董教增疏報，烏嚕木齊塔西河所，開墾田十二頃九十畝，照例升科。從之。（仁宗二四九、一九）

（嘉慶一六、一〇、丙寅）户部議准：署陝甘總督董教增疏報，烏嚕木齊頭屯所，開墾田四頃五十畝，照例升科。從之。（仁宗二四九、一九）

（嘉慶一六、一〇、壬申）户部議准：署陝甘總督董教增疏報，烏嚕木齊頭屯所，開墾田三頃六十畝，照例升科。從之。（仁宗二四九、二五）

（嘉慶一六、一〇、癸酉）户部議准：署陝甘總督董教增疏報，烏嚕木齊塔西河所，開墾田二頃四十畝，照例升科。從之。（仁宗二四九、二五）

（嘉慶一六、一一、戊寅）户部議准：署陝甘總督董教增疏報，烏嚕木齊蘆草溝所，開墾地三頃三十畝，照例升科。從之。（仁宗二五〇、三）

（嘉慶一七、一、辛丑）户部議准：陝甘總督那彥成疏報，奇臺縣開墾地一頃五十畝，照例升科。從之。（仁宗二五三、一八）

（嘉慶一八、三、丙子）户部議准：陝甘總督那彥成疏報，烏嚕木齊塔西河所，開墾田五頃七十畝，照例升科。從之。（仁宗二六七、一四）

（嘉慶一八、三、庚辰）户部議准：陝甘總督那彥成疏報，烏嚕木齊蘆草溝所，開墾田一頃八十畝，照例升科。從之。（仁宗二六七、一五）

（嘉慶一八、三、壬午）户部議准：陝甘總督那彥成疏報，奇臺縣開墾田四頃八十畝，照例升科。從之。（仁宗二六七、一五）

（嘉慶一八、三、壬辰）户部議准；陝甘總督那彥成疏報，烏嚕木齊頭屯所，開墾田一頃八十畝，照例升科。從之。（仁宗二六七、二一）

（嘉慶一八、一二、辛丑）户部議准：前任陝甘總督那彥成疏報，烏嚕木齊頭屯所，開墾地三頃，照例升科。從之。（仁宗二八〇、一五）

（嘉慶一八、一二、癸卯）户部議准：前任陝甘總督那彥成疏報，烏嚕木齊、奇臺縣，開墾地四百五十畝，照例升科。從之。（仁宗二八〇、一六）

（嘉慶一八、一二、甲辰）户部議准：前任陝甘總督那彥成疏報，烏嚕木齊蘆草溝所，開墾地五頃十畝，照例升科。從之。（仁宗二八〇、一九）

（嘉慶一八、一二、乙巳）户部議准；前任陝甘總督那彥成疏報，烏嚕木齊頭屯所，開墾地三頃九十畝，照例升科。從之。（仁宗二八〇、一九）

（嘉慶一八、一二、丁未）戶部議准：前任陝甘總督那彥成疏報，烏嚕木齊塔西河所，開墾地二頃七十畝，照例升科。從之。(仁宗二八〇、二四)

（嘉慶二〇、一、甲寅）戶部議准：署陝甘總督高杞疏報，奇臺縣開墾地三十頃，照例升科。從之。(仁宗三〇二、三一)

（嘉慶二〇、四、己未）諭內閣：長齡等奏議烏嚕木齊經費各款一摺。綠營糧折銀兩，改支一半本色，於兵丁生計無益；呼圖斯一帶開採金廠，稽察難周；蘆灘荒地給營開墾，轉滋糜費。均著無庸辦理。其查出迪化州等處尚可耕種地二十四萬七千四百餘畝，著照所請，招戶試種三年，減半起科，每年徵收糧石，存倉備用。濟木薩馬廠，地難播種，亦著無庸裁徹，該廠孳生馬匹，以三年出群、三年挑變，除頭二等馬匹留廠撥營外，三等馬匹每匹定價銀五兩，交地方官承變，四等馬匹每匹定價銀四兩，交營廠酌量賠補，分別交貯道庫，報撥充餉。其抽收山場木植、稽查逋逃一款，著倣照伊犁章程辦理。(仁宗三〇五、六)

（嘉慶二〇、一〇、壬子）葉爾羌辦事大臣玉麟奏：葉爾羌荒地，經阿奇木伯克邁哈默特鄂三等開墾一千二百九十餘頃。得旨：嘉獎。賞賚有差。(仁宗三一一、二)

（嘉慶二一、一一、丙寅）戶部議准：陝甘總督先福疏報，烏嚕木齊蘆草溝所，開墾地三頃九十畝有奇，照例升科。從之。(仁宗三二四、一八)

（嘉慶二三、二、丁亥）戶部議准：陝甘總督長齡疏報，烏嚕木齊塔西河所，開墾地二十九頃六十畝，照例升科。從之。(仁宗三三九、二一)

（嘉慶二四、一〇、戊午）戶部議准：陝甘總督長齡疏報，烏嚕木齊蘆草溝、塔西河、頭屯三所，開墾地九頃三十畝有奇，照例升科。從之。(仁宗三六三、三七)

(9) 江蘇

（順治一一、一二、辛巳）漕運總督沈文奎疏報：招墾江北荒屯地九千九百餘頃，徵銀二萬一千有奇。(世祖八七、二〇)

（康熙三二、三、癸丑）戶部議覆：察勘河工吏部尚書熊賜履等疏言，……又海州、山陽等六州縣並大河衛，淤出田地一千一百三十七頃一十畝有奇，應徵錢糧，請於康熙三十二年起科。並應如所請。從之。(聖祖一五八、二四)

（雍正五、一〇、甲午）戶部議覆：河道總督齊蘇勒等疏報，江南朱家口堵塞之後，安河等淀以至木家墩一帶地方，盡皆淤成膏腴美地，分晰丈勘新淤地畝，泗州、虹縣、桃源、睢寧、宿遷五州縣，共丈出二萬二千六百二十二頃六十三畝零，共應升科銀四萬八千四百五十兩零。此新淤之地，俱係豐衍沃土，非尋常湖灘可比，應即於雍正六年陞課起租；其木家墩一帶，俟乾涸之日，陸續清丈，另行報陞。併請於五州縣適中之地、在宿遷縣白洋河鎮，設立衛守備一員，徵收錢糧。新衛賜以嘉名，伏候欽定。應如所請。從之。尋定新設衛曰潼安。（世宗六二、一七）

（**雍正一〇、五、庚午**）戶部等衙門議覆：署理兩江總督印務、蘇州巡撫尹繼善等疏言，雍正五年，泗州、虹縣、睢寧、宿遷、桃源五州縣，原報淤地，經原任總河齊蘇勒題請，委員丈勘，共二萬三千三百三十頃零，設立潼安一衛，專司其事。今奉諭旨，以從前丈勘，辦理草率，未盡確實，或致賦浮於田，令臣等再加確勘。隨委道府等官，分丈五州縣。臣等伏查泗州等處，河湖浸逼，地力瘠薄，舊例行糧之地照部弓折算徵輸。雍正三年，朱工漫溢，黃水由睢、宿、桃趨泗、虹之安河，滙歸洪澤湖，田疇淹沒，至雍正五年，朱工堵築，黃水消涸，泥沙停漩，一律淤平，行糧舊地與新淤之地莫能驟辨。從前委員，但見有淤即爲丈勘，未經細查其地，原有舊糧，止知照部弓計畝起科，未經確察舊例，原有折算。今道府等官丈勘確實，照例扣除行糧舊地外，丈出部弓地六千九百七十七頃零，實係新淤，皆可耕種，照各州縣科則舊例折算，共地三千八百九頃零，應各歸該州縣地界管轄納糧，於雍正十年，入額徵收。潼安衛守備缺，應請裁去，以節冗費。再，原報淤地，於雍正六年起徵，賦額浮多，小民難以輸將；其六、七、八等年未完錢糧，如係無地虛額，應請覈實豁免。俱應如所請。從之。（世宗一一八、一〇）

（**乾隆二、八、丁巳**）江蘇巡撫邵基疏報：長洲、宜興、荊溪、清河、銅山等縣，乾隆元年分，開墾田地五十九頃九十八畝有奇。（高宗四八、一）

（**乾隆五、五、癸亥**）戶部議准，江蘇巡撫張渠奏稱，吳江、震澤二縣，原報濱湖共坍沒田蕩八十五頃六十四畝有奇，新漲田蕩四百三十四頃四十七畝有奇，請將坍沒田蕩應蠲錢糧，照例豁免，新漲田蕩應徵錢糧，照例入額徵收。從之。（高宗一一七、一二）

（**乾隆六、九、丁丑**）原任江蘇巡撫徐士林疏報：清查雍正七年至乾隆三年新漲墾熟田地二百頃五十二畝有奇，額內轉熟改則田地四十六頃六十一畝有奇。（高宗一五〇、二〇）

（**乾隆七、七、丙子**）江蘇巡撫陳大受疏報：靖江縣乾隆五年丈勘新坍田一頃二十一畝有奇，新漲田三頃四十六畝有奇。（高宗一七一、六）

（乾隆七、八、庚寅）江蘇巡撫陳大受疏報：靖江縣乾隆六年分，丈勘……新漲折實平田七頃八十五畝有奇。（高宗一七二、一二）

（乾隆七、九、庚午）江蘇巡撫陳大受疏報：乾隆六年分，福泉縣報墾轉科田一十畝有奇，上元縣省衛認墾地三十七畝有奇。（高宗一七四、二七）

（乾隆八、閏四、甲戌）豁除江蘇吳江、震澤二縣坍沒田蕩八十五頃六十四畝有奇；其新漲田蕩四百三十四頃四十七畝有奇，照例升科。（高宗一九一、六）

（乾隆九、七、癸巳）戶部議覆：江蘇巡撫陳大受疏報，常州府屬之靖江縣，三面濱江、地多坍漲，現勘明新坍折實平田二頃四十六畝有奇，新漲折實平田一十九頃二畝有奇，均應如所請，蠲免升科。從之。（高宗二二一、二）

（乾隆一〇、五、乙酉）戶部議覆：江蘇巡撫陳大受疏稱，吳江、震澤二縣濱湖坍漲田蕩，乾隆九年冬勘共……新漲田蕩四百三十四頃四十七畝有奇，……新漲田地，應行升科、應如所奏辦理。從之。（高宗二四〇、二二）

（乾隆一〇、七、壬午）江蘇巡撫陳大受疏報：靖江縣乾隆九年新漲折實平田十二頃九十七畝有奇，又新坍折實平田三頃五十四畝有奇，分別升蠲額賦有差。（高宗二四四、一六）

（乾隆一二、六、壬申）戶部議准：江蘇巡撫安寧疏報，吳江、震澤二縣，瀕湖坍沒轉輕田蕩八十五頃七十四畝有奇，新漲轉重田四百三十七畝有奇，現飭確勘無異，所有錢糧，應蠲應升，均請照例辦理。從之。（高宗二九二、二三）

（乾隆一三、七、己亥）江蘇吳江、震澤二縣坍沒轉輕田蕩八十五頃七十四畝有奇，新漲轉重田蕩四百三十四頃三十七畝有奇，分別蠲升如例。（高宗三一九、五）

（乾隆一三、閏七、戊辰）戶部議准：署蘇州巡撫安寧疏稱，武進、丹徒二縣、江寧縣公費地畝，勘報升科田地等項，二十一頃八十一畝二分零，額內轉科田地，七頃九十一畝二分零，共應升增銀一百三十四兩一錢八分零、米一百一十三石九升零；遇閏加編銀一兩三錢六分零、米三升三合零。請從乾隆十二年入額奏銷。其乾隆十一年以前銀米，按年補徵。從之。（高宗三二一、五）

（乾隆一五、六、己丑）前署江蘇巡撫黃廷桂報墾吳江、震澤二縣濱湖新漲轉重田蕩四百三十四頃三十七畝有奇，應徵銀米升科如例；並豁除坍沒轉輕田蕩八十五頃七十四畝有奇。（高宗三六七、六）

（乾隆一七、七、壬午）江蘇巡撫莊有恭疏報：吳江、震澤二縣，乾隆十六年新漲田、蕩四百三十四頃三十七畝有奇，坍没田八十四頃二十九畝有奇，分別升鐫額賦有差。（高宗四一九、一二）

（乾隆二〇、八、庚午）江蘇巡撫莊有恭疏報：泰州本年開墾涸復田地四十三畝有奇。（高宗四九五、一八）

（乾隆二三、九、丁亥）調任江蘇巡撫託恩多疏報：乾隆二十二年分，開墾元和、溧水、丹徒、丹陽等縣，田、蕩一十七頃二十畝有奇。（高宗五七〇、五）

（乾隆二六、九、丙午）江蘇巡撫陳宏謀疏報：靖江縣乾隆二十五年分，新漲折實平田三頃二十七畝有奇。（高宗六四四、一七）

（乾隆二六、一二、戊寅）戶部議准：江蘇巡撫陳宏謀疏稱，范公隄外墾熟地六千四百餘頃，除伍佑一場聽其放荒，餘悉照梁垛場輸課。從之。（高宗六五〇、二〇）

（乾隆二七、九、戊子）江蘇巡撫陳宏謀疏報：乾隆二十六年，海州開墾荒田一百四十五頃有奇。（高宗六七一、一六）

（乾隆二八、三、癸酉）江蘇巡撫莊有恭疏報：元和、婁縣、上海、丹徒四縣，新墾地八十頃七十四畝有奇，升科如例。（高宗六八三、二）

（乾隆二八、八、壬子）江蘇巡撫莊有恭疏報：金山、江陰、丹徒、丹陽乾隆二十七年分，入額升科，並轉則田地蕩灘九頃七十七畝有奇。（高宗六九三、一二）

（乾隆三一、九、乙亥）江蘇巡撫明德疏報：無錫縣乾隆三十年分，開墾山地二頃有奇。（高宗七六八、七）

（乾隆三三、七、乙巳）江蘇巡撫彰寶疏報：靖江縣乾隆三十二年分，新漲田八十五畝有奇。（高宗八一五、一九）

（乾隆三四、九、甲午）兩江總督高晉疏報：溧水、睢寧、海州等州縣，乾隆三十三年開墾田地塘四百三頃七十四畝有奇。（高宗八四二、二〇）

（乾隆三五、一一、己酉）署江蘇巡撫薩載疏報：乾隆三十四年分，上元縣報墾額内轉則田地二頃十二畝有奇，額外灘地四十二畝有奇；睢寧縣、通州報墾灘地十九頃十八畝有奇；海州報墾灘荒地七畝有奇。（高宗八七二、一一）

（乾隆三六、一一、丁酉）戶部議准：署江蘇巡撫薩載奏稱，吳縣、吳江、婁縣、金山、無錫、丹陽、寶山七州縣地方，實有可墾之地，仍令該州縣勸民陸續耕種，照例題報升科。從之。（高宗八九六、六）

（乾隆四四、九、壬辰）江蘇巡撫楊魁疏報：元和、鎮洋二縣，乾隆四十三年分，開墾田地四頃一畝有奇。（高宗一〇九〇、一二）

（乾隆四八、九、丁未）江蘇巡撫閔鶚元疏報：陽湖、青浦二縣，乾隆四十七年分，開墾田地一頃八十畝有奇。（高宗一一八九、九）

（乾隆五九、一〇、壬午）江蘇巡撫奇豐額疏報：婁縣、寶山二縣，開墾田塗地七頃九十六畝有奇。（高宗一四六三、二四）

（嘉慶五、七、丁亥）戶部議准：江蘇巡撫岳起疏報，昭文、上海二縣，轉則田五頃一十一畝有奇，照例升科。從之。（仁宗七一、七）

（嘉慶八、六、乙亥）戶部議准：前任江蘇巡撫岳起疏報，婁縣開墾蕩田一十畝有奇，照例升科。從之。（仁宗一一四、一五）

（嘉慶九、一一、丁亥）戶部議准：江蘇巡撫汪志伊疏報，婁、青浦、無錫、丹徒四縣，開墾田二頃七十畝有奇，照例升科。從之。（仁宗一三六、四）

（嘉慶一〇、七、戊午）戶部議准：江蘇巡撫汪志伊疏報，丹徒縣開墾灘地五十頃三十三畝有奇，照例升科。從之。（仁宗一四七、五）

（嘉慶一一、一二、辛巳）戶部議准：前江蘇巡撫汪志伊疏報，婁縣開墾田二十九畝有奇，照例升科。從之。（仁宗一七二、一三）

（嘉慶一五、二、壬子）戶部議准：前護江蘇巡撫布政使慶保疏報，青浦縣開墾蕩田四十六畝有奇，照例升科。從之。（仁宗二二六、二七）

（嘉慶一五、一一、壬戌）戶部議准：江蘇巡撫章煦疏報，奉賢、丹徒、丹陽、鎮洋四縣開墾灘地二十二頃八十畝有奇，照例升科。從之。（仁宗二三六、一四）

（嘉慶一六、一一、癸巳）戶部議准：江蘇巡撫章煦疏報，陽湖、上海、丹徒、鎮洋四縣開墾田九頃六十八畝，照例升科。從之。（仁宗二五〇、一七）

（嘉慶一七、一二、甲辰）戶部議准：江蘇巡撫朱理疏報，青浦、無錫、丹徒、丹陽四縣開墾田十三頃十七畝有奇，照例升科。從之。（仁宗二六四、六）

(10) 安徽

（順治一四、一一、丁巳）江寧巡按劉宗韓疏報：廬、鳳等府，開墾荒田三千餘頃。（世祖一一三、六）

（康熙二六、七、己卯）安徽巡撫薛柱斗疏報：康熙二十五年，安、寧、太、廬、鳳、滁、和七府州屬，共墾過荒田三百八十八頃十五畝，照例起

科。下户部知之。（聖祖一三〇、二二）

（**雍正一、一二、丁未**）安徽巡撫李成龍疏報：穎州、太湖等七州縣，開墾康熙六十一年分田地五十八頃有奇。下部知之。（世宗一四、二）

（**雍正二、八、丙戌**）安徽巡撫李成龍疏報：穎州、太湖、泗州衛等十四州縣衛開墾雍正元年分田地七十三頃有奇。下部知之。（世宗二三、一二）

（**雍正四、一二、丁卯**）安徽巡撫魏廷珍疏報：宿州、潛山、泗州衛等十四州縣衛，開墾雍正三年分田地一百九十八頃有奇；並廬江等三縣，開墾本年分田地五百五十頃有奇。下部知之。（世宗五一、一九）

（**雍正五、二、丁丑**）……安慶巡撫魏廷珍疏報：靈璧縣開墾雍正二年分田地五百四十七頃有奇……下部知之。（世宗五三、二七）

（**雍正五、九、己巳**）安慶巡撫魏廷珍疏報：宿州、潛山等九州縣，開墾雍正四年分田地六十頃有奇。下部知之。（世宗六一、二〇）

（**雍正六、一一、戊午**）安慶巡撫魏廷珍疏報：安慶等府，開墾本年分田地二千二百一十五頃有奇。下部知之。（世宗七五、一〇）

（**雍正七、五、甲子**）安徽巡撫魏廷珍疏報：壽州、懷寧等二十四州縣，開墾本年分田地一千八百頃有奇。……下部知之。（世宗八一、二四）

（**雍正七、八、戊辰**）安徽巡撫魏廷珍疏報：潛山、泗州等四縣衛，開墾雍正六年分田地七十頃有奇。下部知之。（世宗八五、二五）

（**雍正八、九、庚寅**）安徽巡撫程元章疏報：安慶、泗州等四府州，開墾雍正七年分田地二百七十七頃有奇。下部知之。（世宗九八、一四）

（**雍正一〇、七、乙巳**）安徽巡撫程元章疏報：潛山等七縣，開墾雍正九年分田地七十頃有奇。下部知之。（世宗一二一、一七）

（**雍正一三、一二、己卯**）〔户部〕又議覆：安慶巡撫趙國麟疏報，雍正十二年，安慶等七府州屬，開墾水田二十九頃八十九畝有奇、旱田一十二頃九十五畝有奇；並壽州民人認墾旱地六頃十畝有奇，應令該撫俟升科之年，照額徵解。從之。（高宗八、三四）

（**乾隆一、一二、癸酉**）安徽巡撫趙國麟疏報：廬州等三府屬，雍正十三年分，開墾水田一頃八十七畝有奇、旱田二十三頃四十四畝有奇；又雍正十二年分，開墾折實上地五頃六十九畝有奇。（高宗三二、二四）

（**乾隆二、一一、辛酉**）安慶巡撫趙國麟疏報：鳳陽府屬臨淮、靈璧二縣，開墾旱地四頃三畝七分一毫，穎州府屬阜陽縣，開墾縣衛旱地七頃九十八畝七釐。（高宗五六、八）

（**乾隆五、三、乙巳**）原護安徽巡撫布政使晏斯盛疏報：懷遠縣乾隆二年分，開墾旱田六畝有奇，靈璧縣乾隆三年分，開墾旱地五頃四十八畝有奇；又婺源、旌德、阜陽、來安、六安、鳳陽等六州縣，首報當年升科田地六頃七畝有奇。(高宗一一三、一〇)

(乾隆六、一〇、乙未) 安徽巡撫陳大受疏報：乾隆四年分，靈璧、定遠、五河三縣，墾旱地一頃五十五畝有奇；又鳳陽、臨淮二縣，墾旱地四頃二十九畝有奇；又臨淮、來安、鳳陽三縣，當年升科田地一頃四十二畝有奇。(高宗一五二、三)

(乾隆一八、六、丁未) 安徽巡撫張師載疏報：貴池、舒城等一十五州縣，首墾田一百八十頃八十八畝有奇。(高宗四四一、一一)

(乾隆五一、一二) 是月，安徽巡撫書麟奏：阜陽縣荒地，奉旨五十二年起限清釐。本年麥熟後民情踴躍，首報升科者四千二百餘頃。請於五十三年入額輸賦。又領墾坂荒地二十七頃零，請照旱地十年升科。從之。(高宗一二七一、三三)

(乾隆五三、四、丁未) 陞任安徽巡撫書麟疏報：阜陽縣墾復荒地七十四頃五十六畝有奇。(高宗一三〇二、三〇)

(嘉慶四、六、乙巳) 戶部議准：安徽巡撫陳用敷疏報，南陵縣開墾灘地三十九畝有奇，照例升科。從之。(仁宗四七、一三)

(11) 江西

(順治一〇、一一、癸卯) 江西巡撫蔡士英疏報：南昌等府三十九州縣，共墾荒地一萬九千八十餘頃。章下戶部。(世祖七九、七)

(康熙五、五、乙未) 江西巡撫董衛國疏報：康熙四年分，江西各屬共墾荒地二千八百三十五頃，照例起科。下部知之。(聖祖一九、四)

(康熙五、一二、丁巳) 江西巡撫董衛國疏報：南昌等府屬三十三州縣衛，共墾過田地二千八百三十五頃四十五畝。下部知之。(聖祖二〇、一四)

(雍正二、三、己卯) ……江西巡撫裴㲧度疏報：進賢等七縣，開墾康熙六十一年分田地六十六頃有奇。(世宗一七、七)

(雍正三、二、壬申) 江西巡撫裴㲧度疏報：南昌等十二縣，開墾雍正元年分田地五十二頃有奇。(世宗二九、三)

(雍正、五、二、壬申) ……江西巡撫邁柱疏報：南昌等十五縣，開墾雍正三年分田地一百五十二頃有奇。(世宗五三、二三)

(雍正六、二、丁亥) 江西巡撫布蘭泰疏報：南昌等十九縣，開墾雍正四年分田地一百七十頃有奇。下部知之。(世宗六六、八)

（**雍正七、五、戊午**）署江西巡撫張坦麟疏報：寧州、新建等三十四州縣，開墾雍正六年分田地一千一百九頃有奇。下部知之。（世宗八一、一七）

（**雍正八、三、庚寅**）署江西巡撫謝旻疏報：進賢、南昌、吉安等三十八州縣衛所，開墾雍正七年分田地四百九十八頃有奇。下部知之。（世宗九二、一五）

（**雍正一一、二、戊寅**）江西巡撫謝旻疏報：南昌、新建等一十七縣，開墾雍正十年分田地六十二頃有奇。下部知之。（世宗一二八、一三）

（**雍正一一、五、甲午**）江西巡撫謝旻疏報：南昌等十三縣，開墾本年分田地共一千五百頃有奇。下部知之。（世宗一三一、六）

（**雍正一二、二、己酉**）江西巡撫謝旻疏報：南昌新建等一十九縣，開墾雍正十年分田地五十五頃有奇。下部知之。（世宗一四〇、二）

（**雍正一三、一、丁酉**）……江西巡撫常安疏報：豐城等二十二縣，開墾雍正十一年分田地三百三頃有奇……下部知之。（世宗一五一、九）

（**乾隆二、四、壬午**）江西巡撫岳濬疏報：雍正十三年，開墾江西南昌、新建、豐城、進賢、寧州等三十州縣田地山塘一百九十九頃六十三畝有奇，每年應徵銀一千兩有奇、米六百五十九石有奇；又墾過貴溪縣鉛山所老荒屯田三頃九畝有奇，每年應徵銀三十兩有奇。（高宗四一、二五）

（**乾隆二、五、丙辰**）江西巡撫岳濬疏報：寧州、分宜、萬載等十七州縣，開墾老荒、續荒田地塘共三十四頃三十五畝有奇，又開墾贛州衛屯田六畝有奇。（高宗四三、二一）

（**乾隆三、九、己卯**）江西巡撫岳濬疏報：南昌、新建、豐城、進賢、奉新、萬載、萬安、崇仁、玉山、廣豐、鉛山、弋陽、鄱陽、樂平、萬年、彭澤、上猶、會昌、龍南、安遠、長寧等二十一縣，首墾乾隆元年分田地六十頃六十四畝有奇。又鉛山、弋陽、星子、贛縣、雩都等五縣首墾鉛山所併九江、贛州二衛田地三十三頃十七畝有奇。（高宗七七、一九）

（**乾隆四、四、癸未**）江西巡撫岳濬疏報：江西豐城、上高、泰和、萬安、玉山、鉛山、貴溪、南康、安遠、長寧十縣，乾隆二年分，勸墾老荒、續荒及額外新生田地塘二十八頃有奇。（高宗九〇、一二）

（**乾隆五、四、辛巳**）江西巡撫岳濬疏報：豐城、進賢、永豐、龍泉、萬安、臨川、南城、玉山、鉛山、興安、安仁、星子、德化、大庾、南康、寧都、興國、長寧等十八縣，勸墾老荒及額外新生田地山塘共二十二頃十三畝有奇。（高宗一一四、一八）

（**乾隆五、五、甲子**）江西巡撫岳濬疏報：雍正十二年，南昌等州縣查

覆實存墾熟田地二百六頃六十畝有奇。（高宗一一七、一四）

（**乾隆六、三、丙戌**）原護理江西巡撫印務布政使阿蘭泰疏報：新建、豐城、進賢、靖安、新喻、萬安、泰和、龍泉、鉛山、安遠、長寧等十一州縣，乾隆四年，墾老荒及新生田地共六頃七十九畝有奇。（高宗一三九、一六）

（**乾隆七、三、丁亥**）江西巡撫陳宏謀疏報：新建、豐城、上高、泰和、萬安、上饒、弋陽、鄱陽、崇義、會昌、龍南、安遠、長寧十三縣，乾隆五年分，開墾老荒、續荒及額外新生田地塘六頃十四畝有奇。（高宗一六三、一四）

（**乾隆八、三、壬午**）江西巡撫陳宏謀疏報：新建、豐城、寧州、萍鄉、萬載、新喻、廬陵、泰和、萬安、餘干、萬年、星子、建昌、長寧等十四州縣，乾隆六年分，開墾老荒、續荒及額外新生田地塘共一十頃六十八畝有奇，又廣昌縣開墾建昌所老荒屯田二十六畝有奇。（高宗一八七、一七）

（**乾隆八、五、庚子**）戶部議准：江西巡撫陳宏謀疏稱，德安縣長河及附河湖洲地五十七頃三十九畝有奇，俱有漁草之利，請於乾隆八年升科納課。從之。（高宗一九三、六）

（**乾隆九、三、乙巳**）江西巡撫塞楞額疏報：南昌、進賢、寧州、高安、上高、泰和、萬安、玉山、鉛山、貴溪、定南等十一州縣，乾隆七年分，開墾老荒田地塘六頃三十九畝有奇、續荒田地二頃五十二畝有奇、額外新生田地二頃七十三畝有奇；又分宜縣、袁州衛開墾老荒屯田二頃二十一畝有奇。（高宗二一三、一八）

（**乾隆一〇、三、戊戌**）江西巡撫塞楞額疏報：靖安、上高、宜春、分宜、萍鄉、萬載、吉水、萬安、臨川、上饒、玉山、鉛山、建昌、大庾、袁州等縣衛，乾隆八年分，開墾地一十三頃三十六畝有奇。（高宗二三七、一二）

（**乾隆一一、三、乙酉**）江西巡撫塞楞額疏報：南昌、新建、進賢、萬載、新喻、龍泉、玉山、弋陽、鄱陽、樂平等十縣，乾隆九年分，開墾老荒續荒及額外新生田地塘共二十一頃六十六畝；又贛縣開墾贛州衛老荒屯田六十一畝零。（高宗二六一、七）

（**乾隆一二、三、甲寅**）戶部議准：江西巡撫開泰疏稱，乾隆十年分，南昌、萍鄉、萬載、泰和、萬安、樂安、廣豐、弋陽、貴溪、安遠等十縣，勸墾田地六頃八十六畝有奇，照例升科。從之。（高宗二八七、一二）

（**乾隆一三、五、丙戌**）江西巡撫開泰疏報：南昌等九縣，十一年分，

開墾荒地十頃九十七畝。（高宗三一四、一〇）

（**乾隆一四、四、庚子**）調任江西巡撫唐綏祖疏報：蓮花廳、吉水、萬安、上饒、鉛山、貴溪、鄱陽、安義等八廳縣，乾隆十二年分，勸墾老荒、續荒及額外新生田地山塘一十頃七十五畝，應徵銀米，照例升科。（高宗三三九、二一）

（**乾隆一四、四、壬寅**）調任江西巡撫唐綏祖疏報：靖安、上高、分宜、萍鄉、萬載、吉水、萬安、臨川、上饒、玉山、鉛山、建昌、大庾等十三縣，乾隆八年，勸墾屯田地塘十三頃二十八畝，應徵銀米，照例升科；其宜春縣被水衝壓田畝額賦，應予豁除。（高宗三三九、二三）

（**乾隆一六、一二、癸巳**）江西巡撫舒輅疏報：德安縣深思湖、姚家洲等處草地一十二頃一十七畝零，應徵草課，照例升科。（高宗四〇四、二）

（**乾隆一七、五、辛酉**）江西巡撫鄂昌疏報：乾隆十五年分，寧州、分宜、萬安、泰和、樂平、安仁、星子、德安、南康、安遠等十州縣，勸墾荒地及額外新生田塘共二十三頃二十二畝有奇。（高宗四一四、三）

（**乾隆一七、五、壬戌**）戶部議准：江西巡撫鄂昌疏稱，南昌、新建、萍鄉、清江、萬安、玉山、廣豐、南康、雩都等九縣，墾地一十頃九十七畝零，銀米應照例徵解。惟新建所墾，有礙水道，不便升科，呈請豁除。從之。（高宗四一四、三）

（**乾隆一七、八、己丑**）江西巡撫鄂昌疏報：南昌、進賢、永豐、萬安、永寧、樂安、建昌、安義、德安、南康、信豐、定南等十二縣，首墾老荒、續荒及額外新生田、地、山六十三頃五十五畝有奇。（高宗四一〇、二）

（**乾隆一八、三、壬申**）江西巡撫鄂容安疏報：上高、萍鄉、新喻、萬安、永新、鉛山、弋陽、鄱陽、餘干、德化、南康、上猶、南定等十三縣，勸墾老荒、續荒及額外新生田地塘二十頃二十畝有奇。（高宗四三五、二）

（**乾隆一九、四、戊戌**）署江西巡撫王興吾疏報：乾隆十七年分，新建、萬安二縣，開墾地、田、山共一十六頃三十畝有奇。（高宗四六一、三）

（**乾隆一九、閏四、丁巳**）江西巡撫王興吾疏報：乾隆十七年分，南昌府屬，勸墾老荒、續荒田、地、山、蕩共一十五頃九十八畝有奇。（高宗四六二、七）

（**乾隆二〇、四、甲子**）原任江西巡撫范時綬疏報：南昌、新建、南豐、船山等四縣，乾隆十四年首墾荒地四頃有奇。（高宗四八七、七）

（**乾隆二一、四、甲辰**）江西巡撫胡寶瑔疏報：新建、豐城、廬陵、萬安、永寧、玉山、廣豐、弋陽、瑞昌、上猶、安遠等十一縣，乾隆十九年

分，勸墾老荒及額外新生田地五頃七十五畝有奇。（高宗五一〇、一六）

（乾隆二三、四、庚午）户部題：署江西巡撫阿思哈疏報，乾隆二十一年分，南昌、新建、新喻、崇仁、玉山、貴溪、鄱陽、樂平、建昌、興國等十縣，勸墾田地四十七頃四十八畝有奇，應徵銀兩於壬午年起科交納。從之。（高宗五六〇、二八）

（乾隆二五、四、癸卯）江西巡撫阿思哈疏報：南昌等十三縣報墾老荒新田一十五頃有奇。（高宗六一一、一五）

（乾隆二六、三、甲子）江西巡撫常鈞疏報：寧州、南昌、新建、進賢、靖安、萬載、吉水、萬安、廣豐、鉛山、萬年、星子、南康、定南等十四州縣，勸墾老荒及新生田、地、山二十頃六十四畝有奇。（高宗六三三、一四）

（乾隆二七、四、己丑）江西巡撫常鈞疏稱：奉新、萍鄉、蓮花、萬安、永新、玉山、廣豐、鉛山、興安、南康等十廳縣，乾隆二十五年分，開墾荒地三頃五十六畝有奇。（高宗六五九、一四）

（乾隆二八、四、丁酉）江西巡撫湯聘疏報：乾隆二十六年分，南昌、新建、靖安、萍鄉、清江、蓮花、廬陵、萬安、鉛山、鄱陽等十廳縣，勸墾老荒、續荒、新生田、地、塘十一頃二十四畝有奇。（高宗六八四、一六）

（乾隆三〇、四、庚申）户部議准：江西巡撫輔德疏稱，南昌、新建、進賢、新昌、吉水、新城、鄱陽等七縣，勸墾荒地及額外新生田地共十一頃七十一畝，應徵銀米於三十四年徵收。從之。（高宗七三四、一九）

（乾隆三〇、七、丙戌）調任江西巡撫明德疏報：乾隆二十九年分，先後開墾通省十四府州屬七十七廳州縣官山田地洲塘共一千二百九十四頃五十九畝有奇。（高宗七四〇、一五）

（乾隆三一、四、辛酉）江西巡撫明山疏報：乾隆二十九年新喻、萬安、臨川、上饒、廣豐、鉛山、貴溪、樂平、建昌、南康等十縣，墾田地十二頃二十七畝有奇。（高宗七五九、一三）

（乾隆三一、七、癸巳）江西巡撫吳紹詩疏報：德化縣乾隆三十年分，開墾九江衛老荒屯地二頃有奇。（高宗七六五、一四）

（乾隆三三、四、丙戌）江西巡撫吳紹詩疏報：乾隆三十一年，清江、吉水、萬安、安福、鉛山等五縣，勸墾老荒及額外新生田地共一頃一十一畝有奇。（高宗八〇、三二）

（乾隆三四、四、甲戌）江西巡撫吳紹詩疏報：乾隆三十二年分，新建、靖安、萬載、臨川、崇仁、廣豐、鉛山、弋陽、樂平、上猶、安遠、瑞金等十二縣，開墾老荒、續荒及額外新生田地山共一十七頃三十六畝有奇。（高

宗八三三、二七）

（**乾隆三五、四、戊辰**）江西巡撫海明疏報：乾隆三十三年分，宜春、萍鄉、萬載、清江、萬安、鉛山、貴溪、安義、上猶、南康十縣，勸墾老荒、新生田地二頃二十七畝有奇。（高宗八五七、一二）

（**乾隆三五、七、癸丑**）江西巡撫海明疏報：寧州、南昌等各屬實墾成熟官山、田、地、洲、塘一千五十八頃二十一畝有奇。（高宗八六四、二〇）

（**乾隆三七、四、丁亥**）江西巡撫海明疏報：宜春、太和、玉山、鉛山、鄱陽、德化等六縣，開墾田地山塘五頃六十三畝。（高宗九〇七、二九）

（**乾隆四〇、五、丁巳**）陞任江西布政使署巡撫李瀚疏報：乾隆三十六年，新建、萬載、新淦、吉水、泰和、新城、永新、鄱陽、建昌、會昌、興安等十一縣，開墾老荒及額外新生田地十五頃一畝有奇。（高宗九八二、一七）

（**乾隆四〇、六、甲申**）陞任江西布政使署巡撫李瀚疏報：乾隆三十八年，新建、豐城、進賢、宜春、分宜、萍鄉、萬載、清江、新淦、新喻、萬安、安福、永新、宜黃、南豐、上饒、玉山、廣豐、弋陽、貴溪、興安、鄱陽、星子、南康、上猶、崇義、定南、信豐、寧都等二十九州縣，勸墾老荒及額外新生田、地、山、塘三十六頃九十六畝有奇。（高宗九八四、八）

（**乾隆四三、六、癸卯**）江西巡撫郝碩疏報：豐城、分宜、萍鄉、新喻、吉水、金谿、上饒、廣豐、鉛山、南康、興國等十一縣，勸墾老荒、續荒及額外新生田地山塘共七頃七十六畝有奇。（高宗一〇五八、二八）

（**乾隆四五、四、癸酉**）江西巡撫郝碩疏報：分宜、萍鄉、萬載、廬陵、吉水、玉山、建昌、寧都等八州縣，開墾老荒及額外新生田地山塘共二頃三十七畝有奇。（高宗一一〇五、一八）

（**乾隆四六、四、壬戌**）江西巡撫郝碩疏報：鉛山縣開墾屯田五畝三分有奇。（高宗一一二九、一三）

（**乾隆四六、五、丁亥**）江西巡撫郝碩疏報：南昌、新建、上高、分宜、永豐、龍泉、樂安、鉛山八縣，開墾荒地五頃二十畝有奇。（高宗一一三〇、二八）

（**乾隆四七、五、丁酉**）江西巡撫郝碩疏報：靖安、廬陵、永豐、玉山、廣豐、鉛山、鄱陽、建昌、大庾等九縣，乾隆四十五年分，勸墾老荒及額外新生田地山塘六頃十七畝有奇。（高宗一一五六、七）

（**乾隆四七、六、乙亥**）江西巡撫郝碩疏報：豐城、分宜、萍鄉、新喻、吉水、金谿、上饒、廣豐、鉛山、南康、興國等十一縣，乾隆四十六年分，

勸墾老荒、續荒及額外新生田地山塘七頃七十六畝有奇。（高宗一一五八、一〇）

（**乾隆四八、七、癸巳**）江西巡撫郝碩疏報：新建、奉新、分宜、峽江、廬陵、永豐、泰和、永寧、金谿、鉛山、雩都等十一縣，乾隆四十二年分，開墾田地山場一十七頃二十九畝有奇。（高宗一一八四、一一）

（**乾隆四九、四、辛亥**）前任江西巡撫郝碩疏報：吉水、永新、廣豐、鄱陽、德興、寧都六州縣，勸墾老荒、新生田、地、塘三頃六十三畝有奇。（高宗一二〇五、二三）

（**乾隆五三、五、辛未**）江西巡撫何裕城疏報：南昌、豐城、奉新、萍鄉、廣豐、鄱陽、大庚、南康八縣，乾隆五十二年，開墾田地塘共十三頃九十一畝有奇。（高宗一三〇四、一二）

（**乾隆五四、五、乙丑**）江西巡撫何裕城疏報：乾隆五十二年，萬載、吉水、泰和、萬安、安福、南豐、玉山、弋陽、浮梁九縣，開墾水田共四頃三十畝有奇。（高宗一三二八、一九）

（**乾隆五五、五、甲申**）調任江西巡撫何裕城疏報：乾隆五十三年分，開墾宜春、蓮花、南康等三廳縣額外水田二頃十畝有奇。（高宗一三五四、九）

（**乾隆五六、四、癸酉**）署江西巡撫姚棻疏報：乾隆五十四年分，南昌、豐城、分宜、萍鄉、樂平等五縣，開墾新生田地、塘二頃二十七畝有奇。（高宗一三七七、二九）

（**乾隆五七、閏四、壬午**）署江西巡撫姚棻疏報：乾隆五十五年分，靖安、萍鄉、新喻、廣豐等四縣，開墾老荒、新生田地、山一頃六十六畝有奇。（高宗一四〇二、二三）

（**乾隆五九、六、己巳**）江西巡撫陳淮疏報：靖安、宜春、上饒、德興等四縣，乾隆五十七年分，開墾額外新生田地五頃有奇。（高宗一四五四、三三）

（**乾隆六〇、六、丙戌**）江西巡撫陳淮疏報：乾隆五十七年，南昌、萍鄉、峽江、臨川、鉛山五縣，勸墾老荒及額外新生田地共八十六畝有奇。（高宗一四八〇、一一）

（**嘉慶一、六、丁丑**）戶部議准：署江西巡撫、布政使萬寧疏報，上饒、玉山、弋陽、廣豐四縣，開墾水田四頃一十畝有奇，照例升科。從之。（仁宗六、三）

（**嘉慶二、閏六、己未**）戶部議准：署江西巡撫台布疏報，新建、分宜二縣，開墾田七十畝有奇，照例升科。從之。（仁宗一九、一七）

（嘉慶三、六、乙未）户部議准：江西巡撫張誠基疏報，南昌、分宜、永豐、崇仁、鉛山五縣，開墾田十頃六十畝有奇，照例升科。從之。（仁宗三一、六）

（嘉慶四、六、戊戌）户部議准；署江西巡撫、布政使萬寧疏報，豐城、上高、新昌、建昌四縣，開墾山地三十四畝有奇，照例升科。從之。（仁宗四六、二二）

（嘉慶七、六、丁卯）户部議准：江西巡撫張誠基疏報，蓮花、宜春二廳縣，開墾田六十三畝有奇，照例升科。從之。（仁宗九九、三三）

（嘉慶八、六、庚辰）户部議准：江西巡撫秦承恩疏報，南昌、建昌二縣，開墾田一頃二十六畝有奇，照例升科。從之。（仁宗一一五、四）

（嘉慶九、六、丙辰）户部議准：江西巡撫秦承恩疏報，廣豐縣開墾田九十一畝有奇，照例升科。從之。（仁宗一三〇、九）

（嘉慶一二、六、辛卯）户部議准：江西巡撫金光悌疏報，新建、宜春、鉛山三縣，開墾田二頃八十九畝有奇，照例升科。從之。（仁宗一八二、九）

（嘉慶一三、五、辛酉）户部議准：江西巡撫金光悌疏報，南昌、鉛山二縣，開墾田八十畝有奇，照例升科。從之。（仁宗一九五、三〇）

（嘉慶一四、六、癸卯）户部議准：前任江西巡撫金光悌疏報，南昌、武寧、新喻、南康四縣，開墾水田一頃十一畝有奇，照例升科。從之。（仁宗二一三，一八）

（嘉慶一五、二、丙午）户部議准：前護江西巡撫、布政使袁秉直疏報，鉛山縣開墾田六畝有奇，照例升科。從之。（仁宗二二六、一〇）

（嘉慶一七、五、己亥）户部議准：江西巡撫先福疏報，南昌、峽江、崇仁、宜春、分宜五縣，開墾田二十三頃七十畝有奇，照例升科。從之。（仁宗二五七、三一）

（嘉慶一八、六、丙辰）户部議准：江西巡撫先福疏報，廣豐、貴溪二縣，開墾水田一頃三十畝有奇、山田十三畝有奇，照例升科。從之。（仁宗二七〇、二四）

（嘉慶一九、五、辛卯）户部議准：升任江西巡撫先福疏報，南昌、鉛山、龍南三縣開墾地三頃三十六畝有奇，照例升科。從之。（仁宗二九〇、三）

（嘉慶二〇、六、甲子）户部議准：江西巡撫阮元疏報，南昌、新建、高安三縣開墾田一頃三畝有奇，照例升科。從之。（仁宗三〇七、八）

（嘉慶二二、六、己卯）户部議准：江西巡撫錢臻疏報，南昌、鉛山二縣，開墾地一頃五十九畝有奇，照例升科。從之。（仁宗三三一、一〇）

（嘉慶二四、閏四、甲寅）戶部議准：江西巡撫錢臻疏報，豐城、武寧、上饒三縣，開墾水田一頃二十三畝有奇，照例升科。從之。（仁宗三五七、二四）

（嘉慶二五、五、庚午）戶部議准：調任江西巡撫錢臻疏報，廣豐縣開墾田二頃四十六畝有奇，照例升科。從之。（仁宗三七〇、一九）

(12) 浙江

（康熙二九、二、辛未）戶部議覆：浙江巡撫張鵬翮疏言，定海山即古之昌國縣，原有富都、金塘、蓬萊、安期四鄉，至明代去三鄉，止存富都，即今之定海山。茲據民人金廷清等認墾金塘、蓬萊二鄉田地，應准其開墾成熟，照例起科。從之。（聖祖一四四、一七）

（雍正二、七、癸丑）浙江巡撫黃叔琳疏報：象山等六縣開墾雍正元年分田地共一千一百頃有奇。下部知之。（世宗二二、一〇）

（雍正六、七、辛亥）戶部議覆：浙江總督李衛疏言，紹興府屬上虞縣沿海民田，歷年為潮汐侵削坍沒五千餘畝，皆係業戶賠納錢糧，不勝其累；而上虞夏蓋湖周遭一百餘里，就中漲淤之地，已有私墾成田者，因令該縣查丈已墾者，許民自首，未墾者許民認業，共計田六千七百三十畝。請將坍田應徵銀五百六十餘兩，即行除額；其新墾田於雍正六年起科。庶額賦永清，公私兩便。應如所請。從之。（世宗七一、五）

（雍正六、七、甲寅）浙江總督李衛疏報：象山等六縣，開墾雍正五年分田地二十四頃有奇。下部知之。（世宗七一、六）

（雍正七、五、甲子）署浙江巡撫蔡仕舢疏報：嘉興等十六縣，開墾本年分田地五百頃有奇。（世宗八一、二四）

（雍正一一、七、丙戌）浙江總督程元章疏報：鎮海等八縣，開墾雍正十年分田地八十一頃有奇。下部知之。（世宗一三三、六）

（雍正一三、七、己酉）浙江巡撫程元章疏報：安吉、餘姚等七州縣，開墾雍正十二年分田地一百五十三頃有奇。下部知之。（世宗一五八、一二）

（雍正一三、一二、己卯）［戶部］又議覆：總督銜浙江巡撫程元章疏報，雍正十二年，嘉興等七州縣，開墾併改墾田地山草蕩河共一百五十三頃九十八畝有奇，又定海縣墾戶開墾田三頃九十五畝有奇，所有應徵銀課米石，均令按年照數徵收；其上虞等縣額外開墾田地，應令該撫查實，照例升科。從之。（世宗八、三四）

（雍正一三、一二、癸未）戶部議准：總督銜浙江巡撫程元章疏稱，覆

勘鎮海等縣於雍正七年、十年，墾復老荒田地共一百八十頃三十五畝，應徵銀米，照例於雍正十三年升科。從之。（世宗九、九）

（**乾隆一、九、丙申**）大學士總理浙江海塘兼管總督巡撫事務嵇曾筠疏報：定海、山陰等六縣，開墾雍正十三年分民田、蕩、地四十四頃，新城、鎮海等十七縣，墾復額內荒缺田、地、山、塘二百五十三頃有奇，招回人丁七十二丁口。（高宗二六、一一）

（**乾隆二、八、壬午**）大學士管浙江總督事務嵇曾筠疏報：象山、臨海、太平、定海、永嘉、平陽、松陽、景寧、雲和等九縣，墾復額內荒缺民竈田地山園二十頃有奇；又定海縣墾復額內荒缺田地山蕩六十三頃有奇。（高宗四九、一〇）

（**乾隆二、八、乙酉**）大學士管浙江總督事務嵇曾筠疏報：孝豐、鄞、慈谿、象山、定海、會稽、餘姚、嵊、蘭谿、麗水等十縣，開墾田地山蕩三十二頃八十八畝有奇，諸暨、嵊縣改墾田地二頃九十八畝有奇。（高宗四九、一三）

（**乾隆二、一一、癸亥**）大學士管浙江總督嵇曾筠疏報：奉化、寧海二縣，開墾額田八頃五十一畝。（高宗五六、一二）

（**乾隆三、三、庚申**）大學士管浙江總督事務嵇曾筠疏報：黃巖、武義、桐廬等三縣，乾隆元年分，額外開墾田地山塘共一十五頃三十八畝有奇；又武義縣原辦地山塘改墾田九十九畝有奇，山改地一十畝。（高宗六四、一五）

（**乾隆三、一一、辛未**）大學士前總理浙江海塘管總督事嵇曾筠疏報：浙江臨海、太平、天台等三縣，實墾台州衛原荒屯田共三頃四十三畝有奇。（高宗八一、一六）

（**乾隆四、七、癸丑**）浙江巡撫盧焯奏報：乾隆三年分，富陽、餘杭、新城、定海、餘姚、蘭溪、常山、樂清等八縣，開墾額外田地、山蕩、塘河地共四十頃有奇。（高宗九六、一〇）

（**乾隆四、八、壬寅**）浙江巡撫盧焯疏報：乾隆三年分，象山、臨海、太平三縣開墾額內田、地、山共二頃八十七畝有奇，共招回丁口十丁口四分二釐一毫零；象山、定海、太平、平陽四縣，開墾額內田、地、山、園共六頃五十九畝有奇，共招回丁口十八丁口五分七釐零。太平縣開墾額內田地共三畝有奇，定海縣開墾額內田、地、塗、山、蕩、河共三十九頃三十七畝有奇，江山縣開墾額內田地共一頃六十五畝有奇，景寧縣開墾額內田一頃七十五畝有奇，西安縣開墾額內田三頃三十一畝有奇。（高宗九九、二四）

（**乾隆五、七、乙亥**）浙江巡撫盧焯疏報：鎮海、定海、象山、太平、

江山、常山、永嘉、平陽、雲和等九縣，乾隆四年分，開墾荒地二十頃有奇。（高宗一二二、一二）

（**乾隆五、七、丙子**）浙江巡撫盧焯疏報：安吉、定海、西安、江山、常山等五州縣，乾隆四年分，開墾額外田地二十二頃九十二畝有奇。（高宗一二二、一八）

（**乾隆五、九、丁酉**）浙江巡撫盧焯疏報：太平、黃巖、天台等三縣，墾復台州衛原荒屯田二頃二十五畝有奇。（高宗一二七、二六）

（**乾隆六、一〇、丙申**）原任浙江巡撫盧焯疏報：乾隆五年分，象山、臨海、太平三縣，開墾田、地、山、蕩共九頃二十二畝有奇，招回丁口八十二丁口三分四釐六毫零；又象山、定海、太平、永嘉、平陽五縣，開墾額內田、地、山、園共一十五頃九十七畝有奇，招回丁口九十一丁口五分八釐五毫零，又太平縣開墾額內田、地、山共五十四畝有奇，又永嘉、宣平二縣，開墾額內田一十六頃三十九畝有奇；又定海縣開墾額內塗、田、草、蕩、河共四頃三十九畝有奇；又江山縣開墾積荒田一頃七十六畝有奇；又麗水縣開墾坍缺地六十三畝有奇。（高宗一五二、六）

（**乾隆七、八、丙午**）浙江巡撫常安疏報：乾隆六年分，奉化、鎮海、象山、太平、平陽、雲和、烏程、龍游八縣，墾復荒缺田、地、山、蕩十九頃有奇，招回人五十一丁。（高宗一七三、一〇）

（**乾隆八、八、甲子**）浙江巡撫常安疏報：鎮海、象山、臨海、太平、平陽、景寧等六縣，乾隆七年分，開墾田、地、山、蕩、園十一頃九十畝有奇。（高宗一九八、二一）

（**乾隆八、九、庚辰**）浙江巡撫常安疏報：鄞縣開墾乾隆七年分田畝九頃有奇。（高宗二〇〇、二）

（**乾隆九、八、壬申**）浙江巡撫常安疏報：安吉、定海、山陰、上虞、嵊縣、蘭溪等州縣，開墾額外田地山蕩池塘共九十四頃四畝有奇。（高宗二二三、二五）

（**乾隆一〇、八、丙寅**）浙江巡撫常安疏報：臨安、歸安、慈谿、定海、西安等縣，乾隆九年，墾熟田、地、山、蕩一百三十頃三十六畝有奇。（高宗二四七、七）

（**乾隆一〇、九、癸酉**）浙江巡撫常安疏報：鎮海、象山、太平、樂清、青田、松陽、定海、平陽、麗水、常山、西安等十一縣，乾隆九年，墾復額內荒缺民竈屯田地、山、蕩一百五十九頃三十六畝有奇，招回人丁二百七十八口。（高宗二四八、七）

（**乾隆一四、九、戊午**）陞任浙江巡撫方觀承疏報：鎮海、象山、太平、平陽、泰順、青田、景寧等縣開墾乾隆十三年分田、地、山、蕩、塘、園八十二頃有奇，招回人丁三十七丁口。（高宗三四八、一五）

（**乾隆一四、一一、庚申**）戶部議准：陞任浙江巡撫方觀承疏稱，仁和縣民張彩等，認墾沿海沙地二千八百三十頃六十六畝零，每年應徵銀一萬六千四百七十四兩零，均係荒沙，遵例六年後起科。從之。（高宗三五二、二五）

（**乾隆一五、八、丁酉**）署浙江巡撫永貴疏報：象山、太平、樂清、青田、景寧、定海、松陽等縣，乾隆十四年分，開墾田、地、山、塘共六十五頃有奇，招回人丁二名口。（高宗三七一、一二）

（**乾隆一五、九、甲辰**）署浙江巡撫永貴疏報：定海、太平、仁和、瑞安等縣，乾隆十四年分，開墾田、地、山、塘、沙地共八十頃有奇，上虞、黃巖二縣，開墾田、地並新漲沙塗共一百四十八頃有奇。（高宗三七二、六）

（**乾隆一六、七、乙酉**）浙江巡撫永貴疏報：開墾象山、太平、遂昌、雲和等縣，田、地、山、塘共一十三頃九十畝有奇；定海、龍游、江山等縣，田、地、塗、山共五頃有奇，龍泉縣田、地五十六畝有奇。（高宗三九五、一四）

（**乾隆一六、八、乙未**）浙江巡撫永貴疏報：開墾歸安、孝豐、定海、上虞、太平等縣山蕩沙塗三十四頃四十畝有奇，昌化、寧海二縣額外田地沙塗九十四頃八十畝有奇。（高宗三九六、三）

（**乾隆一七、八、辛亥**）浙江巡撫雅爾哈善疏報：上虞、壽昌、龍泉等三縣，乾隆十六年首墾田十五頃三十八畝有奇。（高宗四二一、一一）

（**乾隆一九、九、庚辰**）陞任浙江巡撫雅爾哈善疏報：麗水、臨安、富陽、鎮海、太平、松陽、雲和、宣平等八縣，十九年分，開墾田地山塘一百八頃有奇。（高宗四七二、六）

（**乾隆二〇、七**）〔是月〕浙江巡撫周人驥奏：乾隆十四年，仁和縣墾地一百六十七頃零，海寧縣墾地一千六十三頃零。（高宗四九三、一七）

（**乾隆二〇、九、癸酉**）浙江巡撫周人驥疏報：孝豐、天台、鎮海三縣，乾隆十九年，共開墾額外田地山蕩五頃七十七畝有奇。（高宗四九六、四）

（**乾隆二〇、九、己卯**）浙江巡撫周人驥疏報：太平、常山二縣，乾隆二十年，開墾積荒田、地，山、蕩共十四頃九十二畝有奇。（高宗四九六、一八）

（**乾隆二一、九、丙寅**）浙江巡撫楊廷璋疏報：寧海、太平、青田、遂昌、永嘉、雲和等六縣，升科田地山塘蕩共一百三頃五十八畝有奇，西安縣墾田一十七頃六十四畝有奇，常山、麗水二縣，墾田地二十五頃二十六畝有奇，鎮海、臨海、蘭谿、湯溪、西安、常山、麗水等七縣，報墾成熟額外田地塘共二十頃九十畝有奇。（高宗五二〇、三）

（乾隆二三、八、辛酉）浙江巡撫楊廷璋疏報：乾隆二十二年分，開墾鎮海、太平、松陽、遂昌、永嘉、景寧、麗水等七縣田地山塘共四十八頃十九畝有奇。（高宗五六八、九）

（乾隆二五、九、壬子）浙江巡撫莊有恭疏報：錢塘、鎮海、象山、定海、上虞、太平、龍游、江山、平陽等九縣，共報墾額內荒地八十一頃六十六畝有奇。（高宗六二〇、一二）

（乾隆二六、一、戊辰）浙江巡撫兼管鹽政莊有恭疏報：石堰場墾復坍地二萬七千五百十畝有奇。（高宗六二九、一四）

（乾隆二六、八、己丑）浙江巡撫莊有恭疏報：定海、上虞、龍游、永嘉、縉雲、海寧等六縣，乾隆二十五年分，開墾田地漲沙地二十頃二十二畝有奇。（高宗六四三、一三）

（乾隆二六、八、壬辰）浙江巡撫莊有恭疏報：定海、縉雲、青田、松陽、平陽、永嘉、宣平、龍游等八縣，乾隆二十五年分，開墾積荒田地五十七頃一畝有奇。（高宗六四三、一八）

（乾隆二七、八、甲午）浙江巡撫莊有恭疏報：乾隆二十六年分，定海、鎮海、臨海、黃巖、寧海、麗水、雲和等七縣，開墾額外田、地、蕩塗、沙塗、水漲沙地、民竈塗田共四百八十頃有奇。（高宗六六八、四）

（乾隆二七、八、丁酉）浙江巡撫莊有恭疏報：乾隆二十六年分，寧海、仙居、太平、麗水、常山等五縣，開墾田地共一百八十五頃有奇。（高宗六六八、九）

（乾隆二八、八、甲辰）浙江巡撫熊學鵬疏報：乾隆二十七年分，各州縣具報，開墾臨海縣地二十五頃二十五畝有奇，龍泉縣田一十七頃八十畝有奇，太平縣田地山塘三頃一十八畝有奇，太平、永嘉、平陽三縣田地山塘園八頃九十七畝有奇，永嘉縣田二頃一十四畝有奇，江山、開化二縣，衢州所田地一十七頃三十畝。（高宗六九三、三）

（乾隆二八、八、壬子）浙江巡撫熊學鵬疏報：慈谿、太平、浦江、西安、開化、瑞安、平陽開墾額外田地、塗田、蕩山三百六頃十一畝有奇；又慈谿、浦江以地改墾田四頃四十八畝有奇，又樂清縣開墾額外塗田磽田地池一百三十一頃二十九畝有奇。（高宗六九三、一三）

（乾隆二九、九、壬子）浙江巡撫熊學鵬疏報：乾隆二十八年分，鎮海、

嵊縣、龍游、慶元、安吉等五州縣，開墾田地山蕩五頃四十畝有奇；又嵊縣以地山改墾田地二頃有奇。（高宗七一八、三）

（乾隆二九、九、庚午）浙江巡撫熊學鵬疏報：乾隆二十八年分，雲和、景寧、龍游三縣，台州衛衢州所，開墾田地五十頃有奇。（高宗七一九、五）

（乾隆三〇、九、丁亥）浙江巡撫熊學鵬疏報：乾隆二十九年分，開墾臨安、鄞縣、諸暨、黃巖、寧海等縣山塘沙竈蕩塗共二百十九頃十五畝有奇。（高宗七四四、一七）

（乾隆三〇、九、壬辰）浙江巡撫熊學鵬疏報：乾隆二十九年分，開墾常山、永嘉、平陽、縉雲、遂昌等五縣田地山園共二十九頃五十畝有奇。（高宗七四五、八）

（乾隆三一、九、戊辰）浙江巡撫熊學鵬疏報：乾隆三十年，象山、江山二縣，開墾田地九頃六十九畝有奇；上虞、蘭谿、樂清三縣，開墾額外田地山蕩一十五頃八十五畝有奇。（高宗七六八、一）

（乾隆三二、閏七、壬子）浙江巡撫熊學鵬疏報：仁和、太平二縣，開墾額外沙地共三百七十二頃二畝有奇；富陽、安吉、慈谿、瑞安四州縣，開墾新漲沙地共十一頃八十七畝有奇。（高宗七九一、八）

（乾隆三三、八、丙子）浙江巡撫覺羅永德疏報：象山、太平、龍游、永嘉、松陽等五縣，乾隆三十二年分，開墾田地山塘二十七頃四十四畝有奇。（高宗八一七、一五）

（乾隆三三、八、己卯）浙江巡撫覺羅永德疏報：仁和、餘杭、臨海、寧海、龍游、樂清、烏程、平陽等八縣，乾隆三十二年分，開墾額外田地池蕩二百十九頃十六畝有奇。（高宗八一七、二二）

（乾隆三四、八、丁丑）浙江巡撫覺羅永德疏報：象山、定海、常山、永嘉、遂昌、景寧六縣，乾隆三十三年，開墾田四十九頃五十畝有奇。（高宗八四一、一九）

（乾隆三五、七、乙丑）浙江巡撫熊學鵬疏報：乾隆三十四年分，定海、分水二縣，開墾改墾田地並塗田五十一頃八畝有奇；象山、太平、平陽、青田四縣，開墾田地山塘園四十一頃七十五畝有奇；衢州開墾田地三十三畝有奇。（高宗八六五、一一）

（乾隆三六、八、丙申）浙江巡撫富勒渾疏報：鎮海、嵊縣、臨海、寧海、龍游等五縣，開墾額外田地塘蕩共八十五頃九十畝有奇，樂清縣開墾塗磽田地一十三頃四十四畝有奇，升科如例。（高宗八九一、二六）

（乾隆三六、九、庚戌）浙江巡撫富勒渾疏報：乾隆三十五年分，長興縣開墾田七頃二十七畝有奇；臨海、嵊縣、温州衛三縣衛，共開墾田三頃三十四畝有奇；龍游、常山二縣共開墾田六頃六十七畝有奇；定海縣開墾田蕩三十五頃七十畝有奇。升科如例。（高宗八九二、四九）

（**乾隆三七、九、丙申**）陞任浙江巡撫富勒渾疏報：乾隆三十六年分，開墾慈谿、臨海、海寧、分水等四縣田地沙塗八頃十五畝有奇。（高宗九一六、一一）

（**乾隆三八、八、壬子**）浙江巡撫三寶疏報：鎮海縣乾隆三十七年開墾田地山蕩一頃四十六畝有奇。（高宗九四一、三八）

（**乾隆三八、九、己未**）浙江巡撫三寶疏報：永豐、永安、龍尾等塘，乾隆三十八年，天漲沙塗田六百三十六畝有奇。（高宗九四二、七）

（**乾隆三八、九、壬戌**）浙江巡撫三寶疏報：臨海、建德、奉化、太平、龍泉、平陽、江山等七縣，乾隆三十八年，開墾田地山塘五十五頃六十八畝有奇。（高宗九四二、一四）

（**乾隆四〇、八、乙酉**）浙江巡撫三寶疏報：仁和、餘杭、嵊縣、蘭谿、開化、樂清、瑞安、海寧等八州縣，乾隆三十九年分，開墾田地山池二百四頃四十四畝有奇。（高宗九八八、一八）

（**乾隆四〇、九、壬子**）浙江巡撫三寶疏報：太平、平陽、青田等三縣並衢州衛，乾隆三十九年分，開墾田地山塘五十八頃有奇。（高宗九九〇、一二）

（**乾隆四一、八、庚戌**）浙江巡撫三寶疏報：嵊縣、常山、開化三縣，乾隆四十年分，開墾田五頃五十九畝有奇。（高宗一〇一四、九）

（**乾隆四四、八、戊寅**）浙江巡撫王亶望疏報：慈谿、錢塘、黃巖、西安、樂清等縣，乾隆四十三年分，開墾沙塗山塘及水衝田地共二百二頃四十畝有奇，仁和場新漲沙蕩八百八十三畝有奇。（高宗一〇八九、二五）

（**乾隆四六、八、癸酉**）閩浙總督兼浙江巡撫陳輝祖疏報：上虞、安吉、太平、天台、樂清等五縣，乾隆四十五年，開墾額外新陞並塗磧田地山蕩三十四頃九十五畝有奇。（高宗一一三八、八）

（**乾隆四七、九、壬戌**）原任閩浙總督署浙江巡撫陳輝祖疏報：乾隆四十六年分，嵊縣、蘭谿、金華、分水等四縣，改墾田一頃七十五畝有奇，景寧、常山、開化等三縣，開墾田地塘九頃五畝有奇。（高宗一一六五、二九）

（**乾隆四七、一〇、壬申**）原任閩浙總督兼管浙江巡撫陳輝祖疏報：定海、嵊縣、蘭谿、金華、分水、泰順等六縣，乾隆四十六年，開墾荒地二十八頃有奇。（高宗一一六六、一八）

（乾隆四九、八、戊申）浙江巡撫福崧疏報：鄞縣開墾額外田地塗地五十二畝有奇，定海縣開墾鹽課項下額外蕩田十一頃四十六畝有奇，開化縣開墾額外山田七十二畝有奇。（高宗一二一三、一七）

（乾隆四九、九、乙丑）浙江巡撫福崧疏報：定海縣開墾民田、民地、塗田六十四頃三十九畝有奇，青田縣開墾積荒田十九頃四十一畝有奇，開化縣開墾缺額田地七頃四十一畝有奇。（高宗一二一四、一九）

（乾隆五〇、一〇、壬午）浙江巡撫福崧疏報：常山、安吉、孝豐、瑞安四縣，開墾額外塘田地八頃五十二畝有奇。（高宗一二四〇、一〇）

（乾隆五四、九、己亥）浙江巡撫覺羅琅玕疏報：青田、雲和二縣，乾隆五十三年分，開墾額內田地四十二頃五畝有奇。（高宗一三三九、二）

（乾隆五四、九、辛丑）浙江巡撫覺羅琅玕疏報：孝豐、鎮海二縣，乾隆五十三年分，開墾額外田地五頃六十四畝有奇。（高宗一三三九、八）

（乾隆五七、九、甲辰）浙江巡撫福崧疏報：孝豐、鎮海、臨海三縣，乾隆五十六年分，開墾額外田地一百畝有奇。（高宗一四一二、二一）

（乾隆五七、九、辛酉）浙江巡撫福崧疏報：龍泉縣乾隆五十六年分，開墾積荒田五頃九十畝有奇。（高宗一四一三、一五）

（乾隆五九、一一、甲午）浙江巡撫覺羅吉慶疏報：臨海縣開墾額外荒地六十一畝有奇。（高宗一四六四、一三）

（乾隆五九、一一、乙未）浙江巡撫覺羅吉慶疏報：建德縣開墾額內荒田二十八畝有奇。（高宗一四六四、一五）

（乾隆六〇、一〇、甲辰）浙江巡撫覺羅吉慶疏報：乾隆五十九年分，孝豐、臨海、黃巖、鎮海四縣，開墾額外塗田山蕩地共十頃六十畝有奇。（高宗一四八九、三五）

（嘉慶一、一〇、癸未）户部議准：陛任浙江巡撫吉慶疏報，定海、常山二縣，開墾蕩田四頃有奇，照例升科。從之。（仁宗一〇、一一）

（嘉慶四、一二、己丑）户部議准：浙江巡撫玉德疏報，建德縣開墾地七十畝有奇，照例升科。從之。（仁宗五六、一二）

（嘉慶六、一一、丙戌）户部議准：浙江巡撫阮元疏報，臨海縣開墾田六十四畝有奇，……照例升科。從之。（仁宗九〇、三一）

（嘉慶七、九、甲戌）户部議准：浙江巡撫阮元疏報，上虞縣開墾水田二百七十三頃六十九畝有奇，照例升科。從之。（仁宗一〇三、九）

（嘉慶七、一一、癸巳）户部議准：浙江巡撫阮元疏報：象山、臨海二縣開墾田二百五十八畝有奇，……照例升科。從之。（仁宗一〇五、二一）

（嘉慶九、一一、戊子）戶部議准：浙江巡撫阮元疏報，錢塘、富陽、安吉、鎮海四縣，開墾沙蕩田五頃四十七畝有奇，照例升科。從之。（仁宗一三六、六）

（嘉慶一〇、三、癸丑）戶部議准：浙江巡撫阮元疏報，定海縣開墾塗田二千二百一十五畝有奇，照例升科。從之。（仁宗一四一、二一）

（嘉慶一〇、九、甲戌）戶部議准：浙江巡撫阮元疏報，象山、永康二縣，開墾田一百二十七頃八十六畝有奇，照例升科。從之。（仁宗一五〇、三三）

（嘉慶一〇、一〇、丙午）戶部議准：浙江巡撫阮元疏報，慈谿、鎮海、定海、瑞安四縣，開墾沙地蕩塗十四頃五十六畝有奇，照例升科。從之。（仁宗一五一、三五）

（嘉慶一二、一〇、丁酉）戶部議准：浙江巡撫清安泰疏報，海寧、富陽、嵊、臨海、黃巖、東陽六州縣，開墾田六十三頃五十八畝有奇，照例升科。從之。（仁宗一八六、三六）

（嘉慶一二、一一、己酉）戶部議准：浙江巡撫清安泰疏報，象山、臨海、義烏、武義、湯溪、開化、青田、雲和八縣，開墾田一百四十九頃七十二畝有奇，照例升科。從之。（仁宗一八七、二一）

（嘉慶一三、四、己丑）戶部議准：兩浙鹽政三義助疏報，大嵩場開墾塗田二百九十畝有奇，照例升科。從之。（仁宗一九四、二〇）

（嘉慶一三、一一、戊寅）戶部議准：浙江巡撫阮元疏報，象山、臨海二縣，開墾田二頃一百八十三畝有奇，照例升科。從之。（仁宗二〇三、二〇）

（嘉慶一四、五、甲子）戶部議准：浙江巡撫阮元疏報，海寧州開墾沙地一千六百二十六頃有奇，照例升科。從之。（仁宗二一一、九）

（嘉慶一四、一一、戊寅）戶部議准：前任浙江巡撫阮元疏報，仁和、開化二縣，開墾沙地一百九十三頃九十九畝有奇、山地三畝有奇，照例升科。從之。（仁宗二二一、一〇）

（嘉慶一四、一一、癸未）戶部議准：前任浙江巡撫阮元疏報，開化縣開墾田三頃六畝有奇，照例升科。從之。（仁宗二二一、一七）

（嘉慶一五、一一、辛酉）戶部議准：浙江巡撫蔣攸銛疏報，仁和、富陽、蕭山、西安四縣，開墾田二百一十一頃九十畝有奇，照例升科。從之。（仁宗二三六、一一）

（嘉慶一七、七、戊子）戶部議准：陞任浙江巡撫蔣攸銛疏報，富陽、定海、臨海、黃巖、浦江五縣，開墾沙塗田二十頃六十四畝有奇，照例升

科。從之。(仁宗二五九、二一)

（嘉慶一七、九、乙亥）户部議准：陞任浙江巡撫蔣攸銛疏報，仁和、象山二縣開墾沙地蕩田一百九十二頃六十六畝有奇，照例升科。從之。(仁宗二六一、七)

（嘉慶一七、一一、庚午）户部議准：浙江巡撫高杞疏報，錢塘、富陽、安吉、定海、黃巖、樂清、象山七縣開墾田四十六頃一畝有奇，照例升科。從之。(仁宗二六三、一)

（嘉慶一八、一〇、壬寅）户部議准：調任浙江巡撫方受疇疏報，海寧、富陽、臨海、黃巖、樂清五州縣，開墾田一百七十二頃三十九畝有奇，照例升科。從之。(仁宗二七六、一九)

（嘉慶一九、一一、辛卯）户部議准：調任浙江巡撫陳預疏報，富陽、安吉、奉化、象山、新昌、定海、東陽六縣，開墾沙地二百八十頃三十二畝有奇，照例升科。從之。(仁宗二九九、八)

（嘉慶二〇、一一、甲申）户部議准：浙江巡撫顏檢疏報，富陽、定海、慈谿、象山、瑞安、蕭山六縣，開墾地一百三十三頃五十畝有奇，照例升科。從之。(仁宗三一二、三)

（嘉慶二四、一一、丙寅）户部議准：浙江巡撫陳若霖疏報，富陽、寧波、定海、寧海、象山、常山、瑞安，開墾沙地蕩田一百八十七頃四十三畝有奇，照例升科。從之。(仁宗三六四、一〇)

(13) 福建

（雍正九、一〇、乙未）福建巡撫趙國麟疏報：福清等六縣開墾雍正八年分田地十五頃有奇。下部知之。(世宗一一一、六)

（雍正一三、七、丙辰）福建巡撫盧焯疏報：福州興化等府開墾雍正十二年分田地四百六十四頃有奇。下部知之。(世宗一五八、一八)

（乾隆一、七、乙卯）福建巡撫盧焯疏報：各屬州縣開墾雍正十一年分民田、園、地四十三頃有奇，屯田一頃有奇，雍正十二年分民田、園、洲四百七十頃有奇，屯田五十七頃有奇。(高宗二三、九)

（乾隆三、一〇、庚子）調任福建巡撫盧焯疏報：莆田縣本年民墾田一十六頃十五畝有奇。(高宗七九、六)

（乾隆三、一一、癸丑）調任福建巡撫盧焯疏報：福防廳雍正十三年至乾隆三年，先後報墾屯田共八頃九十二畝。(高宗八〇、一一)

（乾隆七、一二、辛丑）開墾福建羅源、永安、南澳、澎湖、龍巖等五

縣民屯田地七十六頃二十五畝有奇。（高宗一八一、二）

（乾隆一〇、四、己未）［户部］又議覆：福建巡撫周學健奏，古田縣雍正十三年首墾田三頃六十一畝零，共徵銀三十兩零，應於雍正十三年升科。各年應徵銀，統於乾隆八年補徵。准部覆，因何遲至八年，方始稱徵。查欽奉諭旨，豁免雍正十三年未完民欠，彼時此項田畝尚未入額，是以該年未完銀一十兩一錢零並不在已奉豁免案内；其元年至七年應完銀兩，直至八年補徵。請將雍正十三年未完銀一十兩一錢零，一體豁免。應如所請。從之。（高宗二三九、七）

（乾隆一三、五、丙午）閩浙總督署福建巡撫事務喀爾吉善疏報：閩縣等各廳縣十二年分，開懇［墾］水旱民地，共一百一頃七十六畝有奇。（高宗三一五、二四）

（乾隆一四、九、癸亥）福建巡撫潘思榘疏報：閩縣、龍巖州，開墾乾隆十三年分民屯田地十五頃有奇。（高宗三四九、三）

（乾隆一五、一一、庚戌）前署福建巡撫喀爾吉善疏報：閩縣等處十四年墾田三十四頃六十九畝有奇。（高宗三七六、二四）

（乾隆一七、一〇、庚戌）福建巡撫陳宏謀疏報：羅源縣墾田、園一十五頃七十畝，福清縣墾水田一十六頃九十八畝。（高宗四二五、一〇）

（乾隆一九、一〇、壬申）閩浙總督喀爾吉善疏報：閩縣等十三州縣及淡水廳，首墾報墾民屯田地共二十七頃四十一畝有奇。（高宗四七五、一八）

（乾隆二一、九、乙未）福建巡撫鐘音疏報：閩侯等縣升科田地一十八頃三十二畝，福清、同安等縣報墾田地共四頃十一畝有奇。（高宗五二一、一三）

（乾隆二七、二、丙子）閩浙總督、署福建巡撫楊廷璋疏報：閩縣、侯官、屏南、永福、南安、將樂、建安、建陽、浦城、上杭、霞浦、福鼎、福安、漳平、龍巖、寧德、羅源、莆田、南靖、長泰、歸化、壽寧、同安、長汀等州縣，乾隆二十五年分，共開墾水旱民屯山園地四十八頃七十五畝有奇。（高宗六五四、一六）

（乾隆二八、四、乙未）福建巡撫定長疏報：侯官、古田、屏南、永福、南安、浦城、霞浦、福安、漳平、龍巖、福清、莆田、同安、南靖、寧德、惠安、長汀、鳳山、彰化、淡防等二十廳州縣，乾隆二十六年分，勸墾田地山園七十五頃二十八畝有奇，鳳山縣勸墾官莊、田園二甲九分有奇。（高宗六八四、一二）

（乾隆三三、三、辛亥）陞任福建巡撫崔應階疏報：侯官、長樂、羅源、古田、將樂、沙縣、建安、政和、歸化、上杭、霞浦、福鼎、漳平、龍巖、鳳州、諸羅、彰化、淡防、晉江、龍溪、詔安、金門通判等二十二州縣廳，開墾田園地六十三頃九十九畝有奇。（高宗八〇七、一一）

（乾隆三五、四、己未）福建巡撫溫福疏報：乾隆三十三年分，侯官、建安、甌寧、建陽、浦城、政和、邵武、連城、福鼎、福安、壽寧、漳平、龍巖、南靖、尤溪、寧德、詔安、長汀十八州縣，首墾田地洲二十五頃七十四畝有奇。（高宗八五六、一八）

（乾隆三七、四、戊寅）戶部議准：福建巡撫余文儀疏稱，侯官、南靖、福安、彰化等縣里民首墾各則田三十一頃六十九畝，請照水旱田例分別升科。……從之。（高宗九〇六、二六）

（乾隆三九、四、癸巳）福建巡撫余文儀疏報：乾隆三十八年，侯官、長樂、古田、同安、上杭、海澄、尤溪、浦城、霞浦、福安、龍溪、南靖、詔安、壽寧、彰化等十五縣及太湖縣丞並淡防廳，開墾田地三十頃三十四畝有奇。（高宗九五六、一七）

（乾隆四〇、四、己丑）福建巡撫余文儀疏報：乾隆三十八年，侯官、福清、羅源、古田、同安、龍溪、建安、甌寧、泰寧、連城、霞浦、福鼎、福安、壽寧、大田、龍巖、淡防廳等十七州廳縣，開墾水旱民屯田地十七頃十二畝有奇。（高宗九八〇、一二）

（乾隆四一、三、辛丑）福建巡撫余文儀疏報：開墾乾隆三十九年分羅源、閩清、仙遊、龍溪、南平、尤溪、霞浦、福安、福鼎、漳平、古田十一縣並華峯縣丞所屬，園地、屯地六頃六畝有奇。（高宗一〇〇五、三九）

（乾隆四二、五、庚午）閩浙總督管福建巡撫鐘音疏報：侯官、尤溪、南靖、建安、霞浦、福安、漳平、太湖縣丞八廳縣，乾隆四十年，報墾、首墾田、地、園共十三頃八十四畝有奇。（高宗一〇三二、一三）

（乾隆四四、四、丁丑）原任福建巡撫黃檢疏報：羅源、晉江、同安、龍溪、海澄、詔安、尤溪、永安、建陽、浦城、霞浦、福安、壽寧、龍巖、詔安一廳、長汀、彰化、諸羅、淡防廳、侯官等二十廳州縣，乾隆四十三年，開墾屯田地三十五頃六十畝有奇。（高宗一〇八一、一一）

（乾隆四五、四、癸酉）福建巡撫富綱疏報：羅源、同安、龍溪、海澄、浦城、霞浦、漳平、侯官、彰化等九縣並淡防廳，冊報民屯首墾各則田園共三十二頃五十三畝有奇，又浦城縣民報墾田六十畝有奇。（高宗一一〇五、一八）

（乾隆四六、四、丁卯）福建巡撫富綱疏報：尤溪、霞浦、福鼎、福安、

漳平、龍溪、詔安、諸羅、彰化、侯官十縣，開墾屯地田園三十五頃一十九畝有奇。（高宗一一二九、二〇）

（乾隆四八、五、癸巳）前署福建巡撫楊魁疏報：閩縣、侯官、長樂、同安、浦城、霞浦、福鼎、福安、漳平、龍巖等十州縣，乾隆四十五年分，開墾荒地十六頃七十三畝有奇。（高宗一一八〇、三）

（乾隆四九、閏三、戊寅）福建巡撫雅德疏報：古田、同安、霞浦、上杭、福安、漳平等六縣，乾隆四十七年分，開墾地二頃七十九畝有奇。（高宗一二〇三、一五）

（乾隆五二、六、戊戌）福建巡撫徐嗣曾疏報：古田、龍溪、霞浦、漳平等四縣，開墾各則田四頃十七畝有奇；侯官縣開墾原荒各則屯田十畝有奇。（高宗一二八二、三）

（乾隆五三、四、丁巳）福建巡撫徐嗣曾疏報：侯官、霞浦、漳平、龍溪四縣，首墾田四頃六十五畝有奇。（高宗一三〇三、二四）

（乾隆五六、三、辛丑）閩浙總督覺羅伍拉納疏報：閩縣、侯官、霞浦、福鼎、福安、寧德、漳平等七縣，墾地十一頃二十畝有奇，及詔安墾水田八十八畝有奇。（高宗一三七五、三〇）

（乾隆五七、四、丁未）福建巡撫浦霖疏報：乾隆五十六年分，上杭、漳平二縣建右衛，開墾各則田地二十三畝有奇、溢額屯田十一畝有奇。（高宗一四〇〇、二一）

（嘉慶一、五、壬子）戶部議准：護理福建巡撫姚棻疏報，侯官、羅源、福安、漳平、龍巖五州縣，開墾田九頃有奇，照例升科。從之。（仁宗五、九）

（嘉慶二、五、壬寅）戶部議准：福建巡撫姚棻疏報，龍巖、漳平二州縣，開墾田二十四畝有奇，照例升科。從之。（仁宗一七、四）

（嘉慶七、四、壬子）戶部議准：福建巡撫汪志伊疏報，侯官縣開墾田三畝有奇，照例升科。從之。（仁宗九七、一一）

（嘉慶八、五、戊戌）戶部議准：福建巡撫李殿圖疏報，閩、古田、屏南、同安、霞浦、福鼎、漳平七縣，開墾地五頃三十五畝有奇，照例升科。從之。（仁宗一一三、五）

（嘉慶一二、五、甲子）戶部議准，福建巡撫張師誠疏報，侯官、長樂、寧德三縣，開墾田三頃八十畝有奇，照例升科。從之。（仁宗一八〇、二〇）

（嘉慶一三、閏五、丁丑）戶部議准：福建巡撫張師誠疏報，侯官、古田、福安、寧德、漳平五縣，開墾田六頃八十畝有奇，照例升科。從之。

(仁宗一九六、七)

（**嘉慶一四、六、乙未**）户部議准：福建巡撫張師誠疏報，閩、侯官、長樂、古田、霞浦、福安六縣，開墾地十二頃六十四畝有奇，照例升科。從之。(仁宗二一三、一〇)

（**嘉慶一五、五、丙寅**）户部議准：福建巡撫張師誠疏報，閩、連江、侯官三縣，開墾田六頃七十八畝有奇，照例升科。從之。(仁宗二二九、一四)

（**嘉慶一七、六、壬子**）户部議准：前護福建巡撫景敏疏報，閩、侯官、海澄三縣，開墾田一頃二十畝有奇，照例升科。從之。(仁宗二五八、九)

（**嘉慶一七、一一、壬申**）户部議准：福建巡撫張師誠疏報，長汀縣開墾田三畝有奇，照例升科。從之。(仁宗二六三、六)

（**嘉慶一八、六、己亥**）户部議准：福建巡撫張師誠疏報，閩、侯官、羅源、惠安四縣，開墾田九頃五十畝有奇，照例升科。從之。(仁宗二七〇、二)

（**嘉慶一九、五、壬寅**）户部議准：調任福建巡撫張師誠疏報，侯官、龍巖、漳平三州縣，開墾田一頃八十五畝有奇，照例升科。從之。(仁宗二九〇、一八)

（**嘉慶二二、五、壬戌**）户部議准：福建巡撫王紹蘭疏報，閩、羅源、漳平三縣，開墾地一頃四十九畝有奇，照例升科。從之。(仁宗三三〇、一九)

（**嘉慶二五、四、丙戌**）户部議准：閩浙總督、署福建巡撫董教增疏報，閩縣開墾田二十六畝有奇，照例升科。從之。(仁宗三六九、一)

(14) 湖北

（**康熙三、五、癸亥**）湖廣巡撫劉兆麒疏報：安剤等十府州屬，續墾田一千八百七頃四十五畝有奇。下部知之。(聖祖一二、一)

（**康熙四、七、丁酉**）湖廣巡撫劉兆麒疏報：康熙元年分，湖廣各府，開墾田地四千七百三十九頃，照例起科。下部知之。(聖祖一六、三)

（**康熙五、五、甲辰**）湖廣巡撫劉兆麒疏報：康熙四年分，湖北各屬，共墾荒地四千六百餘頃，照例起科。下部知之。(聖祖一九、六)

（**雍正二、一、戊戌**）湖廣巡撫納齊喀疏報：蘄州等十三州縣及荊右、施州二衛，康熙六十一年分，開墾田畝八百八十八頃有奇。下部知之。(世宗一五、一二)

（雍正二、六、戊子）湖廣巡撫納齊喀疏報：彝、陵、宜都等三州縣，開墾雍正元年分田地共二十二頃有奇。下部知之。（世宗二一、一四）

（雍正二、八、甲戌）湖北巡撫納齊喀疏報：蘄州、公安等六州縣，開墾雍正元年分田地一百四十頃有奇。下部知之。（世宗二三、四）

（雍正三、一、戊辰）湖北巡撫納齊喀疏報：均州、公安、漢陽三州縣，雍正元年分，開墾田地十一頃有奇。下部知之。（世宗二八、一四）

（雍正三、六、庚寅）湖廣總督楊宗仁疏報：鍾祥、宜都、光化三縣，雍正二年分，開墾田地五十六頃有奇。下部知之。（世宗三三、二九）

（雍正四、二、甲子）湖北巡撫法敏疏報：漢川等四縣，開墾雍正二年分田地二百七十五頃有奇。下部知之。（世宗四一、二）

（雍正五、二、壬申）……湖北巡撫憲德疏報：均州、漢川等八州縣，開墾雍正三年分田地一百三十頃有奇。（世宗五三、二三）

（雍正五、八、己丑）署湖廣總督福敏疏報：湖北歸州、鍾祥等六州縣，開墾雍正四年分田地七十六頃有奇。下部知之。（世宗六〇、八）

（雍正六、二、己丑）湖北巡撫馬會伯疏報：光化縣開墾雍正四年分田地五十頃有奇。（世宗六六、九）

（雍正六、二、辛丑）湖北巡撫馬會伯疏報：均州、漢川二州縣，開墾雍正四年分田地一十二頃有奇。下部知之。（世宗六六、二一）

（雍正六、七、戊午）湖北巡撫馬會伯疏報：鍾祥等六縣，開墾雍正五年分田地三十七頃有奇。下部知之。（世宗七一、一二）

（雍正七、六、庚辰）湖北巡撫馬會伯疏報：沔陽、漢陽、武定衛、大定所等二十二州縣衛所，開墾本年分田地三千三百八十五頃有奇。下部知之。（世宗八二、四）

（雍正九、五、庚寅）湖北巡撫魏廷珍疏報：荊門、鍾祥等十三州縣、襄陽一衛，開墾雍正八年分田地一千三百三十頃有奇。下部知之。（世宗一〇六、二三）

（雍正一〇、四、壬辰）湖北巡撫王士俊疏報：襄陽縣開墾雍正八年分田地一百六十頃有奇。下部知之。（世宗一一七、六）

（雍正一一、九、丙戌）湖北巡撫德齡疏報：武昌等六府，開墾雍正十年分田地一千八百頃有奇。下部知之。（世宗一三五、七）

（雍正一二、四、庚戌）湖北巡撫德齡疏報：漢陽等五縣，開墾雍正十年分田地二百頃有奇。下部知之。（世宗一四二、二）

（雍正一二、一一、戊子）署湖北巡撫楊馝疏報：武昌、歸州等七府州，

開墾雍正十一年分田地四千一百頃有奇。下部知之。(世宗一四九、一一)

(雍正一三、一二、癸酉) [户部] 又議覆：湖北巡撫吴應棻疏報，雍正十二年，鍾祥等二十州縣衛，勸墾田地共五千二百七頃五十四畝有奇。應令該撫查實，分別水田旱田，照例升科。從之。(高宗八、一六)

(乾隆一、四、辛未) 署湖北巡撫吴應棻奏請：雍正三年分漢陽、均州等十州縣民墾旱地，雍正七年分蘄、黄、松滋、恩施等四州縣衛民墾水田，共一百五十頃三畝九分零，應於雍正十三年陞科。下部知之。(高宗一六、一四)

(乾隆二、一○、己酉) 湖北巡撫楊永斌疏報：湖北新闢鶴峯、長樂二州縣成熟田、地、山共八百三十七頃二十一畝有奇。(高宗五五、九)

(乾隆三、三、辛酉) 户部議覆：調任湖北巡撫張楷疏言，雍正七年分，屯民首墾地内，有襄陽衛虚報各則地九百三十一頃四十一畝有奇，又八年分，襄陽衛虚報各則地十一頃五畝有奇；又十年分，均州、光化二州縣並襄陽衛，虚報各則地十八頃九十八畝有奇；又十一年分，松滋、均州二州縣並襄陽衛，虚報各則地六十八頃二十五畝有奇。應徵額賦，請予開除。其各屬實墾屯地一千四十四頃七十七畝有奇，仍照例升科。應如所請。從之。(高宗六四、一六)

(乾隆三、三、戊辰) 户部議覆：調任湖北巡撫張楷疏言，雍正十二年分勸民開墾地内，有江陵、公安、石首、宜都、均州五州縣并沔陽、荆州、荆左、荆右四衛，虚報田地塘湖並屯田地四百六十三頃六十一畝有奇，又江陵、公安、石首、宜都、均州、光化六州縣及荆州、襄陽二衛，虚報地山七百九頃五十二畝有奇。應徵額賦請予開除。其鍾祥、當陽、江陵、公安、枝江、宜都、均州、穀城、東湖、九州縣並武左、黄州、荆州、荆左、荆右五衛，實墾田塘湖並屯田四千三十四頃四十畝有奇，仍照例起科。應如所請。從之。(高宗六五、六)

(乾隆三、三、庚午) 户部議覆：調任湖北巡撫張楷疏言，雍正十年分，勸民開墾地内，有房縣、保康、竹山、竹谿四縣虚報各則田十九頃六十畝有奇，又光化、房縣、保康、竹山、竹谿五縣併襄陽衛，虚報各則地九十六頃八十一畝有奇，又雍正十一年分，荆門、江陵、公安、宜都、房縣、保康、竹山、竹谿八州縣併荆州衛，虚報田、塘、湖共三百五十七頃五十四畝有奇；又江陵、公安、宜都、房縣、保康、竹山、竹谿七縣，虚報各則地三百九十頃二十畝有奇。應徵額賦，請予開除。其各屬實墾田、地、塘、湖併屯地七百二頃一十畝有奇，仍照例起科。應如所請。從之。(高宗六五、九)

（乾隆三、一〇、丁亥）湖北巡撫崔紀疏報：勘明宣恩等縣成熟水田九百九十六頃四十一畝有奇，旱地六百七頃七十六畝有奇。（高宗七八、二三）

（乾隆三、一二、戊子）[戶部]又議准：湖北巡撫崔紀疏報，房縣、保康二縣，雍正十二年勸墾田地內，虛報不實共七十五頃十畝有奇，所有應徵糧麥，請予豁除。從之。（高宗八二、二二）

（乾隆三、一二、丁酉）戶部議覆：湖北巡撫崔紀疏報，鄖縣、鄖西、房縣、竹山等四縣，雍正十年、十一年，勸墾民田共四百八十二頃有奇，內虛捏不實田三百一十八頃有奇。應予開除。從之。（高宗八三、九）

（乾隆四、八、壬午）湖北巡撫崔紀疏報：武昌、漢陽、黃州、當陽、穀城、鄖西、房縣、保康、竹山、竹谿、興山、恩施、利川、咸豐等十四縣衛，雍正十年，開墾水田、民賦更名田塘並屯田地共四百四十九頃四十八畝有奇。（高宗九八、一六）

（乾隆六、九、庚辰）湖北巡撫范璨奏報：雍正八年，墾旱田地四十八頃三十畝有奇。（高宗一五一、七）

（乾隆七、七、乙亥）戶部議准：湖北巡撫范璨疏報，武左、黃州、鐘祥、江陵、公安、枝江、宜都、東湖、荊州、荊左、荊右、均州、穀城、鄖縣、房縣、保康、竹山、竹谿等十八州縣衛，雍正十二年報墾田、塘、湖及歸併屯田內，有虛捏不實五百三十頃五十一畝有奇，詳請開除。其實在田塘湖及歸併屯田五百七十三頃八十八畝有奇。照例起科。從之。（高宗一七一、四）

（乾隆八、九、己亥）湖北巡撫晏斯盛疏報：鶴峯、長樂二縣，開墾乾隆四年分水旱田地六頃五十畝有奇。（高宗二〇一、六）

（乾隆九、二、丙子）湖北巡撫晏斯盛疏報：鶴峯州乾隆六年分，勸墾水田三畝，旱地六頃六畝。（高宗二一一、二一）

（乾隆一〇、四、己未）湖北巡撫晏斯盛疏報：荊州、宜昌二府，枝江、長陽二縣並荊州左衛，乾隆八年分，民屯自首開墾田地共一頃四十五畝有奇。（高宗二三九、八）

（乾隆一二、九、己酉）湖北巡撫陳宏謀疏報：蘄州衛開墾下則屯地七頃三十三畝有奇。（高宗二九九、一一）

（乾隆一三、閏七、戊午）前署湖北巡撫彭樹葵疏報：宜昌衛長樂縣民人自首開墾額內荒屯地民賦一頃八十一畝有奇。（高宗三二〇、九）

（乾隆一四、四、庚子）陞任湖北巡撫彭樹葵疏報：長樂縣乾隆十三年勸墾旱地二頃二十畝，應徵額賦，照例升科。（高宗三三九、二一）

（乾隆一六、六、庚子）湖廣總督暫管湖北巡撫阿里袞疏稱：武昌左衛，民墾額内中則屯地八畝三分，於丙子年起科。從之。（高宗三九二、六）

（乾隆一六、一〇、己未）湖北巡撫恒文疏報：恩施縣乾隆十五年開墾額内下則民田一頃二十六畝。（高宗四〇一、一八）

（乾隆一六、一二、戊戌）湖北巡撫恒文疏報：鶴峯縣乾隆十五年開墾下田一十九頃六畝零。（高宗四〇四、八）

（乾隆一六、一二、癸卯）湖北巡撫恒文疏報：荆州府屬荆州左衛，乾隆十四年開墾額外下則屯田十畝零。（高宗四〇四、一五）

（乾隆一七、六、壬子）湖北巡撫恒文疏報：宣恩縣乾隆十年墾旱地七畝七分有奇，十二年墾五畝七分有奇。（高宗四一七、一〇）

（乾隆一九、閏四、甲戌）湖北巡撫張若震疏報：乾隆十七年分，嘉魚、均州二州縣，首墾更名地共五十二頃二畝有奇。（高宗四六三、一四）

（乾隆二一、三、丙戌）湖北巡撫張若震疏報：宜城縣新墾民田九十七畝有奇，升科如例。（高宗五〇九、五）

（乾隆二三、四、壬戌）戶部題：湖北巡撫莊有恭疏報，蘄州衛乾隆二十一年開墾屯餉民田地九頃七十三畝，應徵銀米於丙戌年入額徵解。從之。（高宗五六〇、一二）

（乾隆二三、四、丁卯）戶部題：又湖北巡撫莊有恭疏報，當陽、長陽、鶴峰、建始等四州縣，乾隆二十一年分，開墾地九十三頃二十畝有奇，應徵銀米，俟丙戌年起科納賦。從之。（高宗五六〇、二三）

（乾隆二六、三、壬寅）湖廣總督蘇昌疏報：建始縣勸墾中則地六頃七十畝有奇。（高宗六三二、四）

（乾隆二六、四、己卯）湖廣總督蘇昌疏報：勘實保康、鶴峯二州縣乾隆十五年分，開墾旱地二十頃七十五畝有奇。（高宗六三四、一七）

（乾隆二六、四、辛卯）署湖北巡撫周琬疏報：乾隆二十四年分，宜昌縣首墾下則旱地六頃三十四畝。（高宗六三五、一五）

（乾隆二八、二、乙卯）署湖北巡撫湖廣總督愛必達疏報：湖北石首縣新墾地八頃七十一畝有奇，升科如例。（高宗六八一、二〇）

（乾隆二八、三、戊午）署湖北巡撫湖廣總督愛必達疏報：湖北竹溪縣新墾地二頃三十二畝，升科如例。（高宗六八二、二）

（乾隆二八、三、壬戌）署湖北巡撫湖廣總督愛必達疏報：湖北咸豐縣新墾地二頃六十畝有奇，當陽縣新墾地三頃九十六畝有奇，升科如例。（高宗六八二、一〇）

（乾隆二九、三、庚辰）湖廣總督署湖北巡撫李侍堯疏報：開墾咸豐縣中則民地四頃六畝，升科如例。（高宗七〇七、二〇）

（乾隆三〇、四、丁未）戶部議覆：湖北巡撫王檢疏稱，宜昌府屬鶴峯州，乾隆十九年開墾額外下地十五頃零，該糧六石二斗五升、銀九兩二錢二分，造冊送部，應准其造入該年地丁冊內查覈。其勸墾各官，既據聲明不及議敘，應毋庸議。從之。（高宗七三四、二）

（乾隆三〇、一〇、庚申）湖北巡撫李因培疏報：宜城縣乾隆二十七年開墾額內下則地一頃十九畝有奇。（高宗七四七、七）

（乾隆三一、四、戊辰）湖廣總督前任湖北巡撫吳達善疏報：乾隆三十年，長樂縣墾地四頃十八畝。（高宗七五九、二三）

（乾隆三三、三、丁未）湖北巡撫定長疏報：當陽縣勸墾地一頃四十二畝有奇。（高宗八〇七、七）

（乾隆三三、九、己丑）戶部議覆：湖北巡撫程燾奏，請清理鄖陽山地，併咨照陝西、河南二省，轉飭界連鄖陽之各州縣，查明所轄山地界址，設立保甲，稽查奸匪；其開墾地畝，照例升科。應如所奏。從之。（高宗八一八、九）

（乾隆三四、一〇、庚午）湖廣總督署湖北巡撫吳達善疏報：咸豐縣乾隆三十三年分，勸墾額內中則田地三頃六十三畝。（高宗八四五、三〇）

（乾隆三五、三、丙午）湖北巡撫梁國治疏報：建始縣勸懇〔墾〕旱地二十八頃八十畝，升科如例。（高宗八五五、二六）

（乾隆三五、五、丙戌）湖北巡撫梁國治疏報：乾隆三十三年分，武昌衛首墾下則地七十三畝有奇。（高宗八五八、一六）

（乾隆三七、一二、丁卯）湖北巡撫陳輝祖疏報：乾隆三十六年，黃州衛開墾額內下則屯田七畝有奇。（高宗九二二、一五）

（乾隆四一、五、辛卯）湖北巡撫陳輝祖疏報：乾隆四十年分，鶴峰州開墾下則旱地七頃八畝有奇。（高宗一〇〇九、七）

（乾隆四二、六、戊戌）湖北巡撫陳輝祖疏報：乾隆四十年，鶴峰州勸墾下則旱地九十四畝有奇。（高宗一〇三四、六）

（乾隆四二、七、乙酉）湖北巡撫陳輝祖疏報：長樂縣開墾民賦額外下則旱地二頃八十四畝有奇。（高宗一〇三七、九）

（乾隆五四、四、丙申）湖北巡撫惠齡疏報：乾隆五十三年，利川縣開墾成熟額外下則地三十一頃四十畝有奇。（高宗一三二六、一八）

（乾隆五六、六、甲辰）湖北巡撫福寧疏報：乾隆五十五年分，武昌左

衛首墾下則屯地四項二十四畝有奇。(高宗一三八〇、二)

（**乾隆五七、一一、乙卯**）湖北巡撫福寧疏報：建始縣勸墾地二項十二畝有奇。(高宗一四一七、一一)

（**乾隆五八、一一、甲辰**）湖廣總督兼署湖北巡撫畢沅疏報：乾隆五十六年分，開墾建始縣成熟地二項十二畝有奇。(高宗一四四〇、一四)

（**嘉慶七、六、乙丑**）户部議准：湖北巡撫全保疏報，建始縣開墾田一十二畝有奇，照例升科。從之，(仁宗九九、二八)

（**嘉慶二三、一〇、戊辰**）户部議准：湖北巡撫張映漢疏報，石首縣開墾地四十二項九十五畝有奇，照例升科。從之。(仁宗三四八、五)

(15) 湖南

（**順治一五、六、甲申**）偏沅巡撫袁廓宇疏報：開墾荒田八千二百五十九項有奇。(世祖一一八、六)

（**順治一八、三、丁卯**）巡按湖南御史仵劭昕疏報：順治十七年，湖南所屬州縣開墾田地共二千八百九十項七十二畝。下部知之。(聖祖二、六)

（**康熙二、二、癸亥**）湖廣巡撫劉兆麒疏報：安陸、岳州、寶慶、永州、郴州、常德、辰州、靖州八府州，開墾田地八百八項六十畝有奇；蘄州、岳州、九谿、茶陵、荊右、銅鼓、伍開、鎮谿各衛所，開墾田地六百項三十畝有奇。下部察叙。(聖祖八、一五)

（**康熙三、五、壬戌**）偏沅巡撫周召南疏報：寶、永、辰、郴、靖五府州屬，開墾田地六百三十四項有奇；岳、長、衡、辰、常、靖六府州屬，續墾田地五百一十八項三十六畝。下部知之。(聖祖一二、一)

（**康熙四、一、丁酉**）偏沅巡撫周召南疏報：長沙、衡州等府，康熙三年，開墾荒田共三千一百三十三項六十六畝。下部知之。(聖祖一四、四)

（**康熙四、八、戊午**）偏沅巡撫周召南疏報：康熙三年分，湖南共墾荒田七千二百一十九項，照例起科。下部知之。(聖祖一六、一〇)

（**康熙五、八、壬申**）户部議覆：偏沅巡撫周召南疏言，湖南清出田地六百二十一項二十畝零，新增四千八十七丁，於康熙四年起科。下部知之。(聖祖一九、一九)

（**康熙六、一、癸巳**）偏沅巡撫周召南疏報：湖南各府州縣，共墾田三千一百九十項五十畝零，照例三年後起科。下部知之。(聖祖二一、四)

（**雍正六、二、癸巳**）……湖南巡撫王國棟疏報：岳州等府開墾雍正四年分田地一百三項有奇。……下部知之。(世宗六六、一二)

（雍正六、一〇、癸卯）湖南巡撫王國棟疏報：岳州、九谿二衛，開墾雍正四年分田地一百三頃有奇。下部知之。（世宗七四、二五）

　　（雍正一三、七、辛丑）湖南巡撫鍾保疏報：益陽、沅江二縣，開墾雍正十二年分田地三百五頃有奇。下部知之。（世宗一五八、二）

　　（雍正一三、八、庚午）署湖南巡撫鍾保疏報：巴陵等四縣，雍正十二年分，開墾蘆洲田地四十二頃有奇。下部知之。（世宗一五九、六）

　　（乾隆一、一二、戊寅）湖南巡撫高其倬疏報：祁陽等三州縣，雍正十一年分，開墾田地五頃四十七畝有奇，於六年後升科。（高宗三三、九）

　　（乾隆二、九、戊申）湖南巡撫高其倬疏報：桑植、澧州、安鄉、安福等四州縣，開墾田地六十四頃八十八畝有奇。（高宗五一、一三）

　　（乾隆五、九、庚辰）戶部議覆：原任湖南巡撫馮光裕奏，巴陵、臨湘、華容、武陵等四縣，共丈出蘆洲淤地三十八頃四十六畝有奇，新增民房地基二十七丈有奇，應增課租，照例徵解。應如所請。從之。（高宗一二六、一九）

　　（乾隆一一、二、甲寅）［戶部］又議准：湖南巡撫楊錫紱疏報，巴陵、臨湘、華容、武陵四縣，共新增洲地一十六頃八十畝零；並巴陵縣又增基地一百七十丈零，又屋後空餘基地二頃一十一畝零。共增課銀一百三十二兩有奇，應於乾隆十年起科。從之。（高宗二五九、一〇）

　　（乾隆一七、一〇、壬辰）署湖南巡撫范時綬疏報：龍陽縣大圍隄續墾田二萬三千九十畝有奇。（高宗四二四、七）

　　（乾隆一八、一〇、癸巳）署湖南巡撫范時綬疏報：酃縣、武陵、會同、綏寧、湘陰、益陽等六縣，乾隆十四、五、六年分，首墾額外田四十三頃二十一畝有奇。（高宗四四八、二六）

　　（乾隆二三、九、乙未）湖南巡撫馮鈐疏報：乾隆二十二年分，開墾酃縣、武岡、瀘溪、綏寧等州縣額外田地六頃四十畝有奇。（高宗五七〇、一八）

　　（乾隆二三、一〇、己未）湖南巡撫馮鈐疏報：酃縣、武岡、瀘溪、綏寧等四州縣，乾隆十七、十八、二十二等年，開墾田地六頃四十二畝有奇。（高宗五七二、一二）

　　（乾隆二六、二、己卯）湖南巡撫馮鈐疏報；巴陵、臨湘、華容三縣蘆洲新漲地二百五十四頃八十畝有奇。（高宗六三〇、一三）

　　（乾隆二七、一〇、丙申）調任湖南巡撫湯聘疏報：乾隆二十四年，建始縣墾額外民田稅二十八頃八十畝。（高宗六七二、一〇）

(乾隆三二、九、己酉) 湖南巡撫方世儁疏報：湘陰、瀏陽、醴陵、湘潭、茶陵、道州、江華、武岡、武陵、龍陽、郴州、綏寧等十二州縣，共開墾額外田地一百五十一頃六十九畝有奇。(高宗七九五、五)

(乾隆四〇、一一、己未) 護理湖南巡撫布政使敦福疏報：巴陵、臨湘、華容三縣，乾隆三十九年開墾荒地六十二頃四十九畝有奇。(高宗九九六、三七)

(嘉慶七、一〇、丁卯) 戶部議准：護湖南巡撫通恩疏報，巴陵縣開墾淤洲地九千三百九十八畝有奇，照例升科。從之。(仁宗一〇四、二三)

(16) 廣東

(康熙九、六、己亥) 廣東巡撫劉秉權疏報：康熙八年分，墾復民田一萬七百一十五頃七十四畝，安插男婦共九萬六千七百九十八名口，內隨糧派丁計三萬六千三百四十二名口；又墾復屯田三十一頃九十二畝，安插男婦共五千三百六十一名口。其應徵銀米，俟三年後起科。下部核議。(聖祖三三、一八)

(雍正一、七、戊戌) 廣東巡撫年希堯疏報：欽州、澄海、南海衛、東莞所等二十九州縣衛所，開墾六十一年分田地一百四十二頃有奇。下部知之。(世宗九、二二)

(雍正二、八、辛巳) 廣東巡撫年希堯疏報：新寧縣、潮州衛、澄海所等十二縣衛所，開墾雍正元年分田地五十七頃有奇。下部知之。(世宗二三、六)

(雍正四、九、庚子) 廣東巡撫楊文乾疏報：廣東廣州、潮州、肇慶三府，開墾雍正三年分田地四十九頃。下部知之。(世宗四八、一三)

(雍正六、九、戊申) 廣東總督孔毓珣疏報：德慶、番禺二十二州縣，開墾雍正五年分田地四十二頃有奇。下部知之。(世宗七三、二)

(乾隆三、九、戊午) 署廣東巡撫王謩疏報：廣、惠、潮、肇、連、嘉六府州屬，首墾水田、沙坦二百四十九頃二十七畝有奇。(高宗七六、一〇)

(乾隆三、九、辛酉) 署廣東巡撫王謩疏報：雷、廉二府屬及歸併衛所之連州、廣寧縣等處，墾復乾隆二年分民屯田地一百零七頃一十八畝有奇；又廣、惠、潮、肇、羅五府州屬，首墾民田十五頃十一畝有奇。(高宗七六、一四)

(乾隆四、八、壬寅) 署理廣東巡撫王謩疏報：乾隆三年分，南、肇、瓊三府屬，共墾復額內荒蕪稅十八頃四十二畝有奇；又廣、惠、潮、肇、

高、羅六府州縣，共報墾額外荒蕪稅五十六頃五十四畝有奇。（高宗九九、二四）

（**乾隆四、八、甲辰**）署理廣東巡撫王謩疏報：乾隆三年分，廣、肇二府屬，共墾復遷移稅五十三畝有奇，又廣、肇、高、嘉四府州屬，共報墾水田稅二百二十頃四十畝有奇；又廣、潮二府屬，共報墾沙坦稅七十二頃二十六畝有奇。（高宗九九、二九）

（**乾隆五、七、癸未**）署廣東巡撫王謩疏報：廣州、南雄、肇慶、高州、雷州、瓊州、羅定等七府州屬，乾隆四年分，開墾荒地四十八頃五十畝有奇。（高宗一二二、二四）

（**乾隆五、七、甲申**）署廣東巡撫王謩疏報：廣州、連州、韶州、惠州、潮州、嘉應、肇慶、廉州、雷州等九府州屬，乾隆四年分，開墾沙坦、屯田等地一千七十六頃五十六畝有奇。（高宗一二三、三）

（**乾隆六、五、戊寅**）工部等部議准：原任兩廣總督馬爾泰奏稱，肇慶府開平縣屬，向有九岡坪荒地二百五十頃，經前督臣鄂彌達奏請，開濬大沙河以資灌溉。查大沙河水源由金國寺築陂引入牛欄洞，通至龍頭地方，直達小孃潭等處。乃龍頭土脈浮鬆，隨挑隨塞。現在已墾之地，實止二十一頃七十畝有奇，其餘二百二十八頃有奇，盡屬高亢，全未開動。斷不能取資於大沙河之水，應將開濬工程停止，從之。（高宗一四二、二〇）

（**乾隆六、九、甲戌**）左都御史管廣東巡撫王安國疏報：乾隆五年，墾復額內荒蕪難墾稅二十九畝有奇；墾復荒蕪屯稅一頃九十三畝有奇，墾額外荒蕪磽瘠稅三十六頃二十七畝有奇。（高宗一五〇、一六）

（**乾隆六、一〇、癸巳**）廣東巡撫王安國疏報：粵東沿海州縣，墾復遷移田地稅畝。乾隆五年分，潮、雷二府屬，共墾復遷移稅五頃三十六畝有奇；又廣、惠、潮、連、嘉五府州屬，共報承額外水田稅三十頃一十五畝有奇；廣、潮、肇三府屬，共報承沙坦稅一百五頃四十六畝有奇；又香山縣歸併衛所屯田墾復稅一十二畝有奇。（高宗一五二、三）

（**乾隆七、九、丁巳**）左都御史管廣東巡撫王安國疏報：乾隆六年分，雷州府屬，墾復遷移稅二頃二十三畝有奇；廣、惠、潮、肇、瓊、連六府州屬，共報墾額外水田稅九十五頃六十畝有奇；又廣、潮、惠三府屬，共報墾沙灘稅一百五十三頃七十七畝有奇；又廣州府屬番禺、香山二縣，歸併衛所屯田共墾復遷移稅一十畝有奇。（高宗一七四，三）

（**乾隆七、九、丙寅**）左都御史管廣東巡撫王安國疏報：乾隆六年分，南、雷、瓊三府屬，共墾復額內荒地一十二頃一十畝有奇；廣、潮、肇、廉、羅、連、嘉七府州屬，共報墾額外荒地一十八頃四畝有奇；潮州府屬揭陽縣歸併衛所，墾復荒蕪屯稅四十一畝有奇。(高宗一七四、二二)

（乾隆八、九、癸巳）廣東巡撫王安國疏報：肇、廉二府屬，墾復乾隆七年分遷移地畝七十頃有奇，招回人丁一百四十一丁口。又廣、惠、潮、肇、高、瓊、連、嘉八府州屬，開墾乾隆七年分水田六十四頃有奇，廣、潮二府屬沙坦四十一頃有奇。廣州府屬香山縣歸併衛所屯田、墾復遷移田畝二十畝有奇。(高宗二〇〇、一三)

（乾隆九、一〇、甲寅）户部議准：署廣東巡撫策楞疏報，乾隆八年分，廣、肇、高、雷四府屬，墾復遷稅三十一頃九畝零，編徵地丁銀一百一十四兩一錢零。又廣、惠、潮、肇、廉、羅六府州屬，報墾額外水田稅二百頃四十五畝七分零，編徵糧差銀九十二兩零。又廣州府屬番禺、香山二縣，歸併衛所屯田、墾復遷移屯稅三十九畝五分零，照減則科屯米三石五斗零，俱照水田例，六年起徵。從之。(高宗二二六、一六)

（乾隆九、一〇、丁巳）户部議准：署廣東巡撫策楞疏報，乾隆八年分，南、高、雷、瓊四府屬，墾復額內荒蕪稅一十四頃九十畝六釐零，編徵地丁銀一十七兩八錢零；復回原雷州衛裁併屯稅三十四畝，編徵米三石一升零。又廣、湖、肇、瓊四府屬，報墾額外荒蕪稅六十八頃六十畝零，編徵糧差銀三十一兩六錢零。又雷、肇等府屬海豐、徐聞、感恩三縣及陽江縣歸併衛所屯田，共墾復荒陷屯稅一頃二十四畝零，照減則科屯米一十一石零，帶派耗銀九分一釐零。又海豐縣報墾額外屯稅八十九畝零，照減則科屯米七石九斗零，俱照旱田例，十年起徵。從之。(高宗二二六、一九)

（乾隆一〇、九、丙申）兩廣總督策楞疏報：廣、惠、潮、肇、高、廉、瓊、嘉八府州屬，首墾田地一百三十一頃。(高宗二四九、一四)

（乾隆一一、一〇、丁卯）廣東巡撫準泰疏報：廣、惠、潮、肇、高、瓊、嘉等七府州，開墾額外水田沙隄地三百頃一十畝有奇。(高宗二七六、一〇)

（乾隆一二、三、丙午）户部議准：廣東巡撫準泰疏稱，粵省各屬，勘丈過沿海沙田虛缺稅畝共四頃七十畝，徵銀六兩三錢一分、本色米三斗八升。已起徵額外稅一頃九十二畝，徵銀四兩二錢一分，應於奏銷乾隆十一年地丁册內開除；未起徵額外稅四十畝，徵銀一錢八分，又勘丈過溢額沙坦稅三百五十頃四畝，徵銀一百六十二兩七錢，照例升科。從之。(高宗二八七、一)

（乾隆一三、九、甲子）廣東巡撫岳濬疏報：乾隆十二年，懇[墾]復

廣、雷、廉、瓊四府屬額內荒地三十頃九十二畝有奇，廣、肇、潮、羅、嘉五府州屬額外荒地三十三頃有奇。（高宗三二四、三三）

（乾隆一三、九、乙亥）廣東巡撫岳濬疏報：乾隆十二年分，雷、廉二府屬，墾額內遷移田三十頃三畝有奇；廣、惠、潮、肇、瓊、嘉六府州屬，墾額外水田一百五十一頃四十三畝有奇，廣、潮二府屬，墾額外沙坦田一百四十八頃四十畝有奇；德慶州墾丈溢地十四畝有奇。（高宗三二五、一九）

（乾隆一四、九、壬戌）廣東巡撫岳濬疏報：雷州府屬墾復屯田五十二畝有奇；瓊州府屬墾田四十五畝有奇；廣、潮、肇、瓊、羅、嘉六府州，墾額外荒田三十頃有奇。（高宗三四九、三）

（乾隆一五、九、乙卯）廣東巡撫蘇昌疏報：廣、潮、羅、嘉、廉五府州屬，乾隆十四年分，開墾田、地五十四頃有奇。（高宗三七三、二）

（乾隆一五、九、辛酉）廣東巡撫蘇昌疏報：雷、廉二府屬，乾隆十四年分，開墾田、地九頃有奇，廣、惠、潮、肇、高、瓊、嘉七府州屬水田二十三頃有奇，廣、潮二府屬沙坦一百八十二頃有奇，廣州府屬香山縣屯田一十三畝有奇。（高宗三七三、九）

（乾隆一五、一〇、戊戌）廣東巡撫蘇昌續報：高州等處本年開墾荒地二百四十八頃九十八畝有奇。（高宗三七五、二三）

（乾隆一六、一〇、乙未）廣東巡撫蘇昌疏報：乾隆十五年，開懇［墾］南、高、雷、瓊四府屬荒田一十三頃二畝零，廣、惠、潮、肇、瓊、羅、嘉七府州屬額外荒田並嘉應州仰天湖地共七十頃二十三畝零，廣寧縣荒田七十一畝零。（高宗四〇〇、四）

（乾隆一六、一〇、庚子）廣東巡撫蘇昌疏報：乾隆十五年，開墾高、雷二府屬額內遷移民田二頃八十八畝零，廣、惠、潮、瓊、嘉五府州屬額外水田五十頃六十六畝零，廣、潮二府額外沙坦田七十九頃七畝，香山縣遷移屯田六十六畝零。（高宗四〇〇、一〇）

（乾隆一八、三、丙寅）廣東巡撫蘇昌疏報：保昌、四會、合浦、文昌等四縣，勸墾荒稅地七百八十五畝有奇；廣、惠、潮、肇、雷、羅、嘉七府州屬，勸墾額外旱田四千七百一十四畝有奇；又廣、惠、潮、肇、嘉五府州屬，勸墾額外水田一萬七千九百一十二畝有奇。（高宗四三四、一五）

（乾隆一八、七、壬戌）廣東巡撫蘇昌疏報：廣、潮、連、嘉四府州屬，共開墾水田沙坦六十六頃五十五畝有奇。（高宗四四二、九）

（乾隆一八、一〇、乙巳）廣東巡撫蘇昌疏報：乾隆十七年分，吳川、海康、徐聞、欽州、瓊山等五州縣，墾復額內田一十一頃六十四畝有奇；保昌、四會、合浦、文昌等四縣，墾復額內田二十二頃九十畝有奇；新會、惠來、陽江、恩平、遂溪等五縣，首墾額外田二十四頃六十五畝有奇。（高宗四四九、二〇）

（**乾隆一九、一〇、乙卯**）廣東巡撫鶴年疏報：乾隆十八年，廣、惠、潮、羅四府州屬，共墾額外荒蕪稅十八頃二十七畝有奇；番禺、連平等州縣，墾稅十七頃九十八畝有奇。又潮屬海陽、揭陽二縣歸併衛所，墾復屯田荒蕪稅十九畝有奇。（高宗四七四、一一）

（**乾隆一九、一〇、乙丑**）廣東巡撫鶴年疏報：乾隆十八年，廣、惠、潮、肇四府屬，墾額外水田稅十九頃十七畝有奇；新會等九縣，墾稅十八頃六十八畝有奇，又廣、潮二府，墾額外沙灘稅二十頃八十畝有奇；番禺等二縣，墾復遷移屯稅四十一畝有奇。（高宗四七五、六）

（**乾隆二一、閏九、甲寅**）廣東巡撫鶴年疏報：二十年分雷州府屬，報墾荒稅一頃三十五畝有奇；廣、潮等府屬，報墾荒稅三十七頃一十三畝有奇。（高宗五二三、四）

（**乾隆二一、閏九、癸亥**）廣東巡撫鶴年疏報：肇、廉二府屬，墾復額內遷移稅八十七畝有奇；廣、韶、惠、潮、廉、嘉六府州屬，額外水田十頃六十八畝有奇；增城、惠來、翁源三縣熟稅三十七畝有奇；又廣、潮二府屬，額外沙坦稅十二頃九十畝有奇；廣、潮二府屬，墾復屯田遷移稅四頃一十八畝有奇。（高宗五二三、一七）

（**乾隆二二、七**）[是月] 兩廣總督楊應琚奏：臣於乾隆二十年查得欽州地方尚有未墾官荒地畝，即與該道、府捐資招民承墾。現已墾田三千一百五十餘畝，情願自本年起，每畝輸租穀七斗，共二千二百餘石，以資公用。查廉州府屬之廉州營、欽州營兵米，歲支本色不及一成，較內地獨少。且所領折色，遇價昂不敷買食。應請即以此項租穀自戊寅年為始，撥一千三十一石二斗，碾運廉營；一千一十五石四斗，碾運欽營。合之該二營原支色米，可得一季本色之數。其應領折色原款，扣回解司充餉。倘遇歲歉，官穀不敷撥支，仍照每石七錢折給。尚餘穀一百五十餘石，變價作解遇廉營之費。該處原係山陬瘠土，應遵恩旨，免其升科。仍飭地方官給與印照，非逋租拋荒，毋輕易佃。得旨：甚好。（高宗五四三、四〇）

（**乾隆二二、八、壬午**）署廣東巡撫周人驥疏奏：乾隆二十一年分，肇、廉二府屬，墾復額內遷移稅三十二頃有奇，廣、惠、肇、廉、羅、嘉六府州屬，開墾水田二十九頃有奇；廣、潮二府屬，沙坦二十二頃有奇。（高宗五四五、一三）

（乾隆二二、八、甲申）署廣東巡撫周人驥疏報：乾隆二十二年分，肇慶府屬，墾復額內荒蕪稅二頃有奇；廣、潮、肇、嘉四府州屬，額外荒蕪稅六十三頃有奇。（高宗五四五、一七）

（乾隆二三、九、癸丑）署兩廣總督李侍堯疏報：乾隆二十二年分，墾復潮、肇、廉等府屬額內田二十八頃五十畝有奇，南雄府屬額內田七十畝有奇，開墾廣、潮、肇等府屬額外田地一百二十頃有奇，廣州府屬額外沙田一百七十四頃有奇。（高宗五七一、三四）

（乾隆二五、九、戊午）廣東巡撫託恩多疏報：肇慶、雷州、瓊州三府屬，墾復額內荒蕪稅一十五頃四十五畝有奇；廣州、惠州、潮州、肇慶、羅定五府州，墾復額外荒蕪稅三十五頃七十畝有奇。（高宗六二一、四）

（乾隆二六、一〇、癸未）廣東巡撫託恩多疏報：乾隆二十五年分，開墾廣州府屬額內荒蕪稅一頃三十畝有奇，廣、潮、肇、高、雷、嘉六府州屬額外荒蕪稅七十頃四十五畝有奇。（高宗六四七、三）

（乾隆二六、一〇、乙酉）廣東巡撫託恩多疏報：乾隆二十五年分，墾復廣、潮、肇、雷、廉五府屬額內遷移稅五十二頃四十九畝有奇，廣、肇二府屬屯田遷移稅三十畝有奇，廣、潮、肇、連、嘉五府州屬額外水田及沙坦稅一百三十四頃五十五畝有奇。（高宗六四七、五）

（乾隆二七、九、甲戌）廣東巡撫託恩多疏報：乾隆二十六年分，雷州、瓊州二府屬，開墾荒蕪稅地一頃二十八畝有奇；廣州、潮州、肇慶、羅定、嘉應五府州屬，開墾荒蕪稅地四十八頃有奇。（高宗六七〇、二五）

（乾隆二八、九、丙辰）前署廣東巡撫明山疏報：乾隆二十七年分，廣州、潮州、肇慶、廉州府屬，報墾額內額外荒蕪稅三十三頃五畝有奇。（高宗六九四、二）

（乾隆二八、九、辛未）前署廣東巡撫明山疏報：乾隆二十七年分，潮州、肇慶、廉州三府屬，墾復額內遷移稅十四頃四十三畝有奇；廣州、潮州、肇慶三府屬，墾額外水田稅五十一頃五十三畝有奇；廣州府屬，墾額外沙坦稅五十一頃九十七畝有奇；惠來、新會、恩平墾熟稅一頃六十八畝有奇，香山、新寧、清遠、潮陽、惠來、普寧、高要墾熟稅二十二頃一十三畝有奇。（高宗六九五、二）

（乾隆二九、九、乙丑）廣東巡撫明山疏報：乾隆二十八年分，雷、廉二府屬，開墾額內荒蕪稅八頃有奇，廣、潮、肇、雷四府屬額外荒蕪稅四十七頃有奇；高州府茂名縣歸併神電衛、高州所墾復屯稅二十畝有奇。（高宗七一九、一）

（乾隆二九、九、戊寅）廣東巡撫明山疏報：乾隆二十八年分，潮、肇、廉三府屬墾復遷移稅三頃有奇，廣、惠、潮、肇、高、羅、嘉七府州屬額外水田稅七十一頃有奇；又香山、新寧、海豐、海陽、饒平、高要、新興、鶴山、電白、東安、鎮平等十一縣，報墾熟稅三十七頃有奇，廣州府額外沙坦稅七十九頃有奇。（高宗七一九、一九）

（乾隆三〇、九、丁亥）前任兩廣總督兼廣東巡撫李侍堯疏報：乾隆二十九年分，開墾廣州、鶴山、東莞、南澳、靈山、香山、嘉應、潮陽、惠來、高要、東安、海陽、揭陽、恩平、西寧等府廳州縣共水田三十八頃九十畝有奇，廣州府屬沙坦三十頃十三畝有奇。（高宗七四四、一七）

（乾隆三一、一〇、壬寅）廣東巡撫王檢疏報：乾隆三十年，廉州府屬墾額內荒蕪稅十六頃八畝有奇；廣州、潮州、肇慶、雷州、瓊州等五府屬，墾額外荒蕪稅六十頃四十八畝有奇；又會同縣墾復難墾荒陷屯稅二頃十五畝有奇。（高宗七七〇、一一）

（乾隆三三、九、甲辰）廣東巡撫鐘音疏報：乾隆三十二年分，文昌縣報墾額內荒蕪熟稅六頃七十畝有奇；廣州、潮州、肇慶、雷州四府屬，報墾額外荒蕪稅十六頃七十四畝有奇；廣州、雷州二府屬墾復下則屯稅二頃五十五畝有奇。（高宗八一九、一〇）

（乾隆三四、一〇、乙卯）廣東巡撫鐘音疏報：乾隆三十三年分，廣州、潮州、肇慶、高州、雷州、廉州、羅定等七府州屬，共墾額外水田一百二十二頃九十二畝有奇；東莞、欽州、新寧、從化、饒平、花縣、惠來、恩平、電白、香山、清遠、三水、徐聞、東安等十四州縣，共墾額內水田六十三頃六十三畝有奇。（高宗八四四、二八）

（乾隆三五、一〇、己卯）廣東巡撫德保疏報：廣州、潮州、肇慶三府屬，墾地十四頃五十三畝有奇。（高宗八七〇、一四）

（乾隆三五、一〇、癸未）廣東巡撫德保疏報：廣州、惠州、潮州、肇慶、羅定、嘉應六府州屬，開墾水田四十七頃五十一畝有奇；廣州、潮州二府屬，開墾沙坦地一百六十五頃六十七畝有奇。（高宗八七〇、二八）

（乾隆三六、一一、丁酉）廣東巡撫德保疏報：廣州、潮州、肇慶、羅定、瓊州、高州、雷州等七府州屬，開墾額外水旱地八十四頃一畝有奇，升科如例。（高宗八九六、六）

（乾隆三七、九、庚戌）廣東巡撫德保疏報：乾隆三十六年分，開墾清遠、從化、德慶、恩平、番禺等五州縣水田沙坦十六頃三十畝有奇。（高宗九一七、六）

（乾隆三七、九、壬子）廣東巡撫德保疏報：乾隆三十六年分，開墾廣、潮、肇三府額外荒地七頃八十畝有奇。（高宗九一七、一一）

（乾隆三八、九、辛未）廣東巡撫德保疏報：廣州，韶州、雷州、瓊州、潮州、肇慶六府，徐聞一縣，乾隆三十七年墾復額內、額外荒蕪稅地二十三頃六十畝有奇。（高宗九四二、三五）

（乾隆三八、九、壬申）廣東巡撫德保疏報：廣州、潮州、肇慶、高州、羅定、嘉應等六府州，乾隆三十七年開墾額外水田稅三十五頃三畝有奇。（高宗九四三、四）

（乾隆三九、九、丙子）廣東巡撫德保疏報：乾隆三十八年分，開墾廣、潮、肇、雷、嘉五府州屬額外荒地共九十二頃九十二畝有奇。（高宗九六七、五〇）

（乾隆四〇、九、己未）廣東巡撫德保疏報：廣州、潮州、肇慶三府屬，乾隆三十九年分，開墾額外荒田十二頃二畝有奇。（高宗九九〇、二八）

（乾隆四〇、九、丁卯）廣東巡撫德保疏報：廣州、惠州、潮州、肇慶、高州、羅定六府州屬，乾隆三十九年分，開墾額外水田二十九頃二十九畝有奇。（高宗九九一、二〇）

（乾隆四一、一〇、甲辰）廣東巡撫李質穎疏報：徐聞，恩平、廣寧、新興、陽春五縣，乾隆四十年分，開墾地十一頃十三畝有奇。（高宗一〇一八、一〇）

（乾隆四一、一〇、戊申）廣東巡撫李質穎疏報：廣州、潮州、肇慶、高州、廉州五府，羅定、嘉應二州，乾隆四十年分，開墾水田二十頃六十畝有奇。（高宗一〇一八、一七）

（乾隆四三、一〇、辛酉）廣東巡撫李質穎疏報：徐聞、恩平、花縣、陽春、新興等五縣，乾隆四十二年分，開墾荒蕪田地二十一頃五十二畝有奇。（高宗一〇六八、一七）

（乾隆四四、一〇、壬戌）廣東巡撫李質穎疏報：恩平、新興、高要，乾隆四十三年分，開墾荒地七頃三十六畝有奇。（高宗一〇九二、一三）

（乾隆四五、一一、丁丑）廣東巡撫李湖疏報：肇慶、羅定、嘉應三府州屬，開墾額外水田三十七頃有奇。（高宗一一一八、一）

（乾隆四六、八、丙子）廣東巡撫李湖疏報：廣寧、新興、恩平、新寧四縣，開墾額外荒地共七頃八畝有奇。（高宗一一三八、一六）

（乾隆四六、九、庚申）廣東巡撫李湖疏報：恩平、海康、靈山三縣，開墾水田共三十七頃七十三畝有奇。（高宗一一四一、一五）

（**乾隆四七、一一、壬寅**）廣東巡撫尚安疏報：新寧、惠來、恩平、三水、遂谿等五縣，乾隆四十六年開墾水田一百一十二頃三十畝有奇。（高宗一一六八、二三）

（**乾隆五〇、一〇、庚子**）廣東巡撫孫士毅疏報：新會、三水、恩平、陽春、開平、遂溪等六縣，開墾額外荒地三十六頃十二畝有奇。（高宗一二四一、一三）

（**乾隆五〇、一一、辛亥**）廣東巡撫孫士毅疏報：清遠、恩平、陽春等三縣，開墾額外水田十三頃六十九畝有奇。（高宗一二四二、九）

（**乾隆五二、一一、丁亥**）廣東巡撫圖薩布疏報：廣州、肇慶、羅定三府州屬開墾額外水田二十五頃二畝有奇。（高宗一二九三、二二）

（**乾隆五四、九、丙午**）前任廣東巡撫圖薩布疏報：廣州、肇慶、廉州三府屬，乾隆五十三年分，開墾額外水田沙灘三百八十八頃八十九畝有奇。（高宗一三三九、一六）

（**乾隆五四、九、庚戌**）前任廣東巡撫圖薩布疏報：廣州、肇慶二府屬，乾隆五十三年分，開墾額外荒地四項六十六畝有奇。（高宗一三三九、二八）

（**乾隆五五、一一、丁酉**）廣東巡撫郭世勳疏報：花縣開墾田地六十二畝有奇，恩平縣開墾田地六項五十八畝有奇。（高宗一三六七、一三）

（**乾隆五七、一一、丁未**）廣東巡撫郭世勳疏報：廣州、肇慶、連州等三府州屬，報墾額外水田、沙灘四十三頃六十畝有奇。（高宗一四一六、二〇）

（**乾隆五七、一一、戊申**）廣東巡撫郭世勳疏報：廣州、肇慶二府屬，首墾額外荒地七項五十畝有奇。（高宗一四一六、二二）

（**乾隆五九、一一、己亥**）廣東巡撫朱珪疏報：廣州、肇慶二府屬，開墾額外水田八項八十二畝有奇，廣州府屬額外沙灘地八項三十三畝有奇。（高宗一四六四、二〇）

（**乾隆五九、一一、庚子**）廣東巡撫朱珪疏報：恩平縣開墾額外荒地七項二十一畝有奇。（高宗一四六五、一）

（**乾隆六〇、一〇、己丑**）陞任廣東巡撫署兩廣總督朱珪疏報：乾隆五十九年分恩平縣開墾額外荒地一項有奇。（高宗一四八八、二八）

（**嘉慶一、九、庚午**）户部議准：前任兩廣總督兼署廣東巡撫朱珪疏報，廣東合浦、開平、恩平三縣，開墾地十八頃有奇，照例升科。從之。（仁宗九、九）

（**嘉慶三、一一、丙子**）户部議准：廣東巡撫陳大文疏報，廣州、肇慶、

雷州三府屬，開墾田二十二頃七十二畝有奇，照例升科。從之。(仁宗三六、五)

（嘉慶四、一一、戊寅）户部議准：廣東巡撫陸有仁疏報，恩平、西寧二縣，開墾水田五十二畝有奇，照例升科。從之。(仁宗五五、二〇)

（嘉慶四、一二、壬辰）户部議准：廣東巡撫陸有仁疏報，新會、恩平二縣，開墾地十一頃十畝有奇，照例升科。從之。(仁宗五六、一四)

（嘉慶五、一二、丁巳）户部議准：署廣東巡撫瑚圖禮疏報，開平、恩平二縣，開墾地四頃六十畝，照例升科。從之。(仁宗七七、一二)

（嘉慶五、一二、己未）户部議准：署廣東巡撫瑚圖禮疏報，新寧、三水、開平、香山、恩平五縣，開墾水田七頃六十七畝有奇，照例升科。從之。(仁宗七七、一四)

（嘉慶六、一二、乙卯）户部議准：廣東巡撫瑚圖禮疏報，廣州、肇慶二府屬，開墾地二頃四十七畝有奇，照例升科。從之。(仁宗九二、二〇)

（嘉慶六、一二、己未）户部議准：廣東巡撫瑚圖禮疏報，廣州、韶州、肇慶、羅定四府州屬，開墾田十二頃五十一畝有奇，照例升科。從之。(仁宗九二、二六)

（嘉慶七、一二、甲寅）户部議准：前任廣東巡撫瑚圖禮疏報，香山、恩平二縣，開墾水旱田十頃四畝有奇，照例升科。從之。(仁宗一〇六、二〇)

（嘉慶九、一二、戊辰）户部議准：廣東巡撫孫玉庭疏報，從化、開平二縣，開墾田五頃九十二畝有奇，照例升科。從之。(仁宗一三八、八)

（嘉慶一一、七、癸丑）户部議准：廣東巡撫孫玉庭疏報，文昌、高明、恩平三縣，開墾田五頃十畝有奇，照例升科。從之。(仁宗一六四、一二)

（嘉慶一一、七、甲寅）户部議准：廣東巡撫孫玉庭疏報，新興、恩平、開平三縣，開墾地四頃八十畝有奇，照例升科。從之。(仁宗一六四、一三)

（嘉慶一二、四、戊戌）户部議准：廣東巡撫孫玉庭疏報，新會、清遠、恩平三縣，開墾田三十二頃六十九畝有奇，照例升科。從之。(仁宗一七八、一四)

（嘉慶一三、四、丁卯）户部議准：廣東巡撫孫玉庭疏報，三水、香山、高明、恩平四縣，開墾田五頃四十畝有奇，照例升科。從之。(仁宗一九四、二)

（嘉慶一四、四、壬辰）户部議准：調任廣東巡撫孫玉庭疏報，番禺、香山、恩平三縣，開墾田四十七頃二十二畝有奇，照例升科。從之。(仁宗

二〇九、三)

（嘉慶一四、四、己亥）户部議准：調任廣東巡撫孫玉庭疏報，遂溪、恩平二縣，開墾地二十頃九十八畝有奇，照例升科。從之。（仁宗二〇九、一二）

（嘉慶一五、七、丁巳）户部議准：護理廣東巡撫布政使衡齡疏報，開平、花、恩平、廣寧四縣開墾荒地二十三頃有奇，照例升科。從之。（仁宗二三二、六）

（嘉慶一五、七、戊午）户部議准：護理廣東巡撫布政使衡齡疏報，恩平縣開墾水田三頃有奇，照例升科。從之。（仁宗二三二、八）

（嘉慶一五、八、乙未）户部議准：兩廣總督百齡疏報，饒平縣開墾水田三十五畝，照例升科。從之。（仁宗二三三、一四）

（嘉慶一六、五、戊戌）户部議准：廣東巡撫韓崶疏報，番禺、香山、恩平三縣，開墾水田二十七頃有奇，照例升科。從之。（仁宗二四三、二三）

（嘉慶一七、六、庚戌）户部議准：廣東巡撫韓崶疏報，恩平縣開墾田一頃三十畝有奇，照例升科。從之。（仁宗二五八、八）

（嘉慶一七、六、辛亥）户部議准：廣東巡撫韓崶疏報：恩平、高明二縣，開墾田一頃五畝有奇，照例升科。從之。（仁宗二五八、八）

（嘉慶一八、五、乙未）户部議准：廣東巡撫韓崶疏報，遂溪、合浦、恩平三縣，開墾荒埔二十五頃七十三畝，照例升科。從之。（仁宗二六九、一八）

（嘉慶一八、六、丙申）户部議准：廣東巡撫韓崶疏報，廉州、羅定二府州屬及西寧縣，開墾水田三十七頃九十四畝有奇，照例升科。從之。（仁宗二七〇、一）

（嘉慶二〇、六、壬午）户部議准：兩廣總督蔣攸銛疏報，東莞場鹽田七十一畝有奇，改爲稻田，照例升科。從之。（仁宗三〇七、二五）

（嘉慶二〇、七、甲申）户部議准：廣東巡撫董教增疏報，香山縣開墾水田二頃，照例升科。從之。（仁宗三〇八、一）

（嘉慶二〇、七、乙酉）户部議准：廣東巡撫董教增疏報，高要、高明、開平三縣，開墾荒地二頃三畝有奇，照例升科。從之。（仁宗三〇八、二）

（嘉慶二二、六、庚辰）户部議准：廣東巡撫董教增疏報，德慶州開墾地一頃七畝有奇，照例升科。從之。（仁宗三三一、一〇）

（嘉慶二三、六、乙未）户部議准：調任廣東巡撫陳若霖疏報，恩平、開平二縣，開墾田三頃四十畝有奇，照例升科。從之。（仁宗三四三、三三）

（**嘉慶二四、六、己未**）户部議准：調任廣東巡撫李鴻賓疏報，恩平縣開墾田九十九畝有奇，照例升科。從之。(仁宗三五九、一七)

(17) 廣西

（**順治一七、一一、壬戌**）廣西巡撫于時躍疏報：開墾民田、屯田二千二百五十餘頃。(世祖一四二、一四)

（**順治一八、一二、丁未**）廣西巡撫于時躍疏報：順治十七年分，粵西九府開墾民田一千五百餘頃，屯田五十七頃有奇。下部知之。(聖祖五、一五)

（**雍正五、二、壬申**）署廣西巡撫韓良輔疏報：桂林、梧州等七府，開墾雍正三年分田地二十九頃有奇。(世宗五三、二三)

（**雍正六、二、癸巳**）署廣西巡撫阿克敦疏報：桂林等府，開墾雍正四年分田地六十六頃有奇。(世宗六六、一二)

（**雍正九、二、癸丑**）廣西巡撫金鉷題報：桂、平、梧、潯、南、柳、慶、思、泗九府，鬱林一州，開墾雍正七年分田地八百六十頃有奇。下部知之。(世宗一〇三、一八)

（**雍正一一、二、辛未**）廣西巡撫金鉷疏報：桂林府中右二衛，開墾雍正十年分田地六頃有奇。下部知之。(世宗一二八、八)

（**雍正一一、二、乙亥**）廣西巡撫金鉷疏報：桂林等府，開墾雍正十年分田地五百頃有奇。下部知之。(世宗一二八、一三)

（**乾隆一、八、丁卯**）廣西巡撫金鉷疏報：各屬官生俊秀，捐墾雍正十三年分荒田一百七十二頃有奇。(高宗二四、五)

（**乾隆一、一二、乙丑**）廣西巡撫金鉷疏報：雍正十三年分，鬱林州開墾田共二十頃。(高宗三二、七)

（**乾隆二、四、壬戌**）廣西巡撫楊超曾疏報：各屬開墾水旱屯田共一百六十一頃有奇。(高宗四〇、七)

（**乾隆二、八、戊寅**）廣西巡撫楊超曾疏報：桂林等府並鬱林州等各屬，開墾屯田地畝二十一頃有奇。(高宗四九、六)

（**乾隆三、八、壬午**）户部議准：廣西巡撫楊超曾奏稱，桂林府屬之臨桂、靈川、興安、永寧等四州縣，雍正六年分，原報開墾田畝，今墾不成熟，所有額徵銀米，請予豁除。從之。(高宗七四、二)

（**乾隆三、八、丙戌**）廣西巡撫楊超曾疏報：潯州等五府州屬，桂平等五州縣，並鎮安、鬱林二府州，首報墾熟民猺地六頃三十九畝有奇、田四百

八十九埠。(高宗七四、一四)

（乾隆五、三、戊辰）署廣西巡撫安圖疏報：南寧、平樂、梧州、鎮安等府屬，乾隆三年分，開墾水田六頃四十一畝有奇，旱田四頃二十五畝有奇。(高宗一一三、九)

（乾隆五、閏六、己酉）廣西巡撫安圖疏報：乾隆四年，桂林、南寧、思恩三府屬之灌陽、宣化、武緣、賓州四州縣，續報墾熟舊荒民水田地八十五畝有奇。(高宗一二〇、三七)

（乾隆六、三、庚寅）署廣西巡撫楊錫紱疏報：桂林、南寧、思恩、鬱林等府州，乾隆四年墾水旱民田共十四頃有奇；興安縣墾水屯田六畝。(高宗一三九、二四)

（乾隆六、八、丙辰）[戶部] 又議准：廣西巡撫楊錫紱疏稱，鬱林州民龐文爵等，於雍正十三年報墾老荒下則民田稅畝，應於乾隆六年升科，內除已墾成熟田畝照額完糧外，尚有三十八頃九十畝零墾不成田，應徵銀米豁除，從之。(高宗一四九、八)

（乾隆六、九、丁丑）原署廣西巡撫楊錫紱疏報：乾隆五年，墾舊荒、老荒水、旱、民猺田地五頃六畝有奇，(高宗一五〇、二〇)

（乾隆七、七、庚申）戶部議准：廣西巡撫楊錫紱疏報，乾隆六年分，梧州、南寧二府屬，直隸鬱林州屬，墾熟荒田共稅二頃八十五畝有奇。里民首報，免其治罪，並免追未納錢糧。從之。(高宗一七〇、七)

（乾隆七、七、壬戌）戶部議准：廣西巡撫楊錫紱疏報，武緣縣雍正九年報墾地內，有墾不成熟地一頃九十六畝有奇，所有額徵，請與豁除；其實在成熟地一頃四十一畝有奇，仍照例起科。從之。(高宗一七〇、七)

（乾隆八、二、辛丑）[戶部] 又議准：廣西巡撫楊錫紱疏稱，雍正九年，象州報墾下則荒旱地塘十頃四十六畝零，勘係磽瘠，請照桑麻地稅升輸。從之。(高宗一八五、四)

（乾隆八、三、庚申）廣西巡撫楊錫紱疏報：桂林、南寧、鬱林等府州屬，乾隆六年分，共開墾舊荒水旱田一十頃二十二畝有奇。(高宗一八六、七)

（乾隆八、六、辛未）廣西巡撫楊錫紱疏報：富川、貴縣、永康、天河、鬱林五州縣，首墾新舊荒田共三頃二十二畝有奇。(高宗一九五、一一)

（乾隆九、三、庚寅）廣西巡撫楊錫紱疏報：乾隆七年分，桂林府屬開墾民猺田九十八畝有奇，平樂府屬恭城縣開墾猺田二畝。(高宗二一二、一五)

（乾隆一〇、四、癸卯）署廣西巡撫託庸疏報：乾隆八年，桂林、平樂、

梧州、柳州、太平、鬱林等府州屬，開墾水田地一頃一十八畝有奇。（高宗二三八、四）

（**乾隆一〇、五、乙未**）署廣西巡撫託庸疏報：乾隆九年分，桂林、柳州、思恩三府屬之臨桂、來賓、象州、賓州並鬱林五州縣里民，首報墾熟舊荒，並未入全書老荒水民田塘，共稅二頃六十六畝有奇。又桂林府屬之義寧縣里民，首報墾熟荒水屯田稅二十畝有奇。（高宗二四一、一一）

（**乾隆一〇、七、壬午**）署廣西巡撫託庸疏報：臨桂、義寧、來賓、象州、賓州並鬱林等六州縣，首報乾隆九年墾熟民屯水田二頃八十六畝有奇。（高宗二四四、一七）

（**乾隆一二、三、庚戌**）戶部議准：署廣西巡撫鄂昌疏稱，乾隆十年分，興安、武緣、恭城三縣，開墾水田六十二畝四分，應徵銀米，照例升科。從之。（高宗二八七、五）

（**乾隆一四、三、庚午**）廣西巡撫舒輅疏報：乾隆十二年分，桂林、平樂、梧州、鬱林等府州屬，開墾水田共三頃三十畝有奇，分年升科如例。（高宗三三七、一三）

（**乾隆一六、四、庚辰**）除廣西宣化縣乾隆九年分報墾水田五畝有奇科賦。（高宗三八六、二二）

（**乾隆一九、四、辛巳**）廣西巡撫李錫秦疏報：乾隆十七年分，歸順、遷江二州縣墾過水旱田、地共一十二頃六十三畝有奇。（高宗四六〇、四）

（**乾隆二一、三、丙戌**）廣西巡撫衛哲治疏報：蒼梧、宜山、歸順、鬱林、興業五州縣，新墾水田六十九頃二十四畝有奇，升科如例。（高宗五〇九、五）

（**乾隆二五、三、丙寅**）護理廣西巡撫葉存仁疏報：貴縣、武宣、宣化、東蘭、上林、天保、歸順等七州縣，乾隆二十三年開墾老荒水旱民田五頃九十八畝有奇，及田塝五十三塝半伍內，水田五頃六十二畝有奇。（高宗六〇九、一一）

（**乾隆二五、九、乙巳**）廣西巡撫鄂寶疏報：蒼梧、羅城、天河等三縣，共報墾水田四頃四十一畝有奇，天保縣田一百四塝有奇。（高宗六二〇、五）

（**乾隆二六、四、癸巳**）廣西巡撫鄂寶疏報：勘實乾隆十九年分鬱林州開墾水田六頃三十九畝有奇。（高宗六三五、二〇）

（**乾隆二六、七、壬戌**）前署廣西巡撫馮鈐疏報：乾隆二十五年分，靈川、蒼梧、懷集、宜山、武緣、歸順等六州縣開墾水旱田地一百七十二畝有奇，天保縣開墾田塝二百四十三塝一什。（高宗六四一、一三）

（**乾隆二八、七、壬戌**）廣西巡撫馮鈐疏報：貴縣、宣化、永淳、歸順、博白勸墾水旱田地塘共稅一頃九十四畝有奇，天保勸墾田埠一百二十八埠一百一十一伍有奇。（高宗六九〇、一四）

（**乾隆二九、六、庚子**）户部議准：廣西巡撫明山奏稱，鬱林州於乾隆二十三年報墾老荒水田六頃六十畝有奇，除已成熟田入額徵輸外，其砂石難墾者五頃十畝有奇，應請豁除額賦。從之。（高宗七一三、六）

（**乾隆三〇、五、癸卯**）户部議准：廣西巡撫馮鈐疏報，宣化、崇善、歸順三州縣，勸民開墾水旱田一頃八十八畝零，天保縣勸民開墾田埠三十六埠一什一伍半伍，應徵銀米，分別於三十五年、三十九年升科收納。從之。（高宗七三七、二〇）

（**乾隆三三、六、辛未**）廣西巡撫宋邦綏疏報：平樂府屬之永安，鎮安府屬之歸順二州，勸墾水旱田共一頃七畝有奇；又鎮安府屬之天保縣，開墾旱田五十三畝（高宗八一二、一九）

（**乾隆三四、六、丙寅**）廣西巡撫宮兆麟疏報：乾隆三十三年分，興安、奉議、博白三州縣，開墾過水民猺田二頃四十六畝有奇。（高宗八三七、一）

（**乾隆三五、五、辛卯**）廣西巡撫淑寶疏報：乾隆三十四年分，天保縣開墾田埠二十四埠一百十伍有奇。（高宗八五八、二六）

（**乾隆三七、七、乙未**）廣西巡撫覺羅永德疏報：乾隆三十六年分，臨桂、歸順、興業三州縣，共開墾水旱田一頃八十四畝有奇；天保縣開墾田埠一十五頃有奇。（高宗九一二、四）

（**乾隆三九、六、甲辰**）廣西巡撫熊學鵬疏報：乾隆三十八年，永安、天河、上林、天保、歸順、奉議、興業等七州縣，開墾水旱田五頃七十畝，又上則水田二十二埠，下則水田五十六埠各有奇。（高宗九六一、一八）

（**乾隆四〇、六、乙巳**）廣西巡撫熊學鵬疏報：乾隆三十九年，永康、遷江、天保、歸順、奉議五州縣，開墾水旱田一十五頃八十八畝有奇，又下則田四頃六十七畝有奇。（高宗九八五、二三）

（**乾隆四一、五、乙未**）廣西巡撫吳虎炳疏報：乾隆四十年分，武宣、天保、奉議三州縣，開墾水田六十畝有奇。（高宗一〇〇九、一一）

（**乾隆四二、七、甲申**）廣西巡撫吳虎炳疏報：永淳、天保、奉議三州縣，開墾水旱田三十七畝有奇，又水田一百五十埠有奇。（高宗一〇三七、九）

（**乾隆四三、六、丁酉**）廣西巡撫吳虎炳續報：天保、歸順、奉議三州縣，墾熟水旱田一頃九十一畝，水田一百八埠有奇。（高宗一〇五八、一八）

（**乾隆四六、閏五、戊辰**）廣西巡撫姚成烈疏報：小鎮安通判暨天保、

奉議三廳州縣，開墾水田六頃三十三畝有奇，又下則田一百三十八埠有奇。（高宗一一三三、一二）

（**乾隆四七、六、癸巳**）廣西巡撫朱椿疏報：宣化、柳城、武緣、天保、奉議五州縣，乾隆四十六年分，開墾老荒水旱[旱]田一頃八十八畝有奇，又田五十四埠。（高宗一一五九、二一）

（**乾隆四八、七、戊戌**）護理廣西巡撫布政使瑞齡疏報：鎮安廳、天保、奉議三廳州縣，開墾旱田四頃五十一畝，水田一頃十二畝，又水田一百十三埠有奇。（高宗一一八四、一八）

（**乾隆五〇、七、壬申**）護理廣西巡撫布政使奇豐額疏報：鎮安府屬小鎮安廳、天保、歸順、奉議四廳州縣，乾隆四十九年分，開墾老荒水旱田一十六頃九十畝有奇。（高宗一二三五、二八）

（**乾隆五三、七、壬戌**）廣西巡撫孫永清疏報：乾隆五十二年，鎮安府小鎮安通判、天保、奉議三屬，共墾旱田四頃三十畝有奇，水田六十畝有奇，水田埠一百三十埠有奇。（高宗一三〇八、八）

（**乾隆五四、六、丙寅**）廣西巡撫孫永清疏報：乾隆五十三年，鎮安府屬之小鎮安、天保、奉議三廳州縣，開墾水旱田五頃二十畝有奇，又水田埠十九埠有奇。（高宗一三三二、二〇）

（**乾隆五六、六、丁未**）廣西巡撫陳用敷疏報：乾隆五十五年分，小鎮安通判、天保、奉議等三廳州縣，開墾老荒水旱田六頃八十畝有奇，水田埠九十七埠有奇。（高宗一三八〇、一〇）

（**乾隆五七、五、丁未**），廣西巡撫陳用敷疏報：乾隆五十六年分，小鎮安通判、天保縣二廳縣，開墾老荒田八頃八十畝有奇，下則水田埠七十二埠有奇。（高宗一四〇四、一八）

（**乾隆五九、七、庚寅**）廣西巡撫陳用敷疏報：乾隆五十八年分，天保縣開墾水田埠一埠有奇。（高宗一四五六、九）

（**乾隆六〇、六、丁未**）廣西巡撫成林疏報：乾隆五十九年，小鎮安、天保、博白三廳縣，開墾水旱田十頃七畝有奇，又水田埠二十二埠。（高宗一四八一、一九）

（**嘉慶一、七、戊辰**）戶部議准：廣西巡撫成林疏報，賓、天保、奉議三州縣，開墾水旱田五頃四十四畝有奇，照例升科。從之。（仁宗七、一五）

（**嘉慶三、八、壬辰**）戶部議准：廣西巡撫台布疏報，宣化、天保二縣，開墾旱田五十一畝有奇，水田十七埠有奇，照例升科。從之。（仁宗三三、二）

（嘉慶五、八、壬戌）户部議准：廣西巡撫謝啟昆疏報，天保縣開墾水田九十二墲有奇，照例升科。從之。（仁宗七二、二〇）

（嘉慶六、八、辛酉）户部議准：廣西巡撫謝啟昆疏報，天保縣開墾水田四十五墲，照例升科。從之。（仁宗八六、二二）

（嘉慶九、七、丁亥）户部議准：廣西巡撫百齡疏報，遷江、天保二縣，開墾水旱田一十五頃五十五畝有奇，照例升科。從之。（仁宗一三一、五）

（嘉慶一一、八、辛巳）户部議准：廣西巡撫汪日章疏報，天保、奉議、鬱林三州縣，開墾田三十一畝有奇，水田四十八墲有奇，照例升科。從之。（仁宗一六五、六）

（嘉慶一二、七、己巳）户部議准：廣西巡撫恩長疏報，小鎮安廳、天保縣，開墾旱田二頃九十一畝，水田二十一墲，照例升科。從之。（仁宗一八三、三五）

（嘉慶一三、六、戊午）户部議准：廣西巡撫恩長疏報，天保、奉議二州縣，開墾水田十六墲有奇、旱田十畝有奇，照例升科。從之。（仁宗一九七、三二）

（嘉慶一五、九、癸丑）户部議准：廣西巡撫錢楷疏報，天保縣開墾田十四墲，照例升科。從之。（仁宗二三四、一）

（嘉慶一六、七、丁丑）户部議准：廣西巡撫成林疏報，天保、奉議二州縣，開墾水田二十四墲一伯七十畝，照例升科。從之。（仁宗二四六、一）

（嘉慶一八、七、丁酉）户部議准：廣西巡撫成林疏報，天保、奉議二州縣，開墾水田二十三墲有奇，照例升科。從之。（仁宗二七一、三二）

（嘉慶二〇、八、壬戌）户部議准：署廣西巡撫葉紹楏疏報，天保縣開墾水田三十三墲有奇，照例升科。從之。（仁宗三〇九、一二）

（嘉慶二二、八、己卯）户部議准：廣西巡撫慶保疏報，天保縣開墾水田四十七墲，照例升科。從之。（仁宗三三三、七）

（嘉慶二三、八、甲申）户部議准：護理廣西巡撫富綸疏報，小鎮安、天保、歸順三廳州縣，開墾旱田十二頃三十一畝有奇、水田十四墲一伯，照例升科。從之。（仁宗三四五、一三）

(18) 四川

（康熙三一、八、戊戌）四川巡撫噶爾圖疏言：清查四川户口田糧，除補足原額外，計新增户口十九萬七千九百六十五口、田地八萬八千五百頃有奇；應徵地丁銀兩等項十二萬五千九百九十二兩零，米三千六百三十三石

零。下部知之。（聖祖一五六、四）

（康熙四二、一、己巳）四川巡撫貝和諾疏報：四川成都等八府、眉州等五州及九姓土司，共首出田地一千七百二十四頃六十一畝零，應徵銀一千八百五十兩有奇。下戶部知之。（聖祖二一一、五）

（康熙五〇、一一、癸丑）四川巡撫年羹堯疏報：川省成都等府百姓，自首田地一萬五千三百八十頃有奇，照例於康熙五十年起科。下所司知之。（聖祖二四八、二六）

（康熙五六、四、辛亥）戶部議覆：四川巡撫年羹堯疏言，成都等八府、嘉定等四州，首出九千一百一十一戶，上、中、下田地一千七百五十二頃五十八畝零，人丁一千一百三十丁零，照例於康熙五十五年起徵。應如所請。從之。（聖祖二七二、一四）

（雍正三、三、丁未）四川巡撫王景灝疏報：成都等府，開墾雍正元年分田地六十八頃有奇。下部知之。（世宗三〇、一四）

（雍正五、二、癸未）四川巡撫馬會伯疏報：成都保寧等府，開墾雍正三年分田地一百十二頃有奇。下部知之。（世宗五三、三二）

（雍正六、二、己丑）……四川巡撫憲德疏報：綿州、德陽等十四州縣，開墾雍正四年分田地四十五頃有奇。……下部知之。（世宗六六、九）

（乾隆一、一二、甲戌）四川巡撫楊馝疏報：黃郎所苗民雍正十一年分開懇［墾］田地十頃四畝有奇。（高宗三二、二七）

（乾隆二、七、壬子）戶部議覆：四川巡撫碩色疏報，射洪、彭縣、德陽、雷波等四縣衛，開墾荒地四頃有奇，應徵銀兩，按則起科；廣安、屏山、大竹、射洪、犍爲、江油、樂至等七州縣，漏戶地畝三十頃有奇，應增入乾隆元年分額賦補徵；大足、劍州、資陽等三州縣，重糧地畝三頃有奇，應准開除。從之。（高宗四七、二三）

（乾隆三、九、癸亥）四川巡撫碩色疏報：天全、眉州、大邑、蓬溪、羅江、新寧、蓬州、冕寧等八州縣，陸續首墾田地七頃零三畝有奇。（高宗七六、一八）

（乾隆六、一〇、己酉）四川巡撫碩色疏報：乾隆五年，簡州、宜賓、敍永、江油、威遠、仁壽六廳州縣，補首上、中、下稻坡田地共一十三頃一十二畝有奇；簡州、清溪、冕寧三州縣，報墾乙丑年起科荒下田四頃三畝有奇；簡州、敍永、清溪、冕寧四廳州縣，報墾己巳年起科下地二十二頃八十八畝有奇。又，新津、新繁、德陽、新都、江油、越巂六縣衛被水衝坍，開除上、中、下田地共十九頃有奇。（高宗一五三、三）

（乾隆七、七、丁卯）户部議准：四川巡撫碩色疏稱，署瀘寧同知、鹽源縣知縣王秉鑑，招民一百户，開墾田二頃六畝有奇，應於甲子年起科；開墾地六頃七十一畝有奇，應於戊辰年起科。均屬著有成效，應令現任瀘寧同知接收經管，徵收糧銀。從之。（高宗一七〇、一九）

（乾隆一〇、五、甲戌）四川巡撫紀山疏報：酉陽州承糧花户陳治安等七千零九十九户，補首乾隆九年分中、下地共五百五十一頃六十一畝。（高宗二四〇、三）

（乾隆一〇、一〇、丙午）户部議准：四川巡撫紀山疏報，安縣、德昌所應開除田地共一頃二十五畝有奇；樂至、邛州、大邑、青神、黔江、雷波等州縣衛，首墾田地共十一頃五十五畝有奇。所有額賦，照例分別增除。從之。（高宗二五〇、一六）

（隆乾一二、八、己卯）四川巡撫紀山疏報：西昌縣開墾荒地四頃八十九畝有奇。（高宗二九七、八）

（隆乾一六、一二、丁未）四川總督策楞疏報：南坪營屬雜入等九寨苗民，乾隆十二年認納稞糧三石，乾隆十五年升科，照例徵收。（高宗四〇四、二二）

（隆乾一九、四、戊申）四川總督黃廷桂疏報：各屬補首乾隆十七年分墾過水旱田、地共一百頃八十九畝有奇。（高宗四六一、一六）

（乾隆二三、四、己巳）[户部題：]又，四川總督開泰疏報，彭縣、灌縣、閬中、隆昌、興文、雲陽、榮縣、茂州、敍水廳、永寧、東鄉等十一州縣廳，補首上、中、下則田地四十頃零，應徵銀兩，於二十二年徵收。從之。（高宗五六〇、二六）

（乾隆二八、四、癸丑）四川總督開泰疏報：灌縣、奉節、青神、酉陽等四州縣，乾隆二十七年分，勸墾田地二頃九十二畝有奇。（高宗六八五、二一）

（乾隆三二、四、戊申）四川總督阿爾泰疏報：巴州鄰水等十廳州縣，首墾地一百六十五頃九十七畝有奇；涪州、廣元等七廳州縣，首墾田七頃一十九畝有奇。（高宗七八二、二五）

（乾隆三三、四、壬申）四川總督阿爾泰疏報：乾隆三十二年，南部、巴州、榮縣、廣安、清溪、屏山、馬邊、達州、新寧九廳州縣，補首中、下田地一百四十三頃三十三畝有奇；富順、屏山、馬邊、奉節、天全、達州、太平、酉陽八廳州縣，共墾中、下田一十七頃九十六畝有奇，上、中地一百三十頃八十二畝有奇。（高宗八〇八、三二）

（**乾隆三五、四、乙丑**）四川總督阿爾泰疏報：乾隆三十四年分，廣元、馬邊、中江、營山、雷波、邛州六廳州縣，補首墾田地三十七頃七畝有奇。（高宗八五七、三）

（**乾隆三七、五、戊戌**）四川總督桂林疏報：廣安、眉州、梓潼、達州、彭水、永寧、石砫等七廳州縣，乾隆三十六年開墾補首上、中、下田三十三頃三畝；邛州、南充、雲陽、秀山等四州縣，開墾中、下田三十二頃六十六畝有奇。（高宗九〇八、六）

（**乾隆四五、三、壬寅**）四川總督文綬、提督明亮會奏：兩金川各屯降番，定於四十八年輸賦，惟查漢牛二百九十二戶於三十二年先已投誠，今大功告成又經三載，應先令供賦，以益邊儲。下部知之。（高宗一一〇三、二二）

（**乾隆四九、四、庚戌**）四川總督李世傑疏報：冕寧縣報墾下田二頃八十二畝有奇。（高宗一二〇五、二三）

（**乾隆五二、四、甲寅**）戶部議覆：四川總督保寧疏稱，茂州營屬之十七寨羌民，呈懇改舊茂州民籍，報出耕熟地畝估種三十五石六斗有奇，按照茂州完糧科則，應納正耗銀一十二兩有奇，請於乾隆五十二年爲始，由州徵解。該羌民等，歸入州籍，一體編戶。應如所請。從之。（高宗一二七九、四）

（**乾隆五三、一、己丑**）調任四川總督保寧奏：金川屯務，經前任將軍參贊等丈出地十一萬七千六百六十畝，節年屯員，廣爲招徠，稽事日興，荒土盡闢。除原丈地已墾外，多墾地一萬八千九百七十五畝，仍照例每戶給三十畝，併限六年升科。查各屯官役喇嘛人等及歲修橋梁等項，需糧九百餘石，俟升科後，統計新舊地畝併漢牛一屯，每年共應徵糧一千二十一石零，各項供支自可有盈無絀。報聞。（高宗一二九七、三一）

（**乾隆五三、六、壬辰**）四川總督李世傑疏報：營山、蒲江二縣，補首墾地三十八畝有奇。（高宗一三〇六、一）

（**乾隆五四、七、壬寅**）四川總督李世傑疏報：峨眉縣續墾官荒田地四百九十畝有奇。（高宗一三三五、九）

（**嘉慶三、四、壬子**）戶部議准：前署四川總督宜綿疏報，會理州開墾田一頃一十七畝，照例升科。從之。（仁宗二九、七）

（**嘉慶七、一一、庚寅**）戶部議准：四川總督勒保疏報，鹽源縣開墾田三十七頃四十八畝有奇，照例升科。從之。（仁宗一〇五、一八）

（**嘉慶一二、五、乙巳**）戶部議准：前署四川總督特清額疏報，酉陽州

開墾田五十畝有奇，照例升科。從之。(仁宗一七九、六)

(嘉慶一八、六、庚子) 戶部議准：四川總督常明疏報，秀山縣開墾田九十五畝有奇，照例升科。從之。(仁宗二七〇、二)

(嘉慶一八、六、戊申) 戶部議准；四川總督常明疏報，峨邊廳屬開墾田一千四百五十七畝有奇，照例升科。從之。(仁宗二七〇、一二)

(嘉慶二一、一一、丁巳) 戶部議准：四川總督常明疏報，會理、西昌、鹽源、冕寧、越雋五廳州縣開墾田三百八十七頃六十五畝，照例升科。從之。(仁宗三二四、一四)

(19) 雲南

(康熙三、五、甲申) 雲南巡撫袁懋功疏報：康熙二年分，通省開墾田一千二百餘頃。下部知之。(聖祖一二、九)

(康熙四、四、壬午) 雲南巡撫袁懋功疏報：康熙三年分，開墾荒地二千四百五十九頃。下部察核。(聖祖一五、一〇)

(雍正二、三、乙亥) 雲南巡撫楊名時疏報：大理、蒙化二府，開墾康熙六十一年分田地三十八頃有奇。下部知之。(世宗一七、三)

(雍正二、七、丁未) 雲南巡撫楊名時疏報：開化、廣西二府，開墾雍正元年分田地二十頃有奇。下部知之。(世宗二二、六)

(雍正五、八、丙申) 雲南巡撫楊名時疏報：廣南、蒙化二府，尋甸、昆明等八州縣，開墾雍正四年分田地六十一頃有奇。下部知之。(世宗六〇、一二)

(雍正六、八、甲申) 雲南總督鄂爾泰疏報：雲南鎮沅府開墾彝田四百三十頃有奇。下部知之。(世宗七二、六)

(雍正六、一一、乙亥) 雲貴廣西總督鄂爾泰疏報：雲南等府開墾本年分田地九百四十三頃有奇。下部知之。(世宗七五、二六)

(雍正七、七、甲子) 雲南巡撫沈廷正疏報：尋甸、祿豐等三十一州縣，開墾雍正六年分田地一千五百七十頃有奇。下部知之。(世宗八三、三〇)

(雍正八、五、甲申) 雲貴廣西總督鄂爾泰疏報：雲南永善縣，開墾本年分田地六十四頃有奇。下部知之。(世宗九四、一五)

(雍正一三、八、丙戌) 雲南巡撫張允隨疏報：蒙化府開墾雍正十二年分田地二十六頃有奇。下部知之。(世宗一五九、一九)

(雍正一三、一二、己巳) 戶部議覆：雲南巡撫張允隨疏報，雍正十二年，該省開墾民屯田地併十一年續墾田地共二十六頃四十九畝有奇。應令該撫查實，照例升科。從之。(高宗八、一一)

（**乾隆一、一一、庚寅**）雲南巡撫張允隨疏報：雍正十三年分，騰越州威遠同知開墾民田一頃四十五畝有奇。又雍正十二年分，各屬開墾民屯田地七頃五十畝有奇，並夷田一段。（高宗三〇、一）

（**乾隆二、九、庚戌**）雲南巡撫張允隨疏報：恩樂縣開墾夷田一十五頃九畝有奇。（高宗五一、二〇）

（**乾隆三、一一、丙辰**）雲南巡撫張允隨疏報：鎮沅等三府州縣，乾隆二年，開墾民屯田地共一百九十五頃九畝有奇。（高宗八〇、一四）

（**乾隆四、九、庚戌**）雲南巡撫張允隨題報：昆明縣、恩安縣，乾隆三年，共開墾過久荒民地並額外地一十一頃八十八畝有奇。（高宗一〇〇、一二）

（**乾隆五、七、丙戌**）雲南巡撫張允隨疏報：尋甸、會澤、宣威等三州縣，乾隆四年分，開墾久荒民地三十二頃三十七畝有奇。（高宗一二三、四）

（**乾隆六、一一、乙丑**）雲南巡撫張允隨疏報：羅次、南安、新平三州縣，乾隆五年分，開墾下則民田四頃一十三畝有奇。（高宗一五四、四）

（**乾隆七、九、甲申**）雲南巡撫張允隨疏報：乾隆六年分，昆明、晉寧、河西、元謀、恩安、魯甸、鎮沅七府廳州縣，共開墾水旱田地三百五十五頃二十八畝有奇。（高宗一七五、一八）

（**乾隆八、一二、庚申**）戶部議覆：雲南總督兼管巡撫事張允隨疏稱，寧州、寶寧、浪穹、景東、元謀等府州縣，於雍正五年至十一年，虛報開墾並節年被水衝塌民屯田地共五十頃七十畝有奇。所有額徵，請予豁除。應如所請。從之。（高宗二〇六、一四）

（**乾隆九、九、癸卯**）雲南總督兼管巡撫事務張允隨疏報：開墾大姚、鄧州二州縣久荒民屯田地共三十三畝，又宣威、寧州、景東、麗江等府州額外民田一十一頃六十畝有奇。（高宗二二五、二一）

（**乾隆一〇、一〇、甲辰**）雲南總督兼管巡撫事張允隨疏報：新平、寧州、文山、會澤、麗江、景東等府州縣，乾隆九年，開墾成熟田共十一頃六十九畝有奇。（高宗二五〇、一四）

（**乾隆一一、一二、丙子**）雲南總督兼管巡撫張允隨疏報：會澤縣、磠嘉州判開墾水田四頃五十畝有奇，旱田二十畝。（高宗二八〇、二五）

（**乾隆一三、九、辛未**）雲南巡撫圖爾炳阿疏報：乾隆十二年分，昆明、晉寧、富民、尋甸、賓川、南安、文山等州縣墾復荒田五頃八十一畝有奇。（高宗三二五、一二）

（**乾隆一九、九、己丑**）雲南巡撫愛必達疏報：祿勸、馬龍、嵩明、永平、廣西、霑益、元江、鎮沅、文山、會澤、新興等十一府州縣，十八年

分，開墾荒地二十七頃有奇。(高宗四七二、二〇)

（**乾隆二〇、九、乙未**）雲南巡撫愛必達疏報：彌勒、鎮沅、恩樂、騰越、馬龍、和曲、會澤、雲南、陸涼、寧州、通海、麗江、祿勸、大關、永善、魯甸、永北、霑益等十八廳州縣，乾隆十九年開墾田地二百五十頃有奇。(高宗四九七、一八)

（**乾隆二一、九、戊寅**）雲南巡撫郭一裕疏報：魯甸、恩安、永平、河西、文山、祿勸、晉寧、雲南等八廳州縣，報墾久荒田地九十九頃九十八畝有奇。(高宗五二〇、一九)

（**乾隆二三、九、戊子**）雲南巡撫劉藻疏報：乾隆二十二年分，開墾陸涼、嵩明、永平、嶍峨、永善、馬龍、師宗、元江、麗江、晉寧等府州縣額外田地八頃三十畝有奇。(高宗五七〇、五)

（**乾隆二七、一〇、丙申**）雲南巡撫劉藻疏報：乾隆二十六年，昆明、宜良、嵩明、羅次、易門、賓川、河西、彌勒、尋甸、祿勸、元江、永昌、麗江、會澤、鎮沅、恩樂、恩安、大關、和曲、鄂嘉等二十府廳州縣，墾額外民屯荒田灘地稅一百二十八頃一十九畝有奇。(高宗六七二、一〇)

（**乾隆二八、九、丙辰**）雲南巡撫劉藻疏報：乾隆二十七年分，會澤、騰越、魯甸、昆明、嵩明、和曲、晉寧、呈貢、易門、彌勒、雲南、宣威、大關、永善、陸涼、河西、祿勸、平彝、鎮沅、麗江、鎮雄、永昌、新興等二十三府廳州縣，共開墾久荒並額外民屯田地一百十四頃八十六畝有奇。(高宗六九四、二)

（**乾隆三〇、九、丁亥**）云南巡撫常鈞疏報：乾隆二十九年分，開墾麗江、彌勒、和曲、平彝、通海、會澤、恩安、永善、大關、建水、河西、昆明、霑益、嶍峨、鎮沅、威遠、恩樂、文山、嵩明、馬龍、新興等府廳州縣民屯田地共一百九十八頃有奇。(高宗七四四、一七)

（**乾隆三五、四、戊申**）署雲南巡撫明德疏報：乾隆二十四年、二十八年、三十三、四年分，會澤、昆明、呈貢、和曲、元謀、平彝、馬龍、尋甸、大關、恩樂十廳州縣，成熟地畝二十七頃有奇，分別升科如例。(高宗八五六、二)

（**乾隆三八、九、丁丑**）云南巡撫李湖疏報：大關、姚州、恩樂、平彝等四廳縣，乾隆二十八、三十七等年，開墾成熟田地七頃十四畝有奇。(高宗九四三、二七)

（**乾隆四〇、一二、戊午**）署雲貴總督圖思德疏報：雲南昆海沿邊，乾隆三十九年，開墾馬廠草地一千九百畝有奇。(高宗九九八、二三)

（乾隆四一、一〇、丙辰）署云貴總督圖思德疏報：永善、昆明、文山、永北四廳州縣乾隆四十年分，開墾地二十一頃一十畝有奇。（高宗一〇一八、一〇）

（乾隆四三、一〇、丁卯）云南巡撫裴宗錫疏報：陸涼、永善二州縣，乾隆四十二年分，開墾下則田三十七頃二十九畝。（高宗一〇六八、三四）

（乾隆四九、一〇、戊戌）雲南巡撫劉秉恬疏報：昆明縣大關廳，乾隆四十八年分，開墾成熟田地十九頃七十畝有奇。（高宗一二一七、三）

（乾隆五二、一二、庚戌）雲南巡撫譚尚忠疏報：昆明縣首墾地二十頃三十二畝有奇。（高宗一二九三、一二）

（乾隆五五、一〇、丁卯）雲貴總督兼署雲南巡撫富綱疏報：乾隆五十四年分，開墾呈貢等州縣成熟地十六頃有奇。（高宗一三八五、七）

（乾隆五六、一〇、庚戌）雲南巡撫譚尚忠疏報：會澤縣開墾田地五頃六十四畝有奇。（高宗一三八八、一九）

（乾隆五七、一一、戊戌）雲南巡撫譚尚忠疏報：晉寧州首墾成熟地十六頃十六畝有奇。（高宗一四一六、四）

（乾隆五九、一一、丙申）護理云南巡撫布政使費淳疏報：昆明縣開墾成熟田地八頃十五畝有奇。（高宗一四六四、一五）

（嘉慶一、一一、甲辰）户部議准：雲南巡撫江蘭疏報，陸涼、建水二廳，開墾田六頃十畝有奇，照例升科。從之。（仁宗一一、一）

（嘉慶二、一二、丙申）户部議准：雲南巡撫江蘭疏報，通海、魯甸、景東三廳縣並邱北縣丞所屬，開墾田六頃九十三畝有奇，照例升科。從之。（仁宗二五、一）

（嘉慶三、一一、甲戌）户部議准：雲南巡撫江蘭疏報，晉寧州、魯甸廳開墾田九十八畝有奇，照例升科。從之。（仁宗三六、四）

（嘉慶四、一一、辛未）户部議准：前署雲南巡撫富綱疏報，陸涼、河西、定遠、姚、師宗、鎮沅、恩樂七州縣，開墾田二頃六十六畝有奇，照例升科。從之。（仁宗五五、六）

（嘉慶五、一二、壬申）户部議准：雲南巡撫初彭齡疏報，昆明、晉寧、陸涼、新興、威遠、會澤、鎮沅七州縣，開墾地六頃四十三畝有奇，照例升科。從之。（仁宗七七、二二）

（嘉慶六、一一、壬午）户部議准：雲南巡撫伊桑阿疏報，昆明、昆陽、富民、羅平、武定、陸涼六州縣並邱北縣丞所屬，開墾民田二頃四十六畝、夷田一十八段，照例升科。從之。（仁宗九〇、一三）

（嘉慶七、一二、庚子）戶部議准：前任雲南巡撫孫日秉疏報，嵩明、陸涼、鎮沅三州，開墾田三頃一十畝有奇，照例升科。從之。（仁宗一〇六、二）

（嘉慶九、一一、庚戌）戶部議准：雲南巡撫永保疏報，陸涼、元江、鎮沅、恩樂四州縣，開墾田二頃二十八畝有奇，照例升科。從之。（仁宗一三七、二〇）

（嘉慶一〇、一一、辛未）戶部議准：雲南巡撫永保疏報，南寧、建水、石屏、鎮沅四州縣，開墾田九十七畝有奇，照例升科。從之。（仁宗一五三、九）

（嘉慶一一、一一、癸酉）戶部議准：雲南巡撫永保疏報，陸涼、馬龍、祿勸、㱔羛四州縣，開墾田一頃四十畝有奇，照例升科。從之。（仁宗一七一、二九）

（嘉慶一二、一二、己巳）戶部議准：雲貴總督兼署雲南巡撫伯麟疏報，嵩明、建水、武定三州縣，開墾田一頃三畝有奇，照例升科。從之。（仁宗一八九、九）

（嘉慶一三、一二、乙未）戶部議准，雲貴總督兼署雲南巡撫伯麟疏報，嵩明、易門、河西三州縣，開墾地一頃三十六畝有奇，照例升科。從之。（仁宗二〇四、四）

（嘉慶一四、一一、甲申）戶部議准：雲貴總督兼署雲南巡撫伯麟疏報，陸涼州開墾田二頃一十八畝有奇，照例升科。從之。（仁宗二二一、二〇）

（嘉慶一五、一一、庚午）戶部議准：雲南巡撫孫玉庭疏報，嵩明、賓川、馬龍、尋甸、文山、武定六州縣，開墾田一頃有奇，照例升科。從之。（仁宗二三六、二四）

（嘉慶一六、一二、丙辰）戶部議准：雲南巡撫孫玉庭疏報，文山、恩樂二縣，開墾田七十五畝有奇，照例升科。從之。（仁宗二五一、一二）

（嘉慶一七、一二、辛亥）戶部議准：雲南巡撫孫玉庭疏報，陸涼、永善、文山、新平、鎮沅五州縣及魯甸通判所屬，開墾田六頃七十二畝有奇，照例升科。從之。（仁宗二六四、一五）

（嘉慶二〇、一二、戊午）戶部議准：調任雲南巡撫孫玉庭疏報，陸涼、河西、文山、恩樂四州縣，開墾地九頃九十五畝有奇，照例升科。從之。（仁宗三一三、八）

（嘉慶二二、一〇、辛巳）戶部議准：雲南巡撫李堯棟疏報，文山、會澤二縣，開墾田四十三頃七十四畝有奇，照例升科。從之。（仁宗三三五、七）

（嘉慶二三、一一、庚戌）戶部議准：雲南巡撫李堯棟疏報，陸涼、巧家二廳州，開墾地二頃二十四畝有奇，照例升科。從之。（仁宗三五〇、二）

(20) 貴州

（康熙四、七、壬辰）貴州巡撫羅繪錦疏報：康熙三年分，貴州各府衛，開墾田一萬二千九百餘畝，照例起科。下部知之。（聖祖一六、二）

（雍正四、八、己丑）貴州巡撫何世璂疏報：平越、普安州等四府州，開墾雍正三年分田地四十九頃有奇。下部知之。（世宗四七、二九）

（雍正四、九、甲寅）貴州巡撫何世璂疏報：大定、貴筑等八州縣，開墾雍正三年分田地一百二頃有奇。下部知之。（世宗四八、二四）

（雍正七、閏七、己卯）貴州巡撫張廣泗疏報：貴筑等十三縣，開墾雍正七年分田地九千九百畝有奇。下部知之。（世宗八四、六）

（雍正八、七、壬午）雲貴巡撫張廣泗疏報：南籠、思南等三府，開州、清鎮等五州縣，開墾本年分田地十一頃有奇。下部知之。（世宗九六、一九）

（雍正一〇、九、庚寅）署貴州巡撫元展成疏報：安順、思南等府，開墾雍正九年分田地一百四十頃有奇。下部知之。（世宗一二三、一一）

（雍正一一、八、辛亥）貴州巡撫元展成疏報：永寧、平遠等五州縣，開墾雍正十年分田地十頃有奇。下部知之。（世宗一三四、三）

（乾隆二、九、庚子）貴州總督張廣泗疏報，雍正十三年分，長寨等五廳州縣，民、苗開墾額內額外荒田七頃五十五畝有奇、荒地九十四畝有奇。（高宗五〇、三八）

（乾隆三、一〇、辛巳）貴州總督兼管巡撫事張廣泗疏報：平越、大定二府，乾隆二年分，開懇［墾］額內荒田三百五畝有奇、荒地一百二十三畝有奇。（高宗七八、五）

（乾隆三、一二、甲午）［戶部］又議准：貴州總督兼管巡撫事張廣泗疏報，思南、安平、普安、安南、安化、開泰、畢節等七府縣，虛報開墾無著田共五千六百一十七畝有奇，應徵本色糧米並折徵輕賚屯餉等項，准於本年爲始，照數開除。從之。（高宗八三、三）

（乾隆四、七、壬申）貴州總督張廣泗題報：乾隆三年陸續據思州、大定二府，普安、鎮寧、永寧、正安四州，普安、甕安、湄潭、施秉、玉屏五縣，册報民、苗開墾額內、額外田地八百四十四畝有奇，又墾地土六十七畝有奇。（高宗九七、二〇）

（乾隆五、七、丙子）貴州總督張廣泗疏報：平越、大定二府並修文縣，乾隆四年分，開墾荒地二頃有奇。（高宗一二二、一八）

（乾隆六、一〇、癸卯）貴州總督兼管巡撫張廣泗疏報：乾隆五年分，平越、思州二府並鎮寧、黃平二州，貴筑、修文、甕安、湄潭四縣，民、苗開墾額內荒田二百五十八畝有奇，額外荒田一十一畝有奇，山、土一十七畝有奇。（高宗一五二、一二）

（乾隆七、九、丁丑）貴州總督兼管巡撫事務張廣泗疏報：乾隆六年分，貴陽府郎岱同知，歸化、遵義二通判，開州、鎮寧、普安、永豐、黃平、麻哈等六州，貴筑、青鎮、安平、安南、甕安、湄潭、都勻、荔波、施秉、婺川、龍泉、遵義、桐梓、仁懷等十四縣，册報民、苗開墾額內、額外荒田四千六百三十九畝有奇。（高宗一七五、九）

（乾隆七、一二）[是月]貴州總督兼管巡撫張廣泗奏：黔省……本年共報墾水田七千五百五十五畝零，旱田九千六百三十八畝零。（高宗一八一、三七）

（乾隆八、一〇、辛亥）貴州總督兼管巡撫事張廣泗疏報：平越、都勻、思州、銅仁、大定等五府及遵義廳開州、鎮寧、普安、黃平、威寧等五州，普安、甕安、清平、荔波、鎮遠、施秉、婺川、玉屏、桐梓、綏陽、仁懷等十一縣，乾隆七年分，報墾額內田二千二百五十畝有奇，額外田五千四百畝有奇。（高宗二〇二、一七）

（乾隆一〇、一〇、辛丑）貴州總督兼管巡撫事張廣泗疏報：乾隆九年分，南籠、平越、都勻、鎮遠、思南、石阡、思州、大定、遵義、定番、開州、永寧、普安、黃平、正安、貴定、龍里、安平、安南、甕安、湄潭、荔波、施秉、青溪、畢節、桐梓、仁懷等府州縣，陸續報墾水旱田地共二千八百三畝有奇。（高宗二五〇、八）

（乾隆一二、九、癸卯）貴州巡撫孫紹武疏報：南籠、鎮寧、獨山、甕安、青谿等五府州縣，開墾額外、額內田地共三百九十二畝有奇。（高宗二九九、三）

（乾隆一三、九、庚申）貴州巡撫愛必達疏稱：修文、甕安、湄潭、玉屏四縣，開墾額內田地三十四畝有奇，額外田地一百五十五畝有奇。（高宗三二四、一九）

（乾隆一四、九、乙卯）貴州巡撫愛必達疏報：修文、平越、甕安、鎮遠、婺川五縣，開墾乾隆十三年分地畝八頃有奇。（高宗三四八、一一）

（乾隆一五、一〇、庚寅）前任貴州巡撫愛必達疏報：鎮遠等處，十四年開墾田二百八十二畝有奇，坡地二十六畝。（高宗三七五、九）

（乾隆二一、八、丙午）貴州巡撫定長疏報：思州、鎮寧、清鎮、清平、甕安、黃平、湄潭七府州縣，二十年分，報墾田二百七畝有奇，又墾山土坡地五百三十一畝有奇。分別六年、十年後入額升科。（高宗五一八、八）

（乾隆二三、九、乙未）貴州巡撫周人驥疏報：乾隆二十二年分，開墾思州府屬田地七百八十畝有奇。（高宗五七〇、一八）

（乾隆二六、八、庚辰）貴州巡撫周人驥疏報：都勻、鎮寧、黃平、威寧、正安、安南、餘慶、甕安、婺川、玉屏、青谿、綏陽等十二府州縣，乾隆二十五年分，開墾田、土、坡地三百八十五畝有奇。（高宗六四二、三五）

（乾隆二七、八、辛丑）雲貴總督吳達善疏報：乾隆二十六年貴州平越、都勻、鎮遠、思州、銅仁、黎平、歸化、開州、正安等九府廳州縣開墾民田二百七十三畝有奇，山、土、坡地二百一十七畝有奇。（高宗六六八、一三）

（乾隆二八、八、乙巳）調任貴州巡撫喬光烈疏報：都勻、銅仁二府，廣順一州，普安、甕安、湄潭、天柱四縣，開墾額內、額外田四十一畝有奇。（高宗六九三、四）

（乾隆二九、九、乙丑）貴州巡撫圖勒炳阿疏報：乾隆二十八年分鎮遠、銅仁二府，永豐、黃平、麻哈三州，安南、甕安、天柱三縣，開墾田二百五十畝有奇。（高宗七一九、一）

（乾隆三〇、九、庚辰）貴州巡撫方世儁報：乾隆二十九年分，開墾思州、銅仁、甕安、湄潭、天柱等府縣額外田一百七十畝有奇，墾復額內田三十一畝有奇。（高宗七四四、八）

（乾隆三一、九、己卯）貴州巡撫方世儁疏報：南籠、都勻、思州、銅仁四府，安南、甕安、湄潭、天柱、銅仁、畢節、綏陽七縣，乾隆三十年分開墾額內、額外五百六十七頃有奇。（高宗七六八、一四）

（乾隆三三、八、壬戌）貴州巡撫良卿疏報：黃平、清鎮、普安、湄潭、綏陽、天柱、婺川、銅仁等八州縣，乾隆三十二年分開墾額內、額外田、土、坡地四百一十六畝有奇。（高宗八一六、一七）

（乾隆三四、七、丙午）貴州巡撫良卿疏報：黃平、甕安、湄潭、天柱等州縣，乾隆三十三年開墾額內、額外田地一百九十八畝有奇。（高宗八三九、二三）

（乾隆三六、九、丁巳）貴州巡撫李湖疏報：安南、甕安、天柱三縣，乾隆三十五年分開墾荒田三十四畝有奇，升科如例。（高宗八九三、九）

（乾隆三七、九、辛丑）貴州巡撫覺羅圖思德疏報：乾隆三十六年分開墾廣順、麻哈、普安、甕安、天柱五州縣額外荒田五十三畝有奇。（高宗九一六、一九）

（乾隆三八、八、丁亥）貴州巡撫覺羅圖思德疏報：安南、湄潭、天柱三縣，乾隆三十七年開墾額內、額外田三十八畝有奇，山土四十一畝。（高

宗九四〇、一)

（乾隆三九、九、乙丑）署雲貴總督覺羅圖思德疏報：開墾甕安、湄潭二縣額田四十八畝，山地二十九畝，升科如例。（高宗九六六、七三）

（乾隆四〇、九、己未）護貴州巡撫布政使韋謙恒疏報：平越府、施秉縣，乾隆三十九年分，開墾田土十二畝有奇。（高宗九九〇、二八）

（乾隆四一、九、壬申）貴州巡撫裴宗錫疏報：銅仁府黃平、普安、施秉三州縣，乾隆四十年，開墾田地二十七畝有奇。（高宗一〇一六、六）

（乾隆四四、九、癸卯）護貴州巡撫布政使李本疏報：麻哈、普安、湄潭、施秉、畢節五州縣，乾隆四十三年分，開墾額內田八十九畝有奇、額外田十畝有奇。（高宗一〇九一、一二）

（乾隆四七、一〇、癸酉）貴州巡撫李本疏報：平越、廣順、黃平、安南、甕安、湄潭六府州縣，乾隆四十六年，開墾荒地三百二十八畝有奇。（高宗一二六六、二一）

（乾隆四八、一二、辛酉）貴州巡撫李本疏報：黃平、普安、甕安、湄潭、施秉、婺川、畢節等七州縣，乾隆四十七年分，開墾成熟地三頃六十畝有奇。（高宗一一九四、九）

（乾隆四九、九、庚申）貴州巡撫永保疏報：黃平、麻哈二州，湄潭、甕安、清平、天柱、婺州五縣，開墾額內田七十二畝有奇，額外田六十五畝有奇。（高宗一二一四、一三）

（乾隆五〇、九、丁卯）調任貴州巡撫永保疏報：湄潭、天柱二縣，乾隆四十九年分，開墾額內外田一百五十畝有奇。（高宗一二三九、一六）

（乾隆五三、八、庚戌）貴州巡撫李慶芬疏報：乾隆五十二年，黃平、麻哈、普安、湄潭、甕安、畢節、天柱七州縣，共墾田一百四十畝有奇。（高宗一三一一、一一）

（乾隆五四、八、庚申）調任貴州巡撫郭世勳疏報：思州府黃平、麻哈二州，湄潭、甕安、畢節三縣，乾隆五十三年分，開墾田土七十畝有奇。（高宗一三三六、一二）

（乾隆五七、八、辛卯）調任貴州巡撫陳淮疏報：平越、黃平、麻哈三府州，甕安、湄潭、婺川三縣，乾隆五十六年分，開墾額內外田二百七十畝有奇。（高宗一四一一、二一）

（乾隆五八、九、辛丑）署貴州巡撫馮光熊疏報：黃平、甕安、湄潭、清平、婺川五州縣，開墾額內、額外田一百七十八畝有奇。（高宗一四三六、一三）

（乾隆五九、九、甲寅）貴州巡撫馮光熊疏報：乾隆五十八年分，黃平、

湄潭、施秉三州縣，勸墾額內、額外田三百五十四畝有奇。（高宗一四六一、三六）

（**嘉慶三、一一、庚申**）户部議准：貴州巡撫馮光熊疏報，安平、甕安、湄潭三縣，開墾田三十畝有奇，照例升科。從之。（仁宗三六、一）

（**嘉慶四、六、辛亥**）户部議准：貴州巡撫馮光熊疏報，黃平、湄潭二州縣，開墾地十四畝有奇，照例升科。從之。（仁宗四七、二一）

（**嘉慶九、一一、己丑**）户部議准：貴州巡撫福慶疏報，湄潭縣開墾田一十七畝有奇，照例升科。從之。（仁宗一三六、八）

（**嘉慶一一、一一、庚申**）户部議准：貴州巡撫福慶疏報，獨山、黃平二州，開墾田五畝有奇，照例升科。從之。（仁宗一七一、八）

（**嘉慶一二、一一、庚申**）户部議准：貴州巡撫福慶疏報，湄潭縣開墾田二十九畝有奇，照例升科。從之。（仁宗一八八、一〇）

（**嘉慶一三、一一、丙子**）户部議准：貴州巡撫福慶疏報，湄潭縣開墾田三十八畝有奇，照例升科。從之。（仁宗二〇三、一五）

（**嘉慶一四、一二、乙未**）户部議准：前署貴州巡撫章煦疏報，黃平州開墾田三十三畝有奇，照例升科。從之。（仁宗二二二、一一）

（**嘉慶一七、一〇、庚申**）户部議准：前任貴州巡撫顏檢疏報，湄潭縣開墾田八十五畝，照例升科。從之。（仁宗二六二、一二）

（**嘉慶二三、九、壬戌**）户部議准：貴州巡撫朱理疏報，湄潭縣開墾地一十六畝，照例升科。從之。（仁宗三四七、一六）

2. 歷朝各省（區）開墾田地統計表

説明：（1）下表是根據《清實錄》有關荒地的報墾升科記載，按實際開荒年份分省（區）編製的。如同年同省只有一次墾地面積的記載，即以這個面積記入表內；如同年同省（區）有幾次墾地面積記載，則以這幾次的墾地面積的合計記入表內。（2）表中墾地面積和計量單位，如頃、畝、晌、垧、段等等，都按《清實錄》原有記載不加折合地記入表內；原有記載中畝、石以下以及"有奇"、"餘"等尾數，均略而不計。（3）墾地原載有水田、旱田、山地、河灘等多種，本表未加細分。（4）《實錄》中還有地方官虛報不實的記載。對於虛報的墾地面積在適當的年份省（區）記入括弧內，并加＊號註明以示區別。（5）對於《實錄》中記載的幾個年份的墾地面積累計數，我們以①、②、③等符號加以註明。（6）表內所列省（區），以有無開墾田地面積的記載爲準，對於沒有此項記載的省（區）均從略。

(1) 順治朝

年份		直隸		河南		山西		江蘇	
順治	公元	頃	畝	頃	畝	頃	畝	頃	畝
1	1644								
2	1645								
3	1646								
4	1647								
5	1648								
6	1649			1,000					
7	1650								
8	1651								
9	1652								
10	1653	1,190		12,250					
11	1654	2,690				483		9,900	
12	1655								
13	1656								
14	1657								
15	1658			90,000					
16	1659								
17	1660								
18	1661	1,339	69						

年份		安徽		江西		湖南		廣西	
順治	公元	頃	畝	頃	畝	頃	畝	頃	畝
1	1644								
2	1645								
3	1646								
4	1647								
5	1648								
6	1649								
7	1650								
8	1651								
9	1652								
10	1653			19,080					
11	1654								
12	1655								
13	1656								
14	1657	3,000							
15	1658					8,259			
16	1659								
17	1660					2,890	72	3,807	
18	1661								

(2) 康熙朝

年份		奉天		直隸		山東		河南		江蘇	
康熙	公元	頃	畝	頃	畝	頃	畝	頃	畝	頃	畝
1	1662										
2	1663										
3	1664							19,361			
4	1665					3,230		6,680			
5	1666										
6	1667					12,260					
7	1668										
8	1669										
19	1680	10,000									
20	1681										
21	1682										
22	1683										
23	1684										
24	1685										
25	1686										
26	1687										
27	1688										
28	1689			121							
29	1690							64,315			
30	1691										
31	1692							1,600			
32	1693									1,137	10
42	1703										
43	1704										
44	1705										
45	1706										
46	1707										
47	1708										
48	1709										
49	1710										
50	1711										
51	1712										
52	1713										
53	1714										
54	1715										
55	1716										
56	1717										
57	1718										
58	1719										
59	1720										
60	1721							563			
61	1722					65		352			

(續表)

年份		安徽		江西		湖北		湖南	
康熙	公元	頃	畝	頃	畝	頃	畝	頃	畝
1	1662					4,739			
2	1663							1,408	90
3	1664					1,807	45	11,504	102
4	1665			2,835		4,600			
5	1666				45			621	20
6	1667							3,190	50
7	1668								
8	1669								
19	1680								
20	1681								
21	1682								
22	1683								
23	1634								
24	1685								
25	1686	338	15						
26	1687								
27	1688								
28	1689								
29	1690								
30	1691								
31	1692								
32	1693								
42	1703								
43	1704								
44	1705								
45	1706								
46	1707								
47	1708								
48	1709								
49	1710								
50	1711								
51	1712								
52	1713								
53	1714								
54	1715								
55	1716								
56	1717								
57	1718								
58	1719								
59	1720								
60	1721								
61	1722	58		66		888			

(續表)

年份		廣東		四川		貴州		雲南	
康熙	公元	頃	畝	頃	畝	頃	畝	頃	畝
1	1662								
2	1663							1,200	
3	1664							12,900	2,469
4	1665								
5	1666								
6	1667								
7	1668								
8	1669	10,746	166						
19	1680								
20	1681								
21	1682								
22	1683								
23	1684								
24	1685								
25	1686								
26	1687								
27	1688								
28	1689								
29	1690								
30	1691								
31	1692			88,500					
32	1693								
42	1703			1,724	61				
43	1704								
44	1705								
45	1706								
46	1707								
47	1708								
48	1709								
49	1710								
50	1711			15,380					
51	1712								
52	1713								
53	1714								
54	1715								
55	1716								
56	1717			1,752	58				
57	1718								
58	1719								
59	1720								
60	1721								
61	1722	142						38	

(3) 雍正朝

年份		奉天		直隸		山東		河南		山西		陝西	
雍正	公元	頃	畝	頃	畝	頃	畝	頃	畝	頃	畝	頃	畝
1	1723												
2	1724					95		4,650					
3	1725					59		1,097					
4	1726					34		830		34			
5	1727	96		50		2,385		6,883					
6	1728	250		256						3,150			
7	1729			103		139		170					
8	1730	130		268		3				17			
9	1731			448		72							
10	1732	83				14①							
11	1733	110		22		18		1,151	27			590	
12	1734			18,800	95	27		2,010		53	21	18	
13	1736			28,410	1	85		49,054	1331②	7825③		82	1	12

年份		甘肅		江蘇		安徽		江西		浙江		福建		湖北	
雍正	公元	頃	畝	頃	畝	頃	畝	頃	畝	頃	畝	頃	畝	頃	畝
1	1723					73		52		1,100				173	
2	1724					547								331	
3	1725					198		152						130	
4	1726					610		170						138	
5	1727			3,809						24				37	
6	1728	43	11			2,285		109				6,730			
7	1729	1,024				2,077		498		500				3,385 150 (*931	3⑦ 41)
8	1730	704	93④									15		1,538 (*11	30 5)
9	1731					70									
10	1732							117		81 180		35⑥		2,449 (*133	48 239)

(續表)

年份		甘肅		江蘇		安徽		江西		浙江		福建		湖北	
雍正	公元	頃	畝	頃	畝	頃	畝	頃	畝	頃	畝	頃	畝	頃	畝
11	1733	9,400⑤						803				44		4,100 (＊1,133	482⑧ 99)
12	1734					52	263			309	193	991		5,207 (＊1,777	54 174)
13	1735	8	37			24	131	202	72	297		3	61		

年份		湖南		廣東		廣西		四川		貴州		雲南	
雍正	公元	頃	畝	頃	畝	頃	畝	頃	畝	頃	畝	頃	畝
1	1723			57				68				20	
2	1724												
3	1725			49		29				151		112	
4	1726	103				66		45				61	
5	1727			42									
6	1728											2,943	
7	1729					860				9,900			
8	1730									11		64	
9	1731					11	87			140			
10	1732					506				10			
11	1733	5	47					10	4			(＊＊50	70)
12	1734	347								33 26		50 1段 49⑨	
13	1735					192 (＊＊38	 90)			7	159	1	145

注：①雍正6年、10年"開墾"。②雍正12、13兩年"報墾"。③雍正12、13等年分"墾復"。④雍正7、8等年"實墾"。⑤雍正7、8、9、10、11年"開墾"。⑥雍正7年、10年"墾復"。⑦雍正3年分、7年分"民墾"。⑧雍正10年、11年"勸墾"，＊"虛報"。＊＊"墾不成田"。＊＊＊"雍正5年至11年虛報開墾并節年被水衝塌"。⑨雍正12年"開墾"并11年"續墾"。

(4) 乾隆朝

年份		奉天		吉林		直隸		山東		河南	
乾隆	公元	頃	畝	頃	畝	頃	畝	頃	畝	頃	畝
1	1736	23,198 835 晌					28			1	29
2	1737					162 114	58①			31	60
3	1738	8,459				514	173	60	95		
4	1739	15,279							20	248	103
5	1740										
6	1741	5,107						50		5	71
7	1742										
8	1743			85,400		54	97	17	19		27
9	1744	6,070				114	93				66
10	1745										
11	1746									4	3
12	1747									5	84
13	1748					342	53	3			
14	1749										
15	1750					2	61			3	94
16	1751					69	77②				
17	1752					82	46	3,939		35	86
18	1753			16,744				381	35	131	77
19	1754					186		86	26	147	31
20	1755									71	53
21	1756							14	28		
22	1757					336	79	4	23	17	204
23	1758										
24	1759							156		2	24④
25	1760							19	24	53	76
26	1761							211	31		
27	1762							42	80		
28	1763					88	323	85	98		
29	1764							83	11	22	192
30	1765					256	20				

（續表）

年份		奉天		吉林		直隸		山東		河南	
乾隆	公元	頃	畝	頃	畝	頃	畝	頃	畝	頃	畝
31	1766							9	146		
32	1767								51	29	70
33	1768					966	181			13	141
34	1769							35			44
35	1770					145	6	361 188	55③ 93		
36	1771							8	88		
37	1772					50	98	3	63	35	150
38	1773					64	30	1	51		
39	1774										
40	1775					508	10	1	2		
41	1776										
42	1777									1	98
43	1778					216	145	1,227			
44	1779									3	80
45	1780					58	92				
46	1781							12	11		
47	1782					267	91			1	60
48	1783									1	60
49	1784					111	76				
50	1785										
51	1786										
52	1787							49	30		
53	1788					70	129	8	32		
54	1789										
55	1790										
56	1791					1	228				
57	1792									7	11
58	1793										
59	1794					216	20				
60	1795										

(續表)

年份		山西		陝西		甘肅		新疆		江蘇	
乾隆	公元	頃	畝	頃	畝	頃	畝	頃	畝	頃	畝
1	1736	73	37				49,442			59	98
2	1737	51	26				280				
3	1738	154	148							200	52⑨
4	1739	219	85			21	181				
5	1740	155	57			3,003	66			437	93
6	1741	41	15	(*2,887	7)					7	132
7	1742	21	100			17	28				
8	1743	9	23								
9	1744	14	30							12	97
10	1745	2	30				1,022段⑥				
11	1746										
12	1747	5	55								437
13	1748	15	36			95⑤	137段			455	118
14	1749	3			35						
15	1750	1	70								
16	1751									434	37
17	1752										
18	1753	4	15	9	83		4,057				
19	1754	1									
20	1755										43
21	1756			566	150		58				
22	1757									17	20
23	1758										
24	1759										
25	1760	1	87							3	27
26	1761	453	75				5,200	3,700		6,545	
27	1762					1	95			9	77
28	1763						56	8,200		80	74
29	1764		32					65	80		
30	1765					1	52			2	

(續表)

年份		山西		陝西		甘肅		新疆		江蘇	
乾隆	公元	頃	畝	頃	畝	頃	畝	頃	畝	頃	畝
31	1766							480	40		
32	1767	3	60								85
33	1768	6	16			131	90			403	74
34	1769					4	95			21	79
35	1770	322	126					510			
36	1771	3	8								
37	1772	5	27					57⑧			
38	1773	55	68								
39	1774	363	57								
40	1775					2	11	420			
41	1776										
42	1777										
43	1778	94	46							4	1
44	1779										
45	1780	4	45								
46	1781					6	45				
47	1782	237	11							1	80
48	1783										
49	1784	1	90			1	8				
50	1785				93	45	86				
51	1786					16	60⑦				
52	1787							16	50		
53	1788					16	60	148	3,325		
54	1789										
55	1790	635	34								
56	1791			1	18			9	120		
57	1792			1	32						
58	1793										
59	1794	61	111			23				7	96
60	1795	170									

(續表)

年份		安徽		江西		浙江		福建		湖北		湖南	
乾隆	公元	頃	畝	頃	畝	乾隆	公元	頃	畝	頃	畝	乾隆	公元
1	1736			93	81	15	147						
2	1737	11	107	62	41	125	237					64	88
3	1738	5	48			95	400	8	92⑩				
								16	15				
4	1739	5	84	6	79	42	92			6	50		
5	1740	6	7	28	27	47	415					38	46
6	1741	1	42	10	94	19				6	9		
7	1742			12	185	20	90	76	25				
8	1743			83	103					1	45		
9	1744			21	127	383	76						
10	1745			6	86					7			
11	1746			10	97							16	80
12	1747			10	75			101	76	7	38		
13	1748					82		15		3	101		
14	1749			4		4,353	66	34	69		10		
15	1750			23	22					20	32		
16	1751			12	17	161	304			8		43	21⑪
17	1752			104	280			31	168	52	2		23,090
18	1753	180	88	20	20								
19	1754			5	75	113	77	27	41	15			
20	1755					14	92						
21	1756			47	48	165	238	22	43	102	190		
22	1757					48	19					6	42⑫
23	1758												
24	1759									6	34	28	80
25	1760			18	56	158	89	48	75				
26	1761			31	88	665	27,510	75	28	6	70	254	80
27	1762					72	264			1	19		
28	1763					498	128			7	188		
29	1764			1,306	86	248	65			4	6		
30	1765			13	71	24	154			4	18		

(續表)

年份		安徽		江西		浙江		福建		湖北		湖南	
乾隆	公元	項	畝	項	畝	乾隆	公元	項	畝	項	畝	乾隆	公元
31	1766			1	11								
32	1767			17	36	629	149					151	69
33	1768			2	27	49	50	88	173	4	178		
34	1769					92	116						
35	1770			1,058	21	51	198			28	80		
36	1771			15	1	106	149				7		
37	1772			5	63	1	46	31	69				
38	1773			36	96		636	47	46	8	71		
39	1774							6	6			62	49
40	1775					5	59	13	84	7	102		
41	1776												
42	1777			17	29					2	84		
43	1778			7	76	202	893	35	60				
44	1779												
45	1780			8	54	34	95	48	186				
46	1781			12	101	38	80	35	19				
47	1782							2	79				
48	1783												
49	1784			3	63	82	250						
50	1785					8	52						
51	1786	4,227											
52	1787			17	121			4	27				
53	1788	74	56	2	10	47	69	4	65	31	40		
54	1789			2	27								
56	1790			1	66					4	24		
56	1791					5	190	11	142	2	12		
67	1792			5	86					2	12		
58	1793												
59	1794					10	149						
60	1795												

(續表)

年份		廣東		廣西		四川		貴州		雲南	
乾隆	公元	頃	畝	頃	畝	頃	畝	頃	畝	頃	畝
1	1736										
2	1737	122	29	182		34			428	210	18
3	1738	615	242	16	105·489墟	7	3	(＊＊＊	911 5,617)	11	88
4	1739	1,124	106	14	91			2		32	37
5	1740	177	258	5	6	39	103		186	4	13
6	1741	301	295	12	107				4,639	355	28
7	1742	175	20		100	8	77		24,843		
8	1743	314	390	4	40						
9	1744			4	172	551	61		2,803	22	162
10	1745	131			62	11	55				
11	1746	300	10							4	70
12	1747	742(＊＊4	196 70)	3	30	4	89		392	5	81
13	1748							8	189		
14	1749	298	110						308		
15	1750	462	421								
16	1751										
17	1752	57	219	12	63	100	89				
18	1753	158	23,816							27	
19	1754			6	39					250	
20	1755	38	3,198						738		
21	1756	109	300	69	24					99	98
22	1757	387	120						780	8	30
23	1758				148 53墟	40					
24	1759										

（續表）

年份		廣東		廣西		四川		貴州		雲南	
乾隆	公元	頃	畝	頃	畝	頃	畝	頃	畝	頃	畝
25	1760	307	324	4	212 347埠				385		
26	1761	49	28						490	128	19
27	1762	172	279			2	92			114	86
28	1763	245	20	1	94 128埠				291		
29	1764	68	103						201	198	
30	1765	78	71	1	88 36埠			567			
31	1766										
32	1767	24	199			462	327		416		
33	1768	185	155	3	106				198		
34	1769				24埠	37	7			27[13]	
35	1770	226	171						34		
36	1771	107	111	16	84	65	69		53		
37	1772	58	63						79	7	14[14]
38	1773	92	92	5	70 78埠						
39	1774	41	31	19	155				12		1,977
40	1775	31	73		60				27	21	10
41	1776										
42	1777	21	52		37 150埠					37	29
43	1778	7	36	1	91 108埠				99		
44	1779										
45	1780	37									
46	1781	156	111	7	121 192埠				328		
47	1782							3	60		

(續表)

年份		廣東		廣西		四川		貴州		雲南	
乾隆	公元	頃	畝	頃	畝	頃	畝	頃	畝	頃	畝
48	1783			5	63 113 埠					19	70
49	1794			16	90	2	82	287			
50	1785	49	81								
51	1786										
52	1787	25	2	4	90 130 埠	估種	35 石⑮	140		20	32
53	1788	392	155	5	20 19 埠	136,	673	70			
54	1789					490				16	
55	1790	6	120	6	80 97 埠						
56	1791			8	80 72 埠			270		5	64
57	1792	50	110							16	16
58	1793				1 埠			532			
59	1794	24	136	10	7 22 埠			8	15		
60	1795										

註：①雍正11年并乾隆2年分"開墾"。②乾隆10、16年"首墾"。③乾隆34、35年分"勸墾"。④乾隆23、24兩年分"開墾"。＊"報墾不實"。⑤乾隆12、13兩年"開墾"。⑥乾隆9至10年分"墾過"。⑦乾隆47至51年"開墾"。⑧乾隆34、37等年"開墾"。⑨雍正7年至乾隆3年"新漲"。⑩雍正13年至乾隆3年"報墾"。⑪乾隆14、15、16年分"首墾"。⑫乾隆17、18、22等年"開墾"。＊＊"虛缺稅畝"。　＊＊＊"虛報開墾元著田"。⑬乾隆24年、28年、33、34年分"開墾"。⑭乾隆28、37等年"開墾"。⑮估種數。

（5）嘉慶朝

年份		吉林		直隸		山東		河南		山西		陝西		甘肅	
嘉慶	公元	頃	畝	頃	畝	頃	畝	頃	畝	頃	畝	頃	畝	頃	畝
1	1796			1	90	30	89							2	99
2	1797													1	19
3	1798			68	80							1	40	88	156
4	1799			81	92									2	80 6段
5	1800			85	24										
6	1801											1	78		
7	1802			5	70	16	7								
8	1803									24				65	90
9	1804													61	276 23段
10	1805			101	76										
11	1806				60										144段
12	1807			70	98					113	60			8	80
13	1808													28	
14	1809									651	8			6	61
15	1810			4	10									440	
16	1811	48,204										75		28	8
17	1812			121										7	2
18	1813					67	33			24	4			34	127
19	1814														
20	1815					26		1	36					3	87
21	1816									72				18	88
22	1817			975						103				28	50
23	1818													5	60
24	1819														
25	1820													15	95

（續表）

年份		新疆		江蘇		江西		浙江		福建		湖北	
嘉慶	公元	頃	畝	頃	畝	頃	畝	頃	畝	頃	畝	頃	畝
1	1796					4	10	4		9			
2	1797	36	50					70			24		
3	1798	7	80			10	60						
4	1799	1	410					73		70			
5	1800												
6	1801		60						64				
7	1802	3	270					63	273	327		3	12
8	1803	24	30		10	1	26			5	35		
9	1804			2	70			91	5	47			
10	1805	13	110	50	33			141	2,357				
11	1806	33	120		29								
12	1807	23	40			2	89	212	190	3	80		
13	1808	5	100					80	2	473	6	80	
14	1809	5	10			1	11	1,822	108	12	64		
15	1010	3	90	22	126		6	211	90	6	78		
16	1811	34	350	9	68								
17	1812	1	50	13	17	23	70	66	65	1	23		
18	1813	24	930			1	43	172	39	9	50		
19	1814					3	36	280	32	1	85		
20	1815	1,320	247,400			1	3	133	50				
21	1816	3	90										
22	1817					1	59			1	49		
23	1818	29	60									42	95
24	1019	9	30			1	23	187	43				
25	1020					2	46				26		

(續表)

年份		湖南		廣東		廣西		四川		貴州		雲南	
嘉慶	公元	頃	畝	頃	畝	頃	畝	頃	畝	頃	畝	頃	畝
1	1796			18		5	44					6	10
2	1797											6	93
3	1798			22	72	51 17 塝		1	17		30		98
4	1799			11	62						14	2	66
5	1800			11	127	92 塝						6	43
6	1801			14	98	45 塝						2	46 18 段
7	1802	9,398		10	4			37	48			3	10
8	1803												
9	1804			5	92	15	55				17	2	28
10	1805												97
11	1306			9	90	31 48 塝					5	1	40
12	1807			32	69	2	91 21 塝		50		29	1	3
13	1808			5	40	10 16 塝					38	1	36
14	1809			67	120						33	2	18
15	1810			26	35	14 塝					1		
16	1811			27		70 24 塝							
17	1812			2	35						85	6	72
10	1813			62	167	23 塝		1,552					
19	1814												
20	1815			4	74	33 塝						9	95
21	1816							387	65				
22	1817			1	7	47 塝				43	74		
23	1018			3	40	12	31 14 塝				16	2	24
24	1019				99								
25	1820												

（二）開除賦科田地——各省疏報

1. 奉、吉、黑

（**乾隆二、一一、辛巳**）免奉天寧遠州被水旗地本年額賦，除沙壓地畝額徵。（高宗五七、七）

（**乾隆四、六、乙未**）〔户部〕又議准：奉天府府尹吳應枚疏稱，復州陸續開墾荒地二千八百二十三畝有奇，向未輸糧。雍正五年，丈量地畝，造入地冊，按則起科，該户等所獲之租，不敷納糧，棄地抛荒，遠颺覓食。歷年錢糧，皆經徵之員賠墊歸款。應請開除。從之。（高宗九五、五）

（**乾隆一六、三、戊戌**）蠲緩寧古塔、吉林水災額賦有差。並豁除水衝沙壓地七千四十三畝。（高宗三八四、二）

（**乾隆三〇、九、丁丑**）諭：據恒祿奏，三姓打牲烏拉額木赫索羅旗丁房屋，被水衝坍一百六十四間；吉林烏拉、三姓、拉林官屯地，被衝一千四百十六頃。應否照前例，房屋每間賞銀五錢，並豁屯地應交糧石。請旨。著照所奏，被衝房屋，每間賞銀五錢，并免官屯應交糧石。（高宗七四四、三）

（**乾隆三一、四、己酉**）户部議准：盛京户部侍郎富德奏，乾隆三十年，各驛地畝被水成災，照例分別加賑。其水衝沙壓地畝應納米豆草束，分別蠲免並速勘確實畝數，照數開除撥補。從之。（高宗七五八、一三）

（**乾隆三二、八、癸未**）豁除奉天承德、遼陽、海岭城、鐵嶺、開原等五州縣水災田地九千三百二十三畝有奇額賦。（高宗七九三、一〇）

（**乾隆三五、二、甲寅**）豁除奉天海城縣水衝沙壓地四百五十二畝有奇、餘地十九晌五畝有奇額賦。（高宗八五二、一二）

（**乾隆五七、閏四、甲午**）豁除奉天錦縣、義州乾隆五十五年分水衝沙壓地一萬九千五百六十七畝有奇額賦。（高宗一四〇三、二三）

（**嘉慶一九、六、乙酉**）除奉天岫巖廳被淹窪地八十五頃七十四畝有奇額賦。（仁宗二九二、三〇）

（**嘉慶二一、九、壬申**）除奉天熊岳、牛莊及廣寧屬之巨流河衝壓地二十五頃九十一畝有奇額賦。（仁宗三二二、一五）

（**嘉慶二二、七、丁卯**）除奉天承德、蓋平二縣沙壓田四百畝有奇額賦。（仁宗三三二、二一）

（**嘉慶二二、九、己未**）除奉天廣寧縣沙壓地五萬六千九百畝有奇額賦。（仁宗三三四、一三）

（嘉慶二五、五、庚申）除奉天岫巖廳水衝沙壓地一頃五十九畝有奇額賦。（仁宗三七〇、七）

2. 直隸

（順治二、六、癸丑）免直隸興濟縣元年分荒殘額賦。（世祖一七、二）

（順治二、六、丙寅）免直隸深開二州、衡水、慶雲、成安、沙河、唐山等縣元年分荒殘額賦。（世祖一七、九）

（順治二、一〇、庚寅）免直隸寶坻縣荒地額賦。（世祖二一、五）

（順治三、二、辛巳）户部議覆：順天巡撫宋權疏言，密雲地瘠民貧，疊罹災浸，田土半歸荒蕪，生齒日就流移，若不急行蠲賑，勢必逃亡殆盡。應如撫臣所請，將荒地逃丁派徵錢糧悉爲除豁。其見在貧民，動支寶坻縣倉貯粟穀分別賑濟，已荒地畝，仍行該地方官招徠開墾，俟耕熟起科，以安孑遺。從之。（世祖二四、二）

（順治三、四、乙未）免直隸靜海、興濟、青縣荒地額賦。（世祖二五、二一）

（順治三、六、戊寅）免直隸懷柔縣荒地額賦。（世祖二六、一六）

（順治六、二、癸卯）免直隸六年以前無主荒地四萬四千四百八十餘頃，有主荒地八千一百九十餘頃未完額賦。（世祖四二、一七）

（順治六、六、壬子）免直隸滄州、清苑縣六年以前荒田額賦。（世祖四四、二四）

（順治六、一一、丙寅）免直隸開州、元城、南樂、清豐、東明、長垣、滑縣逃丁荒地徭賦。（世祖四六、二三）

（順治八、九、丁亥）除永平府黃土、大毛、義院、石門四關荒地屯糧。（世祖六〇、一一）

（順治八、一一、壬寅）免直隸寧晉縣荒地額賦。（世祖六一、一二）

（順治九、一〇、癸丑）免霸州、東安縣、文安縣逃亡丁糧。（世祖六九、一〇）

（康熙一〇、二、丁亥）免直隸行唐、靈壽、平山三縣水衝沙壓荒地民欠銀三萬四千七百餘兩。永除額賦。（聖祖三五、七）

（康熙一九、一二、己酉）直隸宣府所屬懷安衛、蔚州衛、東城、西城、水衝沙壓地一千八百頃有奇額賦，永行豁免。（聖祖九三、一九）

（康熙三八、九、丙午）户部議覆：直隸巡撫李光地疏言，直屬霸州、永清、宛平、良鄉、固安、高陽、獻縣等七州縣，因疏濬新河、挑挖堆土，

共占去民地一百三十九頃六十二畝，請將康熙三十七年以後錢糧開除。應如所請。從之。(聖祖一九五、三)

（**雍正九、八、丁未**）户部議覆：署直隷總督唐執玉疏言，雍正四年，永定河開挖新河，挖去東安、永清、武清三縣民田共四百四十頃有奇，俱已給價訖。其原額錢糧，請於雍正四年爲始，悉予豁除。應如所請。從之。(世宗一〇九、一五)

（**乾隆一、九**）[是月，直隷總督李衛]又奏：請豁冀州、衡水等縣鹽鹻地畝額賦，正定府城河稻穀租銀，及易州山廠、大興縣裁革之丁課。得旨：是。應行逐一查明，次第請旨者。(高宗二七、一八)

（**乾隆一、一二、戊寅**）户部議覆：直隷總督李衛疏言，懷來縣呂家灣等處墾荒軍地，遵旨委員查勘，或有糧無地，或糧存人亡，以及水衝沙壓並沙石不堪耕種者，共地九頃六畝有奇，請豁除額賦。又水泉莊等處地六十二頃七十一畝有奇，地皆沙瘠，止供樵採。舊額每畝徵糧一斗二升，實爲過重，請減照懷來縣下地銀糧科則徵收。應如所請。從之。(高宗三三、七)

（**乾隆二、四、戊寅**）户部議准：直隷總督李衛疏請，將雍正十三年分興工代賑案内，修築運河兩岸隄埝之故城、交河、吳橋、清河、青縣、滄州、南皮并景州、東光等九州縣堆壓地畝應徵銀米，均自乾隆元年爲始，照數豁免。從之。(高宗四一、一七)

（**乾隆三、六、壬午**）除直隷香河、武清、寶坻、寧河四縣，雍正四、八、九等年開河築隄占用旗民地畝額賦有差。(高宗七〇、五)

（**乾隆四、三、乙亥**）豁長蘆屬滄州、南皮、寧津、交河、東光、樂陵、海豐七州縣，興國、富國、嚴鎮、豐財四場，迷没竈地錢糧。(高宗八九、一六)

（**乾隆五、八、戊辰**）免直隷房山縣挑濬拒馬河佔用民地額賦，並給地價。(高宗一二五、一六)

（**乾隆六、九、庚辰**）户部議准：直隷總督孫嘉淦奏稱，雍正八年，正定府屬報墾荒地，於乾隆四年被水衝壓一十三畝。應徵銀兩，請豁免。從之。(高宗一五一、五)

（**乾隆八、一一、辛卯**）[户部]又議覆：直隷總督高斌疏稱，祁州、平山二州縣，乾隆五年分，被水沙衝壓地共六十頃有奇，額徵請予豁除。應如所請。從之。(高宗二〇四、一九)

（**乾隆九、一一、辛巳**）户部議覆：直隷總督高斌疏稱，涿州、樂亭、無極等三州縣，水衝沙壓地九十二頃零，應除地糧三百一十一兩零、芝棉五鏊零、丁匠銀六十四兩零、地閏銀一十九兩零、米一十三石零、耗米四斗零、草折米四石零、草一百六十一束零，照例應准豁免。惟查樂亭縣水衝沙壓地二十四頃零，據稱乾隆二年潮淹賑竣之後，居民大半往關外覓食，錢糧歷未徵收。因何各該年奏銷冊內未完項下，並未聲明。再，老荒地例不徵糧，內樂邑老荒地五十七頃零，從前自無額徵，今何又請豁除。應令該督再行確查具題。從之。（高宗二二八、八）

（乾隆一〇、三、丁酉）豁直隸蔚縣賈家灣乾隆九年水衝地賦。（高宗二三七、一〇）

（乾隆一一、閏三、乙丑）戶部議准：直隸總督那蘇圖疏報，固安縣水衝沙壓地畝，應照例除租，又昌黎縣衝壓地畝，盡成白沙，斷難再行開墾，租賦無出，應概予豁免。從之。（高宗二六三、一七）

（乾隆一二、三、己酉）豁除直隸蔚州三年分水衝沙壓地一百十九頃七十三畝、熱河道屬之拏兒河水衝地一頃九十四畝額賦。（高宗二八七、五）

（乾隆一三、四、庚午）兵部等部議覆：直隸總督那蘇圖疏稱，遵化州石門汛舊教場，改建衙署營房，請撥莊地二十畝零，以資操演。內佔用旗地，照例撥補，民地按價給銀。應如所請。從之。（高宗三一三、二）

（乾隆一三、九、乙卯）豁除直隸天津縣雍正六年開河築隄壓占民地十三頃五十畝額賦。（高宗三二四、九）

（乾隆一五、四、壬午）豁除直隸張家口被水衝汕地五十四頃四十五畝額賦。（高宗三六二、一二）

（乾隆一六、二、丙子）戶部議准：直隸總督方觀承疏稱，大興、通州等州縣，自京至馬蘭峪，修築御道，占用民地共三頃七十四畝有奇，應照修築泰陵御道例，分上中下給價，銀糧開除。又通州、三河、薊州等三州縣，占用各旗人地共十五頃有奇，應按數撥補。薊州占用大糧莊頭差地共四十五畝有奇。內官圈地三畝有奇，照例補給，私置民地四十一畝有奇，給價除賦。從之。（高宗三八二、一一）

（乾隆一七、一〇、壬寅）豁除直隸樂亭縣潮衝田八十頃九十三畝有奇額賦。（高宗四二四、三一）

（乾隆一九、二、甲申）豁除直隸張家口乾隆十七年水衝地一十五頃有奇額賦。（高宗四五六、五）

（乾隆一九、四、己酉）豁除直隸滿城、唐縣、易州、淶水、宣化、固安六州縣水淹屯地共一百二十六頃九畝有奇。（高宗四六一、一八）

（乾隆一九、閏四、乙丑）豁除直隸宛平縣水衝沙壓地九頃額賦。（高宗

四六三、二）

（乾隆一九、閏四、癸酉）豁除直隸寬城站水衝沙壓地四項十一畝有奇額賦。（高宗四六三、一三）

（乾隆二〇、二、己巳）豁除直隸熱河同知所屬乾隆十九年水衝沙壓地十三項九十一畝、張家口同知所屬被水衝汕成河地七十項三十六畝額糧。其餘成災各地畝額賦，分別蠲緩帶徵。（高宗四八三、一九）

（乾隆二〇、三、丁亥）豁除直隸東光縣置買民地宅基一畝、東明縣地二畝六分有奇、淶水縣地二畝四分有奇額賦。（高宗四八四、二四）

（乾隆二〇、八、丙寅）豁除熱河張家口乾隆十九年水衝沙壓民地共八十四項二十九畝有奇、銀一百二十六兩有奇。（高宗四九五、一五）

（乾隆二〇、一二、壬寅）豁除直隸昌黎縣水衝沙壓地十項八十九畝額賦。（高宗五〇二、七）

（乾隆二一、二、乙亥）豁除直隸圍場鑲白、鑲藍、鑲紅滿洲蒙古兵動用上、中、下三則地五十項四十畝額賦。（高宗五〇八、一九）

（乾隆二一、九、辛巳）豁除長蘆王家崗、永阜二場被潮竈地五十三項一十六畝有奇額賦。（高宗五二一、二）

（乾隆二一、九、乙酉）豁除直隸長垣縣十七年挑河占用民田八項九十四畝有奇額賦。（高宗五二一、七）

（乾隆二一、一二、丁卯）豁除直隸定州子位等村莊水衝沙壓地三十四項六十畝額賦。（高宗五二八、四）

（乾隆二二、二、戊子）戶部議覆：直隸總督方觀承疏稱，永清縣永定河北岸改移下口，占用民糧地七十三項九十二畝零，請按數除糧。應如所請。從之。（高宗五三三、二一）

（乾隆二三、二）[是月，直隸總督方觀承]又奏：冀州屬之壘頭、張各二村民地，共五十六項三十五畝有奇，因滏河漫溢，浸成鹻荒，貧民刮土熬鹽私賣。即令豁賦棄地，恐賦豁而私煎不絕。查該地原屬膏腴，請借給工本，令地方官督率墾復。有收後，分三年徵還。得旨：如所議。（高宗五五七、三八）

（乾隆二三、五、己丑）除直隸宛平縣沙壓地三項一十八畝有奇額賦。（高宗五六二、八）

（乾隆二五、九、乙卯）豁免直隸蔚州萬全縣水衝荒地一百四十五項二十九畝額賦。（高宗六二〇、一七）

（乾隆二八、二、乙巳）豁除圍場圈占撥什庫地一十四項二十一畝有奇

應交萬泉縣額米七十一石七升有奇。(高宗六八一、四)

(乾隆三〇、一〇、丙寅) 豁除直隸宣化、萬全、懷安等三縣乾隆二十九年水衝民地十二頃二十一畝額賦。(高宗七四七、一四)

(乾隆三三、二、庚午) 戶部議准：直隸總督方觀承疏稱，乾隆三十一年，奉旨賞給厄魯特牧廠占用熱河廳民地五頃四十三畝有奇，請除糧額，並照例賞給地價。從之。(高宗八〇四、三七)

(乾隆三六、四、戊子) 豁免直隸喀喇河屯廳水衝砂磧地三頃七十四畝有奇額賦。(高宗八八三、六)

(乾隆三六、一二、甲戌) 豁除直隸熱河廳水衝下則地三十畝、入官地十八畝額賦。(高宗八九八、一八)

(乾隆三七、七、丁未) 豁免直隸永定河下口永清縣築隄占用民地三頃八十八畝有奇額賦。(高宗九一二、二八)

(乾隆三八、閏三、辛未) 豁免直隸涿州水衝民田九十七畝有奇額賦。(高宗九三〇、二三)

(乾隆三八、閏三、乙酉) 豁免直隸密雲縣水衝民地一頃十四畝額賦。(高宗九三一、一八)

(乾隆三九、六、丙戌) 豁除順天大興縣乾隆三十八年開挖泡子廢田三十七畝額賦。(高宗九六〇、五)

(乾隆三九、七、辛酉) 豁免察哈爾所屬張家口駱駝鞍等三十八年分水衝地五頃有奇額賦。(高宗九六二、二一)

(乾隆三九、八、戊申) 豁免直隸懷柔縣三十六年分水衝地六十頃四十九畝有奇額賦。(高宗九六五、一五)

(乾隆四二、八、甲午) 豁除直隸喀喇河屯廳，乾隆四十年水衝沙壓旗民地一百九十五頃六畝有奇額賦。(高宗一〇三八、二)

(乾隆四五、一〇、辛未) 豁除直隸平谷縣水衝沙壓地四頃三十六畝有奇額賦。(乾隆一一一七、一三)

(乾隆四七、三、甲子) 豁直隸萬全、蔚州、保安、懷來四州縣坍沒地一百九十六頃有奇額賦。(高宗一一五三、一五)

(乾隆四七、六、戊子) 豁除直隸密雲縣水衝沙壓民地十五頃七十五畝有奇額賦。(高宗一一五九、一三)

(乾隆四七、九、辛亥) 豁除直隸密雲縣，乾隆四十五年分水衝沙壓地三十頃三十九畝有奇額賦。(高宗一一六五、八)

(乾隆四八、一一、辛亥) 豁除直隸懷柔縣水衝河淤地二十頃九十一畝

有奇額賦。（高宗一一九三、一四）

（**乾隆四九、一〇、乙巳**）豁除直隸延慶州本年水衝沙壓地十五頃八十二畝有奇額賦。（高宗一二一七、九）

（**乾隆五〇、三、庚戌**）豁除直隸灤平縣張百灣等處水衝沙壓田地一百三十頃有奇。（高宗一二二六、一）

（**乾隆五二、四、己未**）豁除直隸萬全縣乾隆五十一年被水衝塌地一百三十七畝額賦。（高宗一二七九、一八）

（**乾隆五六、三、戊戌**）豁除直隸易州梁各莊建永福寺占民田四十五畝有奇額賦。（高宗一三七五、二四）

（**乾隆五六、八、己巳**）豁除直隸豐寧縣猪首營水衝荒地一頃額賦有差。（高宗一三八五、二二）

（**乾隆五六、一二、庚戌**）豁除直隸豐寧縣水衝地七頃五十畝有奇額賦。（高宗一三九二、一六）

（**嘉慶七、二、己未**）除直隸宛平縣被水衝陷民田五十二畝額賦。（仁宗九四、一四）

（**嘉慶一三、四、庚辰**）除直隸張家口外場尚南山窰等處水衝地七頃一百三十畝有奇、窰房十七間租銀。（仁宗一九四、一〇）

（**嘉慶一三、五、乙卯**）除直隸宛平縣水衝地一頃二十畝有奇額賦。（仁宗一九五、二三）

（**嘉慶一四、三、丁亥**）除直隸各屬水衝沙壓地五百七十三頃二十五畝有奇旗租。（仁宗二〇八、三一）

（**嘉慶二〇、一一、乙未**）諭軍機大臣等：御史盧浙奏直隸省官荒地畝並各項入官地畝積案久延，請旨勒令總督遴員查辦一摺。直隸天津、豐潤、青、靜海、滄、鹽山、任邱、寶坻、寧河九州縣，馬廠官荒地六萬五千八百餘頃，豐寧縣馬廠入官地五千餘頃，及旗員抄產入官並入官抵項私典入官地畝，未經辦結者共一百九十六案，屢經戶部奏准，降旨飭令該督等委員勘丈，召墾升科。乃因循已久，有閱十餘年或數十年尚未勘報者，實屬怠玩疲懈。若係官吏本家私田，孰肯聽其荒廢耶。先公後私之良臣竟少，深可浩歎。茲據該御史奏稱，查明天津、滄州等九州縣官荒地畝，除造報升科外，尚有未丈地萬頃有奇，聲請展限。迄今二載，仍屬虛懸等語。此項官荒各項入官地畝，坐落該州縣境內，若果認真查勘，何至事隔多年，尚未勘報完竣。現在直隸候補人員甚多，著那彥成於候補之道府丞倅州縣內，遴選妥幹能事者數人，派令分赴各該州縣，將此項官荒地畝詳細查明。其已經勘報者，即行報部升科，未經勘報者，逐一履勘，普行召墾，按則升科報部。並將各項入官地畝，分別變價招佃，一併迅速辦理。如有奸胥猾吏侵隱霸占，從中抗違者，查出從嚴懲辦。所有派出各員，責成專辦此事，毋得另有差委。該督酌定限期，先將該員等名姓開單具奏，如果能認真查辦，妥速蕆事，俟辦竣後奏明，將該員等儘先補用，以示鼓勵。儻玩泄從事，即行徹回參處。將此諭令知之。（仁宗三一二、一二）

（嘉慶二二、一二、甲申）除直隸定州沙壓地一百四頃八十七畝有奇額賦。（仁宗三三七、一六）

3. 山東

（順治二、三、辛卯）免山東順治二年分荒地額賦。（世祖一五、五）

（順治二、五、丁亥）免山東高密縣元年分荒殘額賦。（世祖一六、七）

（順治四、六、丁酉）免山東全省三年分荒殘額賦。（世祖三二、二三）

（順治九、七、己丑）免山東臨邑、安邱、夏津、陵縣荒地亡丁徭賦。（世祖六六、一五）

（順治一六、九、壬午）遣山東道監察御史陳棐往查山東荒地。（世祖一二八、一五）

（康熙三、六、癸巳）戶部議覆：山東總督祖澤溥疏言，登、青、萊三府屬海島居民已歸內地，其島內地糧應豁免。從之。（聖祖一二、一〇）

（康熙一一、五、戊申）以山東沂水縣康熙八年地震之後兼被水災，命將康熙八年起至十一年止，逃亡四千四百餘丁、荒地八百七十六頃有奇一應額賦，悉行蠲免。（聖祖三九、二）

（康熙一二、九、丙戌）諭戶部：據山東撫臣奏，寧海州荒蕪地二千七百餘頃，逃亡戶三千餘丁，累年逋賦，小民力難賠補，自康熙九年以後錢糧，如數悉爲豁免，仍敕該撫，設法招徠勸墾。（聖祖四三、一四）

（康熙五七、六、甲辰）戶部議覆：山東巡撫李樹德疏言，山東邱縣因漳河遷徙，衝決南北羅村等處，被淹地畝二百三十九頃二十四畝有奇，請將銀兩麥米准予豁免，應如所請。從之。（聖祖二七九、一六）

（乾隆一、二、甲申）諭大學士張廷玉：朕聞山東沂州府屬之郯城縣、蘭山縣一帶地方，自雍正八年大水淹浸之後，水退沙存，凡低窪地畝，沙深數尺，不產五穀，即蒹葦青草，亦不生長。郯城有一百數十餘頃，蘭山有三百餘頃，其餘州縣不近大路者，尚有十餘處，地既不毛，糧從何辦，小民納賦，甚屬艱難，此朕得之訪聞者。爾可密寄信與岳濬，會同鄭禪寶確加訪查，具摺密奏。不可因朕降旨，有心迎合，亦不可因伊等未奏，回護前非，總以秉公據實爲主，一有不確，便是欺罔矣。（高宗一三、一三）

（**乾隆一、八、辛未**）除山東衝壓地糧。諭：朕御極以來，仰體皇考愛養元元之至意，勤求民隱，加意撫綏，惟恐賦役不均，使閭閻有輸將之苦。前訪聞得山東郯城、蘭山等州縣，自雍正八年大水淹浸之後，水退沙存，衝壓地畝，不能樹藝五穀，小民納賦甚屬艱難，特降諭旨，令巡撫岳濬將此等地方詳悉查勘，奏聞請旨。頃據岳濬奏稱，雍正八年被水之後，凡濱河傍山地畝，如歷城等二十八州縣，原報衝壓地共三千二百四十七頃零，經臣檄飭勸墾，內有曹州、曹縣、莒州、沂水四處墾過地九百九十餘頃，尚有二千二百五十頃，屢飭確查。今復遵旨勘明，郯城縣實在衝壓地一百四十七頃零，蘭山縣衝壓地三百五頃，其餘州縣，如濟南府屬之歷城、章邱、淄川、長清、長山等縣，兗州府屬之滋陽、寧陽、泗水、鄒縣、汶上等縣，青州府屬之益都、樂安、壽光、臨朐、安邱、博山、臨淄等縣，萊州府屬之昌邑縣、濰縣，武定府屬之惠民縣，沂州府屬之莒州、沂水縣，泰安府屬之泰安、東平、肥城、新泰等州縣，共計州縣二十八處，所有衝壓地共一千三百六十二頃九十八畝零，實係積年廢棄，人力難施，應共免地丁銀五千九十兩零，米麥一百五十六石零等語。著照岳濬所查實數，造冊報部，將地丁米麥悉行豁免，以除民累。其雍正十三年應徵銀米，除已經輸納外，若有未曾完納者，亦著確查豁除，務使小民均霑實惠，毋使胥吏土棍侵蝕中飽。（高宗二四、一一）

（**乾隆一、八、壬申**）除山東章邱縣缺額糧銀。諭：朕聞山東章邱縣有缺額糧銀三千九百一十餘兩，因從前地方官捏報墾荒，以致糧無抵補，相沿已久，事難究追。其現在已攤入地畝者，雖每畝爲數不多，而其實則在正供之外，民力未免艱難；其未攤入地畝者，更屬虛懸無著，有司亦難賠墊。朕心軫念官民，著將已攤入地畝者，於乾隆元年，查明開除，免其徵收；其未攤入地畝者，從雍正十三年起，悉行豁免，俾閭閻永無加派之苦，而有司亦無賠補之累，該撫可董率地方官實力奉行。（高宗二四、一四）

（**乾隆一、一〇、戊辰**）［戶部］又議准：山東巡撫岳濬疏言，沂水縣前報開墾地內，有沙石不能成熟地四頃三畝有奇，應豁除額賦。從之。（高宗二八、一四）

（**乾隆一、一一、己亥**）戶部議覆：調任山東巡撫岳濬疏言，遵旨查明濟南府屬之德州、德州衛、東昌府屬之臨清、夏津、武城、恩縣，因運河隄岸堆壓地畝共十四頃五十三畝有奇，請豁除額賦，應如所請。從之。（高宗三〇、一一）

（乾隆二、六、丙戌）户部議准：山東巡撫法敏疏報，德州、德州衛、臨清、恩縣、夏津、武城六州縣衛，黃運二河，隄壓柳佔地畝共一十四項五十三畝有奇。又東平、東阿、陽穀、東平守禦所、單縣、曹縣、聊城、堂邑、博平等九州縣所，堤壓地畝共一百二十九項三十六畝有奇，俱係確查，礙難耕種，所有舊徵銀米，請自乾隆元年爲始，一體豁除。從之。（高宗四五、一一）

（乾隆二、一一、辛巳）户部議覆：山東巡撫法敏疏稱，商河縣官莊，鹻鹵不毛下地二百一十頃五十五畝六分零、荒地七頃七十九畝六分零，共應徵銀五百一十二兩七錢三分零、米一百六十四石一斗六升零，並雍正十三年、乾隆元年，共未完銀一千二十五兩四錢七分零、米三百一十三石六斗八升零，一併請豁。應如所請，准其豁除。從之。（高宗五七、七）

（乾隆五、一二、壬子）諭：山東蒲臺縣地畝，向因科則互異，於雍正十三年題明丈量後，經丈出瘠薄地並缺額荒地共四百四十二頃有零，其應減應除之賦一千九百餘兩，已經降旨豁免。惟是瘠薄改則地內，有乾隆元年未完銀一千一百四十七兩零，因係舊欠，不應在豁除之數，至今尚在催追。朕念瘠土窮黎艱於輸納，可爲軫念，著格外加恩，一體豁免，以紓民力。該部可即遵旨，行文山東巡撫等知之。（高宗一三三、一）

（乾隆六、九、甲戌）豁免山東榮城縣被風沙壓田地額徵銀四十一兩有奇。（高宗一五〇、一六）

（乾隆七、一二、戊戌）豁除山東德州衛墾不成熟地八十六畝有奇。（高宗一八〇、一八）

（乾隆八、二、辛丑）户部議准：山東巡撫晏斯盛疏稱，濟寧州修築蜀山、馬場二湖隄身，圈占有糧地三十頃二十五畝有奇，請自乾隆七年爲始，豁其額賦，並動項酌給地價。從之。（高宗一八五、四）

（乾隆九、七、己卯）豁免山東博興、高苑、樂安等縣築堤挑廢民田五十頃七十四畝有奇、竈地八頃八十畝有奇。地丁額賦，於乾隆九年爲始。從山東巡撫喀爾吉善請也。（高宗二二〇、五）

（乾隆一〇、六、丁巳）［户部］又議准：山東巡撫喀爾吉善疏稱，東省雍正十三年勘墾地畝一案，查鄒平等州縣衛所，勘墾旱地四百九十頃四十六畝有奇，内有鹹鹻不毛、僅存石骨、低窪積水、難以播種、不能成熟地共八十九頃八十畝零，請豁免應徵銀。從之。（高宗二四三、二）

（乾隆一一、閏三、乙巳）户部議准：山東巡撫喀爾吉善疏稱，榮城縣被風沙壓各項弛畝共一十三項二十畝有奇，額賦無出，應請豁免。從之。

（高宗二六二、一九）

（乾隆一四、二、乙酉）豁除山東棲霞縣水衝沙壓難墾田地額徵銀七十九兩有奇。（高宗三三四、九）

（乾隆一四、四、辛卯）豁除山東樂安、博興二縣水衝地畝額賦。（高宗三三八、四二）

（乾隆一六、四、癸巳）除山東金鄉、濟寧、蘭山、蒙陰、聊城、茌平、莘縣、臨清、高唐、樂安、臨朐、掖縣、平度、昌邑、膠州、高密、福山、萊陽等十八州縣水衝沙壓地十一頃有奇科賦。（高宗三八七、一九）

（乾隆一八、一〇、癸巳）豁除山東壽光、掖縣、平度、昌邑、濰縣等五州縣乾隆十六年分海潮衝塌地畝額賦。（高宗四四八、二六）

（乾隆一八、一二、乙酉）豁除山東官臺、西繇二場，平度、掖縣二州縣乾隆十六年分鹼廢地畝額賦。（高宗四五二、七）

（乾隆二〇、一一、丁丑）豁除山東新城縣不毛地四十畝科賦。（高宗五〇〇、二〇）

（乾隆二一、二、乙卯）豁免山東海豐、利津、霑化三縣潮淹鹼廢地畝六十八頃五十八畝有奇額賦。（高宗五〇七、三）

（乾隆二一、七、壬申）免山東利津、壽光二縣二十年分潮淹沙壓地一百九十二頃一十五畝應徵銀九百三十七兩有奇，米六十三石。（高宗五一六、一二）

（乾隆二四、一一、乙丑）豁除山東濟寧州魚臺縣水深難涸地九百七十六頃六十四畝有奇額賦。（高宗六〇一、一二）

（乾隆二五、九、甲子）户部議覆：長蘆鹽政官著疏稱，海豐縣竈地並海豐場座落海豐、樂陵二縣竈地被潮衝淹不能墾種，所有應徵額糧，請照民地一例豁除。應如所請。從之。（高宗六二一、七）

（乾隆二五、九、己巳）豁免山東海豐、利津、霑化、陽信、樂陵、冠縣等縣被水衝壓荒地九百二十八頃額賦。（高宗六二一、一一）

（乾隆二五、一一、丁未）豁除山東永利、永阜二場並海豐縣乾隆二十四年分，被潮衝塌竈地五百一十二頃二十二畝有奇額賦。（高宗六二四、九）

（乾隆二五、一二、辛巳）豁除山東嶧縣、滕縣河工侵佔民田五十一頃十三畝有奇額賦。（高宗六二六、一三）

（乾隆二六、四、己丑）豁除山東鄒平、魚臺、冠縣、舘陶、蘭山等五縣砂石荒下地共四頃八十三畝有奇額賦。（高宗六三五、一〇）

（乾隆二八、四、己酉）豁除山東德州、東平、陽信、樂陵、商河、濱州、利津、泗水、城武、觀城、聊城、博平、茌平、臨清、高唐、夏津、東昌、福山、棲霞、寧海等二十州縣衛墾不成熟地四十六頃七十七畝有奇額賦。(高宗六八五、一七)

(乾隆三〇、三、甲午)開除山東聊城縣報墾不成熟地二頃五十畝有奇。(高宗七三三、八)

(乾隆三二、三、乙酉)[戶部]又議准：山東巡撫崔應階奏稱，東省德州、德州衛、恩縣三州縣衛，前因挑開四女寺支河，占壓民地十一頃七十五畝有奇，請以乾隆三十一年爲始，豁除地丁銀三十五兩有奇，米麥十石二斗零。又應給地價銀一千二百九十七兩，即於司庫地丁項下動支。從之。(高宗七八一、一五)

(乾隆三二、四、丙午)豁山東新城等縣鹻荒水田二十八頃有奇額賦。(高宗七八二、二二)

(乾隆三二、六、乙巳)豁山東德州開河占壓民田三頃五十一畝額賦，並酌給地價。(高宗七八六、一一)

(乾隆三六、三、壬子)又諭：聞臨清州及陵縣有經水衝漫沙壓鹽鹻地一千餘頃，屢年試種無成，不能墾復，農民完賦無資，著加恩將該州縣所有沙壓鹽鹻地畝錢糧漕米概予豁除，以示體卹民隱至意，該部即遵諭行。(高宗八八〇、一四)

(乾隆三六、一一、丁酉)豁除山東臨清州沙壓鹽鹻地一千十三頃二十二畝有奇額賦。(高宗八九六、七)

(乾隆四一、三、辛卯)豁除山東壽光、濰縣二縣潮淹地畝二百六頃有奇乾隆三十九年以後額賦。(高宗一〇〇五、一〇)

(乾隆四七、四、戊寅)豁免山東壽光、樂安、利津、霑化、濱州等五州縣水淹竈地一千一百十五頃六十三畝有奇額賦。(高宗一一五四、一五)

(乾隆五九、六、丙辰)豁除山東臨清州被水衝壓地一百十五頃九十畝有奇額賦。(高宗一四五四、二)

(嘉慶七、七、丙戌)除山東曹、單二縣沙壓田地八百三頃有奇歷年額賦。(仁宗一〇一、三)

(嘉慶八、五、甲辰)除山東惠民縣沙壓地七十頃六十七畝有奇額賦。(仁宗一一三、一一)

(嘉慶一三、閏五、癸酉)除山東昌邑縣沙壓地三十六頃有奇額賦。(仁宗一九六、六)

(嘉慶二三、一〇、丁亥)除山東海豐、霑化、利津、樂安四縣海潮淹

廢地七百五十三頃二十三畝有奇額賦，並賑被災貧民。緩徵海豐縣被潮較輕地畝新舊額賦。(仁宗三四八、二二)

4. 河南

(**順治二、八、乙酉**) 免河南彰德、衛輝、懷慶、河南四府本年荒殘額賦。(世祖二○、四)

(**康熙一○、一二、壬辰**) 户部題：河南儀封、考城二縣隄壓挖傷地畝，其額賦應請開豁，其祥符、陽武、蘭陽、虞城四縣挖傷地畝，雖有荒地撥補，但收穫無期，相應免賦三年。從之。(聖祖三七、一五)

(**康熙二一、五、己未**) 免河南靈寶縣包荒地康熙十七、八、九年分應徵銀兩。(聖祖一○二、一九)

(**雍正四、三、癸卯**) 豁免河南祥符縣被水衝決田地額賦九千四百兩有奇，從河南巡撫田文鏡請也。(世宗四二、一○)

(**雍正九、三、乙丑**) 豁免河南蘭陽縣浮沙地畝額賦二千五百兩有奇。(世宗一○四、二)

(**乾隆一、九、壬辰**) 除河南榮澤縣坍塌地畝二百二十餘頃額賦一千三百兩有奇。(高宗二六、二)

(**乾隆一、九、癸卯**) 除河南荒棄地畝額賦。諭：朕御極以來，仰體皇考聖心，時時以愛養百姓爲念，前訪聞得豫省濱河兩岸，隄壓柳佔地畝及鄭州鹽鹻地畝，每年應徵額賦，小民輸納維艱，已降諭旨悉予寬免，以紓民力。繼又聞得尚有鹽鹻飛沙、河坍水佔、地無可耕、糧仍賠納之處，隨又降旨，冷該撫詳確查勘，覈實奏聞。今據巡撫富德奏稱，遵旨派往府州有司查得祥符、杞縣、洧川、中牟、榮澤、陽武、封邱、蘭陽、儀封、鄢陵、氾水、偃師、鞏縣、孟津、宜陽、嵩縣、登封、內黃、新鄉、延津、濬縣、滑縣、孟縣、原武、濟源、武陟、淮寧、襄城、長葛、禹州、密縣、南陽、新野、裕州、葉縣、信陽州、汝州、魯山、郟縣、寶豐、伊陽、商城等四十二州縣，或因飛沙堆積，不堪布種，或因水勢衝刷，坍入中流，或因淹浸日久，變成鹽鹻，盡屬不毛，或因外高內低，水無去路，積爲陂澤，共地二千三十餘頃，計糧銀共九千八百七十九兩零，漕米共三百二石九斗八升零。朕思任土作貢，國有常經，其欺隱地畝者，自當治以應得之罪，若田土荒棄，無地有糧，則當速沛恩膏，以解閭閻之困。豫省荒廢地畝，既據該撫確查奏聞，著照所查之數，造冊報部，將額賦永遠豁除，以副朕惠鮮懷保之意。(高宗二六、一八)

（乾隆二、七、辛丑）免河南祥符、杞縣、洧川、中牟、滎澤、陽武、封邱、蘭陽、儀封、鄢陵、汜水、偃師、鞏縣、孟津、宜陽、嵩縣、登封、內黃、新鄉、延津、濬縣、滑縣、孟縣、原武、濟源、武陟、淮寧、襄城、長葛、禹州、密縣、南陽、新野、裕州、葉縣、信陽州、汝州、魯山、郟縣、寶豐、伊陽、商城等四十二州縣鹽鹻飛沙地畝糧銀九千九百三十四兩有奇，漕米三百七石有奇，以乾隆二年始，永行豁除。（高宗四六、二四）

（乾隆三、一○、丙戌）戶部議准：河南巡撫尹會一疏報，考城縣雍正十二年撥入普濟堂開墾荒地一頃二十一畝，於乾隆元年被水衝刷，坍入河內，現雖未屆升科，應令照數開除。從之。（高宗七八、二一）

（乾隆三、一一、戊辰）［戶部］又議准：河南巡撫尹會一疏言，豫省雍正十二、十三兩年並乾隆元年勸首隱地內，虛報三十五頃六畝有奇，額賦應予豁除。從之。（高宗八一、一○）

（乾隆三、一二、戊子）［戶部］又議：河南巡撫尹會一疏言，豫省雍正十二、十三兩年，報墾老荒、夾荒、鹽鹻等項地畝，除乾隆二年原任河南巡撫富德題請開除地八千四百三十五頃二十一畝有奇，復據各戶呈首難以墾熟及重複虛報地共一千八百六十三頃四十二畝有奇，所有額賦，請予豁除。其實係可墾並補首祖父墾遺未經報升地共九千五十四頃三十一畝有奇，請分別限年起科。應如所請。從之。（高宗八二、二二）

（乾隆五、八、丙寅）免河南中牟、封邱、鄭州、滎澤、商邱、虞城、臨漳、獲嘉、滑縣、武陟、孟縣、鞏縣、郟縣、閿鄉等十四州縣衝塌積水地無徵額賦銀三千九百九十一兩有奇，米四百八十五石有奇。又鄭州地戶積欠銀三千三百兩有奇，未完漕米二百七十石有奇，一併豁除。（高宗一二五、一三）

（乾隆七、四、甲寅）戶部議准：河南巡撫雅爾圖疏報，洧川、鄢陵、河內、南陽、新野、臨潁、襄城、長葛、新鄭、郟縣、寶豐等十一縣河塌積水沙壓等地共一百四十七頃二十四畝零，請將地糧銀五百九十四兩零照數豁除。從之。（高宗一六五、一八）

（乾隆八、二、乙酉）戶部議奏：河南巡撫雅爾圖疏稱，祥符、陳留、杞縣、中牟、鹿邑、睢州、柘城七屬，因開濬惠濟河道，挖廢民衛地共五十六頃九十五畝有奇，請豁額賦。從之。（高宗一八四、一）

（乾隆一○、六、乙丑）戶部議覆：河南巡撫碩色疏稱，原武縣姚五家莊前引河挖占坍塌地七十七頃九畝零，折實糧地三十八頃五十四畝零，應徵地丁銀一百九十一兩五錢零，糧米一十一石三斗零，該價銀九兩九分零，題

請豁免，應如所題。從之。（高宗二四三、一五）

（乾隆一〇、九、庚寅）戶部議准：河南巡撫碩色疏稱，鞏縣雍正十二年報墾荒地內有二項十一畝，勘係宋陵四旁餘地，郟縣雍正八年報墾旱地內有三項六十五畝，勘係宋臣蘇軾、蘇轍護墳餘地，不便仍行耕種，其原報升科銀米，併請豁除，陵旁墳旁餘地，庶資遮護。從之。（高宗二四九、一〇）

（乾隆一〇、一二、丁未）戶部議准：河南巡撫碩色疏報，陽武縣乾隆七年開挖引河，衝坍灘地九十九項四十五畝有奇，折實行糧地四十九項七十二畝有奇，銀糧均請豁除。從之。（高宗二五四、一四）

（乾隆一二、二、壬午）豁除河南孟縣被衝塌衛地軍地額賦。（高宗二八五、四）

（乾隆一九、四、己酉）豁除……河南陽武、原武二縣水衝沙壓田地共一百六十六項十畝有奇額賦。（高宗四六一、一八）

（乾隆一九、五、己亥）豁除河南商邱、永城、夏邑三縣隄壓河占地共七十項二十九畝有奇額賦。（高宗四六五、七）

（乾隆二九、九）［是月］河南巡撫阿思哈奏：祥符、中牟、陽武、滎澤、河陰、汲縣、新鄉、河內、濟源等九縣水衝沙壓柳占等項地九百五十一項七十二畝，請豁銀三千八百九十兩有奇，米價銀三百一十兩有奇。報聞。（高宗七一九、二二）

（乾隆四五、六、戊申）豁除河南孟津縣河北鎮官莊河水衝塌地畝一百一十九項九十六畝有奇額賦。（高宗一一〇八、二）

（乾隆五〇、一〇、丁酉）又諭曰：畢沅奏，開封府屬之鄭州，有因隄壓水衝不能耕種地畝共一百五十項有零，纍計無著糧銀一千二百七十七兩零，小民艱於輸納等語。地畝既因水衝隄占，錢糧無著，若仍令輸將，民力未免拮据，所有此項廢地錢糧一千二百七十七兩零，著加恩概予豁除，以示朕惠愛黎元體恤民隱之至意。（高宗一二四一、九）

（乾隆五〇、一二、乙未）豁除河南祥符、陳留、儀封三縣水衝沙壓地一千一百六十項九十五畝有奇額賦。（高宗一二四五、六）

（乾隆五二、六、壬戌）豁除河南鄭州乾隆五十一年被水衝沒民地一百五十項十四畝。（高宗一二八三、二三）

（乾隆五三、八、庚子）諭：據畢沅奏，豫省蘭陽、儀封、睢州、寧陵、商邱五廳州縣並考城改歸睢州等處臨河新灘，有地無收，請將應納糧銀一萬九千餘兩，於通省攤徵。其節年帶徵未完錢糧正雜銀六萬五千餘兩，仍於各灘戶名下，分作六年徵還舊款等語。此項新灘地畝，因被河水淹浸，積成淤泥，難以耕種，自係實在情形，既經查明各該處有地無收，不能交納糧銀，何必徒事催科，有名無實。況灘地應納糧銀，與他處無涉，今議令通省攤徵，不足以示公允。我朝賦役均平，正供維則，從前康熙、雍正年間，蠲賑頻聞，從無加賦之事。朕臨御以來，三次普免天下錢糧，間有水旱偏災，尤必加意撫綏，不使一夫失所。且豫省額徵糧銀三百三十餘萬兩，其灘地應納糧銀，僅一萬九千餘兩，為數無多，更不值鰓鰓過計。所有豫省臨河之蘭陽、儀封、睢州、寧陵、商邱五廳州縣並考城改歸睢州灘地應完糧銀，俱著即行寬免。其節年未完銀六萬五千餘兩，亦概予豁免，以示格外軫恤。朕辦理庶政，從不肯違道干譽，而於關係閭閻生計之事，必曲加體卹，損上益下，以惠黎元，小民等應諒所共知共見。今灘地糧銀既免其輸納，將來灘地加高，耕作可施之時，各該地方官自應查明，照例徵收，毋任私墾。小民等具有天良，經朕此次加恩，亦必踴躍輸將，不致有心隱匿也。將此通諭知之。（高宗一三一〇、二六）

（乾隆五四、六、戊寅） 諭曰：梁肯堂奏，河南蘭陽縣及儀封改歸考城縣舊河身兩岸老灘，沙壓較多，小民不能耕種，所有升科地畝，請分別升免等語。老灘地畝，既經積年沙壓，兼有隄侵柳占，小民不能耕作，自係實在情形。所有蘭陽縣應徵原額，並升科銀一千五百九十餘兩，考城縣應徵原額，並升科銀八千二百九十餘兩，俱著加恩豁免，以示朕軫念窮簷至意。（高宗一三三三、二三）

（乾隆五六、一一、丁丑） 諭軍機大臣等：據劉峩等奏，審明監生楊淑控告銀匠等浮收錢文，請將地畝交官一案。內稱，楊淑因田產荒蕪，無力完糧，思以呈交地畝，圖免田賦，並經劉峩等前往虞城縣查勘。楊淑地畝，實有荒蕪之處，且所過各村莊，間有未經開種之地，詢之民人，僉稱因五十年被旱後，無力所致等語。各省地方官當以農事為重，所有村莊田畝，如遇水旱偏災，間有荒歉，自當督勸小民及時開墾，詎可任其竟行拋棄！今豫省虞城縣地方，既查有因旱後無力開種，以致荒廢之處，其餘各州縣似此情形者，想亦不少，著傳諭穆和藺，即專派明幹大員，詳悉查驗，妥為設法經理，務使田疇盡行耕治，而閭閻不致無力輸將，方為無負牧民之責。將此諭令知之。仍將查明各州縣荒廢田畝，如何借給耕種辦理處，據實覆奏，毋得迴護干咎（高宗一三九〇、一二）

（乾隆五七、八、甲戌） 豁除河南蘭陽、儀封、商邱、寧陵、睢州等五廳州縣臨河新灘地四千九百七十八頃三十畝有奇額賦。（高宗一四一〇、一六）

（乾隆六〇、八、辛丑）豁除河南蘭陽縣乾隆五十六年分河水衝坍民田一頃七十五畝額賦。（高宗一四八五、一三）

（嘉慶三、五、己卯）除河南輝、河內、修武、武陟四縣沙壓地三百六十九頃六十四畝額賦。（仁宗三〇、九）

（嘉慶一四、一一、戊午）免河南溫、孟、陝三州縣坍沒地四百九十八頃八十一畝有奇額賦，並節年未完各項銀糧。（仁宗二二〇、七）

（嘉慶一五、八、己丑）除河南溫、孟、陝三州縣坍沒沙地四百九十八頃八十一畝有奇額賦。（仁宗二三三、一三）

（嘉慶一七、八、壬子）除河南陝、溫、孟三州縣河占沙壓地四百九十八頃八十一畝有奇額賦。（仁宗二六〇、九）

（嘉慶一八、七、己卯）除河南祥符、滎澤、安陽、臨漳、內黃、封邱、武陟、原武、陽武九縣水衝沙壓地二千三百九十頃三十八畝有奇額賦。（仁宗二七一、二六）

（嘉慶二〇、一二、己巳）除河南杞縣淹廢地三百一十二頃有奇額賦。（仁宗三一四、九）

（嘉慶二二、六、壬辰）除河南孟津縣塌沒地九十七頃五十七畝有奇額賦。（仁宗三三一、二六）

（嘉慶二三、七、庚子）除河南睢、寧陵二州縣水衝沙壓地六百九十頃有奇額賦。（仁宗三四四、三）

5. 山西

（順治八、二、辛巳）免朔州、渾源州、大同縣無主荒地一萬三千四百九十頃錢糧，仍令有司招人開墾，二年後起科。（世祖五三、五）

（順治八、二、甲午）免山西荒地一萬五千頃額糧。（世祖五三、二〇）

（順治一〇、四、甲辰）免……山西夏縣荒地九百四十餘頃額糧。（世祖七四、五）

（順治一四、八、己丑）免山西荒地逃丁徭賦。（世祖一一一、九）

（康熙六、閏四、辛亥）以山西臨晉縣歷年荒疫，特免康熙五年分額賦並著地方官作速招徠開墾荒地。（聖祖二二、七）

（康熙二二、四、庚子）戶部議覆：山西巡撫穆爾賽疏言，太原、大同二府屬，地畝荒蕪，人丁逃亡，無徵錢糧三萬四千四百餘兩，均請蠲免。應自康熙二十一年起，准其豁免三年。得旨：依議。人民逃散，皆由地方巡撫以下及有司各官平日不能撫養百姓，督勸力田，於常平等倉，不行積穀備

荒，以致猝遇凶年，小民失業。該撫以下各官，本應從重處分，今姑寬免，著嚴飭行。(聖祖一〇九、一六)

（**乾隆一、二、己卯**）戶部議准：山西巡撫覺羅石麟疏稱，寧鄉縣原報墾荒餘地七百九十頃有奇，勘係巨石沙磧，難以播種，請予豁除。從之。(高宗一二、二七)

（**乾隆一、一〇、丁亥**）戶部議覆：山西巡撫覺羅石麟疏言，蒲州府屬之榮河縣百祥等十八村莊及寨子等村臨河地畝，於雍正六年五月內，因水衝塌二百四十六頃九十六畝有奇，請豁除額賦。應如所請。從之。(高宗二九、一二)

（**乾隆二、四、丁亥**）戶部議准：山西巡撫覺羅石麟疏報，永濟縣瀕河地畝，雍正十三年分，被水淹沒共一百七十三頃八十五畝有奇，又大慶關額外瀕河地畝，被水淹沒二十八頃六十五畝，又永濟縣諸馮等里，荒鹻沙地共三十七頃十一畝有奇，均係勘明確實，所有應徵銀米，並請豁免，俟水退鹻除，再行勸墾陞科。從之。(高宗四一、三一)

（**乾隆二、八、戊寅**）戶部議覆：山西巡撫覺羅石麟疏言，黎城縣原墾荒地二頃有奇，積年被水衝塌，請豁除額徵。應如所請。從之。(高宗四九、五)

（**乾隆二、一一、丙辰**）戶部議覆：山西巡撫覺羅石麟疏稱，祁縣水衝沙壓地十一畝三分，請免本色糧一升零，折色糧二斗一升零，共折色銀三錢一分零，聞喜縣水衝沙壓地一百六十八頃六十一畝一分零，請免折色糧四百七十四石二斗九升，共折色銀六百二十二兩五錢一分。應如所請，准其豁免。從之。(高宗五六、三)

（**乾隆二、一一、乙丑**）戶部議覆：山西巡撫覺羅石麟疏報，絳州所屬河津縣被水侵坍沙鹵地二百八十七頃八十四畝六分零，應免本色穀一十二石一斗零，折色糧八百七十二石六斗一升零，折銀並租銀共一千五十九兩六錢五分零。應如所請，准其豁免。從之。(高宗五六、一四)

（**乾隆三、八、乙巳**）又諭：據將軍旺昌奏稱，歸化城地方陰雨連綿，黃河泛漲，西爾哈安樂等六邨墾種屯田內，今年應徵田二十三頃，明年升科之新墾田一千零二十八頃，並民間廬舍，盡被衝淹，應查被災民人，分別等次，散給米石，以度冬月等語。著照旺昌所請，速派幹員，辦給米石，令其散賑。其賑過數目，報部核銷。被衝屯田內，今年應徵米草，著加恩豁免。其明年升科之新墾田畝，著再展限一年，於次年起徵，以紓民力。(高宗七五、一一)

（乾隆六、一二、辛丑）除山西寧鄉縣雍正十年報墾不實地四百頃二十七畝有奇科賦。（高宗一五六、二四）

（乾隆七、七、辛酉）户部議准：山西巡撫喀爾吉善疏報，繁峙縣雍正十年報墾地内，有被水衝没地二十頃二十七畝有奇，所有額徵，請與豁除；其實在成熟地七十五畝有奇，仍照例起科。從之。（高宗一七〇、七）

（乾隆八、一一、辛巳）［户部］又議覆：陞任山西巡撫劉於義疏稱，豐州衛乾隆五年召民墾種荒地一百四十四頃，内虚報大莊科等村地十頃有奇，將額徵豁除。應如所請。從之。（高宗二〇四、七）

（乾隆九、四、丁巳）除山西榮河、聞喜二縣雍正十年、十一年分報墾地畝水衝一百一十二頃有奇科賦。（高宗二一四、一〇）

（乾隆九、六、庚戌）除山西解州雍正十一年報墾地水衝六十畝有奇額賦。（高宗二一八、四）

（乾隆九、九、庚辰）豁免山西大同鎮水衝石壓屯田二頃六十畝應徵額賦，並朔平府屬右玉縣之殺虎口坍廢市廠官房應徵額課。（高宗二二四、一二）

（乾隆一〇、四、辛酉）户部議准：護理山西巡撫布政使陶正中疏稱，解州雍正十二年報墾地一頃八十五畝有奇，應於乾隆九年起科，兹查内有被水浸坍地一頃十六畝零，所有折色糧銀，應請豁免。從之。（高宗二三九、一二）

（乾隆一〇、五、庚子）［户部等部］又議准：山西巡撫阿里袞疏稱，河津縣所屬永安、遠停等府，地濱黄河，實在被坍齧地四十六頃二十六畝零，並無新漲可抵，計無徵糧銀一百七十九兩零，請豁免。從之。（高宗二四一、二〇）

（乾隆一六、四、丁亥）除山西永濟縣河灘荒齧地二百二十七頃有奇額賦。（高宗三八七、一二）

（乾隆二九、九、庚戌）豁山西平陸縣坍没地十二頃有奇額賦。（高宗七一八、一）

（乾隆三六、九、庚申）豁除山西豐鎮、寧遠二廳山溝不成熟地一千六百一十二頃六十三畝額賦。（高宗八九三、一五）

（乾隆三七、九、甲辰）豁免山西助馬口外砂齧磽瘠水衝沙壓莊地九十七頃四十畝有奇額賦。（高宗九一六、二四）

（乾隆三八、九、丙寅）豁除山西徐溝縣沙壓地四十頃八十二畝有奇額賦。（高宗九四二、二三）

（**乾隆四一、一〇、辛酉**）山西巡撫覺羅巴延三奏：太原縣西五里有風峪口，兩旁俱係大山，大雨後，山水下注縣城，猝遇水災，捍禦無及。請自峪口起，開河溝一道，直達於汾，所占民田，計止四十餘畝，太原一城，可期永無水患。得旨：嘉獎。（高宗一〇一九、九）

（**乾隆五三、二、辛丑**）豁山西代州乾隆五十年水災壓坍地一百七十四頃四十畝有奇額賦。（高宗一二九八、二六）

（**嘉慶一、六、丁丑**）除山西代、五臺、繁峙三州縣水衝田七十五頃四十九畝額賦。（仁宗六、三）

（**嘉慶五、三、丁巳**）免山西口外渾津河等處荒地三百三十七頃四十六畝額賦。（仁宗六一、一一）

（**嘉慶一二、六、丙子**）除山西榮河縣坍沒田六十一頃七十六畝有奇額賦。（仁宗一八一、一二）

（**嘉慶二〇、一〇、癸酉**）除山西靜樂縣坍沒地一十頃有奇額賦。（仁宗三一一、一八）

6. 陝西

（**順治一一、八、戊午**）免陝西延安府荒地亡丁額賦。（世祖八五、一四）

（**順治一一、一二、丁丑**）免陝西西安五衛荒亡屯地課糧共二千一百七十九頃有奇。（世祖八七、一九）

（**順治一三，四、庚午**）免陝西麟遊縣荒地額賦。（世祖一〇〇、一一）

（**順治一八、一、癸酉**）陝西巡撫張瑃疏請除宜君縣荒地錢糧。從之。（聖祖一、一五）

（**順治一八、二、戊申**）[戶部]又議覆：陝西巡撫張瑃疏言，鳳翔所屯地八十五頃，山磧荒蕪，丁糧應准豁免。從之。（聖祖一、二五）

（**康熙四、二、丙寅**）戶部議准：陝西巡撫賈漢復疏言，韓城縣自順治十三年河流東注，淤漲地三百一十八頃三十六畝零，貧民耕種起科。今河又西向；前報之地，半為衝決，半為沙磧，百姓無可耕耘，逃亡相繼，應請豁免。從之。（聖祖一四、一〇）

（**康熙八、一、甲辰**）以陝西鄜縣山水暴發，民屯田地被淹者免本年分額賦十之三。其被衝堆壓砂石不能耕種者，永為豁除。（聖祖二八、二）

（**康熙八、五、庚子**）戶部議覆：山西陝西總督莫洛疏言，西安、鳳翔、漢中、延安四府，興安一州，有新荒民屯廢藩地畝及從前捏報民丁所徵銀三

萬七千三百九十餘兩，糧一千二百八十餘石，俱係見在人民包賠苦累，請賜豁免。應如所請。從之。（聖祖二九、二）

（康熙八、一一、庚子）除陝西南鄭縣被水衝没地方田糧。（聖祖三一、一九）

（康熙九、九、丁丑）除陝西雒南縣水衝地二百餘頃額賦。（聖祖三四、七）

（康熙三八、五、甲午）户部議覆：陝西巡撫貝和諾疏言，南鄭縣龍灣田地八頃三十七畝有奇，因江水泛漲，盡衝成河，無從辦課，請將錢糧永遠豁除。應如所請。從之。（聖祖一九三、一八）

（乾隆一、三、乙卯）户部議覆：陝西巡撫碩色疏稱，富平縣於康熙二十一年河水泛漲，衝壓水田十九頃十八畝有奇，維時該縣令郭詩以耗銀代賠，嗣後俱踵前轍，至耗羡歸公，仍爲民困，其應徵糧一百三十八石零，折色均徭銀一百八十七兩零，均宜豁除。應如所請。從之。（高宗一五、一一）

（乾隆二、九、甲午）[户部]又議覆：署陝西巡撫崔紀疏報，朝邑、郃陽、韓城、華陰等四縣，衝塌田地七百九十三頃四十二畝有奇，又荒鹵低窪地四頃五十二畝有奇，應徵銀米，均請照例開除。從之。（高宗五〇、三一）

（乾隆二、一一、甲子）賑貸陝西朝邑縣被水災民，除水衝地畝額徵。（高宗五六、一三）

（乾隆三、三、辛巳）户部議覆：調任陝西巡撫崔紀疏稱，陝西咸寧、長安、咸陽、藍田、鄠縣等五縣，上年被水淹没地畝，所有乾隆二年額賦，應請蠲免。其咸寧、咸陽、藍田、鄠縣等四縣水衝沙壓民屯更地，共五十六頃四十七畝有奇，並水碾碾房每年額徵，請予豁除。應如所請。從之。（高宗六五、二三）

（乾隆三、四、丁亥）除陝西興平、盩厔、咸陽、渭南等縣，元年河衝地畝額賦。（高宗六六、八）

（乾隆六、七、丁卯）豁免陝西武功、盩厔、鄠縣三縣築隄壓占及沙壅水衝田地額賦銀三兩有奇，米二十二石有奇，從巡撫張楷請也。（高宗一四六、一二）

（乾隆八、一〇、壬申）[户部]又議覆：陝西巡撫塞楞額疏稱，商州地方，本年七月内，被水衝淹人畜房屋地畝，前經題請賑卹，並蠲免額徵，内有沙石衝壓鐵地二頃七畝有奇，實難修復，請將應徵折色米石徭銀長遠豁除。應如所請。從之。（高宗二〇三、一〇）

（乾隆一〇、九、壬午）免陝西長安、咸寧等縣乾隆五、七年被水衝決民屯地畝額徵銀一千一百十一兩有奇，糧一千一百十九石有奇。（高宗二四

八、一六）

（**乾隆一〇、一二、丙午**）豁除陝西郃陽縣水衝地折色糧及折色均徭銀二十七頃九十畝有奇。（高宗二五四、一三）

（**乾隆一八、九、辛酉**）豁免陝西邠州、華陰、朝邑三州縣乾隆十一、二、三、四等年被水衝決荒地額賦。（高宗四四六、八）

（**乾隆一九、四、戊申**）豁除陝西扶風縣屬水衝沙壓地一十八畝額賦。（高宗四六一、一六）

（**乾隆二二、二、丁丑**）戶部議准：前署陝西巡撫盧焯疏稱，咸寧縣更名項下水碾碾房，因乾隆二十年秋雨連綿，被水衝坍，歲輸額課，應請豁除。從之。（高宗五三二、二六）

（**乾隆二二、三、庚戌**）豁陝西朝邑縣水衝沙壓地額賦八百四兩有奇。（高宗五三五、七）

（**乾隆二二、四、癸亥**）豁除陝西醴泉縣水衝地二十七頃十九畝額賦。（高宗五三六、四）

（**乾隆二三、三、己丑**）豁除陝西耀州砂石難墾馬廠餘地一百六十六頃八十九畝有奇額賦。（高宗五五八、五）

（**乾隆二六、四、丙申**）豁除陝西朝邑縣水衝地八十七頃一十四畝……有奇額賦。（高宗六三五、二三）

（**乾隆二六、八、辛未**）豁除陝西興平縣被水衝坍灘地六頃三十二畝有奇額賦。（高宗六四二、一一）

（**乾隆二七、九、癸亥**）豁除陝西盩厔、武功、扶風、朝邑四縣乾隆二十六年水衝沙壓民屯廠地六十四頃額賦。（高宗六七〇、一〇）

（**乾隆二九、三、己未**）豁陝西臨潼、涇陽、鄜州坍沒民屯地六十五頃七畝有奇應徵額賦。（高宗七〇六、一五）

（**乾隆二九、八、甲辰**）豁陝西朝邑縣水衝灘地二頃六十畝有奇額賦。（高宗七一七、一〇）

（**乾隆三五、一一、壬戌**）豁除陝西郃陽縣衝坍黃河灘地一百三十七頃五十一畝有奇額賦。（高宗八七三、一一）

（**乾隆三七、七、壬戌**）豁免陝西興平縣水衝民屯及旗標廠外地畝二十三頃五十二畝有奇額賦。（高宗九一三、二三）

（**乾隆三七、八、辛未**）豁免陝西郃陽縣崔盧二莊及保寧堡水衝沙壓地五十頃有奇額賦。（高宗九一四、二〇）

（**乾隆三九、一二、甲午**）豁除陝西朝邑縣乾隆三十八年分衝塌民田九

十五頃九十六畝有奇額賦。(高宗九七二、二四)

（乾隆四五、五、丙午）豁除陝西撫標、提標被水衝塌馬廠餘地二十六畝額賦。(高宗一一〇七、一四)

（乾隆四七、三、癸丑）豁陝西長安縣原墾提標後營馬廠地水衝坍地二頃二十六畝有奇額租。(高宗一一五三、二)

（乾隆四七、六、己巳）豁除陝西咸寧縣水衝碾房額課銀。(高宗一一五八、二)

（乾隆四八、六、辛未）豁免陝西朝邑縣乾隆四十六年分水衝沙壓地二百二十五頃四十七畝有奇額賦。(高宗一一八二、一九)

（乾隆四八、八、丙戌）豁除陝西長安縣西席村乾隆四十七年被水衝坍地畝額賦。(高宗一一八七、八)

（乾隆五一、五、庚午）豁除陝西華州東北、西北兩鄉乾隆四十九年沙壓民屯更名地畝額賦。(高宗一二五五、二二)

（乾隆五三、九、癸酉）豁陝西長安縣唐家村、中席村、師家道口水衝廠地五頃五十畝有奇額賦。(高宗一三一二、四九)

（乾隆五三、一一、壬申）豁除陝西朝邑縣乾隆五十年分被水衝坍民田一百一十六頃六十八畝並隄占民田二頃二畝有奇、富平縣乾隆五十年分被水衝坍民田一頃四十七畝有奇額賦。(高宗一三一六、二六)

（乾隆五九、五、庚子）豁除陝西長安、涇陽二縣軍標被水衝塌地八十八畝有奇額賦。(高宗一四五二、一七)

（嘉慶九、七、乙卯）除陝西朝邑縣被水坍壓田七十三頃四十八畝有奇額賦。(仁宗一三二、二三)

（嘉慶一〇、八、癸巳）除陝西長安縣水衝馬廠地一頃七十八畝有奇額賦。(仁宗一四八、一三)

（嘉慶一七、一二、癸丑）除陝西咸陽縣硝城荒地四頃一十畝額賦。(仁宗二六四、一七)

（嘉慶一八、七、辛卯）除陝西寧陝廳水衝營地五十八畝有奇額賦。(仁宗二七一、三七)

（嘉慶一八、六、庚戌）除陝西洋縣水衝田二畝有奇額賦。(仁宗二七二、二五)

（嘉慶一九、五、己亥）除陝西武功縣被水衝坍馬廠餘地二頃四十六畝有奇額賦。(仁宗二九〇一七)

（嘉慶二一、三、乙未）除陝西城固縣水衝地十頃三十二畝有奇額賦。

(仁宗三一七、一三)

7. 甘肅

(**雍正二、一一、己巳**) 戶部議覆：川陝總督年羹堯疏言，寧夏新築滿城，係寧左右三衞民間田地，其原額正賦，應請豁免，以河濱淤地撥補，令陸續報墾，照例六年後起科。應如所請。從之。(世宗二六、二五)

(**乾隆九、一二、癸亥**) 戶部議准：甘肅巡撫黃廷桂疏稱，中衞縣沙塍劉家等灘，原報開墾地畝內，於乾隆三、五兩年並節年陸續被河水衝没，以及沙鹻高亢不堪耕種地共三千三百八十六畝零，應徵糧六十石零，銀一十八兩零，草一千一十五束零，請照例豁除。從之。(高宗二三一、七)

(**乾隆五、一一、庚辰**) 戶部議覆：甘肅巡撫元展成疏稱、寧夏移建滿城，圈占民地二千一百八十二畝，其額徵銀糧草束，均請開除等語，應如所題辦理。至每畝給價銀四五兩不等，有無浮冒，仍令查明再議。從之。(高宗一三〇、三〇)

(**乾隆一〇、四、庚申**) 戶部議覆：甘肅巡撫黃廷桂疏稱，寧夏縣屬，雍正七年報招墾地千三百畝，於十三年徵收奏銷，嗣因乾隆三年地震水湧，民散歸籍，地留積水，數載尚復如故，萬難墾種，所有應徵額糧七十八石，請自乾隆六年起，照數豁除。應如所請。從之。(高宗二三九、九)

(**乾隆一〇、一二、丁巳**) [戶部]又議准：[甘肅巡撫]黃廷桂疏稱，寧朔縣建城，占用民田二千一百四十二畝有奇，內因燒磚占用共二百八十五畝有奇。地形低窪，又經取土，遇雨水即成汪洋，難以墾復，應分別上、中、下則，與建城圈占田畝一體給銀，額賦豁除，俟地形填平，招民墾種，另題升科。從之。(高宗二五五、一五)

(**乾隆一三、五、壬辰**) 豁除甘肅靈州、中衞縣八年分水衝田地無徵額賦。(高宗三一四、二五)

(**乾隆一六、九、壬申**) 豁除甘肅寧夏府屬靈州水衝鹻廢田地額徵二千二百九十畝有奇。(高宗三九八、一七)

(**乾隆一六、九、甲戌**) 豁除甘肅靈州之羊馬湖灘沙磧鹻廢地額徵三千六百八十畝有奇。(高宗三九八、二一)

(**乾隆一七、一二、辛卯**) 豁除……甘肅平羅縣築城廢地一百四畝有奇，平涼縣雹災廢地二十九頃四十一畝額賦。(高宗四二八、八)

(**乾隆一八、五、己卯**) 豁除甘肅中衞縣白馬寺灘水衝沙壓鹻亢地一萬八千四百九十畝有奇額賦。(高宗四三九、一一)

（乾隆一九、閏四、乙卯）豁除甘肅各屬乾隆元年至十年水衝地畝額賦銀一萬六千九百兩有奇，糧一十五萬九千一百七十六石有奇。（高宗四六二、六）

（乾隆一九、六、癸亥）豁除甘肅大通、川城、西古、邊牆等四處試種無效之石灘地畝共六十九段額賦。（高宗四六六、一九）

（乾隆一九、九、甲申）蠲免甘肅皐蘭、狄道、渭源、金縣、靖遠、環縣、鎮番、平番、寧夏、寧朔、靈州、中衛、平羅、西寧等十四州縣十八年分被災地一千六百二十七頃有奇額賦，並豁除被水衝坍無徵地二十六頃有奇額賦，又免西寧縣被雹地一千五百九十八段額賦。（高宗四七二、九）

（乾隆二〇、九、癸未）豁除甘肅靈州乾隆十八年水衝沙壓地九百八十四畝有奇應徵銀糧草束。（高宗四九六、二九）

（乾隆二一、九、辛巳）豁除甘肅靈州里仁、張大等二渠十八年分水衝地一千七百六十九畝額賦。（高宗五二一、二）

（乾隆二三、一二、丁卯）豁除甘肅張掖、撫彝、平番、高臺等四廳縣水衝地畝額徵租銀。（高宗五七六、三九）

（乾隆二六、一〇、戊辰）豁甘肅皐蘭等三十二廳州縣乾隆二十四年水衝田畝銀三千四百兩有奇、糧二千九百石有奇、草四千二百束有奇，其山丹、通渭、平羅、安定、碾伯等縣撥運被衝糧一百七十石有奇並予豁。（高宗六四六、七）

（乾隆三〇、八、甲寅）豁除甘肅平羅縣上下寶閘二堡砂壓額田一百一頃六十一畝額賦。（高宗七四二、一一）

（乾隆三二、一一、壬寅）豁除甘肅靈州乾隆二十五、六、七、八、九等年被水衝坍不能墾復田四十四頃五十八畝有奇額賦。（高宗七九八、一六）

（乾隆三三、一〇、辛酉）豁除甘肅肅州金塔寺等處原報開墾續被沙石鹼潮地九十六頃四十畝有奇額賦。（高宗八二〇、一八）

（乾隆三四、六、丙寅）豁除甘肅高臺縣水衝沙壓地五十三頃九畝額賦。（高宗八三七、三）

（乾隆三四、九、甲申）豁除甘肅寧朔縣本年沙壓地五百五畝有奇額賦。（高宗八四二、一〇）

（乾隆三五、三、癸卯）豁除甘肅西寧、大通二縣被水衝壓地十四頃十一畝有奇額賦。（高宗八五五、二一）

（乾隆三六、八、己丑）豁除甘肅巴里坤已墾未熟地六千三百畝額賦。（高宗八九一、一四）

（乾隆三七、七、癸丑）豁免甘肅中衛縣屬南灘、南河、沿恩河等堡水

衝沙壓田一千九百九十四畝額賦。（高宗九一三、九）

（乾隆三八、六、癸卯）豁除甘肅靖遠縣荒地三十八頃八十二畝有奇額賦。（高宗九三六、二六）

（乾隆四〇、二、癸未）豁甘肅寧朔縣水衝民地二千三百一十六畝有奇額賦。（高宗九七六、九）

（乾隆四〇、七、己巳）蠲免甘肅皋蘭、武威、鎮番、寧朔、靈州、平羅等六州縣並沙泥州判乾隆三十九年分水災旱災額賦，並豁免鎮番、平羅二縣水衝沙淤地一百六十六頃九十畝有奇額賦。（高宗九八七、一六）

（乾隆四〇、一〇、庚辰）豁除甘肅山丹縣坍沒鹼潮田地十七頃一十三畝有奇額賦。（高宗九九二、一二）

（乾隆四〇、一〇、庚寅）豁除撫彝、寧夏、中衛等廳縣坍沒田地七十六頃三十六畝有奇額賦。（高宗九九三、三）

（乾隆四二、一二、己酉）豁除甘肅寧朔縣水衝地二千三百五十一畝有奇額賦。（高宗一〇四七、五）

（乾隆四四、二、乙亥）戶部議准：陝甘總督勒爾謹等奏稱，甘肅宜禾縣乾隆三十三、四、五等年民墾地畝，因鹹潮俱成廢地，請豁除，以新墾地三千九百七十畝應徵糧草抵補。從之。（高宗一〇七七、一三）

（乾隆四四、四、丁卯）豁除甘肅靈州屬河水衝坍廢田十五頃三十四畝有奇額賦。（高宗一〇八〇、二八）

（乾隆四四、八、己卯）豁除甘肅西寧縣乾隆四十三年添建倉廠地二十七畝有奇，並高臺、中衛二縣水衝沙壓地一百七十八頃三十六畝有奇額賦。（高宗一〇八九、二七）

（乾隆四五、一二、丙辰）豁除甘肅平番、碾伯二縣水衝地三十三頃有奇額賦。（高宗一一二〇、一七）

（乾隆四六、閏五、戊辰）豁除甘肅永濟渠等處坍地額徵糧草。（高宗一一三三、一二）

（乾隆四六、六、甲戌）豁除甘肅省寧朔縣楊信、豐盈、蔣頂三堡，中衛縣廣武、渠口、棗園、張義、石室、宜和、恩和七堡沙壓地畝額徵銀糧草束。（高宗一一三四、四）

（乾隆四六、一〇、丙子）豁除甘肅平羅縣乾隆四十五年分被水衝坍民田九十八頃七十畝有奇額賦。（高宗一一四二、一四）

（乾隆四六、一一、丙午）豁除甘肅靖遠縣乾隆四十五年分被水衝坍民田八十五頃十畝有奇額賦。（高宗一一四四、二三）

（乾隆五二、四、甲子）豁除甘肅靖遠縣糜子灘乾隆五十年被水衝塌地二十二頃二十二畝有奇額賦。（高宗一二七九、二四）

（乾隆五六、一〇、丙辰）豁除甘肅平羅縣沙壓田地九十九頃十三畝有奇額賦。（高宗一三八八、二九）

（嘉慶一、九、戊午）除甘肅靈州新接、早元二堡衝塌地額賦。（仁宗九、六）

（嘉慶三、四、己未）除甘肅寧夏縣河忠堡沙壓地十八頃三十畝有奇額賦。（仁宗二九、一一）

（嘉慶八、七、壬子）除甘肅山丹縣被水衝塌地三頃三十八畝有奇額賦。（仁宗一一七、一〇）

（嘉慶八、八、丁亥）除甘肅靖遠縣水衝地一百十三頃九十三畝有奇額賦。（仁宗一一九、一八）

（嘉慶一三、八、丁酉）除甘肅西寧、碾伯二縣水衝地三十六頃有奇額賦。（仁宗二〇〇、二）

（嘉慶一三、一一、癸未）除甘肅大通縣被水衝坍地一十五頃八十三畝有奇額賦。（仁宗二〇三、三〇）

8. 江蘇

（順治三、五、辛未）免江南沛、蕭二縣元、二年分荒田額賦之半。（世祖二六、一三）

（順治四、七、甲辰）免江南徐州三年分荒地額賦一年，漕米半年。（世祖三三、二）

（康熙二、五、庚寅）江寧巡撫韓世琦疏言：崇明、靖江、丹徒、丹陽等四縣，民遷賦缺，拋棄田畝，應請蠲除額賦。從之。（聖祖九、一一）

（康熙二、六、戊申）免江南瓜州鎮南新、復生二州荒地額賦。（聖祖九、一五）

（康熙三、一二、丙寅）江南總督郎廷佐疏言：當塗、高淳新墾湖地，止可畜魚植蘆，萬難耕種，請將從前陞科賦額豁免。從之。（聖祖一三、一八）

（康熙四、五、癸卯）免江寧左衛等十五衛沿江坍荒田賦，俟招墾復熟起科。（聖祖一五、一二）

（康熙八、一二、甲戌）戶部題：江南泗州、虹縣等五州縣，從前捏報開墾地畝及見被水沉地畝共五千二百九十六頃，此二項錢糧請永行豁免。從

之。(聖祖三一、二三)

（**康熙九、六、己酉**）户部題：淮、揚二府屬地方丈缺地畝，先經江南江西總督麻勒吉題請蠲免，臣部行令該督踏勘。今據該督疏稱，親身踏勘揚屬三州縣丈缺田地，俱係坍没；淮屬三州縣丈缺地畝見被水淹，俟水勢稍退，尚可耕種。應如所請，將坍没者永行蠲免，水淹者本年停徵。從之。(聖祖三三、一九)

（**康熙一○、一二、丙申**）除江南徐州板荒額賦。(聖祖三七、一六)

（**康熙一一、四、己丑**）免江南清河等三縣挑河挖傷田地額賦有差。(聖祖三八、二五)

（**康熙一二、一二、戊午**）除江南邳州濱河水淹地畝額賦。(聖祖四四、一六)

（**康熙一三、二、戊戌**）户部遵旨議覆：江南丹徒縣坍入大江田四十餘頃，額賦應永行開除，餘田令地方官修隄防護，三年後起科，金壇縣荒田七百二十餘頃，勸民開墾，其二縣坍荒田，康熙十一年分逋賦，應俱停徵。從之。(聖祖四六、二)

（**康熙一三、二、辛丑**）户部議覆：江蘇布政使慕天顏疏言，淮揚被淹地方，人民困苦，即田涸可耕，收穫無幾，萬難辦賦，請將清河、高郵等八州縣，自康熙十三年起，如有耕種新涸田地者，俱俟三年後起科。應如所請。從之。(聖祖四六、三)

（**康熙二七、一二、庚申**）免江南丹徒縣坍江田地一百七十餘頃舊欠糧銀，並除額賦。(聖祖一三八、一九)

（**康熙三二、三、癸丑**）户部議覆：察勘河工吏部尚書熊賜履等疏言，淮、揚、鳳、徐四府州屬之高郵、山陽等十二州縣，並淮大二衛開河、築堤、建閘、栽柳抛廢田地三千七百二十八頃三十七畝有奇，應徵錢糧，俱請豁免。又海州、山陽等六州縣並大河衛，淤出田地一千一百三十七頃一十畝有奇，應徵錢糧，請於康熙三十二年起科。並應如所請。從之。(聖祖一五八、二四)

（**康熙四四、五、丙戌**）户部議覆：江蘇巡撫宋犖等疏言，吳縣逼臨太湖，波濤衝擊，坍没田地一千七十畝有奇，自康熙四十年起，應徵銀米麥豆，題請蠲免，應如所請。從之。(聖祖二二一、九)

（**雍正二、三、甲午**）免江南鎮江府丹徒縣濱水坍田錢糧有差。(世宗一七、二○)

（**雍正三、五、壬子**）豁免江南丹徒縣濱江坍田額賦銀一千六百二十

兩有奇，米麥一千九百七十七石，從原署江蘇巡撫何天培請也。（世宗三二、九）

（**雍正七、二、壬辰**）豁免江南沛縣水沉田地額賦銀三千二百七十兩有奇，從江蘇巡撫尹繼善請也。（世宗七八、一四）

（**雍正九、四、庚申**）豁免江南高郵山陽等八州縣、徐州一衛，康熙五十一年起至雍正五年止，挑河築隄挖廢民田額徵銀七千七百兩，米四百二十石有奇。（世宗一〇五、二〇）

（**雍正一〇、五、乙亥**）豁免江南吳江、震澤二縣坍沒湖田額徵銀一千一百三十兩有奇。（世宗一一八、一七）

（**雍正一三、一二、辛卯**）又諭：朕聞淮安府阜寧縣所屬射陽湖地方，於雍正五年，經齊蘇勒題陞淤地八千一百餘頃、陞租銀四千餘兩；又康熙五十九年，查丈射陽湖北岸淤灘案內，有民人周士孔、楊景希陞地四百餘頃，應陞銀一百七十兩。俱係有糧無地，小民賠累難堪，是以向來積欠纍纍，從未清完。今各項舊欠雖已蠲免，然將來新賦無出，勢必仍行徵比，甚屬累民。著將前項陞地八千六百五十項四十九畝零、租銀四千二百六十一兩零，俱行豁除，以甦民困。該部即遵諭行。（高宗九、三三）

（**乾隆一、二、庚辰**）免江蘇宿遷、睢寧、桃源三縣涸復改科及上年淤地未完額賦。諭曰：朕聞江南淮安府屬之桃源縣，徐州府屬之宿遷縣、睢寧縣，濱臨黃河，沿河地畝淹涸靡常。雍正五年，因朱家口潰決之水復循故道，其舊淹田地始得涸出，而河臣爲地棍所欺，遂以此地爲新淤之腴產；睢寧縣報陞地五千三十九項，宿遷縣報陞地四千七十二項，桃源縣報陞地三千八百四十二項。嗣蒙皇考世宗憲皇帝勤求民隱，特頒諭旨，以淤地勘報不實，令河臣會同督臣委員查勘。共豁地七千二百餘項，萬民感頌。所有存留地五千七百餘項，俱照各縣成例折算，實地三千五百餘項，科則亦經減輕，其潼安一衛，裁汰改歸州縣徵收。乃比年以來，應納錢糧仍催徵不前，蓋此淤出之地畝，即舊有之糧田，是以民力維艱，輸將不繼也。朕以愛養百姓爲心，既洞悉其中情事，自當加恩開除，以紓民力。著將宿遷、睢寧、桃源三縣，現存新淤涸復改科地糧額徵銀六千五百四兩，全行豁免；其雍正十三年淤地未完錢糧，亦免徵收。至水沉地畝，仍照例歸於每年冬勘。該部即遵諭行。（高宗一三、四）

（**乾隆一、一二、丁丑**）户部議覆：署蘇州巡撫趙宏恩疏言，沛縣照陽湖水沈田地二千一百六十八項七十八畝有奇，請蠲除額徵。應如所請。從之。（高宗三三、四）

（乾隆二、一二、甲午）除江蘇鹽城、阜寧二縣濱河地糧。諭內閣：朕聞江南鹽城、阜寧二縣，有濱河田地三千五十一頃，應納糧銀四千四百餘兩。此地與水爲隣，淹涸靡定，從前有司經理不善，誤報水涸升科，究竟荒多熟少，小民納賦，甚覺艱難，以致累年積欠未清，甚可軫念。著該督撫即行確查，將此三千五十一頃應徵之錢糧四千四百餘兩，悉行豁免；其從前未完之舊欠，一併赦除。俾閭閻永無賠累之苦，昭朕愛養黎元之至意。（高宗五八、一四）

（乾隆三、三、己未）免江蘇沛縣昭陽湖水沉田地額賦。（高宗六四、一四）

（乾隆四、三、丁巳）免江南沛縣昭陽湖入水地畝額銀三千二百七十五兩有奇，糧一千四百五十四石有奇。（高宗八八、一三）

（乾隆五、四、壬申）[戶部]又議准：江蘇巡撫張渠疏稱，鎮江府屬丹陽縣之下練湖，因乾隆三年天時亢旱，湖水乾涸，並無魚草出息，所有應繳價銀，併請豁免。從之。（高宗一一四、四）

（乾隆六、一二、庚子）除江蘇沛縣昭陽湖水沉田地二千一百六十八頃七十六畝有奇額賦。（高宗一五六、二一）

（乾隆七、五、壬申）免江南沛縣昭陽湖乾隆六年水沉田畝額徵銀三千二百六十八兩有奇，米一千二百一十八石有奇，麥三百三十六石有奇。（高宗一六六、二六）

（乾隆七、六、己丑）戶部議准：江蘇巡撫陳大受疏報，吳江、震澤二縣濱湖坍沒田蕩八十五頃六十四畝三分零，請豁除額徵錢糧。從之。（高宗一六八、四）

（乾隆七、八、庚寅）江蘇巡撫陳大受疏報：靖江縣乾隆六年分，丈勘新坍平田七頃九十二畝有奇，新漲折實平田七頃八十五畝有奇，又原坍民賦田內有學田四頃三十九畝有奇，分別蠲升。（高宗一七二、一二）

（乾隆八、閏四、甲戌）豁除江蘇吳江、震澤二縣坍沒田蕩八十五頃六十四畝有奇。（高宗一九一、六）

（乾隆八、六、乙卯）豁除江蘇沛縣乾隆七年分昭陽湖水沉田地銀米有差。（高宗一九四、一〇）

（乾隆九、七、癸巳）戶部議覆：江蘇巡撫陳大受疏報，常州府屬之靖江縣，三面濱江，地多坍漲，現勘明新坍折實平田二頃四十六畝有奇，……應如所請，蠲免……。從之。（高宗二二一、二）

（乾隆九、一一、丙子）豁免江蘇沛縣乾隆八年昭陽湖水沉田地並乾隆五、六、七、八等年水沉老荒麻地額徵。（高宗二二八、六）

（乾隆一○、五、乙酉）户部議覆：江蘇巡撫陳大受疏稱，吳江、震澤二縣濱湖坍漲田蕩，乾隆九年冬勘共坍漫没田蕩八十五頃六十四畝有奇，新漲田蕩四百三十四頃四十七畝有奇，其坍没錢糧，應行蠲免，新漲田地，應行升科，均應如所奏，分別辦理。從之。（高宗二四○、二二）

（乾隆一○、五、丁亥）户部議覆：江蘇巡撫陳大受疏稱，江蘇等九府州屬濱江坍没項下蘆洲田灘課銀四千六百七十六兩五錢零，請自乾隆元年爲始，概予豁免。應如所請。從之。（高宗二四一、一）

（乾隆一○、七、壬午）江蘇巡撫陳大受疏報：靖江縣乾隆九年……新坍折實平田三頃五十四畝有奇。（高宗二四四、一六）

（乾隆一○、八、癸丑）免江蘇沛縣昭陽湖水沈田地額徵銀三千二百六十八兩有奇，糧一千四百五十五石有奇。（高宗二四六、一九）

（乾隆一一、四、乙酉）豁免江蘇沛縣昭陽湖水沈民賦田地漕等項銀三千二百六十兩有奇，米一千二百一十八石有奇，麥二百三十六石有奇。又湖地租銀一千二百七十兩有奇。又麻地額徵麻一千八百六十七觔有奇。（高宗二六五、一六）

（乾隆一一、一二、丙寅）豁江南崇明縣入官坍地價銀一百三十七兩有奇。（高宗二八○、九）

（乾隆一三、一、己丑）軍機大臣議：署江蘇巡撫安寧奏稱，寶山鎮洋土塘及民築土圩被潮衝損。……至採淘港、月浦塘、楊家宅三處，更成巨浸，應移築［塘基］向内，或一里或二里，共壓佔挖廢民田九百六十余畝。……移築後，尋常潮汐，不抵塘根，坦坡石壩等工可省。……等語。均應如所奏。……又稱：移築土塘壓佔挖廢之田，災民因公失業，計價不過萬金，……請給值。至讓出塘外膏腴之田，將來便成瘠土，請減額。應令該撫核題。得旨：依議速行。（高宗三○六、八）

（乾隆一三、七、壬寅）署江蘇巡撫安寧疏報：靖江縣新坍折實田地一十一頃七十五畝有奇，新漲額外田一頃有奇。（高宗三一九、八）

（乾隆一三、九、壬申）豁除江蘇沛縣昭陽湖水沈田地額賦銀三千二百六十八兩有奇，米一千二百一十八石有奇，麥二百三十六石有奇，麻一千八百六十七觔有奇，湖地租銀一千三百二十八兩。（高宗三二五、一三）

（乾隆一四、一一、丁未）豁除江蘇濱江各屬坍没蘆洲田灘課銀四千一百二十九兩有奇。（高宗三五二、二）

（乾隆一五、六、癸未）豁免江蘇沛縣昭陽湖水沈田地額銀四千五百九十六兩零，米一千二百十八石，麥二百三十六石，並麻一千八百六十七觔

零。(高宗三六六、一五)

（乾隆一五、六、己丑）前署江蘇巡撫黃廷桂報墾吳江、震澤二縣濱湖新漲轉重田蕩四百三十四頃三十七畝有奇，並豁除坍沒轉輕田蕩八十五頃七十四畝有奇。(高宗三六七、六)

（乾隆一五、九、戊申）除江蘇上元等州、縣、衛原報坍荒民、屯田地額徵銀三萬七千兩有奇，米、麥、豆二萬八百石有奇，武進、陽湖等縣重號田銀三兩有奇，米、麥二石有奇，嘉定、寶山等縣鹽竈銀六百四十兩有奇。(高宗三七二、一一)

（乾隆一六、六、甲寅）免江蘇沛縣乾隆十五年分水沉民田額賦。(高宗三九三、五)

（乾隆一七、七、癸亥）免江蘇靖江縣乾隆十六年新坍折實平田額徵銀二百一十八兩有奇，米七十石有奇。(高宗四一八、一○)

（乾隆一八、六、癸巳）豁除江蘇沛縣昭陽湖水沉民地二千一百六十八頃七十六畝有奇，麻地三頃七十三畝有奇，湖租地四百一十五頃額賦。(高宗四四○、一七)

（乾隆一九、閏四、丙辰）豁除江蘇如皋縣蘆洲水衝田四萬七千九百畝有奇額賦。(高宗四六二、七)

（乾隆二○、三、丁亥）豁除江蘇寶山鎮洋塘工壓廢田畝額賦。其讓出塘外各田，分別蠲減。(高宗四八四、二四)

（乾隆二○、六、己卯）蠲免江蘇靖江縣乾隆十九年報坍田地二十九頃九十三畝有奇，銀二百三十八兩有奇，米七十七石有奇。(高宗四九二、七)

（乾隆二○、九、壬辰）蠲免江蘇寶山縣遷築抄塘壓占挖廢田二頃三十畝有奇，銀三十兩七錢有奇，米豆五石九斗有奇。(高宗四九七、一四)

（乾隆二○、一二、辛丑）户部議准：江蘇巡撫莊有恭奏稱，宿遷縣駱馬湖水沉地租銀四十二兩零，向分別河灘於額徵銀數內徵解，查此地涸漲不常，請從乾隆二十年起歸入冬勘，有涸徵收，無則請免。從之。(高宗五○二、三)

（乾隆二一、二、癸亥）豁免江蘇太倉州鎮洋縣築塘壓占挖廢並低瘠減則田畝額賦銀九百七十四兩八錢有奇，米一千七百六十八石有奇。(高宗五○七、一二)

（乾隆二一、三、壬午）豁減江蘇上元、江寧、句容、江浦、長洲、元和、青浦、陽湖、宜興、荊溪、太倉、鎮洋、寶山、鎮海十四州縣衛低瘠田地一千三頃八十三畝額賦。(高宗五○八、二八)

（乾隆二一、五、丁丑）户部議覆：漕運總督瑚寶疏稱，上元、江寧、句容、江浦、六合、武進、宜興、荊溪、丹徒、邳州、并衛等州縣衛，原報坍荒公占田地，請蠲江安糧道項下漕糧米五千二百四十四石零、麥八百七十石零、遇閏加蠲行月米。應如所題，自乾隆十七年起在漕糧正耗及贈米行月項下，按數扣蠲。從之。（高宗五一二、一九）

（乾隆二一、七、乙亥）蠲江蘇靖江縣原額田地內二十年分新坍折實平田二十四頃有奇額賦。（高宗五一六、一七）

（乾隆二二、九、辛卯）除江蘇宿遷縣駱馬湖水沉灘地八十四頃有奇額賦。（高宗五四六、一）

（乾隆二三、二、丁丑）蠲減江蘇常熟、昭文二縣築塘占廢民衛田、地、灘三十五頃二十一畝有奇，塘外低瘠田、灘九百九十二頃三十五畝有奇額賦。（高宗五五七、一二）

（乾隆二三、一二、甲寅）豁除江蘇山陽縣挖廢地五頃五十畝額賦並舊欠租銀。（高宗五七六、一八）

（乾隆二四、閏六、乙巳）豁除江蘇宿遷縣駱馬湖水沉灘地乾隆元年至十九年未完租銀七百四十兩有奇。（高宗五九一、二六）

（乾隆二六、六、壬辰）豁免江蘇句容、元和、吳縣、昭文、金山、上海、丹徒、丹陽、金壇、江都、銅山、睢寧、太倉、鎮洋、寶山、海州、蘇州衛、句容衛等十八州縣衛坍荒田地額賦銀八千三百八十六兩有奇，米麥豆共三萬二百七十石有奇。（高宗六三九、一六）

（乾隆二六、九、丙午）豁除江蘇靖江縣乾隆二十五年分水衝坍沒地二十頃六十畝有奇額賦。（高宗六四四、一七）

（乾隆二六、九、丙午）豁除江蘇靖江縣乾隆二十五年分水衝坍沒地二十頃六十畝有奇額賦。（高宗六四四、一七）

（乾隆二六、一〇、戊辰）除江蘇常熟、丹徒二縣坍沒田地一百二十二頃四十七畝有奇額賦。（高宗六四六、六）

（乾隆二六、一〇、辛巳）豁江蘇常熟、昭文二縣乾隆二十年築塘占廢田地民欠銀一千九百兩有奇，米豆五千六百石有奇。（高宗六四七、一）

（乾隆二六、一一、辛亥）户部議准：前署兩江總督高晉等疏稱，山陽、阜寧、清河、桃源、安東、鹽城、高郵、泰州、甘泉、興化、寶應、銅山、沛縣、蕭縣、碭山、邳州、宿遷、睢寧、涂州衛、海州、沭陽等二十一州縣衛勘明水沉地畝終難涸復，請自本年爲始，減徵民屯田地一萬四千六百一十頃有奇，并豁民屯學田湖蕩草灘四千七百六十頃有奇額賦。其逐年冬勘田畝

應徵銀米並豁，免其冬勘。從之。（高宗六四九、三）

（乾隆二六、一二、辛未）豁江蘇吳江縣坍荒公占田地乾隆十八年至二十一年民欠銀糧。（高宗六五〇、一四）

（乾隆二七、七、辛酉）豁免江蘇靖江縣乾隆二十五、二十六年分坍沒折實平田七百三十頃有奇額賦。（高宗六六六、二）

（乾隆二八、七、辛酉）豁除江蘇長洲、元和、吳縣、太湖廳、太倉、鎮洋、上海等七州縣廳坍沒占廢田地銀二百七十四兩有奇，米豆三百一十石有奇。（高宗六九〇、一一）

（乾隆二八、九、丁巳）豁除江蘇鎮洋縣挖廢蘆蕩課銀十八兩有奇。（高宗六九四、二）

（乾隆二八、一二、壬辰）豁除江蘇長洲、嘉定、寶山三縣坍廢田地六十九頃二十七畝有奇額賦。（高宗七〇〇、一〇）

（乾隆二九、三、乙卯）豁江蘇江都、甘泉、揚州、鎮江四州縣衛挖廢田三頃七十一畝有奇額賦。（高宗七〇六、一一）

（乾隆二九、八、戊申）豁江蘇鎮洋縣坍沒蘆田蕩塗三頃二十畝有奇額賦。（高宗七一七、一二）

（乾隆三〇、閏二、乙丑）豁除兩淮豐利場坍沒竈地四十八頃六十九畝有奇額賦。（高宗七三一、八）

（乾隆三〇、五、己丑）户部議覆：大學士管兩江總督尹繼善疏稱，丁溪、廟灣二場原報熟地四千一百八十二頃，內除實丈出熟地一千三百八十六畝外，荒地銀四千六百九十兩二錢九分，請自二十八年爲始，久遠減除。至查丈熟地較二場原報共多出地二百二十二頃五十七畝，應將查丈不實之員附參等語。應如所請，將各員附參；並前項丈出餘地，自二十七年以後應徵課銀，按數追繳，送部查覈。從之。（高宗七三六、二二）

（乾隆三〇、七、乙亥）協辦大學士刑部尚書暫管江蘇巡撫莊有恭疏報：乾隆二十九年分，常州府屬靖江縣新坍田十一頃八十三畝有奇，新漲田四頃三十六畝有奇。（高宗七四〇、四）

（乾隆三〇、一〇、辛酉）豁除江蘇丹徒縣本年坍江田地二十四頃五十六畝額賦。（高宗七四七、一二）

（乾隆三〇、一〇、乙丑）豁除江蘇丹徒縣乾隆二十八年坍山坍江田地十六頃十七畝額賦。（高宗七四七、一三）

（乾隆三〇、一〇、丙寅）豁除江蘇甘泉、阜寧、桃源、銅山、邳州、宿遷、贛榆、徐州衛等八州縣衛，乾隆二十八年挖廢民屯河灘學租等田二百

六十三頃五十二畝額賦。（高宗七四七、一四）

（**乾隆三〇、一〇、丁卯**）豁除江蘇泰興縣乾隆二十六年坍沒田地六十八項四十五畝額賦。（高宗七四七、一五）

（**乾隆三〇、一二、甲寅**）豁除江蘇元和、吳縣、昭文、青浦、靖江等五縣乾隆二十九年坍荒占廢田六十六頃六畝額賦。（高宗七五〇、一〇）

（**乾隆三一、六、甲子**）豁除江蘇崑山、新陽、鎮洋、婁縣、青浦五縣開挖越引二河占廢田地四頃七十畝額賦。（高宗七六三、一五）

（**乾隆三一、七、乙酉**）豁除江蘇丹徒縣坍江田地二十四頃五十六畝有奇額賦。（高宗七六五、三）

（**乾隆三一、八、癸亥**）豁除江蘇靖江縣乾隆二十九、三十年分新坍田五百六十畝有奇額賦。（高宗七六七、一一）

（**乾隆三一、一〇、丙辰**）豁除江蘇丹徒縣坍江田地十四頃三十畝有奇額賦。（高宗七七一、八）

（**乾隆三一、一〇、戊午**）豁免江蘇丹徒縣坍江田地乾隆十五年至二十七年未完米麥一百十石有奇。（高宗七七一、一三）

（**乾隆三一、一二、辛丑**）豁除江蘇句容縣濱江坍沒田地八百七十三畝額賦。（高宗七七四、六）

（**乾隆三二、五、甲申**）蠲江蘇丹徒縣坍江田一十四頃有奇乾隆三十年積欠額賦。（高宗七八五、七）

（**乾隆三二、八、丙戌**）豁除江蘇丹徒縣坍江田地二十三頃四十畝有奇額賦。（高宗七九三、一五）

（**乾隆三二、九、己亥**）豁除江蘇崑山、新陽、鎮洋、婁縣、青浦等五縣衝挖廢田地四頃七十畝有奇額賦。（高宗七九四、八）

（**乾隆三二、九、戊午**）豁除江蘇句容縣衝坍沒田地乾隆十一年至三十年舊欠額賦。（高宗七九五、一四）

（**乾隆三二、一〇、甲申**）豁除江蘇元和、吳縣、崑山、新陽、金山五縣乾隆二十三、四年衝坍不能墾復地一百七十二畝有奇額賦。（高宗七九七、一一）

（**乾隆三三、七、乙巳**）豁除江蘇靖江縣乾隆三十二年分被水衝坍田十四頃六十八畝有奇額賦。（高宗八一五、一九）

（**乾隆三三、一〇、辛未**）豁除江蘇阜寧、桃源、甘泉、銅山、邳州、宿遷、贛榆、徐州衛等八州縣衛乾隆二十二年築隄挖廢田地額賦。（高宗八二一、九）

（乾隆三四、七、癸卯）蠲免江蘇靖江縣乾隆三十三年新坍田一十一頃七十九畝有奇額賦。（高宗八三九、一五）

（乾隆三四、九、丁酉）豁除江蘇江寧縣省衛乾隆三十四年低窪坍沒公占屯田三十三頃九十七畝有奇額賦。（高宗八四三、四）

（乾隆三四、九、戊申）豁免江蘇桃源縣乾隆三十三年坍廢公占田地一百六十二頃八十三畝有奇額賦。（高宗八四三、二三）

（乾隆三五、三、辛丑）豁免江南安東、桃源、甘泉、江都等四縣因工挖廢田地三十九頃六十一畝有奇額賦。（高宗八五五、一九）

（乾隆三五、一一、甲寅）豁除江蘇吳江縣坍沒義塚田地七頃十八畝有奇額賦。（高宗八七二、一八）

（乾隆三六、五、甲辰）戶部議准：陞任江蘇布政使李湖奏稱，乾隆八年並十一年挑築河道挖廢地畝有丈尺數目不符者，臣覆查清河、安東、宿遷三縣挑築浪石鎮等處河道，共挖廢田畝六十四頃七十畝有奇，額賦應請全行蠲免。從之。（高宗八八四、一一）

（乾隆三六、八、壬辰）豁除江蘇清河縣坍沒地七頃八畝有奇額賦。（高宗八九一、二〇）

（乾隆三六、八、甲午）豁江蘇泰州坍荒田賦銀四千四百五十二兩有奇，米麥七千四百五十六石有奇。（高宗八九一、二四）

（乾隆三七、六、庚辰）戶部議准：江蘇巡撫薩載疏稱，靖江縣瀕江坍田十頃二十八畝，新漲田三頃四十八畝零，請照例分別豁免升科。從之。（高宗九一一、三）

（乾隆三七、七、壬戌）豁免江蘇上海縣坍沒田一頃七十四畝有奇，並太倉州民捐義冢田五畝額賦。（高宗九一三、二三）

（乾隆三八、二、乙丑）豁除江蘇上元、江寧二縣坍沒民田十四頃七十二畝有奇額賦。（高宗九二六、一八）

（乾隆三八、三、丙午）豁免江蘇六合縣坍沒民衛田二十五頃三十九畝有奇額賦。（高宗九二九、七）

（乾隆三八、七、辛巳）豁除江南上海縣坍沒田一頃七十四畝，太倉州捐置義塚田五畝額賦。（高宗九三九、四四）

（乾隆三八、一一、甲戌）豁除江蘇太倉、震澤二州縣坍沒田蕩並捐置義塚田七頃九十五畝有奇額賦。（高宗九四七、一四）

（乾隆三九、二、丁酉）豁除江蘇江浦縣乾隆三十五年坍沒省衛屯田六十四畝有奇額賦。（高宗九五二、二三）

（**乾隆三九、三、丙子**）豁除江蘇上元、江寧二縣坍沒民賦、公費、省衛項下田地自乾隆三十四年至三十六年民欠銀一百六十三兩有奇，米一百五十二石有奇。（高宗九五五、一二）

（**乾隆三九、四、庚寅**）豁除江蘇清河縣乾隆三十五年坍沒田地七頃八畝額賦。（高宗九五六、一二）

（**乾隆三九、四、乙未**）豁除江蘇六合縣乾隆三十五年坍江田四頃五畝額賦。（高宗九五六、二二）

（**乾隆三九、四、辛丑**）豁除江蘇六合縣頭橋集等保乾隆三十八年坍荒民衛田六十六頃一十二畝有奇額賦。（高宗九五七、一一）

（**乾隆三九、四、丁未**）豁除江蘇上海縣乾隆三十八年坍廢田地三頃八十五畝額賦。（高宗九五七、二三）

（**乾隆三九、五、癸酉**）豁除江蘇六合縣乾隆三十七年坍江民衛田二十五頃三十九畝有奇額賦。（高宗九五九、一二）

（**乾隆三九、六、乙酉**）豁除江蘇江寧縣乾隆三十八年占廢坍沒屯田二頃九十五畝有奇額賦。（高宗九六〇、四）

（**乾隆三九、六、乙未**）豁除江蘇江浦縣乾隆三十八年坍沒民衛田一頃八十四畝額賦。（高宗九六〇、一九）

（**乾隆三九、九、乙卯**）豁除江蘇震澤縣三十六年分坍沒田蕩七頃八十八畝有奇額賦。（高宗九六六、一八）

（**乾隆三九、一〇、乙巳**）豁除江蘇吳江、太倉二州縣乾隆三十八年分衝塌民田七頃三十九畝有奇額賦。（高宗九六九、二九）

（**乾隆三九、一二、庚辰**）豁除江蘇銅山縣乾隆三十一年分工占民田六頃二十九畝有奇並被水衝塌地三頃三十六畝有奇額賦。（高宗九七二、二）

（**乾隆三九、一二、己丑**）豁除江蘇常熟縣乾隆三十四年分衝塌民田四十頃八十三畝有奇額賦。（高宗九七二、一八）

（**乾隆四〇、二、丁亥**）蠲緩江蘇丹徒縣坍江田地漕糧二百九十一石有奇。（高宗九七六、一七）

（**乾隆四〇、三、癸酉**）豁江蘇阜寧縣坍江民田二十四頃七十九畝有奇額賦。（高宗九七九、一八）

（**乾隆四〇、三、乙亥**）豁江蘇上元縣占廢坍漲民衛田二十九頃五十九畝有奇額賦。（高宗九七九、二二）

（**乾隆四〇、六、甲申**）豁除江蘇上海縣坍沒廢田三頃八十五畝有奇額賦。（高宗九八四、八）

（乾隆四〇、七、戊申）江蘇巡撫薩載疏報：靖江縣乾隆三十九年分，新漲田一頃三十一畝有奇，豁除水衝田八頃六畝有奇額賦。（高宗九八六、三）

（乾隆四〇、九、壬子）豁除江蘇江寧縣坍沒占廢屯田二頃九十五畝有奇額賦。（高宗九九〇、一二）

（乾隆四〇、閏一〇、丁巳）豁除江蘇鎮洋、蘇州二衛占廢坍沒田地二頃十一畝額賦。（高宗九九四、二一）

（乾隆四〇、閏一〇、庚午）豁除江蘇上元縣坍減屯田一百八十八畝額賦。（高宗九九五、二九）

（乾隆四一、三、辛丑）豁除江蘇元和、崑山、寶山等縣乾隆三十九年後坍役地畝一百三十頃有奇。（高宗一〇〇五、四〇）

（乾隆四一、四、戊辰）豁除江蘇桃源縣乾隆四十年被水衝沒地一百二十三頃十八畝額賦有差。（高宗一〇〇七、一八）

（乾隆四一、七、甲午）豁除江蘇清河縣乾隆四十年修築挖廢田地四頃十三畝有奇額賦。（高宗一〇一三、一八）

（乾隆四二、七、甲戌）豁除江蘇丹徒縣坍沒田地六十頃四十九畝額賦有差。（高宗一〇三六、一五）

（乾隆四三、閏六、甲申）豁除江蘇常熟、婁縣、嘉定三縣坍沒公占田地七十九畝有奇額賦。（高宗一〇六一、一九）

（乾隆四三、一二、甲戌）豁除江蘇長洲縣坍沒田二十八頃八十四畝有奇額賦。（高宗一〇七三、九）

（乾隆四四、五、乙酉）豁除江蘇江都縣被水衝沒廢田六頃二十畝有奇額賦。（高宗一〇八二、六）

（乾隆四四、五、丁亥）豁除江蘇常熟、婁縣、嘉定三縣坍沒廢田七十九畝有奇額賦。（高宗一〇八二、一〇）

（乾隆四四、七、庚戌）江蘇巡撫楊魁疏報：乾隆四十三年分，常州府靖江縣新坍田二頃五十畝有奇，新漲田二頃十畝有奇。（高宗一〇八七、二六）

（乾隆四四、一〇、庚午）豁免江蘇丹徒縣坍沒江田九頃十畝有奇額賦。（高宗一〇九三、一〇）

（乾隆四五、二、丁巳）豁除江蘇丹徒縣坍沒公占田地乾隆四十二年以前民欠銀糧。（高宗一一〇〇、八）

（乾隆四五、七、辛巳）免江蘇青浦縣乾隆四十一年分坍沒占廢民田、學田額賦有差。（高宗一一一〇、一五）

（乾隆四五、七、乙酉）免江蘇靖江縣乾隆四十四年分新坍折實平田五千四百十八頃二十四畝額賦有差。（高宗一一一〇、一八）

（乾隆四五、九、己卯）免江蘇上海縣乾隆三十七年分坍沒田地二十九頃二十三畝額賦有差。（高宗一一一四、五）

（乾隆四七、三、丁未）豁江蘇上海縣坍沒田地四頃七十四畝有奇額賦。（高宗一一五二、七）

（乾隆四七、七、壬寅）豁除江蘇銅山縣建築越隄占廢田地十三頃十五畝有奇額賦。（高宗一一六〇、一九）

（乾隆四八、一二、癸酉）豁除江蘇華亭、武進、陽湖三縣乾隆四十六年坍沒占廢地八頃二十畝有奇額賦。（高宗一一九五、二）

（乾隆四九、八、丙戌）豁除江蘇丹徒縣乾隆四十三、四、五、六等年坍沒田地三十一頃七十八畝有奇額賦。（高宗一二一二、四）

（乾隆五〇、七、癸亥）豁除江蘇吳縣坍沒田地一十九頃六十畝有奇額賦。（高宗一二三五、一）

（乾隆五〇、一二、庚寅）豁除江蘇清河縣挖廢田地五十七畝有奇額賦。（高宗一二四四、一七）

（乾隆五一、閏七、癸未）豁江蘇太倉、震澤二州縣捐置義塚、元和縣淹廢田地共五十六畝有奇額賦。（高宗一二六〇、三四）

（乾隆五二、七、己卯）免江蘇南匯縣本年分坍沒田蕩一十三頃九十三畝額賦有差。（高宗一二八四、二四）

（乾隆五二、一二、丁酉）豁除江蘇上海縣建塘占廢地三頃二十八畝有奇額賦。（高宗一二九四、六）

（乾隆五三、一一、己未）豁除江蘇六合縣乾隆五十二年分江占民衛田一十九頃四十二畝有奇額賦。（高宗一三一六、二）

（乾隆五四、六、甲申）豁除江蘇丹徒縣坍江田地三十一頃七十八畝有奇額賦。（高宗一三三三、四三）

（乾隆五四、一二、壬子）豁免江蘇吳縣乾隆五十年分坍沒田地一十九頃十四畝有奇額賦。（高宗一三四四、一）

（乾隆五五、五、壬寅）豁江蘇太倉州屬寶山縣築塘占廢田四頃六十五畝額賦。（高宗一三五五、一〇）

（乾隆五六、三、丙子）豁除江蘇上元縣及省衛坍沒地八頃三十八畝有奇額賦漕糧。（高宗一三七四、五）

（乾隆五八、二、戊子）豁除江蘇寶山縣坍廢田蕩八頃二十三畝有奇額

賦。(高宗一四二三、一六)

（**乾隆五八、七、丁未**）豁除江蘇丹徒縣坍江田地六十三頃三十五畝有奇……額賦。(高宗一四三三、二)

（**乾隆五八、一二、甲子**）户部議覆：江蘇巡撫奇豐額疏稱，吳縣、吳江、鎮洋、寶山四縣捐置義塚二頃三十四畝有奇，查係廢地。應如所請，自乾隆五十八年爲始，豁免應徵銀穀。從之。(高宗一四四二、七)

（**乾隆五九、五、戊申**）豁除江蘇寶山縣坍沒田塗三十五頃四十七畝有奇額賦。(高宗一四五三、一一)

（**乾隆五九、六、辛巳**）豁除江蘇丹徒縣乾隆五十七年坍沒沙潮田地二頃六十八畝有奇額賦。(高宗一四五五、二三)

（**乾隆六〇、三、壬子**）豁江蘇上元縣捐施義塚公費地一頃九畝有奇額賦。(高宗一四七四、二)

（**乾隆六〇、一一、丙子**）豁免江蘇江寧縣捐置義塚地二十畝有奇額賦。(高宗一四九一、二六)

（**嘉慶一、三、庚申**）免江蘇上元、句容二縣開河占廢田額賦。(仁宗三、一〇)

（**嘉慶一、七、甲辰**）除江蘇丹徒縣坍荒田九頃九十八畝額賦。(仁宗七、二)

（**嘉慶三、四、丁未**）除江蘇六合縣坍沒民衛田二十四頃額賦。(仁宗二九、六)

（**嘉慶四、九、戊寅**）除江蘇丹徒縣被水坍沒田二頃八十五畝額賦。(仁宗五二、一四)

（**嘉慶五、五、己亥**）免江蘇常熟縣坍沒沿海灘地三十頃九十畝有奇，版荒田七畝有奇額賦。(仁宗六八、二)

（**嘉慶六、四、甲寅**）除江蘇上海縣坍沒田額賦漕糧。(仁宗八二、八)

（**嘉慶六、六、己巳**）除江蘇丹徒縣坍沒田三頃二十七畝有奇額賦。(仁宗八四、三〇)

（**嘉慶七、六、庚子**）除江蘇上海縣坍沒田九十畝有奇額賦。(仁宗九九、一)

（**嘉慶七、九、己卯**）除江蘇常熟縣沿海坍沒地三十頃九十三畝額賦。(仁宗一〇三、一三)

（**嘉慶七、一〇、辛酉**）除江蘇婁縣坍沒田一十六頃五十四畝有奇額賦。(仁宗一〇四、一五)

（嘉慶八、三、壬戌）除江蘇婁縣坍沒田一十三頃九十畝有奇額賦。（仁宗一一〇、二四）

（嘉慶九、一〇、己未）除江蘇靖江縣坍沒田四頃十六畝有奇額賦。（仁宗一三五、二）

（嘉慶九、一一、戊戌）除江蘇奉賢縣捐置義冢田八畝有奇額賦。（仁宗一三六、一四）

（嘉慶一二、五、辛酉）除江蘇寶山縣水衝田九頃七十畝有奇額賦。（仁宗一八〇、一二）

（嘉慶一二、五、己巳）減江蘇婁縣荒田九十二頃七十畝有奇額賦。（仁宗一八〇、二七）

（嘉慶一三、六、丁未）除江蘇丹徒縣沙壓地九畝有奇額賦。（仁宗一九七、二四）

（嘉慶一三、七、戊子）除江蘇江寧縣義冢地六畝有奇額賦。（仁宗一九九、一六）

（嘉慶一三、一二、乙未）除江蘇寶山縣濱江坍沒及捐置義冢田九頃七十一畝有奇額賦。（仁宗二〇四、四）

（嘉慶一四、三、乙亥）除江蘇六合縣被水坍沒民衛田地一十九頃二十二畝有奇額賦。（仁宗二〇八、一五）

（嘉慶一五、二、庚子）除江蘇丹徒縣坍沒地二頃七十一畝額賦。（仁宗二二六、一）

（嘉慶一五、八、丙戌）除江蘇上海縣坍沒蕩田五十頃九十九畝有奇額賦。（仁宗二三三、六）

（嘉慶一五、八、壬辰）除江蘇丹徒縣坍沒沙潮田三頃九十六畝有奇額賦。（仁宗二三三、一四）

（嘉慶一五、一一、己巳）除江蘇寶山縣築塘挖廢地十頃有奇額賦。（仁宗二三六、二三）

（嘉慶一八、七、己卯）除江蘇六合縣水衝衛田七頃四畝有奇額賦。（仁宗二七一、二六）

（嘉慶一八、九、甲戌）除江蘇丹徒縣坍田三頃七畝有奇額賦。（仁宗二七三、一二）

（嘉慶一八、九、己丑）除江蘇昭文縣民捐義冢田十畝額賦。（仁宗二七五、一七）

（嘉慶一八、一一、甲戌）除江蘇鎮洋縣捐置義冢田二十五畝有奇額賦。

(仁宗二七八、一五)

（嘉慶一九、閏二、乙亥）除江蘇丹徒縣河泥壓廢田一頃八十四畝有奇額賦。(仁宗二八六、一七)

（嘉慶一九、一二、壬申）減江蘇江都縣窪地九百一十八頃七十八畝有奇額賦，並除舊欠。(仁宗三〇一、二)

（嘉慶二〇、七、甲辰）除江蘇寶山縣築塘占廢地畝額賦。(仁宗三〇八、二二)

（嘉慶二〇、一一、庚寅）除江蘇靖江縣坍廢地一十九頃二十七畝有奇額賦。(仁宗三一二、九)

（嘉慶二二、七、丙午）除江蘇江陰縣坍沒田一萬四千九百七十八畝有奇額賦。(仁宗三三二、二)

（嘉慶二二、一〇、丙子）除江蘇丹徒縣坍荒田八頃九十九畝有奇額賦。(仁宗三三五、五)

（嘉慶二二、一一、丙寅）除江蘇寶山縣圮塘廢田二頃二十七畝有奇額賦。(仁宗三三六、二六)

（嘉慶二三、九、乙丑）除江蘇寶山縣築塘占廢田二頃八畝有奇額賦。(仁宗三四七、一九)

（嘉慶二四、一〇、丁未）除江蘇寶山縣築塘占廢地一頃六十二畝有奇額賦。(仁宗三六三、一六)

（嘉慶二四、一一、丙戌）除江蘇川沙廳義冢地三十八畝額賦。(仁宗三六四、三〇)

（嘉慶二五、三、丁丑）免江蘇阜寧縣淤灘鹵廢地七百八十一頃有奇地價。(仁宗三六八、一六)

9. 安徽

（順治三、八、戊子）免江南太湖、潛山二縣順治二、三年分荒逃額賦。(世祖二七、二一)

（順治七、一〇、己酉）免江南桐城、潛山、太湖、宿松、休寧、句容等縣逃丁荒地額賦。(世祖一〇、一六)

（順治八、一二、丙午）免江南潛山、太湖、桐城、宿松等縣荒田九千一百八十四頃七年分額賦。(世祖六一、一二)

（康熙一、四、甲辰）户部議覆：鳳陽巡撫林起龍疏言，東海居民既經遷移，田地拋棄，錢糧請予豁免。應如所請。從之。(聖祖六、一七)

（康熙一一、五、丁未）户部議覆：安徽巡撫靳輔疏言，臨淮、靈璧二縣從前虛報開墾並拋荒水衝沙壓田地共四千六百一十六頃有奇，實係小民賠糧，請將康熙十年以前額賦盡行豁免。應如所請。從之。（聖祖三九、一）

（康熙一六、九、壬辰）户部議覆：安徽巡撫徐國相疏言，定遠、天長、滁州、來安四州縣實荒田地五百六十頃四十六畝零，逃絕人丁一千二百七十二丁，應徵銀米俱宜蠲免。應如所請。從之。（聖祖六九、八）

（乾隆一、三、癸亥）免安徽泗州、安河兩岸水淹淤地額徵銀米。諭曰：朕查江南泗州地方，前經河臣齊蘇勒陛報新淤地畝九千八百餘頃，嗣蒙皇考察知辦理之員勘報不實，諭令督臣尹繼善再加確勘，隨開恩豁免八千六百餘頃，止存淤地一千二百七十四頃入額陞科。今朕聞得泗州地方，濱河臨湖，地勢極低，凡虹縣、桃源之水，皆歸入泗州安河入洪澤湖；而此等淤地，即在安河兩岸，每年水勢漲發，淹涸靡常，收成無定，小民不免賠糧之苦，深可憫惻。著照淮安府阜寧縣之例，將泗州安河兩岸重糧水淹之淤地一千二百七十四頃九十七畝，額徵錢糧一千二百二十二兩三錢、麥一百一十石八斗，自雍正十三年爲始，盡予豁免，以示朕減賦恤民之至意。（高宗一五、二二）

（乾隆二、五、丙辰）[户部]又議准：安徽巡撫晏斯盛疏報，雍正十三年，潛山縣屬水衝沙壓地畝共三頃八十畝有奇，舊徵銀米應請豁免。從之。（高宗四三、二一）

（乾隆四、六、甲午）安徽巡撫孫國璽奏：潛山、太湖、六安、英山四州縣，雍正六年至十一年開墾虛捏不實田地九百九十七頃四十二畝有奇；又虹縣雍正二年、三年、六年報墾荒地，被水沉廢一百三十六頃四十二畝有奇，應請開除。下部議行。（高宗九五、四）

（乾隆四、一〇、壬午）户部議准：安徽巡撫孫國璽疏稱，潛山、合肥、巢縣、鳳陽等四縣，原額應徵田糧併報墾升科之後，被水衝沒田地共七十頃七畝零，淤沒坍塌，均不能再墾復業，未便仍令賠糧。應如所請，照實在衝塌即予開除例豁免。從之。（高宗一〇二、一一）

（乾隆五、三、丁未）户部議准：護理安慶巡撫印務布政使晏斯盛疏報，太湖縣雍正十二年報墾田畝案內，有虛報水田一十五頃六十七畝有奇，額賦應請豁除。從之。（高宗一一二、七）

（乾隆五、五、辛丑）户部議准：護理安徽巡撫晏斯盛疏報，潛山、宿松二縣旱田四十四頃二十一畝有奇，係虛捏加科，請照例豁免。從之。（高宗一一六、二）

（乾隆五、一〇、庚戌）户部議覆：安徽巡撫陳大受疏報，霍山縣雍正

十二年捏報開墾水田七頃四十八畝有奇，應准豁除。從之。（高宗一二八、一五）

（乾隆八、一〇、甲戌）户部等部議覆：安徽巡撫范璨疏報，望江縣雍正六年、十年自首開墾田畝共十二頃二十畝有奇，實皆按畝加派，有賦無田，請將額徵豁除。應如所請。從之。（高宗二〇三、一三）

（乾隆一一、一〇、壬午）豁免安徽六安州、廬州衛水衝沙壓地三頃八十畝有奇無徵額賦。（高宗二七七、五）

（乾隆二〇、二、己酉）蠲除安徽東流縣雍正五年被水衝坍田地三頃十二畝有奇額賦。（高宗四八二、一〇）

（乾隆二〇、一一、庚辰）豁除安徽懷遠縣雍正八、九、十一年捏報開墾田地六十二頃四十五畝有奇額賦。（高宗五〇〇、二四）

（乾隆二一、二、丁卯）豁除安徽無爲州濱江坍田並築壩挖廢地畝額賦銀一千一百二十八兩有奇，米三百十四石六斗二升有奇。（高宗五〇七、一五）

（乾隆二六、九、壬寅）豁除安徽貴池縣水衝砂壓田地一十七頃三十七畝有奇額賦。（高宗六四四、一〇）

（乾隆二七、五、癸卯）豁除安徽虹縣、泗州、盱眙、泗州衛四州縣衛水占民衛窪地五百十八頃九十四畝額賦，減徵虹縣、靈璧二縣次窪地五百三十九頃七十三畝則賦。（高宗六六〇、一二）

（乾隆二九、三、己未）豁安徽虹縣、靈璧、泗州並泗州衛低窪田地應徵未完俸工漕項驛站各項銀米。（高宗七〇六、一六）

（乾隆三二、九、庚子）豁除安徽無爲州挖廢田地六十五頃七十六畝有奇額賦。（高宗七九四、九）

（乾隆四一、一一、己丑）豁除安徽貴池縣乾隆三十八年水衝沙壓地四頃二十一畝有奇額賦。（高宗一〇二一、八）

（乾隆四七、一二、丁卯）豁除安徽貴池縣坍沒田地八頃五十畝有奇額賦。（高宗一一七〇、一三）

（乾隆五六、二、癸亥）豁除安徽太湖縣乾隆五十三年分水衝沙壓地一十三頃七十三畝有奇額賦漕糧。（高宗一三七三、八）

（乾隆五六、一〇、戊申）豁除安徽祁門縣乾隆五十三年水衝沙壓地六頃五畝有奇額賦。（高宗一三八八、一九）

（乾隆五七、閏四、己卯）豁免安徽無爲州乾隆五十六年分河工挖廢田地、塘、溝十一頃六十三畝有奇額賦。（高宗一四〇二、二一）

（乾隆五八、七、丁未）豁除……安徽潛山縣沙壓田地一千三百畝有奇

額賦。(高宗一四三三、二)

（嘉慶一五、一一、己未）除安徽無爲州築隄挖廢田十頃五十畝有奇額賦。(仁宗二三六、一一)

（嘉慶一六、二、癸卯）除安徽無爲州圮廢田三十六頃六十畝有奇額賦。(仁宗二三九、二五)

（嘉慶一七、五、壬辰）除安徽霍山縣坍沒田五十八頃七十畝有奇額賦。(仁宗二五七、二二)

（嘉慶一八、八、庚戌）除安徽無爲州建隄挖廢田五十三頃四十六畝有奇額賦。(仁宗二七二、二五)

10. 江西

（順治一〇、三、己卯）免江西省六年荒殘逋賦二十七萬八千七百九十五兩有奇。(世祖七三、六)

（康熙一〇、二、戊子）免江西新喻新淦二縣荒地三千四百餘頃額賦。(聖祖三五、八)

（康熙一一、九、辛巳）上諭大學士等曰：江西廬陵、吉水、上高、寧州四州縣暨南昌九江衛，頻年荒旱，災疫流行，荒蕪田地五千四百餘頃，命戶部蠲其逋賦。仍敕巡撫速行招墾。(聖祖四〇、三)

（康熙一六、一二、戊申）豁免江西廬陵等三十二縣並贛州衛吉安等九所兵荒田地本年分額賦。(聖祖七〇、一〇)

（康熙一八、一〇、庚寅）戶部議覆：護理江西巡撫印務王新命疏言，江西自變叛之後，逃丁荒地，雖於康熙十七、十八兩年之間招補開墾，而見在荒缺者過半，暫請開除額賦。應如所請。從之。(聖祖八五、二三)

（乾隆三、一一、辛未）戶部議准：江西巡撫岳濬疏報，南昌等十九縣，雍正十年開墾田地內，上高、臨川、弋陽等三縣原墾田地並塘十頃五十四畝有奇，現經坍改，所有額賦，應予豁除。從之。(高宗八一、一四)

（乾隆四、四、癸未）戶部議覆：江西巡撫岳濬疏報，新淦縣雍正十二年、十三年捏報開墾田地四十五頃五十二畝有奇，應請開除。從之。(高宗九〇、一三)

（乾隆六、一〇、癸丑）豁除江西分宜、清江、信豐三縣荒虛田地四十頃九十八畝有奇科賦。(高宗一五三、一一)

（乾隆七、一二、辛卯）豁除江西興國、廬陵、萬安等三縣被水坍沒田二頃四十七畝有奇。(高宗一八〇、八)

（乾隆一六、三、乙丑）開除江西萍鄉縣乾隆十年報墾復被水衝民田七畝有奇。（高宗三八五、二二）

（乾隆一八、四、丙申）豁除江西鉛山縣水衝田五畝有奇額賦。（高宗四三六、一四）

（乾隆一九、四、戊戌）豁除江西鉛山縣水衝田三畝有奇額賦。（高宗四六一、三）

（乾隆一九、一〇、丁未）户部議准：江西巡撫范時綬疏稱，江省腹裹原額地内，有九江衛原報草坦泥灘地二頃變爲草地，增課銀八兩二錢零。又彭澤縣原額地一頃三十一畝，因坍塌過多，丈改濱江地内造報，其濱江地内，丈坍地六十三頃六十二畝，減課銀一百二十五兩零，丈出新淤地一百二十一頃七十四畝，增課銀九十九兩零。從之。（高宗四七四、三）

（乾隆二八、一二、戊子）豁除江西德化、彭澤二縣坍廢田地四頃七十八畝有奇額賦。（高宗七〇〇、六）

（乾隆二九、二、辛亥）豁除江西德化、彭澤二縣坍塌濱江屯地四頃七十八畝有奇額賦。（高宗七〇五、一八）

（乾隆二九、六、己亥）豁除江西臨川縣沿河坍没田地十九畝四分額賦。（高宗七一三、四）

（乾隆三〇、三、甲辰）開除江西廣昌縣報墾水衝屯地六十九畝有奇。（高宗七三三、二四）

（乾隆三二、五、丁卯）豁江西南昌縣已墾未熟地一十畝有奇額賦。（高宗七八四、七）

（乾隆三三、四、壬戌）豁除江西星子縣乾隆三十二年水衝二則民田三十二畝有奇、又屯田九畝有奇額賦。（高宗八〇、一〇）

（乾隆三五、閏五、甲戌）豁除江西樂平縣乾隆三十五年分水衝沙積地四十畝有奇額賦。（高宗八六一、三四）

（乾隆三九、一〇、戊戌）豁除江西新昌、貴溪、安義、大庾、寧都五州縣乾隆三十三年分被水衝坍地畝額賦。（高宗九六九、一〇）

（乾隆五二、九、丁丑）免江西新建縣乾隆五十年分水衝沙壓田地一百二十畝額賦有差。（高宗一二八八、二三）

（乾隆五六、六、壬戌）豁除江西德興縣東南二鄉乾隆五十三年分被水沙壓田地六頃五十一畝有奇額賦。（高宗一三八一、七）

（嘉慶一九、一〇、乙酉）除江西南昌、新建、豐城、南城四縣坍塌田二百八十四頃八十二畝有奇額賦。（仁宗二九八、二七）

（嘉慶二〇、一一、癸未）除江西清江、新淦二縣水衝田二十七頃有奇額賦。（仁宗三一二、二）

（嘉慶二二、六、壬寅）除江西豐城、清江二縣水衝地三十七頃六十二畝有奇額賦。（仁宗三三一、三三）

11. 浙江

（康熙三、九、甲辰）免浙江衢州府屬積荒田地康熙三年以前逋糧，仍令有司招民開墾。（聖祖一三、五）

（康熙六、二、戊辰）免浙江麗水等九縣積荒田賦，令地方官招墾，成熟起科。（聖祖二一、一〇）

（康熙一〇、二、戊子）免浙江石門等十五縣荒地二十八萬一千一百餘畝額賦。（聖祖三五、八）

（康熙一一、六、己亥）户部議覆：浙江巡撫范承謨疏言，石門縣康熙三年分，未完輕齎銀兩，平陽縣康熙元年、二年、三年分，未完月糧，均係地荒，小民包賠，請賜蠲免。應如所請。從之。（聖祖三九、一〇）

（康熙三八、一一、壬寅）户部議覆：福建浙江總督郭世隆等疏言，浙江鄞縣沿海田地，向藉塘閘禦潮，今塘閘被潮衝倒，決去田地一千七十餘畝，其額徵銀米請永行豁免。應如所請。從之。（聖祖一九六、五）

（雍正六、七、辛亥）户部議覆：浙江總督李衛疏言，紹興府屬上虞縣沿海民田，歷年爲潮汐侵削坍没五千餘畝，皆係業户賠納錢糧，不勝其累，……請將坍田應徵銀五百六十餘兩即行除額。……應如所請。從之。（世宗七一、五）

（雍正一三、一二、癸酉）户部議覆：浙江巡撫程元章疏稱，海寧縣建築東西海塘，取土應用，挑動民田地蕩共十七頃六十九畝有奇，應徵銀米准其照數豁免。從之。（高宗八、一六）

（乾隆一、三、丙午）户部議准：原任浙江巡撫程元章疏報，中小亹開挖引河，挑廢升科各則地三千八百七十八畝有奇，計無徵銀一百四十兩零，應予豁免。從之。（高宗一四、二三）

（乾隆二、九、庚寅）户部議覆：大學士管浙江總督事務嵇曾筠疏報，仁和、錢塘、孝豐、臨海、建德、麗水、景寧等七縣，衝塌田地山蕩二百六頃三十畝有奇，應徵銀米，永請豁除。又錢塘縣荒瘠地一十七頃三十四畝有奇，應徵銀米，按例蠲免。均以乾隆二年爲始。從之。（高宗五〇、一〇）

（乾隆二、九、壬辰）［户部］又議覆：大學士管浙江總督事務嵇曾筠疏

報，龍游、江山二縣荒缺田地山塘四百五十八頃五十三畝有奇，應徵銀米，永請豁除。從之。(高宗五〇、三〇)

（乾隆二、九、甲午）户部議覆：大學士管浙江總督事務嵇曾筠疏報，海寧縣修築海塘，取土挑廢民田地蕩一十五頃四十五畝有奇，應徵銀米，照例開除。從之。(高宗五〇、三一)

（乾隆二、九、甲辰）户部議覆：大學士管浙江總督嵇曾筠疏報，開化縣荒缺田地一千一百十七頃三十九畝有奇，應徵銀米，以乾隆二年為始，照例豁除。從之。(高宗五一、四)

（乾隆三、九、甲寅）免浙江錢塘、秀水、平湖、烏程、寧海、常山、淳安、永嘉、瑞安、麗水、青田、龍泉等十二縣荒地額徵銀八百零五兩有奇，並豁除仁和、平湖二縣築塘挑廢田地無徵額賦。(高宗七六、五)

（乾隆四、八、壬寅）户部議覆：浙江巡撫盧焯疏請，將海防水利通判經徵被潮坍沒沙地，並鄞縣、上虞、臨海、黃巖、江山、松陽、雲和七縣義塚、坍荒、水衝、荒廢、教場等項田、地、山、起運地丁等項，應行照數豁免。又稱月糧米石，係給軍之項，糧户賠納在先，業已給軍北上，請自乾隆四年為始豁除。均應如所請。從之。(高宗九九、二二)

（乾隆五、七、乙亥）免浙江錢塘、永康、建德三縣荒廢衝坍田地山蕩無徵銀四百七十四兩有奇，米二十三石三斗有奇，並減免烏程縣土鬆滲漏積荒田額徵銀米。(高宗一二二、一二)

（乾隆五、七、丙子）免浙江仁和、海寧二縣修築海塘挑廢民田地蕩無徵額賦。(高宗一二二、一七)

（乾隆七、五、壬戌）工部等部議准：調任閩浙總督兼理浙江巡撫宗室德沛疏報，仁和縣築塘取土，挑掘民地九十八畝三分零，竈地二十四畝五分零，請自乾隆六年為始，將額徵銀糧豁除。從之。(高宗一六六、七)

（乾隆八、二、壬子）户部議准：浙江巡撫常安題覆，紹興府屬之錢清場、西興各圍，乾隆六年被潮衝沒入海各則田地蕩畝，共三百七十五頃九十七畝有奇，請自乾隆六年為始，均予豁免。從之。(高宗一八五、二一)

（乾隆八、九、庚辰）除浙江錢塘、鄞縣、西安、海寧等四縣坍沒荒廢田畝蕩地額賦六十八兩有奇，糧米南米八石有奇。(高宗二〇〇、二)

（乾隆九、九、庚辰）豁免浙江烏程、瑞安二縣坍缺田畝共七頃三畝有奇應徵額賦。(高宗二二四、一二)

（乾隆一〇、九、丁丑）免浙江海寧縣被潮衝坍錢江地畝無徵額賦。(高宗二四八、一二)

（乾隆一一、九、乙未）户部議覆：浙江巡撫常安奏稱，勘明歸安、龍游、建德三縣衝廢沙積坍卸無徵田地，所有應徵地丁銀米，請循例豁免，應徵漕白二糧，一併開除。均應如所請。從之。（高宗二七四、四）

（乾隆一二、九、乙未）豁除浙江嚴州所衝廢田地二十一畝有奇額賦。（高宗二九八、一五）

（乾隆一三、三、丙申）蠲浙江淳安、遂安、壽昌三縣乾隆十二年被災田地漕項銀二千一百七十四兩有奇，月糧米二十九石二斗有奇。又蠲淳安、壽昌二縣被水衝坍難墾田地共三十八頃八十九畝額賦。（高宗三一〇、二七）

（乾隆一三、閏七、丁丑）户部議准：浙江巡撫方觀承疏稱，仁和、烏程、江山三縣捐置義塚、水衝沙壓田地山共三頃七畝三分零，歸安、烏程二縣積荒滲漏區田共四頃六十三畝八分零，應徵銀米，請於乾隆十二年爲始，分別豁免。從之。（高宗三二一、二八）

（乾隆一四、九、庚申）豁除浙江海寧、松陽二縣水衝沙壓田地額賦銀一千六百兩有奇，米一石有奇。（高宗三四八、一九）

（乾隆一八、九、壬申）豁免浙江建德縣被水衝塌田畝額賦。（高宗四四七、一三）

（乾隆二〇、八、庚午）豁除浙江仁和、海寧、鄞縣等三縣乾隆十九年坍沒田地二百八頃六十六畝有奇，銀一百七十五兩有奇，米八石六斗有奇。（高宗四九五、一八）

（乾隆二一、五、己卯）……[浙江]上虞縣水衝沙漲田一十七頃二十二畝無徵銀米，均予豁除。（高宗五一二、二三）

（乾隆二二、三、癸丑）豁浙江錢清場、蜀南、蜀北二團坍沒灘塲地應徵額銀二百五十一兩有奇。（高宗五三五、一三）

（乾隆二四、八、壬午）免浙江海寧縣乾隆二十三年潮坍沙地額賦徵銀四百零二兩有奇。（高宗五九四、七）

（乾隆二五、九、戊午）豁免浙江錢塘、仁和、海寧三縣坍沒荒地一百四十七頃九十五畝額賦。（高宗六二一、四）

（乾隆二五、一二、丁亥）豁除浙江海寧縣乾隆二十四年分被潮衝塌地七十五頃十四畝有奇額賦。（高宗六二七、七）

（乾隆二六、一、庚午）豁除浙江西路、黃灣二場坍沒漲復沙塼三千二百三十三丈額賦。（高宗六二九、一九）

（乾隆二六、九、癸卯）豁除浙江海寧、仁和、錢塘、平湖等四縣坍沒沙地及營民義塚田地一百六頃三十四畝有奇額賦。（高宗六四四、一三）

（乾隆二七、八、甲午）豁免浙江海寧縣乾隆二十六年被潮坍没民竈沙地並新漲沙塗地共四百一頃有奇額賦。（高宗六六八、四）

（乾隆二八、八、戊申）豁除浙江烏程縣坍没荒廢田地銀八十兩有奇，米一百一十石有奇。（高宗六九三、七）

（乾隆二九、三、壬戌）豁浙江江山縣坍没田地山塘共七十頃七十七畝有奇應徵額賦。（高宗七〇六、一八）

（乾隆二九、九、丙辰）豁免浙江仁和、海寧二縣坍没民竈沙地六十四頃有奇，又海寧坍没錢江公租地十一頃有奇額賦。（高宗七一八、六）

（乾隆三〇、九、壬午）豁除浙江海寧縣坍没沙地六頃七十畝有奇額賦。（高宗七四四、一一）

（乾隆三一、九、乙亥）豁除浙江歸安、烏程、海寧三縣坍荒田地九頃十畝有奇額賦。（高宗七六八、八）

（乾隆三二、四、己未）豁浙江東江等四圍坍廢灘場三千六百三十七弓有奇，蕩地五千二百畝有奇額賦。（高宗七八三、二〇）

（乾隆三二、閏七、己酉）豁除浙江太平縣坍没沙塗田地一百五十三頃四十畝有奇額賦。（高宗七九一、四）

（乾隆三二、閏七、壬子）豁除浙江海寧縣坍没錢江公地二十六頃三十八畝有奇額賦。（高宗七九一、八）

（乾隆三三、三、己丑）豁除浙江江山縣水衝成河田地三頃十六畝有奇額賦。（高宗八〇六、三）

（乾隆三三、四、辛巳）豁除浙江西興場坍没沙地三百五十四頃一十四畝有奇額課。（高宗八〇九、二六）

（乾隆三三、九、己丑）豁除浙江錢塘、平湖、龍游、江山、烏程、海寧等六縣捐置義塚建造大藥局並坍没衝廢減徵改則各田地二十八頃有奇額賦。（高宗八一八、九）

（乾隆三四、八、甲戌）蠲免浙江海寧縣乾隆三十三年被潮坍没衝廢沙地公地六十三頃四十畝有奇額賦。（高宗八四一、一四）

（乾隆三五、七、丁巳）豁免浙江仁和、餘姚二縣潮衝坍没坍荒田地地丁銀十四兩有奇，米十四石有奇。（高宗八六四、三二）

（乾隆三八、七、甲申）豁除浙江仁和縣被潮坍没地蕩五千三百二十八畝有奇額賦。（高宗九三九、五三）

（乾隆三八、九、丁巳）豁除浙江仁和、錢塘二縣捐置義塚地四十六畝有奇額賦。（高宗九四二、一）

（**乾隆三九、三、壬申**）豁除浙江錢塘、桐廬二縣乾隆三十七年坍沒田蕩六十五頃三十五畝有奇。（高宗九五五、六）

（**乾隆三九、九、壬戌**）豁除浙江餘杭、臨安、烏程等三縣坍沒荒地二十二頃四十四畝有奇額賦。（高宗九六六、五八）

（**乾隆四〇、八、甲辰**）豁除浙江仁和、永嘉二縣乾隆三十九年分捐置義塚、建造衙署及坍荒田地三頃有奇額賦。（高宗九八九、二七）

（**乾隆四一、九、庚辰**）豁免浙江仁和、錢塘、海寧、烏程等四州縣乾隆四十年分坍沒田地一百三十四頃五十四畝有奇額賦。（高宗一〇一六、二一）

（**乾隆四一、九、癸未**）豁免浙江錢清場、西興豐、寧、盛三圍乾隆四十年坍沒沙壓田蕩一萬二千五十畝有奇額徵課銀。（高宗一〇一六、二九）

（**乾隆四二、九、癸亥**）豁免浙江乾隆四十一年仁和縣坍沒沙地一十九頃三十九畝，潮衝沙壓地三十六頃七十八畝，海寧州坍沒沙地六頃七畝有奇，瑞安縣坍沒田地沙塗三十五頃四十一畝有奇額賦。（高宗一〇四〇、二）

（**乾隆四四、九、壬辰**）豁除浙江仁和縣坍沒沙地一百七十九頃七十畝有奇，並錢塘縣捐設義塚地三畝有奇額賦。（高宗一〇九〇、一二）

（**乾隆四六、八、辛未**）豁免浙江仁和、錢塘二縣乾隆四十五年被潮衝坍民田并捐置義塚地一百二十七頃二十二畝有奇額賦。（高宗一一三八、三）

（**乾隆四七、一〇、乙亥**）豁免浙江仁和、烏程、瑞安等三縣水衝沙壓田地二百十四頁有奇額賦。（高宗一一六六、二七）

（**乾隆四八、一一、己丑**）豁除浙江台州衛乾隆四十七年水衝沙壓地八十九畝有奇額賦。（高宗一一九二、四）

（**乾隆五一、一〇、丙午**）豁免浙江瑞安縣坍田八頃五十六畝有奇額賦。（高宗一二六六、二四）

（**乾隆五二、一〇、丁酉**）豁除浙江仁和、錢塘二縣水坍沙地五十三頃六十二畝有奇額賦。（高宗一二九〇、七）

（**乾隆五三、九、辛巳**）豁浙江仁和縣捐置義塚、上虞縣水衝地共五頃四十畝有奇額賦。（高宗一三一三、二九）

（**乾隆五五、五、丁未**）豁浙江杭州府屬仁和、錢清二場潮坍蕩地五千四百三十畝有奇額賦。（高宗一三五五、一九）

（**乾隆五七、九、戊午**）豁除浙江台州衛坍沒田一頃五十畝有奇額賦。（高宗一四一三、一四）

（**嘉慶六、八、乙卯**）除浙江海島遷移民戶棄置地三頃四十畝有奇額賦。（仁宗八六、一八）

（嘉慶七、一二、癸卯）除浙江仁和、永嘉二縣捐置義塚及被潮衝坍田地二十九頃三十三畝有奇額賦。（仁宗一〇六、四）

（嘉慶一三、六、丙午）除浙江海寧、蕭山二州縣歸牧地八千八百五十畝有奇，丈缺地五百九十畝有奇額賦。（仁宗一九七、二三）

（嘉慶一三、一一、戊寅）免浙江錢塘縣捐置義冢地六十七畝有奇額賦。（仁宗二〇三、二〇）

（嘉慶一九、一〇、癸未）除浙江仁和縣義塚地六十四畝有奇額賦。（仁宗二九八、二七）

（嘉慶二一、一二、乙亥）除浙江蕭山縣坍廢地一萬五百頃四十八畝有奇額賦。（仁宗三二五、一）

（嘉慶二三、一〇、甲申）除浙江瑞安縣潮衝坍田十七頃三十六畝有奇額賦。（仁宗三四八、一六）

12. 福建

（順治一〇、四、癸亥）免福建漳州、福州、延平、建寧、汀州、邵武六府九年以前荒殘田租三分之一。（世祖七四、二二）

（順治一三、八、己丑）免福建莆田、仙遊二縣，興平二衛十一、十二兩年分荒地額賦。（世祖一〇三、九）

（順治一五、九、己未）免福建福州、興化、建寧三府及福寧州十二、十三兩年分荒田額賦。（世祖一二〇、二〇）

（雍正八、九、丁卯）户部議覆：福建巡撫劉世明疏言，臺灣縣水衝沙壓田園，自康熙六十一年至雍正四年無徵粟石，應著落從前不行詳報之知縣周鍾瑄等賠補，但自五年以後應徵原額已奉旨永行豁免，則此項分賠粟石亦應一體予豁，以免離任窮員苦累。應如所請。從之。（世宗九八、二）

（雍正九、一一、戊寅）豁免福建鳳山縣水衝田地額賦二百八十兩有奇。（世宗一一二、二七）

（雍正一〇、三、壬申）豁免福建建軍、漳平等四廳縣產廢無徵額賦銀八百二十兩有奇。（世宗一一六、九）

（乾隆二、四、己巳）户部議准：福建巡撫盧焯疏報，閩省山海之區，溪流暴漲，坍塌靡常，產去糧存，不免賠累。今據閩縣、侯官等縣造報缺額田地，共五百四十三頃四十畝有奇，無徵銀米，從前或官為墊完，或里户賠輸，應如所請，均行豁免。從之。（高宗四〇、二九）

（乾隆七、二、丁巳）蠲福建無田浮賦。諭：朕聞福建崇安縣，有荒缺田額一千二百五十一頃零，雖載在賦役全書，實係坍缺年久、並無現在可墾之土。雍正七年清查地畝，分別限墾，知縣陳同善不行查覈，惟將原額內約舉三分之一，捏報可墾田四百一十九頃零，照例限年墾復。雍正十年，知縣劉靖亦照三分之一，捏報墾復田一百三十九頃零；雍正十一年，又捏報墾復田一百五十頃零；共加徵銀二千二百三兩零、米二百六十石零。此項銀糧，俱係灑派里戶代完，實屬無田浮賦。朕心軫念，特頒諭旨，按數蠲除，以免小民之累。至從前捏報之歷任知縣及失察之上司，理應交部議處，姑念事在恩赦以前，免其察議。（高宗一六一、一一）

（乾隆七、五、辛未）免福建永定縣被水衝陷地畝無徵銀糧。（高宗一六六、二三）

（乾隆七、六、丙午）户部等部議准：原任福建巡撫王恕疏報，閩縣侯官、惠安、順昌、連城、霞浦、福安、永春等州縣共缺額寺田五十六頃一十七畝六分零，無徵銀九百九十二兩七錢零、米四十一石二斗零，請自乾隆三年爲始照數蠲除。從之。（高宗一六九、四）

（乾隆七、一一、乙丑）蠲免福建崇安縣荒地未完加徵銀一千七百一十七兩有奇，未完加徵米一百九十三石有奇。（高宗一七八、二二）

（乾隆七、一二、丙申）蠲免福建尤溪、永安、崇安、福安等四縣荒田溢額銀九百三十七兩有奇，米一百四十二石有奇。（高宗一八〇、一五）

（乾隆八、七、丙申）除福建連江、寧德二縣水衝沙壓民田額賦四十七兩有奇，米十二石有奇，連江縣歸併福中衛屯田銀三兩有奇。（高宗一九七、二）

（乾隆九、九、辛巳）蠲免福建閩縣、侯官、長樂、連江、莆田、南安、同安、安溪、龍溪、海澄、南靖、南平、將樂、建安、甌寧、崇安、松溪、政和、邵武、泰寧、長汀、清流、歸化、連城、上杭、霞浦、福安、寧德、壽寧、大田、漳平等三十一縣先後具報缺額民田共五百六十頃有奇，又閩縣、侯官、長樂、連江、羅源、閩清、永福、惠安、建寧、霞浦、德化等十一縣，續報缺額屯田，共一十三頃五十畝有奇無徵額賦。（高宗二二四、一二）

（乾隆一一、二、乙巳）［户部］又議覆：福建巡撫周學健疏稱，閩縣、侯官、長樂、連江、羅源、晉江、惠安、順昌等八縣，共無著漁課銀六百九十一兩零，米二石三斗零，確查屬實，請依原題年分，分別蠲除。應如所題，嗣復如有新開澳地、新造船隻，應行升課之處，再照例報部。從之。（高宗二五八、九）

（乾隆一五、七、壬戌）除臺灣府屬彰化縣水衝沙壓田園額徵粟一百四

十石有奇；匀丁銀七兩有奇。（高宗三六九、一二）

（乾隆一六、二、壬申）豁除福建邵武、光澤二縣水衝沙壓民屯寺田地共二十七頃二十四畝有奇。（高宗三八二、五）

（乾隆一六、五、癸丑）豁除福建閩縣、侯官、閩清並福清、平潭縣丞地方、建寧府崇安縣乾隆十五年水衝沙壓地三十四頃有奇額賦。（高宗三八九、二）

（乾隆一六、五、甲寅）豁除福建建安、甌寧、松溪三縣乾隆十五年水衝坍陷寺田一十六頃有奇額賦。（高宗三八九、二）

（乾隆一八、四、庚子）豁除福建邵武縣水衝寺田七頃五十七畝有奇額賦。（高宗四三六、一七）

（乾隆一八、一一、甲子）豁除福建臺灣、鳳山、彰化等三縣乾隆十五年分衝塌地畝額賦。（高宗四五〇、二一）

（乾隆二〇、九、癸酉）豁除福建諸羅縣乾隆十五年衝陷田園官莊一百二十二甲三分，銀一百二十七兩有奇，粟三百十七石有奇。蠲免臺灣、諸羅、彰化三縣乾隆十九年被水田園官莊二萬一百六十五甲，銀一千六百六十兩有奇，粟一萬一千七百四十石有奇。（高宗四九六、四）

（乾隆二三、七、乙酉）豁除福建福州府屬閩縣鼓山里被水衝陷田地一百八十九畝額徵。（高宗五六六、三）

（乾隆二五、二、己未）豁除福建鳳山、連江二縣乾隆二十四年分被水冲塌地畝額賦。（高宗六二五、六）

（乾隆二八、四、乙未）豁除福建南安、建安、鳳山等三縣水衝田園地三十四畝有奇；淡防廳無徵田園三百十九甲有奇額賦。（高宗六八四、一二）

（乾隆二九、四、戊申）豁除福建龍巖等州縣乾隆二十八年衝坍田地一百六十一頃七十六畝額賦。（高宗七〇九、一四）

（乾隆三〇、三、辛丑）豁除福建南安縣水衝難復民田十八畝有奇額賦。（高宗七三三、一六）

（乾隆三三、三、辛亥）豁福建彰化縣水衝園地一百三十甲有奇額賦。（高宗八〇七、一一）

（乾隆三四、四、庚申）豁除福建彰化縣水衝沙壓田園五頃十二畝有奇額賦。（高宗八三二、一四）

（乾隆三七、四、戊寅）戶部議准：福建巡撫余文儀疏稱，……詔安、鳳山兩屬衝坍各則田五頃一十七畝，援例豁除。從之。（高宗九〇六、二六）

（乾隆四一、三、辛丑）豁除福建閩縣乾隆四十年分被水衝陷田一十三

畝有奇。(高宗一〇〇五、四〇)

（**乾隆四一、四、癸丑**）豁除福建建陽縣乾隆三十八年水衝地四十三頃八十二畝額賦有奇。(高宗一〇〇六、二三)

（**乾隆四二、五、庚午**）豁除福建南安縣水衝官田六畝有奇額賦。(高宗一〇三二、一四)

（**乾隆四八、五、丙申**）豁除福建閩縣乾隆四十七年分水衝地三頃七十三畝有奇額賦。(高宗一一八〇、八)

（**嘉慶七、五、戊寅**）除福建浦城、沙、永安、建寧、長汀、寧化、清流七縣衝陷田九十畝有奇額賦。(仁宗九八、一〇)

（**嘉慶一一、四、己卯**）除福建晉江縣被水衝坍田五十畝有奇額賦。(仁宗一五九、一)

（**嘉慶一二、五、甲子**）除福建閩、侯官、詔安三縣水衝田一十八頃九百五十畝有奇額賦。(仁宗一八〇、二〇)

（**嘉慶一三、閏五、丁丑**）除福建侯官縣衝陷田十畝有奇額賦。(仁宗一九六、七)

（**嘉慶二〇、七、乙酉**）除福建臺灣縣沙壓地畝一百七十甲有奇額賦。(仁宗三〇八、二)

（**嘉慶二二、五、壬戌**）除福建閩縣水衝田十四畝有奇額賦。(仁宗三三〇、二〇)

（**嘉慶二二、六、丙戌**）除福建侯官縣水衝田二千一百五十六畝有奇額賦。(仁宗三三一、一七)

13. 湖北

（**順治三、九、甲子**）免湖廣彝陵州、歸州、石首、公安、松滋、遠安、興山、巴東、宜都、長陽、枝江、華容、平江等縣荒田額賦十分之七，荊門州、巴陵、江陵、當陽等縣十分之五，興國、均州、廣濟、黃梅、監利、臨湘、鄖縣、鄖西、上津、保康、襄陽、宜城、光化、南漳、竹谿、穀城等縣十分之三。(世祖二八、七)

（**順治七、九、丙子**）免湖廣蘄州、麻城、羅田、蘄水、黃梅、廣濟、黃岡等縣五、六二年分荒地額賦。(世祖五〇、一〇)

（**順治一一、四、乙酉**）免湖廣保康、竹山、竹谿、房縣十年分寇荒額賦。(世祖八三、一二)

（**順治一三、五、己亥**）免湖廣荊門、彝陵、均三州，京山、枝江、遠

安、襄陽、宜城、光化、穀城、南漳等縣，襄陽衛十二年分逃亡災傷額賦。（世祖一〇一、九）

（順治一五、三、壬子）免湖廣鄖陽、襄陽二府屬寇災荒地額賦。（世祖一一五、一七）

（乾隆一、一二、辛酉）戶部議覆：湖北巡撫鍾保疏言，漢陽縣濱江被水衝坍屯地五頃六十二畝有奇，應納更名租餉，又下稅地七十三畝有奇，應納民賦條餉，共攤丁銀十九兩有奇，請予豁除。應如所請。從之。（高宗三二、二）

（乾隆二、閏九、庚辰）戶部議覆：湖北巡撫楊永斌疏報，黃陂、黃岡、麻城等三縣被水衝壓田畝一百三十五頃有奇，額徵銀米，請於乾隆二年為始，永行豁除。從之。（高宗五三、一三）

（乾隆五、七、丙申）免湖北松滋縣挑築隄工挖壓地畝無徵額賦。（高宗一二三、二四）

（乾隆五、一二、丙辰）戶部議准：原任湖北巡撫張渠疏稱，施南府屬建始縣原隸川省，於雍正七年報墾下則地十八頃十八畝，查該處石多土少，有種無收，請將應徵科丁條糧銀，照數開除。從之。（高宗一三三、六）

（乾隆六、九、壬申）豁除湖北監利縣坍塌民田額徵銀四十一兩有奇，麥一十四石有奇。（高宗一五〇、一二）

（乾隆八、二、癸卯）豁湖北襄陽、宜城、棗陽、穀城四縣衝坍民屯地共三十七頃一十二畝有奇額賦。（高宗一八五、九）

（乾隆一〇、七、丙申）免湖北荊門州乾隆七年水衝沙壓田地額徵銀三百一十九兩有奇，並乾隆八、九年未完銀兩，悉行豁除。（高宗二四五、二一）

（乾隆一〇、一〇、辛亥）工部等部議准：湖廣總督鄂彌達等疏稱，芷江縣因建衙署、教場、演武廳等項，價買民田八畝有奇，額賦應予開除。從之。（高宗二五〇、二七）

（乾隆一〇、一〇、丙寅）豁除湖北當陽、荊左二縣衛水衝難墾民屯田地共十三頃七十三畝有奇。（高宗二五一、一六）

（乾隆一五、五、庚午）豁除湖北武昌衛乾隆五年被水修隄挖壓屯田十一頃八十七畝有奇糧丁額賦。（高宗三六五、三一）

（乾隆一七、一一、丁丑）豁除湖北監利縣之車灣修隄乞壓田地七十九頃有奇額賦。（高宗四二七、六）

（乾隆一七、一二、辛卯）豁除湖北江夏縣屬楊林洲坍地一十四頃八十四畝有奇。（高宗四二八、八）

（乾隆二二、三、壬子）豁湖北監利縣築隄挖壓民田額賦銀九十五兩、米二十七石二斗各有奇。（高宗五三五、一一）

（乾隆二六、一一、丙申）豁除湖北監利縣築隄挖壓田地二十七頃三十八畝有奇額賦。（高宗六四八、二）

（乾隆三〇、九、甲戌）豁除湖北江夏縣下黃、茇麥、紅社、草埠、楊林等處及茇麥灣、金沙州水衝堤壓田地五十四頃五十四畝有奇額賦。（高宗七四四、二）

（乾隆三七、七、甲辰）豁免湖北江陵縣新開地方築隄挖壓民田四頃六十五畝有奇額賦。（高宗九一二、二一）

（乾隆三八、七、辛巳）豁除湖北監利縣築堤挖壓田地六十三頃六十五畝有奇額賦。（高宗九三九、四四）

（乾隆三八、一一、丙子）豁除湖北漢陽縣衝塌田地山場五百五十一頃六十六畝有奇額賦。（高宗九四七、一五）

（乾隆四〇、一一、壬辰）豁除湖北監利縣坍廢屯田一頃七十一畝有奇額賦。（高宗九九七、九）

（乾隆四二、五、丙子）豁除湖北江陵縣築隄挖壓田五頃四畝有奇額賦。（高宗一〇三二、二三）

（乾隆四六、一二、丁丑）豁除湖北江夏縣乾隆四十五年分被水衝坍民田五十七頃十九畝有奇額賦。（高宗一一四六、一七）

（乾隆四八、三、己未）豁除湖北監利縣挖壓屯田四頃三十畝有奇。（高宗一一七七、三〇）

（乾隆五三、七、丙戌）豁湖北江陵縣潭子湖築隄挖廢地三頃四十畝有奇、減隄內挖殘地四十畝有奇額賦。（高宗一三〇九、四六）

（乾隆五五、三、壬辰）豁除湖北荊州府乾隆五十四年刨挖蘆洲課銀一百十九兩有奇。（高宗一三五〇、二〇）

（乾隆五六、三、辛卯）豁除湖北黃州衛坍沒屯地一頃六十六畝有奇額賦。（高宗一三七五、二）

（嘉慶四、九、丁丑）除湖北江夏縣新築月堤壓坍田一十五頃八畝額賦。（仁宗五二、一三）

（嘉慶八、七、癸卯）除湖北監利縣修隄挖壓屯田一頃六十九畝有奇賦。（仁宗一一六、二六）

（嘉慶一八、九、丙寅）除湖北江陵縣築隄挖廢田四十八頃十三畝有奇額賦。（仁宗二七三、三）

（嘉慶一八、九、辛未）除湖北石首縣沿江坍沒田二十八頃五十五畝有奇額賦。（仁宗二七三、一〇）

（嘉慶二四、六、庚申）除湖北黃梅縣坍沒地四十六頃九十一畝有奇額賦。（仁宗三五九、一七）

14. 湖南

（順治三、九、甲子）免湖廣……華容、平江等縣荒田額賦十分之七。（世祖二八、七）

（順治一〇、四、甲辰）免湖南寇荒六、七、八、九年逋糧。（世祖七四、五）

（順治一一、一〇、壬午）免湖廣祁陽、東安、零陵、邵陽、鄲縣、桂東、桂陽等縣荒殘地方十一年以前舊逋額賦。（世祖八六、二〇）

（康熙一〇、一二、丙申）除湖南長、岳、衡、永四府，巴陵、平江等一十六州縣挜墾包賠地丁額賦。（聖祖三七、一六）

（康熙一一、九、戊寅）免湖南各屬康熙七、八、九年分挜報墾荒錢糧。（聖祖四〇、二）

（康熙五三、九、庚戌）户部議覆：湖廣總督額倫特疏言，臣奉命同户部郎中瓦渾泰查勘湖南荒田一案，實在各州縣荒蕪田地四萬六千一百頃有奇，各屬土民無不踴躍爭先，願爲開墾，仰懇皇上洪恩，於六年後，仍照下則陞科。應如所請。從之。（聖祖二六〇、七）

（雍正七、五、壬申）豁免湖南武陵縣水淹田地額賦銀三百二十兩有奇，從總督邁柱請也。（世宗八一、三九）

（乾隆一二、七、癸丑）免湖南臨武、藍山二縣水衝地畝額賦。（高宗二九五、一四）

（乾隆一五、三、壬申）軍機大臣等議准：湖南巡撫開泰奏稱，前撫臣楊錫紱請豁苗地民賦一案。查自康熙五十三年，有瀘溪縣奸民，因圖侵苗地，挜報墾荒，迨縣官率據轉報糧冊達部，復誣苗人越占，即經審虛。雖田斷歸苗，而升科額賦未經請豁，自後俱係知縣墊解。今查此項糧地，並無坐落可稽，在實徵冊內，雖有此項應納稅銀，而丈量冊中，委無此項應完地畝，顯係奸民挜報，無著額糧，仍應如前撫臣所奏豁免。從之。（高宗三六一、一九）

（乾隆二三、二、壬戌）豁除湖南平江縣水衝難墾田一頃七十畝有奇額賦。（高宗五五六、八）

（乾隆三〇、閏二、庚午）豁除湖南武岡州上年水衝難墾民屯田一頃六

十一畝有奇額賦。(高宗七三一、一六)

（**嘉慶一四、一○、丁未**）除湖南茶陵州坍没田六項三十九畝額賦。(仁宗二一九、二四)

（**嘉慶二一、七、庚戌**）除湖南澧州積水垸田額賦。(仁宗三二○、二)

（**嘉慶二三、六、己卯**）除湖南澧州水衝田一百四十一項四十畝有奇額賦。(仁宗三四三、一二)

15. 廣東

（**康熙三○、四、辛巳**）廣東巡撫朱弘祚疏言：高州府屬吳川縣，瓊州府屬臨高、澄邁二縣，自康熙十八年起至二十八年止，未完地丁銀一十二萬八千六百兩有奇，實係户口稀少、田畝荒蕪所致，應請盡行豁免。從之。(聖祖一五一、五)

（**乾隆三、六、癸卯**）除廣東崖州虛升地畝四百三十五項三十畝有奇。(高宗七一、一三)

（**乾隆三、九、甲寅**）免廣東昌化縣荒地額徵銀四百五十九兩有奇。(高宗七六、五)

（**乾隆六、五、甲子**）户部議覆：兩廣總督馬爾泰奏稱，廣州、肇慶、高州、雷州、瓊州等五府，查勘各屬山田、水田，從前本堪耕種，後因水衝，僅存石骨，及前經報墾升科，後又坍塌，統計一百十一項五十七畝有奇。地丁閏銀、並本色倉糧米内，有現在已入奏銷者，請於乾隆五年奏銷冊内開除，其未入奏銷者，按數豁免。應如所請。從之。(高宗一四二、三)

（**乾隆八、一○、乙丑**）户部議覆：左都御史管廣東巡撫王安國疏稱，……始興縣衝坍民田三項二十五畝，實難修復，額賦請予豁除。應如所請。從之。(高宗二○三、三)

（**乾隆九、四、辛酉**）除廣東廣州、肇慶、高州、瓊州四府屬水衝砂壓民屯山田水田三百六項額賦。(高宗二一四、一九)

（**乾隆九、五、癸未**）户部議准：兩廣總督馬爾泰疏稱，茂名、開平二縣，雍正十一年、十二年分，報墾地内成熟二十五項六十九畝，餘請豁除。從之。(高宗二一六、八)

（**乾隆一○、五、乙未**）户部議覆：陞任署廣東巡撫廣州將軍策楞疏稱，茂名、化州、吳川、羅定等四州縣被災五、六、七、八、九、十分，及水衝河壓不能墾復田稅共四百九十三項九十九畝有奇，應徵地丁銀四百二十八兩八錢零，本色米一百三十二石六斗零，閏銀四錢九分零，請一併蠲免。應如

所請。從之。（高宗二四一、一〇）

（**乾隆一一、九、乙未**）［户部］又議准：廣東巡撫準泰奏稱，廣州、肇慶二府，因水衝壓，沙石夾雜，難墾田地共三十七頃六十二畝有奇，其編徵銀米，請照數豁除。從之。（高宗二七四、四）

（**乾隆一二、三、癸卯**）豁除廣東曲江縣被水衝淹田地九頃三十一畝有奇額賦。（高宗二八六、二四）

（**乾隆一四、二、甲申**）豁除廣東肇慶、廉州二府水衝沙壓難墾田地百五十七頃二十一畝額賦。（高宗三三四、七）

（**乾隆一六、閏五、丙寅**）除廣東東莞、高要二縣乾隆六年分水衝沙壓田一十五頃有奇科賦。（高宗三九〇、二）

（**乾隆一八、九、甲戌**）豁免廣東沿海虛缺沙田額賦。（高宗四四七、一六）

（**乾隆三四、六、戊午**）豁除廣東南海縣衝缺沙坦一頃一十九畝有奇額賦。（高宗八三六、一三）

（**乾隆四四、一〇、甲子**）豁除廣東番禺縣水衝沙田二頃九十七畝有奇額賦。（高宗一〇九二、一四）

16. 廣西

（**乾隆六、一〇、己未**）除廣西鬱林州報墾不成地三十八頃九十畝有奇科賦。（高宗一五三、二〇）

（**乾隆七、五、癸未**）户部議准：廣西巡撫楊錫紱疏報，全州烏雅撲地畝被水衝成沙石，墾不成田，請將額徵銀米，自乾隆七年爲始，照數開除。從之。（高宗一六七、一七）

（**乾隆七、一一、乙酉**）豁除廣西鬱林州屬墾不成熟田十畝有奇。（高宗一七九、二一）

（**乾隆九、一二、甲辰**）賑貸廣西永寧州被水災民，並除水衝田六十二畝八分額賦。（高宗二三〇、三）

（**乾隆一〇、九、丙申**）免廣西鬱林州雍正十三年報墾不熟旱地額賦。（高宗二四九、一五）

（**乾隆一一、一二、庚辰**）豁廣西永福縣水衝地賦。（高宗二八一、八）

（**乾隆一二、三、丁酉**）豁除廣西鬱林州荒田八十三畝有奇額賦。（高宗二八六、一二）

（**乾隆一三、四、癸酉**）開除廣西鬱林州乾隆六年報墾水田一頃二十一畝有奇。（高宗三一三、一二）

（**乾隆一九、一一、丁丑**）豁除廣西永寧、義寧二州縣水衝額田一百四十四畝有奇額賦。（高宗四七六、四）

（**乾隆二六、四、丙申**）豁除……廣西鬱林州沙石田一頃八十三畝有奇額賦。（高宗六三五、二三）

（**乾隆二六、一〇、戊辰**）除廣西宜山縣墾不成熟地五十九頃五十畝有奇額賦。（高宗六四六、七）

17. 四川

（**乾隆三、一一、癸丑**）［户部］又議准：四川巡撫碩色疏報，峨眉、夾江、洪雅、雅安四縣水災，除題明分別賑貸外，所有衝没田共一百六十畝有奇，應徵錢糧，永行豁免。峨眉、夾江、洪雅三縣，沙淤田地，共三百四十七畝，本年錢糧，暫行免徵，俟查勘仍可耕種，照舊徵輸。從之。（高宗八〇、一〇）

（**乾隆三、一二、庚辰**）户部議復：四川巡撫碩色疏報，射洪、遂寧、中江、蓬溪、三臺、銅梁等六縣濱河被水戶口，除業經賑恤並緩徵本年錢糧外，所有衝去地畝，應徵糧銀，請予豁除。應如所請。從之。（高宗八二、三）

（**乾隆四、三、丙辰**）豁四川漢州、彭縣、安縣、新津、清溪、綿竹、叔永七州廳縣水衝地賦。（高宗八八、一二）

（**乾隆五、一〇、乙巳**）户部議覆：前署四川巡撫方顯疏報，安縣、綿竹、彰明等三縣猝被水災，衝淹人口房屋田禾，應照例分別賑卹，並酌給籽種工本銀兩等語。均應如所請。至被水田地，難以開耕者共十八頃四十二畝零，原報糧銀二十二兩六錢，准其開除。其尚可開耕田地十五頃四十九畝零，本年應徵錢糧，亦准暫行蠲緩。得旨：依議速行。（高宗一二八、四）

（**乾隆八、一二、庚申**）兵部議覆：四川巡撫紀山疏稱，麻林土百户工布病故，無人承襲，請將遺缺註銷。每年應輸狐皮折銀，亦請開除。又下贍對、雲多、儀蓋等三處，實無田地可耕，歲徵賦額並請豁免。應如所請。從之。（高宗二〇六、一五）

（**乾隆八、一二、辛未**）户部議覆：四川巡撫紀山疏稱，寧遠府西昌縣，本年五、六兩月被水衝壞民田，內有衝灘成河並沙石壓蓋本色屯秋田九十四畝有奇，又折色屯田二十三畝有奇。所有額徵，請予豁除。又有沙石淤蓋深厚，須俟三年墾復者，共屯秋夷田六十畝有奇，及沙淤稍薄一年即可墾復者，屯秋夷田二頃二十七畝有奇，折色屯田一十五畝有奇，應徵額賦，暫請蠲免，俟勘明可耕之歲，再照例徵輸。應如所請。從之。（高宗二〇七、一五）

（乾隆四一、七、癸酉）豁免四川馬邊廳屬乾隆三十九年起科地內不能開墾砂地三百九十八頃八十九畝有奇額賦。（高宗一〇一二、五）

（乾隆五三、七、甲戌）豁除四川灌縣大灣、桂花坪、聯陞塘水衝石壓地八千八百畝有奇額賦。（高宗一三〇八、三七）

（乾隆五九、六、乙亥）豁除四川松潘廳屬里河溝墾不成熟地二百三畝有奇額賦。（高宗一四五五、一四）

18. 雲南

（康熙四、六、戊辰）免水西宣慰司額徵米二千石，俟設流府後，招墾成熟起科。（聖祖一五、一九）

（乾隆二、九、丙申）户部議准：雲南總督尹繼善奏，遵旨查勘陸涼州旱馬廠磽瘠地五十二頃七十五畝有奇，應徵夏稅折色等項銀兩，概請豁除。其水馬廠魚課等瘠薄田地三百四十五頃五十八畝有奇，止能照則科徵。至年收租折銀兩，應請減免。從之。（高宗五〇、三三）

（乾隆五、七、甲申）免雲南嵩明、祿豐、蒙自、楚雄、定遠、河陽、江川、路南、寶寧、南寧、霑益等十一州縣雍正八年至十二年捏報開墾田地無徵銀六十六兩有奇，米、麥五百二十九石六斗有奇。（高宗一二三、三）

（乾隆五、一一、戊子）户部議：雲南總督公慶復題覆，滇省清出各項田地估變價銀案內，將霑益州民人沙中玉田畝，誤丈入私莊，又宣威州撥入義學地畝，與陸涼、廣西二府州瘠薄無收等項田地，實難變價等語。應如所請，准其開除。至昆陽、澂江、尋甸三府州，開修河道，涸出田地，該督既查係山根石面，浮沙淺土，不能開墾變價，應准一併開除。從之。（高宗一三一、八）

（乾隆六、一一、乙丑）除雲南永北、鶴慶、蒙化三府，祿豐、嵩明、寶寧、浪穹、大姚五縣雍正九年報墾不實民屯地共六十頃二畝有奇科賦。（高宗一五四、四）

（乾隆七、四、庚子）户部議准：雲南巡撫張允隨疏報，祿豐、霑益、通海三州縣水衝石壓地畝，請開除額徵銀九十兩零，米一百九十石零，並昆明、嵩明二州縣從前誤報田畝應納銀糧，一體豁除。從之。（高宗一六四、二九）

（乾隆七、九、辛巳）［户部］又議准：雲南巡撫張允隨疏稱，安寧、祿豐、嵩明等三州縣，雍正十年分報墾民屯田地一十四頃四十八畝有奇，實係從前捏報，題請開除。從之。（高宗一七五、一四）

（乾隆八、二、癸卯）除雲南省嵩明、霑益、平彝、路南、江川、思茅、永平、姚州、順寧、景東、蒙化、麗江、蒙自等府州縣捏報開墾及衝壓民屯

地共三百七十四頃六十五畝有奇，並改蒙自縣誤報上、中二則開墾民田一十三頃六十畝零爲下則額賦。（高宗一八五、九）

（**乾隆九、七、丙子**）豁免雲南宜良縣被水衝没學田額賦三十八兩有奇，及河西縣汜革銀廠硐老山空向徵課額九十兩有奇。（高宗二二〇、三）

（**乾隆一四、九、己巳**）除雲南鄧川州水衝沙壓民屯田地額賦米二十二石有奇，銀二十五兩有奇。（高宗三四九、九）

（**乾隆一八、一〇、丁酉**）豁除雲南劍川州乾隆十七年分被水衝塌地畝額賦。（高宗四四九、二）

（**乾隆三四、一〇、丙寅**）豁除雲南鄧川州乾隆三十三年分沙壓民屯田三頃六十九畝有奇額賦。（高宗八四五、一三）

（**乾隆三六、一〇、庚寅**）豁除雲南浪穹縣水災地一頃六十畝有奇額賦。（高宗八九五、一八）

（**乾隆三九、四、癸卯**）豁除雲南浪穹縣乾隆三十八年水淹屯田一頃七十六畝額賦。（高宗九五七、一五）

（**乾隆五〇、一二、甲午**）豁除雲南趙州、太和二州縣水衝沙壓田地一頃二十七畝有奇額賦。（高宗一二四五、五）

（**嘉慶六、二、己巳**）除雲南石屏州地震田六頃五十三畝有奇額賦。（仁宗七九、二三）

（**嘉慶一三、一一、丁丑**）除雲南浪穹縣水淹田一百十五頃七畝有奇額賦。（仁宗二〇三、一七）

19. 貴州

（**乾隆三、一二、己丑**）戶部議覆：貴州總督兼管巡撫事張廣泗疏報，……鎮沅、清溪二縣乾隆二年被水衝刷難以墾復田畝共一千五百七畝有奇。所有額賦，均請豁除。應如所請。從之。（高宗八二、二五）

（**乾隆六、五**）［是月，貴州總督兼管巡撫事務張廣泗］又奏：遵義府仁懷縣所屬桃竹壩地方，雨水漲積，淹斃人口，衝刷沙壓田地五、六千畝。又平越府屬高坪司地方，沿河被水，衝決田一百四十七畝有奇。又平越營、打鐵關順河一帶地方，水淹沙壅田三十八畝，除地方官各自捐賑外，復飭司動項，查明加賑，並借籽種。得旨，所奏俱悉。（高宗一四三、三一）

（**乾隆三七、六、庚辰**）豁除貴州施秉縣衝坍地畝兼賑被水災民。（高宗九一一、四）

二、課賦田地統計表
——順、康、雍三朝全國田地頃畝年結*

（一）順治朝

年　份		田地山蕩（頃）	畦地（個）
順治	公元		
8	1651	2,908,584.61	22,980
9	1652	4,033,925.04	22,980
10	1653	3,887,926.36	22,988
11	1654	3,896,935.00	22,980
12	1655	3,877,719.91	22,980
13	1656	4,781,860.00	22,643
14	1657	4,960,398.30	22,643
15	1658	4,988,640.74	22,643
16	1659	5,142,022.34	22,643
17	1660	5,194,038.30	22,642
18	1661	5,265,028.29**	—

* 本表根據《清實錄》中各年年末總計數字編製

** 包括畦地

（二）康熙朝

年　份		田、地、山、蕩、畦地（頃）
康熙	公元	
1	1662	5,311,358.14
2	1663	5,349,675.10
3	1664	5,358,593.25
4	1665	5,381,437.54
5	1666	5,395,262.36
6	1667	5,411,473.54
7	1668	5,410,350.87
8	1669	5,432,463.57
9	1670	5,455,056.81
10	1671	5,495,170.18
11	1672	5,491,356.38
12	1673	5,415,627.83
13	1674	5,308,756.62
14	1675	5,073,458.63
15	1676	4,864,233.92

(續表)

年份		田、地、山、蕩、畦地（頃）
康熙	公元	
16	1677	4,983,462.53
17	1678	5,064,792.87
18	1679	5,136,353.41
19	1680	5,227,666.87
20	1681	5,315,372.60
21	1682	5,523,568.84
22	1683	5,615,837.68
23	1684	5,891,623.37
24	1685	5,891,623.37
25	1686	5,903,438.67
26	1687	5,904,184.84
27	1688	5,904,184.84
28	1689	5,931,813.04
29	1690	5,932,684.27
30	1691	5,932,684.27
31	1692	5,973,456.34
32	1693	5,973,456.34
33	1694	5,975,268.54
34	1695	5,975,268.54
35	1696	5,986,454.67
36	1697	5,986,068.34
37	1698	5,986,775.34
38	1699	5,986,885.34
39	1700	5,986,985.54
40	1701	5,986,985.65
41	1702	5,986,993.63
42	1703	5,986,905.65
43	1704	5,987,196.62
44	1705	5,988,903.52
45	1706	5,988,950.53
46	1707	5,989,203.62
47	1708	6,211,321.32
48	1709	6,311,344.34
49	1710	6,631,132.24
50	1711	6,930,344.34
51	1712	6,930,444.55
52	1713	6,930,889.69
53	1714	6,950,764.90
54	1715	6,950,764.90

(續表)

年份		田、地、山、蕩、畦地（頃）
康熙	公元	
55	1716	7,250,654.90
56	1717	7,250,754.90
57	1718	7,250,911.90
58	1719	7,267,822.50
59	1720	7,268,122.50
60	1721	7,356,450.59
61	1722	8,510,992.40

（三）雍正朝

年份		田、地、山、蕩、畦地（頃）
雍正	公元	
1	1723	8,901,379.62
2	1724	8,906,475.24
3	1725	8,965,827.47
4	1726	8,968,654.17
5	1727	8,636,291.46
6	1728	8,652,536.20
7	1729	8,732,215.80
8	1730	8,781,760.17
9	1731	8,786,190.80
10	1732	8,813,780.86
11	1733	8,890,416.40
12	1734	8,901,387.24